KB263390

해방 전후 통일운동의 전개와 시련

―민족통일전선론에서 평화통일론까지

해방 전후 통일운동의 전개와 시련

―민족통일전선론에서 평화통일론까지

이 현 주

지식산업사

저자 **이현주**(李賢周)
–1961년 경기도 화성출생. 서울공업고등학교, 인하대학교 사학과·동대학원 졸업(문학박사)
–한국학중앙연구원 초빙연구원, 한국근현대사학회 섭외·편집이사
–인하대, 충남대 등에서 강의. 국민대 한국학연구소 공동연구원
–현재 국가보훈처 연구관, 진실·화해를위한과거사정리위원회 자문위원, 인하대 강사
–저서 《한국사회주의세력의 형성 : 1919~1923》(일조각, 2003) 외

해방 전후 통일운동의 전개와 시련
–민족통일전선론에서 평화통일론까지

초판 제1쇄 인쇄 2008. 2. 5.
초판 제1쇄 발행 2008. 2. 12.

지은이 이현주
펴낸이 김경희
펴낸곳 ㈜지식산업사
서울시 종로구 통의동 35-18
전화 (02)734-1978(대) 팩스 (02)720-7900
인터넷한글문패 지식산업사
인터넷영문문패 www.jisik.co.kr
전자우편 jsp@jisik.co.kr
등록번호 1-363
등록날짜 1969. 5. 8.

책값은 뒤표지에 있습니다.

ISBN 978-89-423-1105-7 93190

이 책을 읽고 저자에게 문의하고자 하는 이는 지식산업사 전자우편으로 연락 바랍니다.

책머리에

이 책은 그동안 내가 여러 학술지에 발표한 논문 가운데 통일운동에 관련된 글들을 모아 엮은 것이다. 제1부에서는 일제하 최대 항일민족통일전선 단체인 신간회의 조직과 활동과 노선을, 이에 참여한 좌우의 운동 세력을 중심으로 살펴보았다. 제2부에서는 해방 후 통일민족국가 건설을 둘러싼 나라 안팎의 다양한 세력의 동향을 검토했다. 제3부에서는 분단 이후 남북한의 통일운동을, 비운의 두 혁명가의 궤적을 중심으로 살펴보았다. 제1부가 해방 후 통일민족국가 건설운동의 전사(前史)를 이룬다면, 제3부는 그것의 좌절이 가져온 역사와 개인의 비극을 보여준다.

제1부는 식민지 아래 항일민족통일전선의 형성과 전개에 대해 신간회를 중심으로 살핀 글들을 중심으로 엮었다. 1927년 2월부터 1931년 5월까지 존속한 신간회는 전국적으로 많을 때는 150여 개의 지회를 가지고 있었고 회원 수도 4만 명에 이른 일제 식민지 아래 최대 규모의 민족통일전선 조직이었다. 존속 기간이 4년여에 지나지 않고 통일전선체로서 한계도 있지만, 신간회가 민족통일전선의 조직 문제를 최초로, 그리고 전면적으로 제기했다는 것은 분명하다.

8·15 해방 이후의 격랑 속에서 통일민족국가 건설을 위해 종횡무진 활약한 혁명가들의 태반이 과거 신간회운동과 직접·간접으로 관계를 맺고 있었다는 사실은, 신간회가 현대 한국 통일운동의 발원이 되고 있음을 말해준다. 신간회 창립 과정에서 민족통일전선의 결성을 위해 보여

준 좌우익 민족운동 세력의 협력, 신간회의 헤게모니 장악을 둘러싼 서울파 고려공산동맹과 ML파 조선공산당의 투쟁, 신간회를 통해 민족운동 주도권 탈환을 꾀하는 민족주의 좌파와 수양동우회의 치열한 각축은 그 자체로 해방 이후 한국 현대사의 예고편을 보는 듯하다.

제2부에서는 해방 직후 다양한 세력의 통일운동 전개와 갈등 양상을 고찰했다. 이 시기에는 식민통치기구, 좌우의 정치 세력, 해외동포 등 한반도의 향방에 직·간접적 이해관계를 가진 모든 구성원들이 숨 가쁘게 움직였다. 먼저 행동을 개시한 것은 조선총독부였다. 패전에 직면하여 조선총독부는 일본인의 생명과 재산을 보호하기 위해 신망받는 조선인 지도자에게 치안 대책을 위임한다는 방침을 정하고 실행에 옮겼다. 그러나 제안을 먼저 받은 민족주의 우파가 이를 거부하고, 나중에 받은 쪽이 수용하여 정국의 주도권을 장악하면서 예기치 못한 갈등이 잉태되었다. 다른 한편으로 조선총독부는 근거 없는 소련군의 서울 진주설을 조직적으로 유포함으로써 민족통일전선 형성의 가능성을 서둘러 막아버렸다. 이런 점에서도 일본은 한국 민족분단의 직접적 단초를 제공했다는 책임에서 자유로울 수 없다.

이로 말미암아 민족주의 좌우파는 해방이 되자마자 사실상 독자의 길을 걸었고 민족주의 좌파 일부와 결합한 조선공산당은 조선인민공화국(인공)을 선포했다. 그러나 역설적이게도 인공의 등장은 미군 진주 뒤 미군정과 민족주의 우파의 결속을 견고하게 함으로써 통일민족국가 건설 과정에 결코 바람직하지 않은 긴장을 조성했다. 재미한족연합위원회 대표단은, 두 차례에 걸쳐 미소공동위원회가 결렬된 뒤 민족 진영 내부에서 좌우합작운동이 전개되는 동안, 중도파를 결집하는 방법으로 이들의 통일운동을 도우려 했으나, 좌우익의 '실세'들은 이미 반대 방향으로 너무 멀리 가 있었다. 그리던 고국에 돌아와 힘겹게 정착하는 수십만 해외 전재(戰災)동포들의 모습은 민족 내부의 진정한 통합이 얼마나 힘겨운 과정이었는지를 생생하게 보여준다. 통일민족국가 건설에 대한 열망

만큼이나 갈등과 분열이 깊어지고 그 결과 적대적인 분단체제가 성립된 시기, 그것이 바로 해방 3년의 기간이었다.

제3부에서는 남북한에 저마다 독자적인 정부가 수립된 뒤 전개된 통일운동의 과정을 비운의 두 혁명가의 투쟁과 좌절을 중심으로 살펴보았다. 이승엽은 남과 북 어느 쪽에서도 긍정적인 평가를 받지 못하는 인물이다. "해방 후 남로당의 2인자로서 한국 사회를 혼란에 빠뜨린 장본인", "일제 말기 사회주의자 가운데 전향과 변신을 거듭한 대표적 변절자" 등이 그에게 따라붙는 꼬리표이다. 그럼에도 주목하는 이유는, 그의 투쟁과 비극적 최후가 해방 이후 줄기차게 전개된 통일민족국가 건설운동의 실패와 그에 따른 극단적 투쟁의 좌절을 대변하고 있기 때문이다. 이승엽의 생애를 조명하는 것은 해방 후 남한 사회주의운동을 주도했던 남로당 세력의 투쟁과 노선을 규명하는 것이기도 하다.

조봉암의 경우는 어떠한가. 그의 생애와 활동은 이승엽과 여러 면에서 대비된다. 식민지 시대 빼어난 사회주의 운동가였던 조봉암은 해방 후 민족의 자주독립 노선을 표방하고 통일운동을 전개했다. 그는 대한민국 정부의 초대 농림부 장관과 국회 부의장을 지냈고, 두 차례 대통령 선거에 출마했으며, 진보당을 조직했다가 독재권력의 탄압으로 죽어간 비운의 정치가였다. 평화통일론자인 점에서 조봉암의 노선은 이승엽〔남로당〕의 노선과는 뚜렷하게 대비된다.

이 책에 수록된 논문들은 수정과 보완을 거쳤다. 그러나 대폭적으로 수정한 경우는 없으며 약간의 손질만을 했다. 내가 게으른 탓도 있지만 그동안 이 분야에서 새로운 자료가 발굴되거나 쟁점이 마련되지 않은 이유가 더 크다. 수정을 한 경우도 그때그때 관심이 있는 연구 주제를 정하고 글을 쓰다보니 불가피하게 중복되는 부분이 나타나 이를 줄이고자 한 것인데, 여전히 부족한 부분은 남아 있는 것 같다. 각 장 끝에 책으로 엮은 글들이 처음 실렸던 간행물을 밝힘으로써 양해와 함께 감사의 뜻을 전하고자 한다.

항일민족통일전선운동과 분단, 통일이라는 거대담론에 관심을 갖게 된 지도 20년이 넘었는데 뒤늦게 책을 내게 된 데 대해서는 약간의 해명이 필요할 듯하다. 내가 분단과 통일 문제에 관심을 갖게 된 것은 대학 시절부터였다. 서슬이 시퍼렇던 5공 치하였기 때문에 이러한 문제에 관심을 갖는다는 것 자체를 꺼릴 때였지만, 대학사회를 둘러싼 여러 상황은 차갑고 두려운 현실을 두고 상아탑으로 피신하려는 백면서생의 방향을 규정지었다. 이 책에도 수록한 사회주의자들의 신간회운동론을 주제로 쓴 석사학위 논문은 그 첫 결실이라 할 수 있다. 이후 신간회와 관련된 몇 편의 글을 더 발표한 뒤 제법 민족분단의 내적 원인을 나름대로 파악했다고 자부한 나는 곧바로 본래의 관심사였던 8·15 해방 이후의 현대사를 공부하기로 마음먹었다.

그러나 자부가 순전한 오만임을 깨닫는 데는 그리 많은 시간이 걸리지 않았다. 수많은 인물과 조직, 해외에서 돌아온 세력들, '과거'의 연고를 빌미로 한국에 대한 영향력을 계속 유지하려는 일본과 중국, 새로운 지배자 미국과 소련의 노골적인 주도권 싸움과, 여기에 편승하는 세력들의 다툼 등 짧은 기간 동안 펼쳐진 이루 헤아릴 수 없는 다양함과 복잡성은, 초보 연구자의 매력을 끌기에 충분하고도 남음이 있었다.

문제는 그것이 전부가 아니었다는 점이다. 우선 한국 현대사의 무대에서 활약하던 다양한 개인과 조직, 사상과 노선이 어디에서 비롯된 것인지 종잡기가 어려웠다. 어제의 동지가 하루아침에 적이 되어 골육상잔이 벌어지는 장면에서는 겨레의 한 구성원으로서 자괴감에 사로잡히곤 했다. 스스로의 부족함을 탄식하면서도 한국 현대사에서 해방 이전의 역사를 단절시킨 연구 성과를 원망도 했다. 급하게 온 길을 다시 돌아가지 않을 수 없었다. 식민지 시기를 '당분간만' 다시 보기로 했다. 뒤를 좀더 튼튼히 하지 않으면 안 되겠다는 두려움에서.

당분간이라는 단서를 달았지만 다시 돌아오는 데는 더 많은 시간이 걸렸다. 위안을 삼자면, 이 기간에 분단 상황을 불러온 내적 원인을 놓고 일제하 민족운동이 부르주아민족주의와 사회주의로 분화되는 계기와 과정, 좌우합작의 통일전선 문제 등을 역사적으로 규명하는 작업에 매달려, 그 성과를 박사학위논문으로 제출하고 이를 간행(졸저, 《한국사회주의세력의 형성: 1919~1923》, 일조각, 2003)했다는 점일 것이다. 그 뒤 나의 관심은 대한민국 임시정부, 해외 전재동포의 귀환 문제에 이르기까지 다양한 분야로 넓어졌지만 내부를 꿰뚫는 중심 화두는 역시 통일이었다.

그렇다고는 해도 첫 책이 출간 된 뒤 다양한 문제에 관심을 가지고 글을 쓸 수 있게 된 것은, 나의 연구를 후원해 준 여러 연구기관과 선생님들의 덕택이다. 한국학중앙연구원은 초빙연구원으로 있는 동안 내가 아무 걱정 없이 공부에만 전념할 수 있도록 배려해 주었다. 수양동우회, 조봉암의 평화통일론에 대한 글은 이때 쓰여졌다. 국민대학교 한국학연구소 또한 한국학술진흥재단의 인문학 기초학문 연구과제 프로젝트에 나를 공동연구원으로 참여시켜 연구 의욕을 북돋아주었다. 덕분에 해외 전재동포 귀환 문제의 중요성에 대해 고민할 기회를 가졌다. 책 속에는 항도 인천을 무대로 전개되는 글 두 편이 포함되었는데, 인천대학교 인천학연구원과 인천광역시 역사자료관의 후원과 격려가 없었다면 이러한 작업은 처음부터 불가능했을 것이다. 새얼문화재단, 국사편찬위원회에도 감사한다. 내 공부의 오랜 둥지인 한국근현대사학회와 수요역사연구회에도 감사한다. 무엇보다도 내가 몸담고 있는 국가보훈처 공훈심사과에는 특별한 감사를 드려야겠다. 현재 이곳은 내 삶의 가장 든든한 울타리이며 함께 일하고 있는 동료들은 내 생애의 소중한 부분이다. 이곳에서 나는 역사가 단지 지나가버린 과거가 아니라 살아 숨쉬는 생명체임을 절절하게 느낀다.

말석에서나마 학계의 한 귀퉁이를 지킬 수 있도록 나를 키워준 곳은 모교이다. 학부와 대학원 재학 시절 윤병석 선생님을 비롯한 인하대학교 사학과의 선생님들이 베풀어주신 학은은 필자가 평생을 두고 갚아야 할 빚으로 남아 있다. 졸업한 뒤 원로 선생님들도 정년을 맞이하셨지만 모교의 넉넉한 품은 나를 여전히 감싸 안고 있다. 여러 해 진행한 강의 '한국근대화와 민족운동'과 '남북한 현대사의 전개'는 식민지 시기와 해방 후의 현대사를 통일적으로 파악하게 함으로써 내가 이 책을 구상하는데 적지 않은 자극이 되었다. 이영호·서영대·박은경·윤승준·이준갑 등 배려해 주신 모교의 선생님들, 부족한 강의를 들어준 학생들에게 고마움을 전한다.

학창 시절, 지식산업사에서 나온 책으로 공부했던 기억이 새로운데, 과분하게도 '필자'의 인연까지 맺게 되었다. 흔쾌히 간행을 맡아준 김경희 사장님께 감사드린다. 난삽한 원고를 깔끔하게 정리해준 김세준 선생과 편집부 여러분께도 고마운 마음을 전한다. 무례한 부탁을 마다않고 교정은 물론 책의 제목과 목차를 가다듬는 데도 고민을 함께 해준 동학 김윤정 선생의 노고에 깊이 감사한다. 이 책의 간행은 나도 미미하게나마 힘을 보탠 고 천관우 선생님의 유고집(《자료로 본 대한민국건국사》, 지식산업사, 2007)을 인연으로 이루어졌다는 점에서 고인께도 감사를 드려야겠다. 유고집 간행을 주도하고 이 책의 간행까지 주선해 주신 한영국 선생님께 깊은 감사를 드린다.

처음 이 책을 구상하면서 나는 제목을 정하는 데 상당한 고민을 해야 했다. 수록된 글들이 20여 년의 오랜 기간에 걸쳐 쓴 것인데다 연구 주제들 또한 서로 관련성이 그렇게 밀접해 보이지만은 않았기 때문이다. 그러나 '장고' 끝에 주제어를 정하면서 고민은 어느 정도 해소되었다. 한국 현대사에서 장기간에 걸친 민족 내부의 갈등과 투쟁의 간절한 지향을 '통일'만큼 적나라하게 드러내는 용어는 없을 것이기 때문이다.

오늘날 한국은 지구상의 유일한 분단국가로 남아 있다. 이 책이 통일의 문제를 정치적 방법적 문제로만 사고하지 않고 민족 동질성의 회복과 보편적 인간해방의 관점에서 해결하기를 바라는 평범하지만 정직한 이들과, 분단으로 말미암아 형언할 수 없는 고통을 당한 이들의 간절한 소망을 달래는 데 조금이나마 도움이 되었으면 하는 마음 간절하다.

원고를 넘길 무렵, 제2차 남북정상회담 소식이 들려왔다. 나는 내용을 떠나 회담의 성사 자체가 의미를 갖는다고 생각한다. 두 정상이 한 자리에 앉도록 이끈 것은 분단 이후 반세기 이상 통일을 위해 가시밭길을 택한 선열들의 투쟁의 결과이기 때문이다. '시련'은 이제 '희망'이 되어야 한다. 독자 여러분의 질정을 바란다.

2007년 10월
청계산을 바라보며
이 현 주

차 례

제3부 분단 국가 통일운동의 비극

제1부 항일민족통일전선과 신간회

제1장
신간회운동 연구의 성과와 과제

1. 신간회운동 연구의 의의

3·1 운동이 일제의 탄압으로 좌절되자 민족해방운동 진영 내부에서는 향후 운동의 방법과 전략을 둘러싸고 다양한 논의가 이루어졌다. 이러한 논의와 함께 국제적으로는 1917년 러시아 혁명의 성공, 제1차 세계대전 후 일본에서 고양된 민주주의운동, 중국 민족혁명운동의 진전 등에 힘입어 사회주의 사상이 도입되어 식민지 조선의 민족해방운동의 유력한 이론으로 정착되기 시작했다. 그 결과 적어도 1920년대 중반 이후 조선의 민족해방운동은 이념적인 면뿐만 아니라 실천적인 면에서 부르주아 민족주의운동과 사회주의운동으로 뚜렷이 분화되었다.

이러한 분화는 3·1 운동 이후 재편되는 민족 내부의 계급관계의 변화를 반영하면서도, 일제 식민지로부터의 해방을 최우선 목표로 간주했기 때문에 운동 전선의 통일에 대한 민중의 열망 또한 높아갔다. 1927년 2월 민족해방운동의 여러 세력이 이에 부응하여 반제민족통일전선의 일환으로 결성한 것이 바로 신간회였다.

1927년 2월부터 1931년 5월까지 존속한 신간회는 전국적으로 많을 때는 150여 개의 지회를 가지고 있었고, 회원 수도 약 4만 명에 이르러 일제 식민지 아래 최대 규모의 항일민족통일전선체였다. 물론 4년밖에 존속하지 못했고 엄밀한 의미에서 통일전선체로 규정하기에는 한계가 있으나, 일제 식민지 아래 민족통일전선의 조직 문제를 최초로 그리고 전면적으로 제기했다는 점에서, 신간회운동이 전체 민족해방운동사에서 갖는 의미는 결코 과소평가될 수 없다.

신간회운동에 대한 연구가 갖는 의미는 첫째, 식민지 아래 강력한 민족해방운동을 전개하기 위한 올바른 조직적 실천적 방침은 무엇인가라는 문제를 제기했다는 것이다. 식민지 민족해방운동이 민족 문제의 해결을 위해 식민지 민중을 중심으로 반제민족통일전선을 결성하는 핵심 과제를 해결하는 과정에서, 신간회는 반제민족통일전선 결성의 올바른 방략을 세우는 데 중요한 경험이 되었다. 둘째, 신간회운동 연구는 3·1 운동 이후 민족해방운동의 헤게모니가 민족 부르주아지에서 노동자·농민 등 식민지 민중으로 전이되는 과정을 보여준다. 3·1 운동이 실패한 뒤 민족 부르주아지의 영향력이 쇠퇴함과 동시에, 노동자·농민을 중심으로 하는 식민지 민중의 대중투쟁이 사회주의 사상과 결합하면서 조선공산당(이하 조공)을 건설하는 단계까지 나가는 것은 두루 아는 바와 같다. 셋째, 신간회운동은 당시의 청년·여성·노동·농민·형평운동 들과 연계되어 있었기 때문에 부문 운동에 대한 폭넓은 이해를 가능하게 해준다. 특히 지회의 활동을 검토함으로써 식민지 민중의 현실 인식과 구체적 요구, 나아가 내부의 계급적 입장의 차이 등을 파악할 수 있다. 넷째, 신간회에는 이 단체의 민족 문제 강령에 이해를 같이하는 거의 모든 민족해방운동 세력들이 참여하고 있었기 때문에, 공

新幹會創立大會

이백여명회원이출석하야

대회창립하고부서를제뎡

신간회 창립대회를 보도한 《동아일보》 기사(1927. 2. 17)

통의 인식 이면에 자리 잡은 각 세력의 민족해방운동론은 물론 해방 후 민족국가 건설의 방략까지도 전망할 수 있다.

신간회운동 연구가 갖는 이러한 의의와 함께 일반적으로 식민지의 민족해방운동에서 반제민족통일전선이 갖는 중요성 때문에, 신간회는 많은 연구자들의 주목을 받아왔고 연구 성과 또한 다른 어느 주제보다도 많이 축적되어 있다. 그 결과 창립과 활동과 해소에 이르는 운동의 전개과정에 대해 상당히 체계적이고 심도 있는 분석이 이루어졌다고 본다.[1]

이 글에서는 신간회운동 연구의 주요 성과를 검토하면서 향후 연구의 진전을 위해 몇 가지 전망을 제시하고자 한다.

2. 기존 연구의 동향

1) 남한의 연구

신간회운동에 참여한 경력이 있는 사람이 8·15 해방 이후 쓴 회고담을 제외하면 신간회운동에 대한 최초의 학문적 접근은 김용덕(金龍德)에 의해 이루어졌다.[2] 그가 신간회운동의 성격을 '항일통일민족전선'으로 규정한 이래 이와 같은 인식은 이후 연구자들에게도 그대로 수용되었다.

그러나 남한에서 신간회운동이 학문적 연구 대상으로서 관심을 끌기 시작한 것은 1970년대에 들어와서다. 물론 1970년대 이전의 연구가 전

---

1 신간회운동에 대한 1990년 이전의 연구사 정리는 姜萬吉, 〈新幹會運動〉, 《한국사연구입문》(제2판), 지식산업사, 1987; 역사문제연구소 민족해방운동연구반, 〈신간회운동〉, 《쟁점과 과제－민족해방운동사》, 역사비평사, 1990. 또한 1990년 이전 신간회에 관해 발표된 연구논문 목록은 이균영, 〈新幹會硏究〉, 한양대 대학원 사학과 박사학위논문, 1990, 1～3쪽의 주 1)을 참조.

2 金龍德, 〈新幹會에 대하여〉, 《師大學報》 3권 1호, 서울대 사대, 1957.

혀 없는 것은 아니다. 특히 조지훈(趙芝薰)의 연구는[3] 해방 후 신간회운동에 대한 최초의 본격적 접근이라는 점에서 주목할 만하다. 그는 신간회운동의 성격을 민족주의자와 사회주의자 두 진영이 민족주의를 표방하고 제휴한 민족운동단체의 운동으로 파악하였다. 조지훈은 신간회가 민족주의자들에 의해 주도되었다고 주장하면서도 식민지 시대의 사회주의를 '민족적 사회주의', '사회주의적 민족주의'로 평가함으로써 "민족해방의 방법론으로서의 사회주의"도 중요한 역할을 했다고 보았다. 이후 연구의 흐름에서 볼 때 사회주의 세력을 긍정적으로 평가한 조지훈의 견해가 갖는 의미는 중요하다. 왜냐하면 신간회운동은 "공산주의자들과의 협동은 어떠한 경우든지 실패로 끝날 수밖에 없다는 교훈을 남겼다"[4]는 평가가 당시로서는 오히려 일반적 인식이었기 때문이다.

신간회운동에 대한 접근 방법과 시각이 달라지는 것은 1970년대 후반에 들어서였다. 1972년 7·4 남북공동성명 발표 후, 분단 현실의 극복과 민족통일에 대한 민중의 열망은 이미 독재정권이 억압할 수 없는 대세를 이루었고 점차 민중의 입장에서 민중이 참여하는 민족통일운동이 기지개를 펴기 시작했다. 이와 함께 1970년대 사회·경제적 모순이 증폭되면서 노동운동과 농민운동이 고조되는 등 유신체제의 심한 탄압을 받으면서도 민주화운동이 끈질기게 진행되고 있었다. 이와 같은 1970년대 한국 사회의 현실이 식민지 시대의 역사를 돌아보는 작업 속에 반영되는 것은 자연스러운 일이었다. 더욱이 일제 시기 '좌우합작' 민족운동단체였던 신간회는 통일을 지향하는 역사 연구의 좋은 대상이었다. 이러한 현실 인식은 송건호(宋建鎬)의 연구와[5] 강만길(姜萬吉)의 시론적 연구에[6] 잘 나타나 있다. 특히 강만길의 연구는, 식민지 시대 통일민족국

---

3 趙芝薰, 〈民族社會運動史〉, 《韓國文化史大系》 I, 고려대 민족문화연구소, 1964.

4 李炫熙, 〈新幹會의 組織과 抗爭〉, 《史叢》 15·16 합집, 고려대 사학회, 1971.

5 宋建鎬, 〈新幹會運動〉, 《韓國近代史論》 2, 지식산업사, 1977.

6 姜萬吉, 〈韓國獨立運動의 역사적 성격〉, 《亞細亞研究》 59, 1978.

가 수립을 지향한 독립운동의 전개 과정에서 벌어진 신간회나 해외 민족유일당운동 같은 좌우연합전선운동에 초점을 맞춘 것으로 이 분야 연구에 의미 있는 영향을 끼쳤다. 강만길은 분단체제 아래 '분단 극복의 사학'을 제창하면서 신간회를, 이념을 달리하는 세력들이 민족해방이라는 공동의 목적 달성을 위해 서로 제휴한 좋은 본보기로 제시했다.[7]

이처럼 1970년대의 신간회운동 연구는 좌우합작의 측면을 강조하는 경향으로 흘렀다. 그러나 1980년대 이후의 연구는 1970년대의 연구 성과와 시각을 비판적으로 계승하면서,[8] 식민지 시대 민족해방운동의 과제가 반제 반봉건 민주주의혁명의 완수였음을 전제하고 신간회운동을 이러한 과제를 수행하기 위한 민족통일전선운동의 한 흐름으로 파악하려는 견해가 대두하는 등 양적으로나 질적으로 큰 진전을 보였다.[9] 특히 이 시기는 1980년의 광주민중항쟁으로 상징되는 한국 사회의 총체적인 민주변혁기로서, 민족민주운동의 방향과 전망 그리고 한국 사회의 성격을 둘러싼 논쟁에 자극받아 신간회운동의 노선·이론 문제가 연구 대상으로 크게 부각되었다.

이렇게 신간회운동 연구가 질적인 면에서도 발전할 수 있었던 데는 사회적 분위기와 아울러 그동안 연구의 진전을 가로막던 자료의 문제가 해결되기 시작한 점도 한몫을 했다. 운동 주체가 남긴 자료들이 발굴·정리되면서[10] 일제 관헌자료에 의존하던 기존 연구의 한계를 극복할 수 있

7 강만길의 연구에 대해서는 "좌우의 협동 그 자체를 중시하는 편향에 빠져 식민지 민족해방운동의 주체, 즉 광범위한 식민지 민중의 요구·지향과 관련하여 문제를 파악하지 못하였다"는 지적도 있다. 역사문제연구소 민족해방운동사 연구반, 앞의 책, 215쪽.

8 신간회운동을 직접적인 연구 대상으로 삼은 것은 아니지만 아래의 글은 강만길의 좌우합작노선과 운동을 강조하는 관점을 계승하고 있다. 서중석, 〈일제시대 사회주의자들의 민족관과 계급관－1920년대를 중심으로〉, 《韓國民族主義論》 3, 창작과 비평사, 1985.

9 1980년대 이후의 연구에 대한 소개는 이 글의 3절(27쪽 이하)에서 다루기로 한다.

10 대표적인 것을 들면 다음과 같다. 朴慶植 編, 《朝鮮問題資料叢書》 5~8권, アジア問題研究所, 三一書房, 1983; 村田陽一 編譯, 《コミンテルン資料集》 全六巻, 大月書店, 1978~

는 단서가 마련된 것이다. 1987년에는 신간회 창립의 한 주역이었던 조선일보사 주최로 신간회 창립 60주년 기념 학술회의가 열려 신간회운동이 '민족화합'의 상징으로 부각되기도 했다.[11]

2) 북한 · 국외의 연구

신간회운동에 대한 남한의 연구에 견주어 북한의 연구는 대단히 소략하다. 신간회에 대한 개별 논문은 전혀 없을뿐더러 평가 또한 대체로 부정적이다. 이는 1920년대 국내 사회주의운동이 종파주의에 빠져 민족해방운동에 아무런 기여도 하지 못했다고 하는 북한 학계의 인식과 밀접한 관련이 있다. 그러나 북한 학계의 신간회운동에 대한 평가가 처음부터 부정적이기만 했던 것은 아니다. 북한 권력 내부의 동향, 사회주의 건설사, 주체사상의 전일적 형성 과정 등과 밀접하게 연동되면서 신간회에 대한 인식이 변화되어 왔다.

1949년 연안파 출신의 최창익(崔昌益)은 신간회운동에 대해, 부수적인 한계점은 있었으나 기본적으로는 "프롤레타리아트 계급 진영의 반제반봉건 투쟁 역량을 정리하는 한편, 식민지 하에서 급속하게 파산되어 가는 광범위한 소자산 계급의 모든 반일운동을 포괄하는 반일민족통일전선"으로 높이 평가했다. 그가 '부수적인 한계점'으로 지적한 것은 신간회로 인한 노동조합·농민조합의 해소와 유명무실화, 신간회 내에서 계급운동의 청산, 공산당 지도의 방기 등이었으며 그러한 결함은 민족단일당적인 신간회의 인식과 개인가입이라는 조직 원칙에서 비롯된다

1983; 金奉雨 編, 《日帝下社會運動史資料集》 전12권, 한울아카데미, 1991.

11 조선일보사 주최 신간회 창립 60주년 기념 학술회의 '韓國民族運動과 新幹會'(프레스센터, 1987. 3. 2~3)에서 발표된 논문은 다음과 같다. 愼鏞廈, 〈1920年代 韓國民族運動의 특징〉; 李均永, 〈新幹會 創立과 支會설립〉; 朴永錫, 〈海外 獨立運動에 있어서의 民族唯一黨 운동〉; 李文遠, 〈新幹會의 活動〉; 劉載天, 〈新幹會와 言論〉; 朴容玉, 〈槿友會의 組織과 活動〉; 金昌順, 〈新幹會의 解消 배경〉; 姜萬吉, 〈新幹會 運動의 民族史的 意義〉.

고 보았다.[12]

이에 대해 최웅철 등은 신간회를 결코 반제통일전선의 조직체로 인정할 수 없다고 반박했다. 그 근거는 노동계급에 대한 당적 지도, 민족 진영에 대한 노동계급의 독자성, 노농동맹의 토대 등이 결여되어 있다는 것이다.[13] 이러한 평가는 최창익이 신간회의 부수적인 한계점으로 지적한 것과 내용상 일맥상통하는 것이지만, 그러한 결함이 신간회의 부분적 오류가 아니라 전면적인 오류라고 비판한 점에서 최창익의 평가와는 전혀 다르다. 따라서 그는 신간회가 민족유일당·민족통일전선 등을 표방했지만, 사실은 부르주아와 프롤레타리아트의 통일전선이 아닌 부르주아와 소부르주아의 통일에 지나지 않는다고 주장했다.

1956년 '8월 종파사건'으로 최창익 등 연안파 핵심이 조선노동당에서 출당 처분되면서 신간회운동에 대해 긍정적인 평가를 내렸던 최창익의 견해가 크게 후퇴하고 최웅철의 평가가 부상했다. 1960년대 이래 북한 내부의 권력구조가 안정되면서 신간회운동에 대한 평가도 다음과 같이 정리되었다. "반일단체인 신간회도 민족의 힘을 단합하는 것에 대한 광범한 인민대중의 지향을 떠나서는 생각할 수 없다. 만일 공산주의자의 지도가 정확하게 보증되어 있다고 한다면 신간회는 민족통일전선으로 발전할 수가 있었다." 그러나 "1920년대 우리나라에서는 통일전선 형성의 객관적 가능성이 존재했음에도 불구하고, 공산주의적 영도의 핵심이 없었기 때문에 반일민족통일전선의 수립과 노동계급의 영도 등과 같은 본질적인 문제를 해결할 수 없었고, 따라서 통일전선의 결성 문제는 단지 객관적 요구로서만 남게 되었다"[14]는 것이다. 요컨대 신간회는 반제

---

12 최창익, 〈조선 프롤레타리아트 계급운동〉, 《조선민족해방투쟁사》, 1949, 270~271쪽. 이 책은 1952년 도쿄의 三一書房에서 일본어로도 번역되었다.

13 최웅철, 〈1920년대 조선에서 로동계급의 상부구조에 끼친 종파분자들의 해독성에 대하여〉, 《력사과학》 1958년 1호.

14 김성제·장문선, 《항일무장투쟁시기 반일민족통일전선》, 1964, 18~24쪽.

민족통일전선이 아니었으나 반제민족통일전선으로 발전할 가능성과 필요성이 있었는데, 좌우익 기회주의 분파 분자들에 의해 해소된 것으로 평가하였다.

이와 같이 남한과 북한의 연구가 저마다 정치·사회적 조건의 영향으로 우여곡절을 겪은 반면, 국외에서 연구는 오히려 활발하였다. 이 가운데 공산주의운동사 연구의 한 갈래로 미국에서 한국인 학자들이 진행한 일련의 연구는,[15] 신간회가 코민테른의 지령을 받은 공산주의자들의 주도 아래 있었다는 점을 강조하고 있다. 이들은 연구 환경이 열악한 시기에 서방 세계에서 얻을 수 있는 자료를 널리 활용하여 한국 공산주의운동사의 체계화에 어느 정도 성공하고 있지만, 냉전 시기의 체제 대결적인 관점에 서 있다는 비판을 피하기 어렵다.

일본 학계의 신간회운동에 대한 연구도 활발하여 성과 또한 상당히 쌓였다. 이 가운데 가지무라 히데키(梶村秀樹)의 연구는[16] 선구적인 것으로 한국의 연구자들에게도 영향을 미쳤다. 그는 신간회운동의 전 과정을 조선 공산주의운동사에서 파악하는 관점에 따라, 신간회운동의 구체적인 전개 과정을 민족해방투쟁의 주도권이 부르주아지에서 프롤레타리아트로 이행해 가는 과도기로 상정했다. 따라서 신간회 '해소(解消)'를 통해 민족해방투쟁의 주체는 부르주아지에서 프롤레타리아트로 이행을 완료했다는 것이다. 조금은 도식적인 주장이지만 이와 같은 결론은 하나의 가설로서 이후의 연구에 큰 영향을 미쳤다.

그런데 일본 학계의 연구 경향과 관련하여 한 가지 지적할 것이 있다. 그것은 1920년대 신간회운동을 언급할 때, 당시 일본 국내의 사회운동

15 Dae-Sook SUH, *The Korean Communist Movement: 1918～1948,* Princeton University Press, 1967(현대사연구회 옮김, 《한국공산주의운동사연구》, 화다, 1985); Rovert A. Scalapino & Chong-Sik Lee, *Communism in Korea, Part1: The Movement,* University of California Press, 1972(한홍구 옮김, 《한국공산주의운동사》 1-3, 돌베개, 1986).

16 梶村秀樹, 〈新幹會研究のためノート〉,.《勞動運動史研究》 第48號, 1969(《新幹會研究》, 동녘, 1983과 《梶村秀樹著作集》 第四卷, 明石書店, 1992에 수록).

과 일제 식민통치의 대상인 조선의 민족해방운동의 조건을 이따금 같은 선상에 놓고 논하는 경우가 있다는 점이다. 이러한 경향은 가지무라 히데키의 연구에도 나타난다. 그는 신간회와 조선공산당의 관계를 일본공산당과 일본노농당의 관계와 동일시하고 있다. 이러한 인식은 식민통치의 주체와 대상을 분명하게 전제하지 않는 한 오해의 소지가 크다. 또한 식민지 피압박 민족의 민족해방투쟁을 계급해방을 추구하는 제국주의 국가의 사회주의운동과 동일시함으로써 민족통일전선의 최대 목표가 민족해방이라는 점을 놓칠 수 있다.

3. 신간회운동 연구의 쟁점

1) 창립의 배경 문제

신간회 창립의 배경과 요인에 대해서는 여러 가지 견해들이 제기되고 있으나 그것은 대체로 네 가지로 크게 나뉜다.

첫째는 신간회 창립의 동기가 3·1 운동 이후 부르주아 민족주의운동 내에서 자치운동이 대두하자 비타협 민족주의 세력과 사회주의 세력이 결성한 민족협동전선이라는 견해, 둘째는 신간회의 창립을 당시 민족해방운동전선 전체에서 일어나고 있던 민족유일당운동의 하나로 파악해야 한다는 견해, 셋째는 신간회의 창립 과정에서 특히 사회주의자들의 역할에 주목하여 신간회가 당시 일본 사회주의운동에서 나타난 후쿠모토주의(福本主義)의[17] 성행과 국내 유입에 힘입어 창립될 수 있었다고

17 1926년 이래 일본 공산주의자 후쿠모토 가즈오(福本和夫)가 제창한 것으로, 그는 무산계급운동의 발전을 경제주의적 조합운동, 조합적 정치투쟁, 사회주의적 정치투쟁의 3단계로 나누고 일본에서는 사회주의적 정치투쟁 단계로 접어들었다고 하여 '방향전환론'을 주장했다. 앞의 두 단계는 자연성장에 따라 도달할 수 있지만 마지막 단계는 무산계급

하는 견해, 그리고 넷째는 코민테른의 식민지 민족해방운동 전략과 지시에 따라 신간회가 창립되었다고 하는 견해 들이다. 물론 이러한 요인들이 서로 배타적인 것은 아니며 문제는 어느 것이 일차적이고 규정적으로 신간회 창립에 작용했느냐는 것이다.

첫 번째 견해를 대표하는 것은 조지훈과[18] 송건호의[19] 연구를 들 수 있다. 조지훈은 민족운동 대표기관이 무슨 형태로든지 있어야 한다는 국내 민족주의운동 지도자들의 요구, 국외의 공산주의자들이 국내의 특수 사정을 인식하여 민족주의자들과 타협을 모색한 점, 일제의 고등경찰 정책 등 세 가지를 신간회 창립의 직접적 요인으로 지적했다. 그리고 이들 중 첫 번째 요인을 가장 중시함으로써 신간회의 창립이 조선일보계를 중심으로 한 비타협 민족주의자들의 주도 아래 이루어졌다고 주장했다. 또한 송건호는 신간회 창립 전후의 민족주의 세력을 좌파와 우파로 나누어 이해하고, 좌파 민족주의자와 사회주의자들이 우파 민족주의자들의 자치운동에 대항하여 합작함으로써, 우파 민족주의자들의 자치운동을 기회주의로 파악하고 이를 분쇄하고자 '민족단일당' 또는 '민족협동전선'을 지향하면서 신간회를 발족한 것이라고 하였다.

신간회운동의 배경을 자치운동과 민족협동전선론의 대두에서 구한 송건호의 관점은 민족해방운동의 주체적인 측면을 강조했다는 점에서 설득력을 갖지만, 민족주의운동 내부에서 자치론이 대두되는 배경에 대한 설명은 빠져 있다. 또한 신간회 창립부터 해소에 이르기까지 신간회운동을 둘러싼 사회주의 세력의 동향에 대해서는 언급이 없어 당위적

외부에서 마르크스주의적 의식을 주입해야만 한다고 했다. "마르크스주의적 요소를 결정(結晶)하기 위해서는 결합하기 전에 깨끗이 분리해야" 하고 이를 위해서는 "당분간 이론투쟁을 전개해야" 한다고 주장했다. 후쿠모토주의에 대해서는 李錫台 編, 《社會科學大辭典》, 文友印書館, 1948, 263~264쪽 참조.

18 趙芝勳, 앞의 글.

19 宋建鎬, 앞의 글.

결론에 머무른 감이 있다.

이균영(李均永)의 연구는[20] 이러한 한계를 상당히 극복해 내고 있다. 그는 민족·사회·공산 진영에서 민족협동전선이 논의되어 온 과정을 살피는 가운데, 민족주의의 성격과 계급해방을 내세운 사회·공산주의의 성격도 함께 파악하고 있다. 또한 신간회가 누구에 의해서 어떻게 창립되었는가 하는 문제를 집중적으로 조명했다. 이균영은 신간회의 창립배경을 민족·사회·공산주의 세 진영에서 끊임없이 논의되어 온 민족협동전선론과 반(反)자치론에서 구하고 이러한 민족주의운동을 민족협동전선으로 이끌어낸 주체는 민족주의 좌파임을 밝히고 있다. 그러나 그가 신간회를 둘러싼 사회주의 진영의 동향을 살피는 데서 공산주의 진영과 사회주의 진영을 구분한다든지, 또는 개량주의로 흐르지 않은 민족주의 진영을 비타협 민족주의자와 민족주의 좌파로 구분하고 있는 점은 납득하기 어렵다.

조지훈, 송건호, 이균영 등이 신간회 창립의 주된 배경으로 민족주의자들의 이니셔티브에 의한 민족협동전선론을 들고 있음에 견주어, 일본에서 진행된 연구들은 대체로 민족협동전선론을 신간회 창립의 주된 배경으로 인정하면서도 그것의 주도권은 민족주의자들이 아니라 사회주의자들이었다는 논지를 펴고 있다. 가지무라 히데키는 앞의 글에서 신간회에 대해 "부르주아지가 동요하기 시작하여 확고한 노선을 제기하지 못하고, 프롤레타리아트에게는 아직 정치적 지도의 경험이 부족한 단계에서 필연화된 민족협동전선"이라는 가설을 제시하고 있다. 이러한 견해는 곧 신간회를 "민족해방운동의 주도권이 부르주아지에서 프롤레타

20 李均永, 《신간회연구》, 역사비평사, 1993. 이 책은 신간회 창립에서 해소에 이르는 전 과정의 총괄과 함께 지회 활동에 대한 분석에까지 연구 영역을 확장시켜 신간회운동에 대한 연구의 수준을 한단계 높인 노작이다. 이 책에 대한 서평은 다음을 참조. 朴贊勝, 〈서평－이균영, 新幹會硏究〉, 《爭點 한국近現代史》 4호, 한국근대사연구소, 1994; 水野直樹, 〈민족협동전선 연구의 신기원〉, 《역사비평》 1994년 봄호.

리아트에게로 전이하는 과정에서 양자의 세력이 균형을 이룸으로써 나타날 수 있었던 조직"으로 보는 것이다. 그런데 이렇게만 볼 경우 민족통일전선을 단순한 전술적 좌우합작 정도로만 인식할 우려도 있다.

일본인 학자로는 가장 정력적으로 신간회운동에 대한 연구에 몰두해온 미즈노 나오키(水野直樹)는 가지무라 히데키의 가설을 대체로 수용하면서, 신간회 창립 전 사회주의자들 사이에서 민족협동전선론이 제기된 배경을 상세하게 추적했다.[21] 이에 따르면 신간회가 창립되기 훨씬 전인 1924~1925년경부터 사회주의자들 사이에서는 민족협동전선의 필요성이 제기되어 왔으며 그 배경에는 '독립에 대한 민중의 지향'이 있었다고 한다. 그런데 이같은 견해를 비판하면서 가네모리 죠사쿠(金森襄作)는 신간회 결성이 후쿠모토주의를 비롯한 일본 사회주의운동의 영향을 받은 일월회계가 민족지상주의를 제기함에 따라 이루어졌다고 보고, 이는 이전까지 한국의 사회주의가 계급지상주의에 빠져 있던 상황과 관련하여 필연적으로 집중적인 논란을 일으킬 수밖에 없었다고 했다.[22]

박경식(朴慶植)도 신간회 창립의 배경을 사회주의 진영에서 있었던 민족통일전선론의 제기로 보고 있다. 그는 사회주의자들이 민족통일전선론을 주장하게 된 데는, 바깥으로 코민테른에서 반제통일전선 문제가 제기되고 중국에서 일어나고 있던 국공합작 문제의 영향이 있었음을 지적하면서도, 더욱 중요한 요인으로 "1920년대에 들어와 조선의 민족독립 문제가 사상적으로도 정치적으로도 전적으로 제기되고, 사회주의(공산주의)적 사상단체의 리더십 하에서 1924년에는 중앙 차원의 조선노동총동맹, 조선청년총동맹 등이 조직되고 이듬해 4월에는 그러한 단체

---

21 水野直樹, 〈新幹會運動に關する若干の問題〉, 《朝鮮史研究會論文集》 14, 1977(《신간회연구》, 동녘, 1983에 수록); 〈新幹會の創立をめぐって〉, 《近代朝鮮社會思想》, 1981(《한국근대사회와 사상》, 중원문화, 1984에 수록).

22 金森襄作, 〈論爭を通じてみた新幹會〉, 《朝鮮學報》 93, 1979(《신간회연구》, 동녘, 1983에 수록).

들을 기반으로 조선공산당이 성립되어 민족해방·독립을 주목표로 한 반제 반봉건 민주주의혁명의 과제가 명백하게 된 데 있다"[23]고 하였다.

두 번째 견해는 강만길에 의해 제시되었다.[24] 그는 앞의 이현희(李炫熙), 송건호, 미즈노 나오키 등의 연구를 검토하면서, 신간회운동을 단순히 국내의 좌우합작 문제로만 이해하지 말고 이 시기 독립운동전선 전체에서 일어난 민족유일당운동의 한 흐름이었음을 밝힐 때 이 운동이 독립운동사에서 갖는 위치가 뚜렷해질 것이라고 강조했다. 일제의 탄압이 철저해지고 고도화하는 반면 독립운동전선이 사상적으로 혹은 방법론적으로 분열해 가는 조건에서, 그것을 벗어나 전선 통일을 이루기 위한 차원 높은 방법론을 제시한 것이 민족유일당운동이었고 신간회운동도 그 일환으로 보아야 한다는 것이다. 강만길은 좌와 우 어느 한쪽의 이니셔티브를 인정하지 않고 같은 비중으로 평가하는 것으로 보인다. 그의 이러한 논지는 큰 호응을 불러일으켰지만 그것이 실증적인 연구성과로 제시되지 않고 시론적 가설로 제기되었다는 점에서 이후의 연구를 기다려야 했다.[25]

세 번째 견해는 이현희, 서대숙(徐大肅), 김준엽(金俊燁)·김창순(金昌順) 등이 제기했다. 특히 이현희는 신간회가 창립된 요인으로 세 가지를 들고 있다.[26] 첫째는 1924년 이후 사회주의 사상의 보급과 6·10 만세운동 등을 계기로 열세에 빠진 민족주의 지도층이 민족운동 대표기관의 탄생을 열망한 점, 둘째는 6·10 만세운동을 계기로 사회주의 진영 또한 그 세력이 크게 후퇴함에 따라, 1926년 8월 도쿄에 있던 일월회계의 안

23 朴慶植, 〈朝鮮民族解放運動と民族統一戰線〉, 《ファシズム期の國家と社會》, 東京大學出版會, 1980(《신간회연구》, 동녘, 1983에 수록).

24 姜萬吉, 주 1, 6, 11의 글.

25 이균영은 서울청년회가 주도한 '제한적' 통일전선체인 조선민흥회(朝鮮民興會)를 논하면서, 서울청년회계의 표면단체인 전진회가 1926년 3월 블라디보스토크에서 결성된 민족유일당 단체인 민족당주비회에 참여하고 있음을 밝히고 있다(이균영, 앞의 책, 73~94쪽).

26 李炫熙, 앞의 글.

광천(安光泉), 하필원(河弼源) 등이 귀국한 뒤 사회주의 운동의 파벌 청산을 내세우고 제3차 조공의 표면단체인 정우회에 가입하여, 당시 일본에서 성행하던 후쿠모토주의의 이론투쟁을 모방함으로써 대중 의식의 각성을 위한 정치투쟁 형태로 서둘러 진출하려는 움직임이 있었던 점을 들고 있다. 셋째로는 일제가 이른바 문화통치의 수단으로 결사의 자유를 내보이기 위해 신간회 창립을 허가했으나 사실은 이를 통해 항일 독립운동자들의 동태와 경향을 파악하려고 했다는 것이다. 요컨대 민족주의운동의 새로운 방향 모색과 사회주의운동 진영의 후쿠모토주의 도입이 결합하여 신간회가 창립되었다는 것이다. 서대숙도 "일본에서 귀국한 학생들에 의하여 제창된 '방향 전환'의 사상은 일본의 후쿠모토주의의 영향 때문이었다"[27]고 하여 같은 견해를 밝혔다.

그러나 이는 당시 일제 관헌들이 기록해 놓은 내용을 그대로 답습한 것으로[28] 많은 연구자들에 의해 비판되었다. 가지무라 히데키는 신간회 창립의 배경으로 사회주의 진영의 민족협동전선론 제창을 들고 이 과정에서 일월회계 사회주의자들이 중요한 구실을 했다고 보면서도 후쿠모토주의가 바로 민족협동전선론 제창의 직접적인 근거로 작용한 것은 아니라고 하였다. 미즈노 나오키도 후쿠모토주의의 방향전환론을 검토하면서 '결합 전의 분리'를 주장하는 후쿠모토주의가 민족협동전선론을 지향하는 일월회, 더 나아가서는 신간회운동의 이론적 뒷받침이 되었겠는가라며 반문하고 후쿠모토주의의 영향으로만 민족협동전선의 성립을 설명하는 것은 불가능하다고 주장했다. 그리고 이균영도, 사회주의자들이 신간회 창립에 참여하는 이론적 계기로 간주되는 〈정우회 선언(正友會宣言)〉을 분석하면서 "정우회 선언은 후쿠모토주의에 고무되었고 그 이론을 전술적으로 사용"했다고 간접적인 영향을 인정하지만, 후쿠모토

27 서대숙, 앞의 책(번역본), 88쪽.

28 京畿道警察部, 《治安槪況》, 1928, 5, 8쪽.

주의와 〈정우회 선언〉은 형성 배경이 되는 일본과 조선의 정치·경제적 상황이 서로 다르기 때문에 평면적인 비교나 검토는 불가능하다고 밝혔다.[29]

신간회 창립 요인에 관한 네 번째 견해의 대표적인 것으로는 스칼라피노(Robert A. Scalapino)·이정식(李庭植),[30] 김명구(金明久)[31] 등의 연구가 있는데 이들은 대개 코민테른 등 국제 공산주의운동의 직접적인 영향을 강조하고 있다. 김명구는, 1924년 중국 혁명운동에서 이루어진 제1차 국공합작에 고무된 코민테른이 조공에 중국과 같은 국민당 형태의 통일전선 조직을 요구했으며 조공도 창립 이래 일관되게 민족통일전선 수립을 모색해 왔다고 한다. 특히 그동안 사회주의 세력의 신간회 창립의 이론적 배경으로서 거의 정설이 되어왔던 후쿠모토주의를 정면으로 반박하고 〈정우회 선언〉과 코민테른 전술을 비교·분석함으로써, 신간회 창립에 관한 사회주의 세력의 이론적 배경은 후쿠모토주의가 아니라 코민테른의 '반제연합전선 전술'이라고 주장했다.

미즈노 나오키도 앞서 발표한 연구들에서 다소 수정된 시각에 따라 신간회 창립 과정에서 코민테른의 역할을 강조하고 있다.[32] 그는 "코민테른이 조공의 결성과 중국 국민혁명의 진전이라는 상황 가운데서 조선에서의 민족통일전선 수립에 매우 적극적인 자세를 보이고 있었으며, 이러한 코민테른의 방침을 받아 조공이 1926년 봄에 민족주의자와의 제휴에 기초한 '국민당'의 결성을 계획했던 사실과 6·10 만세운동을 '민족혁명 유일전선' 수립의 일보로서 전개"하고자 했던 사실에 주목하고 있다.

29 이균영, 앞의 책, 66~67쪽.

30 스칼라피노·이정식, 앞의 책(번역본).

31 金明久, 〈코민테른의 對韓政策과 新幹會, 1927~1931〉, 고려대 대학원 석사논문, 1982(《신간회연구》, 동녘, 1983에 수록).

32 水野直樹, 〈코민테른의 민족통일전선론과 신간회운동〉, 《역사비평》 1988년 봄호, 역사문제연구소, 66쪽.

2) 지회와 조직 문제

신간회는 1927년 1월 19일 각계 인사 27명으로 발기되고 조선민흥회와 합동을 결의한 후 2월 15일에 민족협동전선으로서 창립되었다. 창립 이래 신간회는 지회 조직이 급속히 확대되어 10개월 뒤인 1927년 12월 27일에는 100개 돌파 기념식을 거행할 정도였다

그러나 조직 확대와는 대조적으로 본부 차원에서는 신간회 강령에 명시된 비타협적 정치투쟁은 거의 전개하지 못했다.[33] 이는 물론 일제의 탄압 때문이었지만(신간회는 창립 이래 정기대회를 한 번도 치르지 못했다) 신간회 본부가 주로 민족주의계 명망가 중심으로 짜인 점도 중요한 요인이 된다. 오히려 신간회의 실질적인 활동은 지회 차원에서 이루어지고 있었음이 여러 연구들에서 밝혀지고 있다. 인적 구성 면에서도 본부와는 달리 많은 지회에서 젊고 활동적인 사회주의자들이 주도권을 쥐고 있었다. 따라서 신간회 지회에 대한 연구는 신간회운동의 내용을 보여줌은 물론 당시 사회주의자들의 활동과 민족통일전선에 대한 인식을 살피는 데 중요하다.

신간회 지회에 대해 처음으로 관심을 보인 것은 스칼라피노·이정식의 연구였다.[34] 이들은 관헌자료를 이용하여 신간회 홍원 지회의 활동상을 분석하면서 지회의 활동을 개관했다. 이들은 홍원 지회는 사회주의 사상을 가진 급진적인 청년지도자들이 창립했고 이들의 주도 아래 운영되었으며 이는 지회의 일반적인 상황이었다고 추론했다. 그러나 이러한 추론에서 더 나아가, "신간회(그리고 조공)의 지도자들은 대개 약간의 고등교육을 받았으나 현실적으로 출세하지 못한 계층의 출신자였다. 그

---

33 그러나 1929년 6월의 신간회 복대표대회를 통해 구성된 본부의 민족주의계 간부들이 주동하여, 광주학생운동(1929. 11)에 대한 신간회의 관여와 이를 대중운동으로 연결시키려고 했던 민중대회 사건은 비타협적 정치투쟁으로 볼 수 있다.

34 스칼라피노·이정식, 앞의 책(번역본), 168~170쪽.

들 대부분은 일본이나 서울에서 입신의 기회를 구하였으나 학업상의 낙오·가난, 또는 가정 사정으로 낙향해야 했다. 이들은 깊은 좌절을 맛보기도 했지만 약간의 경험과 교육을 갖추게 되어 자연스럽게 급진적 운동의 지도자가 되었다"는 설명에 이르면 이들 연구가 갖는 관점의 한계를 느끼지 않을 수 없다. 이 같은 주장은 민족해방운동을 탄압하던 일제 관헌의 논리와 다를 것이 없기 때문이다.

이와는 다른 시각에서 신간회 지회의 활동을 본격적으로 다룬 것은 미즈노 나오키의 연구였다. 그는 평양 지회와 단천 지회의 활동을 분석하면서[35] 신간회가 지회별로 저마다 그 주도 세력이 달랐음을 밝히고, 어느 경우든 1930년을 전후하여 민중운동이 혁명적으로 고양되던 상황에서 신간회라는 합법단체가 존립할 수 있는 여지는 줄어들 수밖에 없었다고 했다. 평양 지회에서는 부르주아 민족주의자가 주도권을 쥐고 있었기 때문에 1930년의 평양고무공장 노동자 파업에서 미온적인 입장을 취했던 것이며, 이것이 민중으로 하여금 신간회를 불신하게 만드는 계기가 되었고, 단천 지회에서는 1930년에 산림조합에 반대하는 농민폭동을 통해 합법적 운동의 한계가 입증되었다고 하였다. 또한 그는 신간회 동경지회의 활동을 다룬 연구에서[36] 창립 초기의 도쿄 지회가 '조선총독 폭압 정치 반대운동' 등을 통해 본래의 정치투쟁 영역으로 과감하게 진출했던 점을 들어 신간회운동의 본령이 이러한 투쟁에 있었다고 하며, 이는 일본에 설치된 지회가 갖는 유리한 조건을 최대한 활용한 것으로서 지회 전체를 보더라도 가장 특기할 만한 운동이라고 평가하고 있다.

직접적인 연구 대상으로 신간회운동을 다룬 것은 아니지만 강정숙(姜貞淑)과 이준식도 식민지 시대 농촌 사회의 변동과 농민운동을 다루는

35 水野直樹, 주 20의 글.

36 水野直樹, 〈新幹會東京支會の活動について〉, 《朝鮮史叢》 1호, 1979(《신간회연구》, 동녘, 1983에 수록).

가운데 신간회 지회에 대해 언급하고 있다. 강정숙의 연구는[37] 일제하 경북 안동지방의 농민운동과 관련하여 신간회 안동 지회의 성립과 활동을 다루고 있다. 이에 따르면 1927년까지 안동의 사회운동은, 농민·청년·노동·여성·형평 등 각 부문별 조직과 운동을 서로 연결하며 지도했던 사상단체인 화성회, 그리고 청년동맹 같은 사회단체 간부와 각 면의 유지들로 구성되어 있었다고 한다. 안동 지회 활동의 특징은 정치투쟁의 필요성을 역설하면서, 비록 민중의 생활상의 요구를 충분히 수용하지는 못했지만 구체적인 지역 문제를 제기하여 동양척식회사 등 일제 지배기관에 저항했다고 한다. 신간회 안동 지회는 1930년 지역 운동가들에 대한 일대 검거가 있기 전까지 각종 민중운동단체의 대표들이 간사의 역할을 수행하고 면 유지 일부가 참여하는 형태로 운영되었다. 신간회와 각 부문의 사회운동의 연관성에 대한 연구가 많지 않은 상황에서 농민운동과 신간회 지회의 관계를 구체적으로 확인시켜 준다는 점에서 주목할 만하다.

이준식은 일제하 함경남도 지방의 사회 변동과 농민운동을 고찰하는[38] 가운데 신간회 단천 지회와 홍원 지회의 활동상을 다루고 있다. 이에 따르면 신간회 단천 지회는 1927년 9월 11일에 사회주의계와 비사회주의계의 연합으로 설립되었다. 그러나 같은 해 12월 4일에 열린 정기대회를 계기로 사회주의계가 단천 지회의 주도권을 장악했다고 한다. 활동의 내용도 초기에는 민족 문제에 대한 관심을 표명하는 활동에서 민중의 일상 이익을 지키기 위한 활동으로 변화되었다. 그러나 1920년대 후반에 농촌 사회의 양극 분해가 진행되면서, 계급적 대중조직으로서 단천 농민동맹과 단천 청년동맹의 조직 역량이 강화될수록 민족협동전선을 표방한 신간회 단천 지회의 독자적 의의는 약화될 수밖에 없었다

37 강정숙, 〈일제하 안동지방의 농민운동에 관한 일 연구〉, 이화여대 대학원 사학과 석사학위논문, 1984(장시원 외, 《한국근대 농촌사회와 농민운동》, 열음사, 1988에 수록).

38 이준식, 《농촌사회 변동과 농민운동—일제침략기 함경남도의 경우》, 민영사, 1993.

고 한다. 홍원 지회도 상황은 비슷하다. 1927년 9월 30일 지역 내 각계의 연합으로 지회가 설립되었으나 조직의 운영은 사회주의 세력이 주도했다. 활동도 처음에는 주로 민족 문제를 둘러싼 추상적인 정치투쟁의 과제를 내세우는 것이 많았으나, 시간이 지날수록 지역 민중의 일상 이익과 관련된 문제를 제기하는 데 관심을 집중시켰다고 한다. 결국 홍원 지회도 지역 사회 내부에서 계급적 분화가 급속하게 진행되면서 독자적 활동의 영역은 점차 줄어들 수밖에 없었다.[39]

신간회 지회 전체에 대한 전반적인 검토를 시도한 연구도 있다. 신용희(愼庸希)는 신간회의 기관지로 불렸던 《조선일보(朝鮮日報)》의 신간회 지회 관련기사를 분석하여 신간회운동의 전체상을 파악하려 했다.[40] 이에 따르면, 1927년 2월 15일 신간회 창립부터 1928년 초까지의 지회 활동은 비교적 활발했지만, 1928년 2월 15일 전체대회가 금지되면서 본부가 우경화 경향을 띠게 되었고 일제의 탄압이 더욱 심해짐에 따라 지회 활동도 적극성을 잃어간 것으로 나타났다고 한다. 본부의 우경화에 대한 반발로 1929년 6월 복대표대회에서는 좌파 계열이 본부의 헤게모니를 장악하게 되었는데, 바로 이 민중대회 사건 이후 좌파 지도부가 대량 검거되면서 본부는 다시 우경화했고 아울러 1930년에 들어서 지회 활동은 더욱 부진을 면치 못했다고 한다. 이러한 결론 자체는 기존의 연구 성과와 다를 바 없는 일반적인 내용이지만 그가 인용·제시한 신간회 지회의 구체적 활동 내용은 상당히 의미가 있는 것이다.

그런데 이러한 연구들은 신간회 지회의 활동을 다른 연구 대상과 관련하여 부분적으로 언급한 것일 뿐, 본격적으로 연구한 것은 아니다. 이

39 이처럼 같은 홍원 지회의 활동을 다루면서도, 지역운동의 합법칙적 발전 과정 속에 신간회 홍원 지회의 위상을 자리매김하고 있는 점에서 스칼라피노·이정식의 시각과는 판이하다.

40 愼庸希, 〈新幹會 支會活動에 關한 硏究－조선일보 기사분석을 중심으로〉, 성균관대 사학과 대학원 석사학위논문, 1990.

는 주로 자료 부족에 원인이 있었다. 이러한 문제를 극복하여 신간회 지회 연구의 신기원을 연 것은 이균영의 연구였다.[41] 그의 연구에서 돋보이는 것은 연구 당시에는 접근이 쉽지 않았던 《조선일보》의 기사를 분석하고 지회 생존 회원들의 증언을 청취하여 이를 연구에 반영했다는 점이다. 제4장 〈지회의 설립과 활동〉에서 그는 신간회의 실질적인 활동 공간이었던 지회의 움직임을 통하여 당시 신간회가 안고 있었던 조직·노선상의 문제가 무엇이었는지를 구체적으로 살피고 있다. 요컨대 각 지방에 지회가 설립되어감으로써 신간회의 조직은 확대되었지만 구체적 활동을 할 수 없었고, 이를 타개하기 위해 각 지회에서는 정기대회에 제출할 정책안으로 ① 회장제의 집행위원장제로의 변경, ② 지방(도) 지회 연합기관의 설치, ③ 행동 강령의 제정, ④ 기관지 발간, ⑤ 단체가입제의 실현 등을 내세웠다고 하였다.

이러한 정책안들은 신간회라는 조직을 아래로부터 바꾸기 위한 것이었으며, 특히 단체가입제는 조직 문제에 관한 논의의 핵심적 내용을 이루었다고 한다. 그가 구체적으로 분석한 사례의 지회는 평양, 마산, 군산, 목포, 광양, 완도, 이렇게 여섯 개였다. 그는 이들 지회의 분석을 통해 지회 설립의 조직적 바탕이 된 것은 청년운동이었다는 점, 상공업이 발달한 지역의 지회에서는 민족 진영이 간부진을 주도하고 있었다는 점, 그러나 시간이 흐르면서 간부진의 성격이 변하여 사회주의자들 또는 노동운동가들이 주도권을 장악해 간다는 점, 각 지회에서 민족주의자들과 사회주의자들 사이에 특별한 이념적 갈등은 나타나지 않는다는 점, 지회의 활동이 정치적인 측면보다는 사회적인 측면에 치중해 있었다는 점 들을 밝혔다. 그러면서도 한 편으로 신간회는 조직적 차원에서 부문운동의 정치·사회적 활동에 관여할 수 없었으며, 목포 지회의 경우처럼 지회 설립 이전에 활발한 활동을 보였던 거의 모든 노동운동가들

41 이균영, 앞의 책, 제4장.

이 간부로 참여했지만 지회 설립 후 해소 때까지 단 한 건의 노동운동도 일어나지 않았다고 지적했다. 신간회 지회의 가장 적극적인 활동 형태는 진상 조사와 조정이었으며, 이러한 사실은 신간회가 식민지 조선 민중의 정치·사회적 훈련의 도장 또는 일제 통치에 대한 일정한 압력 수단이 될 수 있는 단계의 협동전선에 지나지 않는 것임을 가리킨다고 보았다. 따라서 이러한 신간회를 명실상부한 '정치적 투쟁단체'로 전환시키는 것이 당시 민족해방운동의 과제였고, 그러한 전환을 위한 해소운동의 문제 제기 자체는 정당한 것이었다고 주장했다.[42]

이제 신간회 지회의 활동과 관련하여 조직 문제에 대한 연구 동향을 볼 차례이다. 신간회는 지회가 급속히 증가했는데도 창립된 지 1년여가 지나도록 구체적인 활동 지침을 갖지 못했다. 자연히 신간회의 활동 역시 이전의 사회단체들이 전개해 왔던 그것과 크게 다를 수가 없었다. 그런데 신간회에 참여한 세력들, 특히 조공 사회주의자들의 입장에서 볼 때 운동이 침체된 가장 큰 요인은 신간회가 갖고 있는 조직상의 오류, 곧 당적 조직 형태에 있었다. 따라서 이들은 신간회의 조직 형태를 운동 정세의 변화에 따라 다르게 규정하고 이를 개편하고자 했다.[43]

이전까지 신간회의 조직 원리가 통일전선의 일반적 조직 원리와는 달리 당적 형태(개인가입제)로 된 이유에 대해서는, 신간회의 모델인 중국의 국공합작이 공산당원의 국민당 개입가입을 전제로 한 점,[44] 민족단일당인 신간회에 가입하기 위하여 계급정당과 사상단체의 해소를 제창

42 한편 미즈노 나오키는 이균영의 저서에 대한 서평 중 지회 활동과 관련하여 "인물 한 사람 한 사람의 경력이나 활동이 구체적인 데 비해, 각각의 지회에서 누가 어떤 역할을 담당했는지는 분명치 않다"고 하며 증언을 통해 이 점이 해명되지 못했다고 지적했다(水野直樹, 앞의 서평).

43 金明久, 앞의 글; 李賢周, 〈新幹會에 참여한 社會主義者들의 運動論－ML黨系를 중심으로〉, 《한국민족운동사연구》 4, 지식산업사, 1989(본서의 제1부 4장); 이균영, 앞의 책, 제4장.

44 朴東雲, 〈新幹會 運動의 思想과 國際的 환경〉, 《韓國思想》 8, 1968, 451~452쪽.

하는 상황의 영향,[45] 신간회 창립 당시 민족주의단체는 극소수인 반면 사회주의 영향권에는 노동·농민·청년·사상·여성·형평운동 같은 단체가 포함되어 있었기 때문에 민족주의자 쪽에서는 단체가입을 견제했을 것이며 사회주의자 쪽에서도 단체가입을 주장할 경우 제휴가 난관에 빠질 것을 우려했기 때문에 개인가입제가 채택되었다는 견해[46] 등이 제시되어 있다. 그 밖에 이 세 가지 모두 복합적인 요인으로 보는 견해도[47] 있으나 어느 요인이 주된 것이었는지는 분명히 밝혀질 필요가 있다. 물론 민족유일당운동이 전개되었던 만주는 국내와 달리 노동자·농민 등의 대중적 기반이 취약했기 때문에 당적 형태의 통일전선을 제창했다고 생각할 수 있지만, 광범한 대중적 기반이 형성되어 있는 국내에서 통일전선의 조직 형태로 왜 당적 형태가 채택되지 않으면 안 되었는가 하는 의문을 제기할 필요가 있다.

지금까지의 연구에서는 이균영에 의해, 1929년 복대표대회 이후 간사제를 중앙집행위원회제로 변경한 것은 지회의 활동과 요구에 따른 것이었다는 점, 그리고 이 연장선에서 1928년경부터는 단체가입제 채택 시도가 코민테른과 조공 및 지회에서 있었다는 점 들이 밝혀져 있다. 그러나 이러한 해명을 인정한다 해도 조직 문제의 규명이 모두 이루어진 것은 아니다. 다시 말해서 통일전선체로서 신간회의 조직 방식 자체에 대한 문제 제기는 거의 없었다는 것이다. 이것은 1920년대 민족해방운동의 주·객관적 조건 속에서 통일전선의 조직 방식은 어떠했어야 하는가에 대한 전면적인 검토를 요청하는 것이다. 따라서 민족협동전선이 반제통일전선을 의미한다면 신간회운동을 주도했던 활동가들이 이해했던 반제통일전선론에 대한 사상·이론적 관점이 비교·검토되어야만 할 것이

45 梶村秀樹, 앞의 글, 182쪽.

46 韓洪九, 〈新幹會 構成員 研究〉, 서울대 국사학과 학사학위논문, 1984.

47 이균영, 앞의 책, 270쪽.

고, 신간회운동에서 반제민족통일전선의 사상적 정치적 원칙과 전략·전술적 방침이 어떻게 관철되고 있는가가 조직과 운동의 측면에서 검토되어야 할 것이다.[48]

3) 전략 · 전술과 해소 문제

신간회는 3·1 운동 이래 국내 민족해방운동이 부르주아 민족주의운동과 사회주의운동으로 분화된 조건 속에서 민족주의 좌파(또는 비타협 민족주의자)와 사회주의 진영이 연합하여 조직한 최대의 민족통일전선체였다. 크게 보아 민족주의 좌파와 사회주의 진영으로 볼 수 있지만 신간회가 조직적으로 확대되면서 민족주의 우파가 참여하게 되고, 사회주의 진영의 내부도 화요계, 서울·상해계, ML계 같은 여러 세력들로 구분되어 신간회에 모여 있었던 것이다. 따라서 신간회를 둘러싸고 운동 세력마다 견해와 노선도 서로 달랐다.

지금껏 신간회를 바라보는 민족주의 좌파의 견해를 놓고서는, 신간회를 민족단일당으로서 높이 평가하여 창립을 주도하는 등 적극적으로 참가했다는 정도만 인식되었을 뿐 그들의 운동 노선에 대한 구체적인 언급은 없었다. 이는 그동안 신간회를 포함한 한국 근현대의 민족통일전선운동을 주로 좌파의 활동을 중심으로 연구해 왔기 때문이다. 민족통일전선운동에서 다른 한쪽 파트너인 민족주의 진영의 노선과 견해에 관한 본격적인 관심은 역사문제연구소에서 마련한 심포지엄을 통해서였다.[49] 이균영은 이 심포지엄에서 신간회 군산 지회와 평양 지회의 분석

---

48 이러한 문제 제기는 정용욱, 〈신간회 조직의 한계와 반제민족통일전선〉, 《역사비평》 1989 겨울호를 참조.

49 역사문제연구소 개소 5주년 기념 심포지엄, 〈한국근현대 민족주의와 민족통일전선운동〉(1991. 10. 26, 연세대학교 장기원기념관). 발표된 논문은 다음과 같다. 전우용, 〈일제하 민족자본가의 존재양태와 민족주의〉; 이균영, 〈신간회운동에서의 민족주의세력의 위치〉; 서중석, 〈해방후 남한의 우익민족주의와 민족통일전선〉; 김성보, 〈북한의 민족주의

을 통해 신간회에 참여한 민족주의 진영의 노선과 이념을 밝히고자 했으나 조직적 결집의 흔적을 확인했을 뿐 그들의 이념적 지향을 밝히는 데까지 이르지는 못했다.

한편 박찬승(朴贊勝)은 한국 근대 정치사상사의 맥락에서 민족주의 좌파의 형성 과정과 신간회운동론을 검토하고 있다.[50] 이에 따르면 부르주아 민족주의 좌파는 1920년대 중반에, 특히 부르주아 민족주의 진영의 내부에서 자치운동론이 대두하자 이에 대응하여 반대 세력을 결집하면서 형성되었고 이들 세력의 주요 근거지는 조선일보사와 천도교 구파였다고 한다. 이어 부르주아 민족주의 좌파의 운동론을 보면, 이들은 기본적으로 민족운동가나 계급운동가가 민족해방 이후 어떠한 사회체제를 건설할 것인지에 대해서는 견해가 다르지만, 우선적으로 민족해방이 이루어져야 한다는 점에는 이견이 없으므로 민족해방의 단계까지는 보조를 같이 할 수 있다고 보았다. 또한 민족주의 좌파는 식민지 조선에서는 비타협적인 정치투쟁이 대단히 중요하므로 이를 수행하기 위한 '민족단일당'이 필요하다고 보고, 신간회는 아직 '민족단일당의 매개 형태' 수준에 있다고 간주했다고 한다. 따라서 신간회는 우선 지식층을 중심으로 '정치적 전위 분자'의 결집에 노력해야 하며, 노동자·농민 등 기층 대중을 중심으로 하는 대중적 정치투쟁은 시기상조라고 주장했다고 한다. 신간회 해소에 대해서도 민족주의 좌파는 사회주의자들의 신간회 해소론에 반대하면서 오히려 신간회에 참여한 각 진영이 신간회의 틀 안에서 다시 '신협동'을 꾀해야 한다고 했다는 것이다. 그러나 원론적인 분석에 그쳐 신간회와 민족해방운동의 주도권을 둘러싼 제 운동 세력의 역학관계, 구체적 현실 인식, 전술 문제 등을 해명하지는 못하였다.

신간회운동의 헤게모니와 관련하여 민족주의 좌파의 신간회운동론을

세력과 민족통일전선운동〉.

50 朴贊勝, 〈1920년대 중반~1930년대 초 민족주의좌파의 신간회운동론〉, 《韓國史硏究》 80, 1993.

설득력 있게 전개한 것은 한상구(韓相龜)의 연구이다.[51] 그의 문제의식은 기존의 연구가 주로 사회주의 세력들의 주장과 실천을 중심으로, 그 중에서도 제3차 조공을 중심으로 서술하고 있으며, 또한 신간회운동 시기가 당시 식민지 조선에 밀어닥친 어떠한 정치적 상황과 맞물려 있는지를 거의 놓치고 있다는 것이다. 이러한 연구 경향이 민족주의자들의 행동과 논리에 대한 접근을 간과하게 만들고, 이러한 이유로 신간회를 둘러싼 민족·사회주의자들의 운동론과 운동 양태에 대한 연구는 조선의 일반적인 정세나 상황 변화와 구체적으로 연결되지 못하고 그 자체로서만 분석·정리되고 있다는 것이다. 그에 따르면 1925년부터 일본의 정치 상황이 개량적으로 변화해 가자 조선의 민족주의 진영은 전국적 민족운동기관을 만들려 했다고 한다. 비타협 민족주의자들은 새로운 정세 속에서 반드시 출현할 '자치당'에 대응하는 것을 제1의 목적으로 하여 신간회를 출범시켰다. 신간회는 처음부터 민족주의자들의 민족운동기관이라는 것을 분명히 하면서 신간회에 사회주의 세력이 조직적으로 결합하는 것을 매우 경계하였다. 따라서 신간회를 만든 민족주의자들은 신간회 속에 '신간 그룹'이라는 좀더 조직적인 결사를 계획했다. 그러나 그들은 신간회를 주체적으로 투쟁을 전개하는 조직으로 성장시키지는 않았으며, 자치당이 출현할 때까지 그들에게 신간회는 조직 자체의 유지가 중요했다고 한다. 그런데 1927년 말 정세가 반동화되어 가자 신간회의 민족주의자들은 그동안 타협파로 지목되어 왔던 세력들까지 신간회에 합류시켰다. 물론 명분은 일제의 탄압에 대해 조직적 방어력을 높이고 동시에 사회주의자들의 신간회 장악 기도를 막아내려는 것이었다고 한다. 검토의 여지가 없지는 않지만 그의 문제 제기와 설득력 있는 자료 해석은, 그것들의 해명 여하에 따라서는 신간회의 통일전선적 성

51 韓相龜, 〈1926~28년 新幹會의 民族協同戰線論〉, 서울대 대학원 국사학과 석사학위논문, 1993.

격의 수준을 다시 점검해 볼 수 있게 해준다.

이처럼 민족주의 진영의 신간회운동론에 대한 연구가 부진한 반면, 사회주의자들의 신간회운동론에 대해서는 일찍부터 많은 논자들이 관심을 기울여 이미 상당 부분 해명이 된 상태이다. 그럼에도 논자들 사이의 이견도 많다. 신간회 창립 시기에 조선 국내의 사회주의자들은 대체로 화요계, 서울·상해계, ML계 등 세 파로 나뉘어 있었다. 그리고 이들은 각 파에 따라 그리고 시기에 따라 신간회에 대한 의미 부여를 달리하였으며, 여기에 코민테른의 민족통일전선에 대한 방침, 조선 공산주의운동과 신간회를 둘러싼 각 파의 헤게모니 쟁탈전 등이 복잡하게 얽혀 있었다. 더욱이 이 문제는 1920~1930년대 조선 공산주의운동 과정에서 전개되는 여러 논의의 중심에 놓여 있었기 때문에 연구자들로부터 많은 관심을 받아왔다. 그런데 신간회를 둘러싼 사회주의 각 파의 운동론은 처음부터 독자적인 논리체계를 갖추지 못한 채 논쟁의 형태로 표출되었다. 이러한 사회주의 진영 내부의 논쟁은, 사회주의자들이 신간회에 참여하는 이론적 배경으로 간주되는 〈정우회 선언〉을 둘러싸고 정우회와 전진회가 벌인 논쟁에서 비롯되어 사상단체 해체 찬반론, 양당론, 청산론 들으로 이어졌다.[52]

이와 같은 논쟁에 대해 처음 주목한 것은 서대숙이었다.[53] 그에 따르면 "사회주의운동 내 중요한 두 그룹이 통일전선인 신간회를 공격하였는데 그 중 한 그룹이 공산주의자를 통일전선에서 탈퇴시키고 민족주의당(국민당)을 공산당으로부터 분리한다는 이른바 양당론을 제창하였으며, 청산론을 표방하는 또 다른 그룹은 국내에서 공산주의 활동의 일시적인 정지를 제창하고, 항일투쟁에서 민족주의자와 진정한 통일을 이룩하여 법에 저촉되지 않는 범위 내에서 활동하고, 공산당과 제반 활동은

52 이균영, 앞의 책, 63쪽.

53 서대숙, 앞의 책(번역본), 94쪽.

모두 청산하자고 제안하였다"는 것이다. 이어 김명구는 양당론은 신간회를 공격하기 위한 이론이 아니라 서울계 구파의 운동론이며 그것의 내용은 민족단일당(신간회) 외에 무산계급의 단일 정당을 만들어 민족단일당과 협동 또는 대립해야 한다는, 곧 민족단일당을 부르주아 정당으로 간주하는 것이라 하였다. 또한 서울계 신파는 프롤레타리아트의 헤게모니를 포기하자는 '청산주의'를 표방했다고 한다.[54]

이와 같은 견해를 비판하면서 이균영은 사회주의 진영 내부의 일련의 논쟁에 대해 상세히 분석하였다.[55] 그에 따르면, 〈정우회 선언〉에 대한 검토문을 발표한 서울계의 표면단체인 전진회도 민족협동전선의 결성에는 찬성하면서 그 속에서 프롤레타리아의 계급적 독자성과 이니셔티브를 어떻게 할 것인가 하는 문제를 제기한 것인데, 이에 대해 〈정우회 선언〉은 분명한 해답을 제시하지 못했다. 정우회가 제기한 사상단체 해체론도 그 근거를 명확히 제시하기보다는 ML당의 〈정우회 선언〉에 대한 민중적 지지를 이용하여 목적을 관철시켰을 뿐이었다. 이에 대해 서울계는 조선사회단체중앙협의회의 상설을 주장, 이를 무산계급정당의 준비기관으로 삼으려 했고 조공 쪽은 이를 '양당론'이라고 몰아붙이면서 조직을 동원하여 협의회 상설을 부결시켰다. 그런데 이 양당론에도 프롤레타리아의 독자성과 이니셔티브 문제가 반영되어 있으며, 바로 이러한 이유에서 일제 시기 사회주의자들 사이에 있었던 파쟁의 한 원인이 조선 혁명의 미래에 대한 서로 다른 전망에서 비롯되었다는 것이다. 그러나 이와는 달리 그후 서울계에서 다시 제기한 청산론은 신간회에서 프롤레타리아의 계급적 독자성은 포기되어야 한다는 내용이었고, 이는 단지 주도권 장악을 위한 명분론일 뿐 이론적인 정합성은 결여했다고 한다. 오미일(吳美一)도 '청산론'이 맑스·레닌주의적 관점을 견지하지

54 金明久, 앞의 글.

55 이균영, 앞의 책, 제2장.

못하여 극우적 경향을 갖고 있고, 물적 토대에 대한 분석도 전략전술론과 일치된 정합성을 보여주지 못했다고 평가했다.[56]

이균영의 연구에 힘입어 논쟁의 경과나 내용은 밝혀진 셈이지만 재론의 여지가 없는 것은 아니다. 그것은 당시 제3차 조공(ML당)과 조직적으로 대항할 만큼 독자적인 세력을 유지하고 있던 서울계가 왜 이론상의 일관성이 없이 갑자기 '양당론'에서 이율배반적인 '청산론'으로 자신들의 노선을 전환하는가 하는 문제이다. 이에 대해 김승(金勝)은 양당론은 서울계 '잔류파'(제3차 조공은 물론 이른바 춘경원당에도 가담하지 않은)의 이론이며, 청산론은 서울계 구파(춘경원당 주축)의 이론이라는 새로운 견해를 제시했다.[57] 한편 김형국(金亨國)은 청산론이 주장한 계급 헤게모니의 포기를 곧 우경화라고 평가한 기존의 연구를 비판하면서, 청산론은 식민지적 특수성을 바탕으로 사회주의 사상을 현실에 적용시키려는 것으로 서울파의 청산론의 내용은 민족단일전선당론과 국민국가건설론이라고 주장했다.[58]

이와는 다른 각도에서 신간회에 참여한 사회주의 세력의 운동론을 신간회 존립의 시기 전체에 걸쳐 밝혀보려 한 연구도 있다. ML당계를 중심으로 사회주의자들의 신간회운동론을 살핀 이현주(李賢周)에 따르면,[59] ML당계의 대 신간회 전술은 운동 정세의 변화에 대응하여 대체로 네 단계의 변화를 보인다고 한다. 그리고 전술이 변화되어 가는 과정은 노동자·농민의 조직 내 헤게모니 강화라는 원칙이 일관되게 추구되고 있다고 하였다. 이는 결국 신간회의 '해소'를 통한 '아래로부터의 통일전선'을 지향하는 과정을 보여주는 것으로, 전술 논의의 초점이 협동전선의 조직 형태에 모아지고 있음은 이를 말해준다고 한다. 이와 유사한

---

56 오미일, 〈일제시기 사회주의자들의 농업문제 인식〉, 《역사비평》 1989 겨울호.

57 金勝, 〈新幹會 위상을 둘러싼 '兩黨論'·'淸算論' 논쟁 硏究〉, 《釜大史學》 17, 1993.

58 金亨國, 〈1920年代 植民地 朝鮮의 社會主義와 '淸算論' 硏究〉, 《淸溪史學》 10, 1993.

59 李賢周, 앞의 글.

시각에서 윤종일(尹鍾一)과 김인식(金仁植)도 사회주의자들의 민족협동전선에 대한 인식과 실천의 변화 과정 및 신간회운동 시기 ML계의 부르주아민주주의혁명론을 신간회운동과의 관련 속에서 고찰하고 있다.[60]

한편 사회주의 세력의 신간회운동론을 제3차 조공을 주도했던 일월회계를 중심으로 새롭게 고찰한 연구가 있다. 한상구에 따르면[61] 본래 일본 유학생 그룹인 일월회계 사회주의자들은 당시 일본 무산정당의 정치적 진출에 크게 고무되어 있었다. 따라서 그들은 국내에 진출하여 제3차 조공에서 이론적 주도권을 장악한 뒤 일본의 무산정당과 대응하는 정당적 조직을 합법 공간 속에 출현시키려고 노력했다. 그러한 조직이 민족주의자들과의 제휴를 배제하는 것은 아니었지만 실질적이고 공개적인 활동의 주도권은 사회주의자들이 장악한다는 것이 전제되어 있었다. 그러나 이러한 계획이 국내 상황에서 곤란해지자 이들은 다시 신간회를 이용한다는 전략을 세웠다. 이러한 방책은 1927년 한 해 내내 시도되었지만, 그들은 민족주의자들을 민족해방운동의 동맹자로서 철저히 인식하거나 그들과 정치적 사상적 제휴를 구체적이고 적극적으로 모색하지는 않았다. 오히려 항상 정세의 변화에 민감하게 반응하면서 자신들의 처음 목표였던 합법적 정치조직의 결성을 여러 차례 시도했다고 한다. 새로운 해석을 담고 있음을 알 수 있다. 다만 일월회계가 조공을 장악했음을 고려한다 해도, 이와 같은 타협성을 지닌 일월회계 사회주의자들이 국내 기반이 상대적으로 우월했던 서울계를 제치고 어떻게 '비타협적인' 민족주의 좌파 진영과 연합할 수 있었을까 하는 점은 좀더 연구되어야 할 것이다.

코민테른의 민족통일전선에 관한 방침과 관련지어 조공의 대 신간회

60 尹鍾一, 〈1920年代 民族協同戰線硏究－社會主義者들의 입장을 중심으로〉, 경희대 대학원 사학과 박사학위논문, 1991; 김인식, 〈신간회운동기 ML계의 부르주아민주주의혁명론〉, 《中央史論》 7, 1991.

61 韓相龜, 〈1926~28년 사회주의세력의 운동론과 新幹會〉, 《韓國史論》 32, 1994.

정책을 논의한 연구도 있다. 김명구,[62] 미즈노 나오키[63] 등은 조공의 신간회에 대한 방침은 코민테른의 방침을 일방적으로 수용하는 형태로 마련되었다고 파악하고 있다. 특히 미즈노 나오키는, 1922년 이후 코민테른의 〈동양 테제〉에서 식민지·반식민지 나라들의 민족통일전선 결성 문제가 제기되었다가 1928년 코민테른 제6차 대회에서 이 문제의 중요성이 부인되기까지, 조선공산주의자들과 조공이 일관되게 코민테른의 방침을 충실히 따랐다고 한다. 아울러 코민테른의 지침이 주로 중국을 모델로 만들어졌다는 점도 강조하고 있다. 이와 관련하여 코민테른이나 일본 못지않게 중국혁명운동의 진전이 신간회운동을 중심으로 하는 국내 민족해방운동에 미친 영향도 주목해야 하지만 현재로서는 흔적만이 확인된다.[64]

신간회운동론의 연장선상에 있으면서도 비중 있게 다루어야 할 것이 해소(론) 문제이다. 신간회 해소론은 1930년 부산 지회에서 처음 제기되었는데, 기존의 대부분의 연구에서는 해소론 대두의 중요 계기로 코민테른의 이른바 〈12월 테제〉를 거론해 왔다. 그러나 미즈노 나오키가 밝힌 바에 따르면[65] 〈12월 테제〉가 신간회 해소 문제를 제기한 것이 아니라 오히려 신간회에서 공산주의자의 활동 강화를 지시했다고 하며, 이와 같은 점은 다른 연구들에서도 지적되었다. 따라서 해소론 제기의 배경을 코민테른 지침으로만 설명하는 주장은 더 이상 설득력을 얻기 어렵게 되었다. 신간회 해소론은 ML계의 반제협동전선의 결성을 위한 첫 단계의 실천 과제로 제기된 것이며, 이는 당시 노동자·농민운동의 고

62 金明久, 앞의 글 참조.

63 水野直樹, 주 32의 글 참조.

64 다음의 연구는 당시 중국, 일본의 조선인 사회주의자들이 연결하여 조직했다는 혁명사(革命社)의 활동을 소개하고 있다. 朴鍾隣, 〈1920年代 '統一'朝鮮共產黨의 結成過程에 關한 연구〉, 연세대 대학원 사학과 석사학위논문, 1993.

65 水野直樹, 주 32의 글.

양이라는 나름대로의 정세관에 바탕을 두고 있었다는 견해가 제시되기도 했다.[66]

해소 과정을 비롯하여 신간회 해소 문제의 구체적 내용은 이균영에 의해 많은 부분이 밝혀졌다.[67] 이에 따르면 신간회가 당적 조직 형태를 가짐으로써 각 부문운동을 지원할 수 없었던 조직상의 문제, 중앙간부진의 온건화 경향이라는 노선상의 문제, 격화된 노동·농민운동 등 민중의 급격한 진출에 따른 '운동의 내재적 발전' 도상에서 신간회 해소론이 떠오른 것으로 파악하고 있다. 신간회 해소운동은 어디까지나 조선 사회주의자들의 자주적 정세 판단에 힘입었다는 것이다. 이어 그는 신간회 해소론자들의 논리를 상세하게 분석하면서 이들이 제기하는 해소 이유인 조직 형태 개편, 강령의 개정 등은 신간회 내부에서 1927년 말부터 끊임없이 논의되었던 문제이며, 따라서 각 지회의 해소론 제기는 국내 민족해방운동의 내재적 흐름 위에 위치한다고 보았다.

특히 신간회 지회의 해소운동과 공산주의 각 파의 조공 재건운동의 관계를 추적함으로써 해소론의 내적 원인에 대한 규명에 접근하고 있는 점은 주목할 만하다. 다만 좀더 신중한 판단이 필요한 것은 신간회 해소론이 제기되는 배경 가운데 '당연히' 코민테른의 전술 변화도 고려해야 한다는 점이다. 조선의 민족해방운동에서 코민테른의 사회주의자들에 대한 규정력은 절대적이었다.

해소의 원인과 배경에 대한 견해가 다른 만큼 평가도 각기 다르다. 가지무라 히데키를 비롯하여 일본학계에서는, 대체적으로 신간회를 "민족해방운동의 주도권이 부르주아지에서 프롤레타리아트에게로 전이하는 과정에서 출현한 산물"로 보는 관점에 따라 해소를 긍정적으로 보고 있다. 다만 해소가 지나치게 기계적으로 진행됨으로써 "소부르주아 급진

66 李賢周, 앞의 글.

67 이균영, 앞의 책, 제5장.

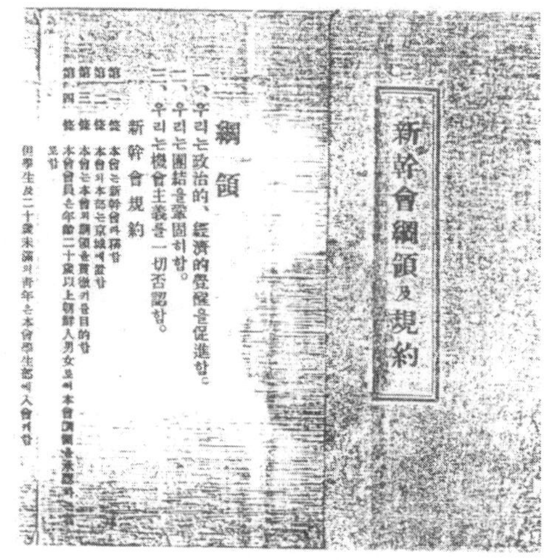

新幹會綱領及規約

綱領

一、우리는政治的、經濟的覺醒을促進함。

二、우리는團結을鞏固히함。

三、우리는機會主義를一切否認함。

新幹會規約

第一條 本會는新幹會라稱함

第二條 本會의本部는京城에置함

第三條 本會는本會의綱領을貫徹키를目的함

第四條 本會會員은年齡二十歲以上朝鮮人男女로써本會綱領을承認하는者로함

但學生及二十歲未滿의青年은本會學生部에入會케함

신간회 강령과 규약(1927)

주의의 에너지를 수용하지 못했던 점이 아쉽다"고 하였다.

뉘앙스는 다르지만 이균영도 해소운동에는 "신간회를 민족적 계급적 문제를 해결할 수 있는 정치투쟁을 수행할 수 있는 단체로 전환시켜 나가려는 민족운동의 과제가 반영되어 있으나, 해소운동이 바로 해체가 된 것은 오류였다"고 하여 원칙적으로는 긍정적인 평가를 내리고 있다. 그러나 이러한 평가는 다분히 신간회 해소론의 전술적 측면에 대한 고려에서 비롯한 바가 크다. 신간회 해소에 대한 객관적인 평가는 신간회 해소 이후 전개되는 1930년대 조선 공산주의운동의 성과에 따라 가늠되는 것이기 때문이다.

4. 신간회의 위상 평가를 위한 연구 과제

신간회운동은 그것이 갖는 현재적 의의 때문에 상당량의 연구가 축적되어 지회의 활동을 분석하는 데까지 나아가고 있다. 그러나 이것으로 신간회운동에 대한 연구가 끝났다고 볼 수는 없다. 많은 논의가 있었던 만큼 이견이 많은데다가 아직 해명되지 못한 부분도 남아 있기 때문이다. 앞서 검토한 내용을 종합하면서 몇 가지 과제를 제시하는 것으로 이 장을 마무리하고자 한다.

첫째, 신간회 창립의 배경 문제와 관련하여 창립의 국제적 배경을 다각적이고 심도 있게 추구할 필요가 있다. 신간회가 창립된 직접적인 요인이 여러 운동 세력의 내재적인 민족협동전선론이었음을 부인할 수는 없지만, 이와 같은 민족협동전선론의 형성 배경에 미친 코민테른과 중국, 일본의 영향을 무시할 수 없다. 이 중에서도 코민테른의 대 신간회 정책과 일본 사회운동이 신간회 창립에 미친 영향은 어느 정도 해명되고 있으나, 당시 운동 주체들이 남긴 자료에도 산재하는 중국혁명운동의 진전이 신간회의 창립에 끼친 영향은 거의 밝혀져 있지 않다. 이 문제의 해명은 당시 중국 지역에서 전개된 민족유일당운동과의 연계를 구체적으로 확인해 줄 수 있다는 점에서도 연구 의의가 크다. 그러나 이 경우에도 운동론이나 전술적인 영향보다는 실제 운동의 상호 파급이라는 관점에서 구체적으로 해명되어야 할 것이다.

둘째, 신간회라는 민족통일전선체의 한쪽 파트너인 민족주의 좌파의 형성 과정과 노선을 해명하는 일이다. 민족주의 좌파의 형성이 자치운동의 대두에서 직접적으로 촉발되고 있는 것은 밝혀져 있지만, 이렇게만 한정할 경우 민족주의 좌파의 정치세력화 이후 식민지 시대와 해방정국에 걸쳐 한국 민족주의의 한 줄기를 형성하는 그들의 존재를 왜소화시킬 우려가 있다. 민족주의 좌파의 형성 과정을 한말(韓末) 이래 한국 민족주의의 전개 과정 속에서 바라보는 거시적 안목이 필요하지 않을까 여겨진다. 이러한 이해의 토대 위에서 민족주의 좌파의 신간회운동론을 살필 때 신간회운동에서 차지하는 이들의 위상이 올바로 자리매김 될 수 있을 것이다. 이런 점에서 최근의 연구 가운데 민족주의 좌파가 신간회에 대해 분명한 견해를 갖고 있었다는 문제 제기는 주목되며, 더욱 깊이 있게 천착되어야 한다고 생각한다.

셋째, 신간회에 참여하는 여러 사회주의 분파의 운동론을 좀더 분명히 밝히는 일이다. 이 문제는 많은 연구자들에 의해 논의되었지만 같은 주제에 대해서도 연구자 수만큼이나 이견이 분분하다. 이러한 상황을 극복하기 위해서는 연구자들의 더욱 객관적인 연구 자세가 필요하지만, 자료 부족에 따른 원인도 적지 않다. 예를 들어 서울청년회계의 신간회 운동론을 밝히기 위해 이들과는 경쟁 또는 대립관계에 있었던 ML당계가 남긴 문건을 활용할 수밖에 없는 현실은 새로운 자료 발굴의 중요성을 새삼 일깨워준다고 하겠다.

넷째, 신간회 해소를 둘러싼 문제이다. 이 문제도 신간회운동의 다른 어떤 분야보다도 많은 논의가 있었지만 해소 과정이 좀더 구체적으로 밝혀져야 할 것이다. 특히 해소론에 관한 상반된 평가들이 왜 나올 수밖에 없는지를 따져야 할 것이다. 그러나 이러한 문제를 해소론자들이 제시한 논리만을 가지고 접근할 경우에는 해명이 어렵다. 역시 당시 식민지 조선의 사회·경제적 조건, 민족해방운동의 단계, 일제 식민지정책 들과의 상관관계를 분명히 하는 가운데 접근해야 할 것이다.

끝으로 신간회운동이 식민지 시기 민족해방운동사에서 어떤 위치를 차지하고 있는가를 규명하는 일이다. 위에서 언급한 문제들이 해명되면 신간회의 역사적 성격은 더욱 분명해지겠지만, 현재까지 제시된 신간회운동의 역사적 성격은 대단히 추상적이어서 어느 한 측면만을 강조하거나 당위적인 주장에 머무르는 경향이 없지 않다. 당위적인 의미 부여가 구체적인 사실로 뒷받침될 때에 신간회운동의 역사적 성격은 총체적으로 드러날 수 있을 것이다.

《한국근현대사연구》 제2집, 한울, 1995

제2장
서울파의 통일전선운동과 조선민흥회

1. 서울청년회와 조선민흥회

3·1 운동 전후 민족운동 전선에 사회주의 사상이 보급되면서 국내 각지에는 사회주의를 이념적 지표로 하는 여러 서클과 사상단체들이 생겨났다. 이 가운데 서울파는 화요파, ML파 등과 함께 이 시기에 영향력 있는 운동 세력의 하나였다. 본래 서울파는 1921년에 조직된 서울청년회를 모태로 형성되었으며, 그 형성의 배경과 과정을 살펴볼 때 3·1 운동을 전후한 시기에 일본 유학을 경험한 인물들을 중심으로 조직된 다른 운동 세력과는 달리, 구성원의 다수가 1910년대 중국 국민혁명과 만주 무장독립운동 및 3·1 운동에 직접 참여한 인사들이라는 점이 주목된다. 아울러 부르주아 민족주의 이념에 바탕을 둔 민족운동과 공산주의운동을 연결시켜 주는 계기이자 매개가 될 수 있다는 점에서도 중요하다.

이와 같은 중요성이 있음에도 서울파의 민족운동에 대한 연구는 대단히 불충분하다.[1] 이는 주로 서울파가 조선공산당과 대립·경쟁함으로써

---

1 서울청년회·서울파에 관한 연구 성과는 다음과 같다. 方仁厚, 《北韓 '朝鮮勞動黨'의 形成과 發展 》, 고려대 아세아문제연구소, 1967; 李達鎬, 〈1920年代 '서울派' 社會主義運動의 組織活動과 路線〉, 한양대 대학원 사학과 석사학위논문, 1990; 韓東旻, 〈1920年代 後半 서울系 社會主義者들의 運動論—'新朝鮮共產黨'과 '朝鮮運動'그룹을 중심으로〉, 중앙대 대

식민지 시대 한국공산주의 운동의 '분파'로서 '비주류'의 처지에 있었다는 인식에서 비롯하는 바가 크다. 때문에 그동안 1920년대 국내 공산주의운동에 대한 연구는 조선공산당의 '주류'로 인식된 화요파와 ML파에 집중되어 있었던 것이다. 그럼에도 서울파가 조선공산당과 함께 1920년대 조선 공산주의운동을 양분하는 구실을 했다는 사실은 부인하기 어렵다. 따라서 1920년대 국내 공산주의운동, 나아가 민족운동의 동향과 분화 양상을 전체적으로 조명하려면 서울파에 대한 연구는 필수적이다.

이 장에서는 1920년대 서울파의 민족통일전선운동에 대한 고찰을 통해 '비주류'의 운동에 대한 인식을 좀더 분명히 하고자 한다. 한국 공산주의운동에서 민족통일전선의 문제가 처음 본격적으로 제기되는 것은 1922~1924년에 이르는 시기다. 이 시기에는 국내의 경우 사회주의자들이 독자적인 운동 세력으로 분립해 가는 과정에 있거나 민족주의 세력과 이미 대립관계를 형성하고 있으며, 국외 지역은 이러한 상황이 좀더 이르게 대두했다. 요컨대 민족통일전선 문제는 사회주의자들의 조직·사상적인 자기세력화가 선행된 뒤에 제기될 수 있는 것이다. 따라서 1920년대 서울파의 민족통일전선운동도 '서울파'라는 운동 진영의 독자적인 자기세력화 과정의 토대 위에서 고찰될 것이다.[2]

학원 사학과 석사학위논문, 1996; 李賢周, 〈서울青年會의 초기조직과 활동(1920~1922)〉, 《國史館論叢》 70, 국사편찬위원회, 1996; 임경석, 〈서울파 공산주의그룹의 형성〉, 《역사와 현실》 28, 1998; 이현주, 《한국 사회주의세력의 형성: 1919~1923》, 일조각, 2003; 전명혁, 《1920년대 한국사회주의운동 연구》, 선인, 2006.

2 식민지 시대 민족통일전선운동에 대한 연구사 정리는 이애숙, 〈민족통일전선운동〉, 한국역사연구회, 《한국역사입문》 3: 근대·현대편, 풀빛, 1996; 李賢周, 〈新幹會운동 연구의 성과와 과제〉, 《한국근현대사연구》 3, 한울, 1995(본서의 제1부 1장) 참조.

2. '서울파'의 형성과 전위당 조직

1) 서울청년회와 '서울파'

3·1 운동 전후 사회주의 사상의 수용과 민족운동의 분화, 그리고 서울파의 모태가 되는 서울청년회의 창립 배경과 관련하여 우선 주목해야 할 것은 1919년 4월 23일 서울에서 개최된 '국민대회(國民大會)'이다.[3] 국민대회는 3·1 운동 직후 민족운동의 '최고 영도 기관'이던 임시정부 건립의 한 갈래로 추진된 '한성정부(漢城政府)'의 수립을 선포한 집회였다. 뒷날 서울청년회의 지도자가 되는 김사국(金思國)은 그의 동지들과 함께 국민대회를 조직하고 이를 실행하는 작업을 총괄했다. 이때 김사국과 함께 국민대회를 추진하고 한성정부 선포 문건의 배포 등을 담당한 이들은 김유인(金裕寅)·이춘균(李春均)·장채극(張彩極)·최상덕(崔上德)·윤좌진〔尹佐珍(鎭)〕·김홍식(金鴻植) 등으로, 서울청년회가 창립될 때 김사국의 직계를 형성했다.

이들 말고도 국민대회의 조직 과정에는 조선민족대동단이 관련되어 있었다. 이들이 비록 국민대회에 조직적으로 가담하지는 않았으나 지도부의 주요 성원이 개인적으로 참가했고, 그 가운데 최익환(崔益煥)·권태석(權泰錫) 같은 대동단원 일부가 나중에 '서울꼼그룹'에 참여했다. 이들은 뒤에 서울파가 주도하는 민족통일전선운동의 인적 기반이 되었다.

서울청년회가 창립되는 직접적인 배경은 3·1 운동이 끝나자마자 시작된 청년단체의 연합기관 설립을 위한 움직임 속에서 찾을 수 있다. 《동아일보(東亞日報)》를 중심으로 연합기관을 세우기 위해 두 가지 방안이 제출되었다. 하나는 전국의 각 청년회에 연락하여 연합을 도모하자는 것이었고, 다른 하나는 중앙에 '서울청년회'를 조직하고 이를 주체

---

3 李賢周, 주 1의 글 참조.

로 연합기관을 발기하자는 것이었다. 논란 끝에 후자에 중심을 두고 전자의 방식을 병행하는 쪽으로 결정이 내려졌다. 하지만 서울 지역의 청년단체를 중심으로 연합기관을 세우는 쪽으로 조선청년회연합회의 조직 방향이 구체화됨으로써 서울청년회의 창립은 잠시 미루어졌다.

조선청년회연합회 기성회의 출범으로 서울청년회의 창립은 본격화되었다. 1920년 8월 5일 발기인대회가 개최되었고 이듬해 1월 23일에는 서울청년회가 정식으로 출범했다. 창립 당시의 임원을 볼 때 서울청년회는 대체로 세 개 그룹으로 구성되었다. 첫째는 이득년(李得秊)·오상근(吳祥根)을 중심으로 하는 보수·민족주의자 그룹, 둘째는 장덕수(張德秀)·김명식(金明植)·윤자영(尹滋瑛) 등의 '사회혁명당' 그룹, 그리고 셋째는 김사국·이영(李英)·한신교(韓愼敎)·김한(金翰)을 중심으로 한 국내 사회주의자 그룹 들이었다. 사회혁명당 그룹은 상해파 고려공산당에 참가하여 그 국내 지부가 되었고, 넓은 의미의 민족 부르주아지까지를 포괄한다는 자신들의 민족통일전선 전략에 따라 《동아일보》를 매개로 보수·민족주의자 그룹과 연합하여 국내 사회주의자 그룹과 대립했다.[4] 초기의 조선청년회연합회, 조선노동공제회 등은 사실상 사회혁명당의 영향력 아래에 있었다.[5] 사회혁명당 그룹이 일본 유학생 출신들이 주축이 되었다면 국내 사회주의자 그룹은 3·1 운동을 전후한 시기에 국내와 만주, 중국 관내를 아울러 무장독립운동의 경험을 가진 인물이 다수를 차지했다.

양자의 대립은 조선청년회연합회의 주도권 문제를 놓고 표면화되었다. 서울청년회 내의 사회혁명당과 동아일보계는 조선청년회연합회를 '타협적 개량주의적'으로 이끌어가려고 했을 뿐만 아니라 김윤식(金允植)의 사회장(社會葬)을 추진함으로써 자파의 결집을 시도하였다. 국내

---

4 金錣洙 회고, 《본대로 드른대로 생각난대로 지어 만든대로》(미간행 타자본), 페이지 없음.

5 金白秋(金規勉), 〈老兵 金規勉의 備忘錄에서〉(미간행 원고본, 연도 미상), 69쪽.

사회주의자 그룹은 이를 민족운동에 대한 모독으로 간주하고 민중에게 김윤식 사회장 추진의 '반동성'을 폭로함으로써 사회혁명당과 동아일보계의 시도를 무산시켰다.[6] 김윤식 사회장 파동의 여파로 사회혁명당과 동아일보계의 입지는 크게 흔들렸고 국내 사회주의자 그룹은 서울청년회의 주도권을 장악했다.

사회혁명당 그룹은 '사기공산당' 사건을 계기로 조선청년회연합회 안에서도 위상이 내려앉았다. 서울청년회를 장악한 국내 사회주의자 그룹의 김사국과 김한은 1922년 4월 조선청년회연합회 제3회 정기총회에서 사기공산당 사건 관련자 전원의 제명을 요구했으나 부결되었다. 이에 서울청년회는 자신들의 주장에 동조하는 18개의 청년단체와 함께 조선청년회연합회를 탈퇴하고 사기공산당 사건의 관련자로 지목된 장덕수·김명식·오상근·최팔용(崔八鏞)·이봉수(李鳳洙) 5인을 서울청년회에서 제명시켰다.[7]

1922년 4월 서울청년회는 사회주의자들을 중심으로 조직을 개편했다. 조직 형태도 이사제에서 집행위원제로 변경했다.[8] 개편된 조직은 김사국의 직계인 '국민대회파'를 중심으로 조선청년회연합회의 일부, 그리고 임봉순(任鳳淳)·이정윤(李廷允)·박형병(朴衡秉)·국기열(鞠琦烈)·홍순

---

6 金翰, 〈故 金允植 社會葬反對に際し此の文を一般民衆に送る〉, 《諺文新聞差押記事輯錄(朝鮮日報)》, 朝鮮總督府警務局 圖書課, 1932, 58~61쪽. 김윤식의 사회장은 이상재(李商在) 등 민족 진영 일부에게서도 빈축을 샀다(葛弘基, 《月南李商在先生略傳》, 대한민국 공보실, 1956, 135~136쪽).

7 李江(梁明), 〈朝鮮青年運動史的 考察〉 中, 《現代評論》 제9호(1927. 10), 22~23쪽. 그런데 양자간의 갈등과 반목은 임시정부 수립을 위한 '국민대회'에까지 거슬러 올라간다. 국민대회를 통한 임시정부수립운동 과정에는 '한성정부'와 '신한민국정부(新韓民國政府)'의 두 개 정부가 대립해 있었고, 이 중 이봉수·홍도(洪濤, 洪鎭義)·이춘숙(李春塾) 등 후자의 관련자들이 사회혁명당의 핵심을 형성하고 있다(李賢周, 〈3·1운동 직후 '國民大會'와 임시정부 수립운동〉, 《한국근현대사연구》 6, 1997).

8 京畿道警察部, 《治安槪況》 1925. 5(李在華·韓洪九 편, 《韓國民族解放運動史資料叢書》 2, 경원문화사, 1988, 369쪽).

青年黨,青總,勞農
統一運動에全力

서울青年會

同盟創立

서울청년회의 활동을 보도한 《동아일보》 기사(1925. 1. 5)

기(洪淳起) 등 일본 유학생 출신들로 짜였다. 일본 유학생 출신의 부상은 서울청년회가 김사국과 같은 지도자 개인의 카리스마와 인맥에 따라 이끌어지기보다는, 사회주의 단체로서 좀더 조직적이고 사상적으로 활동할 것을 예고하고 있었다.

그런데 개편을 전후하여 서울청년회는 이른바 제2의 사기공산당 사건을 계기로 주류인 김사국계와 김한·신백우(申伯雨)를 비롯한 무산자동맹회로 다시 갈라졌다. 두 차례에 걸친 사기공산당 파동으로 상해파 고려공산당과 이르쿠츠크파 고려공산당 등 국외 공산주의 그룹에 대한 서울청년회의 배타적 태도는 더욱 굳어졌다. 공산주의운동의 분파로서 '서울파'의 형성은 여기에서 비롯되었다.

2) 전위당의 조직

사회주의단체로 개편된 직후 서울청년회의 활동은 노동운동에 집중되었다. 이들은 노동자 대중을 조직하기 위해 새로운 노동단체를 조직하기보다는 기존 노동단체와 제휴하여 이를 장악하는 방법을 활용했다. 이는 조선노동대회를 장악하고 경성자유노동조합을 조직하는 데서도 나타난다. 이러한 과정을 통해 서울청년회는 불완전하게나마 노동운동의 주도권을 쥠으로써, 전국적 노동운동 기관을 결성하기 위한 발판을 마련했다.

1922년 9월 서울청년회는 전국의 청년단체에 대표 김사국 명의로 10월 30일에 '전조선청년단대회'를 개최한다는 공문을 보냈다. 대립관계에 있던 조선청년회연합회의 저지로 예정된 날짜에 대회를 치르지는 못했지만, 이듬해 3월 전조선청년당대회를 성공적으로 개최함으로써 서울청년회는 청년·사회운동의 주도권을 장악했다.

서울청년회의 조직 활동은 노동계급의 전위조직을 세우려는 전략과 맞물려 있었다. 그런데 전위조직 결성을 위한 서울청년회의 활동은 이보다 이른 시기에 진행되고 있었던 것 같다. 한 연구에 따르면 1921년 5월에 이르쿠츠크에서 개최된 고려공산당 창립대회에 서울청년회의 대표 김사국이 참여했다고 한다.[9] 1922년 11월 서울청년회는 김사국의 지도 아래 노농대중의 세력을 결집하면서 "종래 상해파의 무원칙한 지도를 거부하고" 지하 전위조직 결성에 노력하여 '서울꼼그룹'을 결성했다.[10] 이어 서울파는 전조선청년당대회를 한 달여 앞둔 1923년 2월 20일 전위정당으로 '고려공산동맹'을 조직했다. 이들은 일제 관헌의 관심이 전조선청년당대회에 집중되어 있는 기회를 이용하여 김사국을 비롯한 김영만(金榮萬)·이영·임봉순·장채극·김유인·강택진(姜宅鎭) 등 17명의 중앙위원을 선출하는 한편, 정학원(鄭鶴源, 충청도)·이운혁(李雲赫, 함경북도)·이낙영(李樂永, 함경남도)·안준(安浚, 경상남도)·박표(朴豹, 전라북도) 등을 각 도책에 임명함으로써 비밀리에 고려공산동맹 조직의 인선을 완료했다.[11]

9 坪江汕二, 《朝鮮民族獨立運動秘史》, 1959, 112쪽. 전거를 밝히지 않아 진위 여부를 판단하기는 어려우나 상해파 고려공산당의 국내 기관인 사회혁명당과의 대립관계를 고려해 보면 여지가 있다.

10 〈金裕寅 訊問調書〉(方仁厚, 앞의 책, 23쪽에서 재인용); 李錫台 編, 《社會科學大辭典》, 文友印書館, 1948, 600쪽.

11 김영만·최창익, 〈코민테른 집행위원회에게: 서울청년회 내부에 현존하는 공산주의 조직 '고려공산동맹' 전권대표로부터〉 1926. 2(러시아현대사 문서보관연구센터, фонд495-оп

이어 서울파는 고려공산동맹 중앙간부 청년부 책임자인 이정윤을 중심으로 김사국, 이영, 강택진 등이 협의하여 공산청년회 조직에 착수했다. 그리하여 이정윤을 책임비서로 하고, 임봉순·장채극·김병일(金炳一)·조기승(趙紀勝)·이인수(李仁洙) 등을 중앙간부로 하는 '고려공산청년동맹(高麗共産青年同盟)'을 조직했다.[12] 지금까지 이들은 서울청년회를 중심으로 합법·표면단체로 존재해 왔으나 전위당인 고려공산동맹과 고려공산청년동맹을 조직함으로써 한국 공산주의운동사에서 처음으로 '서울파'라는 독자적인 분파를 형성했다.

고려공산동맹 책임비서 김사국은 공산당의 조직 사실을 보고하기 위해 서울을 떠나 블라디보스토크의 코민테른 집행위원회 원동부에 갔다. 이 자리에서 그는 "전조선청년당대회를 계기로 서울청년회가 중심이 되어 조선에 공산당을 조직하였으니 승인하여 주기 바란다"고 요청하고 국내의 상황을 보고했다. 그러나 코민테른은 이를 받아들이지 않았다. 하는 수 없이 김사국은 뒷날을 기약하고 블라디보스토크를 출발, 일제 관헌의 추적을 피해 활동 거점을 잠시 북만주로 옮겼다.[13]

이들은 만주에도 진출하여 1923년 초 '간도총국'이라는 고려공산동맹의 만주 지부를 설치했다. 간도총국은 북간도의 용정(龍井)과 북만주의 영고탑(寧古塔)에 각각 동양학원과 대동학원을 설립하여 공산주의 사상의 선전과 보급에 주력했다.[14] 간도총국의 주요 구성원은 김사국·박원

ись 35-дело125), 103쪽; 전명혁, 〈1920년대 공산주의운동의 기원과 조선공산당〉, 역사학연구소 편, 《한국공산주의운동사연구－현황과 전망》, 아세아문화사, 1997, 102쪽. 그동안 고려공산동맹의 창립 시기는 일제 관헌자료 탓에 1924년 10월로 잘못 알려져왔다(方仁厚, 앞의 책, 25쪽).

12 咸鏡南道, 〈서울系共産黨檢擧概況〉 1930. 7, 13~14쪽(方仁厚, 위의 책, 25쪽에서 재인용).

13 최계립·홍파, 〈赤旗團 略史〉, 洪範圖 편, 《韓國獨立運動史資料集》, 한국정신문화연구원, 1996, 178쪽. 1923년 초 김사국은 경성자유노동조합 사건으로 수배중이었다.

14 〈제1회 고려공산청년회 만주단체 협의회록〉(필사본, 1927. 1), 30쪽; 金世敏, 〈東滿의 政

희(朴元熙)·방한민(方漢旻)·김정기(金正琪)·정백(鄭柏)·한명찬(韓明燦) 등이었다.

1924년 11월 25일 창립된 북풍회가 코민테른의 승인을 받기 위해 대표를 파견하자 고려공산동맹은 1924년 12월 6일 이영·정백·이정윤·박형병·한신교·김영만·이낙영·최창익(崔昌益) 등 50여 명의 발기로 사회주의자동맹을 창립했다. 서울파는 다시 연해주 블라디보스토크에 자리잡은 코민테른 원동부에 사회주의자동맹의 대표를 파견하여 코민테른의 승인을 얻고자 하였으나 실패했다.[15]

그러나 코민테른의 승인을 받기 위한 서울파의 노력은 1925년 가을에 접어들면서 부분적인 결실을 맺기 시작했다. 1925년 가을 화요파 조선공산당이 승인을 받기 위해 조봉암(曺奉岩)과 조동호(趙東祜)를 코민테른에 파견하자, 서울파의 고려공산동맹도 이에 대응하여 김영만·최창익·이운혁을 파견했다. 이들 말고도 조선노동당(스파르타쿠스단)과 북풍회(까엔당)가 각각 이남두(李南斗)와 신철(辛鐵)을 대표로 파견했다. 코민테른에 승인을 요구하는 자리에서 조선공산당은 "서울계(고려공산동맹)는 조선공산당에 반대하는 반혁명단체"라고 비난했고 코민테른은 화요파 중심의 조선공산당과 고려공산청년회만을 코민테른의 조선 지부로 승인했다.

그럼에도 코민테른이 조선공산당을 승인하면서 각 파에 교부한 다음과 같은 지침은 서울파를 고무시켰다. 이에 따르면 "국제공산당은 총간부에서 정한 고미스(특별위원회)와 동양부에서 정한 위원회에서 서울청년회·북풍회·조선노동당의 세 그룹을 공산단체로 승인"하며 "세 그룹의 공산단체의 운동 성적이 조선공산당의 그것보다 낫고 우세할 경우에는 조선공산당 대표와 세 그룹 공산단체 대표를 소집하여 그 통합을 위

變과 在滿同胞生活의 曙光〉, 《彗星》 1931년 10월호, 87쪽.

15 京畿道警察部, 《治安概況》, 1925. 5(李在華·韓洪九 편, 《韓國民族解放運動史資料叢書》 2, 경원문화사, 282쪽).

하여 고미스를 선출하여 이를 결정한다"[16]는 것이다. 따라서 고려공산동맹을 코민테른의 조선 지부로 승인받으려는 서울파의 노력은 일단 실패했으나, 엄연히 '공산단체'로 인정을 받았을 뿐만 아니라 활동 성적의 결과에 따라서는 조선공산당의 중심 세력으로 떠오를 수 있는 토대를 마련한 것이었다. 그리고 이러한 기회는 빨리 찾아왔다.

1925년 11월과 1926년 6월의 두 차례에 걸친 조선공산당에 대한 대대적인 검거는 서울파 고려공산동맹의 구성원들이 조선공산당에 들어가는 계기가 되었다. 조선공산당은 무너진 당 조직을 복구하기 위해 김철수(金錣洙) 등 상해파를 매개로 서울파 고려공산동맹과의 통합을 논의했다. 1925년 11월 28일~12월 22일, 1926년 1월 27일~2월 20일, 1926년 5월 6일~16일까지 모두 세 차례에 걸쳐 양자간의 통합을 위한 협상이 이루어졌다.[17] 고려공산동맹은 첫번째의 회합에 최창익과 정백을, 두번째 회합에 이영과 박형병을, 그리고 세번째 회합에 이영과 이정윤을 협상 대표로 파견했다.

첫번째의 협상에서 양측은 중앙집행위원회의 구성 문제 등을 놓고 동등한 권리로 통합한다는 원칙에 합의했으나, 조선공산당 측이 통합의 조건으로 고려공산동맹의 책임비서 김사국을 공산당에서 배제할 것을 제시함으로써 협상은 결렬되었다. 1차 협상이 결렬된 후 고려공산동맹은 통합이 무망하다고 판단, 명분상 2차 협상에 응하면서 사실상 독자 행보에 나섰다. 고려공산동맹의 사상단체 전진회(前進會)는 2차 협상 기간 중인 2월 17일 중앙집행위원회를 개최하고 무산계급의 지도기관으로 "조선 사회운동 각 부문단체를 망라한 상설기관"인 '조선사회단체중앙협의회(朝鮮社會團體中央協議會)'의 발기를 결의했다.[18] 이에 반발하여

---

16 京城地方法院檢事局, 《第三次朝鮮共產黨·高麗共產青年會檢擧件》; 고려대 아세아문제연구소 소장 마이크로필름, 문서번호 200-4-055, 34~38쪽.

17 高麗共產同盟, *Report concerning organizational problems of C.P.K.*, 1926년 5월(러시아현대사 문서보관연구센터), 1~3쪽.

조선공산당이 네 단체 합동 상무위원회를 통해 2월 20일 협상의 중단을 선언하면서 '합동간담회'를 제의함으로써[19] 2차 협상도 결렬되었다.

그러나 3차 협상에 들어가면서 조선공산당의 태도는 돌변하였다. 3차 협상에서 조선공산당은 "① 당을 무조건부로 통합한다. ② 중앙집행위원회 위원들은 조선공산당이 결정한 특정한 인물로 대체되어야 한다"는 일방적인 통합 조건을 제시함으로써[20] 협상은 또다시 결렬되고 말았다. 이는 사실상 1차 협상 이래 합의 사항인 '당 대 당' 통합 원칙을 파기하고 고려공산동맹 측에 '개인별 입당'을 요구한 것이었다.[21] 이러한 태도 변화의 이면에는 3차 협상 직전인 1926년 3월 코민테른이 고려공산동맹을 배제하고 조선공산당을 코민테른의 정식 조선 지부로 승인한 사정이 있었다.

조선공산당은 1926년 6·10 만세운동 사건으로 또 한 차례의 대검거를 맞아 회생하기 어려울 정도의 타격을 입었다. 아울러 1926년 8월 동경일월회의 국내 활동 개시, 같은 해 9월 제2차 조선공산당의 '유일한' 중앙간부인 김철수가 시작한 당의 재정비, 그리고 11월 15일에 발표된 〈정우회 선언(正友會宣言)〉 등의 영향으로 조선공산당은 핵심 세력이 이전의 화요파에서 일월회를 중심으로 하는 'ML파'로 바뀌게 되었다. 11월 16일에는 다시 서울파 고려공산동맹의 다수가 조선공산당에 가입했는데, 이는 약화된 조선공산당의 당세를 늘리는 데 크게 기여했다. 이른바 '통일조선공산당'이 성립된 것이다.[22] 신간회가 창립되는 1927년에 들어와

---

18 《조선일보(朝鮮日報)》 1926년 2월 19일자.

19 《조선일보》 1926년 2월 22일자.

20 高麗共産同盟, 위의 문서, 3쪽.

21 朴鍾隣, 〈1920年代 '統一'朝鮮共産黨의 結成過程에 關한 研究〉, 연세대 대학원 석사논문, 1993, 49쪽.

22 〈조선공산당 제2회 정기대회 회의록〉 1926. 12. 6(러시아현대사 문서보관연구센터, фонд 495-опись135-дело123), 49~72쪽.

서도 서울파 고려공산동맹의 조선공산당 가입은 이어졌다. 이영과 박형병이 각각 4월과 7월에 입당했고 이운혁도 안광천(安光泉)의 권유로 입당했다. 이정윤도 1927년 8월 경 소련에서 양명(梁明)의 권유로 입당한 뒤 1928년 1월에 귀국했다.

1928년 2월 초 조선공산당에 대한 세 번째 대량 검거가 있었다. 그런데 주목할 것은 관련자 50여 명 가운데 김준연(金俊淵)·최창익·정백·이정윤·강철(姜徹)·김창수(金昌洙)·도정호(都正浩)·김철(金哲)·김강(金剛, 니꼴라이)·조기승·김병일·송영섭(宋寧燮)·김병주(金炳疇)·김재명(金在明)·강대홍(姜大洪)·이낙영·한명찬·이인수 등 최소 18명이 서울파 출신이었고 일월회 출신은 단지 7명에 그쳤다는 사실이다.[23]

한편 1927년 9월 이영·이운혁·권태석 등은 조선공산당을 탈퇴하고 서울파 독자적으로 당대회를 추진했다. 이들은 1927년 12월 20일부터 22일까지 3일간 '조선공산당 제3차 당대회'를 개최했다. 대회에서 선출된 중앙간부 및 각 도별 대표는 다음과 같다.

책임비서 겸 정치부장: 이영	정치부원: 이운혁·홍도(홍진의)
조직부장: 이병의	조직부원: 이낙영·이증림(李增林)
선전부장: 한상희(韓相熙)	선전부원: 박형병
검사부장: 안준	검사부원: 송내호(宋乃浩) 외 1인
경기: 이병의(李炳儀)	전남: 서태석(徐邰晳)
경남: 강대홍	함남: 장기욱(張基郁)
함북: 이운혁	강원: 함연호(咸演皞)
평남: 염영화(廉永華)	충남: 정학원[24]

23 주 16의 마이크로필름, 5~14쪽.

24 金正明, 《朝鮮獨立運動》 V, 原書房, 1967, 972~973쪽; 京城地方法院 檢事局, 〈思想事件起訴狀決定判決寫綴〉, 1932, 刑公 제1244호, 80~83쪽(金俊燁·金昌順, 《韓國共産主義運動史》 3, 청계연구소, 1986, 313쪽에서 재인용).

이와 함께 대회는 박형병을 고려공산청년동맹 조직 책임자로 선임하여 간부 선출을 위임하는 한편, 이동휘(李東輝)를 주외 대표로, 김영만을 코민테른에 파견할 '조선공산당중앙위원회 대표'로 선임했다.[25] 1928년 3월 6일자로 코민테른에 제출된 보고서에서 김영만은, 기존의 조선공산당이 안광천 등 ML파의 비민주적 독주 탓에 이들을 지지하는 당원은 전체의 1할에 지나지 않을 뿐만 아니라 조선노동총동맹과 조선농민총동맹, 그리고 조선청년총동맹에 거의 영향을 갖고 있지 못하다고 주장하면서, 자신들이 조직한 '조선공산당 중앙위원회'를 승인해 줄 것을 요구했다.[26] 그러나 이러한 요구는 받아들여지지 않았다.

새로운 전위당은 '조선공산당 제3차 당대회'라고 하여 조선공산당을 계승한 조직임을 표방했으나, 실제로는 서울파를 중심으로 이동휘·홍도(洪濤)·이증림·박응칠(朴應七)·도관호(都寬浩, 고려공산청년동맹) 등 구 상해파가 결합한 형태였다.[27]

3. '서울파'의 민족 문제 인식과 통일전선론

한편 코민테른은 조선공산당을 승인하는 자리에서 조선의 민족운동에 대해서도 중요한 지침을 내렸다.

> 민족운동에 대해서는 민족혁명단일전선을 작성하고 세 그룹의 회원을 이에 가맹시킬 것.[28]

---

25 李錫台, 앞의 책, 439쪽.

26 김영만, 〈코민테른 집행위원회 정치서기국에 보내는 제출문〉, 1928. 3. 6(러시아현대사문서보관연구센터, фонд495-о пись19-дело579), 16~20쪽.

27 상해파는 이것을 '서울·상해파'(또는 '상해·서울파') 조직으로 평가하고 있다(桂奉瑀, 《朝鮮歷史》 卷之三, 필사본, 1952. 2. 137쪽; 金錣洙, 녹음기록 〈감옥에서의 기억〉, 《본대로 드른대로 생각대로 지어 만든대로》 2, 미간행타자본, 페이지 없음).

조선에서의 민족통일전선 조직의 필요성을 언급한 코민테른의 지침은 이전에도 있었지만, 이는 식민지·반식민지에서 민족통일전선의 일반론을 제시하거나 중국의 국민당을 본보기 삼아 조선에도 민족통일전선을 결성하라는 정도의 내용이 대부분이었다.

이에 견주어 위의 코민테른이 화요파 중심의 조선공산당을 승인하면서 내린 민족운동의 지침은, 화요·서울·북풍·조선노동당 등 구체적으로 조선 내에서 민족운동을 실천하는 그룹들에게 직접 조직 방침을 지시했다는 점에서 이후 민족통일전선운동에 추진력을 부여한 것이라 할 수 있다. 더욱이 이러한 조직 방침의 제시가 세 그룹을 '공산단체'로 인정한 바탕에서 이루어지고 있는 점은, 서울파가 조선공산당과는 다른 독자적인 계획을 가지고 민족통일전선 조직운동을 전개하는 길을 열어놓았다고 할 수 있다. 다만 지침의 내용만을 통해 볼 때 '민족혁명단일전선'에 화요·서울·북풍·조선노동당의 '네 그룹'이 아닌 서울·북풍·조선노동당 '세 그룹'의 회원을 가입시킨다는 것을 보면, 민족통일전선 결성의 이니셔티브는 조선공산당에 주어진 것으로 보인다. 따라서 서울파가 독자적으로 민족통일전선운동을 추진한 것은 코민테른이 인정한 '공산단체'의 권리와 의무를 확대하여 해석한 결과일 가능성도 배제할 수 없다.[29]

그렇다고 해서 1925년 코민테른이 '민족혁명단일전선'이라는 지침을 내릴 때까지 조선의 공산주의자들이 민족 문제에 대해 인식이 없었던 것은 아니다. 오히려 이들은 3·1 운동 이후 민족주의자들이 이끄는 민족운동이 쇠퇴하고 사회주의운동이 세차게 일어나는 가운데, 일제의 탄압과 민족 분열 책동이 가중되는 상황에서 공산주의자로서 자기 확립을 꾀하며 '혁명적 민족운동'의 새로운 담당자임을 떠맡고 있었다. 이러한

---

28 주 16의 마이크로필름, 38쪽.

29 코민테른의 애매모호한 태도는 조선 공산주의자들의 분파 활동을 '보장'해 준 결과가 되었다.

경향은 3·1 운동과 임시정부 수립, 사회혁명당과 투쟁하는 과정에서 형성된 서울파의 경우에 두드러졌다.

처음에 서울청년회는 사회진화론을 근거로 문화운동을 지향하는 '(부르주아) 민주주의 단체'이면서도[30] 무정부주의적 요소도 가지고 있었다. 사회진화론에 따른 문화운동론이 지배하는 가운데 무정부주의가 대두한 것은 사회주의의 수용과 관련하여 주목을 요구한다. 왜냐하면 3·1 운동 이후 사회주의를 수용하는 운동가 대부분이 무정부주의를 함께 받아들이고 있기 때문이다. 따라서 '상호부조'를 강조하는 무정부주의의 수용은 '우승열패'와 '경쟁'이라는 바탕 위에 성립한 사회진화론에 대한 견제를 통해 사회주의 도입의 전제가 되었을 뿐만 아니라, 민족 문제 해결 방법에서도 점진적 문화운동론을 비판하는 이론적 무기가 되었다.

서울청년회의 초기부터 서울파로 분화한 국내 사회주의자들은 민족운동에 대해 자신들과 대립하던 사회혁명당과는 다른 전략을 갖고 있었다. 사회혁명당은 "일제 구축이 선결 문제이니 민족주의자와 손을 잡고 나가야 하며 그 다음 사회주의 혁명을 해야 한다"[31]는 전략에 따라, 민족주의 진영의 제휴 대상으로 《동아일보》를 지목했다.

그러나 김사국을 비롯한 서울청년회의 사회주의자들은 식민지에서 민족혁명이 계급혁명에 우선한다는 전략에는 동의하면서도, 동아일보와 손을 잡는 것은 민족개량주의 진영에 투항하는 일이요 항복으로 규정했다.[32] 나아가 이들은,

> 조선사회는 구(但)히 구미의 문물제도 급(及) 생활을 흠앙(欽仰)하는 동시에 실력 배양을 목적함은 각성(覺醒)에서 출(出)함이나 여(余)는 차(此)를 유견(謬見)으로 인(認)하노라. 하고(何故)오 하면 후자추진(後者追

30 조봉암, 〈내가 걸어온 길〉, 鄭太榮 편, 《曺奉岩과 進步黨》, 한길사, 1991, 340쪽.

31 金錣洙, 앞의 기록.

32 李敬南, 《雲山 張德秀》, 동아일보사, 1981, 203쪽.

進)에 선자갱진(先者更進)은 이지당연(理之當然)이라 조선 사회는 물질적 추급(追及)보다도 차라리 …….[33]

라고 하여 식민지 조선의 당면 과제는 문화운동자들이 제창하는 실력 양성이 아니라 정치적 독립과 민족해방에 있음을 암시한 것이다.

1922년 4월경 김윤식 사회장과 두 차례에 걸친 사기공산당 사건을 통해 서울청년회 내의 문화운동자와 '가장(假裝) 사회운동자'를 축출한 사회주의자들은 조직을 개편하는 한편, 실력 양성에 기댄 강령을 폐기하고 사회주의 이념을 표방하는 강령을 발표했다.

一. 역사적 진화의 필연인 신사회의 건설을 목표로 돌진한다.

二. 계급적 자각과 단결로 무산대중 해방운동의 전위가 될 것을 기약한다.[34]

강령만을 놓고 볼 때 서울청년회는 순전한 사회주의 운동단체로 간주될 수 있다. 특히 강령의 둘째 항은 자신들의 위상을 그저 청년운동 단체가 아닌 전체 조선 사회운동의 전위기관으로 설정하고 있다.

그러나 서울청년회가 사회주의 운동단체로 전환했다고 해서 민족문제를 외면한 것은 아니었다. 지금까지의 연구 가운데는 서울청년회의 강령에 민족 문제에 대한 언급이 없는 점을 들어 서울청년회가 민족해방보다는 계급해방을 우선시했다고 이해한 경우가 많지만, 이는 사실과 다르다.[35] 우선 식민지 상황에서 '합법적' 사회운동을 지향하는 서울청

---

33 《동아일보》 1921년 7월 15일자. 이는 1921년 7월 12일 경성고학생갈돕회 주최로 평양에서 열린 강연회에서 김사국이 '실력론의 오해'라는 제목으로 연설한 내용이다.

34 朝鮮總督府警務局 編, 《最近に於ける朝鮮治安狀況》, 1933·1938, 巖南堂書店, 30쪽.

35 대표적인 경우로는 金森襄作, 《1920年代朝鮮の社會主義運動史》, 未來社, 1985 참조. 이 저서는 국내의 연구자들에게도 많은 영향을 미쳤다.

년회가 민족해방 강령을 표면에 내세울 수는 없었다. 이 시기 일제는 계급해방을 내세우는 것보다 온건한 방법으로라도 민족 문제를 제기하는 것에 더욱 민감한 반응을 보였다. 실제로 서울청년회는 창립 당시의 강령을 개정하여 제1항에 "아등(我等)은 조선의 해방을 기함"이라고 하여 민족해방을 명시했으나 바로 일제에 압수된 적도 있었다.[36] 그리고 본래 서울청년회 강령의 요체는 "① 민족 문제 ② 사회 문제 ③ 청년 교양 문제"였다고 한다.[37] 따라서 서울청년회의 강령에 민족 문제에 대한 언급이 없는 것은 위와 같은 현실적인 사정과 함께 청년·사회운동에 대한 주도권 쟁탈 과정에서 사회혁명당을 의식한 결과였다.

오히려 이들은 자신들이 '보수'와 '반역'이라고 부른 민족주의 운동과의 협동전선을 제기하고 있었다.

> 청년운동은 곧 민중운동이다. …… 운동의 조류는 3면으로 관찰될 수 있는데 보수, 향상, 반역이다. 이 운동과 운동이 충돌하는 것이다. 그러나 …… 동일한 처지에서 충돌과 배척만으로 안 되며 …… 이론과 사실의 견지에서 어느 시기 어느 정도까지는 협동전선이 필요하다.[38]

주목할 것은 이 글이 기존의 연구에서 "좌익운동의 소아병적 극좌 오류"로서 "민족 진영과의 협동이란 거의 있을 수 없는 일"로 평가된[39] 전조선청년당대회를 선전·고무하기 위해 쓰였다는 점이다. 따라서 이르쿠츠크파로서 당시 러시아공산당 중앙위원회 극동 뷰로 소수민족부 주임

---

36 《조선일보》 1926년 5월 5일자; 《선봉》 제132호(해삼위 레닌스까야, 1926년 5월 20일자).

37 〈서울청년회 탐방기사〉, 《동아일보》 1926년 1월 5일자.

38 韓愼教, 〈全朝鮮青年에게 訴하노라－朝鮮青年黨大會 개최에 대하여〉, 《동아일보》 1923년 3월 14~17일자.

39 金俊燁·金昌順, 《韓國共産主義運動史》 2, 청계연구소, 1986, 127~128쪽.

남만춘(南萬春)이, 서울파가 주도한 전조선청년당대회 토의 사항 가운데 "민족 자결 및 민족 독립은 오늘날 무용이다. 무산계급의 해방을 제일의적 급무로 한다"[40]는 내용을 문제 삼아, "몇몇의 조직은 현재까지 일본 제국주의에 반대하는 민족통일전선의 슬로건을 이해하지 못했다. 그 조직들은 이 슬로건의 필연성과 중요성을 부정하고 순수한 계급적 슬로건만을 내걸고 있다"[41]고 비판한 것은 전조선청년당대회에 대한 일면적 판단이라 아니할 수 없다.

서울파로서는 민족통일전선을 제창하기에 앞서 청년·사회운동에서 사회혁명당과 조선청년회연합회 안의 '점진적 문화운동자'를 분리하는 것이 우선되어야 한다고 판단했다. 조선청년회연합회는 물산장려운동과 민립대학기성운동 등으로 재기를 꾀하면서 서울청년회에 대항하고 있었다.[42] 따라서 서울파가 조선청년회연합회를 아우르고 청년운동의 전국적인 통일기관을 조직하면서 민족통일전선 방침을 천명한 것은 당연했다.

1924년 4월 21일 서울파의 주도 아래 총 223개 단체의 대표와 6, 7백여 명의 방청객이 참석한 가운데 창립된 조선청년총동맹(朝鮮靑年總同盟)은 3월 2일 이보다 앞서 발표된 선언과 강령을 통해 청년운동이 "조선민중해방운동의 선구가 될 것"임을 선언했다.[43] 이어 조선청년총동맹은 같은 해 4월 24일 개최된 임시회의의 결의를 통해 "타협적인 민족운동은 절대로 배척하고 혁명적 민족운동은 찬성한다"고 함으로써 민족통

---

40 〈全鮮靑年黨大會集會禁止ノ件〉 1923. 3. 31, 京高秘 第5699號, 한국역사연구회 편, 《日帝下社會運動史資料叢書》 4, 140쪽.

41 南萬春, 〈오늘의 朝鮮〉, 《우리의 길》 13, 14, 치따, 1923, 33쪽(水野直樹, 〈코민테른의 민족통일전선론과 신간회운동〉, 《역사비평》 1988년 봄호, 62~63쪽에서 재인용). 남만춘에 대해서는 전·뷔또르, 〈1920년대 초 연해주에서의 고려인의 민족운동–김승빈과 남만춘의 자료를 중심으로〉, 《한국학연구》 5, 인하대학교 한국학연구소, 1993 참조.

42 安建鎬, 〈朝鮮靑年會聯合會의 組織과 活動〉, 《韓國史硏究》 88, 1995, 129~133쪽.

43 《동아일보》 1924년 3월 2일자.

일전선의 제휴 대상이 '혁명적(비타협적) 민족운동자'임을 밝혔다.[44] 나아가 조선청년총동맹은 '혁명적 민족운동단체'로 전환을 꾀했다. 1926년 8월경, 6·10 만세운동으로 인한 대검거로 제2차 조선공산당이 괴멸적 타격을 받자 김월성(金越星)·노상열(盧相烈)·김병일·고광수(高光洙)·김재명(金在明)은 회합을 갖고 "서울계를 혼합하여" 고려공산청년회의 후계조직을 만든 뒤 '당면 사업 방침' 가운데 하나로 "조선청년총동맹의 강령을 계급적으로부터 민족적으로 개정할 것"을 결정했다.[45]

그러나 서울파가 민족통일전선에 대해 자신의 전략을 더욱 분명히 드러내는 것은 조선공산당과의 노선투쟁 과정에서였다. 1926년 11월 15일 발표된 〈정우회 선언〉에[46] 대해 서울파의 경성무산청년회는 "우리는 (정우회 선언에서 제기한—인용자) 무산계급의 타협적 정치운동을 주의상으로 반대하는 것은 아니지만 현실에 있어서 이러한 운동을 주장하는 것은 번역주의에 불과"하며, 오히려 "이러한 시기에 처하야 조선의 무산계급은 비타협적 운동이 민족적 또는 계급적 해방운동에 가장 유효한 전술이 되는 것을 알아야 한다"고 전제하고 민족통일전선에 대해서도 다음과 같이 주장했다.

> 자본주의가 고도로 발달한 금일에는 민족적 문제는 무산계급해방운동의 일반적 문제의 일부가 된다. 그럼으로 조선의 무산계급은 그 정치적 자유의 획득의 날을 기다릴 것 업시 곳 계급적 당의 조직을 요구한다.
>
> 조선무산 계급운동의 목하 사명은 계급적 당의 결성과 자체의 훈련에

44 《동아일보》 1924년 4월 26일자.

45 〈朝鮮共産黨幹部高光洙逮捕及高麗共産青年會咸南道機關檢擧ニ關スル件〉, 梶村秀樹·姜德相 編, 《現代史資料》 29, みすず書房, 1972, 223쪽. 이 조직은 '合靑'으로 알려져 있으며 김월성, 김병일, 김재명도 본래 서울파 출신이었다.

46 〈정우회 선언〉이 갖는 정치적 의미에 대해서는 韓相龜, 〈1926~28년 新幹會의 民族協同戰線論〉, 서울대 대학원 국사학과 석사학위논문, 1993, 22~32쪽 참조.

> 있다. 이 사명(을) 수행함에는 항상 비타(협)적 의식을 고취하여야 한다. 그럼으로 오(吾)는 필연적으로 비타(협)적 민족운동과 제휴하게 된다.[47]

'계급적 당'을 요구하면서 '비타협적 민족운동과의 제휴'를 주장한 것이 모순처럼 보이지만 민족통일전선 조직으로 이미 조선민흥회가 발기된 상황에서 이러한 주장이 갖는 의미는 명확하다. 이는 계급적 당과 민족통일전선은 별개의 조직이며 전자는 합법 공간에서 계급운동을 수행하고 후자는 민족운동을 수행한다는 것으로 이른바 '양당론'적 사고의 일단을 보여 준다.[48] 서울파의 이러한 전략은 조선민흥회와 신간회에 적용되었다.

4. '서울파'의 민족통일전선운동

1) 신민부와 민족당주비회

코민테른이 제시한 '민족혁명단일전선'을 조직하려는 서울파의 노력은, 먼저 연해주에 민족당주비회를 조직하고 민족당주비회의 '후원단체'로 조선민흥회를 조직하는 데서 비롯되었다. 아래의 자료를 보자.

> 서울청년회에서는 공산당 사건의 검거로 일월회파의 세력이 실추된 기회를 타서 자파 세력의 확장에 부심하여 본년(1926년) 3월 블라디보스토크의 동지와 기맥을 통하여 비타협적 민족운동기관인 민족당주비회를 블라디보스토크에서 조직, 동 4월 주비회(籌備會)의 후원단체로서 경성에 민

47 〈正友會宣言에 對한 京城無産青年會決議(二)〉, 《조선일보》 1926년 12월 23일자.

48 '양당론'에 대해서는 金勝, 〈新幹會 위상을 둘러싼 '兩黨論'·'清算論'논쟁 연구〉, 《釜大史學》 17, 1993 참조.

> 흥회(民興會)를 조직하여 그것에 의해 세력을 부식하려고 하였다. …… 민족당주비회는 본년 3월 블라디보스토크에 있는 김영만(金榮萬), 최고려(崔高廉: 麗의 오기－인용자), 김하석(金夏錫), 최창익(崔昌益) 등이 '서울계'의 후원 하에 이 해 윤해(尹海), 김규식(金奎植), 김경천(金擎天, 光瑞) 및 신민부(新民府)의 일파(이상은 주로 상해임시정부 창조파)와 국제공산당의 승인을 받아 창설한 것으로서 민족적 공산주의 기관이다. 본년 4월 중 회원 오평산(吳平山, 斗煥)은 경성에 잠입하여 민족주의자와 공산주의자에 대해 입회를 권유한 사실이 있다.[49]

1925년 말 고려공산동맹을 코민테른 조선 지부로 승인받기 위해 이운혁과 함께 모스크바에 파견되었던 김영만과 최창익은 코민테른이 제시한 '민족혁명단일전선'을 구현하기 위해 블라디보스토크로 가서, 현지의 민족운동자들에게 코민테른의 방침을 설명하고 민족당 결성을 주도했다. 민족당주비회는, 1923년 대한민국 임시정부의 진로 문제를 둘러싸고 개최된 국민대표회의에서, 창조파의 형성과 관련하여 이르쿠츠크파 고려공산당과 상해파 고려공산당이 동일한 운동노선을 취함으로써 생겨난 조직적 연계를 바탕으로 결성되었다.[50] 당 형태의 민족운동조직 건설론은 1923년 국민대표대회가 결렬된 직후 창조파가 본격적으로 제기했다.[51]

민족당주비회는 오래가지 못했으나 서울파로서는 민족당주비회 참여가 의미 있는 일이었다. 특히 북만주의 대표적인 민족운동 기관인 신민부(新民府)와의 제휴는, 서울파가 자신의 운동 영역을 국내와 간도 지역

---

49 朝鮮總督府警務局, 〈朝鮮共産黨事件ノ檢擧顚末〉 1926. 8, 姜德相·梶村秀樹 編, 《現代史資料》 29, 48쪽.

50 이균영, 《신간회연구》, 역사비평사, 1993, 73~79쪽.

51 金榮範, 〈義烈團의 민족운동에 관한 사회사적 연구〉, 서울대 대학원 사회학과 박사학위논문, 1994, 175쪽.

을 넘어 만주 일대로 확대함과 아울러 향후 추진될 민족통일전선운동의 중요한 발판을 마련하는 셈이었다.

북만주의 민족운동자들은 1925년 3월 15일에 길림성 목릉현에서 부여족통일회의(夫餘族統一會議)를 개최하고 독립군단의 통합과 항일운동의 방책을 논의한 끝에 신민부를 건설하였다. 북만주가 통합의 중심이 될 수 있었던 것은 1920년 말 일본군의 만주 출병과 한국독립군 토벌전의 영향, 그리고 자유시 사변으로 말미암아 많은 독립군과 민족운동자들이 집결되어 있었기 때문이다.[52]

창립총회에 참가한 대표들의 면면을 볼 때 신민부의 조직 구성은 대한독립군단과 대한군정서(북로군정서)를 주축으로 17개 지역의 '민선대표'와 10개의 '국내단체 대표'가 연합한 형태였다.[53] 그런데 다음의 자료를 보면 여기서 국내단체의 대표로 신민부의 창립에 참여한 것은 서울청년회가 그 주축이 되었음을 알 수 있다.

> 북만 동빈현(同賓縣) 소량자(小亮子)에 근거를 둔 선비단 신민부의 기관지 신민보(新民報)는 허백도(許白島) 곧 허빈(許斌)을 편집 겸 발행인으로 하고 최경호(崔京浩, 본명 崔昌益)를 주필로 본년(1925년-인용자) 4월 1일 창간호를 내고 8월 1일에 제11호를 발행 …… 본보는 초간(初刊) 이래 그 논조가 주의적 색채가 농후하여 허백도·최창익과 같은 자는 근래 북만지방에서 청년회를 규합하여 청년총동맹을을 창립할 계획을 진행시키고 있다. 따라서 순독립(純獨立)을 표방하는 신민부의 동지 간에는 암암리에 최창익 등의 행동을 비난하는 자가 있다.[54]

---

52 尹炳奭, 〈參議·正義·新民府의 成立過程〉, 《白山學報》 7, 1969, 134쪽; 辛珠柏, 〈滿洲地域韓人의 民族運動硏究(1925~1940)〉, 성균관대 대학원 사학과 박사학위논문, 1995, 57쪽.

53 國史編纂委員會, 《韓國獨立運動史》 4, 1968, 808쪽. 대한독립군단과 대한군정서 및 민선대표의 명단은 기재되어 있으나 '국내단체 대표'는 단체명의 끝 글자와 수, 그리고 이름의 성만 적혀 있을 뿐 온전한 단체명과 대표자의 이름은 전혀 알 수가 없다. 일제는 국내단체 대표의 명단을 정확히 파악하지 못한 듯하다.

최창익은 3·1 운동 직후부터 조선노동공제회, 조선청년총동맹에서 활동했고 1923년 2월에는 서울파가 조직한 고려공산동맹의 일원으로 참여했다. 그리고 1925년 11월 28일부터 12월 22일까지 조선공산당과의 통합 협상에서는 정백과 함께 고려공산동맹의 대표로 참가했다. 특히 1925년 12월 말에는 김영만, 이운혁과 함께 코민테른에 파견할 서울파의 대표자로 선임되어 1926년 봄 조선공산당 지부 승인 문제에 대한 서울파의 견해를 코민테른에 전달한 서울파의 핵심이었다.[55] 허백도(허빈) 역시 황해도 출신의 서울청년회계 인물로 본명은 허성묵(許聖默)이며 목사였다. 그는 1920년 12월 1일 서울 중앙기독교청년회관에서 발기된 조선청년회연합회 발기인 총회에 정대표 76인의 일원으로 참가한 이래,[56] 서울청년회를 중심으로 "국내에서 지하운동을 전개하고 있던 혁명동지들과 유대관계를 맺었으며"[57] 그 후 북간도를 거쳐 북만주에 정착했다. 그는 신민부 중앙집행위원으로서 선전부장을 담당했다.

최창익(1948)

대한독립군단과 대한군정서를 주축으로 민족주의 이념에 따라 설립된 신민부에서 어떻게 이들이 선전부를 장악하고 신민부 내 다수 민족주의자들의 비난 속에서도 '(공산)주의적' 기관지를 발행할 수 있었을까. 사실 신민부 내 서울파의 활동 근거는 신

54 〈不穩新聞新民報ノ記事ニ關スル件〉 高警 第3007號, 1925. 9. 2, 고려대 아세아문제연구소 소장 마이크로필름, 문서번호 100-4-031, 958~959쪽.

55 강만길·성대경 엮음, 《한국사회주의운동인명사전》, 창작과 비평사, 1996, 506쪽.

56 《我聲》 1, 1920. 3, 89쪽. 이 잡지는 조선청년회연합회의 기관지였다.

57 李康勳, 《抗日獨立運動史》, 正音社, 1974, 36~37쪽.

민부 활동자금과 밀접한 관련이 있었다. 다음의 내용을 보자.

> ① 신민부 박두희(朴斗熙)는 금상(今尙) 블라디보스토크에 체재하면서 김해창(金海昌), 주동진(朱東鎭)과 함께 노국(露國)공산당과 연락을 취하며 활동중이다. 블라디보스토크에 체재하고 있는 최창익은 제3 국제공산당 본부로부터 선전비를 취출(取出)할 목적으로 (1926년) 2월 중순경 모스크바에 가서 임무를 다한 후 블라디보스토크로 돌아왔다.
>
> ② 기보(旣報)한 바와 같이 제3 국제공산당으로부터 자금을 획득한 신민부는 러시아가 활기를 주어 동녕(東寧)에서 군사강습소의 완성에 힘을 기울이고 있는바, 동지연선(東支沿線)과 남만(南滿) 방면으로부터 입소 희망자가 많아 이미 100여 명의 생도를 얻게 되어 이 때문에 김좌진은 최근 동녕에 출장하여 今尙 체재중이다.[58]

서울파 공산주의자들은 신민부에 대한 코민테른의 자금 지원을 매개로 신민부의 민족주의자들과 공존하며 선전부의 장악과 청년단체의 조직이라는 자신들의 지반을 확보할 수 있었던 것으로 보인다.[59] 그런데 신민부의 서울파를 매개로 한 자금 조달이 코민테른에 국한된 것은 아니었다. 신민부는 서울파의 국내 조직과도 연계를 맺고 자금을 조달했다. 이강훈(李康勳)에 따르면 자신은 신민부가 창립된 직후 함경북도 청진에서 동아일보 지국장인 남윤구(南潤九)를 통해 사람을 소개받고 거액의 자금도 제공받았다고 한다.[60] 김좌진(金左鎭)을 비롯한 신민부 지

---

58 〈鮮匪團新民府卜共産黨卜ノ提携說ニ關スル件〉 高警 第1336號, 1926. 4. 20, 고려대학교 아세아문제연구소 소장 마이크로필름, 문서번호 100-4-034, 901~902쪽.

59 최창익은 1925년 가을 국내의 신민부 활동 관여자에 대한 검거 당시 '신민부 재정위원'이라는 설이 파다했다(《동아일보》 1925년 10월 22일자).

60 李康勳, 앞의 책, 52~54쪽. 남윤구는 조선노농총동맹 중앙집행위원으로(金俊燁·金昌順, 《韓國共産主義運動史》 2, 94, 253쪽) 1925년 가을 장채극을 통해 서울파 고려공산청년동맹에 가입했다(李起夏, 《韓國共産主義運動史》, 국토통일원, 1976, 438쪽).

도부의 입장에서도 무장투쟁의 준비를 위해서는 막대한 자금과 무기를 필요로 했지만 남만주의 정의부(正義府)보다 상대적으로 대중적 기반이 취약한 신민부로서는 외부의 지원 없이 이러한 자금을 조달하기는 어려운 일이었다.

사실 활동자금의 확보를 위한 공산주의자와의 접촉은 이전에도 있었다. 1920년 말 이동휘는 한형권(韓馨權)이 레닌에게서 공산주의 '선전비'로 받아온 자금의 일부를 김원봉(金元鳳)을 통해 김좌진에 전달했고, 1923년 12월경 북만주가 자신들의 무장단체인 적기단(赤旗團)의 근거가 된 뒤에는 '소련 적군(볼셰비키)'의 용인 아래 자신의 심복을 파견하여 김좌진 부대(대한군정서)와 적극적인 제휴를 시도하였다. 이동휘의 의도는 적기단을 중심으로 김좌진 부대와 의열단(義烈團)을 묶는 '삼각관계'를 염두에 둔 것이었으나 김좌진은 '이용주의'의 관점에서 이러한 제의를 받아들였다.[61] 하지만 뒷날 신민부가 창립될 때 적기단이 배제된 것을 보면 이러한 제휴관계가 오래 지속되지는 못했던 것 같다.

자금의 조달과 선전부(기관지)의 장악, 청년단체의 조직 등을 토대로 최창익은 신민부 내에 김좌진을 책임자로 김좌진·박두희(朴斗熙)·박관해(朴觀海) 등과 함께 '공산주의자동맹(共産主義者同盟)'을 조직할 정도였다.[62] 서울파의 기반이 이렇게 확고해졌기 때문에 일제 관헌은 한때 신민부를 서울파의 최창익 등이 주도하는 형세로 파악하기도 했다.[63]

그러나 신민부 내의 공산주의자동맹이 오랜 기간 지속되기는 어려웠다. 1925년 말부터 신민부에 서울파 공산주의자들이 관련되어 있음을 감

61 〈大韓獨立軍團參謀李楨ノ陳述セル金佐鎭ノ行動及 一般不逞鮮人團ノ情況等ニ關スル件〉, 재간도총영사 鈴木要太郎 보고, 1924. 4. 9, 일본외무성사료관소장문서, 54~56쪽.

62 〈滿洲ニ於ケル共産運動史－附 各派ノ分布並ニ勢力範圍活動狀況〉, 《姜進外4人調書》, 미간행 필사본, 1932, 392쪽. 이러한 사실로 김좌진 등이 공산주의를 신봉했다고 보기는 어렵다. 코민테른의 지원을 얻기 위한 방편으로 보는 것이 타당할 것이다.

63 〈鮮匪團新民府ノ財政狀態及共産黨トノ提携說ニ關スル件〉 高警 第1070號, 1926. 3. 30, 고려대 아세아문제연구소 소장 마이크로필름, 문서번호 100-4-33, 698쪽.

지한 일제는 국내에서 최창익·이경호(李景鎬)·한빈(韓斌)·이영·정백(鄭栢) 같은 핵심 인물들을 검거했다.[64] 이들은 대부분 증거 불충분으로 석방되었지만, 이를 계기로 일제의 포위와 감시망 아래에 놓이게 됨으로써 서울파의 신민부와의 연대는 크게 위축되었다. 더욱이 1927년 2월 일제가 스터우 허즈(石頭河子)의 신민부 본부를 습격하여 중앙집행위원장 김혁(金赫)·허성묵을 비롯한 주요 간부를 체포하고, 이를 계기로 신민부가 군정파와 민정파로 양분되자 공산주의자동맹의 입지는 더욱 좁아졌다. 이후 3부의 '통일운동'이 개시되면서 서울파는 신민부, 특히 군정파와의 연대를 사실상 포기하였다.[65]

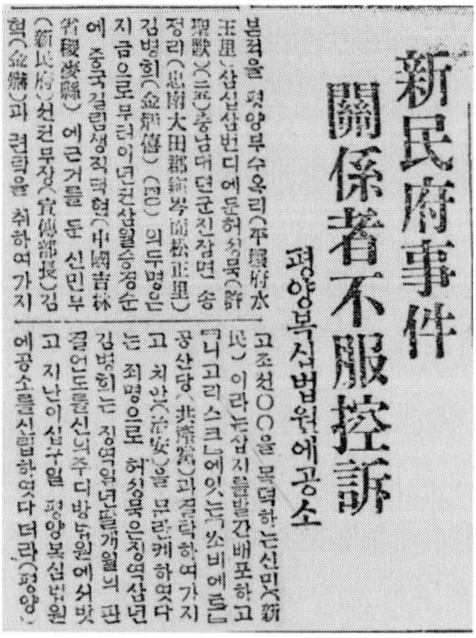
新民府事件 關係者不服控訴

평양복심법원에공소

본적을 평양부수옥리(平壤府水玉里)삼십삼번디에둔허성묵(許聖默)(三五)충남대뎐군진잠면 송정리(忠南大田郡鎭岑面松亭里) 김병희(金秉禧)(四〇)의두명은 지금으로부터이년전삼월중순에 중국길림성[illegible](中國吉林[illegible])에근거를둔 신민부(新民府)선전부장(宣傳部長)김혁(金赫)과 련락을 취하여가지고조선○○을 목뎍하는신민(新民)이라는잡지를발간배포하고 「니고리스크」에잇는「쏘비에트」공산당(共產黨)과결탁하여가지고 치안(治安)을 문란케하엿다는 죄명으로 허성묵은징역삼년 김병희는 징역일년팔개월의 판결언도를신의주디방법원에서밧고 지난이십구일 평양복심법원에공소를신립하엿다더라(평양)

신민부가 '소비에트' 공산당과 제휴를 맺었다고 보도한 《조선일보》 기사(1927. 9. 4)

그러나 서울파의 입장에서 보면 신민부는 자신들 활동의 훌륭한 안전판이요 우산이었다. 이를 통해 그들은 북만주를 자기세력화하는 데 상당한 성과를 거두었을 뿐만 아니라 앞으로 민족통일전선운동을 전개하는 데에서도 신민부에서 활동한 경험이 밑거름이 되었던 것이다.[66]

64 이에 대해서는 《동아일보》 1925년 10월 22, 31일자, 11월 5, 6, 9, 11일자 참조.

65 앞의 〈滿洲ニ於ケル共産運動史〉, 393쪽.

66 "서울派는 北滿에서 黨에 대하야 군중的으로 反對운동을 開始한다. 그리하야 이것은 民族黨을 조직하는 데 큰 영향을 준다." 서울파를 비판하는 내용이지만 역설적으로 북만주가 서울파의 아성이 되고 있음을 실감케 한다(〈제1회 고려공산청년회 만주단체협의회록〉 1927. 1. 42쪽).

2) 조선민흥회와 신간회

한편 민족당주비회를 조직한 뒤 김영만은 국내의 서울청년회에 민족당주비회의 성립 사실을 통보했다. 아울러 그는 "화요파 조선공산당에 앞서 민족단체를 조직하여 노국공산당(코민테른의 오기)에 직속"할 계획도 전달하였다.[67] 때마침 "6·10 만세운동으로 인해 민족의식이 고양되어 민족 독립을 원하는 소리가 높아져" 있었다.[68] 서울파는 자파의 표면단체로 1925년 10월 10일에 창립된 전진회를 중심으로 국내의 민족통일전선 조직에 착수했다.

1926년 7월 8일 전진회는 "조선 민족의 공동이익을 위해 분투노력하는 데는 반드시 전 민족적인 각 계급의 역량을 총집중한 조직력의 활동에 의해 가능함으로 조선 민족의 중심 세력이 되는 유일한 조직체를 완성하기 위해" 민족통일전선 조직으로 조선민흥회를 발의하였다.[69] 7월 25일에는 준비위원으로 이춘(李春)·김태원(金泰源)·유청(柳靑)이 선출되고[70] 두 달 뒤에는 창립 준비위원을 선출하기 위한 발기인 심사위원으로 권태석·명제세(明濟世)·김정기가 선임되었다.[71] 심사위원회는 조선

---

67 〈獨立運動終熄後ニ於ケル民族運動ノ槪觀〉, 《齋藤實文書》 10, 252쪽.

68 金民友, 〈朝鮮に於ける反帝國主義協同戰線の諸問題〉, インタナショナル編輯部 編譯, 《朝鮮問題》, 東京: 戰旗社, 1930, 21쪽. 김민우는 고경흠(高景欽)으로 알려져왔으나, 양명(梁明, 李江)일 것이라는 견해가 제시되었다(崔圭鎭, 〈코민테른 6次大會와 朝鮮共産主義者들의 政治思想 硏究〉, 성균관대 대학원 사학과 박사학위논문, 1996, 107쪽). 한편 '민족주의적' 성향이 강한 서울파가 6·10 만세운동에 참여하지 않은 것은 6·10 만세운동이 화요파 중심의 조선공산당(고려공산청년회)이 주도한데다 1926년 3~4월부터 이미 민족통일전선조직으로 조선민흥회의 발기를 준비하고 있었기 때문인 것으로 여겨진다. 6·10 만세운동에 대해서는 張錫興, 〈6·10萬歲運動硏究〉, 국민대 대학원 국사학과 박사학위논문, 1995 참조.

69 《동아일보》 1926년 7월 10일자.

70 《동아일보》 1926년 7월 28일자. 3대 강령의 발표도 있었으나 신문에는 실리지 않았다.

71 《동아일보》 1926년 10월 11일자.

민흥회 발기인총회 준비위원으로 명제세·서세충(徐世忠)·심상민(沈相玟)·장인환(張仁煥)·주익(朱翼)·강학동(姜鶴東)·명이항(明以恒)·명용준(明容俊)·이경호·정순영(鄭舜永)·이창환(李昌煥)·배헌(裵憲)·김상규(金商圭)·김연중(金演重)·정춘수(鄭春洙)·오화영(吳華英)·최나오미(崔耐瑛美)·어윤희(魚允姬)·조철호(趙喆鎬)·이병욱(李秉旭)·김종협(金鍾協)·김준한(金駿漢)·유청(柳靑)·김동철(金東轍)·최익환·김정기·권태석 등 27인을 선출하고, 상무위원으로 권태석·최익환·김정기·김동철·명제세·송내호(宋乃浩)·서세충·신현익(申鉉翼)·유청 등 9인을 선출했다.[72]

27인의 준비위원 가운데 서울파는 이경호·최익환·김정기·권태석 등 4인뿐이지만, 조선민흥회의 활동을 실질적으로 주도할 9인의 상무위원 가운데에는 권태석·최익환·김정기·송내호 등 4인이 선출되었다. 그 밖의 인물들은 명제세, 김종협, 정춘수, 오화영 등 조선물산장려회 출신을 중심으로 기독교와 교육계의 다양한 민족주의자들이 포진되었다. 조선민흥회의 주축은 서울청년회와 조선물산장려회였다고 볼 수 있다. 그렇다면 조선물산장려회는 어떤 경위로 조선민흥회 조직에 참여했을까?

조선물산장려회는, 3·1 운동 직후 자작자급과 조선물산 장려로 조선민족의 경제적 자립을 이루자는 민족주의자들의 산업진흥운동, 경제적 실력양성운동이 제창되면서 1923년 1월 25일 창립되었다. 조선인 공장기업과 가내공업은 제1차 세계대전 이후의 공황과 불경기, 일본인 기업 위주의 총독부 산업정책 같은 복합적 요인으로 말미암아 심각한 위기를 맞았고, 정치·사상적으로도 3·1 운동의 좌절과 함께 사회개조론과 개량적 실력양성주의가 확산되었다.[73] 이러한 배경에서 물산장려운동은 민족주의 성향의 인사들로부터 폭넓은 지지를 받았다.

그러나 물산장려운동은 1923년 여름 이후 열기가 식기 시작했고 운동

72 《동아일보》 1926년 11월 3일자.

73 尹海東, 〈日帝下 物産奬勵運動의 背景과 그 理念〉, 《韓國史論》 27, 서울대 국사학과, 1992, 284~297쪽.

의 주체인 조선물산장려회도 유명무실해졌다. 조선물산장려회가 재기를 모색한 것은 1925년 명제세에 의해서였다. 그는 조선물산장려회의 대표적 '토산장려론자'인 설태희(薛泰熙) 등과 협의하고, 1925년 10월 3일 '부흥총회'를 열어 조선물산장려회의 새로운 이사진을 구성했다.[74] 하지만 이러한 노력에도 조선물산장려회의 활동은 부진을 면치 못했다. 이러한 국면을 헤쳐나가기 위해 조선물산장려회는 제4회 총회(1926. 5. 10) 직후부터 새로운 활동 방향을 모색했다. 그것은 조선물산장려회를 사회운동단체로 전환함으로써 물산장려운동을 강화한다는 것이었다. 이후 조선물산장려회 간부들은 회의 운영을 중지한 채 조선민흥회 창립 준비에 노력했다.[75]

서울청년회는 1926년 4월부터 이미 민족통일전선의 결성을 위해 조선물산장려회의 '토산장려 그룹' 등 일부 민족주의자들과 접촉하기 시작했다. 그리고 이때 서울청년회는 사무실 유지 문제로 극심한 고통을 겪고 있던 조선물산장려회에 도움을 주게 되어 두 단체가 사무실을 같이 쓰는 특이한 인연을 맺게 되었다.

> 나(명제세)는 장한일성(長嘆一聲)에 말업시 회관으로 돌아와서 눈물을 뿌리고 안젓섯다. 때맛츰 서울청년회 간부 모모씨가 회관에 무슨 의논이 (있어서) 왓다가 나의 눈물흔적을 보고 기연유(其緣由)를 뭇는다. 내가 다른 일 갓흐면 결코 말티 아니하엿겟디만은 혹(或) 말하여서 유익이 될가하야 사정리면(事情裡面)을 말하엿다. 이 말을 묵묵히 듯던 그들은 무엇보다도 나 개인을 동정하야 자기네 회관(서울청년회)을 이곳으로 이전하야 당분간 공동 사용하면서 서서히 대책을 강구함이 어떠하냐 뭇기에 나는 첫말에 고맙다고 치하하고 회관공동사용을 승낙하엿다. 그 조건으로서는 서울

74 方基中, 〈1920·30年代 朝鮮物産奬勵會 研究－再建過程과 主導層 分析을 중심으로〉, 《國史館論叢》 67, 국사편찬위원회, 1996, 99쪽.

75 〈日誌抄錄〉, 《朝鮮物産奬勵會報》 1-10, 1930. 10., 109쪽.

청년(회)에서 십원(十圓)을 부담하기로 약속하고 당일로 단행하엿다.[76]

이로 미루어 양자간 호의적 관계의 형성이 민족통일전선의 결성을 위한 서울파의 의도임은 분명하다.

이들의 제휴는 조선민흥회 창립 이전에도 있었다. 1922년에 일제는 박영효(朴泳孝) 등을 통하여 조선민우회를 결성하도록 함으로써 조선인 자본가 전체를 개량적으로 재편하고자 획책하였다. 하지만 이후 조선민우회에 참여한 인사들 가운데 상당수는 민족운동에 가담했고, 특히 조선물산장려회와 민립대학기성회의 간부들은 주로 이 조선민우회 회원들로 채워졌다. 조선민우회는 일제나 박영효의 의도와는 달리 비타협적 민족주의자들의 활동의 시발점이 되었던 것이다.[77] 이 조선민우회에 이시완(李時玩)·권태석·박광희(朴光熙)·김지태(金知泰) 같은 서울청년회 사회주의자들이 참여한 적이 있었다. 조선민우회에 서울청년회 사회주의자들이 참가하게 된 것은, 사회혁명당이 이끄는 조선청년회연합회 및 그와 제휴한 동아일보계와의 조직 확대를 위한 경쟁에서 비롯된 것으로 보인다. 이러한 배경에서 볼 때 서울파가 민족통일전선의 민족 진영 파트너로 조선물산장려회('토산장려론자')를 선택한 것은 자연스러운 일이라고 볼 수 있다.[78]

조선민흥회가 발의되었을 때 민족주의 진영은 환영하는 분위기였다.

---

76 一記者, 〈朝鮮物産奬勵會의 第一 寂寞하든 그때〉, 《朝鮮物産奬勵會報》 1-2, 1930. 2., 75쪽.

77 尹海東, 앞의 논문, 309쪽.

78 실력양성론에 따라 자본주의적 대공업의 설립을 지향하는 '생산증식'의 논리는 물산장려운동의 침체에 따라 급속히 퇴조하고, 1923년 말부터는 토산의 장려와 가내공업, 소공업의 생산에 기반을 둔 자작자급을 주장하는 '토산장려'의 논리가 물산장려운동의 주된 이념으로 정착하였다. 이 논리는 제국주의 상품시장의 논리를 거부하고 외화배척운동을 주장하고 있을 뿐만 아니라, 민족운동에서 부르주아의 지도권을 부인하고 있는 점에서 사회주의자들과도 공동 보조를 취할 수 있었다. '토산장려' 및 '생산증식' 논리의 개념과 분화 양상에 대해서는 尹海東, 위의 논문 참조.

안재홍(安在鴻)은 조선민흥회의 발기에 대해 "조선 민족의 공동이익을 위해 분투노력하자는 것으로서 조선 민족의 단일전선기관을 형성하기 위한 것"이라고 전제하고, 아울러 조선민흥회의 운동 방향과 관련하여 "오인(吾人)은 이런 운동을 중국에서의 국민당운동처럼 진행시키고 싶다"는 포부를 밝혔다. 그러나 "현하 사정에 비추어 그런 조직체의 성립이 가능할 것인지, 가령 그런 것이 성립되었다손 치더라도 어느 정도 활동할 수 있을까 하는 의문이 뒤따르지 않을 수 없다"[79]고 하여 조선민흥회의 창립 가능성에 대해서는 의문을 표시하고 있다.

이러한 인식은 민족주의 진영과 친분이 두터운 일부 공산주의자에게도 동일하게 나타나고 있다. 조선일보 논설위원으로 김사국 사후(1926. 5. 8.) 서울파 고려공산동맹의 책임비서와 제3차 조선공산당의 정치부장·책임비서를 지낸 바 있는 김준연(金俊淵)은, 조선민흥회 발기의 의의에 대해 "민흥회의 발기는 두 가지 점으로 보아서 큰 의미가 잇는 것이니 첫째는 사회운동자와 민족운동자가 제일차적으로는 공동의 목적을 도달하기 위하야 서로 제휴하는 것이 필요하다는 것을 말하는 것이고, 둘째는 이러한 운동을 표면에 내세우자는 조선 일반 민중의 치열한 요구를 표명한 것이다. 그 발기가 처음에 더군다나 전진회와 같은 유력한 사상단체의 분자에 의하엿다는 점으로 보아서 사회운동자가 민족운동자에 향하여 열렬히 성의를 피력한 것으로 볼 수 잇는 것이엿다"라고 하여 조선민흥회 발기의 의의를 높이 평가하고 있다.

그럼에도 민족주의자들이 바로 조선민흥회에 합류하기에는 당시의 여건이 마땅하지 않았던 것으로 보인다. 이에 대해 김준연은 "그 점(민족주의자들이 바로 조선민흥회에 합류하지 못한 이유—인용자)을 고찰함에는 두 가지 조건을 상고하여 볼 필요가 있는 것이니 첫째는 종래의 감정상으로 보아 민족운동자가 사회운동자에게 전폭의 신뢰를 둘 수 있슬가

79 〈朝鮮民興會〉, 《조선일보》 1926년 7월 11일자 사설. 이 사설은 압수되었다.

하는 것이요 둘째는 이러한 표면적 결합이 현하 조선에 있어서 가능할 것일가 하는 것"[80]이라고 지적하고 있다.

조선물산장려회는 재기의 필요성과 앞서 언급한 바와 같은 인연으로 서울파가 주도하는 조선민흥회에 참여했지만, 여전히 다수의 민족주의자들이 민족·사회운동 진영의 공동전선을 열망하면서도 서울파가 주도하는 통일전선조직에 참여하기는 꺼리고 있었다. 아마도 이들에게는 1925년 말 신민부 창립 관련 사건으로 다수의 서울파 사회주의자들이 체포되었던 기억도, 서울파가 주도하는 조선민흥회 창립 가능성에 더욱 회의를 품게 했을 것이다.[81] 그러므로 이들은 조선민흥회의 출범에 대해 관망적 태도를 취할 수밖에 없었고, 조선민흥회의 세력은 "실업·교육·노동·농민·언론·종교·여자·청년·형평·학생·사상 등 각계를 망라"하여 조직하려던 당초의 계획과는 달리, 서울파 사회주의자들을 중심으로 조선물산장려회의 '토산장려 그룹' 등 민족주의 진영의 일부를 결합하는 데 그치고 말았던 것이다.[82]

그런데 '조선 민족의 해방'을 표방하는 조선민흥회의 창립이 현재 조선의 실정에서 가능한지를 묻는 안재홍과 김준연의 우려는 현실로 나타났다. 조선민흥회가 발기되자 일제는 감시를 게을리하지 않았고, 끝내는 창립 자체를 금지했던 것이다.[83] 일제는 조선민흥회가 신민부의 창립에 깊숙이 관여한 서울파의 주도 아래 발기된 것에 촉각을 곤두세웠던 것이 분명하다. 아울러 '외화 배척'을 선도했던 조선물산장려회의 '토산장려 그룹'이 이들과 제휴한 것도 저들의 신경을 자극했음에 틀림없다.

우려는 서울파 내부에서도 있었다. 이들은 조선민흥회가 "그 운동의

---

80 金俊淵, 〈朝鮮의 今日問題〉, 《現代評論》 1, 1927. 1, 42~44쪽.

81 《동아일보》 1925년 10월 22, 31일자, 11월 5, 6, 9, 11일자 참조.

82 鐵岳, 〈大衆的戰鬪的協同戰線の結成と新幹會及び獨立黨促成會の任務〉, 《朝鮮前衛黨當面の任務》, 東京: 左翼書房, 1930, 84쪽.

83 이 점은 일제가 신간회 창립을 허가한 것과 대비된다.

성질상 제일차적으로는 민족운동적 성질을 더 다량으로 가질 것"을 충분히 알고 있었으며, 조선민흥회의 운동 방향에 대해서도 "민족운동자 자체로 하여금 일어나서 그와 같은 (민족)운동을 일으키는 것"을 최선의 방법으로 인식하고 있었다.[84] 서울파는 조선민흥회에 적극적으로 진출하기를 자제하고 측면에서 지원하는 것으로 방침을 정했다. 따라서 서울파는 조선민흥회에 "자타가 공인할 만한 사회주의자"를 내세우지 않았다. 조선민흥회의 준비위원과 상무위원에 선출된 서울파 인물 가운데 이경호·김정기를 제외하고 권태석·최익환·송내호는 이전에 조선민족대동단과 조선민우회 등에 참여한 경력 때문에 민족주의자로 인식될 정도였다. 서울파의 이러한 방침은 사실상 조선민흥회를 민족주의자들에게 맡겨야 한다는 것으로, 이는 신간회 속에서 노동계급의 헤게모니를 점차 강화시키려던 조선공산당의 방침과는 차이가 있다.[85]

결국 서울파의 이러한 태도는 사회주의 진영 일부로부터 민족주의 진영으로의 투항이라는 비판을 받았다. 이들은 조선민흥회의 태동을 이전의 조선민우회·조선청년회연합회·조선물산장려회 들을 계승한 것으로 파악하면서, "조선의 무산계급 전체가 계급적 의식에 각성되지는 아니하얏다 할지라도 이미 사회에 유동하는 중심 세력이 사회운동의 방면으로 기울어저 있는 금일에 일부 유한자(有閑者)의 민족적 대동단합을 새로 말한다는 데에서는 실로 냉소를 불연(不然)하는 바" 차라리 '조선국민의회'와 같은 자치운동 단체를 만들라고[86] 공박하였다.

한편 최남선(崔南善)과 이광수(李光洙) 등이 최린(崔麟) 및 일본인 아베 미쓰이에(阿部充家)와 함께 자치운동단체인 연정회 계획의 부활을 추진하자, 조선일보의 안재홍과 김준연은 1926년 10월경 이를 저지하기

84 金俊淵, 앞의 글, 42~43쪽.

85 李賢周, 〈新幹會에 參與한 社會主義者들의 運動論－ML黨系를 중심으로〉, 《한국민족운동사연구》 4, 지식산업사, 1989(본서의 제1부 4장) 참조.

86 〈民興會란 무엇인가?〉, 《開闢》 1926. 8, 40~41쪽.

위해 조선민흥회에 이러한 사실을 밀보하였다. 밀보를 받은 조선민흥회 측은 연정회 조직이 강행될 경우 현재 창립이 진행중인 조선민흥회에 "지대한 영향을 줄 것"으로 판단하여, 이를 저지하기로 결의했다. 조선민흥회의 대표로 연정회 측에 파견된 명제세 등은 최린을 만나 "(연정회 조직에 대해) 절대 반대의 뜻을 표시하고 (연정회를) 강제로 조직할 경우 극력 저항, 방해할 것이라고 협박"[87]하였다. 이에 대해 연정회 측은 10월 13일 밤 명월관에서 회합하여, 표면적으로는 '시사 간담회'라 내걸고 준비위원회를 개최하여 발기 계획을 발표하는 등 조직 일정을 강행하려 했다. 이에 조선민흥회는 명제세·허일(許一)·이영 등 십수 인이 모인 가운데 전진회와 합동으로 연정회에 대한 대책을 협의한 결과 "오(吾) 민족의 자치운동에 일본인인 아베 미쓰이에 배(輩)를 개입시키는 것은 이미 그 근본을 그르치는 것으로서 자치의 정신을 무시하는 불순한 운동이요, 우리의 주장과는 전혀 상용(相容)하지 않으므로 이를 묵과해서는 안 되고 철저히 박멸을 기(期)해야 한다"[88]고 결의, 연정회의 조직 계획을 무산시키는 데 성공했다.

안재홍 등이 연정회 부활 계획을 밀보해 준 데 대해, 조선민흥회 측은 이를 연정회와 같은 자치운동 단체에 반대하는 민족주의 좌파 전체를 조선민흥회에 끌어들이는 절호의 기회로 판단했음이 분명하다. 그러나 조선민흥회의 이러한 바람과는 별도로 민족주의 좌파는 독자적으로 민족운동기관 조직 준비를 진행했다. 민족주의 좌파의 중진인 안재홍·유억겸(兪億兼)·박동완(朴東完)·이종린(李鍾麟)·신석우(申錫雨)·오상준(吳尙俊)·권동진(權東鎭) 등은 1926년 3월 조선공산당 책임비서 강달영(姜達永)과 회합하여 "비타협적 민족운동과 공산운동과 공동 동작을 취할 가부(可否)에 대해 협의"하였다.[89] 조선공산당에 대한 검거로 구체적

---

87 〈獨立運動終熄後ニ於ケル民族運動ノ概觀〉, 《齋藤實文書》, 238쪽.

88 같은 곳, 239쪽.

인 논의는 중지되었지만, 민족주의 좌파는 연정회 부활 조짐을 계기로 이를 다시 추진한 것이다. 그리고 이때 민족운동기관의 주도권은 당연히 민족주의 좌파에 있었다. 따라서 민족주의 좌파의 입장에서 볼 때 이들이 조선민흥회를 부추겨 연정회 조직 계획을 무산시킨 것은 자신들이 준비하는 민족운동기관을 조직하기 위한 정지 작업의 일환이었다.

민족주의 좌파만의 민족운동기관 조직 준비가 알려지자 서울파는 충격을 받았다. 민족통일전선인 조선민흥회와 유사한 성격의 단체가 조직될 경우, 조선민흥회 조직에 차질이 생길 것이 분명하기 때문이다. 이에 서울파는 전진회를 내세워 민족주의 좌파와 제휴를 시도했다. 새로 조직될 민족운동기관의 목적과 방침을 묻는 전진회 측의 질문에 대해 신석우는 "오등(吾等)의 조직하는 단체는 좌경단체가 아니며 …… 오등은 민족주의자 중 우경파를 배제하여 좌익전선을 형성하고자 하는 것이지 공산주의적 좌경운동을 위한 것은 아니다"라고 하면서 거부 의사를 밝혔다. 이에 대해 전진회 측이 "그렇다면 어째서 김준연, 한위건(韓偉健) 등과 같은 공산주의자를 발기자에 가담시켰는가"라고 힐문하자 신석우는 그들이 "(공산)주의자로서 가입한 것은 단지 개인적인 친교관계 때문"이라고 답변했다.[90]

민족주의 좌파에 의한 새로운 민족운동 기관의 조직에 충격을 받은 것은 서울파만이 아니었다. 신간회 발기 계획이 알려지자 조선민흥회의 물산장려운동계 인사들은 노골적인 적대감을 표시하면서 "경찰 당국의 집회 불허가로 부득이하야 창립총회는 무기로 연기하고 기(其) 익일부터 창립 준비위원을 증선(增選)하야 회원 권입(勸入)에 활동을 개시한 바 …… 다수한 회원을 모집하야스며 조선 천지에 조선민흥회의 잠재 세력은 굉장하엿섯다. 차시(此時)에 이 운동을 분열하야 자파의 무엇을 만

89 〈朝鮮共產黨事件ノ檢擧顚末〉, 《現代史資料》 29, 42쪽.

90 〈獨立運動終熄後ニ於ケル民族運動ノ概觀〉, 254~255쪽.

족케 하랴는 일부 인사가 동 1월 말에 신간회를 발기"[91]했다고 하여, 신간회 조직 계획을 분파 활동으로 비난했다. 그러나 발기 준비 중인 신간회까지 조선민흥회에 아우르려던 서울파의 노력은 실패했다.

한편 일제의 탄압과 신간회의 발기로 위기를 맞은 조선민흥회는 개의치 않고 활동을 계속했다. 조선민흥회는 "발기 준비위원 16명은 10월까지 경향 각 계급을 망라"하여 111인의 발기인을 확보, 10월 30일 오전 10시 중앙기독교청년회관 대강당에서 111인 발기인으로 발기총회를 개최하고 창립 준비위원까지 선출했다. 그러나 창립총회는 일제 당국의 집회금지 조처로 무기한 연기되었다.[92] 그럼에도 조선민흥회는 1927년 1월 초 선언과 강령의 발표를 위해 일제 당국과 다시 교섭했다. 그러나 1월 말 또다시 발표가 금지됨으로써 조선민흥회 창립의 앞길은 점점 어두워만 갈 뿐이었다. 조선민흥회는 최후의 수단으로 1월 31일 재경 집행위원회를 열고 2월 11일의 발기인대회와 12일의 창립대회를 강행하기로 결정했다.[93]

조선민흥회는 2월 11일 오후 3시부터 예정대로 발기인대회를 열고 자정까지 신간회 문제를 토의한 결과 "조선 민족의 복리를 위하야 운동함에는 총역량을 결합하난 것이 무엇보다도 양책(良策)이니 조선민흥회와 신간회를 합동하야 새로운 단체를 조직하기로 결정"하였다.[94]

---

91 〈日誌抄錄〉, 《朝鮮物産奬勵會報》 1-10, 1930. 10., 110쪽. 조선민흥회 안의 민족주의자들의 이러한 태도는, 이들을 신간회 창립을 주도하는 민족주의 좌파와는 다른 관점에서 파악하게 한다.

92 같은 곳, 110쪽.

93 《동아일보》 1927년 2월 2일자.

94 〈日誌抄錄〉, 110쪽. 따라서 대부분의 기존 연구에서 명확한 근거 없이 "조선민흥회 회원 전원이 무조건 신간회에 가입하기로 결정하고 신간회 측이 이 제의를 받아들였다"는 견해는 잘못된 것이다. 당초 조선민흥회와 신간회는 단체 대 단체로 합동하여 '새로운 단체'를 조직하기로 했던 것이다.

新幹會創立總會

십오일밤청년회관에서개최
민흥회와신간회의합동성립

民興、新幹合同完成

긔보=조선민흥회(朝鮮民興會)와 신간회(新幹會)의합동의사명을 가지고 민흥회위원(民興會委員)열명과신간회 창립준비위원(新幹會創立準備委員)이 십이일오후두시부터 시내 관수동(觀水洞)백사십삼번디에회집하야 합동하기로 한결과회명(會名)은 신간회(新幹會)를채용하기로하고 강령(綱領)도 신간회의강령을 그대로 승인하고 그날밤일곱시부터 발긔회(發起會)를 열엇는데 민흥회 발긔인권부와 신간회발긔인권부가 그날밤여덟시부터 신간회 사무소(新幹會事務所)에회집하야발긔대회(發起大會)를열고 신석우(申錫雨)씨의사회하에규약(規約)대회세측(大會細則) 지회세측(支會細則)등의 초안을 심의하고 십오일오후일곱시에 긔독교중앙청년회관(基督敎中央靑年會館)에서 창립대회(創立大會)를열기로하고 즉시 창립준비위원십이인을 선거하야 일체창립에관한사무를위임하기로한후 동열시경에 폐회하니이로써 조선민흥회와 신간회와의 합동은완성되엇다더라

(사진은신간회발긔총회광경)

◇創立準備委員

權東鎭 明濟世 崔益煥 申錫雨 [illegible] 李東旭 洪命憙 張志暎 金[illegible] 安在鴻 [illegible] 李[illegible]

조선민흥회와의 합동으로 신간회가 출범하게 되었음을 보도하는 《조선일보》 기사 (1927. 2. 15)

창립을 준비하던 조선민흥회가 갑자기 신간회에 합류한 것에 대해서는 일제의 탄압으로 창립이 불가능하게 되었다는 상황적 이유 말고는 아직 분명한 견해가 없다. 하지만 필자는 조선민흥회의 신간회 합류를 서울파의 전략으로 판단하고 있다. 신간회도 민족협동전선을 표방했지

만 분명 민족주의 좌파의 주도로 창립되었고, 조선공산당은 신간회가 창립될 때까지도 그 과정에 개입하지 못하고 있었다. 따라서 신간회는 그 조직 기반이 대단히 취약한 상태였다. 서울파는 이 점을 간파, 조선민흥회를 신간회에 합동시킴으로서 이를 토대로 신간회를 장악하고자 했던 것이다.[95]

5. 서울파와 조선민흥회의 민족통일전선운동

지금까지 1920년대 '서울파'의 조직과 활동을 민족통일전선운동을 중심으로 개관해 보았다. 이상의 논의를 요약하면 다음과 같다.

'서울파'의 모태가 되는 서울청년회의 창립 배경과 관련하여 주목되는 것은 1919년 4월 23일 임시정부 수립을 위해 서울에서 개최된 '국민대회'이다. 김사국을 비롯한 국민대회의 조직자들은 뒷날 서울청년회가 사회주의단체로 전환될 때 핵심 세력을 형성했다.

서울청년회가 창립되는 직접적인 배경은 3·1 운동 직후부터 일어나기 시작한 청년단체의 연합기관 설립을 위한 움직임에서 비롯되었다. 창립 당시 서울청년회는 보수·민족주의자 그룹, 사회혁명당 그룹, 국내 사회주의자 그룹 등 세 가지 성향의 인물들로 구성되었다. 이 중 청년·사회운동의 주도권을 놓고 전자의 두 그룹과 후자가 치열한 경쟁을 벌였다. 국내 사회주의자 그룹은 먼저 조선청년회연합회의 보수·민족주의자 그룹과 사회혁명당이 추진한 김윤식 사회장 추진의 '반동성'을 폭로

95 서울파에 의한 조선민흥회의 신간회 합류 결정은 1926년 11월 16일의 일월회와 서울파 합동에 의한 '통일조선공산당' 결성과도 밀접한 관련이 있으나, 이는 따로 고찰되어야 할 문제라고 생각된다. 한편 조선물산장려회 측은 신간회 합류를 결정하면서 동시에 조선물산장려회의 재건 방침을 천명했다(〈日誌抄錄〉, 《朝鮮物産獎勵會報》 1-10, 1930. 10., 110~111쪽).

함으로써 이들을 서울청년회에서 몰아내고, 사기공산당 사건을 폭로함으로써 조선청년회연합회에 다져진 이들의 기반도 약화시켰다.

1922년 4월 서울청년회는 사회주의자 중심으로 조직을 개편했다. 개편을 전후하여 서울청년회는 제2의 사기공산당 사건으로 서울청년회와 무산자동맹회로 다시 갈라졌는데 운동의 분파로서 '서울파'의 형성은 이에서 비롯되었다.

사회주의 단체로서 서울청년회의 활동은 노동운동을 비롯한 대중운동에 집중되었다. 그리고 이러한 활동은 노동계급의 전위조직을 세우려는 계획과 맞물려 있었다. 1922년 서울청년회는 자파의 전위조직인 '서울꼼그룹'을 조직하였다. 이들 조직은 만주에도 건설되어 공산주의 사상의 보급과 선전에 주력했다. 코민테른이 서울꼼그룹을 조선 지부로 인정하지 않았는데도 승인을 받으려는 서울파의 노력은 계속되었다. 1923년 2월 서울파는 서울꼼그룹을 확대하여 '고려공산동맹'과 '고려공산청년동맹'을 조직하였다. 이에 서울파는 다시 코민테른에 승인을 요청했으나 실패했다.

그러나 코민테른의 승인을 받으려는 서울파의 노력은 부분적인 결실을 맺기 시작했다. 1925년 가을 코민테른은 화요파 중심의 조선공산당과 고려공산청년회를 승인하면서, 서울파의 고려공산동맹에 대해서도 '공산단체'로 인정함으로써 이들이 독자적으로 활동할 수 있는 조건을 부여했던 것이다. 서울파의 맹렬한 조직 활동은 제3차 조선공산당을 '통일조선공산당'으로 바꾸고 자파 중심의 새로운 전위당인 고려공산동맹을 조직하는 데까지 나아갔다.

코민테른은 "민족혁명단일전선을 작성하고 세 그룹의 회원을 이에 가맹시킬 것"을 내용으로 하는 민족통일전선 조직 방침도 지시했다. 방침이 제시되기 이전부터 서울파는 나름대로 민족 문제에 대한 인식을 심화시키고 있었다. 이런 점에서 초기의 좌익적 강령과 선언은 사회주의 단체로서 민족주의운동과 분리하는 과정에서 필연적으로 거쳐야 하는 자기 확립의 과정으로 보아야 할 것이다. 따라서 이러한 과정이 마무리되었을 때, 서울파가 자신들이 주도하는 대중조직의 강령을 민족적인 내용으로 바꾸거나 민족주의 진영과의 제휴에 적극적으로 나서는 것은 당연한 일이었다. 서울파의 태동 배경과 인적 기반은 이러한 점을 더욱 뒷받침해 준다.

코민테른이 제시한 '민족혁명단일전선'을 조직하려는 서울파의 노력은 연해주 블라디보스토크에 민족당주비회를 결성하는 것으로 나타났다. 그런데 이는, 1925년 3월 북만주의 대표적 민족운동 기관인 신민부가 창립된 이래, 여기에 관여한 최창익 등 서울파 공산주의자들의 활동 경험과 기반에 힘입은 바 컸다. 1925년 말 김영만과 최창익은 블라디보스토크로 가서 현지의 민족운동자들과 함께 민족당주비회를 결성하고, 국내의 서울청년회에 "화요파 조선공산당에 앞서 민족단체를 조직하여 코민테른에 직속"할 계획을 전달했다. 이에 따라 서울파는 표면단체인 전진회를 통해 조선민흥회를 발기했다.

27인의 발기 준비위원과 9인의 상무위원의 면모를 볼 때 조선민흥회는 서울파 공산주의자와 조선물산장려회의 일부 인사('토산장려 그룹')가 중심이 된 민족통일전선체였다. 조선물산장려회는 침체된 세력을 만회하기 위해 서울청년회의 도움으로 사회운동단체로 전환을 꾀하였고, 서울청년회는 이를 통해 민족통일전선 조직을 주도할 수 있었다.

조선민흥회가 세워지자 민족주의 좌파는 이를 반기면서도, 현실적으로는 과거 신민부 사건의 여파로 서울파 공산주의자들이 체포되었던 일을 떠올리면서 그러한 조직이 과연 가능한가 하는 의구심 때문에 관망하는 태도를 취했다. 그러면서도 이들은 민족통일전선 조직이 현실화할 경우 사회주의자들에 맞서 주도권을 장악할 것을 구상했다. 민족주의 좌파는 조선민흥회를 이용하여 민족주의 우파의 계획을 무산시키면서도, 자신들이 추진하는 조직에 서울파(전진회)가 접근하자 이를 견제하였다. 조선민흥회의 민족주의자와는 달리, 신간회 조직을 계획하던 민족주의 좌파는 전진회와 같은 공산주의자들이 신간회의 주도권을 장악하는 것을 결코 원하지 않았다. 따라서 추진 중인 신간회와 손을 잡고 민족주의 좌파를 조선민흥회에 끌어들이려던 전진회의 시도는 불발로 끝났고, 조선민흥회의 민족주의자들은 조선민흥회와 별도로 신간회를 조직하려는 민족주의 좌파의 행동을 '분파 활동'으로 성토하였다.

이 시점에서 서울파는 조선민흥회를 신간회에 합동시켜 이를 통해 신간회를 내부로부터 장악하는 방향으로 자신의 전략을 수정하지 않을 수 없었다. 일제의 계속되는 탄압 속에서도 회원을 최대로 확장한 조선민흥회는 예정된 창립일을 눈앞에 두고 논란 끝에 신간회와 '단체 대 단체' 합동을 선언했다. 조선민흥회와 신간회의 합동은, 신간회가 민족주의 좌파만의 힘으로 추진되고 조직 기반이 매우 취약한 상황에서 '일제하 최대의 민족통일전선체'로 발전하는 데 현실적 토대를 제공한 것이었다.

《한국근현대사연구》 제7집, 한울, 1997

제3장
수양동우회의 민족운동 노선과 신간회

1. 수양동우회와 신간회

과거의 역사적 경험을 거울삼아 현실을 조명하고 올바른 방향을 모색하는 일이 오늘날에 와서는 그 의미가 상당히 퇴색했다. 그럼에도 역사적 경험이야말로 현재를 살아가기 위한 나침반이 된다는 사실에는 이론(異論)이 있을 수 없다는 것 또한 자명하다. 하물며 자주적 근대화에 실패하고 제국주의 침략에 의해 식민지로 전락한 한국의 경우는 말할 나위도 없다.

이런 점에서 일제하 신간회로 대표되는 민족통일전선운동의 의미를 되새겨보는 것이 단지 과거의 경험을 들추어내는 데 머무를 수는 없는 일이다. 왜냐하면 신간회운동이 추구했던 이념은 분단된 지 반세기가 넘도록 통일을 이루지 못한 현실에서 여전히 유효하기 때문이다. 추구했던 당면의 과제가 민족해방에서 민족통일로 바뀌었을 뿐 양자는 역사적으로 연속된 동전의 양면이나 마찬가지다.

3·1 운동 이후 1920~1930년대 초의 민족해방운동은 민족주의운동과 사회주의운동의 두 흐름으로 파악할 수 있다. 그런데 이 두 흐름은 민족운동의 이념과 방법, 주도 세력에 따라 여러 갈래로 나뉘어 있었다. 이러한 상황을 극복하고 민족주의 좌파와 사회주의자들의 협동전선으로

창립된 것이 신간회였다. 1927년 2월부터 1931년 5월까지 존속한 신간회는 서울에 본부를 두고 전국적으로 120~150여 개의 지회를 가지고 있었으며 회원 수만 2~4만 명에 이른, 일제하 가장 규모가 컸던 반일 민족운동단체였다. 신간회가 창립되기 전에 조선과 일본에서 활동하던 많은 사상단체들과 민족·사회운동단체들이 해체되었으며 유사한 성격의 단체들 사이에는 통폐합이 이루어졌다. 창립된 뒤에도 전국의 청년·사상·노동·농민단체들이 신간회를 지지하는 운동을 전개했고 그 지지 형태는 존립해 오던 사상단체의 해체, 파벌의 타파를 통한 전선의 통일, 신간회에 대한 지지와 후원의 표명이었다.

그러나 일제하 국내의 모든 운동 세력이 신간회에 집결한 것은 아니었다. 특히 민족주의 세력은 좌파로 간주되는 천도교 구파와 조선일보계가 주력으로 참여했을 뿐, 민족주의 우파로 분류되는 세력들은 처음에 신간회 참여에 유보적이거나 부정적인 태도를 취했다. 신간회 창립 초기에는 그것이 좌우합작의 통일전선조직을 지향했기 때문에 신간회의 또 다른 축인 사회주의에 공명하는 민족주의 세력만이 참여했던 것이다. 그런데 신간회의 조직이 확대되고 운동이 발전하면서 참여를 유보하고 있던 민족주의 우파의 태도가 달라지기 시작했는데, 대표적인 경우가 (수양)동우회였다.

그러므로 일제하 (수양)동우회의 민족운동론과 신간회에 대한 전략을 검토하는 것은 (수양)동우회는 물론 신간회를 둘러싼 민족주의 우파의 민족통일전선론을 살피는 데에도 유용할 것으로 판단된다.[1]

---

1 서중석, 〈한말 일제침략하의 자본주의근대화론의 성격〉, 《한국근현대 민족문제 연구》, 지식산업사, 1989; 김상태, 〈1920~1930년대 동우회·흥업구락부 연구〉, 《韓國史論》 28, 서울대 국사학과, 1992; 한상구, 〈1926~28년 민족주의세력의 운동론과 신간회〉, 《韓國史研究》 86, 1994; 趙培原, 〈修養同友會·同友會 硏究〉, 성균관대 대학원 사학과 석사학위논문, 1998; 장규식, 《일제하 한국기독교민족주의 연구》, 혜안, 2001; 〈신간회운동기 '基督主義' 사회운동론의 대두와 基督信友會〉, 《한국근현대사연구》 제16집(2001), 한울; 김명구, 〈한말 일제강점기 민족운동론과 민족주의사상〉, 부산대 사학과 대학원 박사학위논문, 2002.

2. 수양동우회의 초기 조직과 노선

1) 수양동우회의 조직

(수양)동우회는 1913년 5월 13일 미국 샌프란시스코에서 안창호(安昌浩)에 의해 조직된 흥사단(興士團)의 국내 지부로서 '민족성의 개조'와 '인격 수양'을 목적으로 하는 수양단체로 출발했다. 흥사단은 '민족전도대업(前途大業)의 기초'라는 목적을 달성하기 위해, 무실(務實)·역행(力行)·충의(忠義)·용감(勇敢)의 정신으로 덕성을 함양하고 신체를 단련하여 기력을 튼튼하게 하며 각자 전문지식 또는 과학기술을 습득하고 건전한 인격을 기른다는 실천 방안을 제시했다. 창립 이후 흥사단은 단우의 모집에 주력하면서 실업장려 정책의 일환으로 북미실업회사(北美實業會社)와 흥업회사(興業會社) 등을 설립했다.[2]

3·1 운동 뒤 안창호는 대한민국 임시정부에 참여하면서 중국 상하이 지역은 물론 남·북만주와 일본 및 노령 연해주 지역까지 포함하는 흥사단 원동위원부(遠東委員部)를 조직했다. 흥사단의 조직확대운동은 1920년 9월에 상하이에 원동위원부가 조직된 것을 시작으로, 북경과 남경, 만주 같은 곳에서 펼치려던 이상촌 건설운동과 표리를 이루면서 계속되었다.

1920년경 흥사단 원동위원부는, 흥사단운동은 국외보다도 다수의 조선인들이 거주하는 국내에서 전개되어야 한다고 판단하여 국내 조직 결성을 모색했다.[3] 이에 따라 김종덕(金鍾悳)은 1920년 5월 일본 동경에 건너가 백관수(白寬洙)와 유억겸(兪億兼) 등을 단원으로 끌어들인 뒤

2 이현주, 〈1907~1910년의 청년계몽운동과 흥사단 창립〉, 《도산학연구》 제9집, 도산학회, 2003 참조.

3 〈증인 신문조서: 안창호〉(京高特秘 제1373호의 7, 1937. 6.29), 《抗日運動關係 島山安昌浩資料集》 I(이하 '도산안창호자료집'), 국회도서관, 1997, 223~224쪽.

이듬해 5월에 국내로 돌아왔다. 이보다 앞서 1921년 3월에 이광수(李光洙)와 박현환(朴賢煥)이 조선에 들어왔다. 이후 김종덕과 이광수, 박현환은 여러 차례 회합을 갖고 홍사단 국내 지부의 결성을 준비했다.

상하이에서 국내로 돌아온 이광수는 바로 동아일보사에 입사하고 이듬해 5월 이 신문에 〈민족개조론〉을 발표했다. 뒤에 그는 아베 미쓰이에(阿部充家)를 통해 9월 30일에 조선총독과 면담하고 〈수양동맹안〉이라는 계획을 제출했는데, 민족운동 진영에서는 이를 "청년의 독립지향 의지를 감쇄시키는 것"으로 간주하여, 수양동맹회는 출범 때부터 국내 민족 진영에게서 의혹의 눈총을 받았다.[4]

1922년 2월 12일에 김종덕·박현환·이광수 등은 수양동맹회를 발기했다.[5] 이 밖에 홍사단원 곽용주(郭龍周)·김태진(金兌鎭)·이항진(李恒鎭)과 국내에서 새로 입단한 안창기(安昌基)·김기전(金起纏)·김윤경(金允經)·원달호(元達鎬)·홍사용(洪思容) 등이 수양동맹회의 발기인으로 참여했다. 발기회에서 이광수는 수양동맹회에 대해 "수양동맹회 규약은 홍사단 약법 중 홍사단을 수양동맹회로, 충의를 신의로 고치고 '우리 민족 전도대업의 기초를 준비함'을 '조선 신문화 건설의 기초를 준비함'으로 고쳤지만, 내용은 홍사단 약법과 동일하여 조선 독립의 기초를 준비하고 준비가 완성된 후 일거에 혁명을 단행할 것을 목적으로 하는 결사"[6]라고 설명했다고 한다.

평양에서도 대성학교 출신의 상공인들을 중심으로 동우구락부(同友俱樂部)가 조직되었다. 1922년 봄부터 대성학교 교사였던 김동원(金東

---

4 "本會는 자기수양과 문화사업을 조선인에게 고상한 德과 필요한 知識과 健康과 富를 享受시키는 것을 목적으로 하고 절대로 時事 또는 정치에 간여하지 않는 주의이다"(〈齋藤實에게 보낸 阿部充家 서한〉, 《齋藤實文書》 1921. 11. 29).

5 〈수양동맹회 발기회 기록〉(증거 제56호, 신현모 소지), 《도산안창호자료집》 II, 162~163쪽.

6 〈동우회사건 검거에 관한 건〉(京鍾警高秘 제7735호, 1937. 10.28), 《도산안창호자료집》 I, 332쪽.

임시정부 시절의 안창호(뒷줄 중앙)와 이광수(앞줄 중앙)

元)을 중심으로 같은 학교 출신의 김성업(金性業)·조명식(趙明植)·이제학(李濟學)·김영윤(金永胤)·김광신(金光信)·김형식(金瀅植) 등은 몇 차례 회합을 갖고 조선의 독립을 준비하기 위한 단체를 조직하기로 합의했다. 1922년 7월 중순 이들은 한때 대성학교를 다녔던 김병연(金炳淵)을 참가시켜 발기회를 열고 안창호의 '실력양성론'을 지도이념으로 하는 동우구락부를 결성했다. 동우구락부는 1923년 1월 16일에 창립대회를 열고 "무실역행의 주의로 회원 간에 호상(互相) 친목하며 호상 협조하며 진(進)하야 사회의 문화 향상을 도(圖)하기로 목적함"이라는 규약을 발표했다.[7] 동우구락부는 1910년대의 비밀결사운동이나 3·1 운동에 참여했던 평양 지역의 민족주의자들이 민족운동과 일제 지배정책의 변화를 겪으면서 즉각 독립의 노선에서 벗어나 실력양성론·준비론으로 정치적 입장을 바꾼 사례로 평가된다.[8]

---

7 《동아일보》 1923년 6월 22일자.

8 오미일, 〈1910~1920년대 평양지역 민족운동과 조선인 자본가층〉, 《역사비평》 28, 1995 참조.

안창호는 수양동맹회와 유사한 성격의 동우구락부가 조직되자 두 단체의 합동을 적극 권유했다. 그는 1923년 3월에 이광수를 비밀리에 베이징으로 불러들여 "평양의 동우구락부는 수양동맹회와 같이 흥사단과 동일한 주의·목적의 결사이므로 합동하여 결사의 확대·강화를 도모하라"고 지시했다.[9] 안창호가 지시한 양자의 합동은 창립 후의 발전이 지지부진했던 수양동맹회의 요구 사항이기도 했다.

안창호를 만나고 돌아온 이광수는 1923년 4월에 평양에서 김동원을 만나 정식으로 수양동맹회와 동우구락부의 합동을 제안했다. 그러나 이때의 합동 제의는 받아들여지지 않았다. 이것은 수양동맹회가 주로 지식인들로 구성되어 도덕적 인격 수련과 지식의 공유 등을 주창했던 반면, 동우구락부의 회원들은 평양 출신의 대성학교 교사와 학생으로 안창호의 영향을 받았으면서도 대부분 상공업자들이었던 만큼 경제적 실력 양성에 치중했기 때문으로 보인다.[10]

1925년 9월 경 수양동맹회는 동우구락부와의 합동을 다시 추진했으며, 이광수가 다시 평양에 가서 김동원을 만나 양자의 합동에 대한 찬동을 이끌어냈다. 1925년 10월 10일과 11일에 수양동맹회와 동우구락부는 합동회의를 열어 ① 규약은 수양동맹회의 규약을 채용하고, ② 동우구락부 회원 총 23명은 그대로 회원으로 인정하며, ③ 동우구락부 회금 3백 원은 입회금으로 처리하고, ④ 중앙 본부는 서울에 두고 평양에는 지회를 둔다는 합동의 원칙을 결정했다.[11] 수양동맹회가 동우구락부를 흡수하는 형태였다.

동우구락부는 1925년 11월 총회를 열어 합동회의에서 결의한 사항을 승인했다. 이로써 흥사단의 국내 조직은 '수양동우회'로 단일화되었고,

---

9 〈동우회사건 검거에 관한 건〉(京鍾警高秘 제7735호, 1937. 10.28), 《도산안창호자료집》 I, 338쪽.

10 趙培原, 앞의 논문, 9쪽.

11 《흥사단50년사》, 대성문화사, 1964, 53쪽.

수양동우회는 평안도와 황해도 및 서울을 주요 기반으로 하는[12] 민족주의 우파 진영의 중심 세력으로 자리 잡았다.

2) 수양동우회의 노선

수양동우회는 실력양성론을 바탕으로 "조선 신문화 건설의 기초를 준비"하는 데 목적을 두었지만, 활동은 회원을 대상으로 한 교양과 수양동우회의 이론을 선전하는 데 집중되었다. 이것은 뒤에 신간회가 대중을 직접 대상으로 하던 민중계몽의 방식과는 다른 것인데, 수양동우회가 정치와 시사에 관여하지 않는 '수양'단체로 스스로를 규정했기 때문이다.

회원 대상의 교양강연은 규약상 의무 사항의 실천이나 월례회 등을 통해 이루어졌다. 월례회에서는 강연과 토론의 방법으로 흥사단의 이념을 교육하고 자연과학, 보건위생, 국제 정세 등에 관한 의견을 나누었다. 초기에는 주로 김창세(金昌世)·이광수·김윤경 등 수양동맹회 창립 당시의 회원들이 월례회를 이끌었고 1927년 신간회가 창립된 뒤에는 이용설(李容卨)·정인과(鄭仁果)·조병옥(趙炳玉)·이대위(李大偉)·주요한(朱耀翰)·장리욱(張利郁) 등 수양동우회 출범을 전후해 활동을 시작한 인물들이 강연을 담당했다. 전자가 주로 인격 완성과 단결 훈련 등을 강조한 반면, 후자의 인물들은 국제 정세나 수양동우회의 규약 개정 문제 등을 주로 다루었다.[13]

초기에 수양동우회가 힘을 기울인 사업은 기관지 발행이었다. 잡지는 수양동우회의 활동 성과와 노선을 어떤 사업보다도 한층 효과적으로 선전할 수 있는 도구였기 때문이다. 수양동우회는 1926년 1월 7일의 의사

---

12 수양동우회 회원의 출신 배경에 대해서는, 金相泰, 〈1920~30년대 同友會·興業俱樂部 硏究〉, 서울대 대학원 국사학과 석사학위논문, 1991, 23~29쪽과 趙培原, 앞의 논문, 11~18쪽 참조.

13 趙培原, 위의 논문, 24쪽.

부(議事部) 회의에서 잡지를 발행할 것을 결정했다. 이들은 서대문 이광수의 집에 동광사(東光社)를 설립하고 주요한의 책임 아래 1926년 5월 20일 《동광(東光)》 창간호를 발행했다.[14]

수양동우회는 《동광》 창간호에서 자신들의 이념과 사상을 다음과 같이 천명하였다.

> 우리는 남보다 도덕적으로 큰 결함이 있는 것을 깨달아야 한다. 여기 말하는 도덕이란 결코 충(忠)이라든가 효(孝)라든가 하는 어떤 덕목의 결함을 말하는 것이 아니요 도덕의 근본이 되는 원리적 결함을 말하는 것이다. …… 이러한 도덕적 정신은 결국 관습 문제이기 때문에 허위(虛僞), 나태(懶怠), 교사반복(巧詐反復), 인순겁나(因循怯懦), 이기(利己), 시기질투(猜忌嫉妬) 등의 악습관을 파괴하고 그 자리에 무실(務實), 역행(力行), 신의(信義), 용기(勇氣), 사회봉사(社會奉仕), 친애관서(親愛寬恕) 등의 좋은 관습을 건설하려면 각 개인이 무서운 결심과 노력을 가지고 상당한 장시간을 각고면려(刻苦勉勵)할 필요가 있는 것이다.[15]

여기서는 조선 민족의 '도덕적 결함'을 열거하고 이를 타파하고자 도덕적 수양의 필요성을 강조하고 있다. 이 글은 이광수가 집필한 것으로 추정되는데, 그는 이미 〈대구에서〉(1916), 〈농촌계발〉(1916) 같은 글에서도 보였던 '민족개조'의 사상을 〈중추계급과 사회〉, 〈민족개조론〉 등을 통해 수양동맹회의 이념으로 제창했고[16] 이것을 위의 글에서 반복했다.

3·1 운동 이후 급속하게 대두한 사회주의 사상과 관련하여 수양동우

---

14 주요한기념사업회 편, 《주요한문집: 새벽》 I, 1982, 47쪽.

15 사설 〈무엇보다도〉, 《東光》 제1호, 1926년 5월호.

16 김윤식, 《이광수와 그의 시대》 II, 한길사, 1986, 671~672쪽.

회는 "사회주의자의 이상을 용인한다고 하더라도 민족주의가 설 땅은 남는다"[17]고 주장했다. 이것은 사회주의운동의 급격한 성장을 의식하면서도 제국주의 지배의 식민지에서 민족주의 존립의 당위성을 주장함으로써, 수양동우회가 민족주의 단체의 중심임을 우회적으로 표현한 것이다. 또한 사회주의 혁명이 민족과 국가 단위로 일어났음을 지적하여 조선의 사회주의운동도 민족 문제를 우선해야 한다고 강조했다.

수양동우회는 인격의 함양과 단결 훈련을 강조했다. 조선은 도덕적 결함 때문에 쇠퇴에 이르렀고 지식과 자본의 결핍으로 자립·자조할 능력이 없으며, 환산결렬(渙散決裂)과 골육상잔(骨肉相殘)으로 호조(互助)할 능력이 없다는[18] 것이 이들의 판단이었다. 따라서 수양동우회는 신문화를 건설하고 이상적 사회를 조성하는 것이 민족의 목표가 되어야 한다고 했는데, 이는 곧 근대 자본주의 국가의 건설을 의미했다. 이 목표의 달성을 위해 사회구성원 개개인은 '동맹의 힘', 조직적 단결을 통해 '덕(德)·체(體)·지(知)'의 인격을 함양해야 한다는 것이다.[19]

수양동우회는 교육과 산업의 부진이 조선의 쇠퇴를 극복하기 어렵게 만든다고 인식했다. 따라서 민족의 힘을 길러야 하는데, 이 힘은 바로 산업과 교육의 발전이며 기술교육과 직업교육을 통해 산업 인력을 양성해야 한다고 역설했다.[20] '과학의 통속화'를 《동광》 발간의 주요 목표로 삼은 것도[21] 이러한 맥락에서였다. 인격 함양과 단결 훈련이 도덕적 수련에 머물지 않고, 사회 전체로 확대되면 그것이 교육과 산업의 실력양성론이라는 것이다.[22]

---

17 사설 〈民族主義와 社會主義〉, 《東光》 제1호, 1926년 5월호.

18 사설 〈自助와 互助〉, 《東光》 제6호, 1926년 10월호.

19 김윤경, 〈인격의 함양〉, 《東光》 제5호, 1926년 9월호.

20 같은 곳 참조.

21 《홍사단운동70년사》, 홍사단출판부, 1986, 160쪽.

22 趙培原, 앞의 논문, 29쪽.

《동광》 창간호의 표지(1926. 5. 20)

그러면서 수양동우회는 개인과 사회가 유기체적 관계라는 사고를 바탕으로 개인 본위의 실력양성운동을 펼쳐야 한다고 인식했다. 이러한 인식은 수양동우회가 자본주의 사회를 지향하고 이를 위해 민족의 실력을 도모한다고 할 때, 그 주체가 건전한 인격을 함양한 지식인·자본가 같은 조선의 엘리트여야 한다는 주장으로 나아갔다.

> 현대제국(現代諸國)의 중추계급을 조성하는 자는 일언(一言)으로 말하면 식자계급, 유산계급이니 일(日, 일본)도 연(然)하고 영(英, 영국)도 연하고 미(米, 미국)도 연한 것이외다. …… 조선 민족의 중추계급이라 하려면 적어도 전 조선이 민족적 생활에 대한 공통한 이상을 포(抱)하고 이 생활의 조직을 능히 하며, 그 조직의 모든 기관을 족히 분담하여 운전할 만한 인격[덕(德)과 지(知)와 체(體)]을 비(備)한 개인의 집합이라야 할 것입니다.[23]

이광수는 이러한 조건을 갖춘 '개인이 집합'한 '중추계급'의 집단으로

23 이광수, 〈중추계급과 사회〉, 《開闢》 1922년 7월호.

서 수양동우회를 상정했다. 이러한 사고에 근거하여 수양동우회는 자신들이 건전한 인격을 갖춘 지식인·자본가의 집합체로서 실력양성운동을 통하여 조선의 자본주의 근대화운동을 주도해야 한다고 생각했던 것이다. 이와 같은 인식에서 수양동우회는 회원 개개인의 실력 양성에만 치중했고 대중적 실력양성운동은 외면하였다. 그러나 이것은 1927년 초 신간회가 창립될 때 수양동우회 안에서 규약개정 논쟁을 불러일으키는 계기가 되었다.

3. 신간회 창립과 수양동우회의 변화

1) 민족주의 계열의 분화와 신간회 창립

3·1 운동 이후 부르주아 민족운동의 분화는 문화운동의 태내에서 비롯되었다. 이 운동의 중심 세력은 동아일보 그룹과 천도교, 수양동맹회, 조선청년회연합회 등이었는데, 이들은 민립대학설립운동을 통해 자신들의 노선을 구현하고 있었다.

그러나 문화운동에 참여한 세력의 노선은 동일한 것이 아니어서, 예컨대 안재홍(安在鴻)과 설태희(薛泰熙) 등은 '토산 장려'를 주장했다. 이들은 제국주의 상품시장의 논리를 거부하고 일화(日貨) 배척을 주장하면서 조선인 부르주아에 대한 불신의 바탕 위에 이들의 헤게모니를 부인하였다. 그 대신 토산 장려와 가내공업, 소공업 생산에 기반을 둔 자작자급을 주장함으로써 가내공업과 소공업 집단의 이해를 대변했다.

반면에 동아일보 그룹과 이광수, 수양동맹회는 자본주의 문명을 수립하고자 하는 실력양성론에 근거한 '생산증식'의 논리를 제창했다. 그들은 생산증식의 논리로써 민중을 설득하고, 자신들의 타협성을 비판하는 사회주의자들을 방어하고 공격하는 데 힘을 기울였다. 그러나 이 논리는 자본주의 상품경제가 조선 경제에서 어떤 구실을 하는지에 대해서는 외면했다는 평가를 받았다. 반제국주의의 주장을 내걸지 못했고 자신들이 주도한 물산장려운동의 과정에서도 그것이 일화 배척이 아니라는 사실을 강조하기에 급급했다. 말하자면 생산증식의 논리는 일부 조선인 대공업자본을 옹호하는 것이었다.[24]

신간회 창립을 주도한 민족주의 좌파의 태동은 '토산 장려'를 주장한 세력에서 비롯되었다. 이들은 물산장려운동의 후반기에 주도권을 잡고 민족운동의 통합에 노력했다. 1926년 7월 8일에 이들은 민족협동전선 조직으로 조선민흥회를 발기했다. 조선민흥회는 서울청년회계의 사상단체인 전진회와 조선물산장려회 회원들에 힘입어 조직되었다.[25] 물산장려회는 민족주의 우파의 인사들이 사실상 손을 떼고 민족주의 좌파의 명제세와 설태희 등에 의해 명맥이 유지되고 있었는데, 이들이 조선민흥회를 발기함으로써 신간회의 결성을 촉진했다.[26]

자치론도 양자의 분화를 다그쳤다. 자치론이 대두하자 문화운동 진영은 찬반 양론으로 나뉘었는데, 민족주의 좌파의 다수는 자치운동에 반대했고 민족주의 우파는 내부에서 찬반 양론으로 분열되었다.[27]

1924년 1월 초 이광수는 《동아일보》에 5회에 걸친 장문의 사설을 발표하여 민족주의 진영이 정치, 경제, 교육의 중심단체를 결성해야 한다고 주장했다. 그리고 이 중심단체로 하여금 "당면한 민족적 권리와 이익을 옹호"하고 "장래 구원(久遠)한 정치운동의 기초를 성(成)하게 할 것"[28]을 제창하였다. 동아일보의 견해로 간주된[29] 이 논설의 의도는 조

---

24 尹海東, 〈日帝下 物産奬勵運動의 背景과 그 理念〉, 《韓國史論》 27, 서울대 국사학과, 1992, 353~354쪽.

25 창립준비위원 중 최익환, 권태석, 송내호, 이경호가 전진회, 명제세, 김종협, 정춘수, 오화영이 물산장려회 회원이었다(李賢周, 〈'서울派'의 민족통일전선운동과 신간회(1921~1927)〉, 《한국근현대사연구》 7, 한울, 1997, 182~183쪽).

26 이균영, 《신간회연구》, 역사비평사, 1993, 73~94쪽.

27 박찬승, 《한국근대정치사상사연구》, 역사비평사, 1992, 333쪽.

선 민족의 정치, 산업, 교육의 권리와 당면 이익을 위해 합법적인 정치결사를 조직하고 조선총독부의 후원 아래 타협적인 정치운동을 전개하려는 것이었다. 이에 따라 동아일보 그룹과 천도교 신파의 최린 등은 자치운동을 목적으로 연정회 조직을 추진했으나 여론의 반발로 무산되었다.

민족주의 세력의 분화가 진행되는 동안 사회주의자들은 조선노농총동맹과 조선청년총동맹을 결성했다. 1925년 4월에는 마침내 조선공산당을 조직하고 민족통일전선 결성에 착수했다. 조선사정조사연구회(1925. 9. 15)와 태평양문제연구회 조선 지회(1925. 11. 28)는 사회주의자들의 진출에 위기감을 느낀 민족주의자들의 주도로 조직된 것이었다. 전자는 민족주의 좌파 주도 아래 일부 사회주의자들이 참여했고[30] 후자는 하와이의 이승만과 연결된 흥업구락부 회원 등 민족주의 우파가 주도하고 좌파가 일부 참여한 형태였다.[31] 아직 민족주의 세력의 분화가 뚜렷하지 않았던 것이다.

그러나 1925년 11월 경성일보(京城日報) 사장 소에지마 미찌마사(副島道正)가 이 신문에 조선의 자치를 주장하는 논설을[32] 발표한 것을 계기로 사정은 달라졌다. 동아일보의 송진우(宋鎭禹), 김성수(金性洙)와 천도교 신파의 최린(崔麟)은 여러 차례 회합을 갖고 자치운동에 대해 논의했다.[33] 이때 천도교 신파와 동아일보, 수양동우회, 조선농민사 등이 자치운동의 세력 기반으로 간주되었다.

---

28 李光洙, 〈民族的 經綸〉, 《동아일보》 1924년 1월 2일자.

29 수양동맹회(뒤의 수양동우회)는 민족운동자들 사이에서 자치운동 세력으로 간주되었으나 직접 자치운동에 나선 흔적은 발견되지 않는다.

30 朱赫, 〈'朝鮮事情研究會'의 研究〉, 한양대 대학원 사학과 석사학위논문, 1991, 39쪽.

31 고정휴, 〈태평양문제연구회 조선지회와 조선사정연구회〉, 《역사와 현실》 6, 한국역사연구회, 1991, 306쪽.

32 副島道正, 〈총독정치의 根本義〉, 《京城日報》 1925년 11월 일자.

33 〈民族運動概觀〉, 《齋藤實文書》 10(民族運動編), 237쪽.

1926년 3월 11일 조선공산당의 책임비서인 강달영(姜達永)과 천도교 구파의 권동진(權東鎭)·이종린(李鍾麟)·오상준(吳尙俊)·조선일보의 신석우(申錫雨)·안재홍·연희전문학교 교수 유억겸·목사 박동완(朴東完) 등 8명이 만나 민족주의자와 사회주의자들로써 중국 국민당 형태의 민족협동전선을 결성한다는 데 합의하였다. 여기서 이종린에 의해 천도교 신파와 동아일보계의 자치운동 계획이 알려짐으로써 민족주의 좌파와 사회주의자들 사이의 제휴 움직임은 더욱 다그쳐졌다. 6·10 만세운동으로 조선공산당이 와해됨으로써 양자간의 논의는 일시 중단되었으나 제2차 조선공산당의 국민당 조직노선은 재건된 제3차 조선공산당에 계승되었다. 1926년 11월 15일에는 조선공산당의 표면단체 정우회가 〈정우회 선언〉을 발표하여 사회주의 계열의 민족협동전선 결성을 다그쳤다.

이처럼 1926년 말의 동아일보 그룹과 천도교 신파의 자치운동, 〈정우회 선언〉 등은 민족주의 좌파 세력을 자극했고, 이들로 하여금 적극적으로 민족협동전선 결성을 추진하게 함으로써 신간회의 창립을 보게 된 것이다. 이를 계기로 조선일보 그룹과 천도교 구파는 민족주의 좌파라는 하나의 정치 세력을 이룰 수 있었다.[34]

민족주의 좌파의 신간회 창립 이론은 반(反)자치론 및 사회주의운동과의 협동전선론이었다.[35] 이들은 자치운동을 '관제적 타협 운동'으로 간주하여 이 운동이 결코 민중의 호응을 얻지 못할 것이라고[36] 주장했다. 민족주의 좌파는 조선총독부의 자치제 실시설에 대해서도 민족운동의 보조를 교란하기 위한 책략이라고 논파하고 이를 막아내기 위해 '민족좌익전선'을 결성해야 한다고 주장했다. 제국주의 지배 아래서 민족

---

34 李賢周, 〈新幹會의 창립과 조직〉, 《爭點 韓國近現代史》 4, 한국근대사연구소, 1994, 58쪽.

35 朴贊勝, 〈1920년대 중반~1930년대초 민족주의좌파의 신간회운동론〉, 《韓國史硏究》 80, 한국역사연구회, 1993, 73쪽.

36 〈朝鮮今後의 政治的 趨勢〉, 《조선일보》 1926년 12월 16~19일자 사설.

대 민족의 모순구조에 직면한 조선인의 정치적 입장은 민족과 반민족, 타협과 비타협만이 존재한다고 보고 체제(일제)에 타협적인 세력은 우익, 비타협적인 세력은 좌익으로 간주했다. 민족좌익전선은 일제에 저항적이고 비타협적인 세력 간의 협동전선이며 여기에는 민족주의자와 사회주의자 모두가 포함되었다.[37] 따라서 자치운동의 기반으로 간주된 수양동우회는 민족주의 좌파에게 경계의 대상이었다. 수양동우회가 정치운동을 배격하고 개인의 인격 향상을 위한 수양단체임을 표방했는데도 자치운동의 기반으로 여겨진 이유는 이광수 같은 핵심 인물이 자치운동에 관여했기 때문이다.

수양동우회에 대해 천도교 구파의 이종린은 "누구는 안창호의 고굉(股肱, 충복)인 이광수, 동아일보 및 흥사단장 안창호 등이 제휴를 맺었고, 수양단이라든가 연정회라든가 하는 것이 모두 이로부터 나온 것이라고 한다"[38]는 견해를 밝힌 바 있는데, 이것은 당시 민족주의 좌파의 수양동우회에 대한 인식을 보여주는 것이다. 이러한 이유로 수양동우회는 신간회의 창립 과정에서 배제될 수밖에 없었다.

2) 규약개정 논쟁

1926년 후반 이후 조선을 둘러싼 정세는 비정치적 수양단체를 표방한 수양동우회에도 적지 않은 영향을 미쳤다. 이것은 수양동우회에만 국한된 것이 아니었다. 당시 중국에서는 국공합작과 국민당의 북벌 등의 영향으로 한국 민족운동자들 사이에 민족유일당운동이 전개되고 있었는데, 흥사단 원동위원부의 주요섭(朱耀燮)과 김복형(金復炯) 등은 흥사단

---

37 이지원, 〈일제하 안재홍의 현실인식과 민족해방운동론〉, 《역사와 현실》 6, 한국역사연구회, 1991, 48쪽.

38 〈第二次朝共黨事件檢擧報告綴〉, 《韓國共産主義運動史》(資料編 II), 고려대 아세아문제연구소, 1980, 120쪽.

이 사회주의단체로 변해야 한다고까지 주장했다.[39] 흥사단 미주 본부에서는 곽림대(郭林大)와 최희송(崔熙松)이 실력양성운동은 미온적이므로 흥사단을 혁명단체로 개조하여 정치운동을 전개하자고 주장했다.[40]

1927년에 들어서면서 수양동우회는 새로운 방향을 모색했다. 1월 16일에 수양동우회 의사회는 '회(會) 진흥방침 연구위원회'를 구성하고 연구위원으로 조병옥과 주요한, 이광수를 선임했다.[41] 이때 조병옥은 주요한과 함께 수양동우회를 민족주의자의 거두를 망라한 정치단체로 개조할 것을 제의했는데,[42] 이것은 창립 이래 견지해 온 조직적인 정치 행동을 하지 않는다는 원칙에 정면 배치되는 것이었다.

조병옥은 1894년 충남 천안 출신으로 미국인 감리교 선교사가 설립한 공주 영명학교에서 공부한 뒤 평양 숭실중학에 편입했는데, 여기서 그는 안창호로 상징되는 평양과 숭실학교를 감싸고 있던 민족주의적 분위기에 매료되었다. 1914년 미국 유학 길에 외교 독립을 주장하는 이승만과 무장투쟁을 외치는 박용만(朴容萬), 실력 양성을 강조하는 안창호를 차례로 만난 그는, "비분과 개탄만을 일삼는 감상적 애국주의론자와 어서 나가서 죽자고 하는 무계획적 급진론자"들과 달리, "민족 성격의 혁신 향상이 민족해방과 번영의 기초"임을 강조하는 안창호 노선의 "논리적 정연성과 타당성"에 공감하여 3일 동안의 문답 끝에 흥사단에 입단했다.[43] 조병옥은 콜롬비아 대학에서 공부하면서 흥사단의 단우로서 민

---

39 〈興士團(동우회)사건 검거에 관한 건〉(京鍾警高秘 제7735호, 1937.10.28), 《도산안창호자료집》 I, 340쪽.

40 《흥사단50년사》, 대성문화사, 1964, 69쪽.

41 〈수양동우회 의사부 회의록〉(증거 제26호, 신현모 소지), 《도산안창호자료집》 II, 42~43쪽.

42 〈주요한 신문조서(제5회)〉(京高特秘 제1373호의 9, 1937.7.23), 《도산안창호자료집》 I, 236쪽.

43 李秀日, 〈美國 유학시절 維石 趙炳玉의 활동과 '近代'의 수용〉, 《典農史論》 7, 서울시립대 국사학과, 2001; 趙炳玉, 《나의 回顧錄》, 民教社, 1959, 79쪽.

족운동과 학업을 병행했다.

1925년 6월에 귀국한 조병옥은 연희전문학교 교수로서 수양동우회에서 주도적으로 활동했다. 뿐만 아니라 그는 태평양문제연구회 조선 지회와 조선사정조사연구회에서도 활동하면서 1926년 10월에는 연정회 부활 계획에도 참여하여 '민족주의단체'의 설립을 논의하기도 했다. 조병옥은 1926년 후반 이후 이러한 활동을 기반으로 합법적인 정치운동의 공간에 참여하여 조선인의 당면 이익 쟁취를 위한 일에 몰두했다.[44] 그의 이러한 태도를 참여 전술로 볼 것인지, 아니면 자치운동의 한 갈래로 볼 것인지 쉽게 판단하기는 어렵다.

그러나 수양동우회의 개조를 주장할 무렵에 발표한 다음의 글은 그의 민족운동론의 한 단면을 보여준다.

> 조선 경제 내에는 두 민족이 억개를 연(連)하야 생활투쟁을 하게 되매 분배의 불공평한 것이 정치적 의식을 조장케 하며 분배의 경제적 투쟁이 민족운동과 연화(聯化)가 된다. …… 현시 정치기관과 법률제도 하에서 우리를 위한 분배정의를 성립할 수 잇슬가 의문이나 완전한 정의를 성립한다 함은 도저히 불가능한 사실이다. …… 우리는 우리의 분배의 배할(配割)을 상대적으로나 증가케 함이 우리의 경제운동이라 한다.[45]

경제 문제에 국한된 글이지만 조병옥은 합법 공간에서 당면 이익의 쟁취를 중시했다. 식민지의 합법 공간에서 당면이익 쟁취 투쟁이 갖는 한계는 분명하지만, 그 필요성은 엄연히 존재한다는 것이다. 그는 이와 같은 투쟁이 곧 민족운동이 되며 민중의 정치의식을 향상시킬 것이라고 확신했다.

---

44 趙培原, 앞의 논문 35쪽.

45 조병옥, 〈경제문제의 일관〉, 《동아일보》 1927년 1월 16일자, 18일자.

연정회 부활 계획이 무산된 뒤 조병옥은 수양동우회를 중심으로 '민족주의단체'를 결성하려 했다. 그는 1927년 1월 16일에 열린 '회 진흥방침 연구위원회'에서, 수양동우회는 회원의 대부분이 평남 지역 출신인 단순한 수양단체의 성격에서 벗어나 민족주의자의 거두를 아우른 대조직으로 변모하여 직접 정치투쟁을 벌여야 한다고 주장했다. 조병옥은 주요한과 연대하여 ① 수양동우회는 금후 각 방면에서 민족주의자를 가입시킬 것, ② 규약에 정치적 색채가 있는 조항을 삽입할 것, ③ 언론·집회·결사의 자유 획득, 보안법과 치안유지법 등의 폐지운동을 감행하고, 소년운동·민중교양·경제협동운동 사업에 참가하며 이를 지도할 것 등에 합의했다.[46]

주요한도 1927년 7월 《동광》에 완곡한 어조로 수양동우회가 개인의 도덕적 수양에 치중해 온 것을 비판하는 한편, 조선 사회의 현실을 개조할 것을 주장했다.

> 수양운동에 있어서 항상 그릇되기 쉬운 점이 두 가지가 있으니 하나는 개인을 너무 확대하고 사회를 너무 적게 보는 것이요, 둘째는 조선의 현실에 적응하기를 잊는 것이다. …… 사회가 불건전하면 그 사회에 속한 개인도 건전하기가 어려운 것이니 우리는 먼저 사회를 건전하게 한 후에라야 참으로 개인을 건전하게 할 수가 있는 것이다. 건전한 사회를 짓는 것이 수양운동의 근본적 해결책일 것이요, 다만 그 건전한 사회를 짓기 위한 건전한 분투분자를 양성하는 것이 우리 수양운동의 근본의(根本義)가 될 것이다. …… 우리의 갈 길은 오직 여기 있다. 고식적인 자기 개조에서 사회 개조로! 조선 현실에 적응한 교양과 훈련으로![47]

---

46 〈昭和15年 刑控 제17-20호〉, 《독립운동사자료집》 12, 독립운동사편찬위원회, 1977, 1291쪽.

47 주요한, 〈수양단체의 나갈 길〉, 《東光》 제15호, 1927년 7월호.

조병옥

주요한

그러나 두 사람의 주장은 수양동우회 안에서 쉽게 받아들여지지 않았다. 특히 이광수는 "실력 양성에 의해 조선 독립의 목적을 달성해야 한다"[48]고 주장하여 수양동우회를 직접적인 정치투쟁 단체로 전환시켜야 한다는 의견에 반대했다.

1927년 초 이광수는 건강 악화로 수양동우회를 비롯한 모든 사회활동을 중단할 수밖에 없었는데, 이러한 상황은 조병옥과 주요한이 수양동우회의 규약개정 논쟁을 주도하는 데 유리한 조건으로 작용했다. 사실 수양동우회 안에서 이광수의 지도력은 무시할 수 없는 것이었다. 이광수의 활동 중단으로 공석이 된 '회 진흥방침 연구위원회' 위원에는 정인과가 보선되었다. 이에 따라 조병옥은 규약개정 논쟁을 주도하면서 신간회에서도 본부 간사로 적극 참여했다. "신간운동은 조선 대중을 훈련 조직하야 우리의 권리 증진에 당할 세력을 조성코자 하는바"[49]라는 데서도 알 수 있듯이 신간회에 참여하는 그의 논리는 수양동우회 개조론과 1926년 후반의 이른바 합법적 정치운동론의 연장선에 있었다.

---

48 〈주요한 신문조서(제5회)〉, 《도산안창호자료집》 I, 236쪽.

49 《동아일보》 1929년 9월 2일자.

3) '대독립당' 구상과 논쟁의 귀결

수양동우회를 정치운동 단체로 전환하려는 데서 큰 난관은 안창호의 반대였다. 안창호는 규약개정 논쟁을 비롯한 동향을 전해 듣고 주요한을 상하이로 불러들였다. 주요한은 1927년 9월 16일부터 25일까지 상하이에 머물면서 안창호, 차리석(車利錫), 조상섭(趙尙燮) 등을 비롯한 흥사단 원동임시위원부 간부들과 이 문제를 논의했다. 안창호는 수양동우회를 정치단체로 전환하는 것에 반대하고 '혁명당'은 별도로 조직해야 한다는 견해를 밝혔다.[50] 혁명당은 당시 중국 관내와 만주 지역에서 전개되고 있던 민족유일당운동과 관련하여 안창호가 제창한 '대독립당(大獨立黨)'을 말한다.

안창호는 1926년 7월 8일 상하이 삼일당(三一堂)에서 연설하면서 다음과 같이 대독립당 조직을 역설했다.

> 그럼으로 우리는 각각 그 정신과 주의와 장단은 불계하고 대혁명당을 조직하도록 합하여야 하겠습니다. 각각 협애한 주의와 생각은 버리고 전 민중을 끌어 동일한 방향으로 나가야 할 것입니다. …… 우리는 이제부터 누구의 장단(長短)과 대소를 말하지 말고 단결하여 나갑시다. 전 민족적 운동을 할 배포를 가집시다. 하루바삐 민족적 대혁명을 기성하기 위하여 노력합시다.[51]

혁명당 조직의 제창은 민족유일당 수립운동을 다그치는 하나의 계기가 되었다. 더욱이 안창호는 대혁명당 조직을 제창하면서 "우리의 독립

---

50 〈昭和15年 刑拱 제17-20호〉, 《한국독립운동사자료집》 12, 1291쪽.

51 곽헌, 〈대혁명당을 조직하자 림시정부를 유지〉, 《新韓民報》 1926년 10월 4~28일자; 이명화, 〈자료: 대혁명당을 조직하자 림시정부를 유지〉, 《한국근현대사연구》 8, 한울, 1998, 215~232쪽.

은 순서를 밟아야 한다고 참정이나 자치를 주장하는 자가 있습니다. 이러한 자들은 자기의 사욕을 채우기 위하여 일본놈에게 아첨을 하며 떨어지는 밥풀로 배를 채우려 합니다"[52]라고 하여 자치론을 강력하게 비난하는 발언을 하고 있는데, 이는 수양동우회 안에서 개인적으로 자치운동에 가담했던 이광수 등에 대한 경고로 받아들여졌다. 그러면서도 "나는 자치나 참정이 악하다는 것이 아니라 그 생각이 어리석음을 말함이외다"라고 하여, 자치나 참정권에 대한 절대적인 가치 판단보다 배후에서 작용하는 일본제국주의의 의도를 제대로 파악하는 것이 중요하다는 견해를 보여 여운을 남겼다.

안창호는 국내외를 아우르는 통일적 대독립당, 곧 통일적 민족운동기관을 건설하려고 했고, 이를 위해 동일한 사상과 운동 방략을 가진 사람들의 단결된 조직을 결성하려고 했던 것으로 보인다. 이와 관련하여 안창호는 홍사단 미주 본부에 대독립당 건설에 힘을 보탤 것을 주문하면서 다음과 같이 적고 있다.

> 우리가 혁명시대에 처하여 혁명운동을 불가불 해야 되겠고, 혁명운동을 하려면 수양기관 이외에 특별한 혁명기관이 있어야 되겠습니다. 그러므로 우리는 장차 전 민족으로 더불어 통일적 운동을 진행할 때 독립당을 건설하자는 것이 우리의 목표이온데, 이것을 달하려 하여도 먼저 기초적 결합체가 있어야 할 것이라, 그러므로 우선 국내나 원동이나 미주를 물론하고 우리와 의사를 소통하기에 가능한 사람은 있는 대로 다 모아서 대단결을 이루고 그 단체의 주동으로 일보를 더 나아가 통일적 대독립당을 건설해야 하겠습니다. 제(弟)가 금차 만주 여행에도 이것을 위함이오니 …….[53]

52 곽헌, 〈대혁명당을 조직하자 림시정부를 유지〉, 《新韓民報》 1926년 10월 4~28일자; 이명화, 〈자료: 대혁명당을 조직하자 림시정부를 유지〉, 《한국근현대사연구》 8, 한울, 1998, 215~232쪽.

53 안창호, 〈韓承坤·張利郁兩位先生께〉(1926.8.2), 《安島山全書》, 三中堂, 1963, 797~798쪽.

이에 따르면 수양동우회는 '수양기관'인 채로 존속해야 하는 것이었고 정치운동단체는 '통일적 대독립당'의 형태로 따로 조직되어야 했다.

안창호는 수양동우회의 규약개정 논쟁도 대독립당의 구상 속에서 바라보았다. 그는 수양동우회가 수양기관에 머물러야 한다고 생각했고 따라서 정치단체로의 전환에 반대했다. 수양동우회가 '수양단'으로 흘러서도 안 되지만, 이와 함께 '혁명을 중심으로 하여 투사의 자격을 훈련하는 혁명훈련단체'임을 분명히 해야 한다는 것이었다.[54]

그럼에도 조병옥과 주요한은 계속 수양동우회 중심의 합법적 민족주의단체 건설을 모색하였다. 1927년 12월 17일 두 사람은 ① 수양동우회의 우수 분자와 수양동우회 이외의 민족주의자를 결합하여 직접 정치운동단체를 조직할 것, ② 수양동우회를 개조하고 민족주의운동의 거두를 끌어들여 명실공히 조선 운동의 핵심 단체가 되도록 할 것, ③ 개조한 수양동우회로써 청년운동·소년운동·농민운동·노동운동 등을 하여 회의 확대강화를 도모할 것, ④ 개조의 방법으로서 각 방면의 인사를 망라한 대 핵심 단체를 조직한 후 수양동우회를 해체하여 수양동우회 회원이 그것에 가입할 것 등을 골자로 하는 〈회 진흥책 초안〉을 작성하고[55] 의사부 회의에서 약간만을 수정한 뒤 통과시켰다. 수양동우회의 주도권 확보뿐만 아니라 그것의 해체까지 의도한 것이라는[56] 평가를 받는 이러한 합의는 사실상 안창호의 노선에 반기를 든 것이나 마찬가지였다.

이듬해 1월 조병옥은 〈회 진흥방침 초안〉과 규약개정안을 보고하기 위해 상하이로 가서 안창호를 만났다. 이 자리에서 안창호는 '수정자본주의 또는 사회민주주의'의 성격을 갖는다고 평가되는 대공주의(大公主義)를[57] 약법에 넣도록 요청했다. 또한 민족주의의 거두를 다수 참여시

54 안창호, 〈미국에 在留하는 동지 여러분께〉(1929), 《도산안창호자료집》 I, 243쪽.

55 〈주요한 신문조서(제5회)〉(京高特秘 제1373호의 9, 1937.7.23), 《도산안창호자료집》 I, 237쪽.

56 趙培原, 앞의 논문, 43쪽.

킨 전국적인 대조직으로 확대하는 것에 한하여 수양동우회를 확대·강화할 것을 지시함으로써[58] 조병옥과 주요한의 견해를 일부 수용하는 듯 보였다. 그러나 대공주의는 안창호가 제창한 대독립당의 이념으로 제시된 것이고, 민족통일전선 조직인 신간회가 급속하게 세력을 확장하고 있던 현실에 비추어 볼 때, 안창호의 태도는 조병옥과 주요한 두 사람의 노선에 대해 사실상 반대의 의미를 갖는 것이었다.

이때를 전후하여 수양동우회 안에서도 조병옥과 주요한의 노선에 대한 반대 움직임이 표면화되기 시작했다. 수양동우회의 최대 거점인 평양 지방회는 1928년 5월 5일 오정수(吳禎洙)를 중심으로 "운동의 근본 방침인 인격 훈련에 노력하여 회세의 확대·강화를 도모하는 것이 양책(良策)"이라고 결의했다. 이용설·김윤경·이윤재(李允宰) 등도 조병옥과 주요한의 주장에 맞서 수양동우회의 정치단체로의 전환에 반대하고 개인의 인격 수양과 단결을 강조했다.[59]

안팎의 반대에 부딪힌 조병옥과 주요한은 한 발 물러나 규약개정안을 수정하여 1928년 7월 7일의 제5회 임시의사회에 다시 상정하였다. 그러나 이 수정안도 정치단체의 성격을 완전히 벗겨내지 못했다고 하여 부결되었다.[60]

안창호의 반대는 완강했다. 1926년 9월 12일 그는 '흥사단 원동위원부 임시위원장' 명의로 이사부장 곽림대에게 다음과 같은 내용의 보고서를 보냈다.

> 당초의 우리의 주장과 우리가 수정한 안의 요령은 우리 단에서 본래부

---

57 朴萬圭, 〈島山 安昌浩의 大公主義에 대한 一考察〉, 《韓國史論》 26, 서울대 국사학과, 1991, 233~234쪽.

58 〈昭和15年 刑控 제17-20호〉, 《한국독립운동사자료집》 12, 1292쪽.

59 이용설, 〈개인수양과 단체생활〉, 《眞生》 4권 3호, 1928년 7월호.

60 趙培原, 앞의 논문, 45쪽.

> 터 가지고 내려오던 자체의 수양과 민중 교양 두 가지 이외에 경제 협동 한 가지를 더 가하여 단순히 이 세 가지 강령만을 가지고 나아가고, 우리가 원하는 혁명당은 따로 조직할 것이라 함이었는데, 본국에 있는 동지들은 일시는 여기에 대한 이해를 충분히 하는 것 같았으나, 이번에 다시 조건을 붙여낸 것을 보면 아직도 우리 단이 직접 정당의 핵심이 되어 가지고 우리 단으로서 정당에 관한 행동을 하자는 것 같이 되어버렸으므로 우리는 그들에게 다시 우리의 그 전 주장을 이해시키려 하였으니 …….[61]

이에 따라 수양동우회는 토론을 몇 차례 더 가진 뒤 1929년 2월 10일에 가서야 의사회에서 회세 발전대책으로 ① 수정 규약을 기초로 하여 본회를 개선할 것, ② 본회의 목적에 공명하는 인사를 널리 망라하여 특별 입회 수속을 하는 것으로 하고 확대된 위원 전체로 하여금 새로운 기관을 조직하게 할 것 등을 결의했다.

같은 해 9월 5일에 수양동우회는 임시의사회를 열고 투표로써 규약 개정과 수양동우회의 명칭 개정을 결정하였고 11월 23일 제7회 의사회에서 이를 추인했다. 투표에 참가한 71명 가운데 32명이 규약 개정에 찬성했고 제안된 동우회(同友會)(20표), 청년조선당(靑年朝鮮黨)(12표), 신흥단(新興團)(7표), 흥우단(興友團)(2표) 가운데 20표를 얻은 '동우회'가 수양동우회의 새 이름이 되었다.[62] 수양동우회에서 '수양'을 삭제하는 한편, 회의 목적도 "신의 있는 조선 청년을 규합, 훈련하여 신조선 건설의 역량을 증장(增長)한다"로 바꾸고 훈련의 원칙에 "사회 전반의 이익을 第一義로 하여 희생·노력하는 대공 생활의 실천"과 "조선 사정에 대한 철저한 이해와 의식을 함양"[63]한다고 하여 조선의 사회 현실에 대한

---

61 《홍사단50년사》, 74쪽.

62 〈동우회이사회 회의록〉(증거 제26호, 신현모소지), 《도산안창호자료집》 II, 77쪽.

63 〈同友會 約法(1929)〉(증거 제15호, 김병연소지), 《同友會事件證據品寫: 平壤宣川地方の分》, 국회도서관 마이크로필름. 이 자료는 앞의 《도산안창호자료집》 II, 국회도서관,

관심도 표명했다.

그러나 어디에도 정치적 독립이나 사회 변혁에 대한 의지는 보이지 않았다. 따라서 사실상 동우회는 다시 수양단체의 모습으로 칩잠해 들어갔고, 불만을 품은 일부 세력은 개별적으로 신간회에 참여했다.

4. 수양동우회 회원의 신간회 참여

규약개정운동이 고조되고 안창호의 구상이 드러나면서 일부 수양동우회 회원들이 신간회 지회의 설립에 참여하기 시작했다. 수양동우회의 '대주주'인 안창호가 혁명당을 구상하고 있다는 사실이 회원들에게 알려지고, 조병옥과 주요한 등의 견해가 내부에서 설득력을 얻는 상황 속에서 일부 회원들의 신간회 참여가 이루어진 것이다.[64]

1927년 말 신간회의 기관지로 간주되던 《조선일보》는 사설에서 신간회에 민족적 총역량을 집중하기 위해서는 아직 통합되지 않은 세력을 신간회에 합류시켜야 한다고 주장했는데,[65] 이것은 신간회 안의 민족주의 좌파 세력이 조선공산당을 비롯한 사회주의 세력을 견제하고자 《동아일보》와 수양동우회를 신간회에 끌어들이려는 것이었다.

수양동우회·동우회 회원 가운데 신간회에 참여한 사람은 13명으로 알려져 있다.[66] 앞에서 본대로 수양동우회는 신간회운동 시기에 조직의 진로를 둘러싸고 내분에 휩싸였는데, 논쟁이 장기화하자 수양동우회를 합법적인 정치운동단체로 전환시키려 했던 일부 회원들은 개인 자격으로 신간회에 참여했다. 조병옥이 신간회 본부와 경성 지회 간부로 참여했고,

1998, 201쪽에 목록만 들어 있고 내용은 누락되어 있다.

64 趙培原, 앞의 논문, 43쪽.

65 《조선일보》 1927년 12월 8일자.

66 趙培原, 위의 논문, 17쪽.

김선주(金善株)와 김순민(金淳民)은 각각 신간회 안주 지회와 진남포 지회의 결성을 주도했다. 이들은 수양동우회를 민족운동을 위한 합법적인 정치단체로 만들려 했고 이것은 신간회의 조직 구상과 본질적 차이를 가지는 것이 아니었기 때문에, 신간회의 민족주의자들은 이러한 움직임을 신간회와 유사한 경쟁단체를 결성하려는 것으로 받아들였다.[67]

그러나 수양동우회 세력으로서 조직적으로 신간회운동에 참여한 것은 주요한을 중심으로 하는 평양 지역 회원들이었다. 주요한은 이전에는 평양에서 별다른 활동이 없다가 신간회 평양 지회의 조직을 전후해서는 일정한 역할을 하였다. 그는 평양 지회 창립의 전 단계인 평양 재만동포옹호동맹에 참여했고 지회 설립 이후에도 잠시 간부직을 맡았다. 평양 재만동포옹호동맹은 신간회 평양 지회가 조직되기 직전인 1927년 12월 12일 창립되었는데, 이 단체는 민족주의자들과 사회주의자들의 연합으로 조직되었다는 점에서 신간회 평양 지회 설립의 사전 정지 작업의 성격을 갖는 것으로 이해된다.[68]

이것은 수양동우회에서 주요한과 조병옥 등이 주도한 정치운동단체에 대한 문제 제기가 신간회 평양 지회의 설립에 일정한 영향을 미쳤다는 것을 보여준다.[69] 그 결과 1927년 12월에 신간회 평양 지회가 조직되었고 다음과 같이 다수의 수양동우회계 인사들이 간부로 참여했다.

회　장: 조만식(曺晩植)　부회장: 한근조(韓根祖)
선전부: 설명화(薛命和, 부장)·서정일(徐正日)·백응현(白應賢)·김광수(金光洙)
서무부: 김병연(부장)·김구현(金龜鉉)·김정덕(金正德)

---

67 한상구, 〈1926~28년 민족주의세력의 운동론과 신간회〉, 《韓國史硏究》 86, 한국사연구회, 1994, 166~167쪽.

68 《중외일보》 1927년 12월 14일자.

69 權三雄, 〈1920年代 平壤地域 民族運動 硏究〉, 고려대 대학원 한국사학과 석사학위논문, 1995, 39쪽.

재정부 : 김건형(金健亨, 부장)·지창규(池昌奎)·김경빈(金景彬)

조직부 : 김유창(金裕昌, 부장)

조사연구부 : 김형식(부장)·송석찬(宋錫燦)·이제학

정치문화부: 임형일(林炯日, 부장)·오학수(吳學洙)·백덕수(白德洙)·김영기(金永基)

대표회원 : 주요한·김성업·최윤옥(崔允鈺)·염영화(廉永華)[70]

신간회 평양 지회의 결성 과정에서 눈에 띄는 것은 수양동우회의 몇몇 인사들은 여전히 신간회에 참여하고 있지 않다는 사실이다. 신민회 사건 이래 민족운동에서 중심적으로 활동했던 인물들 가운데 수양동우회의 대부격인 김동원과 오윤선(吳胤善)·이덕환(李德煥)·최용훈(崔龍勳) 등은 신간회에 참여하지 않았다. 평양에서 조선물산장려회에 참여하는 등 실력양성운동에는 계속 관여하면서도 '민족적 총역량의 집중'을 표방한 신간회에는 참여를 거부했던 것인데, 이처럼 소극적 실력양성운동에 머무르고 있는 것은 자본가로서 이들이 지닌 위치와 관련이 있는 것으로 보인다.[71]

1920년대 후반 평양 지역에서 고무노동자 총파업 등 노동쟁의가 잇따르자 신간회 평양 지회 집행부의 조만식과 오윤선, 김병연 등 수양동우회계 인사들은 파업 노동자들의 처지에서 그들의 투쟁을 고무하기보다는 평양상공협회 전무이사였던 김병연처럼 '사용자'의 처지에서 적극적인 '중재'에 나섰던 것이다. 물론 이러한 흐름은 당시 민족운동 전선의 전반적인 좌경화 흐름을 고려할 때 어느 정도 불가피한 측면이 있을 것이다. 그러나 신간회 평양 지회의 경우는 실력양성론의 입장을 견지했던 수양동우회계 인물들이 창립과 운영을 주도함으로써, 신간회를 적극적인 반일 민족운동의 장으로 만들기보다 오히려 신간회운동을 온건화·

70 《동아일보》 1927년 12월 25일자; 《조선일보》 1928년 1월 14일자.

71 權三雄, 앞의 글, 40쪽.

제1회 수양동우회 기념사진(1931)

개량화시킨 측면이 강하다고 볼 수 있다.

5. 신간회의 개량화를 주도한 수양동우회

(수양)동우회는 1913년 5월 13일 미국 샌프란시스코에서 안창호에 의해 조직된 흥사단의 국내 지부로서 '민족성의 개조와 인격 수양'을 목적으로 하는 수양단체로 출발했다. 3·1 운동 뒤 안창호는 대한민국 임시정부에 참여하면서 중국 상하이 지역, 남·북만주와 일본 및 노령 연해주 지역까지를 조직 대상으로 하는 흥사단 원동위원부를 조직했다. 흥사단 원동위원부는 국내조직 결성을 모색하여 1922년 초 서울에서 수양동맹회를 발기했다. 평양에서도 대성학교 졸업생들을 중심으로 안창호의 '실력양성론'를 이념으로 하는 동우구락부가 결성되었는데, 1925년 10월 두 단체는 수양동우회로 통합되었다.

수양동우회는 합법적인 공간에서 "조선 신문화 건설의 기초를 준비"하는 데 그 목적을 두었다. 이를 위해 수양동우회는 회원을 대상으로 규약상 의무 사항의 실천, 월례회를 통한 교양강연에 치중했다. 개인과 사회가 유기체라는 사고를 바탕으로 개인 본위의 실력양성운동을 전개해야 한다고 인식했다. 이러한 인식은 수양동우회가 지향하는 근대 자본주의사회를 건설하는 주체가 '중추계급', 곧 건전한 인격을 함양한 지식인과 자본가 등 조선의 소수 엘리트여야 한다는 논리로 이어졌다. 이러한 인식에서 수양동우회는 회원의 실력 양성에만 치중하고 대중적 실력양성운동은 외면했는데, 이것은 '절대독립'을 표방하고 대중을 직접 대상으로 민중 계몽과 동원의 방법을 썼던 신간회와 명백히 다르다.

이런 점에서 1927년 2월, 사회주의운동과의 제휴와 함께 반자치론을 표방하고 등장한 신간회는 수양동우회 내에도 변화의 바람을 불러일으켰다. 왜냐하면 수양동우회는 회원 몇몇이 조선총독부가 조종하는 자치운동에 가담하고 있었기 때문이다. 민족운동자들 사이에서 자치운동 세력의 유력한 기반으로 간주되던 수양동우회는 신간회 창립을 주도했던 민족주의 좌파들에게는 경계의 대상이었고, 이 때문에 신간회 창립 과정에서 배제되었다.

1927년 1월, 신간회의 출범이 다가오면서 수양동우회는 '회 진흥방침 연구위원회'를 구성하고 조병옥과 주요한, 이광수를 위원에 선임했는데, 조병옥은 규약개정 논쟁의 과정에서 수양동우회를 민족주의자의 거두를 망라한 정치단체로 개조할 것을 주장했다. 그가 신간회 발기인으로 참여하고 본부 간사를 맡았던 사실로 미루어, 이러한 주장은 수양동우회를 민족통일전선 조직으로서 출범하는 신간회의 주력으로 삼으려 했던 것으로 보인다. 조병옥의 주장에는 주요한도 동조했다. 그러나 조병옥의 주장은 조직적인 정치 행동을 하지 않는다는 수양동우회의 원칙을 거부한 것으로 조직 내부에 큰 파장을 일으켰다.

수양동우회를 정치운동단체로 전환하는 데 가장 큰 난관은 안창호의 반대였다. 규약개정 논쟁 등 수양동우회의 동향을 전해 들은 안창호는, 주요한과 조병옥을 상하이로 불러들여 수양동우회를 정치단체로 전환하는 것에는 반대하면서 혁명당은 따로 조직해야 한다는 견해를 보였다. 그의 구상은 '혁명당'으로서 국내외를 아우르는 통일적 대독립당, 곧 통일적 민족운동기관을 건설하고 수양동우회는 '수양기관'인 채로 존속해야 한다는 것이었다. 이광수 등 수양동우회 내의 자치운동 동조자에 대해서도 반대한다는 견해를 분명히 했는데, 안창호는 신간회의 '운명'을 부정적으로 전망하면서 관망하려 했던 것으로 보인다.

수양동우회는 1929년 말경 '수양'을 뺀 '동우회'로 명칭을 바꾸는 한편, 약법을 개정해 조선의 사회 현실에 대한 관심을 표명했다. 이는 1929년 11월 광주학생운동에 따른 '민중대회' 이후 신간회의 급속한 우경화에 대응한 조치로 판단된다. 그러나 어디에도 정치적 독립이나 사회 변혁에 대한 의지는 보이지 않았고 동우회는 다시 수양단체의 모습으로 되돌아갔다.

1927년 말부터 수양동우회의 규약개정운동이 고조되고 안창호의 구상이 전해지면서 일부 회원들은 개별적으로 신간회 지회의 설립에 참여했다. 수양동우회·동우회 회원 가운데 신간회에 참여한 사람은 모두 13명으로 알려져 있는데, 이들은 각각 신간회 경성 지회와 안주 지회, 진남포 지회 등에서 주도적으로 활동했다.

수양동우회 세력이 조직적으로 신간회 운동에 가담한 것은 주요한을 중심으로 하는 평양 지역의 회원들로서 이들의 동향을 통해 신간회 운동에 참여하는 수양동우회의 입장과 노선을 확인할 수 있다. 1927년 12월에 조직된 신간회 평양 지회에는 김병연 등 수양동우회계 인사들 다수가 간부로 참여했다. 눈여겨볼 것은 평양 지역 수양동우회의 대부격인 김동원 등 핵심 인물들이 불참한 점인데, 이는 이들의 자본가적 위치와 관련된 것으로서 이후 평양 지역 신간회운동의 방향에도 적지 않은 영향을 미쳤다.

말하자면 합법적인 공간에서 실력양성론의 입장을 견지했던 수양동우회계 인물들은 신간회 평양 지회의 창립과 운영을 주도함으로써, 신간회를 적극적인 반일 민족운동의 장으로 만들기보다는 오히려 신간회 운동을 온건화·개량화시킨 것으로 생각된다. 수양동우회 계열의 신간회 참여는 민족통일전선을 지향하는 신간회의 외연을 넓혀주었지만, 본질적인 이념·노선의 한계로 말미암아 민족운동에서 반제투쟁의 수준을 떨어뜨렸다고 볼 수 있다. 1929년 말에서 1930년 초에 신간회 본부를 중심으로 전반적인 우경화가 진행되고 이에 따라 사회주의자들 사이에서 신간회 해소론이 떠오르는 것도 이러한 흐름과 무관하지 않다.

《정신문화연구》 제92집, 한국정신문화연구원, 2003

제 4 장
조선공산당의 민족협동전선론과 신간회 해소

1. ML당계의 신간회운동론

3·1 운동 이후 민족해방운동 내부에서는 운동의 방법과 전략을 둘러싸고 다양한 논의가 이루어졌다. 이러한 논의 과정은 이념적인 면에서, 그리고 전략적인 면에서 민족주의운동과 사회주의운동이라는 두 개의 분파적 조류를 형성시켰으며 이는 식민지적 모순이 구조적으로 심화되어 가는 조건에서 더욱 뚜렷하게 성격을 달리해가고 있었다.

이와 같은 현상은 주어진 역사적 상황에서 구체적 투쟁 전략과 이념을 모색한 결과임이 분명하지만, 일반적으로 민족주의 또는 사회주의라고 불리던 이념이 민족해방운동의 실천적인 면에서 구체적으로 어떠한 내용을 갖고 있었던가는 명확하게 밝혀져 있지 않다.

이 장은 일제 식민지 시기 민족해방운동의 방법론에 관한 연구의 맥락에서, 신간회에 참여한 유력한 사회주의 세력인 ML당계의 신간회 전술을 분석함으로써 이 시기 민족해방운동론의 한 단면을 밝히는 데에 목적이 있다. 이들에게 신간회는 반제 민족해방의 목표를 이루기 위한 한시적 통일전선체였으며 이는 신간회 존립의 전 시기에 걸쳐 관철되었다. 따라서 운동 정세의 변화와 그에 따른 사회주의자들의 전술 변경이 민족해방운동에 미치는 영향은 컸으며 이는 신간회운동에도 그대로 반영되었다.

신간회 운동에 대한 연구 성과는 상당히 축적되었다.[1] 그러나 신간회에 참여한 여러 세력의 운동론에 대한 구체적인 해명이 충분히 이루어지지는 않았다. 신간회에 참여한 ML당계의[2] 운동론을 규명하는 것은 신간회운동의 전술적 실천적 측면의 일단을 보여줄 것이며, 1930년대 민족해방운동에 대한 전망도 시사해 줄 것이다.

이를 위해 여기서는 다음과 같은 점에 초점을 맞추었다. 첫째 ML당계는 전체 민족해방운동의 맥락에서 신간회에 대하여 어떠한 의미를 부여했는가의 문제이다. 이 시기 ML당계는 신간회를 민족협동전선의 한 형태로 간주했고, 이들에게 전체 민족해방운동에서 신간회가 갖는 의미는 끊임없이 변화했다. 둘째 신간회에 대한 각 단계의 의미 부여에 따라 제기되는 민족해방운동의 구체적 실천론은 무엇인가 하는 점이다.

이러한 문제들을 해명하기 위해 이 장에서는 ML당계의 기관지와 합법·비합법으로 출판되었던 각종 선전 팸플릿, 신문·잡지 등 운동 주체들이 남긴 자료, 그리고 이들의 활동에 큰 영향을 미친 코민테른의 문건들을 분석하였다.[3]

---

1 최근의 성과로는 이현주, 〈서울파의 민족통일전선운동과 신간회(1921~1927)〉, 《한국근현대사연구》 제7집, 한울, 1997(본서의 제1부 2장); 최규진, 〈1920년대 말 30년대 초 조선공산주의자들의 신간회 정책〉, 《大東文化硏究》 제32집, 성균관대 대동문화연구원, 1997; 전명혁, 《1920년대 한국사회주의운동 연구》, 선인, 2006.

2 신간회 존립 당시 한국공산주의자들은 대체로 서울청년·상해계, ML당계, 화요회계의 세 파로 나뉘어 있었다. ML당은 본래 1926년 9월에 동경일월회계와 서울청년회의 일부 소장회원(신파)들이 연합하여 조직한 제3차 조선공산당의 다른 명칭이면서, 아울러 서울파와 경합하면서 제3, 4차 조공 내에서 주도권을 장악하는 주류, 곧 동경일월회 계통의 공산주의자들을 가리킨다.

신간회 초창기에 이들의 운동노선은 주로 '방향전환론', '민족단일당론' 등으로 나타나고 있는데 '2단계 혁명론'은 이들의 거의 일관된 전략이었다. 초기의 ML당계는 주로 동경 유학생들로 구성되었기 때문에 이론적 편향성이 강했고 특히 후쿠모토주의(福本主義)에 경도되어 있었는데, 이것은 그들이 갖는 한계이기도 하다. ML당계에 대한 자세한 설명은 李錫台 編, 《社會科學大辭典》, 文友印書館, 1948, 437~439쪽 참조.

3 ML당계의 주요 기관지로는 《思想運動》(一月會의 기관지, 1925. 3~), 《理論鬪爭》(1927. 2~

신간회 창립을 촉진시킨 6·10 만세운동의 도화선이 되었던 융희 황제의 인산 행렬(1927. 6. 10)

1928. 3), 《現階段》(《理論鬪爭》의 후신, 1928. 8~1929. 4), 《大衆新聞》(일월회의 기관지, 1924. 1~, 고려공산청년회의 기관지, 1926. 6~), 《青年朝鮮》(동경조선무산청년동맹 기관지, 1926. 1~), 《藝術運動》(KAPF의 기관지, 1927. 11~), 《無産者》(《藝術運動》의 후신, 1929. 5~) 등이 있고 ML당계 이론가에 의해 집필된 선전 팸플릿이 있는데, 이들 자료의 일부가 박경식 편, 《朝鮮問題資料叢書》제5권과 7권(アジア問題研究所, 三一書房, 1983)에 영인 수록되어 있으며 본고는 이 자료집을 사용했다. 그 밖에 3차 조공의 합법적 기관지였던 《朝鮮之光》도 빼놓을 수 없는 자료이고 당시의 《동아일보》 및 《조선일보》를 비롯한 일간지와 여러 잡지들도 참고가 된다. 코민테른 관계 주요 자료로는 村田陽一 편역, 《コミンテルン資料集》 全6卷, 東京, 大月書店, 1978. Dae-Sook Suh, *Document of Korean Communism 1918~1948,* Princeton University Press, 1970 등을 사용했다.

2. 민족단일당론과 헤게모니 모색

1) 민족단일당론과 조직 확대

신간회가 창립될 때까지도[4] ML당계는 "협동전선에 대한 정확한 견해를 가지지 못했을 뿐만 아니라 구체적 행동 강령과 현실적 투쟁 방침을 신속히 제기하지 못한" 상태에 있었다.

ML당계의 전술이 신간회가 창립될 때까지도 정리되지 못한 이유는 "6·10 만세운동 등 민족의식의 고양 속에서 민족독립을 원하는 소리가 높아지자 민족해방을 쟁취하기 위한 정당을 만들어야 한다는 막연한 대중적 요구가 제기되고, 민족주의자도 사회주의자도 민족해방을 당면한 목적으로 삼고 있는 점에서 완전히 일치했기 때문에 양자가 합동하여 민족단일정당을 결성해야 한다고 주장"[5]하게 된 데에 있었다.

그러나 이제 '민족적 단일정당'이 현실적으로 출현했으므로 서둘러 운동 이론을 정립해야 했으며 그 결과로 나온 것이 '민족단일당론'이었다. 이것은 일반적으로 신간회를 가리켜왔던 민족단일당과는 의미가 본질적으로 다른 것이며, 신간회 창립 직후부터 ML당계의 전술이 처음으로 변화되는 1927년 말까지의 운동 이론을 가리키는 것이다. 그것은 "전 민족이 제국주의적 지배 하에 단일한 피압박 계급이므로 따라서 전 민족적인 단일정당을 결성하여 민족해방을 위해 싸워야 한다"[6]는 의미였

4 신간회가 창립되기까지의 경과에 대해서는 다음의 연구가 참고된다. 水野直樹, 〈新幹會創立をめぐって〉, 《近代朝鮮の社會と思想》, 東京, 未來社, 1981; 李均永, 〈新幹會의 創立에 대하여〉, 《韓國史硏究》 37, 한국사연구회, 1982.

5 金民友, 〈朝鮮に於ける反帝國主義協同戰線の諸問題〉, 編輯部 編譯, 《朝鮮問題》, 東京, 戰旗社, 1930, 21쪽. 이는 ML당계가 구체적인 전술적 프로그램을 갖지 못한 상태에서 신간회에 참여했음을 뜻한다. 김민우는 고경흠(高景欽)으로 알려져왔으나, 양명(梁明, 李江)일 것이라는 견해가 제시되었다(崔圭鎭, 〈코민테른 6次大會와 朝鮮共産主義者들의 政治思想 硏究〉, 성균관대 대학원 사학과 박사학위논문, 1996. 12., 107쪽).

지만, 처음부터 실천 이론으로서 명확한 형태를 띠고 제기된 것은 아니었다. 따라서 이 문제는 당시 ML당계와 조직적으로 대립관계에 있던 서울청년회계와 벌인 논쟁을 통해서 잠정적인 해결을 보게 되었다.

〈정우회 선언〉에[7] 반발하여 서울청년회 구파의 합법 사상단체인 전진회의 발기로 열렸던 조선사회단체중앙협의회는 서울청년회계와 ML당계 사이의 이론 대결의 무대가 되었는데, 여기에서 서울청년회계의 '양당론'을 누르고 ML당계의 민족단일당론이 채택되었다.[8] ML당계의 최익한(崔益翰) 등이 작성한 〈조선사회단체중앙협의회 창립대회의 토의안〉에[9] 수록된 〈전 민족적 단일정당 결성에 관한 건〉을 토대로, 신간회 창립 직후의 ML당계 이론을 살펴보면 다음과 같다.

> 세계 자본주의는 전 민족을 지배하는 데 여지없고 점차 반동 또는 광범화하여 가고 있다. 그리하여 선진국의 무산계급운동과 후진국 …… 의 약소민족(운동)은 동일한 반자본주의적 성질을 가지고 있다. 우리는 조선 민족

---

6 金民友, 앞의 글, 16쪽; 鄭東鎬, 〈新幹會 解消論〉, 《批判》, 1931년 6월호, 56쪽.

7 〈정우회 선언〉은 한국공산주의자들이 신간회에 참여하는 이론적 바탕이 되는 문건이다. 후일 ML당계의 핵심이 되는 동경일월회계의 안광천(安光泉)이 기초했다고 전해지는 이 선언의 주요 내용은 ① 사상단체의 통일, ② 대중의 조직과 교육, ③ 종래 사회주의운동의 방향 전환, ④ 이론투쟁의 전개 들로 요약된다. 〈정우회 선언〉의 전문은, 金俊燁·金昌順, 《韓國共產主義運動史》 제3권, 고려대 출판부, 1973, 9~10쪽 참조.

8 이른바 '양당론'은 서울계의 합법단체인 전진회 주도의 조선사회단체중앙협의회에 대한 상설·비상설 논의(1927년 5월 조선사회단체중앙협의회 창립 준비는 1926년 2월부터 시작되었지만, 조공의 합법단체인 정우회의 신간회 결성에 대응하여 1927년 5월 16~17일에 창립대회를 열었는데, 최익한(崔益翰) 등의 ML당계·조공 세력은 이의 비상설을 주장했다)와 관련하여 나타난 것이다. 즉 전 민족적 단일당(부르주아 정당, 신간회)과는 별도로 프롤레타리아 조직과 운동의 독자성을 유지할 수 있는 무산합법정당(프롤레타리아 정당, 곧 조선사회단체중앙협의회) 수립을 주장하는 것이 '양당론'이다. 이에 관해서는 李均永, 〈朝鮮民興會와 新幹會를 둘러싼 諸論議의 檢討〉, 歷史學會 編, 《韓國近代民族主義運動史研究》, 一潮閣, 1987, 117~177쪽이 상세하다.

9 《조선일보》 지상에 발표된 최익한의 〈朝鮮社會運動의 光〉(1927년 1월 27일자)이 바로 〈조선사회단체중앙협의회 총회의안서〉이다.

의 사회적 근거를 여실히 관찰함과 동시에 우리의 당면 임무 …… 목적을 파악하여 전 민족적 단일당 조직을 절대로 주장함. 우리는 민족적으로 부르조아 민주주의를 전취하기 위하여는 먼저 민족적 지도기관인 당이 있어야 한다.[10]

말하자면 식민지의 민족운동은 반(反)자본주의적 성격을 띠고 있는 만큼 반자본주의라는 측면에서 사회주의운동과 목표를 같이 할 수 있으므로, 식민지라는 상황에서는 민족운동과 계급운동을 따로 구분하지 말고 단일정당을 만들어 공동투쟁을 벌여야 한다는 것인데, 이는 양당론을 반박하고 있는 다음의 글에서도 확인되고 있다.

조선 민족은 세계 자본주의 일부분인 일본 자본주의의 지배를 받고 있다. 그러므로 조선 민족운동은 반자본주의의 요소가 된다. 그러므로 조선의 민족운동은 조선 현재 과정에 있어서 이곳 반자본주의운동인 사회주의운동의 일부분으로 볼 수 있다. 우리는 이러한 조선 현실 과정에 있어서 오직 민족단일전선을 결성해 가지고 그 속에 들어가서 모든 것을 전취하는 일면으로 이론투쟁을 전개하여야 할 것이다. 다시 말하면 선진 열국에 있어서는 무산계급이 순전히 계급적으로 단결하여 자본계급에 대립할 필요가 있지만 조선과 같은 특수 사정에 있어서는 반자본주의의 두 개 요소가 두 개 정당으로 대립할 것 없이 협동단일정당 하에 집중하는 것이 필요하다.[11]

이 주장은 민족운동과 계급운동을 개념상 명백히 구분함으로써 앞의 〈전 민족적 단일정당 결성에 관한 건〉의 내용을 논리적으로 구체화시키고 있다. 민족운동과 계급운동이 서로 다르기는 하나 현실적 조건에서

---

10 朝鮮總督府警務局, 《朝鮮의 治安狀況》, 1927, 19~20쪽.

11 《동아일보》1927년 5월 18일자.

는 동일한 측면을 갖고 있기 때문에 단일정당으로 집중되어야 한다는 것이다.

민족단일당론에 대한 원칙론이 반복되어[12] 가는 가운데 ML당계는 서울청년회 측의 조선사회단체중앙협의회 상설 기도를 무산시켜 '조직의 정리'를[13] 이룰 수 있었고, 이를 계기로 ML당계의 민족단일당론은 제3차 조선공산당(이하 조공)의 민족운동이론으로 정착되었다.

이제 원칙론의 반복이 아니라 민족단일당의 실천적 획득이 중요한 과제로 등장하였고 변화된 상황에 맞는 실천론으로서 '민족단일당론'이 요청되었다. 이것은 민족단일당론에 따라 신간회에 대한 구체적 투쟁전략과 전술은 무엇인가 하는 문제에 대한 해답을 요구하는 것이었다.

이 문제에 대하여 체계적으로 답변하고 있는 최초의 시도는 한림(韓林)의 글에서[14] 찾아볼 수 있다. 그는 먼저 식민지·반식민지의 정치투쟁 형태는 민족적 정치투쟁이며 당위적 결과로서 '전 민족적 단일정당'이 필요함을 전제하고 있다.[15] 한림은 민족단일당 수립의 조건과 관련하여 "조선 민족운동의 일반적 기준으로서 자본의 현실적 운동의 현세(現世)"를 그것의 가장 구체적인 사회적 근거로서 삼고 있었으며, "당면한 내적 분석"이 민족운동은 무산계급 지도 세력에 의해서만 가능하다는 점을 확신시키는바, 선진국 운동의 구체적 사실을 제시함으로써 '당면한 외적 분석'을 행하고 있다.[16] 이어서 그는 "단일민족당 수립을 부정

---

12 燕京學人, 〈전환기에 임한 朝鮮社會運動槪觀〉, 《조선일보》 1927년 1월 2, 4, 5, 7일자; 安光泉, 〈朝鮮社會運動의 의식상의 진통〉, 《조선일보》 1927년 1월 4, 5일자; 金泳植, 〈전환기에 직면한 朝鮮 신흥운동〉, 《동아일보》 1927년 2월 15일부터 3월 1일자까지 12회에 걸쳐 연재.

13 李鐵岳, 〈朝鮮革命의 特質과 勞動階級 전위의 當面任務〉, 《계급투쟁》 창간호, 1929. 5., 17쪽.

14 韓林, 〈單一民族黨 結成에 對하여〉, 《理論鬪爭》 제1권 2호, 1927. 4. 한림은 일월회 출신으로 조공 일본총국과 신간회 동경 지회에서 활약했던 ML당계의 인물이다.

15 韓林, 위의 글, 36쪽.

16 같은 곳, 38쪽.

하는 자의 이론"[17]을 일축하고 비판했다.

노정환(盧正煥)의 분석에[18] 따르면 민족단일당은 노동자계급, 농민, 소부르주아, 부르주아지의 네 계급이 연합한 형태로 이는 "객관적으로 민족적 역할을 가지고 있는"[19] 조선 전 민중을 결집한 민족협동전선체를 의미했다. 따라서 이의 실현을 위한 조직의 확대는 필연적이었다. 그러므로 민족단일당론에 따른 전위(조공)의 임무는,

> 그러므로 무산자계급에 전 무산계급적 — 전 민족적 — 정치의식을 침입시키기 위해서는 무산자계급으로 하여금 그 역사적 사명을 달(達)케 하기 위하여는 우리(조선 공산주의자)는 인민의 모든 계급 가운데로 들어가지 않으면 안 된다. 그리하여 도처에 피등(彼等)의 지대(枝隊)를 파견치 않으면 안 된다.[20] 〔강조는 인용자〕

고 하여 조직의 확대를 당면의 실천 과제로 제기했다. 민족단일당론 아래서 신간회에 대한 당면 과제가 조직의 확대에 두어짐에 따라 ML당계는 이의 실현에 착수하게 되었는데, 시기적으로는 조선사회단체중앙협의회의 비상설화를 통해 민족단일당론을 정착시킨 1927년 5월 이후

---

17 두 개의 형태를 지적하였는데, 그 내용을 보면 ① 선진국과 같은 무산계급정당 수립론 ② 재래의 사상단체를 통일하여 단일 사상단체를 결성시켜 이것에 사상단체 역할과 무산계급정당 역할을 병행시키자는 논(論) 등으로 이는 곧 서울청년회계의 '양당론'에 대한 비난이다. 韓林, 앞의 글, 34쪽.

18 盧正煥, 〈朝鮮社會運動史的 考察(完)〉, 《現代評論》, 1927. 7, 19~20쪽. 노정환은 안광천의 다른 이름이다. 이는 다음의 자료에 근거한 것이다. 〈全民族的 單一戰線破壞陰謀に關し全朝鮮民衆に訴ふ〉, 《文藝戰線》 第5卷 第3號, 1928. 2., 148~149쪽; 黃鍾漢, 〈현계단의 朝鮮 맑스주의자의 임무〉, 《現階段》 제2권 제1호, 1929. 8., 10쪽. 안광천은 동경일월회 출신의 공산주의자로 제3차 조공의 책임비서 그리고 제4차 조공의 정치부장 등으로 활약했던 ML당계의 핵심 인물이며 조공의 대표적 이론가였다.

19 盧正煥, 위의 글, 20쪽.

20 韓林, 앞의 글, 39~40쪽.

에 본격화되었다.[21] “전 인민의 층으로”는 이 시기 ML당계의 중심 슬로건이었으며 “조직 과정은 곧 투쟁 과정”이라는 인식이 보편화되고 신간회는 “민족단일당의 매개 형태”[22]로 의미가 규정되었다.

사회주의자들의 주도로 신간회 지회가 설립되는 경우 지회 조직의 모태가 된 것은 조선청년총동맹의 지방 조직인 청년동맹이었다고 전해진다.[23] 이들의 활동에 힘입어 신간회의 지회 조직은 크게 확대되어[24] 창립 10개월 뒤인 1927년 12월 27일에는 지회 100개 돌파 기념식을[25] 거행할 정도였다.

신간회 지회의 조직 과정에서 ML당계는 지방 조직에 신간회를 적극적으로 지원하라는 지시를 내림과 동시에 모든 당원들에게 신간회에 가입하도록 종용했다.[26]

ML당계가 신간회 지회 조직의 확대에 얼마나 몰두했던가 하는 것은 이른바 영남친목회 사건에서 단적으로 드러난다. 원래 영남친목회는 “재경(在京) 영남 유지들이 친목하는 의미의 상설기관을 두자”는 취지로 발기한 단체였는데, “지방색을 조장한다”는 등의 이유 때문에 “민족적 통일전선에 방해”가 된다는 설립 반대의 주장에 부딪혔다.[27] 당시 조

---

21 金森襄作, 〈論爭を通じてみた新幹會〉, 《朝鮮學報》 93號, 東京, 1979, 85쪽.

22 韓林, 앞의 글, 34쪽.

23 金泳謨, 〈獨立運動의 社會的 性格〉, 《亞細亞硏究》 59, 1978. 1., 28쪽.

24 지회의 조직이 사회주의자들만으로 이루어진 것은 아니다. 비타협 민족주의자들의 수중에 있던 신간회 본부는 1927년 4월 26일 회장 궐석에 따른 임시간사회를 개최하고 ‘5월 중순부터 지부 설치에 주력’할 것 등을 결정하고 있다(《동아일보》 1927년 4월 28일자). 즉 신간회에 참여한 운동 세력들 모두 경쟁적으로 지회의 조직에 몰두했다.

25 《동아일보》 1929년 1월 1일자.

26 Robert A. Scalapino and Chong Sik Lee, *Communism In Korea,* Berkeley, LosAngels and London, University of California Press, 1972, p. 101. 한편, 京畿道警察部, 《治安槪況》 1929. 5., 103~109쪽에 조공 당원 및 고려공산청년회 회원으로서 신간회에 가입한 사람들의 명단이 수록되어 있다.

27 《동아일보》 1927년 9월 5일자.

공의 책임비서였던 ML당계의 안광천(安光泉)은, 친일파 단체로 지목받고 있던 영남친목회를 이용한다는[28] 의도에서 "영남친목회가 ××(공산)주의와는 정반대인 반동적인 지방적 단체임에도 불구하고 자신의 출생지가 영남이라는 이유 아래 그 창립선언(문)을 기초"[29]했다. 이는 ML당계의 지주와 부르주아지에 대한 포섭책의 일환이었지만[30] 이후 조공 내부에서 격렬한 비판을 받아 철회되었다. 이러한 조직 과정에서 드러난 무분별성은 "당의 정치적 제도를 근본적으로 혼란에 빠뜨렸을" 뿐만 아니라 조공의 위신을 극도로 추락시켰던 것이다.[31]

영남친목회 사건에서 단적으로 보이듯이 신간회 지회 조직의 확대에 대한 ML당계의 노력은 대단한 것이었다. 신간회 지회의 조직이 확대되었다는 것은 일본 제국주의에 대한 투쟁의 기반이 강화되는 것을 뜻하며, 이에 따라 ML당계의 신간회에 대한 전술도 변하기 시작했다.

2) 정당 형태와 노농 지도권 전술

지회 조직이 확대되어 투쟁 기반이 강화되는 가운데 ML당계는 신간회에 대한 전술을 바꾸기 시작했다. 안광천은 1927년 11월 조공의 기관지에 발표한 글에서[32] 조선 민족운동의 단계를 세 시기로 구분한[33] 뒤

---

28 方仁厚, 《北韓 朝鮮勞動黨의 形成과 發展》, 고려대출판부, 1967, 43쪽.

29 李鐵岳, 〈朝鮮に於けるプロレタリア運動の方向轉換期の理論的 實踐的 過誤とその批判〉, 金浩永 譯, 《朝鮮に於ける土地問題》, 東京, 勞動者書房, 1930, 114~115쪽.

30 《동아일보》 1927년 2월~12월의 기사를 토대로 조사해 본 결과 1927년 한 해 동안 경남에서 12개의 신간회 지회가 조직되는데, 그 중 6개가 10월에 집중적으로 조직되고 있다. 이는 영남친목회 사건과도 무관하지 않다고 여겨진다.

31 李鐵岳, 위의 글, 113쪽.

32 盧正煥, 〈新幹會와 그에 대한 任務〉, 《朝鮮之光》 73號, 1927. 11.

33 같은 곳, 4쪽. 제1기: ××× ××(3·1 운동을 말한 듯)으로부터 조선노동총동맹 및 조선청년총동맹의 창립 전까지, 곧 1919~1923년. 제2기: 양 총동맹의 창립으로부터 신간회 창립 전까지, 곧 1923~1927년. 제3기: 신간회 창립 이후. 이러한 시기 구분은 ML당계의 이론

다음과 같이 주장하였다.

> 그것(신간회)은 엄정한 의미에 있어서의 당이 아니니다. 그러나 현재 상태에 있어서는 아직 협동전선으로서는 완성되지 못하여 있다. 명확한 지도 정신이 아직 결정되지 못하여 있고 따라서 통일된 행동도 전개되지 못하였다. 고(故)로 우리가 그것을 민족적 단일당, 민족적 협동전선당의 매개 형태라고 규정하여 온 것은 정당하였다.[34] 〔강조는 인용자〕

고 하여 신간회가 창립된 직후의 ML당계의 전술에 대한 인식의 정당성을 주장한 뒤에,

> 고(故)로 신간회에 있어서의 우리의 당면 긴급 임무는 헤게모니의 전취[35]에 있다. 〔강조는 인용자〕

라고 주장하고 신간회의 현 위치에 대하여는,

> 신간회는 현 계단에 있어서 …… 농민 및 소부르주아와 직접 접촉 교섭할 수 있는 특수 조직 형태이다. …… (삭제) …… 고로 우리는 여하한 정치적 정세에 당할지라도 신간회의 ××× ××(간접이 아니고 ×××)를 단념해서는 안 된다. 따라서 그것으로부터 탈퇴하여서는 아니 된다. 신간회 지지의 슬로건을 더욱 활발하게 부르짖어야 한다.[36]

고 하여 조공을 통하여 신간회를 간접 지도한다는 기존 입장을 배격

가들이 거의 공통으로 행하고 있다.

34 盧正煥, 앞의 글, 5쪽.

35 같은 곳, 6쪽.

36 같은 곳, 7쪽.

하고 신간회 안에서 투쟁으로 헤게모니를 장악할 것을 주장했다.[37]

조선의 민족운동에서 프롤레타리아의 헤게모니 문제가 제기된 것이 처음은 아니었으나[38] 안광천의 이 글은 "프롤레타리아의 정치적 특수성과 ××(혁명)적 헤게모니를 주장했던 점에서 중대한 의의"[39]를 갖는 것으로 평가되었다. 그러나 "프롤레타리아의 ××(혁명)적 헤게모니를 단순하게 생각하여 그것을 신간회의 지도에 국한하여 신간회의 간부석 탈취가 헤게모니의 확립인 것같이 규정"[40]했던 점에서 전술적 오류를 범했을 뿐만 아니라 내용도 구체적이지 못했다. 왜냐하면 "노동계급의 ××(혁명)적 헤게모니는 결코 ××(공산)주의자에 의한 단체의 간부 자리의 쟁탈을 의미하는 것은 아니며 대중의 지도는 강요적, 명령적, 기계적이어서는 안 된다. 프롤레타리아적 강령에 의한 운동의 지도를 의미하는 것이며, 그들을 주체로 한 대중적, 전투적 좌익의 형성"[41]을 의미하기 때문이다. 그러나 뒤에서 보듯이 안광천의 주장의 진의는 ML당계의 신간회에 대한 전술상의 변화를 예고해 주고 있는 점에서 중요한 문제제기를 한 셈이었다.

그러므로 ML당계는 민족단일당 내에서 프롤레타리아트의 헤게모니 추구라는 전술적 변화에 따라 구체적이고 현실적인 견해를 제시해야 했다.[42] CH 生이라는 이름으로 《동아일보》 지상에 모두 13회에 걸쳐 연재

37 李均永, 앞의 논문, 160쪽.

38 李友狄, 〈政治運動에 관한 私見〉, 《理論闘爭》 제1호, 1927. 2.

39 李鐵岳, 〈朝鮮に於けるプロレタリア運動の方向轉換期の理論的實踐的過誤とその批判〉, 金浩永 譯, 《朝鮮に於ける土地問題》, 東京, 勞動者書房, 1930, 109쪽.

40 이런 문제들로 인해 안광천의 논문이 관념적 기계적이라는 비판을 받았다. 黃錘漢, 〈現段階에 朝鮮맑스主義者의 任務〉, 《現段階》 제2권 1호, 1929. 4 참조.

41 光宇, 〈清算主義の撲滅と朝鮮××黨 當面の中心的 任務〉, 光宇·鐵岳, 《朝鮮前衛黨當面の問題》, 東京, 左翼書房, 1930, 56쪽. 이는 '반제협동전선론(反帝協同戰線論)'으로 정식화된다.

42 이것은 신간회 내에서 프롤레타리아트가 헤게모니를 장악하자는 주장에 정면으로 도전한, 프롤레타리아트의 헤게모니를 포기하자는 '청산주의'에 대한 이론적 방어의 수단이

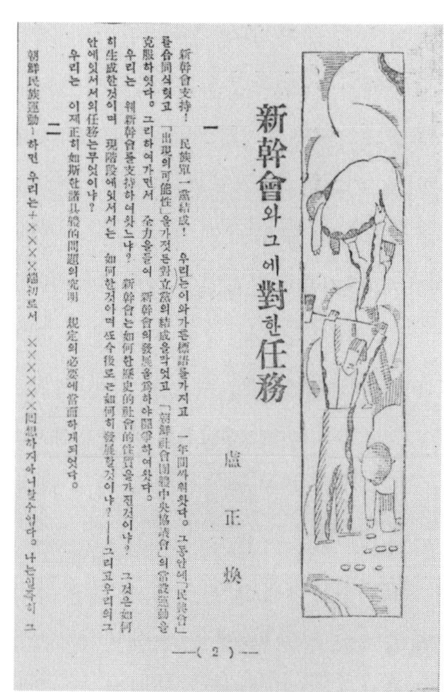
新幹會와 그에 對한 任務

盧正煥

一

新幹會支持! 民族單一黨結成! 우리는이와가튼標語를가지고 一年間싸워왓다。그동안에「民興會」를合同식혓고「出現의可能性」을가젓든對立黨의結成을막엇고「朝鮮社會團體中央協議會」의常設運動을克服하엿다。그리하여가면서 全力을들여 新幹會의發展을爲하야闘爭하여왓다。

우리는 웨新幹會를支持하여왓느냐? 新幹會는如何한歷史的社會的性質을가진것이냐? 그것은如何히生成한것이며 現階段에잇서서는 如何한것이며또今後로는如何히發展할것이냐? ——그리고우리의그안에잇서서의任務는무엇이냐?

우리는 이제正히如斯한諸具體的問題의究明 規定의必要에當面하게되엇다。

二

朝鮮民族運動—하면 우리는××××端初로서 ×××××回想하지아니할수업다。나는일즉이 그

—(2)—

신간회 안에서 공산주의자가 헤게모니를 장악할 것을 주장하는 안광천의 글(《조선지광》, 1927. 11)

된 글은[43] 이와 같은 보완 작업으로 쓰여졌다. 먼저 조선 민족운동의 여러 단계를 세 시기로 구분한 뒤에[44] 신간회 창립 이후의 정세에 대하여 논하면서 계급의 분석을 행한 다음, 이 분석을 바탕으로 "우리는 무산계

기도 했다. 이른바 청산주의의 대표적 논문으로는 ① 尾星生, 〈新幹會와 그 임무에 대한 批判－盧正煥 氏의 理論을 배격함〉, 《조선일보》 1927년 11월 29일~12월 3일자. ② 金萬圭, 〈全民族的 單一黨의 組織과 그 任務에 對하여〉, 《조선일보》 1928년 1월 1일자~. ③ 洪陽明, 〈朝鮮運動의 特質－翻譯主義의 克服과 特殊朝鮮의 認識〉 《조선일보》 1928년 1월 1일자. ④ HS 生, 〈方向轉換의 再吟味－新中間派理論의 正體를 暴露함〉, 《조선일보》 1927년 12월 13일자. ⑤ 張日星, 〈當面의 諸問題〉, 《동아일보》 1927년 11월 10일자 등 다수. '청산주의'에 대한 ML당계의 비판으로는 光宇, 〈淸算主義の撲滅と朝鮮××黨 當面の中心的 任務〉, 光宇·鐵岳, 《朝鮮前衛黨當面の問題》, 東京, 左翼書房, 1930가 상세하다.

43 CH 生, 〈階級標識撤去者의 當面의 諸問題, (1~13)－東京 張日星氏를 駁함〉, 《동아일보》 1927년 11월 27일~12월17일자.

44 CH 生, 위의 글, 《동아일보》 1927년 12월 13일자. 이것은 노정환의 시기 구분과도 일치한다.

급이 선두대가 되어 조선 인민의 각층 투쟁 요소와 협동하여 그들을 지도하여 …… 민족운동을 적극적으로 전개하지 아니하면 안 된다"고 주장했다. 구체적으로 협동전선에 대해서는,

> 누가 능히 조선 민족운동의 발전 과정을 전체성적으로 통찰할 수 있으며 그 당면의 목표를 정확하게 인식할 수 있으며 따라서 그것을 끝끝내 철저히 지도하여 갈 수 있느냐? …… 지도의 임무는 조선 무산계급의 전위만이 능히 수행할 수 있는 것이다. 조선 민족운동에 있어서 무산계급 전위의 역할은 이제 결정적으로 필요하게 되었다. 그러므로 협동전선 또 그것을 선두대로 한 협동전선이(이 아니면) 아니 된다.[45]

고 하여 안광천의 주장을 옹호하면서 신간회에서 프롤레타리아가 헤게모니를 장악할 것을 주장했다. 그러므로 "진실로 전인민(全人民)의 지도자가 되고저 할진대 우리는 프롤레타리아 이외의 제 요소를 현실적으로 전취, 지도하기 위해,"[46] 곧 실천적 의미에서 프롤레타리아의 헤게모니를 장악하기 위해 "프롤레타리아의 지도 하에 농민을 광범히 동원·조직·전화"[47]하는 것이 실천적 임무로 제기되었다. 말하자면 신간회 안에서 프롤레타리아가 헤게모니를 장악하기 위한 투쟁적 기반으로 농민과의 동맹이 주장되고 있는 것이다.

이상의 논의를 토대로 ML당은 민족협동전선을 포괄하여 민족해방운동에 대한 이론적 총괄을 행할 수 있게 되었다. 이것이 제4차 조공의 제2·3회 중앙위원회(1928. 3)에서 채택된 〈민족해방운동에 관한 논강〉[48]이

---

45 CH 生, 앞의 글(十二), 《동아일보》 1927년 12월 16일자.

46 위와 같음.

47 위와 같음.

48 이것은 당시 조선공산당 중앙위원이며 정치부장이었던 ML당계의 안광천이 기초한 것으로 알려져 있다(① 金錣洙 인터뷰, 1967년 5월 16일. ② 金俊淵 인터뷰, 1970년 5월 4일.

다(이후 〈논강〉). 이것은 크게 아홉 부분으로 나뉘어 있으며 당시 ML당계 조공의 정세 인식과 운동 노선을 살피는 데 대단히 귀중한 자료이지만, 여기서는 신간회와 관련된 사항만을 살펴보기로 한다.

〈논강〉은 신간회에 대하여 "신간회는 조선 민족해방운동의 현단계에 적당한 조선의 혁명적 계급 및 층의 특수한 동맹체"라고 결론지었다. 이에 따르면 신간회는 "아직 광범한 대중을 포함하지 못하여 투쟁의 전개에서는 유약"하지만 "유력한 통일적 대중단체일 필연성 및 가능성"을 갖고 있었다. 이와 같은 판단을 바탕으로 "조선의 공산주의자는 그 속으로 들어가 그것의 투쟁을 지도하고 (신간회의) 대중당(大衆黨)으로의 완성을 위해 노력해야 한다"고 강조했다. 특히 신간회의 조직 형태에 대해서는,

> ② 노동자, 농민 및 빈민의 광범한 획득에 노력하고 노동 및 그 대중 기타 대중단체의 직접가입에 노력해야 한다. 이렇게 해서만 그것의 장래를 확보할 수 있다 〔강조는 인용자〕.

고 하여 신간회를 혁명적 대중당으로 강화시킬 것을 촉구하고 이를 위해 혁명적 대중단체의 직접 가입을 주장하고 있다. 신간회가 개인가입을 원칙으로 하는 당적 조직임을 감안할 때[49] 이와 같은 주장의 의도는 명백한 것이다. 사회주의 세력의 영향권 아래에 있는 대중단체의 직접 가입을 통하여 노·농계급의 헤게모니 장악을 위한 기반을 마련한다는 것이다.

이는 金俊燁·金昌順, 앞의 책, 268쪽에서 재인용). 〈民族解放運動에 관한 論綱〉의 전문은, 姜德相·尾村秀樹, 앞의 책, 122~126쪽에 수록. 그 밖에도 ① 京城地方法院檢事局, 〈秘密結社朝鮮共産黨·高麗共産青年會事件檢擧ノ件〉, 1928. 3, 別紙 第 4號 論綱. ② 金俊燁·金昌順, 위의 책, 374~379쪽.

49 李昇馥先生 望九訟壽紀念會 編, 《三千百日紅》, 人物硏究所, 1974, 167쪽.

이러한 방침에 따라 신간회 내에서 '노동자·농민의 지도권' 확립이라는 전술이 채택되고 이를 위한 제도적 장치로 단체가입제의 실시를 주장하게 된 것이다. 사실 당적 조직 형태의 민족협동전선에서 프롤레타리아트의 헤게모니가 확보되기는 곤란한 것이었고, 이러한 문제점들이 신간회 지회[50] 및 사회주의운동 세력의 한 편에서 제기되기도[51] 했다. 이로써 1927년 11월과 12월에 안광천과 CH 生이 제기했던 신간회 내 프롤레타리아의 헤게모니 장악과 노·농동맹 주장은, 〈논강〉을 통해 노·농지도권의 확립과 이의 실현을 위한 단체가입제의 채택이라는 형태로 구체화되었다.[52]

신간회 안에서의 노·농지도권 전술이 제기되고 이를 위한 제도적 장치로 대중단체의 직접 가입 전술을 채택했다는 사실은 신간회운동에 대한 중대한 전술 변화를 뜻하지만, 조직의 형태는 '민족단일당'에서 '대중당'이라는 인식의 차이가 있을 뿐 여전히 당적 형태를 유지하고 있다. 곧 신간회의 당적 조직 아래 개인가입과 단체가입의 입회 방식이 공존

---

50 1927년 12월 10일의 신간회 영일(迎日) 지회와 1928년 2월 길주(吉州) 지회가 신간회의 조직개편을 요구하는 첫 움직임을 보였다. 이들 지회는 중앙집권적 조직 형태의 상징인 회장, 부회장, 총무간사, 상무간사제를 위원회제로 바꾸어야 한다고 주장했다. 《조선일보》 1927년 12월 4일자(四), 1928년 2월 11일자(四) 기사. 李均永, 〈支會設立에 따른 新幹會의 '組織形態'檢討〉, 《韓國學論集》 11집, 한양대 한국학연구소, 1987, 205~206쪽.

51 이것은 주로 서울청년회계에서 제기했다. 조선청년총동맹 위원장인 서울계 구파의 박형병(朴衡秉)은 "그러면 전 민족적 총역량은 실제 어떻게 집중하여야 할 것이냐? 하는 문제인데 그것은 反××(帝國)主義的 각층의 요소, 例하면 기성 민족단체와 기성 사회단체 즉 青總, 勞總, 農總, 기타 衡平, 女性 또 종교단체 등과 개인을 망라하야 한 기치 하에 집중시켜야 할 것입니다. 新幹會의 조직체를 변경하야 이상 각층의 요소를 집중하는 것이 현단계에 있어서는 전 민족적 총역량 집중의 목적을 達함에는 가장 첩경이 아닐까 합니다"라고 주장하고 있다. 〈民族的 總力量을 集中하는 實際方法(一)－각 방면 인사의 주장은 如何〉, 《동아일보》 1928년 1월 1일자(其3).

52 앞에서 본, 즉 신간회 내에서 프롤레타리아트가 헤게모니를 장악해야 한다고 주장한 〈新幹會와 그에 대한 任務〉(1927. 11)의 필자와 이 〈民族解放運動에 관한 論綱〉(1928. 3)을 기초한 이가 모두 안광천임에 유의할 것.

하고 있는 셈이다. 노·농계급의 헤게모니 장악만을 강조할 뿐 신간회의 당적 조직 형태에 관한 한 이전의 입장과 다르지 않았던 것이다.

한편 이러한 전술상의 변화에 따라 ML당계의 신간회에 대한 의미 부여도 달라지게 되어, 신간회는 민족단일당의 매개 형태가 아니라 '민족협동전선당의 매개 형태'로 규정되었다. 이것은 "민족 각 계급층이 민족해방에 대한 요구에 있어서 일치하므로 이 일치의 요구인 바의 민족해방을 위한 공동의 정당을 조직하여 모든 피압박 계급층은 이 정당에 참가해야 한다"[53]는 의미였다. 곧 "조선에 있어서 계급적 대립은 인정하나 요구에 있어서 일치하므로 각 계급은 공동의 정당을 조직한다"[54](강조는 인용자)는 것이다.

그러나 신간회에 대한 ML당의 새로운 전술이 효과적으로 적용되기는 어려웠다. 1928년 2월과 7월의 ML당 검거, 같은 해 4월과 6월의 서울·상해 합동파 조선공산당〔춘경원당(春景園黨)〕 검거로 조공은 물론 신간회 안의 프랙션 조직까지 거의 와해되었기 때문이다.[55]

신간회운동의 침체는 본부에 포진하고 있던 비타협 민족주의자들에게도 마찬가지였다. 1928년 2월의 ML당 검거 이래 신간회에 대한 일제의 탄압이 가혹해진 데다가[56] 5월경에는 조선일보 필화 사건으로 안재홍(安在鴻) 등이 검거되었고,[57] 신간회 초창기의 중심 블록이었던 조선

53 金民友, 앞의 글, 16~17쪽.

54 鄭東鎬, 〈新幹會解消論〉, 《批判》 1931년 6월호, 56쪽.

55 제3, 4차 조공 및 춘경원당 검거에 대해서는, 金俊燁·金昌順, 《韓國共産主義運動史》 제3권, 고려대학교 출판부, 1973, 241~243, 298~300, 306~316쪽 참조.

56 1928년 2월과 7월, 2회에 걸친 ML당 검거에서 피검자의 약 4할이 신간회 회원이었다고 한다(慶尙北道警察部, 《高等警察要史》, 1934, 49쪽).

57 《조선일보》 1928년 5월 9일자 사설 〈濟南事變의 壁上觀 一田中內閣의 大冒險〉으로 인해 《조선일보》는 제4차 정간(같은 해 9월에 해제)을 당하고 안재홍 등은 구속되었다(安在鴻選集刊行委員會 編, 《民世安在鴻選集》 I, 지식산업사, 1981, 280~282쪽).

비타협 민족주의자의 대표적 인물인 안재홍에 대해서는 千寬宇, 〈民世安在鴻年譜〉, 《創作과 批評》 제13권 제4호, 창작과 비평사, 1978년 겨울호, 212~254쪽; 兪炳勇, 〈安在

일보 계열의 주요 간부들은 조선일보 정간 해제 조건의 하나로 신간회에서 탈퇴하였다.[58] 이로 말미암아 1928년 중반 이후 신간회 본부의 기능은 거의 마비 상태에 빠지고 말았다.

3. 당의 붕괴와 운동론의 변화

1) 당 붕괴와 협동전선의 조직 형태

1928년 하반기에 이르러 ML당계의 신간회 활동이 부진했던 가장 중요한 이유는 조공의 붕괴였다. 1928년 2월 ML당계가 주축이 된 제3차 조공이 대검거를 당하여 무너지자, 검거를 모면한 조공의 간부들은 검거가 진행되는 가운데서도 제3차 조공대회를 개최하여 후계당을 조직했다.[59] 이것이 '차금봉당(車今奉黨)'으로 불리는 제4차 조공이었다.[60] 새로 선출된 제4차 조공의 신임 중앙집행위원회는 총사퇴를 결의한 1928년 7월 4일까지 당무를 집행했으나 일제 경찰의 감시로 더 이상 활동이 불가능해졌다. 7월 5일에 한명찬(韓明燦)과 윤택근(尹澤根) 등 당 간부 두 사람이 체포된 뒤에도 검거는 약 한 달 동안 계속되어 175여 명이

鴻의 政治思想에 관한 再檢討〉, 《한국민족운동사연구》 1, 지식산업사, 1986, 177~205쪽; 李景珉, 〈安在鴻－民族運動史上の人物(連載二)〉, 《朝鮮民族運動史研究》, No.2, 青丘文庫, 1985, 146~150쪽; 이지원 〈일제하 안재홍의 현실 인식과 민족해방운동론〉, 《역사와 현실》 6, 한국역사연구회, 1991; 김인식, 《안재홍의 신국가건설운동: 1944~1948》, 선인 2005 참조.

58 李昇馥, 〈新幹會小史〉, 《한국일보》 1958년 8월 9일자.

59 이상의 경과에 대하여는 金俊燁·金昌順, 앞의 책, 247~249쪽.

60 제4차 조공의 중앙간부진을 보면 차금봉이 당 책임비서에 지명되었고, 안광천이 정치부장, 한위건(韓偉健)이 검사위원장, 김재명(金在明)이 공청 책임비서에 임명되는 등 제4차 조공의 주도권 역시 제3차 조공과 마찬가지로 ML파가 장악했다.

체포되었다.[61] 제4차 조공의 붕괴를 끝으로 이후 조공의 재건을 위한 지속적인 노력이 있었지만 1945년 해방을 맞기까지 국내에서는 조공이 재건되지 못했다.

조공의 붕괴가 이후의 혁명운동에 심각한 영향을 끼쳤음은 말할 나위가 없다. 특히 신간회로서는 조공의 붕괴가 공산주의자와 신간회를 연결해 주는 고리가 끊겼음을 의미했으므로, 민족협동전선의 와해가 촉진되었다. 공산주의자의 입장에서 볼 때 민족협동전선이란 공산당이 존재함으로써만 의의가 뚜렷해지는 것이다. 식민지·반식민지에서 민족협동전선이란 기치 아래 더욱 광범한 대중을 끌어들이고 이들을 이념·조직적으로 획득하여 협동전선 안에서 프롤레타리아트의 헤게모니를 확립하려면, 그리고 이것을 통하여 프롤레타리아적 민족혁명을 수행하려면 공산당이 존재해야 하는 것이다. 신간회처럼 위로부터의 협동전선인 경우는 더욱 그러하다.[62]

ML당계의 입장에서 볼 때 민족협동전선이 부진하게 된 또 다른 원인은 신간회의 조직 형태에도 있었다. 신간회는 원칙적으로 개인가입에 기초한 형태를 띠고 있었는데 이것은 통일전선의 일반적 조직 원리와는 달랐다. 신간회의 조직 원리가 당적 형태로 된 이유에 대해서는 지금껏 "신간회의 모델인 중국의 국공합작이 공산당원의 국민당에의 개인가입"을 따른 점, "부르주아 민주주의 정당조차 용인받지 못하는 식민지 조선의 현실"[63] 등이 지적되었으나 근본적 이유는 다른 데 있었다.

표 1에서 보이듯이 신간회가 결성될 당시 민족주의자 측에는 몇 개의

61 Robert A. Scalapino and Chong-Sik Lee, *Communism In Korea,* Berkeley, LosAngels and London, University of California Press, 1972, p. 89.

62 장상수, 〈일제하 1920년대의 민족문제 논쟁〉, 한국사회사연구회 편, 《한국의 근대국가형성과 민족문제》, 문학과지성사, 1986, 147쪽.

63 梶村秀樹, 〈新幹會研究のためのノート〉, 《勞動運動史研究》 48號, 1969; 朴慶植, 〈朝鮮民族解放運動と民族統一戰線〉, 東京大社會科學研究所, 《ブアミズム下の抵抗運動(下)》, 1980.

표 1 조선의 사회·정치단체(1920~1927)

연 도	조직 형태(부문별)							
	민족주의	사회주의	노동	농민	청년	소년	형평	계
1920	·	11	33	·	251	1	·	296
1921	·	18	90	3	446	14	·	571
1922	·	19	81	23	488	25	·	636
1923	·	55	111	107	584	43	·	900
1924	1	86	91	112	742	81	83	1,196
1925	1	83	128	126	847	127	99	1,411
1926	2	38	182	119	1,092	203	130	1,766
1927	104*	85	352	160	1,127	247	150	2,225

자료: 朝鮮總督府警務局, 《最近に於ける朝鮮治安狀況》, 1934, 168~169쪽.
* 1927년에 설립된 신간회 지회 수를 말한다.

종교단체밖에 존재하지 않은 반면, 사회주의자 쪽에는 수많은 노동·농민·청년·사상단체가 존재했다. 이러한 상황에서 사회주의자들이 새로 탄생하는 민족협동전선의 조직 형태로 단체가입제를 주장한다면 민족주의자 쪽에서는 받아들일 수 없는 것이고 따라서 양자의 협동도 실현될 수 없었다. 곧 개인가입에 따른 정당적 조직 형태가 사회주의자들에게는 불리하지만 대중단체의 조직 기반이 취약했던 민족주의자들에게는 유리했던 것이다.

그런데 문제는 이러한 조건을 발판으로 송진우(宋鎭禹) 등의 자치파가 신간회의 조직 내부에 파고들기 시작했다는 점이다. 신간회는 합법적인 방법을 통하여 비타협주의 민족운동을 펼치려 했으므로 이 과정에서 자치운동과 같은 개량주의는 배제될 수밖에 없었다.[64] 그런데 송진우

64 신간회가 합법적인 결사운동으로 비타협적 운동노선을 견지했음은 창립 당시에 발표된 강령의 제3항에 잘 나타나 있다. 一. 우리는 政治的 經濟的 覺醒을 促進함. 一. 우리는 團結을 鞏固히 함. 一. 우리는 機會主義를 一切 否認함(강조는 인용자).

를 비롯한 자치파는 신간회의 세력이 뜻 밖으로 커지자 위기 의식을 느끼게 되었다.[65] 이에 자치파는 천도교 신파와 손을 잡고 신간회를 제압하려 획책하다가 뜻대로 되지 않자 신간회 조직 내부에 침투하여 자파로 하여금 신간회를 장악하도록 했다.[66] 송진우가 정식으로 신간회 경성 지회에 입회한 것은 1928년 1월 9일이었지만 그보다 앞선 1927년 12월 27일 신간회 본부의 망년회에 내빈으로 참석하여 축사를 하는 등[67] 이미 신간회와 접촉을 시도하고 있었다.

신간회 조직에 송진우 등이 가입했다는 사실은 본부를 장악하고 있던 비타협 민족주의자들에게도 반발을 일으켜 한때 이에 대한 논란이 있기도 했지만 이내 유야무야되었다.[68] 신간회 안에 자치파가 들어왔다는 사실은 ML당계의 입장에서 볼 때 신간회가 가진 조직 형태의 취약성에 원인이 있었다. 정당적 조직 형태로는 노동자·농민의 획득에 불리했을 뿐만 아니라 조직 내부에서 자치파가 대두하는 문제에도 효과적으로 대응할 수 없었던 것이다.[69]

조공이 붕괴되고 민족협동전선 내부에 타협적 경향이 생겨나는 상황에서 코민테른은 즉각 조공의 재건을 지시했다. 여기서는 조공 붕괴 이후의 코민테른 노선을 한국 민족운동, 특히 민족협동전선과의 관련성을 중심으로 살펴보기로 한다.

---

65 金俊淵 인터뷰, 1970년 5월 4일. 金俊燁·金昌順, 앞의 책, 52쪽에서 재인용.

66 京畿道警察部, 《治安槪況》, 1928. 5., 68~73쪽.

67 《동아일보》 1927년 12월 29일자.

68 金俊燁·金昌順, 위의 책, 53쪽.

69 신간회 해소론이 공식적으로 처음 제기된 부산 지회 제5회 정기대회(1930. 12. 6)의 다음과 같은 견해가 이같은 사실을 말해준다. "新幹會창립 당시 소위 민족적 단일 정치투쟁단체인 본회를 필요로 하였다고 해도 그후 본회의 통일적 운동을 돌이켜 보면 너무 공허함을 통감하지 않을 수 없으며, 나아가 최근 본회의 근본 정신인 비타협주의를 무시하고, 합법운동으로 방향을 전환시키려 하는 민족적 개량주의자(自治派)의 발호가 나타나게 됨은 매우 유감이며, 이것은 본회의 근본적 조직의 모순(곧 당적 조직-인용자)에서 나오는 당연한 귀결"(京畿道警察部, 《治安槪況》, 1931, 114~115쪽).

1928년 7월 17일부터 9월 1일까지 모스크바에서 코민테른 제6회 대회가 열렸다.[70] 대회에서는 코민테른의 강령이 결정되었고 동시에 '좌익 섹트주의'로 기우는 전술이 채택되었으며, 민족·식민지 문제를 주요 의제의 하나로 취급했기[71] 때문에 조선의 공산주의자들에게도 중요한 의미를 지닌 대회였다. 더욱이 이 대회에서는 한국 공산주의자들 사이에서 "조선 운동에 대한 과거에 없던 상세한 근본적 결정"[72]으로 평가되는 〈12월 테제〉가[73] 채택·통과되었다.

그런데 〈12월 테제〉의 분석에 앞서 먼저 코민테른 제6회 대회에서 채택된 〈식민지 및 반(半)식민지 제국(諸國)에서의 혁명운동에 관하여〉[74] 안에 포함된 한국관계 조항을 살펴볼 필요가 있다. 왜냐하면 이후의 〈12월 테제〉, 〈9월 테제〉[75] 등 일련의 한국 문제에 대한 결정들은 이 테제

---

70 村田陽一 編譯, 《コミンテルン資料集》 第4卷, 東京, 大月書店, 1981, 580쪽.

71 松元幸子, 〈コミンテルン 第6·7回 大會における民族·植民地問題〉, 《歷史學硏究》 402號, 1973. 11, 24쪽. 이 대회에서는 세 개의 중요한 코민테른 문서가 발표되었다. ① 〈國際情勢와 共産主義인터내셔날의 임무에 관하여〉(테제; 1928. 8. 29) ② 〈帝國主義戰爭에 반대하는 투쟁과 共産主義者의 임무〉(테제; 1928. 8. 29) ③ 〈植民地·半植民地諸國에 있어서 革命運動에 관하여〉(테제; 1928. 9. 1).

72 李鐵岳, 〈朝鮮혁명의 特질과 勞動계급전위의 當面任務〉, 《계급투쟁》 창간호, 1929. 5., 23쪽.

73 〈12월 테제〉의 원제목은 〈朝鮮農民 및 勞動者의 任務에 관한 결의〉(1928. 12. 10)이다.

74 이 테제는 〈民族·植民地問題에 관한 테제〉(일명 〈레닌 테제〉, 코민테른 제2회 대회에서 채택)를 바탕으로 한 쿠시넨의 보고에 따라 제6회 대회(1928. 7. 17~9. 1)에서 채택된 것이다. 이 테제는 ① 서문에서 帝國主義와 植民地 및 半植民地 관계를 세계 전역에 걸쳐 개관한 뒤 ② 植民地 경제와 제국주의적 식민지정책의 특징을 7개 항에 걸쳐 상세히 고찰하고 ③ 중국·인도 및 유사식민지 제국에 있어서의 공산주의 전략·전술을 12개 항에 걸쳐 자세히 논하였다. 아울러 공산주의자의 당면 임무 14개 항을 제시하는 등 총 41개 항으로 작성된 방대한 문건이다. 村田陽一 編譯, 《コミンテルン資料集》 第四卷, 東京, 大月書店, 1981, 414~449쪽에 수록.

75 원제목은 〈朝鮮에 있어서의 革命的 勞動組合運動의 任務〉(1930. 9. 18)이며, 이는 프로피테른(RILU, 적색노동조합 인터내셔날) 제5회 대회(1930. 8. 15~30) 다음 이 대회의 결정을 바탕으로 프로핀테른 집행위원회에서 1930년 9월 18일 채택한 결의이다. 이 테제는 조선에서의 노동운동의 조건 및 노동조합의 임무를 8개 조 17개 항에 걸쳐 지적하고

의 내용에 기댄 바가 많을 뿐만 아니라 민족협동전선의 조직 형태에 대해서도 중요한 언급을 하고 있기 때문이다.

> 기존의 모든 혁명적 대중조직의 내부에 공산주의의 영향력이 강화되지 않으면 안 된다. 개인가맹에 기초를 둔 일반적인 민족혁명당의 설립에 힘쓰는 것이 아니라 공동의 행동위원회를 수단으로 하여 여러 민족혁명 조직의 활동을 조정 통합하여 프롤레타리아적·공산주의적 지도 하에 혁명적 분자의 참된 블록을 형성하도록 힘써야 할 것이며 이때 소부르주아 민족주의자의 동요를 비판하고 그들을 대중 앞에서 폭로하지 않으면 안 된다.[76] [강조는 인용자]

위의 내용 가운데 "개인가맹에 기초를 둔 …… 민족혁명당의 설립에 힘쓰는 것이 아니라 공동의 행동위원회를 수단으로 …… 혁명적 분자의 참된 블록을 형성"해야 한다는 주장은, 신간회의 조직 형태를 개편해야 한다는 것인지 아니면 신간회를 해소하고 다른 형태의 협동전선, 곧 '공동행동위원회'를 조직해야 한다는 것인지 분명하지 않지만, 어쨌든 협동전선의 조직 형태에 대해서 문제를 제기한 점은 분명히 주목된다. 그러나 이것은 뒤에서 보는 것처럼 코민테른이 처음으로 제시한 것은 아니었다.[77]

한편 〈12월 테제〉는 코민테른 제6회 대회에서 채택된 방침을 근거로 작성된 것이다.[78] 〈12월 테제〉의 체계는 당시 조선 사회에 대한 분석과

있다. 특히 통일전선의 형태인 신간회를 비난하고 있는 점은 주목되지만, 뒤에서 보듯이 ML당계에 의해 신간회 해소가 제창된 훨씬 뒤에 나온 문건이어서 본문에서는 다루지 않았다. 이 테제의 전문은, Dae-sook suh, *Documents of Korean Communism 1918~1948,* Princeton University Press, 1970, pp. 283~290 참조.

76 村田陽一 編, 앞의 자료집, 444쪽.

77 신간회의 조직 형태를 개편하려는 시도는 ML당계 공산주의자들에 의해 이보다 먼저 제기된다.

78 〈12월 테제〉의 작성을 위한 조선문제위원회 위원은 구추백(瞿秋白, 중국공산당원, 코민

조선 혁명의 단계 설정, 그리고 이에 따른 공산주의자의 임무 등 세 부분으로 구성되어 있다.

그러나 〈12월 테제〉가 민족협동전선에 대하여 무엇을 구체적으로 지시한 것은 아니었다. 다만 민족운동의 조직·지도에 큰 구실을 해온 인텔리겐치아의 상당 부분이 이미 민족개량주의로 전화했다고 한 뒤에 공산주의자들의 임무를 제시했을 뿐이다.

> 현 발전 단계에서 조선 공산주의운동의 주요 방침은, 프롤레타리아 혁명운동을 강화하여 소부르주아지의 민족혁명운동에 대해서는 그 완전한 독립을 보장하는 한편 민족혁명운동에 계급성을 부여하고 그것을 타협적인 민족개량주의로부터 분리시킴으로써 민족혁명운동을 강화하는 것이다.[79] 〔강조는 인용자〕

이처럼 민족협동전선의 구체적 평가에 대해서는 아무것도 제시한 것이 없으며 인용문에서도 보이듯이 이전처럼 자치파(타협적 민족개량주의)와 분리되기만 하면 관계없다는 식으로 해석될 수도 있는 것이었다.[80] 〈12월 테제〉는 '중대한 위기에 직면한 조선 무산계급운동에 있어서 …… 최고의 규범'[81]이었지만 주된 관심은 협동전선보다는 '볼셰비키적 당의 건설'이었다.

테른 집행위원회 간부회원, 정치서기국원), 사노 마나부(佐野學, 일본공산당원, 코민테른 집행위원회 간부회원), 미프(Mif Pavel, 米夫, 소련공산당원, 코민테른 동양부 서기국원), 월터넨(Wiltanen, 불가리아 공산당원)이다. 姜德相·梶村秀樹 編, 앞의 자료집, 218쪽 참조.

79 Dae-Sook Suh, 앞의 자료집, 250쪽.

80 〈12월 테제〉의 구체적 분석에 따른 것은 아니지만 가지무라 히데키(梶村秀樹)도 같은 견해를 보이고 있다. 梶村秀樹, 〈新幹會研究のためのノート〉《勞動運動史研究》 48, 1969(《新幹會研究》, 동녘, 1983, 205쪽에서 재인용).

81 李鐵岳, 〈朝鮮혁명의 特질과 勞動계급전위의 當面任務〉, 23쪽.

> 국제××(공산)당은 12월 테제를 통하여 조선에 있어서 ××(공산)당 볼셰비키화의 투쟁을 …… 조선××(공산)주의자의 가장 중심적 임무로서 제시했다. 투쟁의 오랜 단계에서 범해진 모든 오류의 극복과 새롭게 부과된 모든 임무의 광범한 수행은 …… 노동자 대중의 기초 위에 강고히 뿌리내린 참된 볼셰비키적 ××(공산)당의 확립에 의해서만 수행된다는 것을 강고히 주장했다.[82]

〈12월 테제〉는 붕괴된 '조공의 조속한 복구와 강화'를 요구했던 것이며,[83] 조공이 무너진 상태에서 민족협동전선에 대해 언급할 만한 형편이 못 되었던 것이다. 따라서 뒤에 서술할 신간회 해소 문제와 관련하여 〈12월 테제〉의 역할을 과대평가하는 것은 무리라고 여겨진다.

2) 조직 형태의 변화와 대중적 협동전선론

ML당계는 제4차 조공의 붕괴와 함께 민족협동전선 내부에 자치파가 대두하여 조직 파괴 책동을 일삼고 신간회의 지도부가 크게 동요하는 가운데서도 노동자·농민의 투쟁은 꾸준히 성장하고 있다고[84] 판단했다.

이와 같은 정세 변화에 발맞춰 ML당계는 기존의 민족협동전선에 대한 조직 형태의 개편을 요구하기 시작했다. 1928년 중반의 이론적 공백기에 쓰여진 사공표(司空杓)의 글은[85] 조공의 붕괴 직후에 북경에서 쓴 것으로서 〈논강〉 이후 ML당계의 민족해방운동에 관한 인식의 변화를

---

82 金民友, 〈朝鮮に於ける革命的昂揚と××黨の任務〉, 無産者社 譯, 《朝鮮前衛黨ボルシエビイキ化の爲に》, 東京, 左翼書房, 1931, 93쪽.

83 Dae-Sook Suh, 앞의 자료집, 256쪽.

84 司空杓, 〈朝鮮의 情勢와 朝鮮共産主義者의 當面任務〉, 《레닌주의》 1호, 1929. 5., 83~84쪽.

85 司空杓, 위의 글. 이 《레닌주의》 1호의 발간은 1929년 5월 5일자로 되어 있으나, 이 글의 집필은 1928년 8월 10일 이전에 이루어진 것이다(同 잡지, 156쪽). 사공표는 안광천의 가명이다(金民友, 위의 글, 106~107쪽).

보여주고 있다.

사공표의 글은 〈논강〉과 대체적인 정세 분석에서 큰 차이를 보이지는 않는다.[86] 여기에 따르면 조선 혁명의 현재 단계는 부르주아 민주주의 혁명이다. 혁명의 중심적 목표는 한 편으로 일본 제국주의에 대항하여 민족 독립을 전취하고 다른 한 편으로는 봉건 유제에 대항하여 완전한 토지혁명을 수행하는 데 있다. 양자의 투쟁은 불가분의 관계로서 반봉건투쟁의 전개 없이는 광범한 농민층을 동원하지 못하고 민족 독립이 없이는 토지혁명을 이뤄낼 수 없다. 이 혁명의 주력은 프롤레타리아트이며 이의 완수를 위해 투쟁력을 잃지 않은 모든 반항 세력의 결집이 필요하다. 농민·도시소시민·인텔리겐차·부르주아지의 일부는 아직 혁명적이므로 이들과 협동을 포기하지 말아야 한다. 그러나 '협동'이 '합동'일 수는 없으며 어떠한 경우라도 프롤레타리아트의 정치적 독립성을 엄호해야 한다.[87]

이어서 신간회에 대하여 "조선의 공산주의자는 지금까지 신간회를 지지하여 참가해 왔으며 그것은 정당했을뿐더러 금후에도 신간회에 적극적으로 참가해야 한다"[88]고 한 뒤 공산주의자의 당면 과제를 제기했다.

(가) 노동자·농민을 많이 입회시켜서 그 기초를 노·농 대중에 두게 하는 것.

(나) 구체적 강령을 가지도록 하는 것.

(다) (신간회 내부에) 민주주의를 확립시키는 것.

(라) 우익 간부가 고립되게 하는 것 …… 투쟁단체에의 전환 …… 이것을 위해서는 신간회 지부에 있어서의 활동이 더욱 필요하다.

(마) 공산주의자의 그 안에서의 활동의 인식·투쟁력을 상실한 신간회로 하여금 진실한 혁명단체로 전환하게 하기 위해서는 그 기초가 대중××로

---

86 앞의 〈民族解放運動에 관한 論綱〉을 안광천이 기초했다는 점을 상기할 것.

87 司空杓, 앞의 글, 116~118쪽에서 요약.

88 같은 곳, 118쪽.

옮겨가고 우익 간부가 구축되는 동시에 그 안에 공산주의자의 활동이 확고히 인식되지 않으면 안 된다.

(바) 신간회의 역할을 혁명의 지도의 역할로서 보는 경향과 싸우는 것 …… 그것(혁명)을 위한 철저한 정당일 수 있는 것은 오직 프롤레타리아트의 (공산당)뿐이다. …… 신간회의 조선 혁명에 있어서의 역할은 크게 평가될 수 없는 것이다.[89]

구체적이고 투쟁적인 강령에 따라 노·농 대중의 획득이 강조되고,[90] 투쟁의 단위도 지회 중심으로 전환되어야 함을 역설하고 있는 점에서 〈논강〉보다 한층 좌경화하고 있을뿐더러 구체성을 띠고 있다. 이것은 아래로부터의 통일전선을 의미하는 것으로서 〈논강〉 단계의 대중당 조직 형태로는 위에 제기된 문제들을 해결할 수 없음을 뜻했다.[91] 왜냐하면 정당적 조직은 중앙집권적인 조직으로서 노동자·농민이 주체가 될 수 없으므로 지회에서 구체적 활동이 어렵기 때문이다. 따라서 신간회의 조직 형태 개편은 이제 불가피해졌다.

한 번 성립된 협동의 투쟁 형태 및 조직 형태를 영원시하는 것도 동양

89 司空杓, 앞의 글, 118～221쪽. 원문에 (다)항이 중복되고, (가)항에서 (마)항까지로 잘못 기재되어 있어 바로잡았다.

90 같은 곳, 82쪽. "民族解放運動의 戰線은 …… 勞動者·農民이 동원되지 못하고 民族解放運動단체를 구성하고 있는 것은 대부분이 소부르주아 인텔리겐치아 층이다. 新幹會도 그러하며 靑年同盟·槿友會도 그러하다."

91 신간회에 대한 규정은 〈논강〉의 그것과 비슷하다. 그러나 〈논강〉의 제7항에서는 "신간회를 대중당으로 완성시키기 위해서 노력해야 한다"고 말하고 있는 점이 다르다. 이 글에서는 정당적 형태는 오직 프롤레타리아당(계급정당, 공산당)뿐임을 밝히고 있다. 이러한 안광천의 신간회에 대한 견해는 신간회 해소론으로 기울기 전의 한위건의 신간회에 대한 관점, 즉 그의 〈大衆的 戰鬪的 協同戰線の結成と新幹會及び 獨立黨促成會の任務〉, 光宇·鐵岳, 《朝鮮前衛黨當面の問題》, 東京, 左翼書房, 1930에서 표명하는 관점과 비슷하다.

> (同樣)으로 착오다. 이것에 관해서 우리가 항상 생각할 것은 어떤 형태가 운동의 당시 조건에 가장 적응해서 가장 잘 광범한 대중을 혁명으로 유치하며 가장 용이하게 혁명에 향해서 조직할 수 있느냐 하는 것이니 이것에 가장 맞는 형태를 앞에 내세우는 것이 우리의 전술적 임무다. '조직 원칙' 운운해서 '협동'의 조직에 프롤레타리아당 조직의 원칙을 적용하려는 일부 동지의 착오는 수정되어야 한다. 革命의 이해를 초월한 '원칙'의 예정은 소부르주아 관념이다. '협동'의 형태는 임시적이 아닐 수 없다. ……신간회는 조선민족의 諸전투적 계급층의 일본제국주의에 대한 동맹의 일 형태 — 결코 당이 아니다 — 로서 산출한 것이다.[92] 〔강조는 인용자〕

사공표는 민족협동전선이 조직 형태상 당적 형태가 되어서는 안 되고 대중적(협의적) 협동전선이어야 한다고 주장하고 있다.[93] 그러면 사공표가 주장하는 당적 형태가 아닌 대중적 협동전선의 구체적 내용과 이후의 결성 방향은 무엇인가. 그러나 그는 다만 신간회의 당적 조직 형태의 오류를 지적하고 대중적 협동전선을 결성할 것을 제창하고 있을 뿐 이 문제에 대한 구체적인 대답을 제시하지는 않았다.[94]

이에 대한 명확한 인식은 ML당계의 탁월한 이론가인 한위건(韓偉健)에 의해 이루어졌다. 한위건은 1928년 7, 8월에 제4차 조공에 대한 검거를 피해 중국으로 건너간 뒤 상해의 외국 조계에 거주하면서 조공의 재

---

92 司空杓, 앞의 글, 117~118쪽.

93 안광천이 제기한 문제들은 모두 다음에서 논할 한위건의 〈大衆的 協同戰線論〉에서 체계화되고 있으며 안광천과 한위건 둘 다 ML당계의 핵심적 이론가라는 점에 유의할 필요가 있다. 물론 두 사람의 노선이 1930년에 접어들면서 달라지긴 하나 이 단계에서 차이점을 찾는 것은 무리이다.

94 대중적 협동전선의 결성 등의 맹아를 단편적으로나마 볼 수 있는 자료로 다음의 것들이 있다. 汪太初, 〈朝鮮運動의 現段階의 序論-아울러 新型民族主義를 一蹴함〉, 《理論鬪爭》, 1928. 3., 6~22쪽; KH 生, 〈朝鮮맑스主義者의 當面한 決定的 任務에 對하야〉, 《理論鬪爭》, 1928. 3., 23~33쪽.

건운동에 힘을 쏟고 있었다. 1929년 5월에는 양명(梁明) 등과 함께 한국어 잡지 《계급투쟁》을 비롯하여 자파의 여러 기관지를 발간하면서 조선 혁명에 대한 이론적 체계화와 통일을 꾀하고 있었다.[95]

한위건은 "당은 과거에 민족협동전선의 결성에 있어서 대체로 바른 길을 걸어왔었다"라고 하면서도 조공의 미숙성 때문에 많은 오류를 저질렀다고 지적했다. 이러한 비판을 토대로 그는 올바른 협동전선의 결성 방향을 다음과 같이 제시했다.

첫째, 협동전선의 조직 형태에 관하여 "협동전선의 형식은 전위적 협동(즉, 정당적 협동)이 아니요 대중적 협동"[96]이 되어야 한다는 것이다. 왜냐하면 중앙집권적인 당적 형태의 협동전선은 "모든 ××(혁명)적 역량을 충분히 협동전선의 조직 내로 포섭할 수 없으며", "대중 본위의 협동전선이 되지 않고 소수 수령 중심의 협동으로 타락할 위험"이 있고, "노동계급의 정치적 조직적 독립을 곤란"하게 만들 뿐 아니라 "협동전선의 내용이 변경되어 새로운 계급적 내용으로 재편성될 때에 심대한 혼란을 야기"[97]할 것이기 때문이다. 따라서 앞으로의 '광대한 피압박·피착취 대중의 협동전선'을 위한 협동전선의 조직 형태는 "당적 형태가 아닌 …… 전투적 대중단체를 토대로 한 혹은 임시적 혹은 상설적 대중동

---

95 水野直樹, 〈韓偉健－民族運動史上の人物(連載一)〉, 《朝鮮民族運動史硏究》 1, 1984, 204~206쪽. 이 시기 이철악(李鐵岳)이라는 필명으로 한위건에 의해 집필되어 《계급투쟁》에 발표된 논문은 다음과 같다. 〈朝鮮혁명의 特질과 勞動계급전위의 當面任務〉, 창간호; 〈朝鮮に於ける ボルシエビイキ黨の結成過程と社會投機主義の撲滅〉, 제2호; 〈大衆的 協同戰線の結成と新幹會及び獨立黨促成會の任務〉, 제2호; 〈朝鮮に於けるプロレタリア運動の方向轉換期の理論的實踐的過誤とその批判〉, 제3호.

96 李鐵岳, 〈朝鮮혁명의 特질과 勞動계급전위의 當面任務〉, 《계급투쟁》 1, 1929. 5., 14쪽. 최규진에 따르면 (이)철악, 광우(光宇)는 양명(梁明, 李江)이라고 한다(최규진, 《코민테른 6차대회와 조선공산주의자들의 정치사상 연구》, 107~108쪽). 이제까지 철악과 광우는 한위건으로 알려졌었다.

97 鐵岳, 〈大衆的戰鬪的協同戰線の結成と新幹會及び獨立黨促成會の任務〉, 光宇·鐵岳, 《朝鮮前衛黨 當面の問題》, 東京, 左翼書房, 1930, 81~82쪽.

원기관"[98]이어야 한다는 것이다.

> 민족협동전선은 당면 투쟁을 위한 협동전선이다. 따라서 그것은 당면 투쟁 목표 하의 또는 당면 투쟁 조건 하의 협동전선이다. …… 우리들은 모든 중심적 투쟁 목표가 일치하는 ××(혁명)부대와의 전략적 협동전선을 결성할 수 있다. …… 그렇다면 이와 같은 목표 하의 협동전선이 어떠한 형태를 취해야 할 것인가는 저절로 명백하게 된다. 그것은 반드시 영구적이 아니며 임시적 협동이어야 하며 중앙집권적이 아니고 협의적 협동이지 않으면 안 된다. 공동투쟁위원회·반제국주의연맹·단체협의위원회·폭압반대동맹의 명의를 가진 협의위원회의 형태를 취해야만 한다.[99]

둘째로, 협동전선을 구성하는 요소는 투쟁력을 잃지 않는 모든 대중적 단체를 아울러야 한다고 주장했다.

> 전국적 조직은 반드시 노총·농총·전총電總(靑總의 오식인 듯)·신간회·근우회·형평사 등이 중심적 구성 요소가 되어야 하며 지방적 조직은 그것의 지방적 조직을 중심으로 해야 한다. 외지에서는 노동조합·농민동맹·부인단체·청년단체 등이 그 중심적 요소가 되어야 하며 대중적 조직이 아닌 순수한 종교적 또는 정부적 자치적 조직은 제외되어야 한다.[100]

셋째, 협동전선의 당면 목표에 대해 "협동전선의 목표를 완전히 대중적 투쟁과 그를 위한 동원 및 훈련에 두어야 하기 때문에 지도자에 의한 공동의 협의보다도 대중의 공동 행동이 중심적으로 고려"[101]되어야 한

98 李鐵岳, 앞의 글, 29쪽.

99 鐵岳, 앞의 글, 89쪽.

100 같은 곳, 90쪽.

101 위와 같음.

다고 주장했다.

따라서 대중적 협동전선의 결성이라는 관점에서 볼 때 신간회는 더 이상 올바른 협동전선일 수 없었다. 신간회가 "창립된 지 2년이 넘었음에도 불구하고 일본 제국주의의 폭압과 본부 간부의 위축, 굴복에 의해 전투적 대중단체의 가입은 물론 노·농대중의 인입(引入)이 심히 불충분하며 일체의 대중적 투쟁이 제지·회피"[102]되고 있는 상황이 이것을 말해준다. 이것은 현재의 신간회가 "노동자·농민이 조직의 주체가 되지 못하고 전투적 조직으로 되어 있지 못한" 근본적 결함에 따른 것으로서 한위건은 구체적으로 다음과 같은 문제를 지적하고 있다.[103]

> 첫째로, 현재의 신간회는 구체적 투쟁 강령을 가지지 않고 구체적 행동 방침의 규정이 없다. …… 둘째로, 현재의 조직은 중앙집권적이다. 지회 규정을 보면 "지회 위원은 일체의 사무에 관해서 본부의 지휘에 복종할 의무가 있다"라고 하여 독자적 활동의 범위가 매우 제한되어 있다.[104] 특히 조직의 중심이 노동자·농민이 아니며, 따라서 조직의 기초가 공장·광산·철도·농장 등이 생산 토대로 되어 있지 않은 것이 그것의 최대 결함이다. 셋째로, 현재의 간부(특히 본부)는 대부분이 비전투적 소부르주아지 분자로 ××(일본) 제국주의의 포악에 위축되어 버려 모든 현실적 대중투쟁을 제지·회피하고 있다. (전국)대회가 ××(일본) 제국주의 경찰에 의해 금지되

102 李鐵岳, 앞의 글, 29쪽.

103 鐵岳, 앞의 글, 93~94쪽.

104 《동아일보》 1927년 4월 30일자 기사에 5개 항의 〈지회 설립에 관한 주의사항〉이 보이는데 신간회의 지회 규정(14개 조)은 이를 토대로 작성된 것으로 보인다. 위의 인용문은 신간회 지회 규정 제2조의 "지회 임원은 일체 사무에 관하여 본부 지휘에 복종할 의무가 有하고 사무 성적을 매월 1회 지회장의 명의로 본부 총무간사회에 보고함을 要함"이라는 조항을 가리킨다. 신간회의 규약(25개 조), 임시 규약(2개 조), 대회 규정(13개 조), 지회 규정(14개 조)의 전문은 李文遠, 〈新幹會 民族運動의 教育史的 硏究〉, 연세대 대학원 교육학과 박사학위논문, 1983, 45~47쪽.

> 었을 때 투쟁을 전개시키는 대신에 지회의 투쟁적 요구를 억압하고 동경 지회의 《신간신문(新幹新聞)》 발행 계획을 원조하기는커녕 방지·억압하여 발행을 불가능하게 했음에도[105] 불구하고 대중적 좌익이 형성되어 있지 않았기 때문에 그것에 대한 폭로와 투쟁은 불가능하게 되었다.

이러한 결함을 가진 신간회가 올바른 협동전선일 수는 없었으므로 결국 '대중 속으로의 재편성'이 요구되었다. 이에 따라 "신간회가 갖고 있는 혁명 역량은 우선 공산당으로, 다음으로는 노동조합, 농민조합, 기타 계급적 대중조직으로 재조직되어야 한다"[106]는 방침이 제기되었다.

그러나 일부의 공산주의자들이 주장하고 있는 신간회 즉시 해체론은 오류였다. 왜냐하면 "신간회는 현재에 있어서 조선의 적지 않은 ××(혁명)적 역량이므로 그 혁명 역량을 계급적 조직으로 재조직하기 전에 해체해서는 안 되며 당분간 어느 정도까지의 매개적인 역할"[107]을 할 수 있기 때문이다. 따라서 신간회는 이제 '민족협동전선당의 매개 형태'가 아니라 '민족협동전선의 매개체'로 규정되었다. 이것은 "민족 각 계급층이 그 당면의 공동 요구와 공동의 투쟁 조건을 위해 민족적으로 협동투쟁을 해야 하며 이 투쟁은 당면 요구와 당면 투쟁 조건만을 위한 투쟁이므로 일정한 계급적 지도를 갖지는 않는다"[108]는 의미였다. 곧 "협동

105 신간회 동경 지회(1927년 5월 7일 설립)는 '신간회의 주장과 사명을 선포하고 민중을 이론적으로 지도'하기 위해 신간회 기관지로 《신간신문》을 동경에서 발간하기로 계획, 9월에 창간호가 발행될 예정이라고 보도되었다(《동아일보》 1927년 7월 21일자). 그러나 발행되지 못했고 다시 1928년 6~8월에 간행될 예정으로 준비가 되고 있었으나 본부의 여러 차례에 걸친 중지 명령으로 빛을 보지 못했다. 자세한 것은 水野直樹, 〈新幹會東京支會の活動について〉, 《朝鮮史叢》 第1號, 神戶, 1979, 44~45쪽 참조.

106 李鐵岳, 앞의 글, 29쪽.

107 鐵岳, 앞의 글, 92~93쪽.

108 金民友, 〈朝鮮に於ける 反帝國主義 協同戰線の諸問題〉, インタナショナル編輯部 編譯, 《朝鮮問題》, 東京, 戰旗社, 1930, 17쪽.

적 투쟁을 필요로 하는 이상 해소를 해서는 안 된다"[109]는 것이다. 그러므로 신간회의 '민족협동전선의 매개체' 역할을 실현하기 위한 조직의 강화가 요구되었다.

> 첫째, 구체적 행동 강령을 확립하는 것이며 현실적 행동 방침을 규정하는 것이다. 둘째, 조직 형태를 근본적으로 개편하지 않으면 안 된다. 현재의 중앙집권은 지회중심제로 고쳐 지회에 대해서는 반드시 강령과 행동 방침 하에 지역적인 모든 투쟁의 자유를 주어야 한다. 셋째, 왜 당적 형태의 협동전선이 불가하며 또 불가능한가, 어떠한 조직이 참으로 올바른 ××(혁명)적 투쟁적 조직인가를 모든 회원 내지 일반 노동자·농민 대중에게 선전·선동해야 하며 전투적 대중적 좌익을 결성하는 것에 의해 우익 간부의 불철저함과 동요를 끊임없이 폭로하고 극복하지 않으면 안 된다.[110]

한편 1928년의 정기대회가 지회 투쟁의 고조 때문에 일제에 의해 금지된[111] 뒤에 신간회는 1929년 1월에 전국대회 준비위원회를 개최하여, 허헌(許憲)을 준비위원장으로 선출하고[112] 전국대회의 개최를 준비하기 시작했다. 그러나 일제는 1929년 3월로 예정된 신간회 정기 전국대회를 지회 불온을 이유로 또다시 금지했다.[113]

신간회는 할 수 없이 1929년 6월 말에 몇 개의 지회를 합하여 선출한

---

109 鄭東鎬, 〈新幹會 解消論(속)〉, 《批判》 1931년 6월호, 56쪽.

110 鐵岳, 앞의 글, 84~95쪽.

111 《大衆新聞》 제11호, 1928년 3월 13일자.

112 《동아일보》 1929년 2월 1일자. 허헌은 해방 후의 활동 때문에 공산주의자로 알려지기도 했으나 이는 사실과 다르다. 일제하 특히 신간회 중앙집행위원장으로 활약하던 시기의 허헌은 전형적인 비타협 민족주의자였다.

113 1929년 3월의 전국대회 금지에 관해 일제는 "신간회는 작년 대회 금지 이래 하등 태도를 바꾸지 않았을 뿐만 아니라, 각 지회의 행동은 오히려 불온 과격하여 안녕질서를 해한다."는 이유를 들고 있다(《朝鮮思想通信》 1929년 3월 12일자).

대표들을 중심으로 '전체대회 대행 복대표위원회'를 개최했다. 신간회 창립 뒤 처음으로 지회의 대표들이 참가한 가운데 열린 이 대회에서는 규약의 수정과 임원의 개선이 이루어졌다. 지도 체제는 이전의 간사제에서 중앙위원회제로 바꾸고 조직 체계도 지회와 본부의 중간조직으로서 도지회(道支會)를 결성하기로 했다.[114] 이것은 신간회가 창립된 뒤 지회 수준에서 꾸준히 제기했던 요구가 관철된 것으로서 주목된다.[115] 또 신임 중앙집행위원장으로 전국대회 준비위원장이었던 허헌을 선출했다. 중앙위원회에는 지회의 급진주의자들이 대거 진출했는데 이들 가운데는 제1, 2차 조공 사건으로 검거되었다가 출옥한 화요회계의 김한(金翰)·정재달(鄭在達)·채규항(蔡奎恒)·고성창(高成昌) 같은 공산주의자들이 포함되었다.[116]

복대표대회를 통하여 공산주의자들은 비타협 민족주의자들을 제압하고 신간회 본부의 실질적 주도권을 장악했다.[117] 따라서 신간회 구 간부 쪽의 민족주의자들은 신간회의 주도권을 되찾기 위한 계획을 세우기에 이르렀다. 광주학생운동을 계기로 발생한 이른바 민중대회 사건은, 비타협 민족주의자들이 신간회 본부의 주도권을 빼앗기 위해 공산주의자들을 배제한 채 자기들끼리 극비리에 추진한 것이었다.[118] 이들은 1929년 11월에 일어난 광주학생운동이 전국적으로 확대될 조짐이 보이자 이것을 계기로 3·1 운동과 같은 전국적 항일민중운동을 전개할 계획을 세웠다. 계획의 핵심은 1929년 12월 13일 오후 2시에 서울을 비롯하여 인천,

---

114 朴明煥, 〈新幹會 回顧錄〉, 《新東亞》 54호, 1936, 160쪽.

115 《現段階 附錄》 1929년 4월호.

116 京畿道警察部, 《治安槪況》, 1931, 34쪽.

117 홍명희(洪命熹) 류의 구 간부 일부가 중앙위원으로 선출되었으나 주도권은 공산주의자에게로 넘어갔다. 그러나 이들은 주로 화요회계와 서울청년회계의 인물들이 대부분이다(李昇馥, 〈新幹會小史〉, 《韓國日報》 1958년 8월).

118 京畿道警察部, 《治安槪況》, 1931, 171쪽; 李寬求 回顧談, 〈半世紀의 證言 ⑩-新幹會運動〉, 《조선일보》 1964년 5월 3일자.

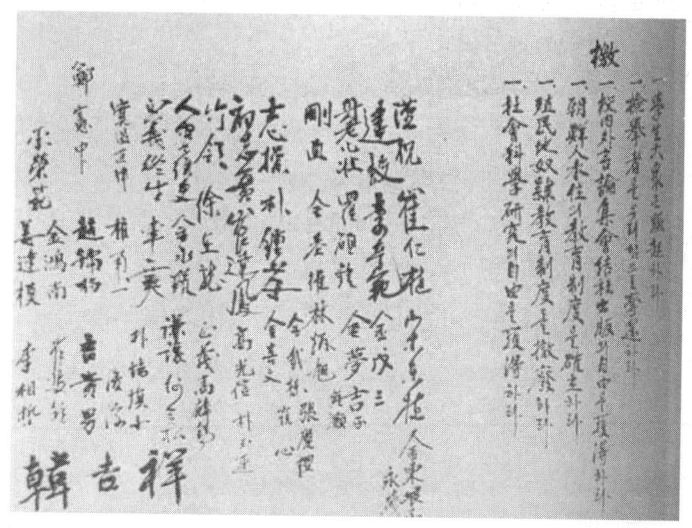

檄

一. 學生大衆아 蹶起하라

一. 檢擧者를 우리 힘으로 奪還하라

一. 校內外 言論集會結社出版의 自由를 獲得하라

一. 朝鮮人 本位의 敎育制度를 確立하라

一. 殖民地奴隷敎育制度를 撤廢하라

一. 社會科學研究의 自由를 獲得하라

韓吉祥

光州高普 中學生衝突事件

全南警察總動員

徹夜하며 嚴重警戒

雙方氣勢依然險惡

市街는 殺氣充滿

四五作者도 檢束

入院한 高普負傷生

警察에서 一一調査

中學校側學父兄과

知事以下 鳩首密議

광주학생운동 격문과 《동아일보》 기사

평양, 그 밖의 전국 각 지회에서 민중대회를 연다는 것이었다. 그러나 이 계획은 사전에 일제에 포착되어 민족주의자들 말고도 공산주의자를 포함한 다수의 신간회 간부와 회원 44명이 검거됨으로써 좌절되었다.119

민중대회사건은 합법단체를 내세운 신간회가 취할 수 있는 최대치의 행동을 보여준 것으로 주목되지만,[120] 이 사건 탓에 신간회 본부가 큰 타격을 받은 것은 물론 좌우 세력 간의 반목도 첨예화되었다. 공산주의자들은 민중대회 사건을 협동에 대한 비타협 민족주의자들의 배신으로 여겨 격렬히 비난했을 뿐만 아니라, 뒷날 신간회 해소론이 떠오르는 하나의 요인이 되었다.[121]

민중대회 사건 뒤 본부의 주도권을 차지한 김병로(金炳魯) 등은 신간회의 좀더 나은 발전은 자치운동으로의 전환 말고는 달리 길이 없다고 보고, 점차 타협적 우경 노선을 걷는 가운데[122] 개량화되었다. 곧 신간회 본부는 지회의 커져가는 투쟁 역량을 수렴하지 못한 채 점차 자치운동 단체로 전락해 갔다.

4. 반제협동전선론과 신간회 해소

1) 노·농운동의 고양과 반제협동전선론

신간회가 간판만을 유지한 채 유명무실화해 가자 ML당계는 1930년 4

---

119 金俊燁·金昌順, 앞의 책, 61~62쪽.

120 이 사건을 주도한 비타협 민족주의자들의 행동은 3·1 운동의 지도층(여기서는 민족대표 33인을 가리킨다)의 그것과 비교된다. 곧 3·1 운동의 33인 지도부가 일제에 '투항주의적' 노선을 택했다면 이들은 반일 대중시위를 직접 주도하려 했던 것이다.

121 후일 신간회 이원 지회가 경성 지회로부터 받은 해소 결의에 관한 질의에 대한 회답문에는 "광주학생사건 당시에 사회운동자의 태도를 보거나 민족운동자 許憲 일파가 極部的으로 민중대회를 음모하는 것을 보아도 협동할 필요가 없고, 따라서 소부르주아 소시민 및 민족운동자는 극소수로서 세력이 미약하기 때문에 제외해도 무방하다."라는 내용이 있다(京畿道警察部, 《治安槪況》, 1931, 117쪽).

122 京畿道警察部, 《治安槪況》, 1935. 3., 37~41쪽.

월 이전 즈음 신간회의 즉각 해소를 주장하게 되는데, 이를 주도한 것은 고경흠(高景欽)이었다.[123]

그러나 ML당계가 신간회의 해소를 주장한 것은 지금까지 상당수 연구들이 지적한 것처럼 신간회의 우경화나 코민테른의 지시에 따른 공산주의자들의 전술 변경 때문만은 아니었다. 오히려 해소를 주장한 근본적인 이유는 이 시기에 노·농운동이 크게 고양되었다는 ML당계 나름의 정세 판단에 있었음에 주목할 필요가 있다.

ML당계의 양명과 한해(韓海)는 코민테른에서 〈12월 테제〉를 교부받고 블라디보스토크로 향했다. 거기서 이들은 고광수(高光洙)를[124] 만나 〈12월테제〉의 지침에 따라 조공의 재건에 착수하기로 합의했다.[125] 그 뒤에 양명은 상하이에 있던 한위건에게로 갔고, 한위건은 1929년 3월에 상해에서 고경흠·서인식(徐寅植)·양명 등과 함께 고려공산동맹(高麗共産同盟)을 결성하고 《계급투쟁》이라는 잡지를 발간했다.[126] 그 뒤 양명은 1929년 5월에 길림에서 고광수·한해·이경호(李京鎬) 등과 조선공산당 재조직 중앙간부를 조직하고 서로 임무를 나누었는데, 양명 자신은 중국에서 활동하기로 하고 상하이로 돌아왔다.[127]

한편 고경흠은 일본 동경으로 들어가 합법적인 출판사인 무산자사를 설립하고 카프(KAPF: Korean Artist Proletarian Federation, 조선 프롤레타

---

123 金八峰, 〈우리가 걸어온 30년 (4)－歷史의 反動期〉, 《思想界》 1958년 11월호, 224쪽; 李錫台 編, 《社會科學大辭典》, 文友印書館, 1948, 389~390쪽. 이 자료들에서는 고경흠의 신간회 해소 주장을 1930년 5월로 보고 있는데, 이는 사실과 다르다. 고경흠에 대해서는 飛田雄一, 〈高景欽－民族運動史上の人物〉, 《朝鮮民族運動史硏究》 2, 1985, 152~153쪽 참조.

124 고광수는 강원도 철원 출신으로 한국 공산주의운동에 초창기부터 참여했으며, 특히 ML당계 공산청년회의 간부로 활약했고, 나중에는 만주에서 조직활동을 전개했다. 고광수에 대해서는 李錫台 編, 위의 책, 38쪽 참조.

125 金俊燁·金昌順, 《韓國共産主義運動史》 제5권, 고려대 출판부, 1976, 301쪽.

126 金正明 編, 《朝鮮獨立運動》 IV, 東京, 原書房, 1967, 1053쪽.

127 金俊燁·金昌順, 위의 책, 295~296쪽.

리아 예술가 동맹)의 동경 지부를 흡수했다. 그러는 동안 고경흠은 체포되었다가 1929년 11월경에 탈출하여 1930년 초에 상하이로 다시 돌아왔다. 1930년 3월에 한위건은 고경흠에게 활동이 비교적 자유로워진 동경에 들어가 한국 공산주의운동을 이론적으로 통일하고 특히 출판 활동에 힘써줄 것을 당부했다. 고경흠은 이것을 받아들여 한위건에게서 운동자금 2백 엔을 받아 4월 상순경 동경에 들어왔다. 고경흠은 동경에서 1930년 11월까지 《전기(戰旗)》, 《인터내셔날》, 《무산자(無産者)》 같은 출판물을 통해 자신의 논문을 발표했다.[128]

고경흠은 1930년 4월경에 쓴 글에서[129] 한국 공산주의운동의 단호하고 즉각적인 방향 전환을 요구했다. 이어서 그는 지금까지 신간회에 대한 조공의 전폭적 지지와 참여는 사실상 오랫동안 공산주의자들에게서 비난받아 왔던 '해당론(解黨論)'의[130] 명백한 표현이며 이 때문에 조공의 고립만을 불러왔다고 주장했다.

> ×(당)의 과거의 단계를 지배한 것은 무엇보다도 해당적 이론과 해당적 실천이다. 과거의 소위 민족적 단일당론·민족협동전선당론 등은 이 해당적 실천의 가장 명백한 표현일 뿐만 아니라 신간회에 대한 ×(당)의 실천적

---

128 金正明 編, 《朝鮮獨立運動》 V, 東京, 原書房, 1967, 1054~1055쪽. 이 시기 고경흠이 김민우(金民友)·차석동(車石東)·김영두(金榮斗) 등의 가명으로 발표한 논문은 다음과 같다. ① 〈朝鮮に於ける反帝國主義協同戰線の諸問題〉 ② 〈朝鮮に於ける農民問題〉 ③ 〈ボルシエビイキ黨の結成過程と社會投機主義〉 ④ 〈朝鮮共産黨 ボルシエビイキ-化の任務〉 ⑤ 〈朝鮮に於ける革命的 昂揚と××黨の任務〉 ⑥ 〈民族改良主義の反動的 跳梁を粉碎せよ!〉 ⑦ 〈平壤ゼネストの意義と××黨の活動任務〉 등 다수.

129 車石東, 〈朝鮮××黨 ボルシエビイキ-化の任務〉, 無産者社 譯, 《朝鮮前衛黨 ボルシエビイキ-化の爲に》, 東京, 左翼書房, 1931. 이 논문이 1930년 4월에 쓴 것이라는 사실은 같은 팜플렛, 66쪽에 기록되어 있다.

130 공산당을 해산하자는 야마카와 히토시(山川均)의 주장으로 일본에서는 야마카와주의(山川主義)로 알려져 있다. 야마카와 히토시의 이론에 대해서는, Robert A. Scalapino, *The Japanese Communist Movement 1920~1966,* Berkeley, LosAngels, University of California Press, 1967, 26~32쪽.

> 행동은 과거 단계의 해당적 실천의 전형적 부분이다. …… ×(당)은 자신의 깃발을 높이 걸고 자기의 조직 밑에 대중을 집중시키지 않고 소부르주아지의 정치적 통제의 형태를 유지하고 있는 신간회를 위해 '일체의 피압박 대중은 신간회로!'라는 슬로건을 걸고, 당을 아프로치하는 대신에 '민족적 단일당'과 '민족적 협동전선당'의 환영을 대중에 선전하기에 열중하였다. 그 결과 ×(당)의 고립화는 극도에 달하였다.[131]

신간회의 존립 의의를 사실상 부정하는 이러한 주장은 한위건의 견해보다 훨씬 급진적인 것이었다. 그러나 이와 같은 주장은 1929년 이래 거세지고 있는 노동자·농민의 투쟁을 타협적 경향으로 치닫고 있던 신간회가 감당하기는 불가능하다는 나름대로의 판단에 근거한 것이었다.

이 시기에 노·농운동의 고양에 대한 고경흠의 분석에 따르면(표 2 참조) "1929년 2월의 원산 제네스트(총파업) 이래 금일에 이르기까지 조선에 있어서는 급속한 ××(혁명)적 투쟁의 격화가 ××(일본) 제국주의 지배에 의한 ××(야만)적 테러의 폭풍 속에서도 강력히 진행·계속"[132]되고 있으며, 1929년의 투쟁을 발판으로 "1930년의 스트라이크 투쟁은 급격히 팽창"하고 있을 뿐만 아니라 "규모도 대규모화되었다"고 하였다.[133] 고경흠은 특히 투쟁이 "경제적 투쟁을 보다 높은 정치적 투쟁으로 고양시키기 위한 활동"으로 전개됨에 따라 "대중의 정치적 반항이 강력하게 표현되었던 점은 주목해야 할 사실"[134]이라고 주장했다. 이와 같은 "노동자·농민의 혁명적 투쟁은 광범한 반제국주의적 통일전선의

---

131 車石東, 앞의 글, 47~52쪽.

132 金民友, 〈朝鮮に於ける××的 昂揚と××黨の任務〉, 無產者社 譯, 《朝鮮前衛黨 ボルシエビイキ-化の爲に》, 東京, 左翼書房, 1931. 같은 팜플렛, 110쪽에 따르면 이 글은 1930년 9월에 쓰여졌다.

133 金民友, 위의 글, 78쪽.

134 같은 곳, 98쪽.

전개를 위해 이용"해야 한다는 것이다.[135]

표 2 1929~1939년 중반 노동운동의 고양

연도	월	사례	규모	투쟁 요구
1929	2	원산 제네스트		
	4	환산 청량공장 여공 총파업	20	대우 개선
		대전 청량주식회사 여공 파업	450	대우 개선
	6	신흥 어업동업조합 노동자 파업	200	부당 수수료 징수 반대, 정합(定給)의 확정 노임계산법 개정, 해고 반대
		조선수력전기회사 공사장 종업원 투쟁	200	대우 개선, 임금 인상, 부상에 대한 치료비 지급, 해고 1개월 전 예고, 부당 작업 반대
	7	부산 고무신 제조공장 여공 투쟁	450	임금 인하 반대
	8	통영 조선제강회사 여공 파업	200	노동시간 단축, 임금 인하 반대
		부산 도기회사 노동자 투쟁	다수	임금 인하 반대
	9	경남인쇄(주) 노동자 파업	50	악덕 지배인 배척
		부산 내국통운 회사 부두조합 노동자 투쟁	250	임금 인상
	12	평양 대동고무공장 노동자 투쟁	280	임금 인하 반대
	12	진남포 사이토오(齋藤) 정미소 노동자 투쟁	60	임금 인상, 대우 개선, 노동시간 단축
		평양 ×屋노동조합 노동자 투쟁	260	노동조합원 해고 반대
		평북 선천 배수공사장 노동자 투쟁	150	임금 지불 요구
1930	1	부산방직 노동자 총파업	3,000	최저임금 인상, 8시간 노동제, 기숙사 식사의 개선, 부상에 대한 치료비와 위자료 지급, 벌금제 철폐

135 金民友, 앞의 글, 104쪽.

1930	1	인천 사이토오 정미소 노동자 파업	300	최저임금 80전 제정, 임금 3할인상, 직공차별 철폐, 십장의 노동자 선임, 위생설비 완비, 복직
		성진송하 ×詰공장 노동자 투쟁	200	감독 배척
		경성 대창 직물회사 여공 투쟁	150	근무시간 단축, 퇴직자 적립금 지불, 벌금제 철폐
		함남 신포 ×詰공장 노동자 파업	200	
	2	대전 전역 정미공장 노동자 파업	수백	인금 인상, 해고 반대
	3	원산 덕흥 ×詰공장 여공 투쟁	60	임금 지불 요구
		경성제과(주) 노동자 파업	100	
		용산공작(주) 노동자 투쟁	300	회사가 입은 손실의 노동자 전가에 반대
		진남포 가토오(加藤) 정미소 여공 파업	160	
	4	경성 아베(阿部) 제선회사 여공 파업	200	임금 인하 반대
		부여 수리조합 공사장 인부 파업	500	임금 지불
	5	평양 서경 상공회사 제화공 투쟁	200	감독 횡포와 임금 인하 반대
		평양 구보타(久保田) 고무공장 노동자 파업	100	
	5	함흥조선 탄업(주) 탄광노동자 투쟁	300	대우 개선, 구타 반대, 임금 인상, 시간 단축, 해고 수당, 조합 승인
		현천 하천제방 공사장 노동자 투쟁	300	구타 반대, 일급 지불
	6	부산 마키시마(牧島) 조선소 노동자 투쟁	100	임금 인하 반대
		군산의 각 정미소 노동자 파업	200	

1930	6	함흥 조선질소 비료회사 종업원 투쟁	100	
		함북 명천 어업공장 노동자 파업	200	임금 인상
		평양전흥 회사 무연탄 운반부 파업	500	
	7	전주의 제사공장 노동자 파업 평양의 고무공장(2개 소) 노동자 총파업	2,000	임금 인하 반대

자료: 金民友, 〈朝鮮に於ける××的 昂揚と××黨の任務〉, 無產者社譯, 《朝鮮前衛黨ボルシエビイキ化の爲に》, 東京, 左翼書房, 1931. 7., 71~78쪽의 내용을 토대로 작성.

② 농민운동

연도	월	사 례	규모	투쟁요구
1929	9	경남 하자마(迫間) 농장의 조선인 소작인 투쟁	1,200	일본인 소작인과의 차별 철폐, 부당소작료 반대
		함남 고원의 소작농민 투쟁	2,000	동척(東拓)의 부당한 고율 소작료 반대
	12	김해 가락농장 농민 투쟁	200	
		대구 토지흥업 주식회사의 소작농민 투쟁	2,500	구제적립금 징수 반대 및 종래 징수한 적립금 환불
1930	4	평북 용천불이(龍川不二) 농장 소작농민 투쟁	2,000	경작권 확보
	7	함남 단천 농민 투쟁	2,000	삼림조합 해산, 검속자 석방

자료: 金民友, 〈朝鮮に於ける××的 昂揚と××黨の任務〉, 無產者社譯, 《朝鮮前衛黨 ボルシエビイキ化の爲に》, 東京, 左翼書房, 1931. 7., 79~83쪽의 내용을 토대로 작성.

고경흠의 주장을 요약하면 노동자·농민의 혁명적 투쟁으로 축적된 투쟁 역량을 새로운 차원의 반제협동전선으로 끌어올려야 한다는 것이다. 이와 같은 분석을 토대로 하여 그는 새로운 차원의 반제협동전선에 대한 이론화를 시도했다.[136]

---

136 金民友, 〈朝鮮に於ける 反帝國主義協同戰線の諸問題〉, インタナショナル編輯部 編譯, 《朝

먼저 그는 조선 혁명의 현재 단계를 '국민××(혁명)의 단계'로 규정하고 현재의 국민혁명 단계가 갖는 임무를 제국주의 통치의 타도와 민족해방의 획득이라고[137] 전제했다. 반제협동전선에 대해서는 "프롤레타리아트의 계급적 임무를 수행하기 위한 일반적 전술로서 프롤레타리아 자신뿐만 아니라 모든 혁명적 인민층을 그의 계급적 지도 하에 투쟁에 동원하고 조직하기 위한 전술"[138]이라고 정의했다. 이 반제협동전선에 동원해야 할 계급은 프롤레타리아·농민·도시소부르주아지의 세 계급이며 민족부르주아지는 제외되어야 했다.[139]

반제협동전선에서 민족부르주아지를 배제해야 하는 이유에 대해 고경흠은, 민족부르주아지는 "모든 산업 조직과 금융 조직을 통하여 제국주의적 이익에로의 접근을 더욱 현저하게 나타내고 있으며, 그들의 자본가적 발전이 농촌에 있어서 봉건적 착취의 기초 위에 보장되는 것에 의해서 결코 그들은 제국주의 통치에 대해서도, 봉건 유제에 대해서도 유력한 투쟁자가 될 수 없는 것이 분명해졌고, 가장 좋은 경우를 예상한다 해도 그들은 제국주의자에 대해 단지 '개량주의적 반대파'를 구성하는 데에 그치고 말 것"[140]이기 때문이라고 주장했다.

그러므로 새로운 반제협동전선은 프롤레타리아의 헤게모니 아래 노동자·농민의 혁명적 동맹의 결성을 위한 노력을 중심으로 삼아야 하고, 따라서 그것은 노동자·농민의 결합의 주위에 도시소부르주아지를 밀집시킨 형태를 띠어야 한다는 것이다.[141] 또한 프롤레타리아당(공산당)은

鮮問題》, 東京, 戰旗社, 1930에 수록. 이 글은 1930년 5월경에 집필된 것으로 보이는데 《무산자 팜플렛》 2집에 金民友란 필명으로 게재되었고, 인터내셔날편집부 편역, 《朝鮮問題》, 戰旗社, 1930에도 수록되어 있다.

137 金民友, 위의 글, 3쪽.

138 같은 곳, 7쪽.

139 같은 곳, 3쪽.

140 같은 곳, 4~5쪽.

141 같은 곳, 8쪽.

현재의 국민혁명의 유일한 올바른 지도자이기 때문에, 모든 반제국주의적 반봉건적 요구를 강령에 포함시켜 항상 노동계급의 선두에 서야 할 뿐만 아니라 모든 피압박 계급 층의 선두에 서서 제국주의 통치의 타도와 봉건제도의 척결을 위해서 투쟁해야 한다고 했다. 공산당에 힘입어 전개되는 이 반제·반봉건적 일상 투쟁은 노동자, 농민, 피압박 소시민층 등이 전체적으로 동원되는 광범한 협동전선의 형태를 띨 수밖에 없다는 것이다.[142] 이러한 반제협동전선을 강력하게 전개하려면 무엇보다도 공산당의 강화(볼셰비키화)가 요구되었다.[143]

이와 같은 반제협동전선의 조직 원칙에 비추어 볼 때 과거 조공이 신간회에 대하여 취했던 전술은 근본적 오류를 저지른 것이었으며, 따라서 "신간회에 대한 ×(당)의 전술을 모두 새로운 기초 위에 수립할 것이 절실히 요구"[144]되었다. 과거 조공은 운동 전세의 변화에 대응하여 전술적으로 신간회를 '민족단일당의 매개 형태', '민족협동전선당의 매개 형태', '민족협동전선의 매개 형태'로 단계적 의미에 따라 규정해 왔으나[145] 신간회에 대한 이러한 규정들은 당위적인 것이어서 "신간회 그것 자체가 현실적으로 어떤 성질의 집단인가"[146]에 대하여 무관심했고 많은 해당주의의 오류를 낳았다고 그는 주장했다.

그렇다면 현재의 신간회는 어떤 성질의 집단인가? 그것은 공산당의 반대 당파일 뿐이었다.

> 그것(신간회)은 조선에 있어서 소부르주아지의 정당 조직이다.…… 첫째로 그것은 중앙집권적인 정당적 조직이며 둘째로 그것은 조선에 있어서 소

142 金民友, 앞의 글, 10~11쪽에서 요약.

143 같은 곳, 13쪽.

144 같은 곳, 16쪽.

145 같은 곳, 16~17쪽; 鄭東高, 앞의 글, 56쪽.

146 金民友, 위의 글, 20쪽.

> 부르주아지의 정치적 대변자인 바의 좌익 민족주의자(비타협 민족주의자)의 일단에 의해 지도되고 있는 정당 조직인 것이다. 따라서 그것은 현재의 국민××(혁명) 단계에서 ××(공산)당의 반대 당파이다.[147] [강조는 인용자]

그뿐만 아니라 신간회의 지도부를 구성하고 있는 '좌익 민족주의자'도 민족 개량주의자의 일종에 지나지 않으며, 따라서 이들은 "××(혁명)적 언사의 기만에 의해 그 개량주의적 정체를 은폐하려는 좌익 민족개량주의자"에 지나지 않았다.[148] 그러므로 공산당의 신간회에 대한 임무는 노동자 계급뿐만 아니라 모든 동맹적 대중에게서 철저히 고립시켜 미약화하는 데에 있다는 것이다.[149]

> 당은 이 대중의 잠들어 있는 ××(혁명)성을 생동하는 투쟁의 실천 위에 발로시키기 위해, 활동하지 못하는 시체의 조직이며 현실적으로 하등의 투쟁도 갖지 않은 소부르주아지의 집단인 신간회로부터 이 대중층을 분리시켜 ×(당)의 반제국주의·반봉건적 일상 투쟁에 동원하여 ×(당)의 정치적 조직의 영향 하에 획득하기 위해 투쟁하지 않으면 안 된다.[150]

이는 현재 신간회에 포함되어 있는 대중층을 새로운 차원의 반제협동전선으로 끌어들여야 한다는 것으로서, 곧 신간회를 해소시켜야 한다는 주장이었다. 그러므로 신간회를 더 이상 '민족협동전선의 매개 형태'로 유지시키는 것은 불가능했다. 왜냐하면 "협동전선은 ××(공산)당의 반제국주의·반봉건

---

147 金民友, 앞의 글, 20쪽.

148 車石東, 〈民族改良主義の反動的 跳梁を 粉砕せよ!〉, 無産者社 譯, 《朝鮮前衛黨ボルシエビイキ-化の爲に》, 東京, 左翼書房, 1931, 127쪽. 132쪽에 따르면, 이 글은 1930년 8월에 쓰여졌다.

149 金民友, 위의 글, 20~21쪽.

150 같은 곳, 26쪽.

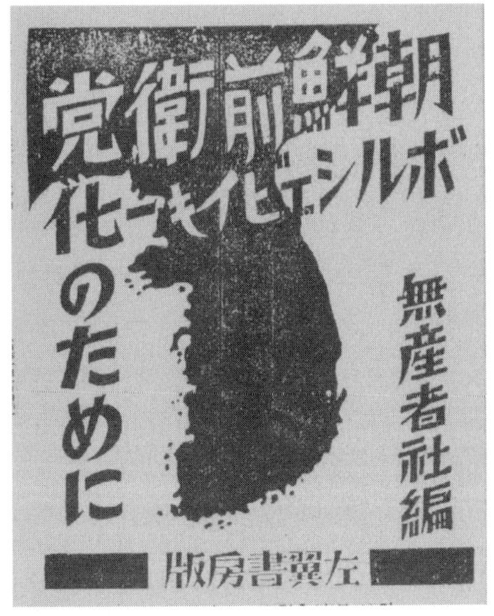

신간회 해소를 주장하는 팸플릿(1931)

적 일상 투쟁의 발전 위에서만 얻어지는 투쟁양식이므로 신간회 자체를 협동전선 조직으로 발전시키는 것은 불가능"[151]하기 때문이다. 곧 "반제협동전선은 신간회 속에서, 또는 신간회에 의해서 신간회를 통해서 전개되어야만 하는 것이 아니라 ××(공산)당에 의해서 신간회 밖에서 전개되어야 하고 신간회의 대중이 ×(당)의 협동전선에 동원되어야"[152] 하는 것이다.

말하자면 앞으로 전개될 공산당이 주도하는 반제협동전선의 결성은 "신간회를 해소와 자기 해체로 이끄는 실천"[153]을 통해서 이루어져야 하는 것이다. 이처럼 ML당계의 신간회 해소 방침은 노·농운동의 고양이라는 나름의 정세 분석에 따라 수립된 반제협동전선론의 조직 원칙에 바탕을 두고 이를 실현하기 위한 첫 단계의 실천 전략으로 제기된 것이다.

151 金民友, 앞의 글, 27쪽.

152 같은 곳, 29쪽.

153 같은 곳, 29쪽.

2) 카프의 활동과 신간회 해소

1929년 이래의 노·농운동의 고양이라는 정세 분석에 따라 반제협동전선론을 제기한 ML당계는 바로 실천에 들어갔다. 이를 위한 구체적인 작업은 먼저 신간회의 해소 방침에 관한 이론을 조선 국내에 확산시켜 이를 관철하는 한편, 치열하게 전개되던 노·농운동의 측면 지원을 강화함으로써 반제협동전선의 결성을 다그치는 일이었다.

그러나 그것은 결코 쉬운 일이 아니었다. 그것은 일제의 탄압 말고도 ML당계의 국내 조직이 없다는 자체의 조직적 결함 때문이었다. 1928년 두 차례에 걸친 대검거로 조공의 전국적 조직 기반이 무너진 것은 이와 같은 상황에서 치명적이었다.[154]

이와 같은 상황을 헤쳐나가고자 ML당계는 카프(KAPF)를 이용했다.[155] 카프는 결성 초기부터 조공과 밀접한 관련을 맺고 있었을 뿐만 아니라 전국적인 조직망도 갖추고 있었다.[156] 카프는 조공의 외곽 조직이었고 예술 활동을 통해서 계급운동을 전개했으며 합법 활동의 영역이 사회운동보다 컸다.[157] 그러므로 일제의 탄압으로 조공이 무너지는 상황

---

154 제3·4차 조공의 검거를 피해 국외로 망명한 ML당계의 한해, 고광수, 양명, 한위건, 이종림(李宗林), 이경호, 한빈(韓斌)과 안광천 등은 조직의 재건(즉 조공의 재건)을 위해 끊임없이 국내 침투 공작을 감행했으나 끝내 전국적인 조직망을 재건하는 데는 실패하고 이들 대부분도 검거되었다. ML당계의 조공 재건운동에 관해서는, 金俊燁·金昌順, 《韓國共産主義運動史》 제5권, 고려대 출판부, 1976, 295~310쪽 참조.

155 그러나 ML당계로서 '카프'의 이용이 불가피했다 하더라도 카프가 노동자·농민의 조직이 아니라 프롤레타리아 문예운동을 전개하던 "공산주의적 지식인의 문학 서클"인 점은 ML당계 역량의 한계를 드러내는 것이다. 카프에 대해서는 安漠, 〈朝鮮 プロレタリア藝術運動略史〉, 高等法院檢事局, 《思想月報》 第10號, 1932(朴慶植 編, 《朝鮮問題 資料叢書》 第7卷, アジア問題研究所, 三一書房, 1982에 영인); 임규찬 엮음, 《일본프로문학과 한국문학》, 연구사, 1987 참조.

156 카프는 서울에 본부를 두고 개성, 수원, 임실, 금산, 해주, 평양, 동경, 간도 등 8개 지역에 지부를 조직했다. 朝鮮總督府警務局, 《最近に於ける朝鮮治安狀況》, 1933, 53쪽.

157 카프의 강령(1927. 10)은 이 점을 이해하는 데 도움을 준다. "吾等은 무산계급운동에

에서도 조직을 유지할 수 있었던 것이다. 이러한 이유 때문에 1928년에 조공이 붕괴된 뒤 조선 공산주의운동의 통일적 지도기관이 사라진 자리에서 그나마 남은 카프가 조공 재건운동의 근거 기지로 전화되었고 이것은 ML당계의 주도로 이루어졌다. 곧 앞에서 본대로 ML당계의 조공 재건운동은 한위건, 양명의 지도 아래 동경의 무산자사를 매개로 카프와 직접 연결되었던 것이다.[158]

> 1928년 속칭 ML당 사건 이후로 시작되었다. 당시의 ML당 중요 간부로 검거망을 피하여 해외로 탈출한 한위건(韓偉健), 양명(梁明)은 중국 상해와 북평(北平) 등지로 다니며 기회 있는 대로 주의선전을 하는 동시에 조선공산당의 재조직을 획책하여 북평에서 《계급투쟁》이란 출판물을 발행하여 내외 각지에 발송하고 있었다. 그러던 중 한위건, 양명 등 양인의 지도를 받고 있던 이번 사건의 관계자 고경흠, 황학로 양인은 그들의 명령으로 조선공산당 재건설의 사명을 가지고 …… 동지(同地)를 떠났다. …… 그리하여 동경의 무산자사의 사원 임화(林和) 등과 연락하여 무산자사와 잡지 《인터내셔날》 등을 중심하고 기회 있는 대로 주의선전의 글을 발표하는 외에 팜플렛을 발행하여 발표하였다. 이것은 혼돈한 상태에 있는 조선 사회운동에 우선 이론을 통일하려는 것이었다. 이들과 같이 연락하여 조선공산당 재건설의 활동을 개시하게 되자, 한 편으로 예술운동을 통하여 주의선전을 하는 동시에 공산당 재건설 운동도 획책하게 되었다. 그리하여 임화 등이 작년에(1930년-인용자) 동경에서 조선으로 건너와 프롤레타리아 예술동맹의 조직 내부를 고치고 동시에 행동도 고치기로 하였다. 작년 여름에 임화〔본명 임인식(林

있어서 마르크스주의의 역사적 필연성을 확실히 인식하는 고로, 무산계급 예술운동의 일부인 무산계급 예술운동에 의해, ① 봉건적 자본주의적 관념의 철저한 배격 ② 專制的勢力과의 항쟁 ③ 의식적 調成運動의 수행을 기한다"(朝鮮總督府 警務局 保安課, 《高等警察報》 第1號, 1933, 41쪽).

158 堀內稔, 〈1930年代 朝鮮共産黨の再建運動〉, むくげの會 編, 《朝鮮 1930年代 硏究》, 東京, 三一書房, 1982, 31~33쪽.

仁植)], 김남천[金南天, 본명 김효식(金孝植)], 안막[安漠, 본명 안필승(安弼承)] 등이 이에 전력하여 금년 봄까지 조직의 질을 달리하고 운동 이론을 세우기에 힘쓰고, 동시에 신간회 해소운동이 일어나자 예술동맹원들도 이에 참가하여 맹렬한 해소운동을 하여 주의선전에 힘써왔다.[159]

카프 조직을 통한 ML당계의 활동은 다만 신간회 해소운동에 국한되지 않았다. 왜냐하면 당시 치열하게 전개되던 노동운동에 대한 측면 지원을 통해 반제협동전선의 결성을 촉진시키려는 노력이 신간회 해소운동과 표리를 이루고 있었기 때문이다.

이(조공 재건운동)와 동시에 김효식(金孝植), 한재덕(韓載德) 등은 작년(1930년) 평양에서 고무직공 재파업이 일어났을 때 평양으로 가서 동지(同地)의 사회운동자들과 연락하여 파업을 측면으로 지도하는 동시에 격문을 작성·배포하여 파업을 격화시키기에 힘썼고…….[160]

이처럼 카프는 고립된 채 존재하고 활동한 것이 아니라 전반적인 좌익 전선의 한 조직으로 활동했다.[161]

카프의 국내 조직망을 통해 ML당계의 이론은 급속히 확산되었고[162] 1931년 2월에는 고경흠 등이 서울에 들어와 신간회 해소운동을 직접 이끌었다.[163] 이와 같은 선전활동에 힘입어 신간회 지방 지회를 통해 신간

159 《조선일보》 1931년 10월 6일; 임규찬 엮음, 《일본프로문학과 한국문학》, 연구사, 1987, 119쪽.

160 《조선일보》, 1931년 10월 6일자. 金俊燁·金昌順, 《韓國共産主義運動史》 제3권, 고려대학교출판부, 1973, 171쪽에서 재인용.

161 임규찬 엮음, 앞의 책, 119쪽.

162 Robert A. Scalapino and Chong-Sik Lee, 앞의 책, 118쪽. 그러나 이 책에 고경흠 등의 활동이 카프에 의존했다는 언급은 없다.

163 金正明 編, 《朝鮮獨立運動》 IV, 東京, 原書房, 1967, 1055~1057쪽.

신간회 해소 직전의 카프 맹원들(1930. 9)

회 해소론이 대두하여 급속히 퍼져가기 시작했고, 부산 지회를[164] 시작으로 1931년 신간회 전국대회 소집 전까지 전국의 120여 개 지회 가운데 이미 20개의 지회가 해소를 결의했다.[165]

1931년 5월 15일에 서울에서 신간회 제2차 전국대회가 개최되었다.[166] 당시 조공 재건운동을 위해 서울에 들어와 있던 고경흠은 이 대회에서 신간회 해소를 가결시키고자 카프를 행동대로 동원했다.[167] 카프 동맹원

164 부산 지회 대회의 견해는 다음과 같이 전해지고 있다. "신간회 창립 당시 소위 민족적 단일 정치투쟁 단체인 本會를 필요로 하였다고 해도 그 후 本會의 통일적 운동을 돌이켜보면 노무 공허함을 통감하지 않을 수 없으며, 나아가 최초 本會의 근본 정신인 비타협주의를 무시하고, 합법운동으로 方向을 전환시키려 하는 민족적 개량주의자의 발호가 나타나게 됨은 매우 유감이며, 이것은 本會의 근본적 조직의 모순(즉 당적 조직-인용자)에서 나오는 당연한 귀결이라고도 할 수 있지만 그러므로 우리들은 이와 같이 불순한 道程을 걷고 있는 本會의 존립을 억지로 용인할 수는 없으며, 보다 첨예한 계급단체를 조직하여 本會를 해소하는 것이 지당하다고 인정한다"(京畿道警察部, 《治安槪況》, 1931, 114~115쪽).

165 朴慶植, 〈韓國民族解放運動과 民族統一戰線〉, 《新幹會硏究》, 동녘, 1983, 50쪽.

166 대회에 관한 자세한 기록은 朴漢植, 〈新幹最後全鮮大會記〉, 《彗星》, 1931, 7. 경찰 기록으로는 高等法院檢事局 思想部, 《思想月報》, Vol.1, No.3, 1931. 6., 15~16쪽 참조.

인 이황(李晃)과 윤기정(尹基鼎)이 각각 임시집행부의 의장과 서기장에 선출되고 이어 강기덕(康基德)을[168] 위원장으로 하는 신임 중앙위원회가 구성되었다. 카프 동맹원인 임화가 신간회 해소에 동의했다. 자리에 참석한 일제 경찰의 제지 때문에 찬·반 토론은 할 수 없었고 찬성 40여 표, 반대 4표, 기권 30여 표로 해소는 가결되었다.[169]

ML당계의 신간회 해소론은 신간회 조직 안의 대중을 민족부르주아지의 타협적 영향력에서 분리하여 적색노동조합 및 적색농민조합에 결집하고 이들을 주된 역량으로 앞으로의 운동을 전개하자는 것이었다. 이것은 구체적으로 공산당의 계급적 지도 아래, 민족부르주아지가 배제된 세 계급 연합의 반제협동전선을 결성하기 위한 첫 단계 전략으로 제기된 것이었다. 더욱이 이러한 반제협동전선론이 노·농운동의 고양이라는 나름의 뚜렷한 인식을 바탕으로 제기된 것이었다는 점에서 신간회 해소의 가결은 ML당계로서는 운동론의 일보 전진을 의미하는 것이었다.[170]

5. 신간회 해소와 통일운동의 분열

지금껏 3·1 운동 이후 민족운동에서 사회주의가 수용되어 하나의 흐름을 형성했다고 이야기되어 왔지만 사회주의라는 이념이 민족해방운동의 실천적인 면에서 구체적으로 어떤 내용을 갖고 있었는가에 대해서

167 金俊燁·金昌順, 《韓國共產主義運動史》 제3권, 고려대학교 출판부, 1973, 171쪽.

168 강기덕은 함남 출신으로 신간회 덕원 지회 창립시(1927. 11. 20) 정치문화부장과 원산 지회 집행위원장(1930. 3. 20)으로 활약했다. 강기덕에 대해서는 水野直樹, 〈康基德－民族運動史上の人物〉, 《朝鮮民族運動史研究》 2, 神戶, 青丘文庫, 1985, 143~146쪽 참조.

169 黃崗, 〈新幹會 解消와 運動 後의 展望〉, 《東光》 23, 1931년 7월호, 16쪽.

170 이러한 평가는 신간회 해소론의 이론적 측면의 고려에 의한 것이지, 운동의 실적을 토대로 한 객관적 평가는 아니다. 신간회 해소론에 대한 객관적 평가는 1930년대 한국 공산주의운동의 성과에 따라 가늠되는 것이다.

는 밝혀지지 못했다. 이와 같은 문제의식을 바탕으로 이 장에서는 신간회에 참여한 유력한 사회주의운동 세력인 ML당계의 신간회 전술을 분석함으로써 이 시기 민족운동론의 한 측면을 밝히려고 하였다.

신간회의 창립 초기에 ML당계가 채택했던 전술은 민족단일당론이었다. 이것은 전 민족이 제국주의 지배 아래서는 단일한 피압박 계급이므로 전 민족적인 단일정당을 조직한다는 의미로서, ML당계의 신간회에 대한 초기 인식을 보여주고 있다. 이 단계에서 신간회는 '민족단일당(의매개 형태)'으로 규정되었으며 이와 같은 규정에 따라 과제로 제기된 것이 조직의 확대였다. 신간회 지회 조직의 확대를 이들의 전술 때문으로만 설명할 수는 없지만 '전 인민의 층으로'라는 슬로건으로도 알 수 있듯이 조직 확대를 위한 ML당계의 노력은 대단했다. 이러한 노력에 힘입어 신간회 지회 조직은 1927년 말에 이미 100개를 넘어섰고 이러한 조직의 확대는 ML당계의 전술에 변화를 가져왔다.

신간회 지회의 조직이 확대되어 투쟁 기반이 강화되는 가운데 ML당계는 1927년 11월경에 신간회 안에서 프롤레타리아트가 헤게모니를 장악해야 한다고 주장하고 이를 위해 농민과의 동맹을 강조했다. 그리고 이 주장을 전후하여 몇몇 지회에서 신간회의 조직을 개편해야 한다는 요구가 제기되었는데, 이유는 중앙집권적인 정당적 조직으로는 노동자·농민이 조직의 주체가 될 수 없으므로 실질적 활동이 불가능하다는 것이었다. 이와 같은 상황에서 ML당계는 〈논강〉(1928. 3)을 통해 운동노선을 재정립하였다. 〈논강〉은 신간회를 '대중당'으로 강화할 것을 결의하고 이를 위해 신간회 안에서 노동자·농민이 지도권을 확립해야 한다고 주장했다. 이것을 실현하기 위한 제도적 장치로 단체가입제도를 채택했다. 따라서 신간회 안에서 노·농동맹의 기반을 통해 프롤레타리아트가 헤게모니를 장악해야 한다는 주장은 〈논강〉에서 단체가입을 발판으로 하는 노·농 지도권 확립의 형태로 체계화되었다. 이것은 신간회에 대한 전술의 중대한 변화를 뜻했지만, 조직의 형태는 '민족단일당'에서

'대중당'이라는 인식의 차이가 있을 뿐 여전히 정당적 형태를 유지하고 있었다. 정당적 조직 형태 아래 개인가입제와 단체가입제가 공존하는 셈이었다. 따라서 신간회는 '민족협동전선당(의 매개 형태)'으로 규정되었다.

그러나 이 시기는 두 가지 이유로 민족협동전선이 침체를 겪어야 했다. 하나는 1928년 2월 이래 ML당계가 주축이 된 조공이 대검거를 당하여 붕괴되었다는 사실이다. 이것은 공산주의자와 신간회를 조직적으로 연결해 주던 고리가 끊겼음을 의미하는 것으로서, 조공의 붕괴는 협동전선의 침체를 가져왔을 뿐만 아니라 이후의 운동 이론도 국외로 망명한 이론가들에게서 들어오게 되었다. 협동전선이 부진하게 된 또 다른 요인은 신간회가 가진 조직 형태의 오류에도 있었다. 곧 정당적 조직 때문에 노동자·농민을 조직적으로 획득하지 못했을 뿐만 아니라 이 때문에 신간회 조직 안에 자치파가 등장하는 것도 견제하지 못했다.

ML당계는 협동전선의 조직 형태가 갖는 오류를 인식하면서 1928년 8월경 기관지를 통해 신간회의 조직 형태를 전면적으로 개편하도록 요구하고 이를 '대중적 협동전선론'이라 이름 붙였다. 이에 따르면 협동전선의 조직 형태는 전위적(정당적) 협동에서 대중적(협의적) 협동으로 해야 하며 구성 요소는 투쟁력을 가진 모든 대중단체를 아우르는 것이었고, 대중적 협동전선이 갖는 당면의 목표로 대중적 투쟁과 이를 위한 훈련을 제시했다. 대중적 협동전선론의 관점에서 볼 때 신간회는 올바른 협동전선일 수가 없었다. 따라서 신간회가 갖고 있는 (지회의) 혁명 역량을 우선 공산당으로, 다음으로 노동조합·농민조합 그 밖의 계급적 대중조직으로 재조직하는 것이 요구되었으며 신간회의 임무는 단지 이를 위한 매개 구실을 하는 것이었다. 이 단계에서 신간회는 '민족협동전선의 매개체'로 규정되었다.

그러나 ML당계는 1930년 4월 이전에 신간회의 해소를 주장했다. 1929년 이래 노동자·농민의 투쟁은 격화되었고 이러한 투쟁 역량을 새로운 차원의 반제협동전선으로 끌어올려야 한다는 것이 이유였다. 이에 따르면 새롭게 결성되어야 할 반제협동전선의 구성 요소는 프롤레타리아트·농민·도시소시민의 세 계급 연합으로서 민족부르주아지는 배제되었다. 반제협동전선의 조직 형태는 프롤레타리아트의 헤게모니 아래 노동자·농민의 동맹을 주축으로 주변에 도시소부르주아지를 모아들인 공동투쟁단의 형태였다. 이 반제협동전선론은 아래로부터의 통일전선을 의미하는 것으로 통일전선론의 전형을 보여주고 있다. 이러한 논리에 따라 신간회를 더 이상 '민족협동전선의 매개체'로 발전시키는 것은 불가능하다고 인식했기 때문에 해소를 주장했던 것이다. 즉 신간회 해소론은 반제협동전선의 결성을 위한 첫 단계의 실천 과제로 제기되었으며, 이것은 당시 노·농운동의 고양이라는 나름대로의 정세 인식에 근거를 두었다는 점에서 발전적으로 평가될 수 있었다. 따라서 카프 조직을 통하여 신간회 해소를 가결시킨 것은 ML당계의 입장에서 볼 때 민족운동론의 일보 전진을 뜻하는 것이었다.

이상에서 본 바와 같이 ML당계의 신간회 전술은 운동 정세의 변화에 대응하여 대체로 네 단계의 변화를 보여주고 있다. 전술이 변화되는 과정은 조직 내에서 노동자·농민의 헤게모니 강화라는 원칙이 일관되게 추구되고 있는바, 그것은 마침내 '해소'를 통한 '아래로부터의 통일전선'을 지향하는 과정이기도 했다. 전술 논의의 초점이 협동전선의 조직 형태에 모아진 점이 이것을 말해주고 있다.

《한국민족운동사연구》 제4집, 지식산업사, 1989

제2부 해방 후 좌우 대립과 통일운동

제1장
8·15 전후 조선총독부의 정책과 우익의 대응

1. 종전 전후의 상황

일본의 패전은 조선 지배의 종언을 의미했다. 1945년 8월에서 9월 초에 걸친 기간 동안 조선총독부는 본국과 통신이 끊겨 독자적인 상황 판단을 해야 했다. 이들이 조선 정책을 수립하는 데서 우선으로 고려한 것은 조선 거주 일본인들의 생명과 재산을 보호하고 이들을 안전하게 돌려보내는 일이었다. 이 때문에 조선인들의 협조는 필수적이었다.

이와 관련된 연구들은 흔히 본국과의 연락 두절, 잘못된 정보, 조선총독부의 '유화 정책'에 반대한 조선군과의 갈등 때문에 조선총독부의 종전 대책은 실패로 끝났다고 결론짓고 있다. 그러나 조선 거주 일본인의 안전한 본국 송환이라는 목적에 비추어 조선총독부의 정책은 성공적이었다. 1945년 9월 8일 미군이 상륙하기 전까지 우려할 만한 일본인에 대한 테러는 나타나지 않았으며, 그러한 조짐마저 효과적으로 차단되었다.

오히려 눈여겨볼 것은 조선총독부의 종전 대책이 조선의 민중과 정치 세력을 정치적으로 나서게 하는 계기를 제공했다는 점이다. 조선의 정치 세력들은 8·15 해방 전부터 일본의 패전을 예견하고 대비했다. 여운형(呂運亨)을 중심으로 하는 민족주의 좌파 계열은 조선건국동맹을 통해 조직 활동을 강화했고, 송진우(宋鎭禹) 등을 중심으로 하는 민족주의 우파도 이제까지 알려진 것과는 달리 동아일보 지국을 비롯한 조직을 유지하면서 중경의 대한민국 임시정부와도 비밀 연락을 취하고 있었다. 종전 직전에 일본의 필요에 따라 조선총독부가 이들에게 협력을 요청함으로써, 미군은 38도선 이남에 진주하여 조선총독부의 항복을 받고 권력을 인수하는 과정에서 한국인들의 정치적 실체를 인식할 수 있었다.

이 장은 제2차 세계대전의 종전에 따른 일본·조선총독부의 시국 인식과 대책, 조선정치 세력의 대응을 살펴보려는 것이다. 특히 동아일보를 중심으로 하는 국내 민족주의 우파의 대응을 중심으로 고찰하려고 한다. 이것은 냉전과 분단의 기원 등 한국 현대 형성기의 문제를 해명하는 데도 유용한 작업이 되리라고 생각한다.

8·15 전후 조선총독부의 대책과 조선 정치 세력의 관계, 또는 그 대응 양상을 다룬 글들이 전혀 없지는 않다. 그러나 대부분은 제2차 세계대전에서 패전을 맞은 조선총독부의 대책만을 분리해서 다루고 있는데,[1] 이것은 식민지 지배의 당사국인 일본의 한국 현대사에 대한 연구 시각과도 관계가 있다. 반면에 8·15 전후 조선 정치 세력의 동향을 조선총독부의 종전 대책과 연결하여 고찰하는 경우 대체로 송진우와 여운형, 안재홍(安在鴻) 같은 역사적 개인에 관한 연구에서만 제한적으로 논의되고 있는 실정이다.[2] 조선총독부의 정책과 조선 정치 세력의 대응이라는 관

1 森田芳夫, 〈總督府の終戰對策と朝鮮建國準備委員會の發足〉, 《朝鮮終戰の記錄－米ソ兩軍の進駐と日本人の引揚》, 巖南堂書店, 1964; 李景珉, 〈朝鮮總督府終焉期の政策〉, 《思想》 734, 岩波書店, 1985; 이규태, 〈8·15 전후 조선총독부의 정책〉, 《翰林日本學研究》 8, 翰林大 日本學研究所, 2003.

2 金大商, 〈8·15直後의 政治現象〉, 《創作과 批評》 1977 겨울호; 李東華, 〈8·15를 전후한 呂運亨의 정치활동〉, 《解放前後史의 認識》, 한길사, 1979; 沈之淵, 〈古下 宋鎭禹〉, 《韓國現代人物論》(I), 乙酉文化社, 1987; 金學俊, 《古下宋鎭禹評傳－민족민주주의 언론인·정치가의 생애》, 東亞日報社, 1990; 심재욱, 〈고하 송진우의 사상과 활동 연구〉, 동국대 대학원 사학과 석사학위논문, 1996; 윤덕영, 〈고하 송진우의 생애와 활동〉, 《한국현대인물연구》 2, 백산서당, 1999; 김인식, 〈송진우·한국민주당의 '중경임시정부 절대지지론'〉, 《한국근현대사연구》 24, 한울, 2003.

계를 중심으로 한 연구는 없다.

2. 조선총독부 대응의 양면성

제2차 세계대전에서 일본 제국주의의 항복을 불러온 것은 1945년 8월 6일 히로시마에 투하된 원자폭탄과 소련의 참전이었다. 원자폭탄이 떨어진 지 사흘 뒤 소련은 일본 관동군을 물리치고 일본 침략의 근거지이던 만주 기지를 공격·파괴함으로써, 동맹국들에 대한 일본의 계속적인 저항 가능성을 분쇄했다. 1945년 7월 말까지 일본 정부는 연합국이 최후통첩으로 제안한 〈포츠담 선언〉의 조건들을 받아들이지 않고 있었을 뿐만 아니라, 중국 만주를 근거로 연합국에 맞서 전쟁을 계속할 계획을 가지고 있었다. 만주에는 무장을 한 채 아직 전쟁에 참가하지 않은 100만의 관동군이 결집되어 있었고, 전쟁 기간을 통해 일본 육·해군의 보급에 중요한 역할을 할 만주의 원료 자원도 충분하다고 믿었기 때문이다. 따라서 미국과 영국도 전쟁이 언제 끝날지 모르는 지구전이 되지 않을까 우려했다.[3]

소련 외교 인민위원 몰로토프(V. M. Molotov)가 주소(駐蘇) 일본대사에게 대일 선전포고문을 전달한 것은 8일 오후 5시(일본 시간 오후 11시)였고, 일본 정부가 그것을 안 것은 9일 새벽의 모스크바 방송을 통해서였다. 소련은 미·영·중의 수뇌가 서명한 〈포츠담 선언〉에 참여했다. 8월 9일 새벽 바이칼에서 태평양에 이르는 소련의 3개 전선, 곧 자바이칼 전선, 제1 극동전선, 제2 극동전선은 일제히 행동을 개시하여 만주로 진격하는 한편, 북한에 태평양 함대를 출동시켰다. 9일 오전 0시 5분경, 소련 태평양 함대 소속 해군기의 편대는 한·소 국경 지대의 일본 군항이었던 웅기와 나진에 들이닥쳐 항내의 일본 선박과 부두에 몰려 있는 관동군

3 《1949年版 朝鮮中央年鑑》, 조선민주주의인민공화국, 1949, 32~33쪽.

의 시설에 맹렬한 폭격을 퍼부었다. 같은 시간 장고봉 부근의 소련군은 두만강을 건너 진공해 왔다.

소련군 진공 때의 작전주도권은 관동군이 갖도록 되어 있었지만 서울이 소련군에게 점령된다면 한반도 전부가 영향권 안에 들 우려가 있었기 때문에, 제17방면군으로서도 남한에서 미군 진공을 막는 데만 전념하고 있을 수는 없었다. 그리하여 제주도로 진출을 명했던 대구의 제120사단의 주력에 대해 9일에 용산 부근에 집결하라고 명령을 변경하고, 전북에 있던 제320사단에도 출동 준비를 명령했다. 이에 따라 10일 제17방면군은 관동군의 전투 서열에 편입되고, 함흥에 있던 제34군은 제17방면군의 휘하에, 제120사단은 관동군 총사령관의 직할 부대가 되어 평양 부근에 집결했다. 제17방면군 참모부장 스가이 도시마로(菅井斌麿) 소장이 나남사관구(羅南師管區) 부대의 전투 지휘를 위해 급파되었다. 대본영에서 열린 회의는 일본 국내에 있던 조선·만주·중국의 참모장급을 모아 최후에 있을 본토 결전의 작전을 준비하려는 것이었다. 회의의 분위기는 7월 6일의 어전회의에서 결사 항전을 주장한 육군상 아나미(阿南)의 결의가[4] 전해져 주전론 일색이었다.

8월 11일 오전 5시 나남에 닿은 스가이(菅井)가 먼저 고려한 것은 청진에 소련군이 상륙할 경우 어느 병력을 사용하느냐 하는 문제였다. 북한의 각지에 흩어져 있는 제5공군은 소련군의 방비보다 남쪽의 미공군에 대비해야 했고 또 전투기가 적어 집중 공격이 불가능하기 때문에 대피작전을 취하고 있었다. 나남의 제79사단은 두만강 대안에 배치되어 관동군의 지휘 아래 있었고, 자유로이 작전에 동원할 수 있는 나남사관구군의 보병부대는 보충대뿐이었다. 그리하여 가까운 제34군 병력을 끌어오기 위해 13일 제34군 사령부가 있는 함흥으로 내려왔다. 함흥에 도

---

4 고모리 요이치 지음·송태욱 옮김, 《1945년 8월 15일, 천황 히로이토는 이렇게 말하였다》, 뿌리와 이파리, 2004, 43쪽.

착한 것이 14일 아침이었고 이튿날 정오 제34군 사령관과 함께 항복 방송을 들었다.

소련군에 대한 일본군의 항전은 청진에서였다. 13일 오전 11시 30분, 항내에 소련 함대가 나타나 맹렬한 함포 사격과 함께 연막을 치고 상륙하기 시작했다. 소련 태평양 함대의 상륙 부대였다. 13일 저녁 소련군 상륙 부대가 청진의 천마산을 점령하여 두 군대는 14일 아침까지 혼전을 계속했으나 16일에는 청진 시가가 완전히 점령되었다.[5]

8월 21일 소련군 2개 소대가 느닷없이 원산항에 상륙하여 항공대와 요새사령부 등을 무장해제하고, 육군 창고의 접수를 시작함과 동시에 일부 병사는 통행인을 검색하여 시계, 그 밖의 장신구를 약탈했다. 경원선은 불통되고 통신도 끊기게 되었다. 8월 23일까지 일본군은 물론 함경남북도의 헌병과 경찰관도 무장해제를 당하고 무기는 민간의 사설 보안대로 넘어갔다. 소련군은 2, 3일 안에 행정권 일체를 인민위원회에 넘기라고 지시했다. 도지사 이하 일본인 간부, 특히 경찰관은 하급자까지 전부 억류·구속되었다. 행정권을 접수한 인민위원회는 모든 근무처에서 일본인을 추방했다.[6]

조선총독부는 결사항전 의지를 밝힌 본국 정부의 방침과는 별도로 1945년 초부터 전세의 불리함을 인식하고 대응책 마련에 부심하고 있었다. 이와 관련해서는 최하영(崔夏永)의 다음과 같은 내용의 생생한 증언이 있다.[7]

1945년 1월 14일 오전 조선총독부에서 예정에 없던 임시 국장회의가

---

5 金基兆, 《38線 分割의 歷史－美·蘇·日間의 戰略對決과 戰時外交秘史(1941～1945)》, 東山出版社, 1994, 240～243쪽.

6 山名酒喜男, 《朝鮮總督府終政の記錄》(一), 中央日韓協會, 1956; 趙德松, 《머나먼 旅路》 제1권, 다다, 1989, 267쪽.

7 崔夏永, 〈政務摠監, 韓人課長 呼出하다〉, 《月刊中央》 1968년 8월호, 122～124쪽. 최하영은 일제 시기 동경제국대학을 나와 고등문관 시험에 합격, 해방 직전까지 조선총독부 관방조사과장과 농상공과장을 지냈으며 대한민국 정부에서 심계원장(審計院長)을 지냈다.

소집되었다. 오전 10시 20분에 아베(阿部) 총독, 엔도(遠藤) 정무총감을 비롯한 각 국장들이 자리에 앉았고 그 옆에는 조선군 사령관 이다가키(板垣) 대장과 참모장 이하라(井原) 중장이 앉았다. 회의가 시작되자 이다가키 대장이 자리에서 일어나 "오늘 회의를 빌려서 금년의 대본영 최고작전 방침을 설명드리겠습니다. 여러분들은 행정 만반을 이어 맞추어 주기 바랍니다"라고 말하고는 자리에 앉았다. 이어 이하라 중장이 일어나 말을 시작했다 "사령관의 명에 의하여 대본영 최고작전 방침을 설명드리겠습니다. 소위 대만해협 해전 대승이라고 하여 민간에 술, 설탕까지 특배했지만 그것은 전혀 거짓말입니다. 우리 쪽 해군이 거꾸로 전멸당했습니다."

1944년 12월 중순 일본 해군은 대만해협 해전에서 미국 항공모함 7척, 전투함 10여 척을 격침시켰다고 대대적으로 보도했고,[8] 1945년 1월 중순까지 계속 집과 거리마다 군함 '마치'를 울리며 '나가는 전쟁'이라고 국민들에게 선전했다.[9] 이하라는 일본 전력과 후방의 지원 능력에 대한 보고를 계속했다. "일본 해군에는 현재 전투함 두 척과 항공모함 세 척밖에 남지 않았고 그 중 세 척은 도크에서 수선 중에 있고 행동할 수 있는 나머지 군함 두 척도 그나마 연료가 없어 세토(瀨戶) 내해(內海) 구석에 숨어 있는 상태입니다. 그러므로 이제부터는 나가서 하는 전쟁이 아니고 적이 국토에 쳐들어오는 것을 기다리는 것으로 그 양상이 급변했습니다. 일본 본토의 요새포나 야포는 탄환 하나 똑바로 나가는 것이 없습니다. 우수한 무기는 모두 수마트라, 버마, 중국에 나가 있고 이것을 도로 국내에 실어 오려고 해도 수송선이 거의 없습니다. 일본의 전쟁 초 수송선의 총 톤 수는 약 2천만 톤이었는데 지금은 1백20만 톤밖에 남지 않았습니다. 개전 초 우리는 연 5백30만 톤의 제철 능력이 있었으

8 《每日申報》 1945년 1월 12~13일, 15일자 등 참조.

9 《每日申報》 1944년 11월 21일자.

나 금년은 육·해·공군 모두 합해서 철의 생산량을 1만 톤으로 작정했습니다." 이하라는 내년 3월, 빠르면 올해 10월 말에 전쟁이 끝날 것이라는 말로 보고를 끝냈다. 한반도에서 최초로 들은 일본의 패전 예고였다.[10]

패전에 대한 우려는 원폭 투하와 소련군의 참전으로 현실이 되었다. 특히 소련군의 북한 점령으로 현지의 행정 기관이 소련군에 강제 접수되고 일본인들이 축출되자 조선총독부는 대책 마련에 부심했는데, 가장 시급한 것이 조선 거주 일본인들의 생명과 재산을 보호할 치안 대책이었다.[11] 총독의 지시를 받은 정무총감 엔도는 경무국장을 중심으로 최고재판소의 검사장과 헌병대장 등 치안 관계자 회의를 소집하여 대책을 깊이 논의하는 한편 최하영 등 총독부 내의 조선인 관리들의 의견도 들었다.

8월 11일경 최하영과의 면담에서 정무총감은 패전 상황에서 조선총독부의 '근본 방침'을 물었고, 최하영은 통치 방침을 당장 조선인 위주로 바꾸어야 한다고 조언했다. 정무총감은 동의하면서, 조선 지도자 세 사람을 개별적으로 만나 의견을 들었는데, 최후까지 초토 전술을 해서라도 일본인과 생사를 같이 하겠다는 말을 하더라고 말해주었다. 정무총감은 그러면서 그들의 말은 진심으로 들리지 않았다는 말도 덧붙였다. 그러나 엔도는 세 사람이 누구인지 밝히지 않았다. 면담 후 최하영은 경무국장에게 치안권을 맡길 만한 적임자를 찾아낼 인사로 박석윤(朴錫胤)을 추천했다.[12]

---

10 崔夏永, 〈政務摠監, 韓人課長 呼出하다〉, 124~125쪽. 당시 조선총독부 직원은 약 1천5백 명이었고 그 중 조선인은 7백 명 정도였다. 국장으로서 한국인은 학무국장 엄창섭뿐이었고 과장은 조사과장 최하영과 사회과장 전예용 등 2명이 있었다. 그 밖에 사무관이 8명, 속관(주사급)이 50여 명, 임시직원이 6백 명 가량 있었다고 한다.

11 《國際タイムス》 1957年 8月 16日字(弟84號), 〈政權授受の眞相を語る－當時の政務摠監遠藤柳作氏; 無政府狀態を憂慮, 呂氏に治安對策を委囑〉.

12 崔夏永, 위의 글, 128쪽. 박석윤은 동경제국대학 법학부를 나온 최하영의 선배로, 1931년 만주의 항일무장 세력 속에서 악명을 떨친 밀정 조직 민생단(民生團)의 배후 조직자로

조선인들의 신망을 받는 지도자를 위촉해 치안 대책을 맡기는 것이 조선총독부의 공식적인 대책이었지만 이것만으로는 어딘지 불안하다고 생각했다. 그래서 생각해낸 것이 바로 서울을 포함하는 38선 이남의 소련군 진주설의 유포였다.

> 항간에는 소련군이 경성 시내에 진주해 들어온다느니 혹은 몇 시에 입성식을 한다느니 미국군이 어느 항구에 상륙하였다는 등 여러 가지 낭설이 분분한데, 그것은 모두 사실 무근이고 아직 소련군이 어느 날 입경할런지 또는 연합군이 과연 조선에 상륙할런지 알 수 없는 일이다. 따라서 수일 내로 입경한다는 확보는 없고 오는 20일 이후가 아니면 자세한 정보를 알 수 없다. 지금까지의 정보는 소련군이 들어온다는 것과 그 사령관은 '마샬 와스렐스키' 장군이라 한다. 그리고 모모 지점에서 일본군과 충돌하였다는 소식도 믿을 수 없는 말이고 앞으로 입경 혹은 상륙할 경우에는 확보가 도달되는 대로 보도될 터이니, 일반은 근거 없는 소식을 믿지 말고 경거망동하지 말기를 바란다 한다.[13]

8월 16일, 일본 천황의 항복을 전하는 라디오 방송이 있던 역사적인 그날의 바로 다음날 서울에는 우리 민족을 해방한 소련군이 서울역에 도착할 것이니 모두 환영하러 나가자는 선전 포스터와 '노동자 농민의 해방자 소련군 만세'라고 적힌 벽보가 거리 곳곳에 나붙었다. 소련군은 오후 1시에 도착할 예정이라고 했다.[14]

알려져 있으며 매일신보 부사장, 간도협회 산하 '동남지구특별공작후원본부' 총무, 만주제국협화회 산하 '신경협화 소년단'의 고문, 만주국 국무원 직속 외교국 조사처장, 폴란드 총영사 등을 지냈다(장세윤, 〈박석윤〉, 《친일파 99인》 2, 돌베개, 1993, 51~56쪽). 최남선의 매부가 되기도 하는 그는 한때 중앙고보의 교원으로도 일해 국내 민족주의 진영 인사들과도 교분이 넓었다.

13 《每日新報》 1945년 8월 17일자.

14 李庭植, 〈'8·15미스테리' 蘇聯軍進駐說의 震源〉, 《新東亞》 1991년 8월호, 430쪽.

항복 조인식. 조선 총독 아베가 항복 문서에 서명하고 있다(1945. 9. 9)

그러나 소련군은 그날 서울역에 도착하지 않았다. 9월 8일에는 미군이 인천항에 도착했다. 소련군의 서울역 도착설은 풀리지 않는 미스터리로 남고 말았다. 우익 측에서는 공산당이 꾸며낸 촌극이라고 했고, 조선건국준비위원회를 만들어 치안을 담당했던 여운형을 비난했다. 사방에 나붙은 벽보와 포스터에 '노동자 농민의 해방자 소련군 만세'라고 쓴 내용과 인적 동원의 규모로 보아 어떤 단체가 배후에서 움직였음이 분명했기 때문이다. 당일 오후 휘문중학 교정에서 군중들에게 연설을 하고 있던 여운형은, 어떤 자가 "지금 남대문에 소련군이 도착했다"고 외침으로써 연설은 중단되고 대중은 흩어졌다고 한다.[15]

공산주의자들에게 소련군의 서울 입성설은 고무적인 소식이었다. 감옥에서 풀려나온 '혁명가'들, 나라 곳곳에 흩어져 있던 과거의 투사들은

15 李庭植, 앞의 글, 432쪽.

16일 아침부터 종로 2가 장안빌딩에서 재경혁명자대회를 열려고 하다가, 참가자가 많아 안국동에 있는 덕성여자실업학교로 옮겨 정오 무렵부터 집회를 열고 있었다. 그러던 중 누군가가 오후 1시에 소련 적군이 서울역에 도착한다는 쪽지를 사회자 홍남표에게 건네주면서 장내는 들끓게 되었고, 환성을 올리면서 서울역으로 나갔다. 회의 진행 중 정백(鄭栢)과 이영(李英) 등은 "소련군이 서울역에 도착하니 환영가자"면서 수천 수만 군중을 몰고 서울역까지 나갔다.[16]

소련군의 서울 진주설을 유포시킨 것은 경성보호관찰소장 나가사키 유조(長崎祐三)였다.[17] 그가 자신의 지휘 아래 있던 경성 대화숙(大和塾) 회원들을 동원하여 소동을 벌인 것이다. 나가사키가 소련군 도착의 촌극을 꾸민 이유는 서울에 거주하는 일본인들을 '흥분한 조선인 폭도'들로부터 보호하기 위함이었다. 대화숙 회원들을 앞세워 하루만이라도 위급한 고비를 넘기고 보자는 속셈에 따라 흥분한 한국인들의 정력을 엉뚱한 곳으로 돌려놓으려 했던 것이다.

> 소련군이 북한에 진주한 후 평양에서 도지사, 검사장, 법원장들이 체포되었다는 정보가 들어왔다. 서울에서는 조선 민중이 떼를 지어 거리에서 거리로 몰려다니고 있었다. 그들 중에는 일본인들 집에 들어가 강도를 하는 자들도 있었고, 파출소를 습격하는 자들도 있었다. 어떤 무리들은 관청을 조선인에게 넘기라고 요구하기도 했다. 불안하기 짝이 없는 상황이었다. 아직 군대를 장악하고 있던 총독부는 폭력으로 탄압할 수는 있었으나 피를 흘리는 불상사가 일어날 경우 조선 사람들의 반일 감정을 폭발시켜

---

16 咸尙勳, 〈韓國民主黨의 政見〉, 《大潮》 1946년 7월호; 《朝鮮獨立과 國際關係》, 生活社, 1948, 19쪽; 李庭植, 위의 글, 433쪽.

17 나가사키 유조는 신의주 지방법원 검사로 있으면서 사상범의 검거와 기소를 담당하다 경성 대화숙 총수로서 전향 사상범의 '선도', 곧 황국 신민의 열성 분자로 만드는 작업에 앞장섰다. 그는 또 8·15 해방 당일 조선총독부가 치안대책을 위임할 대상자로 지목한 여운형을 정무총감 엔도에게 안내한 장본인이기도 하다.

오히려 일본 식민자들을 더욱 위태롭게 할 수 있었다.[18]

8월 16일의 소련군 서울 입성설은 공산주의자들을 고무시키고 민족주의 진영의 움직임을 극도로 위축시켜 광범위한 민족통일전선의 형성에 좋지 않은 영향을 끼쳤다. 그러나 소련군의 서울 진주설은 나가사키 개인의 '단독 범행'이 아니었다. 정무총감 엔도는 8월 15일 아침 일찍 여운형을 만난 자리에서 소련군이 서울을 포함한 한강 이북을 점령할 것이라고 전해줌으로써,[19] 뒤에서 보듯이 여운형이 송진우를 비롯한 민족주의 진영과 합작하려는 노력을 끝내 단념하고 공산주의자와 연대를 강화하는 데 일조했다.

3. 치안 대책 '위임'과 정치 세력의 선택

1) 위임을 둘러싼 논란

조선총독부 경무국은 단파방송을 듣고 8월 10일에 일본이 '국체호지(國體護持)'를 조건으로 〈포츠담 선언〉을 받아들인다는 것을 알았다. 그러나 본국 정부로부터는 아무런 통지를 받지 못했다. 전쟁이 끝나면 연합국 군대가 주둔하고 일본군은 무장이 해제되어 일본은 주권을 잃게 되어 있었다. 조선 북부 청진에 상륙한 소련군이 기차로 남하하면 서울까지 20시간이면 도달할 수 있는 상황이었다. 소련군은 바로 형무소에 수감된 조선인 정치범을 석방하여 공산정권을 수립하려고 할 것이며,

18 長崎裕三, 《コケンと時計》, 1958, 37쪽.

19 두 사람의 회담에 동석했던 나가사키 유조는 회고록에 정무총감이 여운형에게 소련 군대가 8월 18일 서울에 도착한다는 말을 했다고 적었다(長崎裕三, 《コケンと時計》, 1958, 37쪽).

그때 일어날 약탈, 폭행 그리고 부화뇌동하는 조선 민중의 행동을 고려하지 않을 수 없었다는 것이 조선총독부의 인식이었다.[20]

조선총독부가 보인 대응은 조선인 지도자들 가운데 민중 사이에서 신망이 높은 인사에게 치안 유지를 위한 협력을 요청하는 것이었다. 이에 따라 우선 고려된 인사가 송진우와 여운형, 안재홍(安在鴻) 등이었고 특히 송진우와 여운형은 조선총독부의 집요하고도 직접적인 교섭 대상이 되었다.

이들과 조선총독부의 교섭에 대해서는, 조선총독부가 처음부터 여운형 측에 대해서만 교섭을 추진하고 송진우 측과는 만나지조차 않았다는 설과, 송진우와 먼저 만났으나 거절을 당해 여운형 쪽으로 방향을 돌렸다는 주장이 대립하고 있다. 이와 관련하여 한 연구는 조선인 지도자들을 상대로 조선총독부가 벌인 교섭에 대한 설을 종합적으로 검토했다.[21] 그러나 이 연구 결과는 제대로 평가되지 않았다. 최근의 연구들에서는 교섭 내용의 구체적 내용은 밝히지 않은 채, 조선총독부와 송진우의 접촉설은 사실이 아닌 것으로 결론짓고 있다.[22] 조선총독부와 송진우 측의 교섭설은 송진우와 한국민주당 쪽의 '자가 발전'이라는 것이다. 양자의 교섭 사실을 인정하는 경우에도 의미는 제한적으로 평가되었다.[23]

세 사람 가운데 조선총독부와 교섭한 사실을 해방 후 처음으로 대중

---

20 森田芳夫, 《朝鮮終戰の記錄－米ソ兩軍の進駐と日本人の引揚》, 巖南堂書店, 1964, 67쪽.

21 金學俊, 앞의 책, 283～300쪽. 이에 따르면 첫째, 일제는 무조건 항복을 결정한 때부터 그것을 공식 발표하는 시점까지 송진우를 상대로 시국 수습을 위한 행정권의 부분적 이양 문제를 여러 통로를 거쳐 여러 차례 교섭했다. 둘째, 아베 총독이나 엔도 정무총감이 송진우와의 교섭에 스스로 나선 일은 한 차례도 없다. 셋째 송진우는 계속해서 모두 거절했다. 넷째 송진우가 끝내 거절하자 김준연을 끌어들이려 했다고 한다.

22 윤덕영, 〈고하 송진우의 생애와 활동〉, 《한국현대사인물연구》 2, 백산서당, 1999, 140쪽.

23 金仁植, 〈송진우·한국민주당의 '중경임시정부 절대지지론'〉, 《한국근현대사연구》 24, 2003, 130쪽.

앞에서 공식적으로 밝힌 것은 여운형이었다. 그는 8월 16일 서울 휘문중학 운동장에서 해방을 자축하기 위해 모여든 5천여 대중 앞에서 20분 동안 다음과 같이 연설했다.

> 조선 민족 해방의 날은 왔다. 어제 15일 아침 8시 엔도 조선총독부 정무총감의 초청을 받아 "지나간 날 조선, 일본 두 민족이 합한 것이 조선 민중에 합당하였는가 아닌가는 말할 것도 없고 다만 서로 헤어질 오늘을 당하여 마음 좋게 헤어지자. 오해로서 피를 흘린다던지 불상사가 일어나지 않도록 민중을 잘 지도하여 달라"는 요청을 받았다. 나는 이에 대하여 다섯 가지 요구를 제출하였는데 즉석에서 무조건 응락을 하였다.[24]

이 연설은 8월 15일 다음날 해방의 기쁨에 흥분된 수많은 군중 앞에서 공표되었다는 점에서 극적 효과가 더욱 두드러져 여운형이 이끄는 조선건국준비위원회 '권력'의 정당성을 대외적으로 알리는 데 기여했다. 여운형이 정무총감에게 제시한 요구는 ① 전 조선 각지에 구속되어 있는 정치·경세범을 즉시 석방할 것, ② 집단 생활인 만큼 식량이 가장 문제이니 8~10월의 3개월간 식량을 확보하고 이를 넘기도록 할 것, ③ 치안 유지와 건설 사업에서 아무 구속과 간섭을 하지 말 것, ④ 조선 안에서 민족해방의 모든 추진력이 되는 학생 훈련과 청년 조직에 대하여 간섭을 하지 말 것, ⑤ 전 조선 각 사업장에 있는 노동자를 우리들의 건설 사업에 협력시키며 아무 괴로움을 주지 말 것 등이었다.

조선총독부와 송진우의 접촉설이 사실 무근의 '자가 발전'일 뿐이라는 주장의 실마리가 된 것은 송남헌(宋南憲)의 서술이었다. 그는 8·15 직전 단파방송 청취를 통해 일본의 패전을 누구보다도 일찍 알아차렸고 정치적 성향에서 친 여운형계에 속하는 인물이었다. 1946년 이후 미군

---

24 《每日新報》 1945년 8월 17일자.

종로 YMCA에서 건준회의를 주재하고 있는 여운형(1945. 8. 손치웅 소장)

정이 김규식(金奎植)과 여운형을 중심으로 좌우합작을 벌일 때 김규식의 비서로 동분서주했다. 송남헌의 서술을 토대로 8·15 해방 전후의 상황을 정리해 보면 다음과 같다.

1945년 8월 14일 저녁 조선군 참모부의 모씨(某氏)가 여운형을 방문하여 "내일 정오를 기하여 일본 천황의 특별방송이 있을 것이다. 그것은 곧 일본의 무조건 항복을 전하는 것이다"라고 말하고 간 다음, 총독부 정무총감이 사람을 보내 여운형에게 15일 아침 8시에 그의 관저로 내방해 달라고 전했다. 15일 아침 7시 50분경 여운형은 필동에 있는 정무총감 엔도의 관저로 가서 1시간 정도 회담했다. 송남헌의 기술은 대화의 구체적 내용에까지 나아간다.

정무총감은 앞으로 조선은 분단이 되고 미·소 두 군대가 나누어 점령할 것이며 한강이 경계선이 되어 서울은 소련군의 점령 지역이 될 것이라고 말했다. 여운형을 만난 자리에서 정무총감 엔도는 비장한 어조로 "일본은 패배했소. 금일 중 이것이 공식으로 발표될 것이오. 그대는 치안을 맡아주시오. 이제부터 우리의 생명은 그대에게 달렸소"라고 말하였다. 여운형은 다섯 가지 조건을 내세웠다. 송남헌은 여기까지 쓰고 나서 여운형이 언급한 5개 항의 요구 조건을 기술했다.[25] 그는 조선총독부 측의 송진우 쪽에 대한 접촉설에 관해 언급하면서, 전후 일본에서 행한 조선총독부 정무총감 엔도의 신문 인터뷰를 인용해 일축하고 여운형이 조선총독부의 교섭을 받기 전에 송진우 쪽에 협력을 요청한 사실만을 짤막하게 언급했다.[26]

그는 또 이러한 인식의 연장선에서 조선총독부와 송진우 쪽의 접촉설에 대해 다음과 같이 증언한 바 있다. 이 '추측'에 의한 증언이 조선총독부 측이 송진우 쪽과 접촉한 적이 없다는 '사실무근설'이 반복되게 만들었다.

> (나는) 고하를 비롯한 누구에게서도 그가 엔도로부터 교섭을 받았다는 신빙성 있는 얘기를 듣지 못했다. 다만 45년 6월쯤 엔도가 지금의 충무로에 있던 일본 요정으로 고하를 초청, 당시 일본의 전시 어용단체인 국민총력연맹에 협력해 줄 것을 요청했으나, 고하는 이를 거절한 바 있는데 해방 후 그것을 착각한 김준연 씨가 '치안 협력 운운'을 퍼뜨린 것 같다.[27]

---

25 宋南憲, 《解放三年史》 I, 까치, 1985(초판은 1975년), 6~7쪽.

26 宋南憲, 위의 책, 7~10쪽.

27 우사연구회 엮음·심지연 지음, 《송남헌회고록—김규식과 함께 한 길》, 한울, 2000쪽.

여기서 송남헌이 '착각' 또는 사실의 왜곡으로 간주해 간단하게 처리한 김준연(金俊淵)의 주장을 살펴볼 필요가 있다. 김준연은 1945년 12월 초 민족주의 우익의 '국민대회준비회'가 출범한 배경을 설명하면서 조선총독부와 송진우 측 교섭에 대한 내용을 소개했다.

조선총독부는 1945년 8월 10일 일본인 거류지가 있는 진고개 모처에서, 경무국 보안과장을 중심으로 조선군 두 참모와 하라다(原田) 경무국 사무관 등의 입회 아래 송진우를 만나 행정위원회의 조직을 위탁했다. 송진우가 이를 거절하자 조선총독부는 계속해서 교섭을 요구해 와 이튿날인 11일과 12일에도 똑같은 교섭이 있었고 13일에는 이쿠다(生田) 경기도 지사와 오카(岡) 경찰부장이 만나서 교섭했으나 역시 거절했으며, 14일에는 자신도 이쿠다 지사와 오카 경찰부장을 만났으나 역시 거절했다는 것이다. 김준연(金俊淵)은 "그러는 동안에 여운형 씨에게도 교섭이 있었던 모양"[28]이라고 덧붙였다. '선(先) 고하 후(後) 몽양설', 곧 송진우에게 거절을 당한 조선총독부가 여운형에게 요청하여 승낙을 받았다는 주장이다.

김준연의 주장은 해방된 지 1년 뒤에 발표한 글에서도 반복되지만 내용은 훨씬 구체적이다. 다시 김준연의 주장을 옮겨보면 다음과 같다.

8월 6일 히로시마에 원자폭탄이 떨어지고 9일 소련은 일본에 대해 선전포고를 하고 전투를 시작했으나 일본은 이에 대응하지 못하고 회의만 거듭했다. 마침내 본국 정부와 연락하여 정세를 파악한 조선총독부 당국이 송진우에게 '시국 담당'을 요청하게 되었다고 하면서 "총독부 보안과장 아소자키(磯崎)와 차석 사무관 하라다(原田), 조선군 참모 가미자키(神崎) 외 또 한 참모와 박모(朴某)와 송진우 등 5인이 본정 모 일인의 사택에서 회합"하였다는 것이다. 그 자리에서 일본이 항복한다는 말까지는 하지 못했고 형세가 급박 중대하다는 것을 말하고, 행정위원회

---

28 金俊淵, 〈國民大會의 발단〉, 《동아일보》 1945년 12월 2일자.

같은 것을 조직하라고 권하면서 독립 준비까지 해도 좋다고 말했다는 것이다. 그러나 송진우는 응하지 않고 '양취(佯醉)'한 채 "일본의 필승을 말하고" 자리를 피해버렸다고 한다.

8월 13일 아침 경찰부장은 송진우에게 조선총독부가 가진 권력의 4분의 3을 밀어줄 것이니 맡아달라고 했다는 것이다. 신문, 라디오, 교통기관, 헌병, 경찰, 검사국 등을 구체적으로 거론하면서, "일본인의 거류를 인정할 것과 사유재산을 보호"하도록 요구했다고 한다. 송진우가 이를 승낙하면 정무총감에게 함께 가서 결정을 짓는다는 것이었다.[29]

김준연의 주장은 여운형 측이 송진우 측에 합작을 제안한 내용으로 이어진다. 8월 15일 아침 그는 여운형이 그날 오전 7시 반에 정무총감을 만나러 갔다는 얘기를 들었다. 이때 김준연은 정백에게서 송진우와 여운형의 제휴를 알선해 달라는 부탁을 받았다. 두 사람이 손을 잡으면 국내에서는 대항할 만한 세력이 없을 것이니 그러한 뜻을 송진우와 김성수(金性洙)에게 전해달라는 것이 정백의 당부였는데, 이것은 여운형의 의중이기도 했다. 그러나 김성수는 연천으로 떠나고 없어 전하지 못했고, 14일 밤 송진우에게 정백이 당부한 여운형의 의중을 전했지만 거절하고 응하지 않았다는 것이다.[30] 조선총독부로부터 네 차례나 교섭을 받고 거절했는데 지금에 와서 입장을 바꿀 수 없고 "일본 정권이 완전 붕괴되기 전에 그의 치하에서 준비되는 정권은 폐탕 정권의 위험이 있으므로, 임시정부가 오기를 기다리겠다"[31]는 것이 거절의 이유였다.

8·15 직후 송진우의 집을 찾았던 이인(李仁)은 "서울 집에 이르니 벌

29 金俊淵, 〈政界回顧 一年－解放과 政治運動의 出發〉, 《동아일보》 1946년 8월 15일자.

30 金俊淵, 〈政界回顧一年－解放과 政治運動의 出發〉; 金俊淵, 《獨立路線》, 18～21쪽.

31 鄭栢, 〈八月十五日 朝鮮共産黨 組織經過報告書〉(1945.11.7), 《朝鮮共産黨文件資料集》(1945～46), 한림대 아시아문화연구소, 1993, 7쪽. 정백은 일제 말기 조선건국동맹에 참여하고 8·15 후에는 조선건국준비위원회 창립에 앞장선 여운형의 직계였다. 김준연과는 1920년대 서울청년회와 제3차 조선공산당('ML당')의 구성원이자 동지였다.

써 여러 동지들이 다녀갔다고 한다. 나는 신발 벗을 사이도 없이 동아일보로 갔다. 듣자니 정부 조직을 한다고 총독부에 모두 모였을 것이라고 한다. 나는 그리 쉽사리 될 일이 아니라고 생각하면서 원서동 고하(송진우) 댁으로 갔다. 고하 댁에는 이미 백관수, 김준연, 김병로, 정인보(鄭寅普) 등 여러 동지가 모였는데, 고하는 지난 8월 11일 경기도 지사 이쿠다 세이자부로(生田淸三郞)를 만난 일을 설명하고 있었다"고 하여 김준연과 동일한 내용을 증언하고 있다.[32]

그러나 그동안 침묵을 지키고 있던 교섭의 한 당사자인 조선총독부 정무총감의 인터뷰 내용이 알려지면서 '선 고하 후 몽양'의 주장은 큰 타격을 입게 된다. 8·15 직전까지 조선총독부 정무총감으로 재직했던 엔도는 1910년 일제가 한국을 강점할 때 대학을 막 졸업한 24세의 나이로 한국에 건너와, 33세가 되던 1919년 3·1 운동이 발생할 때까지 조선총독부의 비서관·참사관 등으로 근무했다. 일본으로 돌아가 아베 내각의 서기관장을 끝으로 관직에서 물러나 《동경신문(東京新聞)》 사장으로 있다가, 1944년 8월 아베 총독의 정무총감으로 다시 조선에 돌아와 종전 때까지 근무했다. 엔도는 1957년 8월 일본에서 한 신문가 가진 인터뷰에서 조선인 지도자들과 벌인 교섭 상황에 대해 다음과 같이 회고했다.

> 1945년 8월 15일 정오에 일본 패전의 소식을 알리는 천황 폐하의 옥음(玉音) 방송이 있었으나 7월 26일에 〈포츠담 선언〉이 있었고 8월 6일의 히로시마 원폭 투하, 8월 9일의 나가사키 원폭 투하, 같은 날 소련이 참전함과 동시에 만주를 비롯하여 북선(北鮮)의 각지로 노도처럼 밀려들고 있었기 때문에 조선총독부 관계자도 패전을 어쩔 수 없는 일로 여기고 대책에 부심했다.
>
> 내가 생각한 것은 일본의 항복과 동시에 일시적이라 하더라도 조선에

32 李仁, 《半世紀의 證言》, 명지대학교출판부, 1974, 144~145쪽. 이에 대해서는 정인보도 송진우의 비문에서 동일한 내용을 적고 있다(鄭寅普, 〈古下先生 宋君之碑〉, 1946. 10).

國際タイムス

政権授受の実相を語る

無政府状態を憂慮

解放当時、朝鮮総督府政務総監として、日本降伏後の治安維持の責任委任を呂運亨氏と交渉した遠藤柳作氏の談話掲載記事(1957年8月16日付「国際タイムス」紙)

「国際タイムス」紙一 政権授受の実相を語る

《국제타임즈》에 게재된 아베 전 조선 총독의 회고 (1957. 8. 16)

무정부 상태가 계속될 것을 염려하여 민중의 안녕질서를 어떻게 지킬 것인가 하는 것이 제1의 목표였다. 나는 1919년 3월 1일의 독립만세 운동의 상황과 조선 민중의 마음속에 숨겨져 있는 독립의 열망을 알고 있었기 때문에, 만일 해방되는 기쁨에 따라붙는 흥분에 사로잡혀 무질서한 폭동 등이 일어날 우려가 다분히 있을 것으로 예측돼, 날짜는 딱히 기억하지 못하나 경무국장을 중심으로 최고재판소의 검사장, 헌병대장 등 치안 관계자의 회의를 소집하여 그 대책을 토의했다.

그 자리에서 당시 조선 민중 사이에 명망이 높고 과거의 독립운동의 경력으로 보아서도, 그리고 나와의 깊은 우정의 관계도 있고 또한 내가 평소 그분의 민족운동에 대하여 이해와 존경의 생각을 지니고 있었던 여운형 씨에게 치안 문제를 위촉하기로 했다. 그리하여 8월 15일에 여씨를 총독부로 초청하여 정치범을 석방함과 함께 치안 문제에 대하여 책임을 져줄 것을 요청했다. 여씨는 이를 승낙하여 건국준비위원회를 결성하고 치안대를 조직하기도 했던 것 같으나, 당시의 흥분 상태로 보아 어쩔 도리가 없었는지

> 모르겠으나 결국 치안은 실패로 끝나고 말았다. 이를 가지고 내가 여씨에게 정권을 위양했다고 전해지고 있는 모양이나 정권의 위양은 본국의 훈령이 없으면 할 수가 없는 노릇이다.
>
> 또한 한국에서는 내가 처음 송진우 씨와 이 문제를 상의했으나 송씨가 거부했기 때문에 여씨를 선택했다고 전해지고 있는 듯하나 그것은 잘못이며 내가 송씨 및 안재홍, 장덕수 씨와 만난 것은 종전 전 총력연맹에 협력해 줄 것을 요청하기 위함이었는데, 이분들은 결연하게 거부해 왔기 때문에 나도 이분들의 신념을 이해하고 두 번 다시 권하지 않았다. 따라서 종전 후 송씨와 안씨에 교섭한 일은 없다.[33]

이처럼 정치적 이해의 양 당사자 사이의 공방은 교섭 또는 접촉의 한 당사자인 전 조선총독부 정무총감의 인터뷰로 마침표를 찍은 듯 했다. 그러나 치안 대책을 여운형에게만 부탁했을 뿐 이와 관련하여 송진우 등과 만난 사실이 없다고 해도 여기에는 맹점이 있다. 그것은 8월 15일 여운형과의 회담에 이르는 과정이 고스란히 빠져 있기 때문이다.

2) 민족주의 우파의 선택

발표 시점으로 볼 때 김준연의 글이 미군정의 후원 아래 김규식과 더불어 좌우합작운동을 전개하던 여운형에게 타격을 주기 위해 다분히 정치적 의도를 가지고 쓴 것이고,[34] 송진우가 정치적 암살의 희생양이 된 뒤 흐트러진 한국민주당의 전열을 다잡기 위해 쓰여진 것임을 감안해도 그의 주장은 주목할 필요가 있다.

---

33 《國際タイムス》 1957년 8월 16일자(제84호).

34 陳德奎, 〈한국 현대정치사를 어떻게 이해할 것인가〉 2, 《언론과 비평》 1-3, 1989. 8., 163쪽; 윤덕영, 〈고하 송진우의 생애와 활동〉, 《한국현대사인물연구》 2, 백산서당, 1999, 140쪽.

김준연은 첫째 8월 11일 회합의 참석자가 5명이었다고 하면서 조선인으로 '박모'가 있었다고 주장하고 있다. 둘째로 조선총독부 측에서 송진우에게 제시한 치안 대책 위임의 내용을 구체적으로 적시하고 있다. '행정위원회'를 구성, 신문·라디오·교통기관·헌병·경찰·검사국 등을 관장하라고 했다는 것이다. 조선총독부의 실무 당국자라고 할 만한 이들과 가진 회합에서 송진우가 승낙하면 정무총감과의 면담이 기다리고 있었다는 것이다. 술에 취한 척 전쟁에서 일본의 필승을 말했다는 송진우의 반응도 음미할 만한 내용이다.

최하영의 회고는 이 주장의 사실 여부를 판단하는 데에도 중요한 점을 시사한다. 1945년 8월 11일 오전에 정무총감을 만난 뒤 최하영은 경무국장의 요청을 받고 경무국 소속의 과장들과 함께 그를 만났다. 경무국장은 정무총감에게 지시를 받았다면서 최하영에게 "통치권을 조선인에게 어느 정도 이양한다면 누구에게 이양하는 게 좋겠느냐? 최 과장이 그 중간 역할을 해주었으면 좋겠다"고 말했다고 한다. 최하영은 중간 역할을 할 사람으로 박석윤을 추천했다. 그날 오전 정무총감은 최하영에게 8월 10일부터 조선의 민족 지도자 세 사람을 만나 치안 대책에 대한 조언을 구했는데, "최후까지 초토 전술을 해서라도 일본인과 생사를 같이 하겠다"는 말만 되풀이했다면서 실망감을 감추지 않았다고도 했다.[35]

이로 미루어 보면 김준연이 8월 11일 회합의 참석자로 언급한 조선인 박모는 박석윤일 것이다. 박석윤은 1928년 2월 김준연이 제3차 조선공산당(ML당) 사건으로 일경에 체포되어 서대문 형무소에 복역 중일 때 전향을 권하는 조선총독부 경무국장의 소개장을 가지고 김준연을 면회한 적도 있었다. 그는 김준연의 동경제국대학 후배로 개인적으로 허물없는 사이였다.[36] 또한 송진우가 '양취'한 채 "일본의 필승을 말하고" 자

35 崔夏永, 앞의 글, 128쪽. 최하영은 박석윤이 여운형을 설득하여 조선건국준비위원회가 조선의 치안권을 넘겨받도록 했다고 덧붙였다.

36 李敬南, 〈독불장군 金俊淵의 정치曲藝〉, 《政經文化》 1984년 9월호, 102쪽.

리를 피했다는 것으로 보아 정무총감이 최하영에게 말한 조선인 지도자 가운데 한 사람은 송진우였음이 틀림없다.

김준연은 송진우가 조선총독부의 요청을 거절한 이유에 대해서도 자세하게 언급했다. 그는 송진우가 중일전쟁이 일어나고 미일전쟁이 계속해서 일어나 일본이 전승가도를 달리고 있는 동안에도 일본은 반드시 패망한다는 신념을 굳게 가지고 있었다고 했다. 그러면서 그는 송진우에게서 '수백 번'은 들었다는 말을 적고 있다.

> 일본이 망하기는 꼭 망한다. 그런데 그들이 형세가 궁하게 되면 우리 조선 사람에게 자치를 준다고 할 것이고 형세가 아주 궁하게 되어서 진퇴유곡의 경우에 이르게 되면 그들은 조선 사람에게 독립을 허여한다고 할 것이다. 우리가 자치를 준다고 할 때에 나서지 아니할 것은 물론이려니와 독립을 준다고 하는 때에는 결코 나서서는 안 된다. 그때가 우리에게 위험할 때다. 망해가는 놈의 손에서 정권을 받아서 무슨 소용이 있겠느냐. 불란서의 페탕 정권을 보라. 중국의 왕조명 정권을 보라. 또 비율빈의 라우렐 정권을 보라. 그들이 필경 허수아비 정권밖에 되지 못할 것이고 민족 반역자의 이름을 듣게 된다.[37]

송진우는 제국주의 세력의 꼭두각시 정권들의 사례를 들어 조선총독부의 요청을 거절했다는 것이다. 왕쩌우밍(汪兆銘, 1885~1944)은 국민당 정부의 행정원장으로 있다가 중일전쟁 중에 반공과 대일화평을 꾀하여 1940년 남경에 신국민정부를 수립하고 주석으로 취임했으나 신국민정부는 일제의 괴뢰 정부로 간주되었다. 페탕(Petain, H. P., 1856~1951)은 제1차 세계대전 때 독일과의 베르덩 전투에서 무공을 세워 국민적 영웅으로 존경받고 입각도 했으나, 제2차 세계대전 때 프랑스를 점령한 나치

37 金俊淵, 〈政界回顧一年－解放과 政治運動의 出發〉.

에 협력하여 비시에서 괴뢰정부를 세워 국가 주석이 되었다. 종전과 함께 체포되어 종신형을 선고받고 사망했다. 라우렐(Laurel, J. P., 1891~1959)은 상원의원과 대법관을 지내고 일제의 필리핀 점령 기간인 1943년부터 1945년까지 일제가 세운 괴뢰 정부에서 대통령으로 일했다. 이 때문에 전후 전범으로 기소되었다가 석방되었다.[38]

송진우가 행정권의 일부든 전부든 그것을 받으면 일제의 협력자가 되고 괴뢰가 되며 민족의 지탄을 받는 만큼 그 길을 피해야 한다고 생각한 것은 당연한 일이었다. 더욱이 그는 1920년대 이래 자치운동에 관여하는 등 합법운동으로 일관했고[39] 중일전쟁 뒤에는 반일에 소극적이었기 때문에 구설수에 오르지 않기 위해서라도 해방 정국에서 처신이 신중할 수밖에 없었다. 그럼에도 송진우가 거절의 명분으로 예를 든 세 인물이 모두 그와 같은 시기를 살고 있던 사람들이라는 점은 주목할 필요가 있다. 이것은 그가 일제 말기에 동아일보 강제 폐간으로 사장직에서 물러나 모든 정보에 차단되어 있었음에도 얼마나 세계 정세에 폭넓은 식견을 가지고 있었는지를 보여준다. 그는 동아일보 동료들과 재직 시절에 알게 된 지인들을 통해 적지 않은 정보를 듣고 있었다.[40]

단파방송에서 청취한 정보를 전해준 것도 하나의 예였다. 동아일보 정치부 기자 출신인 홍익범(洪翼範)은 1942년 하반기 이래 성기석(成基錫)과 송남헌 등에게서 들은, 일본에 선전을 포고한 중경 임시정부의 존

---

38 金學俊, 앞의 책, 291~292쪽.

39 金炅宅, 〈1910·20年代 東亞日報主導層의 政治經濟思想 硏究〉, 연세대 대학원 사학과 박사학위논문, 1999 참조.

40 예컨대 독일 패전을 전후한 시기에 일본 외무성 사무관으로 있던 장철수(張徹壽)는 송진우를 방문, 제2차 세계대전 중 미국이 소련과 공동전선을 펴기 위해 루즈벨트 미국 대통령의 특사로 소련을 방문한 '웰키'의 소련 실태 조사보고서라고 할 《하나의 세계(*One World*)》를 증정하면서, 송진우에게 세계 정세와 전쟁의 전망, 그리고 카이로 선언, 얄타 협정, 대서양 헌장 등 구미 각국의 동향을 자세히 전했다(古下先生傳記編纂委員會 編, 《古下宋鎭禹先生傳》, 東亞日報社, 1965, 291~292쪽).

재와 이승만의 미주 지역 활약상 등 단파방송의 정보를 송진우와 김병로(金炳魯), 이인 등에게 제공했다. 홍익범은 일경에 체포된 뒤 혹독한 고문에도 자신이 단파방송 정보를 전파한 인사들의 이름을 끝내 자백하지 않음으로써 송진우와 김병로, 이인은 무사할 수 있었다.[41]

'일제 필망론'도 이러한 정보들에 근거한 판단의 결과였다. 송진우가 1940년 8월 10일 동아일보가 폐간된 뒤 공식적인 활동을 중단한 것은 사실이지만 일제가 패망할 것이라는 판단이 섰을 때 수수방관하지는 않았다. 1943년경 그는 전국 각지를 돌면서 곳곳에 흩어져 있는 동아일보 관계자와 지방 유지들을 만났다. 이 전국 순회에서 그는 구 동아일보 관계자들의 내부 결속을 다지고 태평양전쟁과 일본의 패전을 전망했던 것으로 알려져 있다.[42] 1944년 겨울 송진우는 자신을 찾아온 임병철(林炳哲)에게 확신에 찬 어조로 "이제 독립은 몇 달 안 남았다"[43]고 말했다고 한다.

여운형이 주도한 조선건국동맹의 사례와 견주어 종전 후를 대비한 구체적인 활동을 하지 않았다고 해서, 송진우가 '대책이 무책'이라는 핑계로 침묵만을 지켰다고 보는 것은 섣부른 판단이 아닐 수 없다. 당시 국내에 동아일보만큼 전국적인 연락망을 가진 조직은 없었다.[44] 송진우는

41 成基錫, 〈나의 抗日運動 京城放送局短波事件〉, 《短波放送海外連絡運動擧證資料》(1941~1943)(國家報勳處 所藏), 페이지 없음. 홍익범은 1943년 11월 18일 경성지법에서 개정된 결심공판에서 육·해군 형법 위반으로 징역 2년을 언도받고 복역하다 고문으로 사망했다(홍익범, 〈身分帳指紋原紙〉, 國家報勳處 所藏資料).

42 윤덕영, 앞의 글, 138~139쪽.

43 林炳哲, 〈人物素描: 宋鎭禹〉, 《新天地》 1946년 2월호, 29쪽. 임병철은 1940년 8월 10일 동아일보 강제 폐간 당시 사회부장이었다(《東亞日報社史》 卷1, 東亞日報社, 1975, 390쪽).

44 1940년 8월 10일 강제 폐간 당시 동아일보는 본사 사원만 215명, 국외(만주, 중국 본토, 일본)와 도(道) 미상의 지국을 제외한 전국 지국이 경기도 42, 충청북도 16, 충청남도 27, 전라북도 20, 전라남도 27, 경상북도 26, 경상남도 34, 황해도 26, 평안남도 22, 평안북도 35, 강원도 32, 함경남도 28, 함경북도 19개 등 총 354개 소에 이르렀다(《東亞日報社

동아일보 폐간 직후 구성된 청산위원회를 중심으로 1942년 11월 부동산(사옥)의 임대차 및 이에 관련되는 부대 사업을 위해 발족된 동본사(東本社) 사장으로 취임해 동아일보 조직의 명맥을 유지했다.[45]

그러나 조선총독부가 송진우 측과 교섭했다는 사실을 분명하게 입증하려면 교섭 경위에 대한 사실 규명이 선행되어야 한다. 이를 위해 여기서는 설의식(薛義植)의 글을 소개하려고 한다. 그는 1920년대 물산장려운동이 벌어질 당시 민족주의 좌파의 입장에서 토산장려를 주창했던 설태희(薛泰熙)의 아들로서,[46] 1936년 베를린 올림픽 때 '일장기 말소 사건'으로 물러날 때까지 동아일보 기자를 지낸 송진우의 측근이다. 해방 후 정계에 투신한 송진우를 대신하여 동아일보 재건에 앞장서 〈동아일보 중간사〉와 〈국민대회준비회 선언〉 등을 기초한 문장가이기도 한 그는, 조선총독부의 송진우 교섭 경위를 해명하는 내용의 주목할 만한 기록을 남겼다.[47] 그러나 어찌된 일인지 이 글은 묻힌 채 거의 사료로 활용되지 않았다.

그는 조선총독부의 송진우 교섭과 관련하여 잘못 알려졌다는 내용을 제시했다. 첫째로 8월 13일 이전에 여운형은 총독부로부터 일본이 항복했다는 정보를 들었고, 아울러 수습책에 대한 전권을 받았으나 송진우는 그때까지 모르고 있었으며, 둘째는 이미 수습의 주도권을 여운형이

史》 卷1, 東亞日報社, 1975, 390, 434~452쪽).

45 《東亞日報社史》 卷1, 393~394쪽. 1943년 조선총독부 정무총감 엔도에게서 일본 귀족원의 칙선의원 위촉을 받았던 김성수가 "나는 지금까지 민족주의자로서 살아왔다. 지금 와서 그런 일을 받아들이고 싶지 않다"고 하면서 이를 거절하여 '민족주의자'로 남게 된 것도 동아일보라는 조직과 그 토대를 보지 않고는 선불리 재단할 수 없다(〈未公開資料 朝鮮總督府關係者 錄音記錄(1): 阿部總督時代の概觀－遠藤柳作政務摠監に聞く〉(十五年戰爭下の朝鮮統治), 《東洋文化硏究》 第2号, 學習院大學東洋文化硏究所, 2000. 3., 197쪽).

46 尹海東, 〈日帝下 物産奬勵運動의 背景과 그 理念〉, 《韓國史論》 27, 서울대 국사학과, 1992 참조.

47 薛義植, 《解放以後》, 東亞日報社, 1947.

차지했을 뿐만 아니라 그에게서 합작 교섭을 받게 된 상황이 불쾌하여 불필요한 자존심을 내세워 공연히 버티고 있었던 것이고, 셋째로는 만일 여운형을 중심으로 삼아 송진우가 협력했으면 이같이 대립과 파쟁이 격심하지 않았을 것이며 질서도 유지되었을 것이라는 점이다. 설의식은 '잘못' 전달된 사실을 바로잡고 다음의 내용을 입증하는 것이 글을 쓰는 목적이라고 했다.

> 첫째, 일본이 항복한다는 사실을 고하 선생이 알게 된 것은 11일 오전 7시경이다. 그저 막연한 항복담이 아니라 구체적 조항이었다.
>
> 둘째, 엔도의 뜻으로 송 선생과 제1착으로 회담한 사람은 이쿠다(生田) 경기도 지사였다. 바로 11일 오전 11시경이었다. 여씨와의 시간적 선후관계는 모르나 송 선생은 독자적으로 교섭을 받았다.
>
> 셋째, 송 선생의 신념과 심경과 당시의 정황 판단〔설혹 오단(誤斷)이 있었다 하더라도〕으로는 일본 주권이 그대로 있는 그때에 있어서 '건준' 같은 그 같은 출발은 절대로 할 수 없었던 것이다. 그러므로 여씨의 교섭 여부는 고사하고 여씨의 존재 여부도 전연 문제가 아니었다.[48]

설의식의 기록을 쫓아 조선총독부의 송진우 교섭 전말을 재구성해 보면 다음과 같다. 태평양전쟁이 한창이던 1944년 늦은 가을에 그는 단파장치의 라디오를 입수했다. 이 라디오로 미주 방송과 중국, 모스크바 방송(일본어 방송)도 들을 수 있었다.

1945년 8월 6일 신문에서 히로시마에 전에 없는 과학병기를 사용한 참혹한 폭격이 있었다고 보도했다.[49] 사흘 뒤에는 북만 국경에 대기하고 있던 소련군이 진격을 시작했다. 10일 이른 아침에 예전부터 친분 있던

48 薛義植, 〈八·一五直前直後(解放揷話)〉, 《解放以後》, 3쪽.

49 《每日新報》 1945년 8월 6일자.

일본인 신문기자를 만났는데 그는, "불일내로 대량의 예비 검속이 시작될 터이니 그대로 주의하라"고 일러주었다고 한다.

설의식이 머무르던 곳은 폐간 당시 동아일보의 상무(발행인·편집인 겸)였고 폐간 이후 이 신문의 자산 관리를 위해 발족한 동본사의 취체역을 지낸 임정엽(林正燁)의[50] 집이었다. 동본사의 사장은 송진우였다. 설의식은 밤 10시부터 이불속에서 라디오를 틀었다. 그 순간의 충격과 감격은 실로 형용할 수가 없었다. '일본의 항복 신청'과 그에 대한 연합국 측의 구체적 대답이 명쾌한 일본말로 방송되었다. 미 국무성의 정식 발표였다.

단파방송을 듣고 알게 된 전황은 이러했다. 8월 8일 히로시마에 원자폭탄이 떨어졌다. 전에 없던 사태에 직면한 일본 정부는 '비인도적'이라는 비난 성명으로 세계 여론에 호소하는 동시에, 실제로는 이미 7일에 어전회의를 열고 항복을 결정하는 한편, 일본과는 불가침 조약의 체결로 우호중립국으로 되어 있는 소련에 대해 휴전 조정을 요청했다. 그것이 8월 8일이었다. 그러나 일본의 최후 애원을 받은 소련은 8월 9일에 만주와 조선으로 진격했다.

설의식은 8월 11일 오전 6시, 김성수와 송진우 두 사람에게 먼저 이 소식을 알리고자 했다. 일본 기자의 전언도 있었던데다 두 집 부근에는 사복 경찰의 감시가 있는 듯 여겨졌다. 그래서 단파방송으로 청취한 일본 항복에 관한 내용 전부를 얇은 종이에 깨알같이 써서, 콩알〔大豆〕만큼 만든 뒤에 송삼(松蔘)을 따고 그 속에 넣었다. 이 송삼 한 개와 금삼(錦蔘) 4, 5개를 합쳐 1봉을 만들고 나서 송진우의 집으로 전화를 걸어 좋은 약을 구해놓았으니 급히 사람을 보내달라는 '위장 전화'를 걸었다.[51]

---

50 《東亞日報社史》 卷1, 390, 394쪽.

51 송진우가 전화를 받자마자 설의식은 "병환이 어떠하십니까? 출입 못 하시겠지요? 절대 안정을 하셔야 한답니다. 면회 같은 것도 일절로 피하십시오. 좋은 방문(方文)을 얻었는

김준연의 회고에서 본대로 13일에 이르러서도 분명한 말을 주고받지 못한 회합이었다. 11일에 이미 구체적 조항을 알면서도 그 자리에서(13일 회합) '일본의 필승'을 말했다는 송진우의 흐지부지한 태도가 이미 그의 심경과 아울러 당시의 정황을 입증하는 것이라 하겠다. 설의식은 송진우와의 전화도 그만둔 채 '일본 천황 자신의 발표(연합국 제시 조건)'를 기다리기로 하였다. 만일의 사태를 염려하여 단파방송 청취도 중지했다. 방송은 들으나마나였고 천황의 발표만이 유일의 '궁금'이었다.

8월 14일 오전 6시 반경, 10일 새벽에 만났던 일본인 신문기자가 갑자기 설의식을 찾아왔다. 기자는 집에 들어서자마자 악수를 청하고 눈물을 흘리면서 "일본은 항복하기로 작정했다. 내일 중대 방송한다는 것이 그것이다. 폐하 자신이 라디오를 통해서 선포한다"고 말했다.[52] 그가 설의식에게 전했다는 내용은 다음과 같다.

> (가) 명 15일 정오에 폐하가 친히 항복을 선언한다. 총독부에서는 두 민족 간에 불상사가 생길까 염려한다. (나) 연합군이 상륙하기 전에 조선인 자치기관의 확립이 절대로 필요하다. 해외 세력이 얽히게 되면 곤란한 혼란이 생기기 쉽다. (다) 앞으로 조선 정부는 인종적 대국적 견지에서 일본과 친근한 국교를 맺어야 할 것이다. 공존공영을 위하야 충심으로 희망한다. (라) 일본인 사유재산은 보장되어야 할 것이며 거류민 제도를 만들어

데 인삼이 들기에 삼까지 보내겠습니다. 금삼보다 송삼을 먼저 쓰십시오. 달리 부탁할 말도 있으니 누구든지 댁에 있는 어른을 곧 보내십시오"하고 전화를 끊었다고 한다(薛義植, 앞의 책, 8~9쪽).

52 일본 신문기자는 이즈인 가네오이다. 그는 설의식이 종로 화동(花洞) 시대의 《동아일보》 일선 기자로 있을 때, 《경성일보》 기자로 같이 활동했던 옛 친구였다. 그 후 《오오사카 아사히 신문(大阪朝日新聞)》 경성 지국에 근무하다가 오오사카 지사로, 다시 《도쿄 아사히 신문(東京朝日新聞)》으로, 그리고 이 신문의 요코하마 지국장을 거쳐서 '경성 지국장'으로 취임했다. 그는 신문기자로 일관한 사람이다. 그리고 조선에서 장성했던 만큼 조선 사정에 매우 밝았다. 따라서 조선의 여러 인물에 대한 지식을 상당히 가졌다. 그래서 그는 그 당시 총감 엔도의 사설 비서 격으로 있었다.

> 서 어느 정도로 일본인의 거주를 용인하기를 희망한다. (마) 여씨는 출마하기로 되었다. 안씨(안재홍)도 나설 것이다. 송씨는 불응한다. 그대들이 역설하기를 바란다. (바) 연합군이 곧 입경하면 고관들의 가택 수사가 제일착으로 실시될 듯하다.[53]

이즈인 가네오(伊集院兼雄)의 전언은 정무총감 엔도의 심중 표현으로 이해되었다.[54] 그가 돌아간 뒤 설의식은 다시 송진우에게 전화를 걸었으나 대답은 여전히 "자중하자"는 말뿐이었다. 8월 14일 그는 다니던 직장에 정식으로 사의를 표하고 15일 정오를 기다렸다. 8월 15일 일본 천황의 무조건 항복 방송을 들은 뒤 설의식은 그날 오후에 비로소 자유민의 기분으로 외출할 수 있었다. 가장 먼저 달려간 곳이 바로 원동의 송진우 집이었고 거기서 그는 그동안 만나지 못했던 여러 선배와 지우들을 만날 수 있었다.[55]

이상으로 조선총독부와 송진우 쪽의 교섭설을 둘러싼 논란은 해명이 되었을 것으로 생각한다. 미군정 당국이 파악한 정보도 이와 거의 일치하고 있다.[56]

---

53 薛義植, 〈八·一五直前直後〉(解放揷話), 11~12쪽.

54 이런 인식에서 설의식은 8월 15일에 발족한 조선건국준비위원회의 성격이나 방향도 정무총감 엔도의 의도와 희망의 편린이 내포된 것이라고 단정했다. 일본 천황의 방송에 뒤를 이은 건준의 출범 성명을 듣고 그는 다음과 같이 통렬하게 비판했다. "3·1 운동의 구현인 임시정부의 존재는 말할 것도 없고, 해외에 있는 모든 독립운동단체와 망명 지사 선배들의 활동과 공적에는 일언반구도 언급치 않았다. 해외는 완전히 무시하고 들었던 것이다. 실로 대담하고도 무모한 성명이었다. 대의와 실정에 어그러지는 구상으로 만들어진 성명이었다. 과대망상증에 걸린 생각이 아니고는 그 역사적인 그 글(文)을 그같이는 짓지 않았을 것이다. 과거는 勿追라, 更論할 필요도 없는 일종의 삽화거니와 사태가 이러하였던 까닭에 주류의 합세가 불가능하였고, 따라서 불순한 건준은 정상적으로 진전될 도리가 없었던 것이다"(薛義植, 위의 글, 12~13쪽).

55 薛義植, 위의 글, 13쪽.

56 U.S. Department of State, *Foreign Relation of the United States: Diplomatic Papers,* Washington, D.C., U.S. Government Printing Office(FRUS), 1945, vol.6, pp. 1063~1065.

4. 국민대회준비회와 중경 임시정부

1) 국민대회준비회의 노선

조선총독부의 집요한 요구를 거절한 송진우 측의 선택은 무엇이었을까. 여기서는 송진우 본인이 직접 밝힌 내용을 보기로 한다. 그는 1945년 12월 21일 밤 경성방송국(JODK) 방송 연설에서 한국민주당의 수석총무로서 당의 출범 배경을 설명하는 가운데 다음과 같이 말했다.

> 8월 15일에 일본이 세계의 자유민에게 항복한다는 소식을 전하자 조선 내에는 일대 충동을 일으켰습니다. 그것은 해방과 자유의 열광적 환희였습니다. 그때에 우리는 미구(未久)에 연합군이 진주하야 일본군의 무장을 해제하는 동시에 그 뒤를 이어 들어오는 우리 임시정부에서 행정권을 비롯하야 국방 외교의 대권(大權)을 인계하리라고 생각하였던 것입니다. 그것은 연합 우방이 '카이로 선언'에서 우리나라의 자주독립을 약속하였고 또한 우리 임시정부는 1919년 전 민족의 총의적 결정체인 이상 이것이 오직 하나인 우리나라의 정치력의 근원으로 알아왔기 때문에 당연한 순서라고 생각하였습니다. 그러나 당시의 사태는 낙관을 불허한 바 있었으니 연합국의 전면적 진주가 지연되었고 이 간격은 반드시 우리 민족의 자유와 질서를 위하야 충실히 이용되었다고만 볼 수 없습니다. 다시 말하면 일부의 행동은 명랑할 민족적 거취를 혼돈케 하였고 귀일(歸一)할 민족적 사상을 방해하였습니다. 이에 우리는 패잔 일본 제국주의의 원호 하에서 발생된 일체 정권을 단호히 부인하고 우방 연합군의 진주를 따라서 환국할 대한민국 임시정부를 절대로 지지한다는 대의명분의 기치 하에서 결당하였습니다.[57]

---

57 宋鎭禹, 〈全民族의 均等한 發展〉(1945. 12. 21, JODK放送), 《革進》 1946년 1월호, 12~13쪽.

1945년 8월 15일 정오에 일본의 무조건 항복이 발표되자 여운형은 안재홍과 제휴하여 조선건국준비위원회(이하 건준)를 결성하고 활동에 들어갔다. 그리하여 서울은 물론 지방까지 건준의 세력이 급속하게 파급되었다.[58]

조선총독부의 교섭을 거절한 뒤 침묵을 지켜오던 송진우 측은 8월 30일에 와서야 '국민대회' 준비에 착수했다. 이것은 9월 7일에 미군이 서울에 들어온다는 정보를 입수하고 급작스럽게 진행되었다.[59] 9월 1일 오후 3시 일본 정부는 9월 7일 '경성 지구'에 미군이 진주한다고 발표했다. ① 9월 7일에 미국 육군 제24군 소속 부대가 경성 지구에 진주하고, ② 인천항 동수도(東水道) 십 리에 있는 선박과 함정은 9월 5일 18시 이후 선행(船行)이 금지되며, ③ 이 지역의 일본군은 9월 6일까지 철퇴하고, ④ 철퇴 지역 안에서는 일본 경찰과 헌병 등의 요원을 주둔시켜 치안 유지를 맡긴다는 것이 골자였다.[60]

송진우 측이 여운형의 합작 제의를 물리치고 따로 국민대회 준비에 나선 것은 "왜정권으로부터 정권을 받는 것이 불가하며, 중경에 있는 우리 정부를 부인하고 여기서 새로 정부를 수립하는 것은 불가"[61]하다는 명분에서였다. 송진우 본인의 표현대로 "패잔 일본 제국주의의 원호 하에서 발생된 일체 정권을 단호히 부인하고 우방 연합군의 진주를 따라서 환국할 대한민국 임시정부를 절대 지지"[62]하기 때문이다. '연합군 직접 상대론'과 '임시정부 지지론', 곧 패전으로 항복한 일본이 아니라, 항복을 접수할 연합국한테서 임시정부가 중심이 되어 정권을 받아야 한다는 논리였다.

58 홍인숙, 〈건국준비위원회의 조직과 활동〉, 《해방전후사의 인식》 2, 한길사, 1985 참조.

59 金俊淵, 〈國民大會의 發端〉, 《東亞日報》 1945년 12월 2일자; 《독립노선》, 28~30쪽.

60 《每日新報》 1945년 9월 3일자.

61 金俊淵, 위의 글 참조.

62 宋鎭禹, 〈全民族의 均等한 發展〉 참조.

그러나 연합군 직접 상대론은 소련군 진주설이 압도적이던 8·15 직후에는 숨어 있다가, "미군의 상륙을 기다려" 실천에 옮겨졌다는 점에서 조선에 주둔할 2대 연합군 가운데 소련은 배제하는 모순된 논리였다.[63] 소련을 배제하는 연합군 직접 상대론, 사실상 '미군 직접 상대론'의 의미를 갖는 이 개념이 임시정부 지지론에 대한 규정적 논리가 됨으로써, 양자가 모순 관계에 빠질 경우 임시정부 지지론이라는 하위 개념은 언제든 폐기될 수 있었다.

국민대회준비회의 모태는 '대한민국 임시정부 및 연합군 환영준비회(환영준비회)'였다. 조병옥(趙炳玉), 김성수 등은 9월 3일 종로 기독교청년회관에서 임시정부와 연합군을 환영하는 환영준비회를 조직했다. 권동진(權東鎭)을 위원장으로 하는 환영준비회 위원의 구성은 김성수·송진우·김약수(金若水)·김준연·백관수(白寬洙) 등으로 되어 있어 허헌(許憲)을 빼면 대부분 동아일보계가 절대적인 우위를 차지했다.[64]

국민대회준비회는 1945년 9월 7일에 발족했다. 건준이 조선인민공화국으로 해소된 다음날이고 미군의 서울 진주가 예정된 날이었다. 8월 15일 이후 서울로 모여든 전국의 각계각층 유지 3백여 명은 7일 오후 3시부터 광화문 동아일보사 강당에 모여 국민대회를 소집할 준비회를 개최했다. 준비회는 김준연의 개회사에 이어 대구에서 상경한 서상일(徐相日)을 의장으로 추대했다.[65] 송진우는 국민대회준비회의 경과를 보고했다. 이어 안건 토의에 들어가 ① 참석자 전원의 총 기립으로 대한민국 임시정부 지지를 표명하고, ② 연합국에 대한 감사 표시를 하며 전담할

---

63 國民大會準備會의 이율배반적인 노선을 이해하는 데 이점을 인식하는 것은 중요하다.

64 《每日新報》 1945년 9월 4일자. "우리 임시정부와 연합군은 민족해방의 귀한 선물을 가지고 이 땅에 들어오게" 되었으니 "이들에게 충심으로 감사하고 환영하는 것은 인정이며 도리"라는 것이 환영준비회의 취지였다.

65 金日洙, 〈徐相日의 政治·經濟理念과 活動〉, 성균관대 대학원 사학과 박사학위논문, 2001 참조.

위원으로 송진우·장택상(張澤相)·윤치영(尹致暎)·김창숙(金昌淑)·최윤동(崔允東)·백상규(白象圭)를 선출하고, ③ 국민대회 소집에 대한 준비는 전국 각지 각층을 모두 아우르는 100명의 집행위원을 선출해 일임한다는 결의를 채택했다.[66]

이날 발표된 〈국민대회준비회 선언〉(이하 선언)은 "천하의 공도(公道)와 인류의 정의는 마침내 우리에게 자유와 해방의 기회를 약속하였으니, 망국의 한을 품은 채 인종(忍從)과 굴욕의 악몽에 시달리던 우리에게 광명의 새날을 위하야 진군하라는 거종(巨鐘)은 드디어 울었다"고 8·15 해방의 의미를 규정했다. 그리고 해방의 이날이 있음은 실로 36년간 쌓인 희생의 결과로서 전 세계 평화를 위해 싸운 우방의 후의에 따른 것이므로 연합국에 대해 감사를 표해야 한다고 주장했다. 이어 영토는 잃었지만 "3천만중의 심두(心頭)에 응집된 국혼의 표상은 경술국변 이래로 망명 지사의 기백과 함께 해외에 엄존했던바," 일본이 물러나는 이 순간에 이를 대체할 '우리의 정부'는 3·1 운동으로 탄생한 '대한임시정부'이므로 '파당과 색별(色別)'에 구애받지 말고 환영하고 지지하자고 호소했다.

〈선언〉은 ① 국민적 총의로써 우리 중경 대한임시정부의 지지를 선서할 것, ② 국민의 총의로써 연합 각국에 사의를 표명할 것, ③ 국민의 총의로써 민정 수습의 방도를 강구할 것을[67] 당면 과제로 제시했다.

66 《每日新報》 1945년 9월 8일자. 이날 선출된 국민대회준비회 상임위원은 다음과 같다. 위원장 송진우, 부위원장 서상일 원세훈, 상임위원(무순) 김성수 김준연 김병로 김지환 김동원 김병규 김승문 이인 백관수 장택상 윤치영 안동원 임정엽 강병순 한남수 송필만 주기용 고희동 양원모 백남교 이순탁 김양하 이경희 최윤동 서상국 고재욱 고광표 조정환 강인택 장덕수 장용서 강락원 김시중 조진구 민중식 이희성 임병철 오기영 이용한 이승태 양회영 진봉섭 심천 김동환 곽복산 채정근 나승규 김진섭 김○근 이윤식 김삼규.
이보다 앞서 중경 임시정부는 국내 신문에 국무위원 명단을 발표하면서, 선전부장 엄항섭은 조속한 환국을 희망하면서 김구 주석이 "총선거에 의한 민주주의 정부가 성립될 때까지 전 정당을 망라한 과도적 정부에게 정권을 委讓할 의사가 있음"을 공약했다고 언급했다(《每日新報》 1945년 9월 4일, 15일자).

67 薛義植, 《解放以後》, 東亞日報社, 1947, 15~16쪽; 《韓國日報》 1955년 8월 20일자. 김준

국민대회준비회는 조선민족당과 한국국민당이 통합해 발기한 한국민주당, 임시정부 및 연합군환영위원회와 군소 정당을 통합하여 한국민주당(한민당)을 창당하기로 했다. 한국민주당 창당대회는 9월 16일 천도교 기념회관에서 열렸다.[68] 창당 초기 한민당에는 건준과 조선인민공화국에 대립되는 보수 및 친일 세력이 모여들었지만 내부에는 진보적인 양심 세력과 적극적 민족주의자도 포함되었다.[69] 한국민주당은 새로운 정당이 임시정부를 맞이할 기반을 닦는 준비 기관의 구실을 하기 위해 창당되었다. 새로 창당되는 정당이 집권을 목적으로 내세우면 3·1 운동의 결정체인 임시정부를 부정하는 결과가 되기 때문이라는 것인데,[70] 이것은 국민대회준비회의 방침이기도 했다. 국민대회준비회는 중경에서 임시정부가 돌아온 뒤 국민대회의 절차를 밟아 새 정부가 수립되면 한국민주당을 정부 여당으로 삼고자 했다. 이것은 수석인 송진우를 포함하여 8인의 총무만을 인선하고 당수를 선출하지 않은 것에서도 알 수 있다. 한국민주당은 당의 영수로 이승만(李承晩)·서재필(徐載弼)·김구(金九)·이시영(李始榮)·문창범(文昌範)·권동진·오세창(吳世昌) 등 7인의 원로를 추대했다.[71]

국민대회준비회 위원장 송진우는 임시정부 절대 지지를 역설했다. 그는 한국민주당 강령의 제1항인 '조선 민족의 자주독립국가 완성을 기함'

연이 낭독한 〈國民大會準備會趣旨書〉는 설의식이 기초했다.

68 李起夏, 《韓國政黨發達史》, 議會政治社, 1961; 심지연, 《韓國民主黨研究》(I), 풀빛, 1982; 《韓國民主黨研究Ⅱ－韓國現代政黨論》, 창작과 비평사, 1984; 박태균, 〈해방직후 한국민주당 구성원의 성격과 조직개편〉, 《國史館論叢》 58, 국사편찬위원회, 1994 참조.

69 서중석, 《한국현대민족운동연구》, 역사비평사, 1992, 264~266쪽. 설의식에 따르면 국민대회준비회와 한국민주당의 '대주주'라고 할 김성수와 송진우는 "토지 국유와 대산업 국영"을 대세로 받아들였다고 했는데(薛義植, 앞의 책, 14쪽) 이 점은 한민당의 강령에도 명시되었다.

70 許政, 《내일을 위한 證言》, 샘터사, 1979, 95~96쪽.

71 《每日新報》 1945년 9월 17일자.

을 해설하면서 다음과 같이 주장했다.

> 우리나라는 일본제국주의의 통치로부터 이탈하였지만 아직 자주독립이 실현되지 못하였습니다. 북위(北緯) 38도선을 계선으로 그 이북은 소련군이 그 이남은 미군이 보장(保障) 점령하고 군정을 실시하고 있지 않습니까? 하루바삐 전 민족이 일치단결하여 임시정부를 절대 지지함으로써 완전한 독립국가로 승인을 받지 않으면 안 되겠습니다. 물론 사상이 다르고 정책이 다른 점도 있겠지만 현계단(現階段)에 있어서 3천만 민중의 신성한 임무는 무엇보다도 민족의 독립을 완성함에 있다는 것을 자각하야 사상의 정사(正邪)를 운위(云謂)하고 정책의 시비를 논할 때가 아니라는 것을 알지 않으면 아니 될 것입니다.[72]

국민대회준비회는 한민당이 결성된 뒤에도 조직을 계속 유지했다. 송진우는 한국민주당의 수석총무로서 범우익 정당의 통일운동에 힘을 쏟으면서, 임시정부를 부인하는 단체나 개인과는 어떠한 회합도 거부한다는 입장을 견지했다.[73] 이것은 송진우가 중경에서 돌아올 임시정부가 3·1 운동의 결과로 탄생한 대한민국 임시정부의 '법통'을 계승한 것으로 이해한데다, 3·1 운동을 주도한 것이 바로 자신이었다는 자긍심에서 나온 측면도 있었다.[74]

국민대회준비회는 임시정부 지지를 매개로 좌익 일부까지도 포괄하는 민족통일전선을 결성하려고 했다. 서상일을 비롯해 김준연·장택상·설의식·강병순(姜柄順) 등과 윤형식(尹亨植)·최성환(崔星煥) 등은 한민

---

72 宋鎭禹, 〈全民族의 均等한 發展〉, 13~14쪽.

73 宋南憲, 《解放三年史》 I, 187~188쪽.

74 송진우는 1919년 3·1 운동 당시 '민족대표 48인'의 한 사람으로 만세시위운동을 배후에서 지휘하다가 체포되어 1년을 복역했다(《동아일보》 1920년 4월 6일자; 宋相燾, 《騎驢隨筆》, 국사편찬위원회, 1955, 413쪽).

당·조선공산당(장안파)·국민당 등 3당 연대를 알선했다. 10월 24일에 3당 대표와 국민대회준비회의 합동 명의로 임정 봉대론을 표방하고 우익 정치 세력을 중심으로 국민대회준비회를 준비하고자 했다.[75]

一. 우리는 재중경 대한임시정부의 정치적 외교적 활동을 전면적 적극적으로 지지함

一. 우리는 재외 혁명단체의 수십 년간의 우리 민족해방투쟁에 공헌한 위대한 업적을 지지함

一. 우리는 대한임시정부의 귀환을 촉진하여 국내 국외의 반민족적 분자를 제외한 민주주의적인 각층 각파와 제휴 연결하여 국민 총의에 의한 정식 정부의 급속한 수립을 기함

一. 한국민주당, 국민당, 조선공산당은 전 조선 민족의 통일된 완전한 민주주의적 자주독립적 정식 정부 수립을 위한 준비로 국민의 총의가 반영되고 집결될 수 있는 국민대회준비위원회를 구성함.

송진우·서상일(徐相日) 등은 단일 정당보다는 이념적 동질성을 가진 민족 세력의 통합에 주력하였고, 중심을 국민대회준비회로 설정했던 것이다. 중경 임시정부가 환국하면 임정 주관 아래 국민대회를 소집해서 정식 정부를 수립하여 임정의 법통을 계승하도록 한다는 구상이었다.[76]

10월 25일에 이들 정당과 함께 이승만도 참석하여 우익 세력의 통합에 관한 서로 간의 의견을 교환했다. 이날 모임에는 국민대회준비회 측에서 서상일·김준연, 한국민주당 측에서 송진우·원세훈(元世勳)·백관수·

75 각 당 대표 명단은 다음과 같다. 한국민주당 대표 송진우 원세훈 김병로 백관수 백남훈 홍성하. 국민당 대표 안재홍 박용의 엄우룡 김인현 백홍균 민대호 채규연. 조선공산당 대표 최익한 황욱 서병인 주진경. 국민대회준비회 대표 김준연 서상일 설의식 장택상 강병순. 개인 자격 대표 윤형식 최성환

76 고하선생전기편찬위원회편, 앞의 책, 320쪽; 신도성, 〈한민당 창당〉, 《轉換期의 內幕》, 朝鮮日報社, 1982, 132쪽.

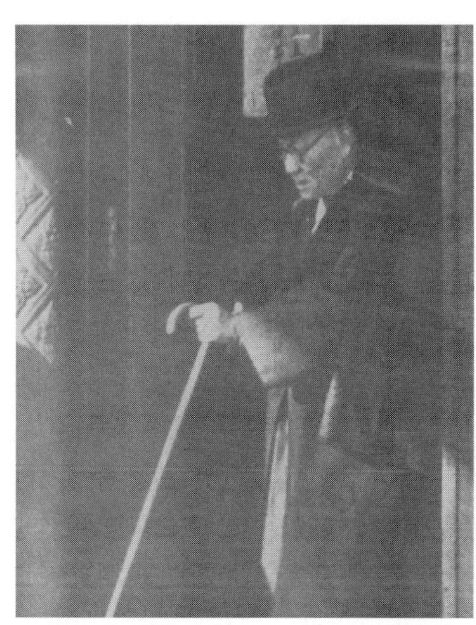
피격 수일 전 국민대회준비회 사무실을 나서는 송진우(1945. 12)

함상훈(咸尙勳)·박찬희(朴瓚熙), 조공 장안파 측에서 최익한(崔益翰)·최성환·서병조(徐炳肇), 국민당 측에서 안재홍 등이 참석했다.[77] 10월 26일에는 상임집행위원회를 열고 이듬해 1월 10일에 정식의 국민대회를 소집하기로 결정했다. 국민대회에서 헌법 대강을 토의하기로 함에 따라 송진우·서상일·김병로·김용무(金用茂)·이인·장택상·백남운(白南雲)·김준연·이극로(李克魯)·정인보·강병순의 11명을 헌법 연구위원으로 선출했다.[78] 여기에는 많은 자금이 필요했다. 국민대회준비회는 12월 23일 발기인 70여 명이 참석한 가운데 애국헌금회를 결성했다. 당일 대한독립애국금헌금회와 통합하여 애국금헌성회라 이름을 붙이고 본부를 국

77 《每日新報》 1945년 10월 30일자. 조선공산당(장안파)의 참여는 범민족통일전선을 추구하는 국민대회준비회를 고무시켰는데, 이는 해방 직후 통일 조선공산당의 재건을 위해 소집되었던 '계동열성자대회(1945. 9. 8)' 분열의 결과였다(이현주, 〈조선공산당의 권력구상과 '조선인민공화국'〉, 《한국근현대사연구》 36, 2005년 봄호).

78 《서울신문》 1945년 12월 23일자; 《동아일보》 1945년 12월 23일자.

민대회준비회 안에 두기로 하였다. 여기에서 송진우·김성수·서상일 등이 고문으로 추대되었다.[79]

그러나 국민대회준비회의 파국은 예상보다 빨리 왔다. 12월 28일 모스크바 3상회의의 신탁통치안이 전해지자 혼돈 속의 해방 정국은 걷잡을 수 없이 격앙되었다. 이날 임시정부 측과 반탁의 방법을 논의하던 국민대회준비회 위원장 송진우는 임정 측과 의견이 조금 달랐다. 물론 강력한 반탁의 입장은 마찬가지였다.[80]

그러나 탁치에는 반대하면서도 과격한 반탁운동으로 미군정과 충돌해서는 안 된다는 것이 그의 생각이었다.[81] 탁치 문제로 치명적인 갈등관계에 들어선 임시정부와 미군정 사이에서 미군정의 입장을 거스르려 하지 않는 순간 국민대회준비회의 존재 가치는 무의미했다.

국민대회준비회는 종전과 8·15 해방을 맞아 동아일보계를 핵심으로 하는 민족주의 우파의 '연합군 직접 상대론'과 '임시정부 지지론'에 이론적 근거를 두고 출범했다. 그러나 이것을 건준과 조선인민공화국에 맞서는 권력투쟁 조직만으로 평가하면 피상적 관찰이 될 것이다. 국민대회준비회는, 패전으로 철수할 일본 제국주의의 식민지 통치기관인 조선총독부가 주는 권력을 '거부'하고, 송진우 등 자신들도 투쟁 대열에 참가했던 3·1 운동의 결정체로서 민족해방운동의 상징이라는 의미를 부여한 중경 임시정부의 법통을 '계승'한다는 대의명분의 조직적 실체로 볼 수 있을 것이다.

그러나 국민대회준비회의 임시정부 지지론은 연합군 직접 상대론의 하위 개념으로 설정되었다는 점에서, 그것의 가치는 이들이 우선으로 상대해야 할 연합군(미군정)의 태도에 따라 달라질 수밖에 없는 한계를

79 《동아일보》 1945년 12월 26일자.

80 國民大會準備會 宋鎭禹氏談, 〈最後까지 鬪爭하자〉, 《동아일보》 1945년 12월 29일자.

81 孫世一, 〈宋鎭禹〉, 《韓國近代人物百人選》, 東亞日報社, 1979, 258쪽.

지니고 있었다.

2) 임시정부와의 관계와 변화

국민대회준비회의 발족을 전후로 중경 임시정부는 관심의 초점에 떠올랐다. 이보다 앞서 9월 3일 중경 임시정부는 '국무위원회 주석 김구' 명의로 〈임시정부의 당면 정책과 국내 동포에 고하는 성명〉을 발표했다.[82] 이 '당면 정책 14개 조'는 1941년 11월에 제정 발표한 〈대한민국 건국강령〉을 계승한 것으로 임정의 정권 창출 방안이었으며, 환국 후 1946년 초까지 정치 활동의 지침이었다.[83] 임정이 과도기적 통치권을 장악하고 임정의 통제 아래 각 정치 세력을 아울러 과도 정부와 정식 정부를 수립한다는 것이 핵심이었다.

> (1) 본 임시정부는 최속 기간 내에 곧 입국할 것
>
> (2) 우리 민족의 해방과 독립을 위하여 혈전한 중·미·소·영 등 우방 민족으로 더불어 절실히 제휴하고 연합국 헌장에 의하여 세계 일가의 안전과 평화를 실현함에 협조할 것
>
> (3) 연합국 중에 주요한 국가인 중·미·소·영·불 5강에 향하여 먼저 우호 협정을 체결하고 외교도경(外交途經)을 별부할 것
>
> (4) 맹군주재기(盟軍駐在期) 내(內)에 일체 필요한 사의(事宜)를 적극 협조할 것
>
> (5) 평화 회의와 각종 국제 집회에 참가하여 한국의 응유(應有)한 발언권을 행사할 것
>
> (6) 국외 임무의 결속과 국내 임무의 전개가 서로 접속되매, 필수한 과

---

82 《每日新報》 1945년 9월 3일자.

83 이승억, 〈임시정부의 귀국과 대미군정 관계(1945.8~1946.2)〉, 《역사와 현실》 24, 한국역사연구회, 1997, 93쪽.

도 조치를 집행하되 전국적 보선(普選)에 의한 정식 정권이 수립되기까지의 국내 과도 정권을 수립하기 위하여 국내외 각 층, 각 혁명당파, 각 종교집단 각 지방 대표와 저명한 각 민주영수회의를 소집하도록 적극 노력할 것

(7) 국내 과도 정권이 수립된 즉시에 본 정부의 임무는 완료된 것으로 인(認)하고 본 정부의 일체 직능급 소유 물건은 과도 정권에게 교환(交還)할 것

(8) 국내에서 건립된 정식 정권은 반드시 독립국가·민주정부·균등사회를 원칙으로 한 신 헌장에 의하여 조직할 것

(9) 국내의 과도 정권이 성립되기 전에는 국내 일체 질서와 대외 일체 관계를 본 정부가 부책(負債) 유지할 것

(10) 교포의 안전과 귀국과 국내외에 거주하는 동포의 구제를 신속 처리할 것

(11) 적의 일체 법령의 무효와 신 법령의 유효를 선포하는 동시에 적의 통치 하에 발생된 일체 죄범을 사면할 것

(12) 적산을 몰수하고 적교(敵僑)를 처리하되 맹군(盟軍)과 협상을 진행할 것

(13) 적군에게 피박(被迫) 출전한 한교 군인을 국군으로 편입하되 맹군(盟軍)과 협상 진행할 것

(14) 독립운동을 방해한 자와 매국적에 대하여는 공개적으로 엄중히 처분할 것.

이것은 국내 신문의 보도 자체만으로도 크나큰 관심을 불러일으켰다. 그럼에도 당면 정책 14개 조가 발표된 시점에서 임시정부의 국내외적 위상은 불투명했다. 당면 정책에 표현된 임시정부와 연합국의 협상, 임시정부의 정권 장악이 전제된 정권 수립은 현실적으로 어려웠다. 특히 건국 강령과 비교할 때 당면 정책에서 임시정부의 위상이 과도 정권 자

체가 아닌 과도 정권 구성을 위한 소집 주체로 상정된 것은 임시정부 주류 세력이 임시정부의 위상을 스스로 하향 조정한 것으로 평가되었다.[84] 환국을 앞두고 국내 정치 세력과 조직적인 연계를 설정하는 것이 시급했다.[85]

1945년 9월 7일 국민대회준비회의 출범과 동시에 송진우는 중경 임시정부에 서신을 보냈다. 김구 주석 앞으로 보낸 서신에서 그는 조선총독부 통치의 종언과 치안 상황, 미군의 주둔, 일제하 지하운동에 종사하던 공산주의자들이 건국준비위원회를 만들고 이를 토대로 조선인민공화국 정부를 선포한 사실 등 8·15 전후의 국내 상황을 소상하게 적었다.[86] 서신의 주된 내용은 "조선 국내 혁명 세력의 원로인 송진우·허헌·여운형·김성수·조만식 등이 국민대회를 소집하여 중경 주재 임시정부의 조속한 환국을 거듭 요청"한 것이었다.[87] 이 서신은 9월 10일경 해방된 조선의 정황을 살피기 위해 10여 일 동안 서울에 머물다 돌아간 중국 《중앙일보(中央日報)》 기자 청인파이(曾銀派)와 주런쭝(諸仁仲)을 통해 중경 임시정부에 전달되었다. 9월 14일에는 조병옥과 원세훈이 김구와 김규식, 신익희(申翼熙)에게 미군정의 지지 아래 임시정부 환영대회를 준비

84 李庸起, 〈1945~1948년 臨政勢力의 法統政府 樹立運動〉, 서울대 대학원 국사학과 석사학위논문, 1996, 10쪽. 이것은 송진우와 국내 우익이 추진하는 국민대회의 정부수립 방안과 유사하다.

85 중경 임정은 일제의 항복으로 미국 OSS와 연계한 국내 진입 작전이 좌절된 뒤 국내에 광복군의 정진대(挺進隊)를 파견했다. 1945년 8월 18일 이범석(李範奭)·김준엽(金俊燁)·장준하(張俊河)·노능서(魯能瑞) 등 4명의 광복군과 OSS의 버드 (책임)대령, 정운수(鄭雲樹)(통역장교) 등 18명은 중국 서안(西安)에서 C-47전투기를 타고 12시경 서울 여의도 비행장에 착륙했으나 일본군의 협력 거부로 다음날 서안으로 돌아가야 했기 때문에 국내의 인사들과는 접촉할 수 없었다(〈한반도 특수 임무에 관한 보고(Report on Mission to Korea)〉, 《韓國獨立運動史》 資料21, 國史編纂委員會, 1972, 279, 459쪽).

86 趙擎韓, 《白岡回顧錄》, 韓國宗教協議會, 1979, 367쪽.

87 〈韓國臨時政府最近動態〉(1945.9.15), 《白凡金九全集》 5, 대한매일신보사, 684쪽. 허헌과 여운형이 국민대회준비회에 참여했다는 것은 사실이 아니다.

하고 있다는 내용의 서신을 보냈다.[88]

송진우 등의 서신은 환국을 앞두고 국내의 동향에 민감할 수밖에 없는 임시정부 주류 계열을 고무시켰다. 임정은 1945년 9월 11일 중경의 미국대사관을 방문하여 임정이 정부 구성에 참여할 수 있도록 임정 구성원 10여 명의 귀국을 요청했다.[89] 9월 12일에 김구는 중국 국민당 비서장 우톄청(吳鐵城)에게 서신을 보내 국내의 "여론이 자신에게 귀국하기를 재촉"하고 있다고 하면서 귀국 자금과 교통을 비롯한 편의를 물었다.[90]

장제스(蔣介石)에게도 직접 공함을 보냈다. 9월 18일 김구는 미군이 서울에 진주한 후 국내 치안이 점차 회복되었다고 전제하고 "사회에 명망 있는 지사들이 국민대회를 소집하여 임시정부가 우선 환국해야 함을 재촉하고 있다"고 하면서, 우선 조소앙(趙素昂)·엄대위(嚴大衛; 嚴恒燮)·김영갑(金永甲) 세 사람을 국내에 선발대로 파견하도록 해줄 것과 박찬익(朴贊翊), 민석린(閔石麟)을 중경에 주재시켜 선후(先後) 문제를 처리하도록 해달라고 요청했다. 그런 다음 임시정부 각료 19명을 한 번에 또는 두 번으로 나누어 입국시켜 국내와 연계를 편리하게 해줄 것을 요청했다.[91] 사전 정지 작업을 거쳐 환국 직전인 1945년 11월 8일에 김구는

88 鄭秉峻, 〈남한 진주를 전후한 주한미군의 대한정보와 초기점령정책의 수립〉, 《史學硏究》 51, 1996, 167쪽.

89 〈주중대사(Hurley)가 국무장관에게〉(1945.9.12), FRUS Vol, Ⅵ, pp. 1045~1046.

90 〈金九가 吳鐵城에게〉(1945.9.8) 《韓國獨立運動史料》 27, 國史編纂委員會. 1995, 38~39쪽.

91 〈金九가 蔣介石에게 보낸 서한〉(1945.9.18), 《白凡金九全集》 7, 대한매일신보사, 240~245쪽. 서신의 말미에 다음과 같은 〈임시정부 입국 후 진행할 계획〉을 첨부했는데 이는 당면 정책 14개 조 가운데 정권 창출 방안만을 정리한 것이었다. ① 국외 임무의 결속 및 국내 임무의 전개 등을 집행하기 위해 상호간 연결의 전환기에 필수적으로 과도기적인 조치로, 즉각 장차 전국의 보통선거제도에 의거하여 정식으로 민주 정권을 수립하기 이전에, 먼저 잠시 국내의 과도 정권을 수립하여 적극적인 노력을 일으켜보고 국내외 각 계층, 각 혁명당파, 각 종교집단, 각 지방대표 및 저명한 각 민주 지도자들을 소집하

장덕수(張德秀)에게 서신을 보내 국민대회준비회를 비롯한 국내 정치 세력과의 연대를 타진했다.[92]

임시정부는 국민대회준비회를 비롯한 우익 세력뿐만 아니라 국내의 중도파에게도 환국 후의 연대를 희망하는 서신을 보냈다. 환국을 10여 일 앞두고 임정 원로 이시영과 외교부장 조소앙은 안재홍에게 보낸 서신에서 "건설이 급한 중에도 급하온 중 우리의 건설은 좌우 장단을 불문에 붙이고 나라를 통틀어 정성껏 단결하야 위국(危局)을 구하는 데서만 이루어질까" 한다면서 "국내에서 속히 중론을 모아 새로운 기구가 나타나기"[93]를 희망했다.

안재홍은 8월 15일 출범한 건준에 부위원장으로 참여했었다. 그러다가 내부에 좌익 세력이 증대하면서 중경 임시정부를 노골적으로 배격하자 이를 비판하고 건준에서 탈퇴했다.[94] 이를 전후해 안재홍은 허정(許政) 등과 함께 뒤에 한국민주당으로 합류하는 '한국국민당준비위원회'에 몸담았다가 이탈하여[95] 조선국민당을 창당하고 좌우의 통합을 주창하며 독자 노선을 걸었다.

1945년 11월 23일 중경 임시정부 요인 1진이 환국했다. 1진은 주석 김구와 부주석 김규식을 비롯한 15명의 요인으로 구성되었다. 임시정부가 환국하자 국민대회준비회는 위원장 송진우 명의로 환영 담화를 발표하

여 회의하고 임시정권을 조직함. ② 국내에 성립된 과도 정권은 본 임시정부가 임무가 완성되었다고 인지되는 즉시 일체 직권 및 소유 물건을 과도 정권에 교환함. ③ 국내에 건립된 정식 정권은 필수적으로 독립국가, 민주정치, 균등사회를 원칙으로 하는 새 헌장에 의거하여 조직함. ④ 국내에 아직 과도 정권이 성립되기 이전에 국내의 일체 질서 및 대외의 일체 관계는 본 임시정부를 통해 잠시 책임지고 유지함.

92 《自由新聞》 1945년 11월 9일자.

93 《新朝鮮報》 1945년 11월 17일자.

94 〈(聲明) 朝鮮建國準備委員會와 余의 處地〉(1945.9.10) 《民世安在鴻選集》 2, 知識産業社, 1983, 13~14쪽.

95 許政, 앞의 책, 99~100쪽.

서울신문
號外
金九先生一行還國
今日午後金浦飛行場
金九 金奎植 李始榮 金尙德
柳東悅 柳振東 閔泳琬

임정 요인들의 환국을 보도한 신문 호외(1945. 11. 23)

고 조선이 일본 제국주의 지배에서 해방된 것은 미국과 중국을 비롯한 연합국의 호의와 노력에도 있지만 “우리가 해방된 유일한 힘은, 임시정부 주석 김구 선생 이하 여러분들의 힘이 절대 다대”했기 때문이라고 말했다. 특히 “김구 선생은 일본 놈의 가슴을 서늘케 한 상하이 폭발사건 이후 장개석 주석의 절대 신임을 받게 되어 난징 중경까지 장 주석과 같이 조선 해방을 위해 투쟁을 해왔고, 카이로 회담에서 장 주석의 발안으로 조선을 적당한 기회에 자주독립시키겠다고 만장일치 가결된 것은 유명한 사실”이라고 지적했다. 이 위대한 혁명가, 지도자에게 복종하는 것은 당연하다면서 최대의 경의를 표했다.[96]

11월 27일 오전 국민대회준비회 위원장 송진우는 경교장으로 임시정부 김구 주석을 예방했다. 이날의 예방은 환국한 임시정부 국내 주요 4당, 곧 한국민주당·한국국민당·인민당·조선인민공화국의 지도자들과 김구 주석의 면담을 계획하여 이루어졌다. 이에 따라 송진우·안재홍·여운

96 《서울신문》 1945년 11월 25일자. 여기서도 감사해야 할 연합국으로 미국과, 임시정부를 도운 중국만을 언급하고 있을 뿐 일본 항복에 결정적으로 작용하고 조선의 북부를 점령, 주둔하고 있는 소련(군)의 존재에 대해서는 언급이 없다.

형·허헌 등이 각 단체의 대표로 김구 주석과 면담을 나누었다. 면담은 안재홍·송진우·여운형·허헌의 순서로 진행되었고 양측은 배석자 없이 단독으로 회담을 진행하되 일제의 학병 출신으로 전선을 탈출하여 광복군에 가담하고 임시정부 1진과 함께 환국한 장준하(張俊河)가 회담 내용을 기록했다.

이날 송진우는 오랜 동지인 김준연과 함께 오전 11시 40분쯤 경교장에 들어섰다. 수인사를 나눈 뒤 송진우는 자신 있는 표정으로 임시정부 주석 김구에게 다섯 가지 사항을 건의했는데 내용은 9월 3일 임시정부가 국내 신문을 통해 공표했던 '당면 정책 14개 조'와 비슷했다. 장준하가 기록한 건의사항의 내용을 보면 다음과 같다.

> ① 이번 2차대전은 민주주의 대 파쇼의 대결이었으니만치, 승리로 이끈 연합국의 기치 아래로 우리도 나아가야 할 것이므로, 국가가 통일되어 민주국가를 완성하는 데 최선을 다해야 할 것입니다.
>
> ② 가급적 속히 최선을 다하여 몇 개 조의 친선사절단을 조직하여 선생님의 친서를 가지고 각 연합국을 방문토록 하여, 우리 국내외에 사상적 통일이 되어 자주독립을 할 만큼 실력이 양성되었음을 선전하여 연합국으로 하여금 우리의 독립을 승인하도록 독립촉성을 기해야 할 것입니다.
>
> ③ 재정 문제에 있어서는, 국내외의 유지들의 희사를 받는 것도 가능할 것으로 생각합니다.
>
> ④ 집무 계통의 사무조직을 하루속히 완비시키는 것을 최선책으로 판단합니다.
>
> ⑤ 하루바삐 광복군을 모체로 국군을 편성시키는 것이 필요할 줄로 생각합니다.[97]

97 張俊河, 〈白凡 金九선생을 모시고 六個月(三)—四黨首와의 會談과 臨政要人弟二陣의 還國〉, 《思想界》 1966년 10월호, 132~133쪽.

송진우는 "이와 같은 다섯 가지 건의를 채택하신다면 어느 정도 치안도 유지되고 생산 활동도 상당히 활발해지리라고 전망한다"는 말도 덧붙였다. 장준하에 따르면 그의 말에는 자신감이 넘쳐 있었다고 하는데, 이는 아마도 환국 전 임시정부와의 서신 연락 등에 따른 교감이 작용했기 때문이었을 것이다. 김구 주석도 "침묵으로 이 제언을 전부 받아들이는 듯"했다.[98] 송진우는 김구에게 "3천만 민중은 김구 선생을 무조건 지지하고 있으니 민중에 대한 기우(杞憂)를 말으시고 아무것도 거리낌 없이 정국 수습에 전심전력해 주시라"[99]고 말했다.

중경 임시정부가 당면 정책 14개 조를 발표하는 등 국내에 자신의 존재를 적극적으로 알리고 이에 호응하여 국민대회준비회가 발족하면서 절정에 이르렀던 임시정부 봉대와 환영의 분위기는, 대한독립촉성중앙협의회(독촉중협)가 출범하면서 미묘한 변화를 보이기 시작했다. 독촉중협은 1945년 10월 23일 정당 통일운동의 결과로 이승만이 중심이 되어 발족했다.

임시정부를 보는 시각의 변화는 이미 임시정부 귀국 당시부터 나타났다. 국민대회준비회는 위원장 송진우 명의의 임정 환영 담화에서 "이제 그분들이 환국하였으니, 그분들의 위대한 지도안이 확립되어 있겠고 또 '대한독립촉성중앙협의회'가 생겼으니, 다같이 흉금을 털어놓고 한국의 독립 완성을 위하여 매진"해야 한다고 주장했다.[100] 1945년 12월 19일 뒤늦게 마련된 임시정부 환영회의 환영사는, 8·15 직후 통일민족정부 수립을 위한 임시정부에 대한 기대에서 "강토는 단절되고 사상은 분열하

98 張俊河, 앞의 글.

99 《中央新聞》 1945년 11월 28일자.

100 《서울신문》 1945년 11월 25일자. 이승만의 비서였던 윤치영과 윤석오에 따르면, 이승만과 송진우는 조선인민공화국을 타도하기 위해 임정법통론을 적극 내세우되 중경 임시정부가 일단 귀국해 정국의 질서가 잡히면 중경 임시정부를 해체하고 새로운 독립정부를 세워야 한다는 데 합의했다고 한다(孫世一, 《李承晩과 金九》, 一潮閣, 1970, 201쪽).

여 용이(容易)히 통일되고 독립될 기운이 간취되지 않을뿐더러 연합국의 분할 군정은 국제적으로 미묘한 동향을 보여 완전한 자주독립의 달성에는 전도가 요원"[101]한 상황에 따른 임시정부의 역할에 대한 우려로 바뀌고 있었다.

임시정부도 국내의 기반을 조성하는 문제에서 국민대회준비회에만 기대지는 않았다. 1945년 12월 중순 임정 내무부장 신익희는 8·15 직전까지 조선총독부 관방 조사과장을 지낸 최하영을 극비리에 불러, 한국인 가운데 최하영과 같은 조선총독부 고등문관 출신으로 임시정부 행정연구회(行政硏究會)를 조직하게 했다. 미군정에게서 정권을 인수받을 것에 대비하고 새 정부 수립의 실무적 사항을 준비하기 위해서였다. 그러나 이렇게 해서 조직된 임시정부 행정연구회는 실제로는 임정 내무부장 신익희의 사조직이 되어, 이승만이 영도하는 대한독립촉성중앙협의회를 비롯한 국내 우익 세력의 이른바 싱크탱크 구실을 했다.[102]

5. 임정과 국민대회의 좌절

전쟁에서 일본 제국주의의 항복을 불러온 것은 1945년 8월 6일 히로시마에 떨어진 원자폭탄과 뒤이은 소련의 참전이었다. 원폭 투하 사흘 뒤 소련은 일본 관동군을 격멸하고 일본 침략의 근거지인 만주 기지를 공격·파괴함으로써 연합국들에 대한 일본의 저항 가능성을 분쇄했다. 소련군은 1945년 8월 9일 웅기와 나진을 시작으로 16일에는 청진을 점령하고 21일에는 원산항에 입항했으며 23일까지 함경남북도 전역에서 일본군과 헌병 및 경찰관의 무장을 해제했다.

101 宋鎭禹, 〈臨時政府 歡迎辭〉, 《동아일보》 1945년 12월 19일자.

102 崔夏永, 앞의 글, 131~135쪽.

소련군의 북한 점령으로 현지의 행정기관이 강제 접수되고 일본인들이 강제 축출되자 조선 거주 일본인들의 생명과 재산을 보호할 치안 대책을 마련하는 것이 시급했다. 아베 총독의 지시를 받은 정무총감 엔도는 경무국장을 중심으로 최고재판소 검사장, 헌병대장 등 치안관계자들과 대책을 숙의하는 한편 조선의 사정에 정통한 총독부 내 조선인 관리들의 의견도 들었다. 조선총독부의 공식적인 대책은 조선인들의 신망을 받는 지도자를 위촉해 치안 대책을 맡기는 것이었다. 그러나 이것만으로는 안심할 수 없다고 판단, 소련군의 38선 이남 진주설을 유포했다. 8·15 당일에 집중적이고 조직적으로 유포된 이 유언비어는 건준의 이념적 스펙트럼을 경직화시키는 등 해방 정국의 앞날에 큰 영향을 끼쳤다. 소련군 진주설은 여운형을 정무총감에게 안내한 경성보호관찰소장의 주도 아래 조직적으로 진행되었다는 점에서 패전에 따른 조선총독부 치안 대책의 이중성을 보여준다.

조선인 지도자들 가운데 신망이 높은 인사에게 치안 유지를 위한 협조를 요청한다는 대책에 따라 먼저 고려된 인사는 송진우와 여운형, 안재홍이었다. 특히 송진우와 여운형은 조선총독부의 집요하고도 직접적인 교섭 대상이었다. 지금껏 이 교섭에 대해서는 조선총독부가 처음부터 여운형과만 교섭하고 송진우와는 만나지조차 않았다는 설과, 송진우와 먼저 만났으나 거절당하자 여운형 쪽으로 방향을 전환했다는 주장이 대립되었다.

그러나 여러 자료에 대한 검토를 통해서 볼 때, 조선총독부가 송진우 쪽과 교섭했다는 주장은 사실로 판단된다. 송진우는 1945년 8월 11일 이전에 일본이 연합국에 내세운 조건을 포함하는 항복 사실을 알고 있었다. 8월 11일 정무총감은 경기도 지사를 앞세워 송진우와 교섭했으나 거절당했다. 송진우와 교섭한 사실을 부인한 정무총감의 발언은 본인이 직접 만난 적이 없다는 의미로 보아야 하며, 교섭 사실 자체를 부인하는 것으로 해석해서는 곤란하다. 송진우는 중일전쟁과 태평양전쟁에서 일본이 전승하는 때에도 동아일보 재직 시절의 동료나 지인들이 제공하는 정보를 통해 일본은 패망한다는 신념을 가지고 있었다.

교섭을 거절한 송진우 측은 조선총독부의 요청을 받아들인 여운형의 합작 제의도 물리친 뒤, 8월 30일에 가서야 국민대회 준비에 착수했다. 패전해 물러나는 일본에게서 정권을 받아서는 안 되며, 정권은 일본의 항복을 접수할 연합국에게서 임시정부가 중심이 되어 받아야 한다는 것이 이들의 논리였다. 연합군 직접 상대론과 임시정부 지지론이라고 할 수 있는데, 연합군 직접 상대론은 38도선 이북에 진주하는 소련을 배제할 뿐만 아니라 임시정부 지지론을 규정하는 논리라는 점에서 한국에 대한 정책을 둘러싸고 장차 미·소가 대립할 경우 이에 편승할 위험성을 내포하는 것이었다. 중경 임시정부가 돌아오면 임정 주관 아래 국민대회를 소집해서 정식 정부를 수립해 임시정부의 법통을 계승하도록 한다는 국민대회의 구상도 연합국(미군정)의 임시정부 승인을 전제로 하는 것이었다. 그러나 환국 뒤 임시정부에 대한 미군정의 태도가 '활용'의 범위를 넘어서지 않음으로써 국민대회도 '준비회' 단계에 머무를 수밖에 없었다.

국민대회준비회 발족을 전후로 중경 임시정부는 관심의 초점에 떠올랐다. 9월 3일 임정은 김구 주석 명의로 당면 정책 14개 조를 발표하여 국내 활동 지침을 발표했는데, 임정이 이러한 정책을 수립하여 발표한 데는 송진우 등 국민대회준비회 측의 전폭적인 지원 약속과 정보 제공에 힘입은 면이 컸다. 국민대회준비회의 임시정부 지지론은 국내 기반이 전무한 임시정부에게 적지 않은 힘이 되었다. 임정이 환국했을 때 김구 주석을 예방한 송진우는 3천만 조선 민중이 임정을 지지하고 있으니 거리낌 없이 정국 수습에 나서달라며 임정을 고무했다. 그러나 상황이 바뀌면서 임정에 대한 이들의 태도도 변하기 시작했다. 미군정이 임정 '활용론'을 폐기하고 독촉중협으로 관심을 옮겨가자 국민대회준비회도 임정과 거리를 두기 시작했고 임정도 좌익을 포함하는 큰 기구를 원하는 등 국민대회준비회라는 좁은 울타리를 벗어나고 싶어 했다. 결국 둘의 관계는 신탁통치 파동과 송진우 암살을 계기로 파국을 맞았다.

패전에 직면하여 조선총독부는 자국민의 생명과 재산을 보호하고자 신망받는 조선인 지도자에게 치안 대책을 위임한다는 방침을 정하고 이를 실행에 옮겼다. 그 결과 조선건국준비위원회가 결성되어 8·15 직후의 혼란 수습에 기여했다. 그러나 치안 협조 요청이 수용되는 과정에서, 제안을 먼저 받은 쪽이 이를 거부하고 뒤에 받은 쪽이 수용해 정국의 주도권을 장악하면서 민족적 갈등의 씨앗이 되었다. 이면에서 조선총독부가 소련군 서울 진주설을 조직적으로 퍼뜨린 것은 좌우익을 아우르는 민족통일전선의 형성 가능성마저 서둘러 차단시켜 버렸다. 때문에 일본은 한국 민족 분단의 단초를 제공했다는 책임에서 자유로울 수 없다.

민족주의 우익의 선택에도 책임의 일부가 지워질 수 있다. 송진우 등은 조선총독부의 치안 협력 요청을 분명하게 거절, 식민 통치와 결연히 단절하는 모습을 보여줌으로써 미군 상륙 이후 해방 정국의 주도권을 장악할 수 있는 대의명분을 세울 수 있었다. 그러나 조선총독부의 협력 요구를 거절하면서 그들이 내세운 연합군 직접 상대론이 소련을 배제한 논리라는 점에서, 한국에 대한 대책을 놓고 미·소가 대립할 때 민족 통합의 구심력이 아닌 원심력으로 작용할 위험성을 갖는 것이었다.

《國史館論叢》 제108집, 국사편찬위원회, 2006

제2장
조선공산당의 권력 구상과 '조선인민공화국'

1. 조선공산당과 통일전선의 시작

1945년 8월 15일 일본이 제2차 세계대전에서 패망함으로써 한국은 제국주의 식민 통치에서 해방되었다. 이를 계기로 계급적 기반과 이념, 노선을 달리하는 정치 세력들이 경쟁적으로 자주독립국가 건설운동에 뛰어들었다.

이 가운데 두각을 나타낸 것은 사회주의 세력이었다. 1918년 연해주에서 한인사회당이 탄생한 이래 한국 사회주의운동은 3·1 운동을 거쳐 1925년 조선공산당의 창립을 계기로 주요한 민족해방운동 세력으로 확고히 자리 잡았다.[1] 1930년대 일제의 대륙 침략 이후 국내 민족운동 세력 대부분이 전선에서 사라지는 동안에도 이들은 끈질기게 투쟁을 계속했다. 여기에 중경 임시정부, 연안의 조선독립동맹, 만주의 항일무장투쟁 그룹, 미국의 이승만 같은 해외 민족운동 세력이 아직 돌아오지 못하고 있었던 상황도 이들이 자주독립국가 건설운동의 선두에 설 수 있었던 요인이었다.

그러나 조선공산당을 중심으로 하는 사회주의 세력이 해방 후 자주

---

1 이현주, 《한국사회주의세력의 형성: 1919~1923》, 일조각, 2003 참조.

독립국가 건설의 과제를 제대로 수행했는지에 대해서는 부정적인 평가가 많다. 1945년 8·15 해방 직후 한국에 대한 소련의 구체적인 정책이 드러나는 12월 모스크바 3상회의 전까지는 조선공산당이 정책과 노선을 결정하는 데서 어느 정도 독자적인 선택과 결정이 가능한 시기였다.

이 장에서는 조선공산당의 실패가 일제 식민지 시기 이래 누적된 조직·사상적 폐해와 밀접한 관계가 있다는 문제의식 아래 그 원인과 경과를 규명해 보려고 한다. 특히 일제하 조선공산당사의 평가를 둘러싼 논쟁을 비롯해 당을 재건하는 과정에서 드러난 갈등이 이후의 운동 과정에서 재생산되고 있음은 눈여겨볼 필요가 있다. 이러한 연구가 전혀 없었던 것은 아니나[2] 조선공산당사와 해방 후의 당내 문제, 민족통일전선의 문제가 유기적인 연결 속에서 충분히 검토되지는 않았다.

이를 위해 먼저 일제 말에서 해방 전까지 공산주의운동을 개관하고 이것이 조선공산당 재건 과정에 어떻게 계승되는지를 살펴보기로 한다. 또한 당이 재건되는 과정과 분열상, 조선인민공화국의 선포에서 드러나는 정부 수립 구상을 규명할 것이다. 그리고 독립촉성중앙협의회와 중경 임시정부에 대한 인식과 태도를 살펴봄으로써 민족통일전선 결성에 대한 조선공산당의 전략을 검토할 것이다.

---

2 李景玟, 〈社會主義者と朝鮮の解放－朝鮮共産黨の再建過程〉, 《朝鮮民族運動史研究》 5, 1988; 李庭植, 〈조선공산당과 인민공화국〉, 《한국현대사와 美軍政》, 한림대 아시아문화연구소, 1991; 서중석, 《한국현대민족운동연구》, 역사비평사, 1991; 신주백, 〈8·15해방과 조선공산당 재건－조직문제를 중심으로〉, 《일제하 사회주의운동사》, 한길사, 1991; 윤덕영, 〈解放直後 社會主義陣營의 國家建設運動－1945년 '朝鮮人民共和國'을 중심으로〉, 《學林》 제14집, 연세대 사학연구회, 1992; 정용욱, 〈조선공산당 내 '대회파'의 형성과정〉, 《國史館論叢》 제70집, 국사편찬위원회, 1996.

2. 조선공산당의 재건 과정

1) 당 재건 과정의 두 계열

한국 공산주의운동의 기원은 러시아 혁명이 일어난 이듬해인 1918년으로 거슬러 올라간다. 3·1 운동 전 이미 노령 연해주에서 공산주의운동이 싹텄고 코민테른의 조선 지부로서 해방 직후 재건되는 조선공산당(이하 조공)의 역사도 1925년부터 시작된다. 1928년 말 일본 제국주의의 탄압으로 조직이 붕괴될 때까지 조공은 1920년대 이래 노동운동과 농민운동, 민족통일전선운동 등 합법·비합법의 민족해방운동을 선도했다.

그러나 나라 안팎 어느 곳에서든 한국 공산주의운동은 순탄하게 진행되지 못했다. 일본 제국주의의 강력한 통제와 억압 아래에서, 특히 만주사변과 중일전쟁, 태평양전쟁으로 이어지는 시기에 모든 민족운동은 억압받았고 사소한 자유사상의 표현도 금지되었다. 이 때문에 민족해방운동과 공산주의운동은 비합법의 형태로 지하에서 흩어진 채 진행될 수밖에 없었고 공산당은 대중적 운동을 전개할 수 없었다. 더욱이 1937년 중일전쟁이 발발하자 많은 공산주의자들이 합법·비합법의 모든 운동을 중지하고 일본 제국주의 진영으로 투항하기 시작하면서 상황은 악화되었다.[3] 물론 이것이 공산주의운동이 대중과 전혀 연계를 갖지 못했음을 뜻하는 것은 아니었다. 계속되는 대규모 체포로 비합법 운동의 가능성마저도 엄청나게 줄어들었지만 이러한 상황 속에서도 공산주의자들의 활동은 계속되었다.

이때 등장한 세력이 경성콤그룹이었다. 경성콤그룹은 1939년 이재유(李載裕) 그룹에 몸담았던 이관술(李觀述)·김삼룡(金三龍)이 같은 해 비

3 박헌영, 〈현정세와 우리의 임무〉(1945.8.20), 《이정 박헌영 전집》 2, 역사비평사, 2004, 50~51쪽.

밀결사를 결성해 활동하다 이듬해 3월 박헌영(朴憲永)을 지도자로 추대하면서 본격적인 활동을 벌였다.[4] 이 그룹에는 이재유계의 이관술·김삼룡·이순금(李順今)·이현상(李鉉相) 등과 화요회계의 박헌영·권오직(權五稷)·장순명(張順明)이 참여했고, 김태준(金台俊)과 정태식(鄭泰植) 등 지식인들이 함께했다. 서울 상해계의 이인동(李仁同)·서중석(徐重錫) 등도 힘을 보탰고 젊은 층으로 김응빈(金應彬)·이주상(李冑相)·이복기(李福基)·이남래(李南來) 등이 참여했다. 경성콤그룹의 지역적 기반은 서울과 인천에 집중되었지만, 함경남도와 함경북도, 마산, 대구, 부산에도 조직책을 두었다.[5] 이들은 전향이나 변절을 하지 않은 공산주의 각 파벌의 인물들을 아우른 조직으로 평가되었다.

1940년 12월 경성콤그룹에 대한 일제의 검거가 시작되자 조직책 김삼룡이 검거되고 최고책임자 박헌영은 도피 생활에 들어갔다. 두 지도자가 검거된 뒤 남아 있던 경성콤그룹은 홍인의(洪仁義)와 김한성(金漢聲) 등 소장파가 지도했다. 그러나 이들도 이듬해 3월과 12월에 검거되고 조직은 와해되었다.[6]

경성콤그룹의 와해로 침체되었던 공산주의운동은 일제의 패망이 예견되는 시점에서 다시 활발해졌다. 조선 공산주의자들은 소련·독일 전에서 승승장구하던 스탈린이 1944년 11월 소련혁명기념일에 일본의 중국 침략을 규탄하고, 필리핀에서 미군이 일본군에 승리했다는 소식에 고무되었다. 전쟁의 막바지에 조선에서 날로 심해지는 일본 제국주의의 박해가 오히려 이들로 하여금 "우리 전위부대의 공세가 결사의 일로를 돌진"하게 했던 것이다. 지하에 산발적으로 잠복해 있던 공산주의 서클들의 움직임도 활발해졌다.[7] 김일수(金一洙)와 김태준 등의 공산당 재건

---

4 김경일, 《이재유, 나의 시대 나의 혁명》, 푸른역사, 2007 참조.

5 鄭容郁, 앞의 논문, 46~47쪽.

6 신주백, 〈박헌영과 경성콩그룹〉, 《역사비평》 13, 1991년 여름호 참조.

7 鄭栢, 〈八月 十五日 朝鮮共産黨 組織經過 報告書〉(1945.11.7), 《朝鮮共産黨文件資料

사건, 청진일철 사건, 성진고주파 사건, 신의주결사대 사건, 협동당 사건, 성대이공 사건, 안양 사건, 함흥파옥 사건, 포천 사건, 개성 사건 등 일본 제국주의에 대한 저항이 일어나기 시작했다. 또 경성콤그룹의 김태준·서중석 서클, 이영(李英)·정백(鄭栢) 등의 스탈린단, 조동호(趙東祜) 그룹 외 여운형(呂運亨)과 이걸소(李傑笑) 등 건국동맹의 지하운동도 활발해졌다.

당 재건운동도 다시 벌어졌다. 1944년 7월 하순 각 비밀그룹의 대표 자격으로 조동호·정백·이영·최원택(崔元澤) 4인이 돈암정에 모여 공산당 재건 준비를 위한 간부로 자신들 말고도 정재달(鄭在達)을 가입시킬 것을 상의했다. 이어 다음 회합의 계획까지 정했으나 정재달과 어구선(魚龜善)이 검거되면서 당 재건운동은 실패로 돌아갔다. 이영과 조동호·최원택·정백·정종근(鄭鍾根)·김두수(金斗洙)도 이때 검거되었다. 스탈린단은 정백으로 하여금 화요회계의 조동호를 만나 공산당 재건을 계속 추진하게 하고 정종근은 경성콤그룹의 박상준(朴祥俊)을 만나 합류에 관해 협의했다. 비밀 보장을 위해 별개 조직 형태로 평남, 황해, 강원 지방을 비롯해 각도 간부까지 구성했다.

화요회계도 조동호·정재달·최원택·홍남표(洪南杓)·이승엽(李承燁)의 5명으로 간부를 구성하고 인천과 황해도, 경상북도에 지방기관을 조직했다. 경성콤그룹은 다수가 감옥에서 보석·석방된 뒤 연락이 끊겼고, 김태준이 지도하던 변재호의 영등포 노동자 조직이 활발하게 움직였는데 8·15 직후 박헌영과 연결되었다. 이정윤(李廷允)의 서클은 경인 지역 노동자들에게 뿌리를 내리며 김일수와 연결되었고 노동자 출신의 최상덕(崔上德)과 신용우(申用雨) 등이 호남 지방에서 활발하게 움직였다. 김일수와 서중석이 이끄는 서클은 출판공 박광희(朴廣熙) 등의 조직 투쟁의 성과로 다수의 노동자 조직을 확보했다. "8월 혁명을 예고한 산우욕

集》(1945~1946), 한림대학교 아시아문화연구소, 1993, 5~6쪽.

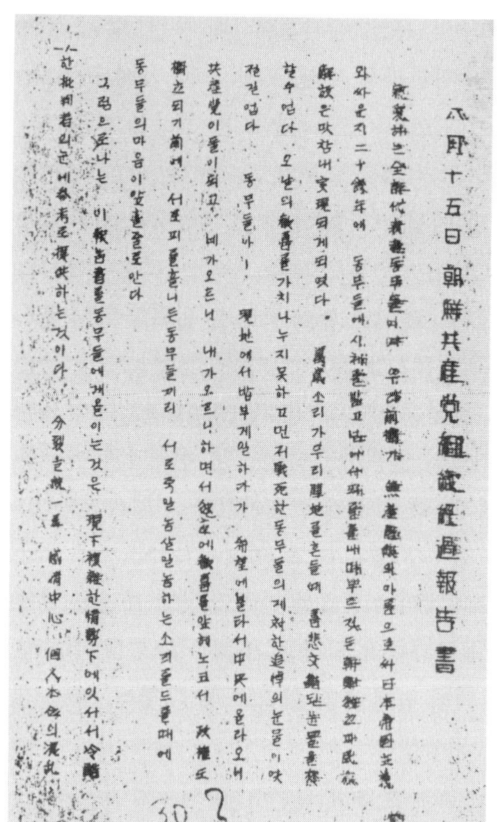

八月十五日 朝鮮共産黨組織經過報告書

[illegible]

와싸운지 二十餘年에 동무들에게 [illegible]

解放은 맛참내 實現되게되엿다. [illegible]

할수업다. 오날의 歡喜를 가치나누지못하고 먼저 戰死한 동무들의 [illegible] 追悼의 눈물이 [illegible]

전진 업다 동무들아! 現地에서 밥부게일하다가 [illegible]

共産黨이 둘이되고, 네가오르니, 내가오르니 하면서 [illegible]

獨立되기 前에 서로피를흘니든동무들끼리 서로죽일놈살일놈하는소리를드를때에

동무들의마음이 [illegible] 줄로안다

그럼으로 나는 이 報告書를 동무들에게올이는것은 現下複雜한情勢下에잇서서 [illegible]

한 批判者의 [illegible] 提供하는것이다. 分裂을 [illegible] 中心 個人本位의 [illegible]

8월 15일 조선공산당 조직 경과 보고서(정백, 1945. 11. 7)

래풍만루(山雨欲來風滿樓)"의 상황이었다.[8] 그러나 8·15 이전에 조공은 재건되지 못했다.

해방과 더불어 신속하게 움직인 것도 서울과 경기 지역에서 활동하던 공산주의자들이었다. 8·15 당일 석방된 공산주의자들은 서울 계동에서 '재경혁명자대회'를 열었다. 그 이전 7월 말에는, 공산당준비부를 구성하기로 협의했던 조동호·이영·최원택·정재달·정백 5인을 포함해 서중석·홍남표·이승엽·최용달(崔容達) 등 9인이 모임을 갖고 이정윤과 이현

8 鄭栢, 앞의 글, 5~6쪽.

상을 추천, 모두 11인을 간부로 선임했다. 대체로 이들은 화요회계(조동호·홍남표·정재달·최원택·이승엽), 스탈린단(이영·정백), ML계(이정윤), 서중석 그룹(서중석), 경성콤그룹(이현상) 등 여러 파벌이 연합한 형태였다. 비서부(조동호), 조직부(정재달), 선전부(정백), 정치부(간부전체) 등 간부 인선도 마무리지었다.

당의 명칭으로 '조선공산당준비총국'과 '조선중앙공산당'이 제안되었다. 이들은 논의 끝에 "혁명이 진행되는 비상 사태에서 준비기관으로는 강력적 추진이 어려움으로 무산계급의 최고 형태로서 대중의 선두에서 결정적 실천을 행하는 것이 좋겠다"는 의미에서 조선중앙공산당을 채택했다. 하지만 급박한 상황임을 고려해도 당이 급조되었다는 지적은 면하기 어려웠다. 이를 의식해 조선중앙공산당은 ① 공산주의단체 외에 개인을 당으로 들어오도록 할 것, ② 당 대회를 열어 정식 중앙을 선출할 것, ③ 각 그룹의 상부만 결합되었고 하부는 합동하지 않은, 즉 당 준비성격을 실행할 것, ④ 해외로부터 우수한 지도자가 들어오면 중앙을 변경할 것 등을 결의했다. 이에 따라 조선중앙공산당은 8월 17일 재경혁명자대회를 열고, 이튿날에는 당면의 혁명 단계를 프롤레타리아 혁명으로 규정하는 내용을 담은 정강 정책을 발표했다. 경성지구위원회와 공산청년회, 각 도의 기관이 조직되었고 현준혁(玄俊赫)과 김덕영(金德泳)이 각각 조선중앙공산당 평안남도 책과 황해도 책으로 임명되었다.[9] 조선중앙공산당은 장안빌딩에서 선포되어 장안파공산당으로 불리게 되었다.

그러나 1945년 8월 18일 박헌영이 상경해 활동을 벌이면서 조선중앙공산당(이하 장안파공산당)은 동요하기 시작했다. 그는 1925년 고려공산청년회 초대 책임비서를 지낸 조선공산당의 창당 멤버이고 화요회계의 중심 인물이었으며 경성콤그룹의 최고 지도자였다. 박헌영은 1941년

---

9 鄭栢, 앞의 글, 5~6쪽.

1월 이관술, 이현상, 김삼룡 등이 체포되자 대구로 피신했고 경찰의 추적을 벗어나 여러 차례 거처를 옮기며 일본이 항복할 때까지 숨어 있었다. 8·15 직전에는 전남 광주에서 벽돌공장 노동자로 은거하고 있었다. 박헌영은 지하에 있으면서 흩어진 경성콤그룹 조직원들과 연계를 갖추는 등 활동을 쉬지 않고 있었다. 이는 앞서 장안파공산당 조직을 주도했던 상당수 공산주의자들이 중일전쟁 이후 운동 전선에서 탈락했던 것과는 대조가 된다.

박헌영은 8월 18일 서울로 올라와 경성콤그룹의 지도자와 조직원들을 소집했다. 이어 '조선공산당재건준비위원회'를 조직하고 당면의 혁명 단계를 부르주아민주주의 혁명으로 규정한 정치 노선(〈8월 테제〉)을 발표하고,[10] 해방 당일에 '조선중앙공산당'을 선포한 세력을 강력히 비난했다.

> 탄압의 시기에 기득의 영예에 만족하던 이런 자들은 합법적 운동의 시기, 즉 1945년 8월 15일에 하부 조직의 창설이나 아무런 준비도 없이 '조선공산당'을 조직하여 당 중앙위원회를 선출하기까지 하고 유해한 전통적인 파벌 활동을 반복하며 인민운동의 최고 지도자가 되려고 희망하였다. 그들은 흔들림 없이 오래 전부터 지하운동을 진행하고 있는 충실한 공산주의자들의 믿음직한 그룹이 있다는 것을 알면서 이렇게 행동하였던 것이다. 이런 결과로 조선공산주의운동은 분열되었다. 이런 파벌주의자들의 활동은 공산주의운동과 정반대되는 것이 되었으며, 이 운동을 정치적으로 조직적으로 약화시키는 것이었다.[11]

박헌영에 따르면, 오래 전부터 흔들림 없이 지하운동을 진행하고 있는

10 박헌영, 〈자필이력서〉(1945), 《이정 박헌영 전집》 2, 58~59쪽.

11 박헌영, 〈현정세와 우리의 임무〉(1945.8.20), 《이정 박헌영 전집》 2, 51쪽.

박헌영(1946년 초)

충실한 공산주의자들의 믿음직한 그룹은 경성콤그룹뿐이었다. "탁류가 황포히 흐르는 금일에 있어 한 가지 맑은 물결이 새암같이 쏟아져 나오고" 있으며, "캄캄한 밤중에 밝은 등불같이 진정한 공산주의운동은 일본 제국주의 하의 백색 테러 시기로부터 현재까지 계속 빛나고 있다"는 점에서 자신들만이 적임자라는 것이다. 이와 같은 논리에서 이후 당 분열의 책임을 자격도 없으면서 서둘러 당 재건을 선포한 이들에게 돌렸다. 박헌영은 장안파공산당이 요청한 중앙위원 취임을 거부하고 해체를 요구하는 한편, 이들에 대한 회유와 해체 작업에 착수했다.

당 안팎에서 '당 조직이 원칙에 불합(不合)했다는 비난'이 높아가는 가운데, 8월 22일 장안파공산당은 간부회의에서 당이 조직상 원칙에 어긋나므로 재경열성자대회를 열어 조직 문제를 결정하기로 하고 당의 해소를 결의했다. 이를 위해 정재달·정백·서중석·이정윤·이승엽 등 5인의 대회소집위원을 선출했다. 조동호·홍남표·정재달·최원택 등 화요회계는 당의 해체를 주장하고 장안파공산당에서 탈퇴했다. 경성지구위원회와 공산청년회는 당 해체에 반대했다. 그러나 당초 해소 결의에 찬성했던 이영이 해소 반대를 주장하고 정백도 대회에 물어서 결정할 것을 주장하면서 장안파공산당은 자중지란에 빠졌다. 9월 1일 장안파공산당은 경성지구위원회 주최로 재경열성자대회를 개최했다. 대회는 70여 명이 출석한 가운데 이미 조직된 혁명 대중을 해체할 수 없으므로 당을 존속시

켜야 한다고 결정했다.[12]

대회는 "해당론의 무원칙적 파벌성을 통렬히 비판하고 통일을 위해 3일 이내로 당외 재경 서클을 망라한 대규모의 열성자대회를 개최하여 거기서 중앙부 보강과·전국대회 소집을 토의"하기로 결정하고 9명의 연락위원을 선출했다.[13] 그리고 대회에서 선출된 연락위원들이 각 서클에 통일을 교섭하여 조공 재건위를 제외한 서클의 동의를 받았다. 그러나 조공 재건위 측은 열성자대회 참가 조건으로 당 중앙의 구성과 당원 심사에 대한 모든 권한을 요구했다. 장안파공산당은 이를 거절했으나 연락위원 가운데 조공 재건위 측의 요구에 동조하는 인사들의 비협조로 당 조직 통일을 위한 회합은 휴회되었다.[14]

9월 6일에 다시 열성자대회가 열렸으나 11명만이 모인 가운데 3인 위원을 뽑아 이들이 조공 재건위 측 2명, 장안파공산당 3명을 정해서 이들로 하여금 두 파를 통일시키도록 결의했다. 그러나 재건위 측이 11인 회합을 인정한 반면, 장안파는 인정하지 않았다. 장안파 쪽 위원 3인으로 안기성(安基成)·이승엽·이정윤이 선출되었는데,[15] 장안파공산당이 이들을 조공 재건위 쪽과 가까운 인물들로 판단했기 때문이다. 이날 같은 시간에 조선건국준비위원회(이하 건준)는 제1차 인민대표대회를 열어 '조선인민공화국'을 출범시켰다.

2) 당사 평가 논란과 당 분열

통합 협상이 난항을 겪자, 재건위 쪽은 초조해졌다. 9월 6일 당이 통

---

12 鄭栢, 앞의 글, 9쪽.

13 〈당 통일 촉진에 관한 약보〉, 《戰線》 제4호, 1945.10.31., 이정식 편역, *Materials on Korean Communism, 1945~1947*, Center for Korean Studies, Univ. of Hawaii, 1977, pp.169~173.

14 위와 같음.

15 정백, 위의 글, 9쪽.

일·재건되기도 전에 조선인민공화국(이하 인민공화국)이 출범하고 많은 인물들이 여기에 관여하고 있었기 때문이다. 이에 재건위는 장안파공산당에 대해 전격 흡수를 통한 와해를 시도했다. 이를 위해 장안파공산당에서 통일·재건될 당의 중앙위원 선출 전형위원으로 선임한 이정윤, 이승엽, 안기성의 3인이 앞장섰다. 이들은 이미 조공 재건위 쪽에 포섭된 사람들이었다. 정백도 장안파공산당 지도부의 이영과 최익한(崔益翰)을 만나 쌍방의 통일을 제안하여 승인을 받는 한편 박헌영에게도 이러한 뜻을 전달했다.[16]

1945년 9월 8일 계동에서 안기성의 사회로 열성자대회가 열렸다. 대회에는 이영·최익한·정백·정재달·하필원(河弼源)·이승엽·이정윤·현칠종(玄七鍾)·안기성·이우적(李友狄)·김상혁(金相赫)·정종근·강병도(姜炳度)·조두원(趙斗元)·권오설(權五卨)·최원택·이청원(李淸源)·김두현(金斗鉉)·홍인의를 비롯한 60여 명이 참석했다. 서울을 무대로 활동하던 공산주의자 대부분이 모인 셈이었다. 장안파공산당이 주도하는 열성자대회에 박헌영이 조선공산당재건준비위원회를 대표하여 참석하는 형식이었다.[17]

대회는 먼저 장안파공산당과 조공 재건위의 통합 교섭 전망에 관한 보고를 들었다. 그것은 장안파공산당의 열성자대회에서 선출하여 재건파에 보낸 조선공산당 중앙위원 선출을 위한 전형위원 3인(이정윤, 이승엽, 안기성)과 재건파 대표의 협의 전말이었다. 3인의 전형위원이 장안파공산당원 가운데 통일·재건될 당의 중앙위원이 될 만한 후보를 박헌영에게 써주고 당 중앙위원을 선택할 권리는 박헌영에게 일임한다는 내용이었다.

보고에서 박헌영은 오늘의 정세가 조선의 공산주의자들에게 원칙적

---

16 鄭栢, 앞의 글, 9쪽.

17 〈熱誠者大會의 經過－分裂派의 行動을 批判하자〉 2, 《解放日報》, 1945년 9월 25일자.

결합과 분리를 요구하고 있으며, 이러한 원칙적 결합에 바탕을 둔 통일로써만 당이 건설되어야 한다고 주장했다. 당 통일과 중앙을 건설하는 과정에서 '원칙적 결합과 분리'를 강조한 것이다. 이는 현재의 상황에서 좌익의 통일이 절박하면서도 무원칙한 통합에는 찬성할 수 없다는 견해를 명백히 한 것이다.

당 중앙의 건설과 관련해 박헌영은 조선공산주의운동의 역사 속에서 중앙위원 선임의 원칙을 끌어냈다. 조선공산당이 붕괴된 1929년 이후 당 재건운동 과정에서 공산주의자에 대한 일본 제국주의의 검거가 끊임없이 자행되어 온 것에서 증명되듯이, 전시의 군사적 테러 밑에서도 그들은 지하운동을 계속했다는 것이다. 1937년부터 1945년까지 세계적 전쟁의 시기에서 조선공산주의운동은 지하에서 통일적으로 진행되었는데, 여기서 당 중앙 건설의 조직 원칙은 명백해진다.

> 지하운동의 혁명적 공산주의자 그룹들과 출감한 전투적 동지들이 중심이 되고서 당이 재건되는 것이오, 동시에 여기에는 어느 파를 물론하고 당원이 될 만한 자격을 갖춘 분자는 모두 입당하여 통일적 당 깃발 밑에서 활동할 수 있는 기회를 주자는 것이다. …… 과거의 파벌 두령이나 운동을 휴식한 분자는 아무리 명성이 높다 해도 이번 중앙에는 들어올 자격이 없다는 것이다. 이러한 원칙에서 당은 새로 재건될 것이다.[18]

당 재건의 원칙을 명분으로 장안파공산당 지도자들에게 선전포고를 한 것이다. 박헌영은 특히 1929년 당 재건운동 이전 시기의 공산주의운동에 대해서는 전혀 언급하지 않음으로써, 3·1 운동 이후 1920년대 조선공산주의운동에는 참여했지만 1928년 말 당이 와해된 이후 재건운동에는 참여하지 않았던 장안파공산당의 지도자들을 겨냥했다.

---

18 〈熱誠者大會의 經過－分裂派의 行動을 批判하자〉 2, 《解放日報》, 1945년 9월 25일자.

당연히 장안파공산당 쪽에서 거센 반발이 일었다. 이론가 이청원은 이 모임은 진정한 열성자대회로 볼 수 없으며,[19] 8월 15일에 이미 조직된 조선중앙공산당(장안파공산당)과 앞으로 조직될 당에 대한 태도와 방침을 밝혀줄 것을 요구했다.[20] 이영은 박헌영에게 장안파공산당 지도부에서 ① 전국적 통일, ② 각 서클 통합을 위한 구체적 방법, ③ 원칙적 통합을 서약해야 한다는 결의가 있었음을 환기시키며 결의를 수용하도록 촉구했다.

강력한 저항은 최익한에게서 일어났다. 그는 당 통일의 시야가 일방적이어서는 안 되며, 조선공산주의운동의 역사를 무시하고 장안파공산당과 대립하는 당을 만들어 '새로운 출발'을 짓는 것은 불가하다면서 박헌영의 보고 내용을 강하게 비판했다. 박헌영이 조선공산주의운동사를 언급하면서 1929년 이전의 역사를 제외한 데 대한 예리한 지적이었다. 일제하 조선공산당사의 평가와 관련된 논란을 불러일으킨 것이다. 그리고 장안파공산당의 일원이면서 장안파공산당을 원색적으로 비난한 이정윤을 아나키스트라고 성토했다. 이정윤은 대회 모두 발언에서 장안파는 대중적 토대가 전무하고 방침과 규율이 없으며, 소부르주아적이고 파쟁적이므로 해체해야 한다고 주장했었다. 최익한은 재건위의 부르주아민주주의혁명론에 대해서도 경제주의적이고 아나키스트적이라고 비판했다. 사회자에게 박헌영의 보고 내용에 대한 가부를 거수로 결정할 것도 요구했다.[21]

정백은 안기성·이정윤·이승엽 세 사람만으로 열성자대회를 대표할 수는 없으므로 장안파공산당에서 23인의 협의자를 보내자는 제안을 했다. 그는 당 통일이 계급의식의 통일에 따라야 하므로 권모술수에 기댄 기

19 鄭栢, 앞의 글, 9쪽.

20 〈運動의 統一을 强調－熱誠者大會의 經過報告〉 中, 《解放日報》 4, 1945년 10월 12일자.

21 위와 같음.

계적 통일이 되어서는 안 된다고 주장했다. 재건파에서 박헌영과 장안파의 간부 여럿이 다시 만나 성의 있는 결합을 도모하는 것이 좋겠다는 뜻도 밝혔다. 그러나 홍증식(洪增植)을 비롯해 참석자 다수가 박헌영에게 즉각 전권을 위임해야 한다고 주장하는 가운데 열성자대회는 재건위 측의 의도에 따라 일사천리로 진행되었다.[22]

박헌영은 운동의 시야가 전체적이어야 한다는 최익한의 지적은 옳으며 당사를 언급할 때에도 전체적인 관점에서 보아야 한다고 시인했다. 이정윤의 발언에 대해서도 이정윤의 의사가 과거 운동은 하나도 쓸 것이 없다고 말한 것이라면 잘못이지만 장안파공산당에 국한된 비판이라면 맞는 것이라고 말했다. 박헌영은 당 중앙이 건설될 때 이 자리에 참석한 사람들은 모두 당원으로 들어올 것을 기대한다는 말도 덧붙였다.

장안파공산당 일부의 격렬한 반대 속에 대회는 다음과 같은 내용의 결의안 채택을 강행했다. 첫째 당 건설에 대한 박헌영의 견해를 지지하고, 둘째 당 중앙을 선출하는 문제에서 노동자·농민의 기초 조직을 가진 공산주의 각 그룹과 연락해 협의하되, 연락은 박헌영에게 일임하며, 셋째 당이 건설된 후 강령과 전략·전술을 규정하기 위해 빠른 기간 안에 당 대회를 소집하도록 힘쓰며, 당면 과업의 수행을 위해 행동 강령을 서둘러 작성해 발표한다는[23] 것이다. 그러나 이영과 정백·최익한·이청원 등은 계동 열성자대회의 불법성을 거론하며 결의안 채택에 끝까지 반대했다.

1945년 9월 11일 조공 재건위는 당이 통일 재건되었음을 선포했다.[24] 그러나 그 성립의 일방성과 편파성 때문에 계동 열성자대회는 조선공산당의 재건·통일이 아닌, 이후 새로운 분열의 계기를 제공한 대회로 얼룩졌다.

---

22 鄭栢, 앞의 글, 9쪽.

23 〈我田引水格은 排擊－熱誠者大會의 經過報告〉 下, 《解放日報》 5, 1945년 10월 18일자.

24 《解放日報》 1945년 9월 19일자.

3. 인민공화국과 민족통일전선 방침

1) '인민정부론'과 인민공화국

인민공화국은 해방 후 초기 조선공산당의 권력 구상을 보여준다는 점에서 주목할 만하다. 그런데 그 성립에 대해서는 부정적인 평가가 많다. 조공조차 인민공화국을 선포함으로써 많은 손상을 입었다는 것이다. 인민공화국의 성립은 박헌영이 이끄는 재건파 계열의 조선공산당 성장 과정에 커다란 장애물이 되었을 뿐만 아니라 해방 후의 한국현대사를 걷잡을 수 없이 분열시켰다고도 한다.[25]

인민공화국이 조공의 주도에 따라 성립했다는 점에서는 대체적으로 의견이 일치되고 있지만, 구체적인 성립 배경과 과정, 주도 세력에 대해서는 해명해야 할 문제들이 적지 않다. 왜냐하면 인민공화국의 성립을 조공이 주도했다는 주장은, 건준과 여운형 쪽 인사들의 회고에 나타나 있지만 정작 인민공화국의 성립을 주도했다는 조공 쪽의 기록은 거의 없기 때문이다. 여기서 인민공화국 성립 이틀 뒤 계동 열성자대회에서 행한 박헌영의 보고를 살펴보기로 한다.

> 일본 제국주의는 무장한 채로 아직 물러가지 않고 있는 한편으로, 북부 조선에서 소비에트 연방의 붉은 군대는 일본군의 무장을 해제하고 조선의 자유와 독립을 선언하였고 미국군은 미구(未久)에 서울에 들어오려는 것이다. 이러한 형편에 지주와 대뿌르주아지들의 반동적 반민주주의적 운동은 권모술책을 가지고 좌익 내부에 그 손을 뻐처오고 있는 것이 그의 특징이다. 이러한 중요 모맨트에 당하야 만일 좌익이 분열 상태로 통일되지 못하는 날에는 그것은 반동 세력의 진영을 강화함인 동시에 좌익의 무력(함)

25 李庭植, 앞의 논문, 80쪽.

> 을 폭로하며 전 조선의 인민을 위하야 불행을 가져오는 것이다. 여기에서 우선 행동의 통일을 위한 특별 콤미씨(협의회)가 성립되었고 이 콤미씨는 최대한도의 포용력을 발휘하야 각 단체, 각 파벌, 각 계급에 접근하야 신교(信交), 성별을 초월하고서 가장 넓은 범위의 통일민족전선을 결성하기에 노력한 결과로 '조선인민공화국'을 건설하기에 노력하였다. 또한 인민중앙위원회를 선거 발표한 것이었다. 이것은 확실히 우리 좌익 통일의 큰 성공인 것이 틀림없는 것이다.[26]

미군의 진주를 앞두고 재건위와 장안파공산당의 통일이 시급함을 역설한 것이다. 남쪽에는 아직도 일본군이 무장하고 있고 미군정이 아직 진주하지 않은 상황에서, 지주 계급에 뿌리를 둔 우파 세력과 대항하기 위해서는 좌파의 통일이 긴급히 필요하며, 특별 협의회를 열어 '인공'을 결성했음을 밝히고 있다. 특별협의회는 1945년 9월 6일 인공을 선포했던 '전국인민대표자대회'를 말한다. 이 대회에는 조공 재건위와 대립각을 세우고 있던 장안파공산당도 참여했다.[27]

좌익 진영의 통일을 위해 인공을 수립했다는 사실도 주목된다. 박헌영은 인공의 성립을 민족주의 진영까지를 포괄하는 민족통일전선보다 좌익 진영 통일의 연장선에서 이해하였다. 이는 통일된 조선공산당이 재건되기에 앞서 정부 조직부터 선포한 사실로도 명백하다. 왜냐하면 공산주의자의 입장에서 볼 때 통일전선이란 조직·사상적인 자기세력화가 이루어진 뒤에 제기될 수 있는 것이기 때문이다.

조공이 인민공화국의 성립에 깊이 관여한 정황은 다른 곳에서도 확인된다. 미군정의 주간 정기보고는 박헌영이 인민공화국의 '마스터플랜'을 써서 건국준비위원회 여운형의 승낙을 받은 것으로 기록하고 있다.[28]

---

26 〈熱誠者大會의 經過－分裂派의 行動을 批判하자〉, 《解放日報》 2, 1945년 9월 25일자.

27 鄭栢, 앞의 글, 9쪽.

박일원(朴馹遠)에 따르면 1945년 9월 4일 경성의전병원 내과에 입원 중이던 허헌(許憲)의 병실에서 박헌영, 여운형, 정백 등 4인이 밀회하여 인민공화국 창립과 구성 인물들을 협의·결정했다고 한다.[29]

조공은 인민공화국을 1920년대 이래 항일 투쟁의 역사적 산물로 보고 있다. 1925년의 조선공산당 성립, 당의 지도 아래 전개된 1926년의 6·10 만세운동, 1928년 원산 총파업과 1929년의 부산 대파업, 1927~1931년의 신간회운동, 또 국외에서 1930년대 김원봉 등이 이끌었던 독립운동, 1944년 여운형의 건국동맹운동, 1945년 8월 15일 이후의 건준에 이어 근대 후기 조선 민족운동의 정통을 이어받은 것이 인민공화국이라는 것이다.[30]

인민공화국의 27개 조 강령도 조공이 8월 테제에서 규정한 부르주아 민주주의 혁명에 따른 개혁안이었다. 특히 당면한 민주주의 개혁의 핵심이었던 토지개혁에 대해, 혁명적 토지국유화를 행하지 않고, 농민적 토지 소유 실현의 준비 과정으로서 3·7제를 획득하게 한다는 운동 방식을 제기했던 것은 전형적인 사례이다.[31]

그러나 이것만으로 인민공화국이 오로지 박헌영과 조공이 기획하고 여운형과 건준은 단지 승인만 했다고 단정하기는 어렵다. 인민공화국이 출범하는 과정에서 실무적 준비나 정강 정책의 작성 등에는 조공이 깊이 관여했을 것이다. 하지만 55명에 이르는 중앙인민위원 인선, 9월 14일에 발표된 인민공화국 내각의 구성을 보면 이러한 작업들이 조선공산당의 독자적인 판단에 따라 이루어질 수 있을까 하는 의심이 든다. 중앙

---

28 XXIV Corps G-2 Summary No.41(unclassified).

29 朴馹遠, 〈南勞黨總批判〉(1948), 《南勞黨硏究資料集》 2, 고려대학교 아세아문제연구소, 1974, 335쪽.

30 〈민족통일전선 결성에 대하여 (부) 민족통일전선에 대한 원칙적 차이〉, 《인민공화국 중앙인민위원회 탄생경로》, 해방출판사, 1946, 38~39쪽: 崔相龍, 《미군정과 韓國民族主義》, 나남, 1989, 87쪽에서 재인용.

31 〈조선공산당의 토지문제에 대한 건의〉, 《解放日報》 1945년 12월 12일자.

인민위원회에는 공산주의자를 비롯해서 다양한 인물들이 포함되어 있다. 인민공화국의 내각에도 이승만(李承晩, 주석)·김구(金九, 내무부장)·김규식(金奎植, 외교부장) 같은 아직 귀국하지 않은 해외 인사들이 포함되어 있었다. 국내 민족주의 진영에서 김성수(金性洙, 문교부장)가 포함되고 송진우가 배제된 것도 주목할 필요가 있다. 송진우(宋鎭禹)의 배제는 건준이 출범할 때부터 갈등과 대립을 빚은 여운형의 의중이 개입된 흔적이 짙다.

여운형은 인민공화국이 선포된 지 3주 뒤에 가진 기자회견에서 "건국준비위원회가 새 조선의 건설을 위해 8월 15일 이후의 치안 유지를 위주로 노력하고 있다"고 하여 인공이 건준을 계승한 것임을 강조했다. 그는 또 혁명가가 먼저 정부를 조직하여 인민의 승인을 받을 수 있으며, 급격한 변화가 있을 때 비상 조치로 생겨난 것이 인민공화국이라고 강조했다. 인민이 승인만 하면 인민공화국과 그 정부는 그대로 될 수 있다고 생각하며, 연합군이 진주만 하면 즉시 국권을 받을 수 있도록 준비한

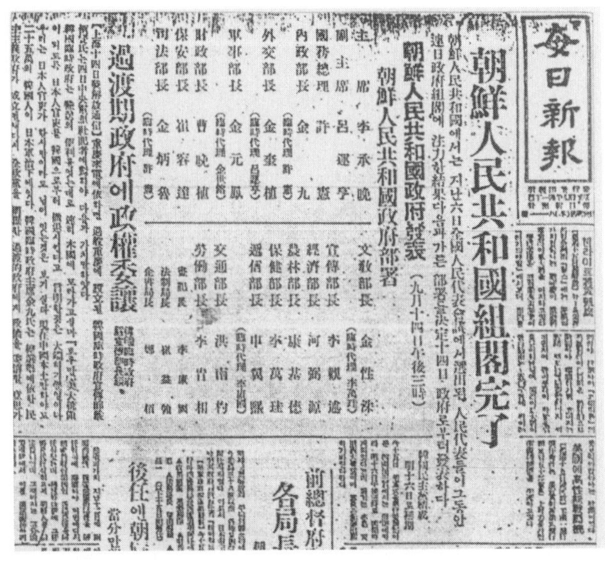
每日新報

朝鮮人民共和國組閣完了

朝鮮人民共和國에서는 지난 六日 全國人民代表會議에서 選出된 人民代表들이 그동안 連日 政府組閣에 注力한 結果 다음과 가튼 部署를 決定 十四日 政府로부터 發表하다

朝鮮人民共和國政府發表 (九月十四日午後三時)

朝鮮人民共和國政府部署

主席 李承晩
副主席 呂運亨
國務總理 許憲
內政部長 金九
外交部長 金奎植
軍事部長 金元鳳
財政部長 曺晩植
保安部長 崔容達
司法部長 金炳魯
文敎部長 金性洙
宣傳部長 李觀述
經濟部長 河弼源
農林部長 康基德
保健部長 李萬珪
遞信部長 申翼熙
交通部長 洪南杓
勞働部長 李胄相

過渡期政府에 政權委讓

前總督府

後任에 朝

조선인민공화국 조각 발표를 보도한 《매일신보》 기사

것이 인민공화국 내각이었다고 한다. 여운형은 혁명기에는 혁명단체가 조각(組閣)하는 것이며 인민이 조각하는 것이 아님은 중국의 손문을 보아도 알 수 있다고 하여[32] 정부 조직 선포의 불가피성을 강조했다.

그러나 이것은 인민공화국을 선포한 인민대표자대회의 대표성에 문제가 있었음을 시인하는 것이기도 했다. 그의 발언은 인민공화국 내각의 조각을 자신이 주도했음을 시사하는 것이다. 특히 중요한 직책인 인민공화국의 주석은 1940년대 초반 단파방송을 통해[33] 이승만의 미국 내 활동과 역할을 알고 있었던 여운형과 허헌이 인선했을 가능성이 크다. 이승만의 명성과 위상을 볼 때 그의 주석 영입 여부는 정권 기관으로서 인공의 현실적 출범 여부를 가늠할 수 있는 상대였나.

조공은 인민공화국을 완결된 정부 권력으로 보지 않았다. 박헌영은 미 주둔군 사령관 하지(J. R. Hodge)와 가진 대담에서 조공과 인민공화국은 아무런 특별한 관계도 존재하지 않으며, 자신은 인민공화국이 장차 수립될 정부를 준비하기 위한 학교와 같은 존재로 생각한다고 말했다. 인민공화국은 미군정청에 대립하는 기관이 아니며, 인민공화국은 한국에서 동맹국들의 군정 기간이 끝날 때 수립될 미래의 정부를 준비하는 것을 목적으로 삼고 있다는 점도 강조했다. 인민공화국의 창설이 꼭 필요한 일이었음을 역설한 것이다.[34]

조공의 권력 구상은 민족통일전선의 이론으로 제기한 '인민정부론' 속에 집약되어 있다. 이것은 8·15 직후 조공이 정권 수립을 위한 투쟁을 당면한 가장 긴급한 과제로 제기하고 있는 데서도 알 수 있다. 곧 전국 범위에서 정권 수립을 위한 투쟁을 전개해야 하고 해방 후 새 조선은 '혁명적 민주주의의 조선'이 되어야 하는 만큼, 한국민주당과 같은 반민

32 《每日新報》 1945년 10월 2일자.

33 성기석, 《短波放送海外連絡運動擧證資料(1941~1943)》(국가보훈처 소장) 참조.

34 〈조선공산당총비서 박헌영동지와 미제24군사령관 하지중장의 회담〉(1945.10.27), 《이정 박헌영전집》 2, 61쪽.

주주의적 경향의 단체에 대해서는 반동성을 폭로해 반대 투쟁을 일으키고, “정권을 인민대표회의로”라는 표어를 내걸고 싸워야 한다는 것이다. 그리고 이를 위해 대지주와 고리대금업자, 반동적 민족 부르주아지와 싸워야 하며 민족·사회개량주의자의 영향 밑에 있는 인민대중을 공산당으로 획득하기 위해 그들의 개량주의적 본질을 비판하고 폭로해야 한다고 주장했다. ‘인민정부’는 노동자·농민이 중심이 되고 도시소시민과 인텔리겐차의 대표와 진보적 요소는 모두 참가하는 민족통일전선으로 결성되어야 하며, 이런 정부라야 근로인민의 이익을 대표할 수 있고, 이것이 점차 ‘노동자·농민의 민주주의적 독재정권’으로 발전해 높은 정도로 혁명의 발전을 보장하는 전제 조건을 만든다는 것이다.[35]

조공은 인민정부 건설에 참여할 자격이 있는 구성원들의 범주를 네 부류로 제시했다. 첫째는 절대독립을 위해 일본 제국주의의 잔존 세력과 친일파의 근절을 철저히 주장하는 사람, 둘째는 조선 인민을 위해 민족을 위해 말로만이 아닌 실천으로 일하는 사람, 진정한 인민을 위한 일꾼으로 대중이 인정하는 사람, 셋째로 국제적으로 민주주의를 실천하려고 하는 사람, 넷째 일본 제국주의자와 가장 격렬한 싸움을 펼친 조공을 이해하고 지지하는 사람 등이다. 이러한 사람이라면 지주이건 자본가이건 상관하지 않고 뭉칠 수 있다고 주장했다. 지침 없는 통일, 무조건 통일에 반대하고 친일파와 민족 반역자를 뺀 전 민족의 통일전선을 결성해야 한다는 것이다.[36]

이것이 조공이 인민공화국을 통해 지향한 인민정부 건설의 원칙이었다. 이러한 요소를 갖춘 국내외 여러 혁명 세력을 민주주의적 토의 위에 정당히 평가해 임시정부를 조직하고, 이 정부의 임시약법에 따라 1년 이내에 국민총선거를 거쳐 ‘인민정부’를 세운다는 것이 조공의 마스터플

35 조선공산당중앙위원회, 〈現情勢와 우리의 임무〉(1945.9.20), 《이정 박헌영 전집》 5, 67쪽.

36 《自由新聞》 1945년 10월 31일자.

랜이었다.[37] 그러나 이것은 인민정부의 대중적 기반을 조공 지지 세력으로 한정시키는 결과를 낳을 것임이 분명했다.

주둔 이후 미군정이 부딪힌 인민공화국은 간단히 부정해 버릴 수 없는 존재였다. 중앙에서 벌이는 활동력이나 지방 인민위원회 조직의 광범위한 존재, 일본 항복 후의 권력 공백기에 중앙과 지방에서 보여준 자치 경험 들은 이들의 실체를 증명하기에 충분했다. 미군정의 한 관리는 미군의 물리력이 없었더라면 인공 세력은 어느 누구도 막아낼 수 없었을 것이라고 말할 정도였다. 과거 한국에서 살았던 군정 참모 언더우드(H. H. Underwood)가 농촌 지역을 여행한 뒤에 인민공화국이 남한에서 가장 강하고 활동적인 조직체라고 보고했을 만큼, 인민공화국이 강력한 세력이라는 것은 의심할 여지가 없었다. 군정 공보실의 하트(W. F. Hatte)는 1945년 12월 언더우드의 견해에 동의하면서 "인민공화국의 세력이 자라고 있으며 모든 수준에서 정부로 조직화되어 있고, 미군정의 개입이 이루어지지 않는 한 어떤 정당도 그들과 공존할 기회가 주어지지 않는다"[38]고 말했다.

미군정은 남한에서 미군정 말고 어떤 정부도 인정하지 않는다는 방침을 천명함으로써 인민공화국을 부정하였다. 미군정은 10월 10일과 12월 12일 두 차례에 걸쳐 인민공화국을 부인하는 성명을 발표했다. 미군정의 인민공화국 부인은 지방 인민위원회에 대한 경찰의 물리적 탄압을 동반하는 활동 전반에 대한 부정이라는 점에서 조공에게는 심각한 타격이었다.

그러나 미군정의 부인에 대한 인민공화국의 반응은 다소 뜻밖이었다.

① (인민공화국에 대한 미군정의-인용자) 현재의 혼동과 오해는 친일

---

37 《自由新聞》 1945년 12월 5일자; 조선공산당중앙위원회, 〈聯合國에 멧세-지 朝鮮共産黨서 전송〉(1945.12.5), 《이정 박헌영 전집》 5, 81쪽.

38 U.S. Army, *History of the United States Armed Forces in Korea* II, 돌베개(影印), 1988, p. 17.

> 파들의 비방적인 조언 때문이다. ② 명칭의 변경은 국호와 그것을 반대해 투표된 조직체에서 토론을 통해서만 가능하다. ③ 회의 후에 하지 중장이 (인민공화국) 국무총리 허헌에게 보낸 편지에서 국(國)이라는 단어를 사용하지 말 것을 요구하는 것 외에 모든 점들에 동의한다. ④ 임시정부는 국무회의를 열고 언급하는 것이 허락된다. ⑤ 미군정의 이러한 태도는 대중을 혼란스럽게 한다.[39]

인민공화국은 감정적인 대응을 자제하는 대신에, 인민공화국에 대한 미군정의 부인이 친일파들의 모략에 따른 오해에서 비롯했다는 점을 부각시키려 했다. 반면에 미군정이 사실상 중경 임시정부의 정부적 활동을 묵인하는 것에 대해서는 형평성의 문제를 거론했다.

인민공화국의 엉거주춤한 모습은 1945년 11월 20일부터 25일까지 서울에서 개최된 전국인민위원회대표자대회에서 채택된 성명서에도 드러난다. 이에 따르면 인민공화국은 조선 인민의 동경의 국호이며 의욕의 단체이나, 미군정의 의사를 존중하며 그에 협조하는 의미에서 미군정에게서 개명 교섭이 있은 뒤부터는 '인민공화국'이라는 문자의 사용을 피해왔으며 또 하려고도 하지 않는다는 것이다.[40] 이것은 또한 당시 시점에서 미·소 간의 협조를 존중하는 소련의 입장이기도 했다.[41]

2) 조공의 민족통일전선 방침

(1) '독촉중협' 참여 전략

권력의 완결체로 간주하지 않는 한 인민공화국을 광범위한 민중적 기

---

39 U.S. Army, *History of the United States Armed Forces in Korea* II, p. 21.

40 사설 〈전국인민위원회대표대회의 성과〉, 《解放日報》 1945년 11월 27일자.

41 서동만, 《북조선 사회주의체제성립사: 1945～1961》, 선인, 2005, 79쪽.

초 위에 민족통일전선으로 확대 강화하는 것은 조공이 맞닥뜨린 최우선 과제였다. 이러한 조공의 의도는, 1945년 10월 23일 정당통일운동의 결과로 이승만이 중심이 되어 발족한 독립촉성중앙협의회(이하 독촉중협)에 참여하는 것으로 나타났다. 조공은 이미 이승만이 귀국하기 전에 그를 인공 내각의 주석으로 발표해 놓고 있었다.

10월 16일 이승만이 귀국하자 인공은 중앙인민위원회 명의로 '조선인민공화국 주석 이승만'을 환영하는 담화를 발표했다. 담화에서 인공은 "이승만 박사는 드디어 귀국하였다. 3천만 민중의 경앙대망의 적(的)이었던 만큼 전국은 환호에 넘치고 있다. 우리 해방운동에 있어서의 박사의 위공은 다시 말할 필요조차 없는 것이다. 조선인민공화국 주석으로의 추대는 조선 인민의 총의이며 이러한 의미에 있어서 해방조선은 독립조선으로의 위대한 지도자에게 충심의 감사와 만강의 환영을 바치는 것"이라면서 최대의 경의를 표했다.

조공도 기관지를 통해 담화를 발표하여, 이승만의 귀국을 환영했다. 이승만에 대한 조공의 평가는 그가 "일평생을 두고 조선 민족해방의 일념을 품고 수륙 수만 리를 표랑하던 혁명가"라는 것이었다. 따라서 현재 역사적 과도기에 처하여 위대한 지도자를 절실히 요구하고 있는 조선 민족에게 이승만은 '3천만 민중의 기대가 절대'한 위대한 지도자였다. 그러면서도 조공은 '기대가 큰 만큼 책임도 중대할 것'이라고 하여 그에 대한 요구도 숨기지 않았다. 지도자라면 세계 정세에 대한 냉정한 인식을 바탕으로 조선의 정세를 정당하게 파악해 민중의 나아갈 길을 제시해야 하며 절대다수의 민중이 무엇을 요구하는지, 공장과 농촌, 도시에서는 무엇을 요구하는지를 들을 줄 알아야만 지도자가 될 수 있다는 것이다.[42] 이승만이 우익 진영으로 넘어갈 것을 우려한 견제였다.

인민공화국과 조공의 환대에 이승만도 우호적으로 화답했다. 그는

---

42 《解放日報》 1945년 10월 25일자.

10월 21일 서울중앙방송국에 나와 자신은 공산당에 대하여 호감을 가지고 있는 사람이며, 공산주의에 대해서도 한국의 경제 대책을 세울 때 채용할 점이 많을 것이기 때문에 공산주의적 경제 정책에 찬성한다고 밝혔다.

그러나 이승만은 공산주의의 정치적 측면, 곧 계급투쟁과 사회주의 혁명에 대해서는 인정할 수 없다는 점을 분명히 했다. 그는 해방 이전의 한국 공산주의운동의 두 가지 경향을 지적했다. 공산주의가 경제 방면에서 노동 대중에 복리를 주자는 것이면서도 다른 한편으로는 공산주의 사회를 수립하기 위하여 "무책임하게 각 방면으로 격동"한다는 것이다. 한국에서뿐만 아니라 중국과 유럽의 해방된 국가에서도 마찬가지였다. 각 지방에서 공산주의 당파를 확장해 민간의 재산을 강탈하는 무리들이 있는 것처럼 급격한 분자가 선두에 나서서 농민이 추수를 못 하게 하고 공장에서 동맹파업을 일으키는 일도 있는데, 이를 방임하면 국제적으로도 영향을 끼칠지 모른다는 것이 공산주의에 대한 이승만의 우려였다. 이는 또한 현재 조공의 계급투쟁에 대한 우려의 표현이기도 했다. 경제적 효용성의 측면에 한하여 공산당의 정책을 긍정할 수 있다는 정도였다.[43]

민족통일전선 결성에 대한 기대도 이승만에게 집중되었다. 귀국 직후부터 그는 정당통일운동의 상황을 다양한 경로를 통해 보고받고 있었다. 개별 정당은 물론 언론사와 각 지방의 인사들에 이르기까지 보고 경로는 다양했다. 이를 통해 이승만은 귀국 후 최단 시일 안에 국내 정세를 훤히 꿰뚫을 수 있었다. 풍부한 정보의 바탕 위에서 그는 "만일 내가 지도자로 나서게 된다면 여러분의 협조와 원조에 힘입어 조국의 건국대업을 위해서 나설 자신을 가질 수 있을 것"이라고 자신감을 밝혔다.

자주독립국가 건설이 지연되는 것에 대해 이승만은 해외에 있을 때

43 《每日新報》 1945년 10월 26일자.

외국인들에게서 조선인이 자치를 할 만한 실력이 없기 때문이라는 말을 들었다면서, 이를 불식하려면 조선인도 능히 자치를 할 수 있다는 것을 보여주어야 한다고 역설했다. 조선인은 자치 능력이 부족하다는 인식이 일본인의 간악한 선전 때문이라고도 했다. 그러나 미국 대통령이 이를 부인했으며 국무장관도 조선의 실정을 잘 양해하였고 태평양 방면 최고 사령관 맥아더(D. MacArthur)도 조선인들이 분열을 일삼고 자주 능력이 없다는 것은 허위 선전이라는 것을 잘 알고 있다고 말했다. 조선 주둔 미군 사령관 하지와 아놀드(G. A. Arnold) 군정장관도 이러한 사실을 잘 알고 있으며 정당이 서로 협력하여 통일하면 자주독립을 이룰 수 있다고 역설했다.[44] 정당통일운동에 대한 미군정의 언질이 있었음을 시사하는 대목이다.

1945년 10월 23일 오후 2시 조선호텔에서 각정당행동통일위원회, 대한신민당, 신조선당, 대한민국국민당, 조선공산당, 귀일당, 대한민국인민정치당, 대한민정당, 학병동맹, 국민당, 한국민주당, 청년단체 대표 등 50여 개 각 정당·단체 대표 2백여 명이 모여 독립촉성중앙협의회를 결성했다. 회의소집 권한은 이승만에게 위임되었다. 대부분의 참석자들은 이승만에게 감사의 뜻을 표함과 아울러 통일 문제 등에 대해서도 그에게 무조건 일임하고 절대 복종하겠다는 자세였다.

그러나 조공은 이승만의 무조건적인 통일론에 제동을 걸었다. 중앙위원 이현상은 조선 사람이면 통일을 반대할 사람은 없지만, 통일의 문제를 옳게 해결하려면 추상적인 이론보다 국제적 현실과 국내 정세를 정확하고 철저하게 파악하여 민중이 다같이 행복하고 하나의 깃발 아래 자유 독립할 수 있도록 해야 한다고 주장했다. 통일에는 조공도 절대 찬성하지만 무조건 통일할 수는 없다는 것이다. 50여 정당이 통일을 부르짖으면서도 통일되지 못한다는 것은 행동과 이상이 저마다 다르기 때문

---

44 《自由新聞》 1945년 10월 23일자.

인데, 세계를 통틀어 혁명적 단계에 들어간 이때에 조선의 현실적 사정을 무시할 수는 없다고 했다. 나아가 이현상은 "문제는 둘 중에 하나다. 대한임시정부를 모셔다가 개조하느냐 그대로 두느냐와 조선인민공화국을 더욱 강화시켜 국내 해외를 망라하여 재조직하느냐에 있다"고 해 중경 임시정부와 인민공화국 중 하나를 선택할 것을 요구했다.[45] 학병동맹과 청년단체 대표자 등 조공 지지 단체들도 인공의 선포가 조선인의 총의인 만큼 이승만이 주석에 취임해야 한다고 촉구했다.[46]

10월 23일 정당행동통일위원회는 전체회의를 열어 독촉중협이 민주주의 원칙에 따라 인민공화국과 중경 임시정부의 두 진영이 모두 납득할 수 있는 조직체가 되도록 노력할 것을 이승만에게 건의하기로 결의했다.[47] 사흘 뒤에는 여운형과 안재홍이 긴급 회동하여 국내의 전선통일은 이승만에 대한 국민적 신망이 최고조인 이 기회를 놓치면 다시 없다는 데 의견을 같이했고 같은 날 여운형은 따로 이승만과 회견했다.[48] 여운형과 안재홍이 각각 인민공화국과 중경 임시정부 지지자들이라는 점에서 두 사람의 회동이 갖는 의미는 컸다.

10월 31일 박헌영은 이승만을 만나 대화를 나누었다. 이날 회동은 이승만이 독촉중협 의장의 자격으로 조공 대표 박헌영을 돈암장으로 초청해서 이루어졌다. 언론은 두 사람의 만남에 의의를 부여하면서 "통일에 대한 원칙 문제에 있어서 양 씨가 완전한 의견의 일치"를 보았다고 대서특필했다. 조공이 줄곧 요구했던 친일파 배제 요구를 이승만이 수용했다고도 보도했다. 이승만도 "성스러운 건국사업에 친일파를 제외하자는 원칙을 시인하며 그러나 지금은 바쁜 때이니 그들을 처단할 수는 없지 않나"라고 함에 박헌영은 "우리도 지금 그들을 처단하자는 것이 아니다.

---

45 《每日新報》 1945년 10월 25일자.

46 《自由新聞》 1945년 10월 24일자.

47 《每日新報》 1945년 10월 29일자.

48 《自由新聞》 1945년 10월 27일자.

오직 독립촉성중앙협의회라는 성스러운 건국기관에서 친일파만 제외하면 우리들은 얼마든지 이 선생과 함께 손을 잡겠다"고 화답했다는 것이다.[49] 공식 참여를 미루고 있었던 조공의 독촉중협 참가도 임박한 것처럼 보였다.

과연 그랬을까? 사실 독촉중협을 중심으로 하는 정당통일운동의 방향과 친일파 처리 문제에 대한 두 사람의 의견은 근접한 것처럼 보였다. 그러나 이 자리에서는 언론에 보도되지 않은 중대한 대화가 오갔다. 조공 측에서 작성한 대화록을 보자.

> **이승만**: 하지 중장은 비합법적으로 조직되어 군정청에 대립하고 있는 조선인민공화국을 강제로 해산시킬 것이라고 나에게 언명한 바 있다. 나는 조선인민공화국을 조직한 사람들에게 정부를 해산하도록 설득하겠다고 약속하여 군정청의 강제적인 해산 조치를 중지시켰다. 만일 조선인민공화국이 스스로 해산한다면 실제로 상황이 더 좋아지지 않겠는가? 다른 나라 사람들이 존중해 주지 않는 정부인 바에야.
>
> **박헌영**: 나는 어떠한 근거로 조선인민공화국의 해산을 요구하는지 이해할 수 없다. 어떠한 근거로 조선인민공화국이 미군정에 대립한다고 판단하는지, 미군정 하에서는 한국인들이 자신의 정부를 수립할 수 없다는 국제협약이 어떻게 존재할 수 있는지 이해할 수 없다. 또한 마지막으로 어떠한 이유로 조선인민공화국의 존재가 당신과 당신의 정치 활동에 방해가 된다고 생각하는지 이해할 수 없다.
>
> **이승만**: (신경질적으로) 해산시키기 원한다면 해산시키되 그렇지 않다면 당신 뜻대로 해라.[50]

---

49 《每日新報》 1945년 11월 2일자.

50 〈박헌영동지와 이승만박사의 회담〉(1945.10.31), 《이정 박헌영 전집》 2, 66~68쪽.

이승만은 조공의 독촉중협 참가를 다그치면서 선결 조건으로 인민공화국의 해산을 요구했다. 해산 요구가 미군정청의 요청인 것처럼 말했지만 이것은 이승만의 의중이기도 했다. 박헌영이 이승만에게 인민공화국의 존재가 왜 이승만의 정치 활동에 방해가 되는지를 추궁하고 있기 때문이다. 인민공화국도 중경 임정도 아닌 자신을 중심으로 좌익 진영까지 끌어들여 독촉중협을 전 우익과 좌익을 아우르는 남한 내 유일한 정치 블록으로 만들려는 것이 이승만의 구상이었다.[51] 이승만이 박헌영에게 인민공화국의 해산을 요구한 이상 그의 인민공화국 주석 취임도 사실상 물 건너간 것이나 마찬가지였다.

11월 2일 조공은 독촉중협에 대해 공식 입장을 발표했다. 물밑 대화들이 이어져 오고 간 뒤였다. 조선 문제를 해결하려면 몇 가지 원칙이 지켜져야 하는데, 첫째는 완전 독립의 달성을 위해 일본 제국주의 세력과 친일파 및 민족반역자를 철저히 구축 숙청할 것, 둘째는 진보적 민주주의 강령을 내걸고 이 원칙 밑에서 모든 민주주의 요소를 집결한 민족통일전선을 결성하고 진보적 민주주의 강령을 선포할 것, 셋째로 통일전선을 토대로 통일정권을 수립할 것이며 통일정부는 진보적 민주주의 기본 과업을 실시할 것, 조선 근로인민의 이익을 존중할 것, 넷째는 전 조선 민족통일전선은 통일정부를 지지하되 이것이 민주주의적 원칙을 밟아 나가는지를 항상 검토하여 자기 의견을 세상에 발표할 것 등이었다.

그러나 독촉중협은 처음부터 문제점을 안고 있었다. 조공은 독촉중협의 11월 2일자 회의를 예로 들어 ① 일본 제국주의 잔존 세력 구축과 친일파 민족반역자 숙청 문제를 묵살했고 ② 11월 2일에 모인 정당대표들은 면밀한 심사도 없이 모 당 간부 몇 개인의 독단적 의사로 무질서할 뿐만 아니라, 회의 중 다수 투표의 권력 강탈을 목적으로 단체 대표자가

51 정병준, 〈주한미군정의 '임시한국행정부' 수립구상과 독립촉성중앙협의회〉, 《역사와 현실》 19, 1996, 155쪽.

아닌 자기 단체 소속 군중을 회장 안에 끌어들이고 다수를 점령하는 동시에, 오히려 참가 자격이 있는 단체의 대표자는 접대위원과 순사, 미군 헌병의 탄압으로 입장하지 못했으며, ③ 의사 진행이 민주주의적 동포애적 입장에서 의견을 발표할 기회를 주지 않을 뿐 아니라 우익 단체의 의사만을 내세우고 그들의 주장만으로 전체 문제를 해결하였고 ④ 4대 연합국에 보낸다는 결의서도 전체 의사라 볼 수 없는 문제를 다루어 연합국의 그릇되지 않은 처치에 대해서까지 질문 또는 논란하는 성질의 문구를 3천만 민족의 전언이라고 보냈다며[52] 독촉중협을 비판했다.

조공은 특히 이승만이 기초한 연합국에 보내는 결의문을 문제 삼았다. 결의문에서 이승만은 맥아더, 하지, 아놀드 등이 38선 분할을 원하지 않는 반면 미국 국무부의 정책 입안자들이 이를 주도했으며, 국무부의 정책이 친일파에 의해 주도되고 있다고 주장했다. 결의문은 국무부를 중심으로 한 미국의 국제주의적 대외 정책 입안자들을 겨냥한 동시에 그 대안으로 미군정 당국이 제출한, 독촉중협을 통해 중경 임시정부를 활용하려는 방안을 밝힌 것이었다.[53] 독촉중협 안에서 인민공화국의 확대와 강화를 꾀하는 조공의 입장에서 이를 문제 삼은 것은 당연했다.

박헌영의 문제 제기에 따라 이승만·여운형·안재홍·이갑성(李甲成)·박헌영 5인이 결의문 수정위원으로 선출되었다. 그러나 결의문은 정당한 수속도 밟지 않고 문구 수정에 그친 채 그대로, 그것도 미국에만 발송되었다. 조공은, 박헌영이 11월 5일에 안재홍, 이갑성과 돈암장에서 만나 여운형이 오기를 기다리다 여운형이 불참한 3인 회합에서 결의문의 내용을 수정해야 한다고 박헌영이 주장한 대로, 박헌영이 메시지 형식으로 다시 작성한 결의문을 보내기로 했는데도[54] 이승만이 약속을 저버렸

52 《每日新報》 1945년 11월 4일자.

53 《每日新報》 1945년 11월 7일자.

54 조선공산당중앙위원회, 〈獨立中協의 決議文에 對한 朝鮮共産黨의 態度〉(1945.11.11), 《解放日報》 1945년 11월 15일자.

다고 비난했다.

그러나 이승만은 "전체가 찬동하여 가결된 것을 뒤로 돌아서서 반대하는 것은 여럿을 위하여 옳지 않은 일이다. 반대가 아니라면 박헌영은 수정위원이니까 당당히 수정위원회에 와서 좋은 의견을 말해야 될 줄 믿는다. 공산당의 제의는 신중히 듣고 있다"[55]면서 조공의 비판을 일축했다. 결국 박헌영이 작성한 새 결의안은 이승만의 분노를 일으키며 그의 결의안과 같이 배포되었고 독촉중협과 공산주의자들 사이에 분열의 시작을 알리는 신호가 되었다. 박헌영은 12월 초 독촉중협과는 더 이상 함께 하지 않을 것임을 분명히 했다.[56]

이승만을 내세워 인민공화국을 해산하고 독촉중협에 조공을 끌어들이려는 시도가 실패로 돌아가자 미군정은 직접 조공과의 접촉에 나섰다. 1945년 12월 10일 군정장관 아놀드는 박헌영을 불러들여, 당면 문제와 군정 전반에 관한 대화를 나누었다. 아놀드는 박헌영에게 미군정청의 통치기구를 표시한 도표를 보여주었는데, 여기에는 군정 아래 기관에서 근무하는 한국인들과 일본인들의 비율이 표시되어 있었다. 그는 처음에 약 1,000명의 일본인들이 근무했지만 한국인들로 교체하여 현재는 일본인들의 수가 89명으로 줄었으며, 군정청 기관에서 근무하는 일본인 아닌 일본인 전문가들, 곧 기사, 기능공 약 700여 명을 현재까지 활용하고 있다고 말했다.

아놀드는 한국인들로만 구성된 법무부가 가장 잘 조직된 부서로서 변호사가 많으며 교육부의 중책은 김성수가 맡고 있다고 했다. 그러나 박헌영은 김성수가 대지주로서 현재 극우 민족주의자로 처신하고 있고, 이전에 친일파였던 그는 지금 친미적 태도를 견지하고 있다면서 아놀드와는 전혀 다른 시각을 드러냈다. 아놀드는 국방부의 중책을 한국인이

55 《每日新報》 1945년 11월 6일자.

56 U.S. Army, 앞의 책, p. 27.

맡게 될 것이며 후보자를 찾고 있다는 말도 했다. 그는 또 박헌영에게 "우리는 군정청 사업에 합류시킬 한국인들을 아직 선발하지 못했다. 당신이 우리보다 사람들에 대해 더 잘 알고 있을 터이니 직원들을 선발하는 임무를 맡아야 한다"며 미군정에 협조해 줄 것을 당부했다.

아놀드는 박헌영에게 미군정이 구상하는 '국가평의회'에 참여하도록 강력하게 종용했다. 그는 백지에 '국가평의회－군정청 각 기관들－각부'라고 표기된 피라미드형의 조직도를 그려 보이며 이 프로그램이 미군 상륙과 동시에 준비된 것임을 강조했다.

> 이 피라미드는 군정청의 구조를 나타내고 있다. 이 기구는 우리가 한국에 진주한 이래 3~4개월에 걸친 작업 끝에 구성된 것이다. 도표의 맨 윗부분은 최고 지도기관인 국가평의회이다. 이 평의회는 영향력 있는 각 정당의 대표자들로 구성될 것이며 이러한 상황이 제 정당의 통일단결을 요구하는 것이다. 조직될 국가평의회는 일체의 행정기구들을 지도하게 될 것이며 간부들을 선발하고 배치하는 일을 맡게 될 것이다. 만일 1개월 내에 제 정당의 통합이 이루어지지 않으면 국가평의회는 타국의 후견에 맡겨질 것이다.[57]

그는 런던에서 외무장관 회의의 의사가 시작되었고 이 회의에서 한국 문제도 논의될 것인데, 여기서 한국에서 제 정당·사회단체의 연합체가 조직된 사실이 승인되지 못한다면 국가평의회를 다른 나라의 후견에 맡기는 길 말고는 다른 방법이 없다고 말했다.[58] 독립을 원한다면 연합체

---

57 조선공산당중앙위원회 총비서 박헌영, 〈박헌영 동지와 아놀드의회담〉(1945. 12. 11), 《이정 박헌영 전집》 2, 111쪽.

58 1945년 9월 12일부터 10월 2일까지 개최된 전승국 간 런던 외상회의는 제2차 세계대전 중 지속되어 온 미·소 간의 협조관계에 종지부를 찍고 냉전 시대를 개막한 중대한 계기로 평가된다. 이에 대해서는 이정식, 〈냉전의 전개과정과 한반도 분단의 고착화 : 스탈린의 한반도 정책, 1945〉, 유영익 편, 《수정주의와 한국현대사》, 연세대 출판부, 1998 참조.

를 구성해야 한다고 다그쳤다. 머뭇거리지 말고 하루속히 독촉중협에 참여해야 한다는 메시지였다.

박헌영은 조공이 통일전선을 결성하기 위해 다방면으로 노력하고 있음을 강조했다. 다만 민족통일전선은 친일 분자들을 배제하고 모든 진보적인 민주주의 세력들의 대동단결에 바탕을 두고 결성되어야 하며, 좌우가 타협하여 세력 균형을 보장할 때에만 성취될 수 있다고 주장했다. 그러나 우익 반대파가 이 원칙에 동의하지 않고 우익 세력의 우세를 꾀하려 하기 때문에 통일전선이 아직 결성되지 못하는 것이라고 했다.

박헌영은 아놀드가 제안한 국가평의회가 군정청의 하부 기구로 군정청의 지시에 복종하는 것인지, 군정청 외부에 존재하면서 향후 조선의 민족정부를 수립하기 위한 토대가 되는 것인지가 궁금했다. 아놀드는 그것이 군정청 내부에 있게 되건 외부에 있게 되건 연합체를 신속하게 결성하는 것이 중요하며 연합체의 능력이 인정되면 군정청의 권한은 이 연합체에 위임될 것이라고 하여 박헌영을 고무시켰다. 그는 국가평의회의 당면 임무로 ① 해외 귀환 한국인들에 대한 원조 ② 헌법 제정 ③ 식량 ④ 재정 ⑤ 인플레 ⑥ 일본인 소유 토지의 몰수 ⑦ 농업 정책 ⑧ 미국과 무역 관계 수립 ⑨ 미국으로부터 차관 도입 ⑩ 한국 민족 군대의 창설 ⑪ 남북 통일 ⑫ 운수와 체신 ⑬ 인사 ⑭ 국민교육의 이념적 방향 설

종로구 옥인동 47번지의 인민공화국 본부(원경 소장)

정 문제[59] 들을 제시했는데 이것은 사실상 미군정을 대신할 새 정부의 출범을 의미하는 것이나 마찬가지였다.

아놀드의 제안은 모스크바 3상회의를 앞둔 미군정의 전략이었지만 조공은 신탁통치 파동이라는 사태의 심각성을 감지하지 못했다. 조공은 독촉중협에서 인민공화국을 확대·강화해 이를 장차 조선에 수립될 인민정부의 주춧돌로 삼고자 했을 뿐이었다. 그러나 이승만이 조공에 대해 독촉중협에 참가하는 전제 조건으로 인민공화국의 해산을 요구함으로써 이러한 계획은 독촉중협에 참가하기도 전에 무위로 돌아갔다.

(2) 중경 임정 요인 제휴론

독촉중협에 대한 조공의 전략은 중경 임시정부에 대한 과소평가가 전제되지 않고서는 이해하기 어렵다. 중경 임시정부는 '국가평의회'를 추진하는 미군정이 독촉중협의 중심 세력으로 설정하고 있었기 때문이다. 이것은 인공의 내각에 배당된 임정 각료들의 면면을 보아도 알 수 있다. 1945년 9월 14일에 발표된 인공의 내각 명단에는 김구(내정부장)·김규식(외교부장)·김원봉(金元鳳, 군사부장)·신익희(체신부장)·이승만(주석) 등 5명의 임정계 인사가 포함되었다. 그러나 이승만처럼 임정과 거리를 두거나 비주류인 인물을 빼면 실질적인 임정계는 두세 명에 지나지 않았다. 게다가 임정 주석인 김구를 인공의 내정부장으로, 부주석인 김규식을 외교부장으로 발표한 것은 임정에 대한 모독으로 여겨졌다.[60]

이러한 평가는 임정에 대한 인민공화국 주역들의 인식과 밀접한 관계가 있다. 여운형은 1919년 4월 상해에서 대한민국 임시정부가 출범할 때 정부기관 설립에 반대하고 정당을 수립해야 한다고 주장했다.[61] 초기에

59 조선공산당중앙위원회총비서 박헌영, 앞의 글, 110~113쪽.

60 1945년 11월 28일 김구와 김규식은 불편한 심기를 드러내며 인공 각료 취임 요청에 대한 거부 의사를 분명히 했다(《中央新聞》 1945년 11월 29일자).

61 〈被疑者訊問調書: 呂運亨〉(1929.7.18), 《夢陽呂運亨全集》 1, 한울, 1991, 398쪽.

그는 외무차장으로 선출되었으나 수락하지 않았다. 여운형은 1924년 한때 임시의정원 의원으로서 의정원 12회 회의에서 의장과 부의장을 지낸 적이 있을 뿐, 뒤에 상하이에서 활동하면서도 임정의 책임 있는 자리를 맡은 적은 없었다. 이러한 인식은 조공도 마찬가지였다. 박헌영은 임정 각료들을 일컬어 그들이 반일투사인 것은 분명하지만 조선의 민중들은 만나보지도 못한 '허명무실의 관직'을 가진 사람들이라고 혹평했다.[62] 그에게 임정 각료들은 고루하고 봉건적인 사상에 권력욕을 가진 노정객일 뿐이었다.

그러나 중경 임정이 정치적 성향으로 우익임을 생각한다면, 그들만큼 조공의 통일전선 정책에 다가선 정치 세력도 없었다. 친일파와 민족반역자를 배제하는 태도는 임정이 인민공화국보다 강경했다. 정강 정책도 인공의 그것과 크게 다를 것이 없었다. 임정은 1941년 11월에 발표한 〈대한민국 건국강령〉에서 민족 전체의 행복을 실현하는 데 최고의 목표를 설정했다. 개인이나 특정 계급의 독재를 배격하며 정치·경제·교육적으로 국민 전체가 균등한 생활을 누릴 수 있는 균등 사회 건설을 지향했다. 특히 경제 정책으로 제시한 토지와 대생산 기관의 국유화 등은 인민공화국의 그것과 큰 틀에서는 실제로 같은 것이었다.[63] 김원봉·장건상(張建相)·성주식(成周寔) 등 귀국 직전 중경 임정의 국무위원 구성도 겉보기에는 좌우가 동거하는 모습이었다.

조공이 중경 임정에 대해 비우호적인 태도를 갖게 된 데는 적대 세력으로 간주한 국민대회준비회의 임정 추대론도 한몫을 했다. 동아일보를 중심으로 모여든 우익은 국민대회준비회를 조직하고 중경 임시정부 지지를 전면에 내세웠는데 이 조직은 뒤에 한국민주당의 모태가 되었다.

---

62 박헌영, 〈統一戰線 結成에 對해 共産黨서 態度 表明〉, 《新朝鮮報》 1945년 12월 13일자; 《이정 박헌영 전집》 2, 117쪽.

63 韓詩俊, 〈大韓民國臨時政府의 光復후 民族國家 建設論-大韓民國建國綱領을 중심으로〉, 《한국독립운동사연구》 3, 독립기념관 한국독립운동사연구소, 1989 참조.

송진우 등 국민대회준비회가 중경 임정을 추대한 실질적 목표는 인민공화국 타도였다.[64] 이 때문에 조공은 중경 임정과 한국민주당을 하나의 정치 세력으로 여기기 시작했다. 더욱이 조공이 재건되는 과정에서 떨어져 나간 장안파공산당원 일부가 국민대회준비회에 합류하여, 인공의 배격을 주장하고 중경 임정 지지를 선언하면서 조공(인공)과 중경 임정의 관계는 중경 임정이 귀국도 하기 전에 팽팽한 긴장에 휩싸였다.

1945년 10월 17일 주요 정당 대표들이 국민대회준비회의 주선으로 회동하여 민족통일전선 문제에 대해 논의했다. 한국민주당, 국민당과 장안파공산당도 참가했다. 10월 24일 다시 만난 이들은 또 민족통일전선 통일에 대해 논의한 뒤 공동성명을 발표했다. ① 중경 임정의 정치적 외교적 활동을 전면적 적극적으로 지지하고, ② 임정을 비롯한 재외혁명단체의 민족해방투쟁에 공헌한 위대한 업적을 지지하며, ③ 중경 임정의 귀환을 촉진하여 국내외의 반민족적 분자를 제외한 민주주의적인 각층 각파와 제휴 연결해 국민 총의에 따른 정식 정부를 급속히 수립하고, ④ 3당은 전 조선 민족의 통일된 완전한 민주주의적 자주독립적 정식 정부 수립을 위한 준비로 국민의 총의가 반영되고 결집할 수 있는 국민대회준비위원회를 구성한다는[65] 내용이었다. 이튿날 돈암장에서 이승만을 중심으로 한국민주당, 국민당, 장안파공산당, 국민대회준비회 대표들이 모여 비밀회동을 가졌다. 회의는 '완전한 등화관제 아래 거행'되었을 만큼 깊은 얘기가 오갔다.[66]

장안파공산당의 국민대회준비회 참여는 계동 열성자대회 분열의 결

64 이승만의 비서였던 윤치영과 윤석오에 따르면, 이승만과 송진우는 인공을 타도하기 위해 임정법통론을 적극 내세우되 중경 임정이 일단 귀국해 정국의 질서가 잡히면 중경 임정을 해체하고 새로운 독립정부를 세워야 한다는 데 합의했다고 한다(孫世一, 《李承晩과 金九》, 일조각, 1970, 201쪽).

65 《自由新聞》 1945년 10월 27일자.

66 《每日新報》 1945년 10월 30일자.

과였다. 최익한과 최성환(崔星煥)·황욱·서병인·주진경 등이 장안파공산당 대표로 참가했고, 이들 가운데 최익한과 최성환이 인공의 내각에 각각 법제국장과 서기장 대리로 발표된 상태였다.

프롤레타리아 혁명론을 내세워 조공으로부터 좌익 모험주의라는 비난을 받던 장안파공산당이 정반대의 방향으로 나아가 한국민주당과 손을 잡게 된 이론적 근거는 무엇인가.

> 조선공산당은 …… 제 투쟁을 제약하는 국제 정세의 분석과 혁명의 현 계단의 전략적 전술적 제 임무에 관한 이론적 제 규정에 있어서 일련의 극좌적 편향을 범행한 것을 대등 솔직하게 인정하는 바이다. …… 이 혁명은 부르주아민주주의혁명 과정이다. …… 이것은 구체적으로는 우리 국내 제 세력과의 협동과 제휴에 귀착하는 문제이다. …… 민족 부르주아지는 이 혁명적 계급에 있어서 어떠한 역할을 할 수 있을까? …… 8월 붕괴 이후 민족주의 진영의 급속한 정치적 결속과 자각 가운데 구체적으로 개화하였고 세계적으로 전개된 진보적 민주주의적 조류는 그들로 하여금 이 나라에 있어서 중요한 정권 분담자로서 결정적 진출을 촉진하였다. 그들은 결코 정권을 프롤레타리아트와 농민에게 전단당할 만치 무력하지 않으며 도리어 우리 계급의 주체적 힘의 유약은 그들과 긴밀한 협동 없이는 조선의 완전한 자주독립국가의 형성을 현실적으로 불가능케 하고 있다. …… 진정한 민족독립정권 수립을 위한 전국인민대표회의(민족통일국민대표회의)의 구성으로서 실현되어야 할 것이다. …… 조선공산당은 이러한 혁명적 민족통일전선으로서의 전국인민대표회의 소집을 위한 투쟁에 있어서 우리 민족 내부의 해내외를 통한 비일본적인 정당 정파 각 계층과 협동하고 제휴하는 것을 자신의 당면한 임무로써 규정함과 동시에 ……[67]

---

67 조선공산당 정치국(장안파), 〈정권수립과 민족통일전선에 관한 결정〉(1945.10.9), 《혁명신문》 1945년 10월 16일자; 《이정 박헌영 전집》 6, 47~51쪽.

계동 열성자대회 결과에도 따르지 않고 이영·최익한 등은 박헌영 중심의 재건파 공산당 노선을 비판하며 독립된 당조직을 유지했다. 그러다가 그해 9월 30일경부터 이영과 최익한 등이 북한을 방문하는 동안 이 문건이 장안파공산당 정치국 명의로 발표되었던 것이다. 장안파공산당은 이전의 프롤레타리아 혁명론이 극좌적 편향이었다고 자아비판하면서 부르주아민주주의 혁명 단계에서 민족 부르주아지는 과소평가되어서는 안 되며, 민족통일전선은 전국인민대표대회의 형태로 추진되어야 한다고 주장했다. 정반대의 방향 전환 속에서 장안파공산당은 한민당, 국민당과 합동을 추진하고 임시정부 지지를 선언했던 것이다.

귀국을 앞두고 나라 안팎의 관심은 온통 중경 임정에 집중되었다. 그러나 중경 임정의 귀국에 대한 조공의 반응은 침착하고 냉정했다. 조공의 입장은 인민공화국이 선포된 상황에서 중경 임정을 정부 권력으로는 인정하지 않되 임정 요인 개인들과는 제휴할 수 있다는 것이었다. 몇몇 명망 있는 임정 요인을 인민공화국 내각 명단에 포함시킨 것도 그 때문이다. 이관술은 임정 요인들에 대해, "오랜 세월 동안 해외에서 조국해방전선에 투쟁해 나온 선배 제씨의 귀국을 맞아 최대의 경의를 표하여 마지않는 바이다. 앞으로 우리 당이 이들을 여하히 맞이하느냐 하는 점에 대하여는 누차 성명한 바와 같이 해외에 기존한 정권을 무조건하고 맞아받드는 것이 아니다. 혁명가로서의 그들을 개인의 자격으로 맞아드리려 하며 그들에게 대한 요망은 조선의 현실을 파악하고 진보적인 민주주의 정권 수립을 위하여 달관적 협조를 바라마지 않는다"[68]고 논평했다.

인민공화국 국무총리 허헌은 "중경 임시정부의 귀국을 앞두고 정국이 매우 미묘하게 움직이고 있는 것은 사실인데, 2, 3일만 기다려주면 공식적인 입장에서 정치 동향에 대한 공식적 의견을 발표할 수 있을 것"[69]이

---

68 《中央新聞》 1945년 11월 6일자.

69 《自由新聞》 1945년 11월 19일자.

라고 언급하고 있다. 이것은 중경 임정의 귀국 문제를 놓고 조공 안에서 많은 논의가 있었음을 보여준다.

중경 임정 요인들이 귀국한 지 사흘 뒤인 11월 26일에는 각 도 대표 인민위원들이 임정 요인과 회견했다. 서울, 경기, 충북, 충남, 전북, 경남, 함남, 황해 등 각 도 대표는 개인 자격으로 임정 요인 숙사를 방문하여 김규식·유동열(柳東說)·엄항섭(嚴恒燮)과 회견했다. 참석자들은 임정 요인들에게 '귀국을 환영하는 동시에 선생들의 고투에 경의를 표하며, 긴급한 문제는 민족의 총역량을 집결·통일하는 데 있다. 민족통일을 확립함에는 친일파와 민족반역자를 제외할 것을 원칙으로 해야 하고 통일정부는 반드시 전국 각지의 인민대중의 요망을 토대로 출발해야 한다'고 주장했다[70]

임정 요인들이 귀국한 후 11월 27일, 주석 김구와 각 정당과 단체 간 공식적인 대화의 자리가 처음으로 마련되었다. 안재홍(국민당)·송진우(한민당)·여운형(인민당)·허헌(인민공화국) 등이 참석했다. 이 자리에서 허헌은 김구에게 인민공화국의 유래를 설명하면서 해방 이래 국내 정세의 혼돈을 수습하기 위해서 인공의 조직은 불가피했다는 점을 강조했다. 미군의 진주를 목전에 두고 중경 임정의 귀국 또한 늦어질 것 같은 상황에서 인공의 선포가 시급했음을 해명한 것이다. 김구는 인공이 지방 조직까지 완료한 것은 놀라운 성과이며, 국내외에서 민족해방을 위해 싸워온 우리가 굳게 손잡고 나가자는 말로 화답했다. 의례적인 발언이었다.

허헌은 거듭 인민공화국의 조직이 독단적으로 한 것이 아니라는 점을 강조하면서, 김구 주석을 위해 힘을 다하여 국내 민심 수습에 나설 것이니 각별한 지도를 바란다고 말했다. 이에 김구는 임시정부의 남은 각료 전원이 환국하는 날을 기다려 공식적인 태도를 표명하겠으니 전폭적으

70 《서울신문》 1945년 11월 27일자.

로 협력해 나가자고 화답했다.[71] 이것은 인민공화국이 중경 임정과 협상의 여지를 남겨놓기 위한 발언이었을 것이다.

그러나 인민공화국의 내정부장과 외교부장으로 발표된 중경 임정의 주석(김구)과 부주석(김규식)이 취임을 거절하면서 협상의 여지는 사라져버렸다. 11월 28일 김구와 김규식, 허헌의 대담에서 김규식은 "미국과 같은 민주주의 국가에 있어서도 내각을 조직하려면 당자의 승인을 맡아야 할 것인데, 나는 인민공화국 내각 조직에 관하여 하등의 의사 교환도 없었고 내가 각원으로 된 것은 비법적이다. 그런 고로 나는 이 내각에 입각할 것을 인정할 수 없다"며 사퇴했다. 김구도 마찬가지였다.[72]

두 사람의 사퇴는 임정의 인민공화국의 존재에 대한 부인을 의미했다. 또한 임정의 간판을 가지고 독자적으로 정국을 주도해 가겠다는 의지의 표현이기도 했다. 제휴의 가능성이 사라지자 조공의 중경 임정에 대한 태도도 귀국 전처럼 '솔직한' 모습으로 되돌아갔다.

> (중경 임정의 요인들은) 조선의 인민 특히 근로자 대중과 친히 접촉하여 조선인의 새로운 공기를 호흡할 필요가 있다. 그분들은 반일 투사인 것이 분명하니 곧 나와서 조선 민중과 접하되 평민의 한 사람으로서 허명무실의 관직은 잠깐 맡겨두고서 움직임이 어떠할는지[73]

우익까지 아우르는 민족통일전선의 가능성이 사라졌을 때 조공에게 위안이 된 것은 중국 화북 지방에서 귀환한 조선독립동맹의 존재였다. 조공은 중경 임정이 "해외 안전지대에 있어서 유한한 망명객의 유랑생활"을 한 것과 달리, 독립동맹은 해외 항일전선 가운데 조선 해방을 위

---

71 《中央新聞》 1945년 11월 28일자.

72 《中央新聞》 1945년 11월 29일자.

73 박헌영, 〈統一戰線 結成에 對해 共產黨서 態度 表明〉, 《新朝鮮報》 1945년 12월 13일자; 《이정 박헌영 전집》 2, 117쪽

한 전투의 가장 커다란 세력이라고 주장했다. 이러한 인식은 북한에 들어와 소련군정의 지원 아래 빠르게 권력을 세워 나가고 있던 김일성 그룹에 대해서도 마찬가지였다. "해외에 있는 혁명 세력으로서 연안의 독립동맹과 김일성 장군의 빨치산 투쟁 부대가 가장 유력한 두개의 세력"이라는 것이다. 이들 세력이 국내에서 진보적 민주주의의 기치 아래 통일을 주장하고, 조공과의 전면적 협력을 성명할 뿐 아니라 인민공화국을 지지하는 것은 장래 조선을 위하야 경하할 일이라고 했다.[74]

조공의 민족통일전선은 민족주의 진영이 배제된 좌익통일전선을 향해 가고 있었다.

4. 조공의 통일전선론과 좌우 대립

지금까지 해방 직후 조선공산당의 재건 과정과 권력 구상을 자주독립국가 건설운동의 관점에서 살펴보았다. 특히 일제 식민지 시기 이래 조선 공산주의운동 내부의 파쟁과 조직·사상적 폐해가 조공의 자주독립국가 건설운동을 실패하게 한 주된 원인이라는 문제의식 아래 그 경과를 규명해 보았다.

해방과 더불어 신속하게 움직인 것은 서울과 경기 지역에서 활동하던 공산주의자들이었다. 8·15 당일 석방된 이들은 서울 계동에서 혁명자대회를 열고 여러 파벌을 규합해 조선중앙공산당(장안파)을 결성했다. 이들 가운데 상당수는 1937년 이래 운동 전선에서 탈락한 공산주의자들이 많았다. 이 때문에 1945년 8월 18일 박헌영이 상경해 활동을 벌이자 장안파공산당은 크게 동요했다. 일제 말기까지 지하에서 투쟁을 계속했던

74 조선공산당대표 박헌영, 〈獨立同盟, 我黨에 協力〉, 《解放日報》 1945년 12월 21일자; 《이정 박헌영 전집》 2, 119~121쪽.

그는 경성콤그룹과 화요회 등 자신이 이끌던 조직을 중심으로 조선공산당재건준비위원회(재건파)를 결성하고 공산당 재건에 착수했다.

장안파와 재건파는 계동 열성자대회에서 통합을 모색했다. 열성자대회는 장안파가 주최했지만 이것은 어디까지나 외형적인 측면일 뿐이었다. 물밑 작업을 통해 이미 장안파의 상당수를 장악한 재건파는 장안파에 대한 전격적인 흡수를 꾀하여 이를 관철시켰다. 대회 과정에서 제기된 조선공산당 당사(黨史)의 평가에 관한 논쟁은 당의 건설적인 재건에 긍정적인 구실을 할 수도 있었다. 그러나 무리하고 일방적인 진행으로 통합의 장이 되어야 할 열성자대회는 새로운 분열의 계기를 제공한 대회로 끝나고 말았다. 장안파는 자신들의 운동 전선 탈락에 대한 해명이나 반성을 회피했고 재건파 또한 동지의 아픈 과거를 감싸 안아주는 포용력을 발휘하는 데는 인색했다.

공산당 재건 과정의 조급성은 인민공화국의 선포 과정에서도 드러난다. 재건파는 조공이 재건되기도 전에 건준과 협력하여 인민공화국을 선포했다. 공산주의에서 통일전선이란 조직·사상적인 자기세력화가 이루어진 뒤에 제기되는 것이 순서임을 고려할 때 이는 본말이 뒤바뀐 것이었다. 조공은 인민공화국을 '인민정부론'에 입각하여 친일파와 민족반역자를 제외한 민족구성원 전체가 참여하는 민족통일전선으로 구상했다. 그러나 인민정부 참여 요건의 하나로 조공에 대한 지지를 요구함으로써 인민정부의 인적 계급적 기반의 범위를 좁히는 결과를 낳았다.

남한 내 배타적 유일 정부임을 자처하는 미군정의 부인과 각료의 태반이 취임을 거부하는 상황에서 인민공화국이 인민정부의 완결체일 수는 없었다. 권력의 완결체로 여겨지지 않는 상황에서, 인공을 광범위한 민중적 토대 위에 민족통일전선으로 확대·강화하는 것은 조공이 당면한 급선무의 과제였다. 이 때문에 조공은 미군정의 후원 아래 이승만이 주도하는 독촉중협 참가를 시도했다. 독촉중협 속에서 인민공화국의 확대·강화를 꾀하려 했던 것이다. 그러나 미군정과 이승만이 참여의 조건으로 인민공화국의 해산을 요구하자 조공은 독촉중협 참여를 포기했고, 인민공화국을 광범한 대중적 토대 위에 명실상부한 민족통일전선으로 강화하려던 조공의 계획은 위기를 맞았다.

중경 임정과 인민공화국은 모두 정부 권력임을 내세우고 있었기 때문에 얼핏 보면 숙명적으로 적대적일 수밖에 없는 것처럼 보였다. 그러나 둘 다 친일파와 민족반역자를 제외한 민족통일전선 결성을 추구하고, 대토지와 대생산기관의 국유화를 비롯한 핵심적인 경제 정책이 같았던 점에서 보면 협력의 가능성이 전혀 없는 것은 아니었다. 협력의 가능성이 배제된 데에는 이념과 정책의 갈등, 완고하게 법통만을 내세우는 임정의 고집, 인적 구성의 이질성 등 못지않게, 임정이 갖는 역사적인 상징성의 깊이를 헤아리지 못한 조공의 박약한 역사의식에도 원인이 있었다. 부르주아민주주의 혁명 단계에서도 혁명의 헤게모니를 노동자 계급이 갖는 것은 공산주의의 상식에 속하는 것인데도, 프롤레타리아혁명을 외치다 느닷없이 임정지지를 선언한 장안파공산당의 행태는 이러한 혼란상이 극에 이른 사례였다.

8·15 직후부터 같은 해 12월 모스크바 3상회의가 개최되기 전까지는, 조공이 민족통일전선운동을 비롯한 정책과 노선에서 어느 정도 독자적인 선택과 결정이 가능했던 시기였다. 그러나 과거 공산주의운동의 파벌의식과 자파 우월주의, 편협한 교조주의는 이러한 가능성의 폭을 크게 좁히는 결과를 가져왔다.

《한국근현대사연구》 제36집, 한울, 2006

제3장
재미한족연합위원회 대표단의 중도파 통일운동

1. 해방과 재미한족대표단

이 장의 목적은 1941년 4월 미국에서 결성된 재미한족연합위원회가 해방 후 조국의 재건에 기여할 목적으로 파견한 재미한족대표단의 활동을 살펴보려는 데 있다. 1937년 중일전쟁이 터지자 미주 한인 사회의 각 민족운동 진영에서는 조국의 해방을 예견하고 이에 대비하기 위해 여러 단체들을 아울러 1941년 4월 29일 재미한족연합위원회를 결성했다. 처음에 재미한족연합위원회에는 하와이를 중심으로 국민회, 동지회, 독립단, 한국독립당 하와이 총지부, 중한민중동맹단, 부인구제회, 영남부인실업동맹단 등이 망라되었다. 특히 재건된 국민회와 이승만의 동지회가 참여함으로써 적어도 표면상으로는 미주 한인 사회의 연합단체로 출범했다.[1]

1945년 해방이 되자 재미한족연합위원회는 국내 동포들의 통일민족국가 건설운동을 지원하기 위해 해방된 조국에 대표단을 파견하기로 결의하고 미국 정부와 교섭하여 귀국 허가를 받았다. 재미한족연합위원회 산하의 각 단체는 미주에서 5명, 하와이에서 9명을 선출했는데, 이들은

---

1 金元容, 《在美韓人五十年史》, 캘리포니아 리들리, 1959; 洪善杓, 〈在美韓族聯合委員會研究(1941~1945)〉, 한양대 대학원 사학과 박사학위논문, 2002; 鄭容郁, 〈해방직전 미주한인의 독립운동과 미국정부의 대응〉, 《정신문화연구》 88, 한국정신문화연구원, 2002 참조.

총 14명의 재미한족대표단을 구성했다.

1945년 11월 4일과 이듬해 1월 26일 두 차례에 걸쳐 귀국한 재미한족대표단은 서울에 도착하자마자 풍부한 재력을 바탕으로 빈민 동포 구제사업에 나서는 한편, 미군정의 후원 아래 중간정당 통일운동을 펼치며 좌우합작운동과 미소공동위원회 촉진운동을 전개했다. 그러므로 이들의 활동에 대한 고찰은 해방 후 한국의 진로에 영향을 미친 미국 내 한인 민족운동세력의 건국 구상을 살펴볼 수 있게 해줄 것으로 기대된다.

그러나 이에 대해서는 재미한족연합위원회에서 작성한 간략한 팸플릿 정도가 남아 있을 뿐[2] 연구 성과는 전혀 없다. 다만 여기서는 재미한족대표단의 정치활동만을 서술하고자 하며, 그들이 많은 노력을 기울였던 빈민 동포 구제사업을 비롯한 사회·문화활동에 대한 고찰은 앞으로의 과제로 남겨둔다.

2. 재미한족대표단의 귀국

1) 대표단의 구성과 조직

재미한족연합위원회는 1942년 4월 초부터 중경 대한민국 임시정부에 '중경 특파원'을 파견하기로 하고 하와이 대표로 김원용(金元容)과 도진호(都鎭浩)를 선임했다. 그러나 이승만과의 관계를 의식한 임시정부 쪽에서 미온적인 반응을 보이는 가운데 해방을 맞이함으로써 이 계획은 유야무야되고 말았다. 이에 따라 연합위원회는 해방된 조국의 건설을 돕고자 대표단을 파견하는 것으로 계획을 바꾸었다.[3] 그에 따른 세부적

---

2 재미한족련합위위원회편, 《해방조선》, 미주 라셩, 1948; 鄭斗玉, 《在美韓族獨立運動實記》, 1969〔《한국학연구》 3(별집), 인하대학교 한국학연구소, 1991에 수록〕.

3 '중경 대표단'의 추진 경위에 대해서는 洪善杓, 앞의 논문, 108~116쪽 참조.

인 일은 워싱턴 사무소 선전부장 전경무(田耕武)가 추진했고 집행부는 은행에 예치해 놓은 독립금과 중경 여비를 귀국 비용으로 사용했다.

전경무는 미국 국무부와 전쟁부에 보낸 8월 15일자 서신에서, 해방된 조국의 정치·사회·경제의 회복과 한국의 자치행정을 돕는 데 참여하고, 한국에 주둔할 미군정의 행정 사항에 필요한 영어 통역을 담당하여 한미 간의 협력을 증진하겠다는 취지로 연합회 지도자들의 한국 입국을 정식 요청했다.[4] 미국 국무부는 9월 14일자 서신에서 이 요청을 받아들였다.[5]

재미한족연합위원회는 본격적으로 본국 파견을 준비했다. 의사부는 본국 파견대표로 김원용·도진호·안창호(安昌鎬)·정두옥(鄭斗玉)·전경무·최두욱(崔杜旭)·조제언(趙濟彦)·안정송(安貞松)·박금우(朴錦友) 등 9명을 선정했다.[6] 원래 대표 인원은 8월 24일의 특별회에서 이미 선정한 김원용·도진호를 비롯하여 안창호·정두옥·전경무·최두욱·조제언·김현구(金鉉九)·안정송·조병요(趙炳堯)·유진석(兪鎭奭)·박금우 등 12명이었다. 그러나 최종 선발 과정에서 김현구·조병요·유진석이 빠져 9명이 되었다.

재미한족대표단의 구성에 대해 하와이 국민회에서 발행하던 《국민보(國民報)》는 〈한국을 방문하는 대표단, 재미한족대표단 조직〉이라는 제목 아래 "단장 한시대, 부단장 김원용, 서기 도진호, 재무 송종익·최두욱, 대언자 김호·전경무"[7]라고 짤막하게 보도했다. 대표단의 구성은

4 Letter From J. Kyuang Dunn to James F. Byrnes, Secretary, Department of State(1945. 8. 15); Letter from J. Kyuang Dunn to John J. McCloy, Assistant Secretary of War Department(1945. 8. 15).

5 Letter from J. Kyuang Dunn to Joseph W. Ballantine(Office of Far Eastern Affairs, Department of State)(1945. 9. 22).

6 Letter from J. Kyuang Dunn to James Osbourn(Visa Division, Department of State)(1945. 10. 18); 재미한족연합위원회편, 앞의 책, 181쪽; 〈한국특파원 선거발표〉, 《國民報》 1945년 9월 5일자.

아래와 같다.

단장 : 한시대　　　　　　　　부단장 : 김원용
서기 : 도진호·김병연　　　　재무 : 송종익·최두욱
정치위원 : 김호·김원용　　　외교원 : 전경무·조제언
사교원 : 박금우·안정송·김성락·안창호·정두옥.[8]

이들 14명의 신상과 경력을 간단하게 살펴보면 다음과 같다.

한시대(韓始大, ?~1981.5)는 대표단의 단장이었다. 그는 황해도 해주에서 태어나 1902년에 하와이로 이주한 뒤, 최초의 교민단체인 신민회(新民會) 위원장을 지냈다. 1917년 9월 흥사단에 입단했고 1919년 이후 군자금을 모집하여 상해 임시정부에 송금했다. 1936년 미국 로스앤젤레스에서 대한인국민회 총회관 건축위원, 1937년 한국광복진선(韓國光復陳線, 중국 진강)에 미주 애국단 간부로 참여했으며 1940년에는 대한인국민회 집행위원장, 1941년 해외한족대회 부의장을 지냈다. 1943년 재미한족연합위원회 집행부 위원장으로 활약했고 1944년에는 중경 임시정부의 주미외교위원부 부위원장에 선임되었다.[9]

김원용(1896.12~?)은 대표단의 부단장이었다. 1917년 5월 미국에 이주한 뒤 1923년 4월 미국 중서부와 동부에서 독립운동 후원 조직을 결성했다. 1930년 6월 하와이에서 열린 재미한족대회에서 대표로 선출되어 연락 사무를 담당했고, 1933년 1월 하와이에서 대한인국민회 총무로

7 《國民報》 1945년 10월 31일자.

8 金元容, 앞의 책, 446~447쪽.

9 金承學, 《韓國獨立史》 下, 298쪽; 援護處, 《韓國獨立運動史資料集》 8, 562~563, 680, 685, 778쪽; 文一民, 《韓國獨立運動史》, 349, 370쪽; 國史編纂委員會, 《日帝侵略下韓國三十六年史》 12, 探究堂, 666, 671~672쪽; 〈제3부 흥사단우 이력서〉, 《島山安昌浩全集》 10, 島山安昌浩先生記念事業會, 739쪽.

활동했다. 1936년 1월 하와이의 《국민보》 주필로 활약했으며 1941~1945년 하와이와 워싱턴에서 재미한족연합위원회 의사부 위원 겸 행정위원, 외교사무소 총무, 의사부 위원장 등을 지냈다. 1944년 대한민국 임시정부 주미외교위원부 위원에 선임되었고 1945년 3월에는 종전 후 연합국 회의에 파견할 대표로 선임되었다.[10]

김호(金乎, 1884.5~1968.1)는 서울 출생으로 본명은 김정진(金庭鎭)이다. 한성중학(경기고보 전신) 졸업 후 인천영화학교 교사를 지냈고, 1914년 상하이를 거쳐 미국으로 건너가 1919년 3월 대한인국민회 중앙총회 파견원으로서 미국 서부 10여 개 주를 돌며 독립의연금 1만 불을 모금했다. 같은 해 12월에 조소앙(趙素昂)의 외교 활동을 후원할 목적으로 노동사회개진당(勞動社會改進黨)을 조직하여 2천 5백 불을 지원했고 1920년 5월 캘리포니아주 리들리에서 김형순(金衡珣)과 함께 김형제상회(Kim Brothers Company)를 설립, 미국 내 10대 농장으로 키웠다. 북미대한인국민회의 부흥에 힘써 1936년에 제1차 중앙집행위원장으로서 회관 건축을 주도했다. 이듬해 대한독립당을 조직한 뒤 중국의 한국독립당 등 8개 단체와 연합하여 한국광복진선 결성에 참여했고 1941년 4월에는 재미한족연합위원회 집행부 위원장에 선임되어 같은 해 12월에 한인국방경비대(맹호군) 창설을 이끌었다. 1944년 11월 대한민국 임시정부 주미외교위원부 위원으로 선출되었다.[11]

김성락(金聖樂, 1904.5~?)은 평남 평양 출생으로 숭실학교를 졸업했다. 도미 후 1932년 10월 흥사단에 입단했고 1941년 미국 로스앤젤레스에서 재미한족연합위원회 집행부 위원으로 선임되었다. 1942년 재미한

10 金承學, 앞의 책 下卷, 116쪽; 國史編纂委員會, 앞의 책 (12), 666, 668~672쪽; 《大韓民國臨時政府臨時議政院文書》, 國會圖書館, 850~858쪽; 金元容, 앞의 책, 269~270쪽.

11 《大韓民國臨時政府議政院文書》, 國會圖書館, 827, 850~851, 858쪽; 國史編纂委員會, 위의 책, 666, 671~672쪽; 같은 책 (13), 530, 795쪽; 《獨立運動史資料集》 1, 539쪽; 盧載淵, 《在美韓人史略》, 1951, 144~145쪽: 정병준, 〈金乎와 리들리그룹〉[한사 김호선생 공훈선양 학술강연회 발표문(서대문 독립공원, 2003. 1. 10].

족연합위원회에서 캘리포니아 경위군 내의 부대이자 샌프란시스코에서 조직된 한인국방경비대(맹호군)의 참위로 임관되어 종군 목사로 활동했다.[12]

송종익(宋鍾翊, 1887.2~1956.1)은 경북 대구 출생으로 1906년 4월에 유학을 목적으로 미국에 건너갔다. 1908년 공립협회 회원으로 장인환(張仁煥)·전명운(田明雲) 의사 재판후원회에서 재무를 담당했고 1913년 흥사단의 창립위원과 이사장을 지냈다. 1919년 이후에는 대한인국민회의 재무를 담당하면서 대한민국 임시정부에 자금을 보냈다. 1941년 대한인국민회 부의장에 선출되었고 재미한족연합위원회가 결성되자 재무를 맡아 활동했다. 1944년에는 대한민국 임시정부 주미위원부를 개조하기 위한 대표원으로 활동했다.[13]

전경무(1901~1947.5)는 평북 선천 출생으로 5살 때 하와이로 건너가 미시간 대학 정치학과를 졸업했다. 1937년 중국에서 한국광복진선이 결성될 때 미주 단합회(團合會) 대표로 참여했다. 1941년 재미한족연합위원회 의사부 위원으로 선출되었고 이듬해에는 같은 회의 중경 특파원으로 선임되었다. 1944년에 대한민국 임시정부 주미외교위원부 비서를 지냈으며 1945년 국제연합 결성대회에 한족대표단의 일원으로 참가했다.[14]

최두욱(1891.5~1956.6)은 경북 경산 출신으로 13세 때 하와이에 이민한 뒤 호놀룰루에서 군복 제조업체를 운영했다. 1941년 4월에 재미한족연합위원회가 조직될 때 의사부 위원으로 활동했고 1944년 9월 한국독립당 하와이 총지부 평의부 부위원장을 지냈다. 1944년 9월 재미한족연

12 國史編纂委員會 編, 앞의 책 (12), 668~673쪽; 金元容, 앞의 책, 269~270쪽; 國史編纂委員會, 《韓國獨立運動史》 5, 137~140쪽; 〈제3부 흥사단우 이력서〉, 《島山安昌浩全集》 10, 823쪽.

13 援護處, 앞의 책 (8), 715~716쪽; 〈제3부 흥사단우 이력서〉, 《島山安昌浩全集》 10, 571쪽.

14 《大韓民國臨時政府臨時議政院文書》, 國會圖書館, 849~851쪽; 김용성, 〈동양에서 온 작은 거인〉, 《발굴 한국현대사인물》 3, 한겨레신문사, 1992, 107~114쪽.

합위원회 재무부 위원에 선출되었고 이듬해 1월에는 하와이 대한인국민회 부회장을 지냈다.[15]

정두옥(1889.11~1972.9)은 경북 하양 출생으로 1903년에 하와이로 이민을 왔다. 1914년 대한인국민회 하와이 와이엘누아 지방총회 대의원을 지냈고, 박용만(朴容萬)이 이끌던 대조선국민군단 사관학교 운영에 참여하여 대조선국민군단 단장으로 활약했다. 1921년 북경의 군사통일회를 후원할 목적으로 대조선 국민대표기성회를 조직했고 1931년 만주사변이 일어나자 국민회 안에 공동회를 조직, 선전부장으로 활동했다. 1937년 중일전쟁 발발 후 하와이의 중국인들과 연계하여 중한민중동맹단을 결성하고 단장을 맡았다. 1940년 한국독립당 하와이 지부 집행위원장으로 원동(遠東)의 특무공작을 후원했으며 1941년 재미한족연합위원회 의사부 위원에 선임되었다.[16]

안창호(1884.1~1969.12)는 경기도 남양주 출생으로 배재학당과 개성의 협성신학교에서 수학하고, 공주·온양·천안·진남포·사리원 등에서 목회활동을 했다. 1930년에 하와이로 이주하여 목회를 계속하면서 1932년 2월 하와이 와이에와 애국단후원회에 가입한 뒤, 자금을 모금하여 대한민국 임시정부에 송금했다. 1942~1945년간 재미한족연합위원회 위원으로 활동했다.[17]

도진호(생몰년 미상)는 1919년 3월 서울에서 유학하던 중 3·1 운동이 일어나자 이에 참여하여 연락 활동을 전개한[18] 것으로 되어 있으나 자료

---

15 國史編纂委員會, 《日帝侵略下韓國三十六年史》(12권), 672쪽; 같은 책 (13권), 802쪽. 그 외 하와이 《國民報》 및 《태평양쥬보》의 기사 참조.

16 尹炳奭, 〈'在美韓族獨立運動實記' 解題〉, 《한국학연구》 3(별집), 인하대학교 한국학연구소, 1991, 29~31쪽.

17 《예수敎美監理會朝鮮年會錄》, 1912·1919·1926년판; 〈獨立有功者平生履歷書 : 安昌鎬〉(국가보훈처 소장); 유동식, 《하와이의 한인과 교회》, 1988, 185, 209~213, 235쪽 참조. 도산 안창호와는 다른 사람이다.

18 援護處, 《獨立運動史》 3권 336쪽; 같은 책 9권, 264쪽.

가 부족하여 자세한 경력을 알기 어렵다.

박금우(여, 생몰년 미상)는 경남 마산 출신으로 1912년 '사진 신부'로 하와이에 건너왔다. 1919년 독립운동 자금 지원과 군인 구호를 위한 적십자 활동 등을 목적으로 호놀룰루에서 결성된 대한부인구제회에 참여하여 1937~1938년까지 중앙부장으로 활동했다. 1928년 결성된 영남부인회(뒤의 영남부인실업동맹회)의 회장으로서 실업 장려와 독립운동 지원 활동을 펼쳤고 1944년 재미한족연합위원회의 선전위원에 선임되었다.[19] 그 밖에 안정송(여), 조제언과 김병연의 신상과 경력은 관련 자료가 부족하여 알기 어렵다.

재미한족대표단의 출신 지역 분포를 보면 평안도와 황해도 등 서북 지방(김성락·한시대·전경무), 경남북 등 영남 지방(송종익·최두욱·정두옥·박금우), 서울과 경기 등 기호 지방(김호·안창호)으로 되어 있다. 즉 서북과 영남이 높은 비율을 차지하고 있는데, 경력에서도 확인되듯이 실제로는 서북의 주도 아래 영남 출신이 연합한 세력이라고 할 수 있다. 이것은 재미한족연합위원회에서 기호 지방을 대표하던 이승만의 동지회 계열이 탈퇴한 사정과도 관계가 있다.

소속 단체로 보면 대부분 안창호 계열이 주도하던 대한인국민회 소속이었다. 흥사단에 가입한 인사들(한시대·송종익·김성락)도 마찬가지인데, 대한인국민회 회원이면서 흥사단에 가입한 인사들은 모두 서북 출신이다. 이것은 재미한족연합위원회의 조직 계통과도 관련되는 것이지만 재미한족의 대표성을 떠맡는 데는 걸림돌이 될 수 있는 요소이기도 하다.

따라서 이들의 정치 성향도 이승만의 노선에 반대한다는 점에서는 공통점을 갖는다고 볼 수 있다. 그러면서도 하와이 출신의 대표들이 대체적으로 친 박용만 노선을 가진 데 견주어, 미주 본토 출신의 대표들은

19 金元容, 앞의 책, 232~234, 238~240, 447쪽; 〈獨立有功者平生履歷書: 朴錦友〉(국가보훈처 소장); 하와이 《國民報》 기사.

재미한족연합위원회 조선 파견 대표단

친 안창호 노선에 가까운 것으로 판단된다. 다만 임시정부에 대한 태도는, 중경 특파원 파견의 무산과 이승만에 대한 김구의 '편애'와 맞물려 원론적 지지와 현실적 비판 사이에서 그 선택이 고민스러울 수밖에 없었을 것으로 보인다.

재미한족대표단은 출국에 따른 법적 절차를 마무리짓고 대표단을 1진과 2진으로 나누어 보내기로 했다. 먼저 미국 본토에서 1진으로 출발한 한시대·김호·송종익·김병연·김성락·전경무 등은 1945년 10월 27일 하와이 호놀룰루 항에 도착하여, 하와이에서 출발하는 대표단 일행과 한국에 가서 진행될 사무에 관한 조건을 정리했다.

다음날 오후 2시에 하와이 국민회 총회관에서는 많은 동포들이 모인 가운데 조국에 돌아갈 대표단을 환영하는 행사가 열렸다. 이날 환영행사의 모습을 하와이 발행의 《국민보》는 이렇게 묘사하고 있다.

> 창졸간 모인 모듬이나마 회관은 만장되어 인산을 이룬 중에서 뜨거운 열정의 환영과 그 대표원 제씨의 유창한 연설로 성황을 이루는 때에 그 공기는 40년에 쌓였던 애국열이 폭발되는 서광에 신국가 장래를 능히 볼 수

있을 만치 되었다.

환영회는 호놀룰루뿐만 아니라 다수의 동포들이 살고 있는 하와이 제도의 다른 섬에서도 이어졌다. 같은 날 저녁에 와히아와를 방문한 대표단은 현지에서 동포들의 열렬한 환영을 받으며 감격을 나눈 뒤 30일 하오에 여행을 계속했다.[20]

그러나 재미한족연합위원회 '조국파견대표단'의 구성과 출발이 미주 한인 사회 전체의 환영을 받은 것은 아니었다. 이승만을 추종하는 동지회 계열 인사들은 대표단의 구성이, 자신들의 영달을 추구할 목적으로 김호 일파와 홍사단이 모의하여 급조한 것이라고 주장했다. 이들은 또 재미한족연합위원회가 지극히 작은 단체임에도 마치 미주 한인 사회를 대표하는 것처럼 기만적으로 대표단을 구성했다고 비난했다.[21]

이것은 반대 세력의 과장된 비난이지만 국내 활동이 순탄하지만은 않으리란 점을 예고하는 것이었다.

2) 귀국과 현실 인식

재민한족대표단의 1진은 김호·전경무·김성락·송종익·한시대·김병연 등으로 1945년 10월 27일 미군이 제공한 항공기 편으로 미국 본토를 출발하여 11월 4일 서울에 도착했다.[22] 대표단 1진은 서울 종로의 한청빌딩에 재미한족연합위원회 대표단 사무소를 개설하고 본격적인 활동을 시작했다.[23]

대표단은 귀국 첫 사업으로 국내 동포들에게 조국의 자주독립에 대한

20 《國民報》 1945년 10월 31일자.

21 이상수, 《송철회고록》, 키스프린팅, 1985, 265~266쪽.

22 같은 곳, 266쪽.

23 鄭斗玉, 앞의 책, 96쪽.

확신을 심는 데 힘을 기울였다. 외교위원 전경무는 기자회견을 열고 자신이 '조선 대표'로 범태평양회의에 참석한 전말을 발표했다. 그는 자신의 활약으로 '범태평양회의'에서 조선의 독립이 보장받게 되었다고 하면서 활약상을 선전했다.[24] '범태평양회의'는 1945년 1월 5일 미국 버지니아 하트스프링스에서 열린 태평양국제대회(International of Pacific Relation, IPR)로서, 재미한족연합위원회 워싱턴 사무소를 비롯한 미주 한인 사회 5개 단체는 전경무와 함께 정한경(鄭翰景)과 유일한(柳一韓)을 공동대표 '참관자'로 파견했다. 대회에서는 카이로 선언의 한국 독립 조항에 나타난 "in due course" 구절을 두고 해방 후 한국이 6개월 안에 반드시 독립국이 되어야 한다고 결의함으로써 미주 한인들을 고무시켰다.[25]

한국의 독립은 이미 〈포츠담 선언〉으로 보장되어 있었던 점에 비추어 보면, 이러한 주장은 대표단의 위상을 높이려는 과장임이 분명하다. 그러나 이것이 해방 직후 혼란에 휩싸인 국내 동포들에게 조선 독립에 대한 희망을 심어준 것도 부인할 수 없다.

전경무의 기자회견으로 주목을 받게 된 대표단은 13일 자유신문사에서 좌담회를 가졌다.[26] 좌담회에서 이들은, 재미한족연합위원회는 1941년 조국의 독립을 위해 결성한 재미단체의 통합체로 이승만계의 동지회는 탈퇴했으나 미국 국무성과 긴밀한 관계를 가지고 있다고 강조했다. 또한 해외 귀국 인사들에 대한 국내 인사의 지나친 기대와 의존 경향을 지적하고, 조선 사정에 어두운 미군정에 너무 기대할 필요는 없으나 우

---

24 《自由新聞》 1945년 11월 11일자.

25 〈태평연원에 분 동요〉, 《國民報》 1944년 11월 8일자; 〈태평양국제대회의 성과와 우리 중에 된 일〉, 《國民報》 1945년 1월 31일자. 이승만도 이 대회에 자신의 대리인인 한표욱을 파견하여 주미중국대사 등을 만나 중경 임시정부 승인 문제를 논의하게 했다고 한다(한표욱, 《이승만과 한미관계》, 중앙일보사, 1996, 35쪽).

26 《自由新聞》은 1945년 10월 5일에 창간되어 좌익적 경향도 포용하는 중도지로 출발했다. 1946년 10월 27일자로 신익희가 사장에 취임하면서 우익지로 변했다(鄭晋錫, 《韓國言論史硏究》, 一潮閣, 1983, 177쪽).

선은 협력하는 것이 순서라는 견해를 밝혔다. 나아가 38선 문제는 워싱턴과 모스크바 정부만이 해결 가능하며, 친일파는 당장 처단이 어렵지만 건국사업에서 제외되는 것은 당연하다고 주장했다. 그리고 초당파·초이념적 단결로 민족의 정당한 요구를 주장해야 한다고 역설했다.[27]

1945년 12월 21일 대표단은 미 군정청에 〈조선의 자주독립 촉성〉이라는 당면 문제 건의안을 제출했다. 본래 대표단은 한국의 국내 정세를 파악하여 미국을 도와달라는 미 국무부의 요청을 받고 있었다. 이에 따라 미 주둔군 사령관 하지(J. R. Hodge) 중장은 대표단을 불러 조선의 국내 사정을 조사하게 했다. 건의안은 대표단이 귀국한 뒤 약 한 달간 각 방면과 절충 또는 실지조사를 거듭하여 작성한 것으로서, 재미한족연합위원회 대표단의 시국 인식과 민족 문제를 바라보는 시각을 엿볼 수 있다.

이 건의안은 미군정의 요청에 따라 작성되었던 만큼 안팎의 주목을 끌었다. 당시의 각 신문들은 대표단의 〈건의안〉을 자세하게 소개하면서 〈건의안〉이 "정치·경제·문화·교통의 각 방면에 환(亘)하여 과도기에 처한 조선의 실정을 상세히 조사 보고하는 동시에 금후의 향로에 대하여 솔직 공정한 의견을 첨가 제출할 것으로 금후에 있어서의 군정 시책과 조선 독립 촉성 방향에 다대한 공헌을 할 것으로 그 성과가 주목된다"고 대서특필했다.

표 3 조선의 자주독립 촉성을 위한 건의안[28]

분 야	건의 내용
정 치	–군정에 협조하는 동시에 정치·경제·사회적 광복과 발전을 향상시키며 조선 정부를 수립하기 위하여서는 모든 정치단체가 합동할 것. 한국임시정부로 하여금 즉시 각 정당과 단체 수령을 회합케 하여 합동 실현에 착수할 것.

27 崔永禧, 《격동의 해방3년》, 한림대학교 아시아문화연구소, 1996, 90쪽.

28 《自由新聞》 1945년 12월 21일자.

경 제	−물자 결핍과 통화 팽창에 따른 대책: 현재 한국에 있는 물품은 전부가 일본군 혹은 일본 상인의 소유품인데, 미군정의 적산관리 하에 있기 때문에 생활필수물자의 결핍이 심각함. 이것이 통화 팽창을 초래하여 민중 생활을 위협하고 있으므로 재고품을 정당하게 처분하고 생산 증강을 위해 공장을 개편해야 함. −실업 증가 대책: 실업자들을 농촌에 복귀하게 하고 직공은 공장으로 돌아가 작업에 종사하게 해야 함. 정치 지도자와 각 정당의 협조 아래 농촌을 시찰하여 선전계몽기관을 설치하고 내춘파종(來春播種)을 준비케 하여 실업군 복귀 권유에 노력하며 노변행상을 금지, 38선 이남 전 공장에서 조업을 재개해야 함. −적산에 대한 대책: ① 일본인 소유 상점과 공장은 어떤 개인이나 단체에 매각치 않게 하며 국제 협의에 의하여 한국 정부에서 정당한 교섭이나 배상으로 해결하게 할 것, ② 한국 경제 회복에 필요한 재산은 군정 관리 하에 적당한 운영자격자에게 합법적 대상(代償)으로 맡길 것. −정당한 비용 외의 이윤은 미군정이 보관하였다가 한국 정부에 인계해야 함.
사 회	−공중위생 대책: 노변음식점을 폐지하고 소제차(掃除車) 증설, 약품의료기기의 수입. 빈민 구제를 위해 재미한인구제회에서 수집한 의류를 구제에 충당. −도시 교통난에 대한 대책으로 대중교통수단을 확충할 것. 국제 통신 폭증에 따라 한·미·중국 간의 국제 우편과 국내 우정(郵政)의 원활화를 기할 것.
미군정의 당면 임무	−현재의 한국인 고문(顧問)을 개선하고 군정청 직원의 급료를 물가 상승에 비례하여 지급할 것 −미군정의 지위와 ① 한국 임시정부의 조직 ② 국내 안전 대책 ③ 농촌문제 해결 방안 ④ 노동 문제 해결 방안 등의 관계를 명시할 것.

한편 1진 도착 3개월 뒤인 1946년 2월 10일 안창호·김원용·정두옥·최두욱·조낙안(趙洛顔)·도진호·안정송·박금우 등 2진 대표단 8명이 배 편으로 인천항에 도착했다. 2진 대표단은 인천시 미군정 군정관의 안내로

시장 관사에서 하룻밤을 보내고 12일 오후에 서울에 도착했다.

2진으로 들어온 대표단도 기자회견에서 자신들이 귀국한 배경과 관련, 해방 직후부터 국내 정치가 좌우로 분열하고 불필요한 고집과 알력으로 통일민족국가 구성이 지연되는 현실에서 이와 같은 상황을 헤쳐 나가기 위해 "정치 방면에 노력하고자 환국"한 것이라고 하여[29] 새 정부에 주요한 일원으로 참여할 뜻을 분명히 했다.

3. 재미한족대표단의 통일운동

1) 임정 중심의 통합운동

귀국 직후 재미한족대표단은 중경 임시정부 중심의 정당 통일운동에 참여했다. 1945년 12월 말 한국민주당이 우익 정당 통합을 목적으로 이듬해 1월 10일 국민대회를 개최하기로 계획하고 여기에 참가하도록 요청하자 대표단의 서기 김병연(金炳淵)은 이를 거절했다. 불참의 명분은 "일당 일파의 주의주장에는 추종할 수 없다"는 것인데, 이것은 한국민주당은 민족의 전체 이익을 대변할 수 없다는 인식에 근거한 것이었다.[30] 반면 임시정부가 제창한 특별정치위원회에 대해서는 "임시정부에서 국내 국외 인사들과 국가독립 촉성을 목표로 협의한다고 하니 우리는 미약한 힘이나마 도움이 된다면 참석할 것"이라고 하여 환영의 뜻을 나타냈다.[31]

이와 관련하여 3일 뒤 일간신문에는 재미한족대표단 6인이 중경 임시

29 《동아일보》 1946년 2월 13일자.

30 이현주, 〈8·15전후 朝鮮總督府의 정책과 朝鮮政治勢力의 대응－민족주의우파의 선택과 국민대회준비회〉, 《國史館論叢》 108, 국사편찬위원회, 2006(본서의 제2부 1장) 참조.

31 《自由新聞》 1945년 12월 27일자.

정부의 특별정치위원 7명과 비밀리에 회담을 가졌다는 내용이 보도되었다. 양측은 12월 28일 10시 재미한족대표단의 사무소가 있는 한청빌딩에서 만나 약 2시간 동안 '중대 회의'를 하였는데, 내용은 확실히 알 수는 없지만 신탁통치 문제도 토의되어 양자 간에 완전한 의견의 일치를 보았다는 것이다.[32]

신탁통치 문제에 대해 양측이 완전한 의견의 일치를 보았다는 것은 구체적으로 무엇을 뜻하는 것일까. 이것은 신탁통치 문제에 대한 재미한족대표단의 인식뿐만 아니라 이를 통해 임시정부 측의 인식도 유추해 볼 수 있다는 점에서 주목된다. 대표단의 외교위원 전경무는 신탁통치 문제의 전망을 다음과 같이 제시했다.

> 지난 7월 전쟁이 끝나기 전 미국의 외교 문제 특히 신탁 문제의 권위자로 극동부장 '존·카터·빈센트' 씨가 조선에 만일 신탁통치를 실시하면 어떻게 되느냐는 것을 나에게 물을 때에, 나는 3천만을 대표한 것은 아니나 절대 반대한다는 것을 주장한 일이 있다.
>
> 그리고 그 후 9월 전쟁이 끝난 후 불란서에서 또 10월 뉴욕에서 정치·외교 문제 중 조선에 관해서 강연한 것이 있는데 조선이 일본으로부터 해방은 된다 하더라도 곧 독립된 정부를 수립할 수 없는 것이므로 한동안 신탁통치를 실시하되 그 기간은 우리로서는 전연 알 수 없다고 말한 것을 나는 기억하고 있다.
>
> 하여간 4개국 간에 신탁통치의 위원회를 조직하고 모든 행정을 조선인에게 주기는 주되 이 위원회에서 지정된 일국이 이를 주관하게 될 것이다. 그러므로 그 기간을 최고 5개년간이라고는 했지만 그 안에 우리가 행정에 대한 모든 실권을 잘 운영해 간다면 그 이내에 신탁통치는 단축될 것이라고 믿는다.[33]

32 《서울신문》 1945년 12월 30일자.

33 《自由新聞》 1945년 12월 29일자.

이것이 신탁통치 문제에 대한 재미한족대표단의 공식적인 견해였다. 즉 대표단은 모스크바 3상회의 이전에 이미 한국에 대한 신탁통치 방침이 소련이 아닌 미국의 주도에 따라 제기되었다는 것을 알고 있었고, 신탁통치를 기정 사실로 받아들이고 있었다는 것이다. 미국무부의 주선으로 남한에서 미군정을 도와 통일정부 수립운동에 참여하는 대표단의 처지에서는 당연한 견해였다. 다만 이들은 최장 5년으로 계획된 신탁통치 기간을 단축시켜야 한다는 의지만은 가지고 있었다.

여기서 의문스러운 것은 신탁통치 문제와 관련하여 대표단과 완전한 의견의 일치를 보았다고 하는 임시정부의 대외적인 태도이다. 신탁통치의 단축을 위해서 노력할 것이라는 '의견의 일치'와는 달리, 이후 임시정부가 주도하는 거센 반탁의 행동에는 신국가 건설의 헤게모니를 일거에 장악하려는 조급함이 개입되었다고 볼 수밖에 없기 때문이다.

이러한 의도는 비상정치회의의 소집 계획으로 구체화되었다. 중경 임시정부는 1946년 1월 20일 '죽첨정 요인숙소'에서 비상정치회의 주비회의를 개최하였다. 이 회의에는 임시정부로부터 '소집'을 받은 21개의 정당·사회단체 가운데 국민당, 한국민주당, 신한민족당, 조선민주당, 한국독립당, 조선민족혁명당, 신한민주당, 조선민족해방동맹, 무정부주의자총연맹, 재미한족연합위원회, 재미한국동지회, 조선혁명당, 대종교, 천주교, 기독교, 불교, 천도교, 유교 등 18개 단체의 대표들이 참석했다. 이로써 임시정부는 해방 직후 정국 주도 능력을 과시했다. 소집에 불응한 단체는 이미 정부 조직(조선인민공화국)을 선포한 조선공산당과 여운형이 이끄는 조선인민당, 그리고 중국 연안에서 귀국 과정에 있던 조선독립동맹, 이렇게 3개 단체뿐이었다. 임시정부 측에서는 조소앙, 장건상(張建相), 최동오(崔東旿)가 참석했고 재미한족대표단 측에서는 한시대가 참여했다.

임시정부는 비상정치회의를 입법기관으로 삼아 이것을 통해 신정부를 출범시킬 것이라는 명제를 내걸었다. 그러면서 "비상정치회의는 대한민국의 과도적 최고 입법기관으로서 임시의정원의 직권을 계승하고 임시의정원 의원은 당연 성원이 됨"이라고 하여 임시의정원이 비상정치회의의 토대가 되어야 한다는 점을 분명히 했다.[34]

재미한족대표단은 대표로 참석한 한시대가 비상정치회의 주비회의 부회장으로 선출되는 등 적극적으로 활동했다. 주비회의 회장은 안재홍(安在鴻)이, 서기는 박윤진(朴允進)과 장준하(張俊河)가 선출되었다. 이튿날 주비회는 18개 단체 대표 전원이 참석한 가운데 비상정치회의 조직에 관한 조례를 제정할 기초위원으로 이종현(李宗鉉, 조선민주당)·김붕준(金朋濬, 신한민주당)·서상일(徐相日, 한국민주당)·유림(柳林, 무정부주의자총연맹)·권태석(權泰錫, 신한민족당) 5인을 선출하고[35] 조례 제정에 착수했다.

1월 24일 제정 공포된 〈비상국민회의 조직 조례〉는 제2조에서 "본 회의(비상정치회의)는 대한민국 임시정부에서 발포한 당면 정책 제6항에 의한 과도정권 수립에 관한 일체를 권한하되 대한민국 임시의정원의 직능을 계승함"[36]이라고 하여, 임시정부를 중심으로 신정부를 수립하려는 의도를 공식화했다. 이어 비상국민회의 주비회는 재미한족대표단을 비롯하여 2월 1일의 비상국민회의에 참가할 61개 단체를 선정·발표했다.[37] 재미한족대표단의 김호는 조소앙(책임위원)·김규식·이묘묵(李卯默)·고창일(高昌一)·구자옥(具滋玉)·임영신(任永信)·장덕수(張德秀)와 함께 비상국민회의 외무위원으로 선출되었다.[38]

그러나 순항할 듯하던 비상정치회의 추진은 이승만 계열의 참여로 암초에 부딪히기 시작했다. 이승만의 독립촉성중앙협의회(이하 독촉중협)

---

34 《조선일보》 1946년 1월 21일자.

35 《조선일보》 1946년 1월 22일자.

36 《조선일보》 1946년 1월 25일자.

37 《동아일보》 1946년 1월 26일자.

38 《조선일보》 1946년 2월 3일자.

는 임시정부의 비상정치회의 추진이 예상과 달리 반탁의 여론을 업고 급류를 타자 이에 적극 참여하는 쪽으로 방향을 바꾸었다. 그런데 문제는 독촉중협의 참여가 알려지면서 앞서 비상정치회의에 참여했던 단체들이 탈퇴하기 시작한 것이다. 1월 23일 조선해방동맹과 조선혁명당이 탈퇴를 선언한 데 이어 다음날에는 무정부주의자총연맹의 유림이 비상정치회의 탈퇴를 선언했다. 독촉중협이 치밀한 계획으로 비상정치회의를 수중에 넣으려 한다는 것이 탈퇴의 이유였다. 또한 이들은 "좌익이 참가하지 않은 단결은 비민주주의적"이라고 하여 처음부터 비상정치회의 주비회가 조선공산당과 인민당을 참여시키는 데 실패한 점도 탈퇴의 이유로 들었다.[39]

이들의 탈퇴는 재미한족대표단이 임시정부가 주도하는 정치 세력 통일운동에 참여하는 것을 재검토하게 만드는 계기가 되었으리라 여겨진다. 중도파를 중심으로 좌우를 아우르는 정당통일운동을 내세운 재미한족대표단의 입장에서 비상정치회의 주비회를 탈퇴한 세 단체는 모두 중도 좌파 계열이었기 때문이다.

비상국민회의의 정치적 기반이 우익 중심으로 축소되자 재미한족대표단은 1월 30일 '통일정권촉성회' 명의로 성명을 발표했다. 성명에서 이들은 좌우 정당들이 서둘러 합작할 것을 주장하고, 양대 세력이 혼연일치하여 국내 정치 세력이 통일되면 곧 비상국민회의는 해산할 것을 촉구했다. 통일정권촉성회는 재미한족대표단의 김호가 김항규(金恒奎)·박치호(朴治鎬)·배성룡(裵成龍)·이극로(李克魯)·윤덕병(尹德炳) 등과 함께 주도했다.[40] 이것은 재미한족대표단이 비상국민회의에 참석하면서 처음부터 좌우 합작을 염두에 두고 있었음을 보여주는 것이라 하겠다.

---

39 《조선일보》 1946년 1월 26일자.

40 〈성명서〉 전문은 《조선일보》 1946년 2월 4일자.

1946년 4월 초부터 등장하기 시작한 남한단독정부 수립설도 재미한족대표단을 더욱 초조하게 했다. 미국 샌프란시스코 발 외신보도로 '남부조선 단독정부 수립설'이 전파되자 대표단의 재무위원을 맡고 있던 송종익은, 남한단독정부 수립설이 사실이라면 미·영·중국 3개 국 정상들 사이의 카이로 협정의 위약이 되기 때문에 믿기 어렵다는 견해를 밝혔다. 그러면서 한편으로는 이 문제에 대해 군정청이 답변해 줄 것을 기대함으로써 단독정부 수립설에 대한 우려를 나타냈다. 장차 신정부 수립이 모스크바 3상회의에서 결정된 한계 내에서 정해지기 바란다는 희망도 덧붙였다.[41]

그럼에도 임시정부가 좌우 합작의 '이상'이 아닌 우익 규합의 '현실'이라는 노선을 택하자 재미한족대표단은 비상국민회의와 결별의 수순을 밟았다. 비상국민회의에서 중도 좌익 정당들이 연속적으로 탈퇴하자, 임시정부는 상황을 타개하기 위해 한국독립당의 주도 아래 한국민주당과 국민당, 신한민족당을 묶는 우익 4당의 통합을 추진했다. 그러나 처음부터 미온적인 반응을 보이던 한국민주당이 발을 뺌으로써 우익정당만의 통합운동은 탄력을 상실하고 좌우익의 틈새에 있는 중간정당의 결집을 다그치게 되어, 이른바 '제3당 결성운동'이 시작되었다.[42]

결국 재미한족대표단과 임시정부 사이의 밀월관계는 1946년 4월 11일을 맞아 마침표를 찍었다. 이날 비상국민회의는 창덕궁 인정전에서 군정청과 정당 등 각계 인사 3백여 명이 참석한 가운데 대한민국 임시정부 27주년 입헌기념식을 열었고 한시대는 재미한족대표단을 대표하여 '간곡한 축사'를 했던 것이다.[43]

---

41 《서울신문》 1946년 4월 8일자.

42 《서울신문》 1946년 4월 13일자.

43 《조선일보》 1946년 4월 10일자.

2) 중간파 통일과 좌우합작

임시정부 주도의 우익 4당 통일운동이 한국민주당의 불참으로 난항을 겪게 되자, 재미한족대표단은 비상국민회의에 함께 참여했던 신한민주당과 조선혁명당, 신한민족당 내의 4당 합동 반대파와 함께 우익정당 통일운동을 비판하고 제3당 결성의 길로 나아갔다.[44] 신한민주당은 중경 임시정부의 '야당'으로서 김붕준 등 흥사단 원동위원부 출신이 주축이었고 조선혁명당은 남만주 민족해방운동 세력에 기반을 두고 있어, 두 정당은 각각 중도 우익과 중도 좌익이라고 할 수 있었다. 따라서 이들이 추구한 제3당은 중간정당의 통일을 지향한 것이었다.

1946년 6월 13일 재미한족대표단(한시대·김호·김원용)은 연합회 사무실에서 신한민족당〔김여식(金麗植)·손공린(孫公璘)·이용(李鏞)〕, 신한민주당〔김붕준(金朋濬)·김진성(金振聲)·신영삼(申榮三)〕, 조선혁명당〔김진호(金鎭浩)·김재덕(金在德)·최천(崔泉)〕, 청우당〔송중곤(宋重坤)〕, 무소속〔정병조(鄭炳朝)〕의 대표들과 함께 합동교섭위원회를 구성했다. 중간정당 통일운동 진영은 이 위원회를 중심으로 정강·정책·재정의 3개 분과위원회를 조직하고, 여기서 작성한 초안을 토대로 17일에 마지막으로 각 당 대표대회를 개최한다고 발표함으로써[45] 통합이 임박했음을 예고했다. 이어 9월 10일경 재미한족연합회와 신한민주당, 청우당, 조선혁명당, 신한민족당, 국민당, 삼우구락부, 무소속 등 8당 합동준비위원회는 15일 천도교 대강당에서 통합대회를 열기로 결정했다.[46]

통합대회는 9월 15일 경운동 천도교강당에서 1,000여 명의 당원과 김규식(金奎植)을 비롯한 각계 인사가 참석한 가운데 개회되었다. 재미한

---

44 《서울신문》 1946년 4월 13일자.

45 《서울신문》 1946년 6월 14일자.

46 《동아일보》 1946년 9월 12일자.

족대표단은 정치위원 김원용이 대회의 사회를 보고 김호가 의장으로 선출되는 등 통합대회의 과정을 주도했다. 김규식은 축사에서 신진당(新進黨)으로 이름 붙은 새로운 통합정당에 대해 "분열 일로만을 걸어온 오늘의 정계에 있어 경하로운 일이며 나아가서는 민족통일에 큰 공헌이 있기 바란다"는 요지의 당부와 함께 기대감을 나타냈다. 당 중앙위원으로 김호·한시대·유동열(柳東說)·김붕준·김충규(金忠奎)·김만수(金萬壽)·이응진(李應辰)·조기엽(趙基葉)·김희섭·김령(金嶺) 등 105명이 선출되고 감찰위원으로 박치호(朴治鎬)·전호엽(全浩燁) 등 9명이 선출되었다.

만장일치로 채택된 신진당의 강령은 다음과 같다.

> 一. 자주독립국가의 완성과 민주주의 정치의 실현을 기함.
> 一. 국민의 평등생활을 기본으로 하는 경제제도의 확립을 기함.
> 一. 민족문화의 건전한 발양으로서 인류 문화에 공헌함을 기함.[47]

이틀 뒤 신진당은 청우당 회의실에서 제1회 중앙위원회를 열어 당 위원상에 유동열, 부위원장에 김호·김붕준·이용을 선출했다.[48]

신진당은 국내의 좌우 중간정당을 규합하는 데 머무르지 않고 국외 한인 사회에도 조직을 확대하고자 했다. 1946년 10월 부위원장 김호를 비롯하여 신진당에 주도적으로 참여한 재미한족대표단 9명은, 자신들이 귀국할 때 활동 기한으로 설정했던 1주년을 앞두고 미국에 돌아가 신진당 미주 지부 결성을 추진했다. 이 계획에 따르면 김원용 등 5명이 하와이에, 김호 등 4명이 10월 15일 이후 건너가 미주 본토와 하와이에 신진당의 지부를 결성한다는 것이었다.[49]

---

47 《조선일보》 1946년 9월 17일자.

48 《서울신문》 1946년 9월 19일자.

49 《조선일보》 1946년 10월 12일자. 그러나 이들의 계획은 미군정 주도의 좌우합작운동 대두와 남조선 과도입법의원 개원 등으로 실현되지 못했다.

신진당은 좌우익 중간파 정당들의 활동을 주도했다. 1946년 10월 23일 신진당은 인민당 회의실에서 9개 정당 말고도 재미한족연합위원회와 한국민주당 탈당파 등 11개 정당·사회단체를 끌어들여 '10월 대구인민항쟁' 발발에 따른 시국대책 간담회를 개최했다. 간담회에서는 대구 현장에 조사단을 파견하기로 결정하고 이를 위해 미군정 사령관 하지 중장에게 보내는 진정서를 채택했다.[50]

신진당은 대구항쟁의 확산을 걱정하면서 "우리 조선은 중대 위기에 처하여 있으니 민족적 자중을 기하자"[51]는 내용의 담화를 발표했다. 10월 23일에는 재미한족연합위원회와 공동으로 남조선 과도입법의원 선거에 반대하는 공동성명서를 발표했다.[52] 대구 사태를 빌미로 입법의원 선거를 강행하려는 것은 선거에 좌익의 참여를 봉쇄하여 남북을 분열시킨다는 것이 재미한족대표단의 입장이었다. 이것은 신진당의 당권을 재미한족대표단이 장악하고 있음을 뜻하는 것이라고 할 수 있다.

1946년 12월 남조선 과도입법의원이 출범한 뒤, 미군정의 실질적인 여당이라 할 신진당은 입법의원에 대해 친일파 처단법의 제정과 중앙 차원만이 아닌 아래로부터의 좌우합작을 추진할 것을 촉구했다.

> 一. 현하 우리 민족은 혁명 세력과 친일파 반역자 세력의 분야가 뚜렷하게 갈리어 있어 독립 전취에 많은 지장이 있다고 본다. 차제에 입법의원에서는 속히 친일파 민족반역자에 대한 법령을 제정하여 처단할 자는 처단하고 용서할 자는 용서하여서 친일파란 말을 일소하고 꼭 같은 공민권을 주어서 민족의 대동단결을 도할 것.
>
> 二. 좌우합작은 중앙에서 공중누각과 같은 두목합작만을 하지 말고 속히 수족과 같은 지방을 완전히 합작시킬 것.

---

50 《조선일보》 1946년 10월 24일자; 《동아일보》 1946년 10월 24일자.

51 《조선일보》 1946년 10월 24일자.

52 《조선일보》 1946년 10월 25일자; 《서울신문》 1946년 10월 25일자.

그러나 신진당은 1947년 4월 19일의 임시 중앙집행위원회를 계기로 당권 투쟁에 휘말렸다. 중앙집행위원회는 임기가 끝난 간부 전원의 사표를 수리하고 부위원장에 김붕준·김호·정인과(鄭仁果) 세 명과 중앙집행위원 28명 등 신임 간부를 선출했다.[53] 위원장 선출은 이루어지지 못했다. 신임 위원장의 선출을 비롯하여 지도부의 정상적인 개편은 두 달이 지난 뒤에야 이루어졌다. 6월 14일 신진당은 중앙집행위원회를 열어 지난 4월 19일의 간부 인선을 백지화하고 위원장 김호, 부위원장 김붕준·김여식, 총무부장 김돈(金墩), 정치부장 권정식, 선전부장 최천 등을 진용으로 하는 새 지도부를 구성했다.[54] 김호가 위원장으로 선출됨에 따라 재미한족대표단은 다시 당권을 장악했다.

재미한족대표단이 적극적으로 펼친 중간정당 통일운동은, 미소공동위원회의 재개를 앞두고 1946년 5월 말부터 미군정이 김규식과 여운형을 내세워 추진한 좌우합작운동을 조직적으로 지원하기 위한 것이었다. 따라서 재미한족대표단은 미소공동위원회의 성공과 좌우합작의 실현을 위한 활동에 힘을 기울였다.

재미한족대표단의 서기 도진호는 배성룡 등 '통일정권촉성회'에서 활동했던 인사들을 중심으로 좌우합작촉성회를 결성하여 합작을 지지하는 활동을 벌였다. 또한 미소공동위원회의 조속한 재개를 위해 아놀드(G. A. Arnold) 미국 대표, 슈티코프(T. Shtykov) 소련 대표에게 "자주독립의 조선 국가 독립을 위하여 노력하는 각하께서는 조선의 제 사태를 엄정히 이해하여 전 민족이 갈망하는 남북통일과 좌우합작 사태에 노력하는 김규식 박사 여운형 씨의 통일 공작에 미·소 양국의 우호적인 협조가 있기를 바라는 것이며, 이러한 전 민족의 통일 노력과 병행하여 미·소공위가 속개됨으로써 조선민주주의임시정부 수립이 촉진

53 《동아일보》 1947년 4월 26일자.

54 《서울신문》 1947년 6월 17일자.

될 것"[55]이라는 요지의 서한을 보냈다.

단장 한시대는 서울방송에 출연하여 재미한족대표단의 가장 필요하고 긴급한 임무는 국민들을 단결시키는 일이며, 김규식과 여운형의 '특별한 노력'에 힘입어 추진되는 좌우합작에 따른 단결만이 목표에 이르는 유일한 방법이라고 역설했다. 이러한 단결만이 공전된 미소공동위원회의 재개를 촉진하고 조선 임시정부를 성립하게 할 힘을 얻게 한다는 것이다.[56] 단결을 위해서는 파당적 논쟁을 버리고 운동의 통합을 서둘러야 하며 지도자들은 차별성을 희생하고 정당과 민중 사이의 협동을 재촉해야 한다는 것이다. 이런 점에서 좌우합작운동은 민족적 단결의 중요한 출발점이므로 반드시 성취되어야 한다고 강조했다.[57]

재미한족대표단은 1946년 8·15 해방 1주년을 기념하는 담화에서 "좌우합작과 통일정부 수립, 민중 생활의 안정"의 세 가지를 신국가 건설의 3대 원칙으로 천명했다.[58] 한 달 뒤에는 한족동지회와 애국부녀동맹 등 재미동포 단체들도, 재미한족대표단의 지도와 참여 아래 좌우합작 운동에 앞장서고 있던 김규식에게 감사 전문을 발송했다.[59]

1947년 6월 중순에는 좌우합작위원회가 확충되면서 대표단의 정치위원 김호가 우익 쪽 위원으로 들어갔다. 김규식·여운형(주석)과 안재홍·원세훈(元世勳)·최동오·김붕준·정이형(鄭伊衡)·여운홍(呂運弘)·박건웅(朴建雄)·강순(姜舜) 등 기존 위원 외에, 이극로(건민회)·김호(신진당)·엄우룡(嚴雨龍, 한독당 혁신파)·신숙(申肅, 천도교보국당)·장자일(張子一, 민중동맹)·장두환(張斗煥, 근로인민당)·이선근(李瑄根, 조선청년당)·유석현(劉錫鉉, 민주통일당)·이경진(李慶辰, 청우당)·박주병(朴柱秉, 한독당 민주파)·오하영(吳

55 《동아일보》 1946년 7월 19일자.

56 United Korean Committee in America, The speech broadcasted by the U.K.C, 1946. 7. 18.

57 United Korean Committee in America, The speech broadcasted by the U.K.C, 1946. 8. 1.

58 〈傳單〉, 《資料 大韓民國史》(3), 122~123쪽.

59 《조선일보》 1946년 9월 20일자.

夏英, 기독교)·김성규(金成圭, 유교)·이시열(李時說, 불교)·유기태(劉起兌, 대한노총)·김시현(金時顯, 고려동지회)·강을룡(姜乙龍, 基靑)·박은성(朴恩聲, 애국부녀동맹)이 좌우합작위원회의 새 위원으로 충원되었다.[60] 미소공동위원회에도 적극 참여했다. 재미한족대표단의 김호는 신진당 대표로 미소공동위원회에 참가하여 정당 발언 대표로 선임되었다.[61]

그러나 미·소공동위원회는 공전을 거듭했다. 더욱이 1947년 7월 여운형의 암살로 좌우합작운동은 큰 타격을 입고 남한 단독정부 수립설이 다시 고개를 들기 시작했다. 이에 김호와 김원용은 9월 6일 김병로(金炳魯)·안재홍·박용희(朴容喜) 등과 함께 "민족국가로의 독립을 염원"[62]하는 공동성명을 발표하는 한편, 이제까지 추진해 왔던 좌우합작운동을 대신하여 통일민족국가 건설에 동참하는 모든 중간파 정당의 통일운동에 착수했다.

처음에 민주통일당과 민중동맹이 나서서 합당연락준비위원회를 구성한 이들은 홍명희(洪命熹, 민주통일당)를 중심으로 합당발기인회를 구성했는데, 신진당의 당권을 잡고 있던 재미한족대표단의 김호와 김원용계는 건민회의 이극로계와 함께 홍명희가 주도하는 정당 통일운동에 적극적으로 참여했다. 그런데 김호와 김원용의 합류 과정에서 당내 일부 인사가 참여를 거절함으로써 신진당은 통합을 둘러싸고 내홍을 겪었다.

김호·김원용(신진당)·김병로(민중동맹)·안재홍(신한국민당)·박용희(신한국민당)·이극로(건민회)·홍명희(민주통일당) 등 통합에 동참한 각 당 대표들은 1947년 9월 8일 다음과 같은 내용의 공동성명을 발표했다.

> 오늘날 우리 민족에게는 오직 뚜렷한 하나의 목표가 있다. 그 목표란 무엇이냐? 민족국가로의 독립이며 정치적 경제적 완전 자유를 확보하는 독

60 《조선일보》 1947년 6월 19일자; 《京鄉新聞》 1947년 6월 19일자.

61 《조선일보》 1947년 6월 25일자; 《동아일보》 1947년 6월 25일자.

62 《京鄉新聞》 1947년 9월 9일자.

> 립이니 이 목표를 향하여 용왕매진하는 것이 우리 민족의 절대적인 사명이다. 지금 우리들은 민족독립의 절대적인 사명을 다시 한 번 선양코자 소이(小異)를 버리고 대동(大同)을 취하여 한 기치 아래 모이기로 약속하였다. 하루바삐 큰 세력으로 성장하여 절대적 사명을 완수하려 하니 민족독립을 염원하는 동지여 우리와 함께 뭉치어 함께 나아가자.[63]

신당발기위원회는 1947년 9월 11일 민주통일당 사무실에서 첫 번째 회의를 열어 위원장에 홍명희를 추대하고 총무부, 연락부, 재정부, 선전부, 정강정책위원회, 재정위원회 위원의 인선을 마쳤다. 이와 함께 곧 당명을 결정하고 정강정책 초안 작성에 착수하며 1개월 이내에 결당을 마무리짓는다는 결정을 내렸다. 당 사무소는 조선일보 사옥 2층의 민주통일당에 두기로 했다.[64]

그러나 신당 추진을 위해 김호와 김원용계 등 당의 실세가 빠져나간 신진당은 와해의 위기에 처했다. 당에 남은 중앙위원들은 자신들은 김병로와 김호 등이 추진하는 '신중간당' 결성과는 아무 관련이 없다고 주장하고 김호와 김원용계의 탈퇴를 비난했다. 신한민족당 출신 중앙위원 손공린(孫公璘)은 "신중간당 결성에 아당 사무 측 몇몇의 그룹이 가입할런지는 모르나 아직 이 신당의 노선도 모르겠고 또 현시하에 중간당이라는 것이 존재할 수 없으며 필요를 느끼지 않기에 우리 당으로서는 하등 참여치 않고 종전의 민족 진영의 노선을 답습할 것"[65]이라고 주장했다.

사실 이러한 사태는 신진당의 탄생 과정을 볼 때 어느 정도 예견된 일이었다. 당초 신진당은 재미한족대표단(김호·김원용)을 중심으로 미소공동위원회의 협의 대상에 호응하기 위해, 급조된 신한민족당(유동열·김붕

---

63 《조선일보》 1947년 9월 9일자.

64 《서울신문》 1947년 9월 13일자; 《동아일보》 1947년 9월 13일자.

65 《동아일보》 1947년 9월 14일자.

준), 고려혁명당(김돈·최천), 청우당(김병순) 같은 군소 정당을 흡수하여 결성되었기 때문에 각 파의 노선이나 이해관계를 일치시키기가 어려웠다. 특히 당내에 김붕준 파와 이용 파 사이의 파쟁은 심각하여 김붕준은 중간 노선을 취했지만 이용 파는 우경 노선을 지지했다. 이러던 중에 당권을 장악했던 김호와 김원용이 신당에 합류함으로써 신진당은 지리멸렬의 상태에 빠졌던 것이다.[66]

1947년 10월 19일 민주독립당으로 불리게 된 신당은 천도교 대강당에서 홍명희의 개회사로 결당식을 갖고 의장에 박용희·김호·이극로·홍명희·김원용 5명을, 2명의 서기와 9명의 감찰위원을 선출했다. 대회는 〈선언〉과 〈강령〉, 〈정책〉을 낭독하고 첫날 회의를 마쳤다.[67] 이튿날 개회한 회의에서는 김호·김원용·홍명희·박용희·이극로·오하영·이순탁(李順鐸) 등 '상무중앙집행위원'을 포함한 170명의 중앙집행위원 명단과 함께 정원화·한홍·문무술·이두열(李斗烈) 등 25명의 감찰위원 명단이 발표되었다.[68] 당 대표로 추대된 홍명희는 취임사에서 민주독립당은 널리 당원을 규합하고 "민족통일의 주장을 깊이 민중 속에 뿌리박게 하는 것"을 당면의 목표로 삼겠다는 포부를 밝혔다.[69]

재미한족대표단의 중간파정당 통일운동은 민족자주연맹 참여로 대미를 장식했다. 1947년 11월 14일 유엔총회에서 〈한국 총선안〉과 〈유엔한국임시위원단 설치안〉, 〈정부수립 후 양군 철퇴안〉이 가결됨에 따라 남한단독정부 수립이 기정 사실로 되어가던 중, 12월 2일에는 한국민주당 정치부장 장덕수가 피살됨으로써 통일정부 수립 전망은 더욱 불투명해졌다. 이에 김규식을 중심으로 홍명희(민주독립당), 안재홍, 원세훈 등은 범중간파 정당의 협의체로 민족자주연맹 결성을 추진했다.

---

66 서울특별시 警察局 査察課, 《査察要覽: 右翼·中間·第三勢力·其他》, 1955, 37~38쪽.

67 《동아일보》 1947년 10월 21일자; 《조선일보》 10월 21일자.

68 《서울신문》 1947년 10월 22일자; 《동아일보》 1947년 10월 21일자.

69 《서울신문》 1947년 11월 1일자; 《京鄕新聞》 1947년 11월 1일자.

민족자주연맹은 1947년 12월 20일 결성대회를 마치고 대회에서 선출된 전형위원 15인이 24, 27, 28일에 걸쳐 삼청동 김규식 집에서 정치위원 7인, 중앙위원 93인, 중앙감찰위원 20인을 결정했다. 재미한족대표단의 김호와 김원용은 민족자주연맹의 중앙집행위원으로 선출되었다.[70]

3) 남조선 과도입법의원 참여

재미한족대표단의 정치 활동 가운데 빼놓을 수 없는 것이 남조선과도입법의원(이하 입법의원) 참여였다. 14명의 대표단 가운데 12명이 미국으로 돌아간 뒤라 정치위원 김호와 김원용만이 이에 참여했지만 그렇다고 해서 이들의 참여를 개인적인 것으로만 간주할 수는 없다. 왜냐하면 이들의 입법의원 활동은 원(院) 밖에서 재미한족대표단이 조직적으로 펼친 좌우합작 지원 활동과 표리를 이루면서 전개되었기 때문이다. 김호와 김원용이 소속된 입법의원의 관선의원 선출이 김규식이 주도한 좌우합작위원회의 추천에 따라 이루어진 것도 이 점을 말해준다.

입법의원은 관선 45명, 민선 45명의 총 90명의 의원으로 구성되었다. 관선은 전원 좌우합작위원회의 추천으로 채워졌고, 민선은 전국적인 간접선거 방식에 따라 세금납부 실적이 양호한 '세대주'들이 선출됨으로써 한국민주당과 독촉중협을 비롯한 우익이 절대우위를 차지했다. 따라서 입법의원의 양대 세력이라 할 수 있는 좌우합작위원회(대체로 관선)와 우익(대체로 민선)은 입법의원에 참여하는 목적이 서로 다를 수밖에 없었다. 전자는 입법의원 내에서 주도권을 보장받아 토지개혁을 비롯한 제반 개혁을 수행함으로써 좌우합작위원회의 정치적 기반을 강화시키고자 했다. 우익은 입법의원의 설치를 남한 독립의 하나의 단계로 여기고 입법의원에서 주도권을 장악한 뒤 우익정부 수립을 시도하려 했다.

---

70 《서울신문》 1947년 12월 30일자.

김호

김원용

남조선과도입법의원과 미군정 당국자들

반면에 미군정은 입법의원에서 전(全)민선 입법의원, 곧 국회로 교체한다는 단계적 실시를 계획하고 입법의원의 임무를 보통선거법의 제정으로 한정시키려 했다.[71]

71 金榮美, 〈미군정기 南朝鮮過渡立法議院의 성립과 활동〉, 《韓國史論》 32, 서울대 국사학과, 1994 참조.

입법의원은 1946년 12월 12일 개원되어 1948년 5월 20일 폐원될 때까지 모두 33개의 법률을 심의했는데, 여기서는 신진당과 민주독립당의 간부로 입법의원에 참여한 재미한족대표단의 김호와 김원용의 활동을 살펴보겠다. 특히 〈관재령(管財令)〉 제8호의 철폐·수정, 〈부일협력자·민족반역자 전범 간상배에 대한 특별법률 조례안〉 제정, 〈통일정부 수립안을 협의하기 위해 북조선인민위원회와 교섭하자는 긴급 제안〉 등 입법의원에서 두 사람이 주도적으로 참여했던 문제를 살펴본다.

김호는 1946년 12월 7일 좌우합작위원회의 추천에 힘입어 45명 관선의원 중 1인으로 선임되었다.[72] 그는 입법의원 내의 분과위원회 위원을 선정·조직할 전형위원 15명 가운데 1인으로도 선출되었다. 김호는 미국에서 사업가로 성공한 점을 인정받아 산업노동분과위원회에 배치되었고 특별위원회인 적산대책위원회 소집책임자(위원장)라는 중요한 직책을 맡았다.[73] 게다가 능숙한 영어 실력으로 미군정과 입법의원 사이의 연락 업무를 담당할 입법의원 연락위원회 위원장직까지 맡았다.[74]

〈관재령〉 제8호는 그가 적산대책위원장으로서 처음 부딪힌 문제였다. 〈관재령〉 제8호는 1946년 12월 미군정청 관재처에서 과거 일본(인) 소유였던 귀속기업체의 관리 원칙을 제정한 것으로, 핵심은 기업 경영에 고문관 제도를 도입한 것이다. 군정청 재산관리관은 해당 관리기업에 미국인 고문관을 임명하고 이 고문관은 다시 한국인 관리인을 임명·감독할 뿐만 아니라, 해당 재산의 유지·보존·처리 및 운영을 위한 원료의 조달과 제품의 처분 등에 관한 관리상의 모든 책임을 지도록 규정했다.[75]

---

72 《동아일보》 1946년 12월 8일자; 《京鄕新聞》 1946년 12월 8일자.

73 《立議速記錄》 제12호, 1947년 1월 9일자.

74 《立議速記錄》 제14호, 1947년 1월 13일자; 《동아일보》 1947년 1월 14일자.

75 《美軍政法令總攬》, 1971, 806쪽; 李大根, 《解放後－1950年代의 經濟》, 삼성경제연구소, 2002, 100쪽.

그러나 군정청의 고문관 제도는 공포되자마자 한국 측의 강력한 항의에 부딪혔다. 곧 귀속재산(적산) 운영에서 자주권을 침해당했다는 항의였다. 군정청에 대한 항의가 빗발치자 적산대책위원장 김호는, 과거 적산관리의 책임이 그 귀속 부처장에게 있던 것을 8호 법령에 따라 미국인 고문관에게 장악권을 부여한 의도가 어디 있는지 모르는 만큼 관계당국에 알아보고, 또 동령(同令)의 영문과 국문을 상세히 검토한 다음 적산대책위원회에서 신중히 토의할 생각이라고 밝혔다. 그리고 각 방면에서 〈관재령〉 제8호의 부당성을 주장하고 있으니 이 점을 염두에 두고 문제의 소재를 밝혀내겠다고 약속했다.[76]

1947년 2월 28일에 조선인 측 위원으로 민정장관과 상무부장, 입법의원 적산대책위원장 김호, 미국인 측은 관재처장 고문 및 상무부장 고문 등 6명이 참석한 가운데 〈관재령〉 제8호에 대한 수정위원회가 열렸다. 조선인 위원 측에서 제시한 조건은, 적산을 보존 관리하는 사무는 연합국에 대한 책임상 의당히 미군이 해야 할 것이지만 이것을 운영·이용하는 데서는 행정권 이양과 함께 조선인 뜻대로 처리하도록 권한을 주어야 한다는 것이었다. 적산공장과 그 밖의 생산기관을 어떻게 운영하느냐가 직접 조선 경제를 좌우하기 때문이라는 것이 이유였다. 이에 대해 미군정은 책임상 운영 관계도 이양할 수 없다고 하여 회의가 결렬되었다.[77]

회의가 끝난 뒤 군정청 공보부는 〈관재령〉 제8호의 수정을 위한 조미공동위원회(朝美共同委員會)와 소위원회의 설치를 발표하면서 다음과 같이 밝혔다.

> 조선인과 미국인은 다 같이 지나간 15개월 동안 적산관리는 완전하지

---

76 《서울신문》 1947년 2월 8일자.

77 《조선일보》 1947년 2월 28일자.

> 않았고 또 조·미 양측에 오해가 있었다는 점에는 의견이 일치하였다. 〈관재령〉 제8호로 말미암아 적산관리는 종전보다 더욱 원활할 것이다. 그뿐만 아니라 미국서 온 훌륭한 기술자들은 적산 운영에 있어서 최대의 효과를 이루기에는 어떻게 일할 것인가 그 방법을 조선인에게 훈련시키도록 러취 장관으로부터 위촉을 받았다. 군정 실시 후 점차로 중요한 책임이 조선인들에게 돌아오게 되어서 광범위로 조선인들이 자기의 정부 운영을 인계하고 있다.
>
> 그러나 국제적으로 인하여 미국이 피할 수 없는 일정한 책임이 있다. 그러므로 적산에 관한 모든 정책 사무에 대하여 재산관리인들을 지도하고자 조미공동위원회가 만장일치로 조직되었다. 이 조직된 동 위원회는 14명의 인원으로 성립되었는데 그 중 10명은 조선인으로 과도입법의원 3명과 상무부장·사법부장·운수부장·체신부장·농무부장·민정장관·중앙경제위원회 조선인 회장 등이라고 한다.
>
> 장래 조선 경제 재건은 이 적산에 의존된 것으로 이 법령이 조선인을 위하여 적산을 보존하고자 입안되었다는 것을 전 조선인에게 이해시키기에 필요하다고 인정되는 수정안을 제의코자, 〈관재령〉 제8호를 재심사하기 위하여 6명으로 된 위원회가 군정장관 대리 헬믹 대장으로부터 임명되었다. 위원은 민정장관 안재홍, 입법의원 김호, 상무부장 오정수, 관재처 비숍 중좌, 농무부 고문 타텀 소좌, 사법부 고문 페글러 등이다.[78]

이러한 과정을 거쳐 〈관재령〉 제8호는 한 달이 채 되지 않아 미국인 고문관의 동의를 받는다는 전제 아래 기업체의 관리권을 군정청 내의 한국인 부·서장 또는 대행기관의 장에게 이관하여 한국인에게 관리 책임을 맡긴다는 〈관재령〉 제9호로 대체되었다.[79]

---

78 《京鄕新聞》 1947년 2월 28일자; 《조선일보》 1947년 3월 1일자; 《동아일보》 1947년 2월 28일자.

79 《美軍政法令總攬》, 811~816쪽.

같은 해 12월에는 〈관재령〉 제10호를 공포하여 이미 군정청에 귀속된 사업체 가운데서 주식회사 형태로 바뀐 법인에 대해서는 기업관리 책임을 모두 법인의 이사회에 넘기는 조치도 취했다. 이러한 방식으로 미군정은 초기 귀속재산에 대한 직접적인 방식에서 점차 관리 책임을 한국인에게 넘겨주는 간접관리 방식으로 바꾸어갔던 것인데,[80] 이 과정에서 입법의원과 적산대책위원장 김호가 의미 있는 역할을 수행했던 것이다.

다음으로 〈부일협력자·민족반역자·전범·간상배에 대한 특별법률 조례안〉(이하 '친일파 숙청법')에 대해 살펴보자. 친일파 숙청법은 입법의원이 개원한 지 만 3개월만인 1947년 3월 13일에 상정되었다. 특히 입법의원의 한 축이었던 좌우합작위원회가 친일파 숙청에 적극적이었다. 좌우합작위원회는 1946년 10월 7일에 이미 〈좌우합작 7원칙〉을 발표하면서, 친일파 민족반역자를 처리할 조례를 합작위원회에서 입법기구로 제안하여 심리하도록 규정한 바 있었다.[81] 입법의원 개원 일주일을 앞둔 12월 4일 좌우합작위원회는 친일파 숙청과 정권 이양 준비를 남조선과도입법의원의 당면 과제로 제시했다.[82]

입법의원의 친일파 숙청법은 3월 17일에 논의된 초안을 시작으로 수정안, 재수정안, 절충안 등 모두 4개의 안이 제안되었다. 이 가운데 최종안으로 결정된 것은 절충안이었다. 이렇게 여러 개의 안이 나온 이유는 처벌의 대상이 되는 친일의 개념이나 범위, 적용 대상 등을 둘러싸고 입법의원 내에서 이해가 엇갈렸기 때문이다.

여기에서는 나중에 최종안이 된, 재미한족대표단의 김호 의원이 작성한 절충안의 방향을 살펴보기로 한다.

① 재수정안을 주로 하여 수정안과 강순(姜舜) 등 제 의원이 제출한 안

80 李大根, 앞의 책, 101쪽.

81 《동아일보》 1946년 10월 8일자.

82 《조선일보》·《동아일보》·《京鄕新聞》 1946년 12월 5일자.

을 참고로 해서 축조 토의에 부칠 것. ② 정의(定義)와 열거를 병행할 것. ③ 전범은 안 넣어도 좋다. ④ 습작(襲爵)과 습왕(襲王)은 구별하여 습왕은 민족반역자 규정에서 제외하고 부일협력자 규정에 넣기로 함. ⑤ 일정시대의 형사 고등계 및 사법주임은 죄적(罪跡) 여하를 불구하고 민족반역자로 규정할 것. ⑥ 일정한 한계를 명확히 정해서 한계선 이상의 자는 당연범 그 이하는 선택범으로 한다. ⑦ 건국을 목적으로 공사시설을 파괴 혹은 살인방화범은 민족반역자로 규정하였으나, 동 특별조례는 과거 일정시대에 민족을 박해한 악질분자 숙청에 본의가 있는 만큼 현행범은 현재 법률로 처벌하자.[83]

절충안에서 빠진 내용은 5월 9일과 16일 등 몇 차례 다시 논의되어 7월 2일에 최종안이 제정되었다.[84] 친일파 숙청법이 상정되자 김호, 김붕준 등은 토론을 계속하면서 미군정의 저지 방침 속에서도 법안의 통과를 위해 노력했다.[85] 이 때문에 입법의원 김호와 정이형, 신기언(申基彦) 3명은 OSO 동맹원에게서 만약 친일파 등 처벌법을 계속 지지한다면 암살당할 것이라는 협박 편지까지 받았다고 한다.[86]

끝으로 〈통일정부 수립안을 협의하기 위해 북조선인민위원회와 교섭하자는 긴급 제안〉 문제를 검토해 보기로 하자. 1947년 5월 3일 입법의원 제65차 본회의에서 김호·김원용·이정진·김붕준·정이형 5명의 의원들은 "미소공동위원회에 제출할 통일정부 수립안을 협의하기 위하여 북조선인민위원회와 교섭하자"고 긴급 제안했다. 그러나 이 제안은 당시 미소공동위원회가 무기한 휴회 중이었기 때문에 미소공위가 재개된다는

83 《서울신문》 1947년 5월 9일자; 《조선일보》 1947년 5월 8일자.

84 李剛秀, 〈反民族行爲特別委員會(1948~50) 硏究〉, 국민대 대학원 국사학과 박사학위논문, 2002, 45~46쪽.

85 《京鄕新聞》 1947년 5월 1일자.

86 金榮美, 앞의 글 참조.

정식 통지가 있은 후에 원의(院議)에 부치기로 했다.[87]

이어 5월 16일 입법의원 제75차 본회의에서 김호와 김원용을 비롯한 위의 다섯 의원들은 또다시 미소공동위원회에 제출할 통일정부 수립안을 협의하기 위해 북조선인민위원회와 교류하자는 다음과 같은 내용의 긴급 제안을 제출했다. 제2차 미소공동위원회는 1947년 5월 20일부터 재개하기로 되어 있었다.

○ 주 문

미소공동위원회에 제출할 통일정부 수립안을 협의하기 위해 북조선인민위원회와 교섭할 것.

○ 이 유

一. 미소공동위원회의 제1 목적은 통일된 정부를 수립하려는 데 있다.

二. 따라서 조선 사람이 통일된 의견을 표시하는 동시에 구체적 방법안을 제출해야 한다.

三. 본 입법의원은 북조선인민위원회와 긴급 협의할 필요가 있다고 인정하고 본 안을 제출함.[88]

이 긴급 제안은 19일의 입법의원 제76차 본회의에서 다시 토의되었고 다음날의 제77차 본회의에서도 토의에 부쳐진 결과, 이 안을 두고 미소공동위원회 대책위원 10명을 선출하여 그 대책을 작성하자는 서상일 의원의 동의가 가결되었다.[89]

김호·김원용 등의 긴급 제안은 입법의원 의장으로서 좌우합작위원회

---

87 《서울신문》 1947년 5월 6일자; 《동아일보》 1947년 5월 4일자.

88 《조선일보》 1947년 5월 17일자.

89 《동아일보》 1947년 5월 21일자.

를 이끌던 김규식의 의중을 반영한 것이기도 했다. 김규식은 미군정의 요청으로 입법의원에 참여하면서 좌우합작위원회를 통한 자신의 남북합작 구상을 입법의원과 북조선인민위원회의 합작통일로 전환하였다.[90]

김규식은 입법의원 개원 전날 가진 기자회견에서 "3상회의를 존중한다 해서 무한정으로 그냥 있을 수 없는 만큼 입법의원을 확대해서 남북한 일반선거에 의한 전조선 입법의원을 만들기 위해 노력할 것"이라는 견해를 밝힌 적이 있다.[91] 그는 또 입법의원 예비회의 제2차 대회에서 '북조선인민위원회 위원 일동'에게 입법의원 명의로 전보를 보내자고 제안했었다.[92] 그러나 김규식과 그를 지지하던 재미한족대표단의 의회 간 결합을 통한 남북합작 구상은, 미소공동위원회의 결렬과 1948년 1월 유엔 임시한국위원단의 입국으로 무산되고 말았다.[93]

4. 재미한족대표단의 성과와 한계

재미한족대표단은 자신들의 사명을, 첫째로 해방 후 미·소 진주군의 군정 아래서 건국에 노심초사하는 국내 동포들에게 재미한족을 대표하여 위문할 것, 둘째로 임시정권이 수립될 때 필요한 협조를 제공할 것, 셋째로 국내 정세를 면밀하게 살펴서 건설적인 정치운동에 협조할 것, 넷째로 국내에 1년 동안 체류할 것 등이라고 천명했다. 미군정과 원활한 협조 아래 정치운동에 적극적으로 나설 것임을 밝힌 것이다.

귀국 후 재미한족대표단은 중경에서 돌아온 임시정부를 중심으로 하는 좌우익의 통일운동으로 정치활동을 시작했다. 이것은 대표단의 모태

90 金榮美, 앞의 글, 278쪽.

91 《서울신문》·《동아일보》 1946년 12월 22일자.

92 《立議速記錄》 제5호, 1946년 12월 20일자.

93 김규식의 남북협상 참여도 이러한 구상의 연장선에서 볼 수 있을 것이다.

가 되는 재미한족연합위원회가 이전부터 임시정부를 받들어온 것과도 관계가 있다. 대표단은 미군정과 가까운 한국민주당의 국민대회 참여 요청을 거부하면서 임시정부가 주도하는 비상정치회의에 적극적으로 참여했다. 그러나 임시정부가 비상정치회의를 수단으로 '배타적으로' 정국의 주도권을 장악하려 하고 중도파를 홀대하면서 둘 사이는 멀어졌다.

재미한족대표단은 비상국민회의에 함께 참여했던 신한민주당과 조선민주당, 신한민족당 내 4당 합당 반대파와 함께 임시정부의 우익정당 통일운동을 비판하고 중도 우익과 중도 좌익 중심의 중간정당 통일운동을 펼친 결과 신진당을 결성했다. 제2차 미소공동위원회마저 공전되고 남한단독정부 수립설이 대두되자 김호와 김원용은 신진당을 나와 중간파의 통일운동에 참여했으며, 홍명희 등과 함께 민주독립당을 결성했다. 이들의 중간정당 통일운동은, 미소공동위원회 재개를 앞두고 1946년 5월 말부터 미군정이 김규식과 여운형을 내세워 추진한 좌우합작운동을 조직적으로 지원하기 위해서였다.

대표단의 다수가 미국으로 돌아간 가운데 김호와 김원용은 1946년 12월에 출범한 남조선 과도입법의원에 좌우합작위원회가 추천한 관선의원으로 참여했다. 이들은 미군정의 후원을 배경으로 〈관재령〉 제8호의 철폐와 수정, 〈부일협력자·민족반역자·전범·간상배에 대한 특별법률 조례안〉 제정, 〈통일정부 수립안을 협의하기 위해 북조선인민위원회와 교섭하자는 긴급 제안〉 등 많은 활동을 벌였다. 특히 〈관재령〉 제8호의 철폐와 수정은 입법의원에서 적산대책위원장을 맡고 있던 김호가 해방 후 한국 경제 재건의 근간이 될 적산 처리의 방향을 제시했다는 점에서 평가할 만하다.

그러나 개별 대표단원들의 적극적인 활동은 인정하더라도 재미한족대표단의 국내 정치활동이 조직적이었다고 보기는 어렵다. 그것은 이들의 모 단체가 되는 재미한족연합위원회의 성격과도 이어지는 것인데, 재미한족연합위원회는 강력한 결속력을 가진 집권적인 단체가 아니라 단체 간 협의체일 뿐이고 이러한 속성이 재미한족대표단의 구성에도 영향을 미쳤기 때문이다. 해방 직전에 이승만계인 동지회의 연합회 탈퇴는 이러한 취약성을 그대로 드러나게 했고, 재미한족대표단은 귀국 당시의 약속대로 1년이 지난 뒤 대부분 미국으로 돌아감으로써 아쉬움 속에 활동을 마감해야 했다. 남아서 정치 활동을 전개하던 단원들도 남한 단독정부의 수립과 과거 정적이던 이승만의 집권으로 계속 활동할 수 있는 여지가 남아 있지 않았다.

《한국독립운동사연구》 제20집, 독립기념관 한국독립운동사연구소, 2003

보론 Ⅱ

해외 전재동포의 귀국과 민족통합 문제

1. 해방과 전재동포의 귀환

1945년 일제의 패전 당시 해외동포의 수는 약 500만 명으로 한국인의 무려 20%에 이르렀다. 제국주의 침략전쟁의 희생자였던 이들 해외동포들은 〈포츠담 선언〉의 제9항에 명시되었던 것처럼, 인도주의 원칙에 따라 해방된 조국으로 귀환되어야 마땅한 일이었다. 그러나 현실은 달라서, 전후 처리 과정에서 당사국의 이해에 따라 이와 같은 원칙은 버려지기 일쑤였고 해외동포들은 또다시 유린을 당해야 했다.

200만이 넘는 해외동포가 살던 일본에서는 연합군사령부(GHQ)와 일본 당국의 무책임한 처리로, 한인들은 '해방 국민'의 대우를 받지 못했을 뿐만 아니라 귀환 과정에서 많은 희생을 치렀다. 230만 명에 이르렀던 중국에서는 국공내전의 상황에서 많은 동포들이 재산을 몰수당한 채 강제 송환되었다. 소련군 점령 지역인 사할린에서는 한인의 귀환이 원천 봉쇄되었고, 일제의 침략전쟁 확대에 따라 남양군도 등에 배치되었던 한인들도 연합국 점령군의 포로나 전범 취급을 받으며 가혹한 고난과 시련을 겪어야 했다. 우여곡절 끝에 해방 직후 귀환한 해외동포는 250만 명에 가까웠다.[1]

---

1 張錫興, 〈해방후 귀환문제 연구의 성과와 과제〉, 《한국근현대사연구》 25, 한울, 2003, 9~10쪽.

그러나 수백만 전재동포(戰災同胞)의 유입은 식량 문제와 주택 등 기본적인 의식주 말고도 보건, 물자난, 실업, 교육 등 그야말로 전 사회적인 문제를 낳았다. '해방 조국'의 처지에서 이것은 부양 인구의 증가를 의미했다.[2]

이 장에서는 해방 직후 인천항을 통해 돌아온 해외동포들을 비롯한 '전재동포'들의[3] 실태를 분석함으로써, 이들의 대규모 유입으로 인천 지역에 생겨난 사회 변화의 양상과 그것이 지역사에서 갖는 의미를 추적하려 한다. 해방 직후 돌아온 250만 명의 해외동포 가운데 인천항을 통해 조국의 품에 안긴 사람은 75만 명에 가까웠다.

인천은 부산과 더불어 해외 전재동포가 가장 많이 들어온 항도였다. 특히 지리적으로 중국과 가까웠기 때문에 화북 지역의 많은 전재동포들이 인천항을 통해 돌아왔다. 여기서는 1945년 9월부터 중국 화북 지역과 남양군도, 일본 등에서 귀환이 일단락되는 1947년 말까지, 인천 지역 해외 전재동포 귀환의 규모와 미군정 당국의 대책, 잔류 귀환동포들로 생겨난 사회적 문제 등을 밝힘으로써, 대규모의 급격한 전재동포 귀환이 해방 직후라는 '신질서 형성기'의 지역사회에 끼친 영향과 민족 통합의 문제를 고민해 보려고 한다.

이 분야의 선행 연구들은 대체로 일제 말기의 강제 이주와 관련된 귀환 실태 자체에 초점을 맞추었다. 따라서 귀환 이후 전재동포들의 행적에 관련해서는 미군정의 구호 대책과 활동만 언급되고 있다.[4] 이들이 돌

---

2 황병주, 〈미군정기 전재민구호(救護)운동과 '민족담론'〉, 《역사와 현실》 35, 한국역사연구회, 2000 참조.

3 당시 해외 귀환동포는 주로 전재민(戰災民) 또는 전재동포(戰災同胞)라 하였고, 북한에서 월남한 동포는 월남인(越南人) 또는 이재민(罹災民)이라 하였다. 그러나 대개는 이들을 포함, 전재민 또는 전재동포라 통칭했다고 한다(李淵植, 〈해방직후 해외동포의 귀환과 미군정의 정책〉, 서울시립대 대학원 국사학과 석사학위논문, 1998, 1쪽). 여기에서는 자료상 가장 많이 등장하며 특히 민간단체의 자발적인 구호 활동의 동기가 '동포'였다는 점을 주목, '전재동포'라는 용어를 사용했다.

아온 지역에 대해서도 서울과 부산이 주된 대상이 되었을 뿐 75만 명이나 들어온 인천 지역의 귀환 전재동포들에 대한 연구는 한 편밖에 없다.[5]

2. 해방 직후의 정치·경제 상황

1) 좌우 정치 세력의 대립

1945년 8월 15일 한국은 36년에 걸친 일제의 식민 통치에서 벗어났다. 식민지 말기 일본 제국주의 파시즘 치하의 고단한 현실에서 해방을 고대하던 민족 구성원 모두에게 해방은 "삼각산이 일어나 더덩실 춤이라도, 한강물이 뒤집혀 용솟음칠"[6] 환희의 날이었다.

해방을 맞이하는 항도 인천의 풍경은 남달랐다. 인천은 1882년 〈조일수호조규〉 속약(續約)에 따른 최초의 개항장으로 외국인 거류지인 조계(租界)가 설정되어 있어 다른 도시보다 많은 일본인들이 살고 있었다. 인천의 상징인 만국공원(자유공원)을 중심으로 구 인천의 중심부는 일본인들을 비롯한 외국인들의 배타적 거주 지역으로서 식민지적 근대화의 첨병 구실을 했던 전진기지였다.

---

4 Edward, W. Wagner, *The Korean Minority in Japan*, 1951; 森田芳夫, 〈在日韓國人處遇推移現狀〉, 《法務硏究》 3, 1954; 이영환, 〈미군정기 전재민 구호정책의 성격〉, 서울대 대학원 사회복지학과 석사학위논문, 1989; 최영호, 《재일한국인과 조국광복》, 글모인, 1995; 金太基, 《前後日本政治と在日朝鮮人問題》, 勁草書房, 1997; 李淵植, 앞의 논문. 최근의 연구로 2003년 여름호로 간행된 《한국근현대사연구》25집(특집: 해방후 해외 한인의 귀환과 역사상)에 실린 8편의 논문과 29집(특집: 해방후 해외 한인의 귀환과 정착)에 실린 4편의 논문 등이 있다.

5 이현주, 〈해방직후 인천의 귀환 戰災同胞 구호활동〉, 《한국근현대사연구》 29, 한울, 2004. 이 논문은 8·15 이후 1946년 말까지 월남민을 제외하고 인천으로 돌아온 해외 전재동포만을 대상으로 그 규모와 이들에 대한 민간구호 활동 설명에 치중하고 있으며, 이들의 유입에 따른 사회문제와 지역사회의 균열, 변화를 다루고 있지는 않다.

6 심훈, 〈그날이 오면〉(1930.3.1).

귀환을 위해 승선을 기다리는 해외 전재동포들

해방 당일 일본의 무조건 항복을 알리는 일왕의 떨리는 목소리가 라디오 방송을 통해 들리자 일본인들은 큰 충격을 받았다. 그러나 36년간 식민 통치의 억압 아래 억눌려 있던 한국인들은 해방의 기쁨에 거리로 쏟아져 나와 환희의 물결을 이루었다. 일본인들은 그동안 저질러온 만행 탓에 불안과 공포에 휩싸여 미군이 상륙할 때까지 자구책을 강구해야 했다. 그들은 먼저 자신들의 안전한 귀국을 위해 세화회(世話會)를 조직하여 남은 일본인들의 단합을 꾀하는 한편, 재향군인들을 무장시켜 순사 복장으로 각 파출소를 경비하는 등 한국인들의 응징에 대비하였다. 일본인들은 인천 세화회를 조직하고 신변 안전과 본국 귀환 활동을 전개했다.[7] 해방으로 인천은, 일본인들이 한국을 탈출하는 길목이자 일

7 小谷益次郎 著, 윤해연 역, 〈인천철수지(仁川引揚誌)〉 上·下, 《황해문화》 30~31, 새얼문화재단, 2001 참조.

본 제국주의 아래 해외로 내쫓겼던 동포들의 귀환지가 된 것이다.

해방의 감격 속에 미군이 남한에 진주하면서 인천은 새로운 국면을 맞게 되었다. 미군의 남한 진주는 2단계로 진행되었는데, 첫째 인천과 서울 주변은 즉시 진주할 지역이며, 둘째 북위 38도선을 넘지 않는 범위에서 대략 반경 50마일 북쪽으로 진주 지역을 넓힌다는 것이었다. 이러한 방침에 따라 9월 8일에 육군 선도대가 인천에 도착했고 이튿날 늦게 7사단 병력과 장비의 하역이 끝났다. 그 뒤 인천 지역은 제17보병연대에 인계되었다. 미군은 인천에 상륙하는 과정에서 별다른 저항은 받지 않았다. 다수의 무장한 일본군이 경비를 서고 있었고, 부두 주변 주요 교차로에도 일본 경찰이 철통 같은 경비를 서고 있었다. 이들은 모두 소총과 검으로 무장한 채였다. 뒤에 미군은 일본인 경찰의 경비 때문에 한국인들의 대규모 시위를 방지할 수 있었다고 평가했다.[8]

1945년 9월 11일 주한미군사령관 하지(J. R. Hodge)는 군정장관에 아놀드(G. A. Arnold) 소장을, 인천 군정관에는 스틸맨 소좌를 임명했다. 당시 미군이 인천에서 군정을 실시하면서 가장 시급했던 것은 행정권과 치안권을 접수·장악하는 일이었고, 구체적으로는 인천의 경찰권을 확보하고 나아가 일제 시기 총독정치를 대체하여 지방정부, 곧 인천부(仁川府)를 개편하고 새롭게 조직하는 일이었다. 이를 위해 스틸맨은 우선 "① 혼란했던 전화(戰禍)의 수습과 정리 ② 행정력의 부활과 민주적 방법에 의한 한국인 부윤(府尹) 선임 ③ ②항을 돕기 위해 자문기관으로 부(府) 고문회를 설치 ④ 전재민과 나병 환자에 대한 구호 행정에 전력 ⑤ 적산 관리에 전력"[9]을 당면 과제로 설정했다. 미군정 당국이 전재민의 구호 행정을 최우선의 시정 과제로 제시한 것은 주목할 만한 일이다.

---

8 C.L. 호그 지음, 신복룡·김원덕 옮김, 《한국분단보고서》 상, 풀빛, 1992, 122쪽. 여기서 말하는 한국인들은 미군을 환영 나온 인천 시민들을 가리킨다. 한국인들의 대규모 시위란 일본인들의 모략에 지나지 않는다.

9 仁川直轄市史編纂委員會, 《仁川市史》 上, 인천직할시, 1993, 437쪽.

해방 직후 인천에서는 혼란을 틈타 치안 교란, 경제 파괴를 획책하고 있는 일본인들의 행동에 대항하기 위해, 일제가 임명한 관제적 정회장(町會長, 동장)을 중심으로 정(町) 연합회 결성을 시도했으나 의견의 불일치로 실패했다. 이들은 9월 30일 제2차 모임을 갖고 대표 2명을 군정관 스틸맨에게 보내 시의 정책과 집회 허가를 요청했다. 허가를 얻은 정회장들은 회의를 개최했고, 미군정 참관인 모스 대위는 이 집회에 시장 선출권을 부여했다.[10] 그러나 정회장들은 일제시대에 일본인 관리들이 임명한 인물들로서 해방된 인천의 민의를 대표할 수 없으며 시장 선출의 자격은 더더욱 어불성설이라는 여론이 들끓었다. 이에 미군정은 10월 4일 정회장들을 파면하고 "① 관선 정회장으로 구성된 일본식 정회제를 폐지하고 ② 잠정적으로 관선 정회장제를 마련하는 한편 정회장을 각 반(班)을 통해 민주적으로 선임할 것 ③ 인천부 정회장연합회를 조직한 다음 그 연합회로 하여금 미국식에 따라 부윤(시장) 후보자 7명을 공천케 할 것" 등을 내용으로 하는 개선안을 마련했다.

이에 따라 새로 선출된 정회장과 인천시의 관료인 각 과장 9명을 합한 98명이 10월 6일에 모여, 7명의 시장 후보자인 박남칠(朴南七, 좌익)·조봉암(曺奉岩, 좌익)·이승엽(李承燁, 좌익)·김용규(金容奎, 좌익)·장광순(張光淳, 우익)·임홍재(任鴻宰, 우익)·김세완(金世琓, 우익) 등을 대상으로 투표한 결과 임홍재가 초대 인천 부윤으로 선출되었다. 임홍재는 일제 때 간이교원양성소를 졸업한 제3종 교원이었는데, 뒤에 보통문관시험에 합격하여 인천부 농림계장을 거쳐 연천군 근로동원과장으로 일하던 중 해방을 맞이하고 다시 인천부 농림과장으로 임명되어 있었다.[11] 지지 기반이 약한 채 인천 부윤에 선출된 임홍재는 주요 업무별로 자신을 보좌할 도원섭(都遠涉, 상공)·이필상(李弼商, 실업노무)·이원춘(李元

10 仁川直轄市史編纂委員會, 《仁川市史》 上, 520쪽.

11 이윤희, 〈미군정기 인천에서의 좌·우투쟁의 전개〉, 《역사비평》 1989년 봄호, 197쪽.

春, 정치)·최병욱(崔炳旭, 사회교육) 등 4명을 인천부 촉탁으로 임명했다. 한편 식민 관료 출신을 부윤으로 최종 승인한 미군정은 중앙의 미군정 정책에 보조를 맞추기 위해 인천에서도 32명으로 구성된 자문기관인 고문회의를 설치했다.[12]

이어 11월 1일 군정관 스틸맨은 〈인천부 훈령〉 제11호로 인천부의 기구를 확정한 다음 서무과를 비롯한 9개의 과(課)를 설치하고 과장의 인선을 다음과 같이 마쳤다. 해외 전재동포 구호 활동은 사회과에서 담당했다(괄호 안은 과장 이름).

1. 서무과〔조승환(曺勝煥)〕: 부정계·비서계·호적계
2. 학무과〔김영배(金英培)〕: 제1학무계·제2학무계·서무계
3. 재무과〔유우봉(柳又鳳)〕: 제1부과계·제2부과계·제1징수계
4. 회계과〔유석범(柳錫範)〕: 용도계·출납계·관재계·건축계
5. 사회과〔김종순(金鍾淳)〕: 사회계·위생계·원호계·노무계
6. 농림과〔임홍재(任鴻宰)〕: 농정계·농무계·전작계·산림계
7. 상공과〔정아승(鄭雅勝)〕: 상공계·공업계·조정계
8. 토목과〔송지면(宋知勉)〕: 서무계·도시계획계·기술항만계·용지계
9. 수도과〔김형찬(金瀅燦)〕: 사무계, 공무계, 조정계[13]

인천 미군정은 치안권의 장악에도 힘을 기울였다. 인천은 일본 경찰의 기능이 정지된 뒤 건국준비위원회 산하의 보안대가 중심이 되어 자치적으로 치안 활동에 나서고 있었다. 미군정은 일제 때 경기도회 의원을 지낸 김윤복을 초대 인천보안서장에 임명했다.[14] 11월 중순에 단행된

12 고문 32명의 명단과 직업, 정치적 성향에 대해서는, 《大衆日報》 1945년 11월~1946년 8월의 기사 및 이윤희, 앞의 논문, 199~200쪽을 참조.

13 李英一, 《激動期의 仁川－光復에서 休戰까지》, 東亞社, 1986 참조.

14 《大衆日報》 1945년 10월 17일자.

인사는 인천경찰서장 김윤복, 서장대리겸 교양담임 박한춘, 경무주임 이창우, 보안주임 이근춘, 사법주임 강원규, 정보주임 김장홍, 위생주임 전정윤, 외근주임 이조욱, 경비주임 강종구 등이었는데,[15] 이들 대부분은 일제시대 경찰 출신이거나 우익 인사였다.

미군정은 당시까지 남아 있던 일본군을 무장해제하고, 군정의 치안 확보에 방해가 되는 인물들의 행동을 차단하는 일도 신속하게 추진했다. 미 헌병대는 10월 7일 일본인 인천항 부두국장 등을 검거하여 인천공안부에 유치하고 취조했다. 그는 소속 부대로 돌아오라는 미군의 명령에 따르지 않고 일본인 귀환병들을 위해 출근부를 위조하다 발각되었다.[16] 또한 전 인천경찰서 일본인 경비주임 등이 모의하여 장총 230정과 탄약, 수류탄 등 무기를 묻어 없애다가 발각되어 구속되기도 했으며, 일본인들이 밀항을 시도하다 부두연맹에 발각되어 미 헌병대에 검거되기도 했다.[17] 인천상공회의소 부회두, 경기도 경제회 이사, 인천부회 의원으로 지역사회의 거물이었던 김태훈도 공금 횡령 등의 혐의로 인천공안서에 소환·유치되었다. 미군정의 이러한 조치는 10월 27일 전 부윤을 비롯한 일본인 귀환 장병 3,800명이 본국으로 물러가면서 마무리되었다.[18]

미군정이 정비되어 가면서 여러 정치 세력들의 움직임도 빨라졌다. 해방 후 조선건국준비위원회 인천 지부가 결성되고, 뒤이어 한국민주당 인천 지부가 조직되면서 인천 지역의 정치 세력은 인민위원회를 비롯한 좌익과 한국민주당을 중심으로 하는 우익으로 양분되었다.[19] 그리고 이들의 관계는 중앙 정계에서 전개된 좌우익 정당들의 통합 논의에 영향을 받아 한때 화합하는 조짐도 보였지만 곧 대결 상태로 들어섰다.

---

15 《大衆日報》 1945년 11월 18일자.

16 《大衆日報》 1946년 10월 10일자.

17 《大衆日報》 1946년 10월 10일자.

18 《大衆日報》 1945년 10월 28일자.

19 해방 후 인천 지역에서 정치 세력의 등장과 분화에 대해서는 이윤희, 앞의 논문을 참조.

본국으로 철수하는 일본인들

좌우익의 첫 충돌은 임시정부 환영 행사 문제에서 비롯되었다. 1945년 11월 26일 한국민주당 인천 지부는 임정 환영식을 성대하게 치르고자 17개 부서의 준비회를 구성하고 36명의 위원을 선출했다. 그리고 환영대회 비용 5만 원을 각 정회와 유지들에게서 갹출하기로 결정했다. 이에 인천시 인민위원회와 조선공산당 인천 지부 등 좌익은 일부 정회장과 함께, 한국민주당 간부들의 일제 때의 친일 행적을 집중 거론하면서 피폐한 생활고로 허덕이는 인천 시민에게 대회 비용을 부담시키면서까지 임정 환영대회를 성대하게 치르려는 것은 한국민주당이 "자기 당의 허세를 과장하려는 교묘한 선전술, 기만적 행위"라고 비난했다.[20]

좌우익 갈등은 신탁통치 문제로 더욱 악화되었다. 1945년 12월 28일 모스크바 3상회의 결정에 따라 조선임시민주정부 수립을 전제로 5년 동안 한국에 대한 신탁통치안이 발표되었다. 이에 대한 인천 지역 좌우익의 첫 반응은 이렇다 할 입장 표명을 하지 않고 중앙 정계의 추이를 살피는 정도였다.[21] 그런데 12월 29일에 정회장들이 '신탁통치 절대 반대' 의사를 표명하자, 12월 31일에는 각 정당·사회단체 대표 90명이 신탁통

20 《大衆日報》 1945년 12월 4일자.

21 H.Q. USAFIK, G-2 Periodic Peport(미군정 주간정기보고), No.110, 1946년 12월 30일자.

치 절대 반대 시민대회를 열고, 결의문 작성 기초위원으로 김용규(인천시 인민위원회 위원장)·이보운(李寶云, 인민위원회 총무부장)·김요한(金要漢)·곽상훈(郭尙勳, 한국민주당 인천지부장)·손계언(孫啓彦, 인천신문기자협회 부위원장) 등 5명을 선정했다. 그러나 좌우익의 신탁통치반대 공동위원회는 좌익의 태도 변화로 무산되었고, 우익은 한국민주당의 발의로 1946년 1월 16일 '반탁 각 단체대표연합회'를 독자적으로 구성하여 반탁운동을 전개했다. 이러한 사태로 인천에서도 점차 우익의 정치적 기반이 넓어졌다.

미소공동위원회 결렬은 좌우익의 투쟁을 돌이킬 수 없는 지경에까지 이르게 했다. 좌익은 미소공위의 재개를 요구하는 대규모 집회를 열어 우익의 반탁운동에 대응했다. 1946년 6월 23일 민주주의민족전선 인천지부는 중앙위원 김원봉(金元鳳), 여운형(呂運亨), 이강국(李康國), 이현상(李鉉相) 등도 참석한 가운데 미소공위촉진 인천시민대회를 개최했다. 그런데 이날 집회에서는 돌발 상황이 연출되었다. 이 집회에는 '조선 좌익의 영수' 박헌영이 참석할 것이라는 선전 때문에 비가 오는 중에도 1만 명이 넘는 군중이 모였는데,[22] 집회가 진행되고 있을 때 조봉암의 "한국 연립정부는 공산당이나 (독립촉성)국민회의의 독점적인 정부로 조직되어서는 안 된다. …… 현재 한국민은 공산당을 원하지 않는다. 그러므로 인공이나 민전의 정책은 철저히 배격되어야 한다. …… 우리는 노동계급에 의한 독재나 자본계급의 전제를 원하지 않는다"는 내용의 성명서가 살포된 것이다. 성명서는 대회장뿐만 아니라 인천 시내 주요 관공서와 신문사에도 수천 장이 뿌려졌다.[23]

이러한 행동의 배후에는 미군정의 공작도 작용한 것으로 알려졌다.[24]

---

22 《大衆日報》 1946년 6월 24일자.

23 H.Q. USAFIK, G-2 Periodic Report(미군정 주간정기보고), 1946년 7월 5일자.

24 서중석, 《한국현대민족운동연구》, 역사비평사, 1992, 496~497쪽.

조봉암은 민전 집회가 열리기 열흘 전에 갑작스레 CIC(미군방첩대)에 체포되었다. 군정법령 '제72조 8항'을 어겼다는 것이 이유였다.[25] 그러나 구금되어 있는 동안 법령 72조의 시행이 보류되어 공교롭게도 민전 집회 하루 전날인 6월 22일에 석방되었다. 이 때문에 성명서 발표의 시점과 배후를 둘러싸고 의혹이 제기되어 전부터 조봉암을 '당국의 촉탁'으로 지목했던 조선공산당은 성명서 살포 사건을 계기로 당에서 그를 제명시켰다. 그러나 이를 계기로 인천 지역에서 좌우익간 세력 판도는 바뀌었다. 이에 고무된 한국민주당은 인천 지부 명의로 성명을 발표하고 '공산당 계열 민전 제공(諸公)이여, 조봉암 동부를 따르라'고 대중을 선동하며 역공세를 폈다.[26]

반탁에서 찬탁으로의 태도 변화, 미군정의 탄압, 조봉암의 성명서 발표 등이 이어지면서 미군정기 인천 지역의 정국은 한국민주당을 중심으로 한 우익이 주도권을 잡아가는 가운데, 좌익이 격렬하게 저항하는 모습을 보였다. 인천에서 벌어진 좌우익의 극단적 대치는 한국 문제가 유엔에 이관되는 1947년 말까지 계속되었다.

2) 생산의 위축과 경제 혼란

8·15 해방은 식민지 한국의 낡은 경제질서가 무너지고 새로운 경제질서가 세워지는 결정적인 계기였다. 생산이 위축되고 물가가 치솟았으며 수많은 실업자가 생겨나는 등 사회·경제적 혼란이 있었지만, 동시에 경제 주체들이 저마다 경제질서의 재정립 방향을 놓고 각축전을 벌였다.

25 군정법령 제72호는 1946년 5월 4일 발효되었다. "폭력, 협박 또는 脅威를 가하거나 경제상 이익 기타 이익에 대하여 약속을 하거나 此 이익의 추구를 제지시키거나 또는 此를 제지시키도록 脅威하거나 동맹배척 기타 유사한 행동" 등 군정 위반에 대한 범죄의 요건을 제시하였다(韓國法制研究會編, 《美軍政法令總攬》, 191쪽).

26 이현주, 〈해방 후 조봉암의 정치활동과 제헌의회 선거〉, 《황해문화》 30, 새얼문화재단, 2001, 152쪽(본서 제3부의 보론).

우선 미군정기를 통해 대외 경제관계가 재편되었다. 해방을 계기로 한국 경제는 일제의 독점적 지배에서 벗어나 미국이 지배하는 세계 자본주의권 속에 편입되어 새로운 국제 분업구조의 한 켠을 담당하게 되었다. 대내적으로는 식민지 지배가 무너지고 국민국가가 성립되었으나 미소의 분할 점령에 따른 분단국가가 들어섬으로써 남북 경제 관계가 단절되고, 한국 경제는 이로 말미암아 남북 모두 경제발전에 장애를 겪어야 했다.[27]

인천의 경제적 혼란은 더욱 심했다. 인천은 일본 제국주의의 전쟁 수행을 위한 군수공장이 많았고 일본인 경영자들이 산업계를 지배하는 등, 식민지 지배와 대륙 침략의 전초 기지가 되어 있었기 때문에 해방에 따른 경제적 혼란은 다른 지역보다 클 수밖에 없었다. 일제는 인천항을 대륙 침략의 발판으로 삼고 이 지역을 병참기지화했다. 인천에 북부, 남부, 부평 등 3대 공업지구를 설정하고 규모를 확대시켜 나갔는데, 패전 무렵에는 조선기계(朝鮮機械), 일본차량(日本車輛), 조선이연금속(朝鮮理研金屬), 일립제작소(日立製作所), 동지제작소(東芝製作所) 등 손꼽을 만한 공장만도 155개가 인천에 자리 잡고 있었다. 그러나 이는 대부분 일본인이 운영하는 공장들이었기 때문에 공장 수에서는 한국계 51.5%, 일본계 46.8%, 중국계 및 기타 1.7%였지만 자본 면에서는 한국계 4.6%, 일본계 92.6%라는 엄청난 격차를 보이고 있었다. 이런 상황에서 패전으로 쫓겨나게 되자 일본인들은 멋대로 재고품을 처분하는가 하면, 점포와 공장 등을 패전 이전에 팔아버린 것처럼 매매계약서를 위조해서 처분하고 심지어는 주요 시설을 파괴했다.[28]

1945년 9월 8일 인천에 상륙한 미군은 군정을 실시하면서 9월 25일자 군정법령 제2호로 〈패전국 소속 재산의 동결 및 이전 제한의 법〉을 공

---

27 김기원, 《미군정기의 경제구조》, 푸른산, 1990 참조.

28 仁川商工會議所編, 《仁川商工會議所百十年史》, 仁川商工會議所, 1995 참조.

포했다. 이에 따라 기존 일본인의 모든 재산을 동결하고 그 재산의 매매 취득에 관한 권리 행사를 모두 금지했다. 12월 12일에는 군정법령 제33호로 〈재한국 일본인 재산의 권리 귀속에 관한 건〉을 공포하고 재산 관리의 사무를 시작했는데, 인천 지역에서는 이미 10월 27일 인천시 상공과와 군정관 스틸맨 소좌의 협의에 따라 공장 이관의 승인에 관한 합의를 본 상태였다. 이에 따라 1945년 10월 초 항공 자재를 생산해 오던 만석동 대성목재(大成木材)가 민간인에게 관리 위임된 것을 시작으로, 송현동의 조선대동제강(朝鮮大同製鋼), 학익동의 삼릉전기(三菱電氣), 조선제작소(朝鮮製作所), 일본제분 인천 공장(뒤의 대한제분), 화수동의 조선동지전기(朝鮮東芝電氣), 금곡동의 조선인촌공업(朝鮮燐寸工業) 같은 공장들이 관리 위임되었다.

그러나 귀속 사업체의 운영은 순조롭지 못했다. 일본인들이 떠난 뒤 이들 공장은 오랫동안 관리 부재 상태에 빠졌으며 공장 시설들은 도난당하거나 파괴되었고, 다른 공장들도 원료와 자재의 부족으로 가동이 어려웠다. 인천시 조사에 따르면 해방 직후 인천 시내 130개 공장 가운데 가동 공장 수는 48개로 전체의 36%에 지나지 않았다.[29]

적산기업의 노동자들은 자치운영위원회를 조직하고 재산 보호와 공장 가동을 위해 노력했으나 상당수의 지방 유지들이 적산기업의 관리권을 위임받아 노동자들과 충돌하는 일이 잦았다. 관리인의 기술과 경험 부족, 자금 고갈 같은 어려움과 군정 당국의 미숙한 정책도 공장의 정상 가동을 어렵게 했다. 당시 인천 시내 귀속 사업체의 현황을 보면 상공부, 전기국, 농림부 등 중앙관서 관할 업체가 모두 27개로서 상공부 소속 16개 업체에서만도 4,500명의 노동자가 일했는데, 업종별로는 금속 7, 기계 4, 화학 3, 섬유 2, 전기 3, 교통운수 3, 제재목재 5개 업체였다. 인천 지방관서 관할 업체는 총 136개로 업종별로는 금속 7, 기계 18, 요업 7,

29 仁川商工會議所編, 《仁川商工會議所百十年史》, 仁川商工會議所, 188쪽.

섬유 5, 식품 29, 전기 1, 기타 공업 26, 광업 2, 상업 11, 교통 4, 그 외 8개 업체였다.

인천 미군정은 공공재산과 적산의 효율적 관리를 위해 1945년 11월 11일에 적산관리국을 설치함으로써 비로소 적산의 관리를 행정적으로 규제하고 감독할 수 있게 되었다. 이후 인천 미군정은 상공부의 신설(1946.6), 부실 관리 적산회사 공장 지배인의 교체, 〈관재령(管財令)〉 제8호(1946.12.31)에 따른 관재관의 적산공장 배치 등을 통해 적산공장의 정상 가동을 꾀했으나 자재난, 원료난, 관리인의 비리 탓에 가동률은 극히 낮았다. 1946년 3월 인천시 당국의 집계에 따르면 인천 시내에는 168개의 크고 작은 공장이 있었지만 이 가운데 가동 중인 공장은 131개였고 37개의 공장은 휴업 상태였다. 또 같은 해 6월의 조사에 따르면, 총 242개 공장 가운데 가동 중인 공장은 214개, 미가동 공장은 26개였는데, 미군정 관리 공장이 133개나 되었고 100명 이상 종업원을 가진 공장은 24개에 지나지 않았다. 다만 가동 공장 가운데 비교적 중화학공업 공장이 많은 것은 인천 지역 공업의 특징이었다.[30]

경제적 침체와 혼란 가운데 미군정은 1947년부터 귀속재산의 불하를 시작했고, 인천에서도 과거 일본인 소유였던 중소기업체와 주택 등 적산에 대한 불하가 12월부터 시작되었다. 앞에서 본대로 일제 식민지 아래 한국의 제조업 부문에서 일본인 소유의 자본이 94%를 차지했던 사실에 비추어, 엄청난 규모의 귀속재산이 합리적으로 관리·운영된다면 한국의 자립적 발전의 근간이 될 수 있었고 민족 자본의 형성에도 기여할 수 있었다. 그러나 결과적으로는 불하 과정에서 정치적인 이권 행위가 개입되어 경제질서를 혼란에 빠뜨렸고, 소수의 특혜 재벌을 탄생시켰을 뿐 건전한 민족 자본을 형성하는 데는 실패했다. 미군정은 거대한 기업

30 인천광역시사편찬위원회, 《인천광역시사》(제2권: 인천의 발자취), 인천광역시, 2002, 729쪽.

을 연고주의에 기대어 개인에게 시가보다 터무니없이 낮은 가격으로, 그것도 장기연부(長期年賦)라고 하는 아주 유리한 조건으로 불하했던 것이다.[31]

이러한 경제적 어려움 속에 극심한 식량 부족이나 물가 폭등을 비롯해 시민들이 피부로 느끼는 고통도 적지 않았다. 식량 부족 사태는 먼저 제2차 세계대전 중 일제의 식량 강제공출로 불황이 지속된데다 해방과 동시에 표면화되었다. 인천시 당국은 식량난을 완화하고자 1945년 11월 1일부터 미곡 자유판매제를 실시했으나 쌀의 절대량이 부족하고 악성 인플레이션이 퍼져 모든 물가가 치솟는 실정이어서, 농민들은 생필품과 직접 교환하기 위해 쌀을 시중에 반출하지 않았다. 당시 농촌과 인천의 도시 지역 사이에는 교통난으로 식량 수송이 원활하지 못했고 인천으로 반입되는 쌀은 서울 등 다른 도시들보다 양이 눈에 띄게 적었다. 인천 시내 각 회사와 공장들에는 식량을 구하기 위해 하루 평균 35~40%의 노동자들이 결근하는 실정이었고 일반시민과 학생을 비롯한 결식자가 시 전체 인구의 30%에 이르렀다. 이에 따라 1946년 4월 15일 인천 미군정은 서울과 마찬가지로 인천에서도 1인 1일 1홉 배급제를 실시한다는 극약 처방을 발표함으로써 쌀값 폭등에 제동을 걸었다. 1회 구입량은 10일 분씩으로 인천미곡상조합을 통해 배급되었다. 이전까지 금지되었던 도외(道外) 양곡 반입 억제책이 풀리면서 인천 시내의 식량난은 조금씩 완화되었다.

물가 폭등도 심각했다. 1948년 전국 도매물가 총지수(서울·인천·부산·대구·목포·광주·대전·군산 등 주요 8개 도시 평균)는 1947년을 100으로 하여 158.3이었는데, 상품별로 오른 내용을 보면 식료품이 가장 낮은 15.9, 의료품 160.5, 연료 184.2, 잡화 162.7 순이었다. 인천의 경우 총지수 164.2였는데, 서울에 인접한 인천 지역의 소매물가는 전국에서 세 번째로 높

31 김기원, 앞의 책 참조.

왔다. 이러한 물가 수준의 지방에 따른 차이는 상품의 특질 탓으로 수송성과 저장성이 큰 상품일수록 지방차가 적었다. 식료품은 인천이 가장 비쌌고 부산, 서울, 대구가 전국 평균 이상의 수준을 보였으며 목포, 광주, 대전, 군산의 순서로 나타났다.[32]

극심한 식량 부족과 물가 폭등 사태를 비롯해 인천 시민들이 피부로 느끼는 고통의 증가는, 급작스런 수십만 해외동포의 귀환과 1947년 이후 북한 지역 피난민의 쇄도 등 전재동포의 대규모 유입이 더해지면서 심각한 사회문제를 불러일으켰다.

3. 해외 전재동포의 귀환과 월남인 유입

1) 전재동포의 귀환

인천은 지리적으로 중국과 가까웠기 때문에 화북 지역의 많은 해외 전재동포들이 인천항을 통해 돌아왔다. 화북 지역은 19세기 중엽 이후 많은 한인 상인들이 자주 오갔던 곳이다. 특히 중국의 정치·경제·문화의 중심지인 베이징(北京)과 항도인 톈진(天津)에 많은 한인들이 모여들었으며 이주해 살기도 했다. 1910년 망국 이후에는 많은 독립운동가들이 이 지역으로 망명했다. 이들을 중심으로 한인 사회가 형성되었고 조국의 독립을 위한 활동을 펼치기도 했다. 1937년 중일전쟁 이후에는 화북 지역을 점령한 일본군이 각지의 한인들을 이곳으로 대거 강제이주시켰다. 그 결과 해방 당시에 베이징에는 3만 5,000여 명, 톈진 1만 5,000여 명, 타이왠(太原) 1만 5,000여 명 등 많은 수의 한인들이 화북 지역에 거주하였다.[33]

---

32 仁川商工會議所 編, 앞의 책, 186쪽.

33 孫艷紅, 〈해방후 중국 화북지역의 한인귀환에 관한 자료〉, 《한국근현대사연구》 26, 한울, 2003, 241~242쪽.

화북 지역 한인의 귀환은 중국 내부의 정치 상황과 긴밀한 관계 속에서 이루어졌다. 해방 이후 화북 지역의 대부분은 국민당 정권의 '수복구'가 되었다. 당시 복잡한 국내외 정세 속에 중화민국 행정원은 사회 안정과 한중 관계를 위해 수복구에 한인 동포 사무를 담당하는 기관을 설립하여, 한인을 집중적으로 관리하고 송환하는 사무를 맡겼다. 1945년 10월 31일 대한민국 임시정부도 주화대표단 산하기구로 다퉁(大同)·구이쑤이(歸綏)·스자좡(石家莊)·칭다오(靑島)·톈진 분단(分團)을 관할하는 화북구선무단(華北區宣撫團)을 조직하여 한인 귀환의 사무를 담당하게 했다.[34]

이들의 귀환 경로는 화북 각 지역에 설치된 한교회(韓僑會)의 주도로 우선 한 곳에 집중되었다. 톈진의 탕구(塘沽港)항을 통해 미국이 제공한 선박 편으로 한국에 돌아오게 했던 것이다. 북경의 경우 한인들이 먼저 각지의 일교(日僑) 또는 한교관리처(韓僑管理處)에 집결한 뒤, 톈진 남화장(南貨場)으로 이송되었고 이들은 다시 탕구 항을 통해 인천항으로 귀환했다.[35]

귀환동포 문제에 많은 관심을 보였던 《대중일보(大衆日報)》 보도에 따르면, 중국 각 개항장에 집결해 있던 한인 전재동포는 상하이 5천 명, 톈진 2만 5,000 명, 다롄(大連)과 그 밖의 지역 3,000 명으로 3만 5,000명에 이르렀다. 이에 따라 1946년 3월 미군정은 당분간 일본에 남아 있는 전재동포의 귀환 수송력을 중국 지역으로 돌려 매주 약 3천 명씩을 인천항을 통해 귀환시키기로 결정했다.[36]

처음 미군정의 계획은 1946년 5월까지 중국 지역 한인 전재동포들을 모두 귀환시킨다는 것이었다. 1946년 3월 19일 미주둔군 사령관 하지 중

34 김정인, 〈임정 주화대표단(駐華代表團)의 조직과 활동〉, 《역사와 현실》 24, 한국역사연구회, 1997, 127~128쪽.

35 孫艶紅, 위의 글, 243쪽.

36 《大衆日報》 1946년 3월 26일자.

장의 정치고문 랭던(W. R. Rangdon)은, 본국의 국무장관에게 보내는 보고에서 3월 14일 현재 중국에서 돌아온 조선 전재동포의 수가 1만 1,533명이라고 밝혔다.[37] 그러나 중국 동포의 다수를 차지하는 만주 지역은 제외되었다. 1946년 4월 14일 중국의 전재민 송환을 담당하는 미군대좌 리처드 위트맨은 현재 중국에서 한국으로 송환된 한인은 1만 2천 명이며 현재 5천 명이 대기 중이고 타이완과 광둥(廣東), 퍼우인(佛印)에 있는 한인들도 머지않아 송환될 것이라고 밝혔다. 그러면서 그는 "만주에 관하여는 우리의 권한이 미치지 못하느니만큼 단언할 수 없다"[38]는 사정을 전하고 있다. 만주에서 중국국민당과 공산당 사이의 내전이 장기화되면서 미군정의 개입이 불가능함을 말해주는 것이라 하겠다.

화북 지역의 전재동포들이라고는 해도 이들의 처지는 거주 지역에 따라 다를 수밖에 없었다. 10만에 달하는 화북 지방 한인 전재동포들은 여러 지역에 나뉘어 생활하고 있었다. 이들 가운데 일찍이 베이징과 톈진, 탕싼(糖山) 등 대도시와 그 주변에서 거주하던 동포들의 형편은 국내보다 한결 나았다. 농촌 지역도 5, 6년 이상 오래 전부터 뿌리를 내리고 산 지역은 문제가 없었으나, 개척한 지 2, 3년이 채 되지 않은 곳은 안정이 되지 않은데다 일본 점령군과의 대립과 갈등에 따른 현지 중국인들의 박해도 심했다. 이들 수만 명이 해방 직후 맨몸으로 피난하여 북경과 톈진 지역으로 몰려들었던 것이다.

이들의 귀환은 패전에 따른 일본군의 퇴각, 중국국민당과 공산당 사이의 내전 때문에 톈진에서 인천으로 가는 해로가 유일했다. 이러한 사정으로 1945년 11월 말 이 지역의 전재동포들을 인솔해 인천항에 입항한 최철(崔鐵)은 인천 미군정 당국에 화북 지역 동포들의 어려운 처지를 호소하면서 톈진과 칭다오 등지에 미군 수송선을 보내줄 것을 요청

37 미국무성 비밀외교문서 〈재한국 정치고문(랭던)이 국무장관에게〉(서울, 1946.3.19), 김국태 옮김, 《해방3년과 미국 I: 미국의 대한정책 1945~1948》, 돌베개, 1984, 241쪽.

38 《大衆日報》 1946년 4월 15일자.

하기도 했다.[39]

귀환한 전재동포의 압도적 다수는 중국 동포들이었지만 일본에서 인천으로 귀환한 동포들도 적지 않았다. 중국과 달리 패전 후 일본이 미군에 점령되면서, 재일 한국인의 귀환은 한국 내 일본인들의 송환 문제와 맞물려 현지의 미 점령군 총사령부(GHQ)와 일본 정부 사이에 비교적 순조롭게 이루어졌다. 미 점령 당국의 입장은 "한국으로부터 일본으로의 일본인들의 이동은 가능한 대로 일본으로부터의 한국인 송환과 조화시키도록 해야"[40] 한다는 것으로 한국 내 일본인의 송환이 우선되었다. 곧 한국인의 귀환은 일본인들의 송환이 순조롭게 이루어지는 연장선에 있는 문제였다. 귀환 지역도 귀환자의 고향, 곧 귀향지가 경상남북도나 충청북도인 귀환자는 후나사키(船崎)·하카타(博多)·하코다테(函館)·마이즈루(舞鶴)의 항구에서 부산항으로, 귀향지가 전라남북도와 충청남도인 귀환자는 사세보(佐世保) 항에서 군산항이나 목포항으로, 귀향지가 경기도나 강원도인 귀환자는 사세보 항에서 인천항으로 수송하기로 합의했다.[41] 물론 이러한 '원칙'과는 다르게 일본 지역 전재동포들 대부분은 가까운 부산으로 귀환했다. 따라서 일본지역 전재동포들이 인천항으로 돌아온 것은 갑작스러운 물동량 폭증과 사고 등으로 부산항 입항이 곤란했던 초기에 국한되었다. 1945년 12월 28일 3,000여 명, 이듬해 1월 9일 3,000여 명, 그리고 1월 21일 1,600여 명의 일본 지역 전재동포가 인천항을 통해 돌아왔다.

1946년 1월 10일에는 멀리 하와이에서 2,531명의 '조선 청년'들이 인천항을 통해 돌아왔는데,[42] 이는 일본군에 의해 징병, 지원병, 학병으로

---

39 《大衆日報》 1945년 12월 4일자.

40 미국무성 비밀외교문서 〈한국의 미군 점령지역 내 민간 행정업무에 대하여 태평양방면 미군최고사령관에게 보내는 최초 기본훈령〉(1945.10, 날짜미상), 김국태 옮김, 앞의 책, 91쪽.

41 최영호, 앞의 책, 117~118쪽.

42 《조선일보》 1946년 1월 12일자.

九死一生으로歸還한同胞

三千餘名今朝仁川에上陸

人民援護會서收容接待에奔忙中

왜놈땅에서 죽을고생하다가 구사일생으로 살어나온 우리동포三千명이오날아참十시에 인천에상륙한다 그동안 인천에상륙한진재동포의수는 대략八千명에달하나 한배에三千명식상륙하기는 이번이처음으로 그들의 수용할장소와 식사 준비가큰문제인데 인천인민원호회에서는 군정청으로부터쉬선택미五十가마의특별배급을받어밥을준비하고 부도정에있는왜놈수파하든자리에 수용할터이라하나 집대할인원이부족하야 곤란중에있다

인천항을 통해 귀환하는 해외 동포에 관한 《대중일보》 기사 (1945. 12. 28)

강제로 끌려간 군인들에 대한 송환의 성격을 띠었다. 8월 8일 역시 일본군에 징집되어 연합군에 포로로 잡힌 105명의 조선인 병사들이 하와이에서 인천으로 송환되었다.[43] 이보다 앞서 6월 13일에는 일제의 징용으로 끌려갔던 전재동포 1,903명이 싱가포르에서 인천으로 돌아왔다.[44]

해외 전재동포의 집단 귀환은 1946년 말까지 일단락되었다. 1945년 9월부터 이듬해 12월 말까지 인천에 돌아온 전재동포는 6만 5,779명으로 집계되었다. 이들을 출발 지역에 따라 보면 중국 4만 4,772명, 일본 1만 6,007명, 남양군도 5,700명으로 중국 화북 지역이 압도적으로 많았다. 1947년에도 귀환 전재동포가 없지는 않았으나 집단 귀환이 마무리된 상황에서 규모는 크지 않았다. 인천 미군정 외사처의 집계에 따르면 1947년 10월 말까지 인천에 들어온 귀환 전재동포의 수는 모두 6만 7,394명으로[45] 전년보다 1,600여 명이 증가하는 데 그쳤다. 이 기간 동안 인천항

43 《조선일보》 1946년 8월 10일자.

44 《서울신문》 1946년 6월 3, 13일자.

에 입항한 해외 전재동포 수송선의 현황을 보면 다음과 같다.[46]

표 4 인천항에 입항한 전재동포 수송선 현황(1945~1948)

입항일	출발 지역	규모	비고
1945.11. 5.	중국 다롄항		
1945.11월 말	중국 톈진항(베이징, 톈진, 탕싼)	3,000여 명	
1945.12.28.	일본	3,000여 명	
1946. 1. 9.	일본	3,000여 명	3척
1946. 1.10.	미국 하와이	2,531명	
1946. 1.21.	일본(宮岐縣)	1,600여 명	
1946. 2. 1.	중국 칭다오	2,000여 명	
1946. 2. 4.	중국 상하이	300여 명	*광복군
1946. 2.10.	중국 톈진	2,200여 명	
1946. 2.16.	중국 톈진(베이징)	2,011명	
1946. 4.16.	중국 칭다오	1,600여 명	
1946. 4.20.	중국 칭다오	1,500여 명	
1946. 4.25.	중국 톈진	1,471명	
1946. 4.28.	중국 톈진	1,476명	
1946. 4.29.	중국 톈진	1,651명	
1946. 5. 6.	중국 톈진	3,378명	
1946. 5. 6.	중국 톈진	1,294명	

45 《大衆日報》 1947년 11월 21일자.

46 《大衆日報》 1945년 10월~1946년 12월; 《조선일보》 1946년 1월 12일, 2월 12일자, 5월 22일, 6월 23일, 8월 10일자, 1948년 5월 12일, 6월 10일자; 《동아일보》 1946년 2월 5일, 5월 14일, 23일자; 《서울신문》 1946년 4월 22일, 6월 13일자; 《京鄕新聞》 1948년 5월 12, 30일자, 8월 1일자 참조.

1946. 5.11.	중국 톈진	1,200여 명	
1946. 5.15.	중국 톈진	4,585명	
1946. 5.22.	중국(태고, 상하이, 광둥)	8,218명	
1946. 5.29.	중국 톈진(톈진, 베이징)	1,300여 명	
1946. 6.13.	싱가포르	1,900여 명	
1946. 6.19.	중국 상하이	791명	
1946. 6.21.	일본 하카타	461명	
1946. 8. 8.	미국 하와이	105명	
1946.12.27.	중국 톈진	2,162명	
1948. 5.11.	중국 톈진(만주)	1,100여 명	
1948. 5.24.	중국 톈진(만주)	1,216명	
1948. 6. 7.	중국 톈진(만주)	1,090명	
1948. 7.30.	중국 톈진	1,200여 명	

2) 이재 월남인의 유입

해외 전재동포의 대규모 귀환이 고비를 넘기게 되는 1946년 후반부터 북한에서 이른바 '전재 월남인'의 남한 유입이 본격화되었다. 당시 해외에서 귀환한 동포는 주로 전재민 또는 전재동포라 하였고, 북한에서 월남한 동포는 '월남인' 또는 '이재민(罹災民)'으로 불렀지만,[47] 대체로 이들까지 포함하여 전재민 또는 전재동포라고 불렀다. 이는 월남 후 이들이 처하게 된 사회·경제적 처지가 해외에서 귀환한 동포와 크게 다르지 않았고 미군정의 입장에서 보면 구호를 요하는 대상자라는 점에서 귀환 전재동포와 구태여 구별할 필요가 없었기 때문이다.[48]

47 《南朝鮮過渡立法議院速記錄》 제152호, 1947. 9. 26., 2쪽 참조.

1945년 일제 패전 뒤 남과 북이 미·소 양군에 군사적으로 '점령'된 뒤 북한 주민 가운데 일부가 월남했다.[49] 대체로 점령 초기에는 친일파와 '민족 반역자'들 중심의 월남이 있었고, 모스크바 3상회의 결정 뒤에는 기독교인과 우파 민족주의자들의 월남이 이루어졌다. 이어 북한 토지개혁으로 지주를 중심으로 한 불만 세력의 이탈이 있었던 것으로 알려졌다.[50] 그러나 이와 같은 정치·경제적 격변과 불안 속에서 일반 주민들의 월남도 크게 늘었다. 주민들의 월남에 대해 북한 정권(북조선임시인민위원회)과 소련군은 초기에는 적극적으로 제지하지 않았다.[51]

특히 1946년 중반 이후 토지개혁과 종교 탄압 같은 사회주의체제 정비 과정에서 남하하기 시작한 월남인의 규모는 같은 해 말쯤 이미 40만 명을 넘어서, 전체 귀환자의 4분의 1을 웃돌고 있었다.[52] 월남인의 급증에 당황한 미군정 중앙식량행정처는 1947년 5월 1일부터 일반인들에 배급하던 식량을 1인당 1작씩 줄여 그 몫을 월남인 식량으로 투입하여 대처하는 등 식량 조달에 골몰했다.[53] 아울러 장기적인 식량 대책으로 귀농을 적극 권장하기도 했는데 이는 서울을 비롯한 대도시의 인구 집중을 막으려는 의도도 있었다.

5월 7일 미군정 보건후생부는 38선을 넘어 내려오는 월남인 '이재동포' 구호를 위해 청단(靑丹), 토성(土城), 개성, 의정부, 동두천, 춘천 등

---

48 원래 전재민(victims) 개념은 제2차 세계대전의 직·간접 피해자라는 의미로서 세계대전에 연루된 전 지구적 차원의 피해자를 규정하는 의미로 사용되었고, 한국 현대사에서는 일제의 수탈 정책이나 강제 동원을 이유로 해외에 거주했다가 해방 후 귀환하는 집단(repatriates)을 가리키는 것으로, 엄밀한 의미에서 월남민과는 개념이 다르다(李淵植, 앞의 논문, 1쪽 참조).

49 이 시기 전체적인 월남인의 규모와 동기에 대해서는 김귀옥, 《월남민의 생활 경험과 정체성》, 서울대 출판부, 1999 참조.

50 이주철, 〈통일후 월남인의 북쪽 토지처리를 생각한다〉, 《역사비평》 33, 1996년 여름호, 역사문제연구소, 127쪽.

51 박명림, 〈한국전쟁의 발발과 기원〉, 고려대 대학원 정치외교학과 박사학위논문, 1994, 334쪽.

52 《大衆日報》 1947년 1월 12일자.

53 《大衆日報》 1947년 5월 7일자.

에 임시 이재민 구호소를 설치하고 요구호자에 대해 식량과 의복, 무료 승차권 들을 제공하기로 결정했다.[54] 미군정은 이들 수용소를 각 도의 직영으로 전환하는 한편,[55] 전국 차원에서 수용소를 설치하여 서울을 비롯한 도시인구 집중의 억제를 시도했다.

서울시는 1947년 7월 1일부터 월남인의 서울 거주를 금지하고 이들을 일정 비율로 각 도에 강제 분산시키는 조치를 단행했다. 이때 각 도의 분산 비율은 충청북도 5%, 충청남도 10%, 경상북도 20%, 경상남도 10%, 전라북도 20%, 전라남도 20%, 강원도 10%, 경기도 5%였다. 우선 할당지에 도착한 이들에게 서울시에 살고 있는 친척이 있어 생활을 보장해 주면 시 당국은 서울시 거주를 보건후생부에 진정할 수 있도록 했는데, 이 경우 친척 명의로 도 보건후생국에 거주신청서를 제출해야 했으며, 서울시 당국은 해당자와 그 가족의 생활을 보장할 친척의 능력을 조사한 뒤 거주 여부를 도 보건후생국에 통지하기로 되어 있었다.[56]

그러나 미소공동위원회가 공전을 거듭하고 남북간 냉전의 기운이 감돌면서, 미군정은 수용소 단계에서부터 월남인들에 대한 검역과 통제도 강화하기 시작했다. 외무처는 북한 월남인 유입을 막기 위해 후생국 관할로 38선 곳곳에 이재민 수용소를 설치하고 경찰과 경비대 등의 공조 아래 월남인을 20인씩 강제 수용하는 한편, 검역과 그 밖의 신원조사를 한 뒤 "사상적 용의가 없는 자만에 한하여 남조선에 이주시켜 증명서를 발부한다"는 원칙을 세웠다. 또한 지금까지와는 달리 이재민 수용소를 거치지 않고 서울에 직접 들어오는 월남인에 대해서는 원칙적으로 서울시 단독으로 증명서를 교부하지 말도록 지시했다. 그럼에도 월남인의 대규모 서울 유입이 잇따르자 서울시는 다시 이들의 증명서 발부를 허가하면서도, 특별

54 《大衆日報》 1947년 5월 8일자.

55 《동아일보》 1947년 5월 21일자.

56 《京鄕新聞》 1947년 7월 9일자; 《獨立新報》 1947년 7월 9일자.

南下하는 38以北同胞

京畿道에만 每日平均千餘名

保健厚生局長發表

釜山左翼檢擧四十一名

월남 이재민 보도기사(1947. 3)

한 것은 미군정 구호국을 거쳐 최근 수용에 관한 증명을 받도록 조치했다.[57] 여기서 '특별한 것'이란 신원의 이상이나 '사상적 용의가 있는 자'의 남하를 뜻한다.

1947년 5월 전후로 쇄도하는 월남인 가운데 인천으로 들어온 사람은 5만여 명에 이르렀다. 인천에 있는 관할 제1관구 경찰청은 같은 해 6월에 북한 지역에서 월남한 전재동포 수를 5만 4,344명으로 집계하면서, "이 숫자는 (이재민) 수용소 경유이므로 이 외에도 동등 수 이상의 월경자가 예측된다"고 덧붙였다.[58] 1947년 4월 말까지 북한 지역에서 월남한 인구가 45만 명으로 집계되고[59] 같은 해 5월 말 현재 서울에 거주하는 월남인 수가 11만 2천여 명이라는[60] 통계에 비추어 볼 때, 월남인이 인천 지역에 무려 5만 명이 넘게 들어왔다는 것은 놀라운 일이 아닐 수 없다.

월남의 경로는 주로 배 편으로 옹진을 출발하여 청단으로 내려와 기차를 이용한 다음, 토성을 거쳐 개성에 이르는 길이었다. 월남인들은 이 개성구호소를 거쳐 서울과 인천으로 몰려들었다. 출발 지역은 평안남북도가 대부분인데, 이 지역은 토지개혁과 더불어 기독교에 대한 탄압이

57 《大衆日報》 1947년 7월 12일자.

58 《大衆日報》 1947년 7월 10일자.

59 《동아일보》 1947년 5월 31일자.

60 《大衆日報》 1947년 7월 12일자.

가장 심했던 곳이라는 점에서 시사하는 바 크다. 이와 관련하여 1947년 하반기 이후 월남인들이 내려오면서 침구를 갖추고 최소한이나마 필요한 현금을 지니고 있었다는 사실도 주목되는데, 이는 중국 화북 지방과 만주 지역의 해외 전재동포들 대부분이 적수공권(赤手空拳)인 채 귀환하는 것과 대비된다.

이 '개성구호소'를 직접 취재한 《대중일보》 특파원의 르포 기사를 보면 다음과 같다.

> 38선을 넘어 남하하는 전재동포의 코스는 대개 옹진서 청단으로 배로 건너와 청단서 비로소 기차를 타고 토성(土城)을 거쳐 개성에 이른다고 한다. 개성구호소를 거쳐 남하한 전재동포 총 인원은 동소 개소 이래 8개월간에 약 ○○만 명(원문대로−인용자)이고 얼마 전까지는 하루 1, 2천 명씩 몰려들었으나 일기가 추워진 요즈음은 부쩍 줄어 하루 평균 2, 3백 명씩 된다고 한다. 그런데 그 대부분은 먼저 월경한 전재민 가족들로 요즈음 월경하는 총수요의 약 7할을 점하는데 도별로 보면 평안남북도 신의주, 정주, 선천, 강계 등지에서 떠나오는 사람이 대부분이라고 한다. 전재민 숙박소는 미군 천막을 치고 내부에는 접개 침대가 2열로 놓여 있다. 천막 수는 총 82개인데 한 천막에 35명 내지 40명을 수용할 수 있다. 침구로는 미군 담요를 한 사람 앞에 2개씩 주고 있다. 늦은 가을까지는 이것으로 방한이 되었으나 앞으로 엄동에 대비하고저 천막을 이중천막으로 하고 땅을 석 자가량 파서 통겨와 공석을 펴서 온돌 대용으로 방한여비를 하기로 되어 벌써 공사를 시작하고 있었다. 말하자면 천막을 친 움집을 만드는 것이었다. 동 수용소는 국립인 만큼 구제품과 식료품이 배급되는데, 구제품은 거의 운라 구제품이라고 한다. 그런데 요즘 월경하는 전재민은 거의 침구와 우선 입을 옷가지는 자기들이 준비해 가지고 온다고 한다. 현금도 거의 천 원 정도는 가지고 있다고 한다. 월경해 오는 전재민의 영양 상태를 보면 대개 좋지 않으나 그렇다고 수용소에서 병이 생겨 눕는 사람은 드물다고 한다.[61]

수용소에 들어온 이재 월남인은 우선 검역소에서 예방주사를 맞고 숙박소에 보내져 외무처에서 조서를 꾸미고 이주증명서를 발급받았다. 이들 가운데 먼저 월남한 가족이나 남한에 친척 또는 함께 살 곳이 있는 사람들에게는 지역의 제한 없이 희망대로 보내주는 것을 원칙으로 했고, 남한에 연고자가 전혀 없는 사람들은 대전, 대구, 광주, 그 밖의 남한 각지로 보내졌다. 수용소 체류 기간은 짧게는 보통 이틀 안팎이었고 열차를 비롯한 수송 수단이 마땅치 못하면 2주일을 보내는 경우도 있었다. 이들의 직업은 미군정 노동부에서 알선했다.[62]

인천도 서울과 마찬가지로 월남인 통제 지역인데도 5만 명이 넘는 월남인들이 들어온 것은 항도인데다 서울과 맞닿은 공업도시라는 점이 크게 작용했다.

4. 전재동포의 잔류와 민족 정체성

1) 인구 증가와 주택난

해방 직후 남한은 귀환동포의 유입으로 1945년과 1946년 사이에 14.8%라는 급격한 인구증가를 보였는데,[63] 이들의 유입은 인구의 절대증가를 불러오는 데만 그치지 않고, 대도시를 비롯한 특정 지역에 인구 집중을 불러왔다는 데 문제의 심각성이 더해졌다. 예를 들어 재중동포의 귀환을 담당했던 인천과 재일동포의 귀환을 담당하던 부산의 경우, 해방 이후 만성적인 인구 증가로 "이들에 대한 구제 문제는 과거 3년간 가장

---

61 《大衆日報》 1947년 11월 18일자.

62 《大衆日報》 1947년 11월 18일자.

63 《朝鮮經濟年譜》, 1948, III-20, 1~5쪽.

긴급한 사회문제"[64]였다.

미군정 외무처 발표에 따르면 1947년 10월 현재 해외 또는 북한에서 남한으로 내려온 전재동포 수는 81만 명에 이르렀다. 이 가운데 8·15 이후 1945년 말까지 51만여 명, 1946년 중에 18만 5,000여 명, 1947년에 12만 5,000여 명이 유입되어 분산 이주했다.[65] 이들 가운데 7만에 가까운 전재동포들이 인천으로 들어왔고,[66] 이 가운데 본래의 연고지나 고향으로 돌아가지 않고 인천에 남은 사람이 절반을 넘었다.[67] 이는 당시 인천시 전체 인구의 5분의 1에 가까운 규모로 시 당국은 잔류 전재동포의 연고지 송환에 고심하였다.

전재동포의 급격한 유입으로 생겨난 문제 가운데 가장 심각한 것은 주택난이었다. 전재동포들은 인천항에 입항하여 보통 3, 4일 동안 수송선 안에서 검역을 받은 뒤 미군정청 후생과와 인천시 사회과로 인계되고, 다시 조선인민원호회 같은 민간 구호단체의 안내로 별도의 수용시설에서 2, 3일을 보낸 뒤 열차 편으로 각자의 고향에 보내졌다. 수용시설은 당시 유곽이 몰려 있던 부도정(敷島町, 선학동)에 6개 소가 있었는데, 모두 일본인이 경영하던 유곽과 여관을 개조한 것이었다.[68] 문제는 수용소를 나와도 갈 곳이 없는 전재동포들이었다. 인천으로 돌아온 중국 화북 지역 전재동포들은 현지에서 재산을 빼앗겨 거의 빈털터리인 데다 고향에 농사를 지을 토지마저 없는 경우가 많아 시내를 떠돌았는데, 겨울철이 다가오면서 이들을 수용할 주택은 절대적으로 부족했다.

---

64 《獨立新報》 1947년 10월 8일자.

65 《大衆日報》 1947년 11월 19일자.

66 《大衆日報》 1947년 11월 21일자.

67 1946년 12월 초까지 인천에 살고 있는 전재민은 3만여 명으로 집계되었다. 《大衆日報》 1946년 5월 30일, 12월 14일자 참조.

68 《大衆日報》 1945년 12월 1일자.

이에 당국은 거리에서 방황하는 전재동포를 잠시나마 수용할 숙소를 마련하고자, 인천에서 일본인들의 본국 철수 사무를 주관하고 있던 일본인세화회(日本人世和會)의 임원들을 불러 일본인 소유의 빈 가옥들을 조선인 전재민들을 위해 비워주도록 요구했다.[69] 이에 따라 1946년 11월에는 시내에 소재한 일본인이 경영하던 여관 네 곳이 전재동포의 수용을 위해 개방되었다. 치솟는 전재동포의 주택 수요를 충당하기 위해 적당한 시기에 3,000호에 달하는 일본인 주택을 접수하여 전재동포들에게 값싸게 임대한다는 것이 당국의 구상이었다.[70] 그러나 혼란을 틈탄 모리배의 발호로 이러한 대책도 어려움에 부딪혔다. 모리배들이 미리 일본인들에게 돈을 주고 차지한 주택의 수가 인천에서만 1,000여 채나 되었는데, 이는 인천에 흩어져 있는 전체 일본인 소유 주택의 5분의 1에 해당하는 규모였다. 때문에 주택이 절실한 많은 전재동포가 배제되었고, 심지어 인천시 적산관리국장의 특별 배려로 전재동포가 거주하던 일본기업의 사택이 습격을 당하는 사태까지 벌어졌다.

주택난은 태평양전쟁 말기 미군기의 공습에 대비하기 위해 소개(疏開)했던 주택의 본래 소유자들이 돌아오면서 더욱 심각해졌다. 1944년 여름 이후 미군 전투기의 공습이 조선에도 감행되자 조선총독부는 서울, 인천, 부산, 평양 등지에 총 27개 노선의 소개공지대(疏開空地帶)를 지정했다. 이 가운데 인천에서는 1945년 4월 19일, 북부공장방공선지대(만석동 - 송현동, 100×2,300미터), 경인선연선지대(만석동 - 숭의동, 30×2,500미터), 인현사동선지대(인현동 - 사동, 50×7,500미터) 등 3개 소의 소개공지대가 지정되어 해당 구역 안의 주택이 모두 철거되고 주민들도 강제 이주되었다.[71] 군정 당국은 새로운 주택의 건설과 같은 근본적인 대책을

69 《大衆日報》 1945년 10월 16일자.

70 《大衆日報》 1945년 11월 3일자.

71 仁川直轄市史編纂委員會, 앞의 책, 419~420쪽.

세우지 못했다. 인천에 살던 일본인들이 본국으로 돌아가면 그곳에서

표 5 전재동포 주택 대책에 대한 각계의 비판[72]

정당·단체	주장과 제안
한 국 독립당 (엄항섭)	현실 문제로 보아 또 민족적 양심으로 보아, 일제 압정에서 쫓겨났다 해방된 조국에 헐벗고 돌아온 전재 귀환동포에게 적산을 주는 것은 당연하다. 항차 추위와 기아에서 시급히 구제가 요청되는 그들에게 일단 적산 요정을 개방하여 들게까지 하였다가 며칠 후에 1개월 유예를 선언하는 미군정을 이해하기 힘들다. 이래서야 군정에서 하는 일을 누가 믿을 수 있을까. 우선 문제는 전재동포를 구하는 일이 가장 급한 일이다.
사 회 노동당 (고철우)	가련한 전재동포들의 정황은 우리보다 위정 당국이 더 잘 알고 있을 것이다. 수십만의 전재민은 기한에 떨고 있지만 몇인지는 모르되 요정의 종업원들은 당장 죽을 지경은 아닐 것이다. 만일 한 달 동안이나 이를 연기한다면 아사자, 동사자의 속출을 면치 못할 것이니 이의 연기를 허락한 위정 당국의 태도는 언어도단이라기보다 마땅히 그 자리를 물러나가야 한다.
천도교 청우당 (송중곤)	일단 개방한 적산 요정을 다시 1개월의 유예를 한다는 것은 군정 당국의 실정에 어두운 처사이다. 생사기로에 있는 전재동포를 구하는 것과 기업자의 폐업과의 경중을 물을 때, 조선 사람이면 삼척동자라도 불쌍한 전재동포를 살리자고 할 것이다. 군정의 조령모개(朝令暮改)의 처사는 민중을 우롱하는 결과밖에 아무것도 없다. 돈 있는 사람은 돈을 내고 집이 있는 사람은 집을 주어, 민족의 힘으로 극한과 싸우는 그들을 살리는 데 총동원하는 동시에 국내 실정을 모르는 미군정을 몇 개인의 사정으로 옳지 못하게 하는 무리는 철저히 때려부숴야 한다.
민주주의 민족전선 (박문규)	수십만 전재동포가 기아에 떨고 있을 때 일부 요정을 경영하여 치부를 하려는 무리들과 호의호식으로 향락을 꾀하는 일부 특수계급을 위하여 집 없는 전재동포를 위한 요정 개방을 연기한다는 것은 실로 언어도단이라 아니할 수 없다. 종업노무자의 생업에 대해서는 위정 당국으로서는 물론 대책을 강구하여야 할 것이다.

일시 거주하게 한다는 것이었는데, 그마저도 관청과 결탁한 모리배의 발호와 '적산관리법'에 묶여 제대로 시행할 수 없었다. 결국 전재동포의 주택난을 해결하기 위해 남는 방을 가진 시민과 동거하도록 알선한다는[73] 비현실적 땜질식 처방에 급급했던 것이다.

1946년 겨울을 앞두고 제시된 대책을 둘러싼 각계의 비판은, 전재동포 주택 문제에 대한 당국의 대응에 얼마나 원칙과 일관성이 결여되어 있었는가를 그대로 보여준다. 시 당국은 전재동포의 급격한 유입에 따른 주택 문제를 해결하기 위해, 1946년 12월 말까지 적산이 된 인천 시내 일본인 소유의 요정을 비롯한 유흥업소를 모두 접수하여 이를 개방한다고 했다가 느닷없이 개방 시기를 한 달간 연기한다고 발표했던 것이다. 이에 대해 인천의 각 정당과 사회단체들은 좌우가 모두 한 목소리로 당국의 처사를 비판했다. 노숙 전재동포의 동사(凍死)가 현실화하자 급한 대로 시내 큰 건물이라도 개방하라는 요구가 빗발쳤다.[74]

갈 곳이 없는 전재동포들은 일제 말기 전시 아래 세워진 고사포 진지와 "찬바람 휩쓰는 뒷골목 더러운 쓰레기가 흩어진 방공호" 속, 또는 다리 밑에서 엄동설한을 보낼 수밖에 없었다. 1946년 12월 현재 인천에 남아 있는 3만여 명의 전재동포 가운데,[75] 거리의 무숙자가 최소한 80여 세대였고 한 겨울에 그대로 두면 굶어죽을 사람은 6백여 명으로 파악되었다.[76] 아사자와 동사자가 잇따르는 상황에서 전재동포의 주택 문제를그대로 방치할 경우 사태가 걷잡을 수 없을 것임은 두말할 나위도 없었다.

이에 미군정은 1946년 7월에 국고보조금 2,900여만 원과 민간에서 모

72 《조선일보》 1946년 12월 26일자.

73 《大衆日報》 1946년 6월 15일자.

74 《大衆日報》 1946년 12월 14일자.

75 《大衆日報》 1946년 12월 12일자.

76 《大衆日報》 1946년 12월 14일자.

금한 4,000만 원을 합하여 착공한 전재민 가주택의 건설을 서둘렀다. 그 결과 2만 4,848호의 목표 물량 가운데, 1947년 2월까지 4,600호를 완공했다.[77] 가주택은 토막(土幕), 곧 움막이나 움집의 형태여서 주택 문제에 대한 항구적인 대책이 될 수는 없었지만 그래도 수용소와 같은 임시숙소가 아닌 '주택'의 건설을 꾀했다는 점에서 의미가 있었다. 의도했던 대로 추진만 된다면 전재동포의 주택난 완화에 상당한 기여를 할 수도 있었다.

1947년 1월 인천부 후생과의 주도에 따라 '전재민 가주택 건설조성회'가 조직되고 가주택 건설을 위한 기금 모금 활동이 시작되었다. 국고 보조 말고도 가주택 건설에 써야 할 상당한 자금을 일반 부민들로부터 모은다는 것인데, 내역을 구체적으로 살펴보면 각 회사와 조합, 단체들이 감당해야 하는 기금과 각 관공서, 회사, 공장의 직원에 대해 개인당 월 임금의 100분의 3 정도 이상을 염출하여 이것을 2월 5일까지 모아들이고, 일반 시민들도 개인 자격으로 2월 20일까지 후생과에서 직접 의연금을 걷는다는 것이었다.[78] 이렇게 68만 원을 모아 화수동과 숭의동에 가주택을 짓겠다는 것이다.[79] 이것은 뒤에 모금액 목표를 국고보조금 40만 원을 포함하여,[80] 4백만 원으로 올리면서 화수동은 예정대로 하고 숭의동 대신 만석동과 송현동에 총 100호의 가주택을 짓는 것으로 변경되었다.[81]

그러나 가주택 건설 계획은 자금 조달이 마땅치 않아 어려움에 부딪혔다. 1947년 2월 말이라는 마감 시한이 지난 3월 10일까지 모집된 의연금이 8만 원일 뿐이어서 모금 기한을 한 달 더 늘렸다.[82] 그리고 다시

---

77 《大衆日報》 1947년 2월 22일자.

78 《大衆日報》 1947년 1월 31일자.

79 《大衆日報》 1947년 3월 12일자.

80 《大衆日報》 1947년 7월 3일자.

81 《大衆日報》 1947년 5월 23일, 11월 26일자.

귀환한 전재동포들을
수용했던 인천의 유곽

여러 차례의 기간 연장을 거쳐 같은 해 6월 말일까지 국고보조금을 합해 200여만 원을 모금하여 목표액의 절반을 채우고, 1차로 만석동에 50호의 가주택을 짓기로 결정했다.[83] 1947년 11월 말에는 송현동에 24호의 전재민 가주택이 완공된 데 이어 96호의 가주택이 또 착공되었고,[84] 가까운 부천군 관내에도 50호의 전재민 가주택이 지어졌다.[85]

1946년 말 이후 미군정 당국이 전재동포 주택난 해소를 위해 추진·건설한 가주택은 전재동포들의 주택난 완화에 어느 정도 기여했다. 그러나 가주택이 일반인 거주 지역과 섞인 것이 아니라, 공지나 폐허처럼 버려진 외딴 지역에 건설됨으로써, 이들 해당 지역은 인천시의 새로운 빈민층 지대를 낳아 사회적 갈등의 씨앗이 되었다.

82 《大衆日報》 1947년 3월 12일자.

83 《大衆日報》 1947년 7월 3일자.

84 《大衆日報》 1947년 11월 26일자.

85 《大衆日報》 1947년 11월 23일자.

2) 실업, 질병, 범죄

해방 직후 해외 귀환 전재동포는 신국가 건설의 새로운 인적 자원이 되리라 여겨졌다. 특히 재일동포들은 공장에서 일한 경력과 기능과 기술을 지녔으므로 남한의 산업을 일으킬 산업 역군으로 기대되었고, 대부분 농업 종사자였던 재중동포들도 크게 떨어진 남한의 식량 생산에 한몫 할 것으로 여겨졌다.[86] 그러나 귀환 전재동포들은 귀환 과정에서 산업시설을 국내로 들여오지 못해 생업을 이어갈 수 없었을 뿐만 아니라 기술을 활용해야 할 남한의 산업도 부진을 벗어나지 못했다. 농사를 지으려 해도 고국에서 경작권을 확보할 수 없어 거의 절반이 실업 상태에 놓였다.

인천으로 돌아온 해외 전재동포의 대부분은 중국 화북 지역 출신들이었고 이들은 대부분 중국에서 농사를 짓던 사람들이었다. 따라서 이들에게 취업 대책을 마련한다면 농업 말고는 대안이 없었는데, 이는 인천이 부산과 더불어 한국을 대표하는 국제항이고 공업도시임을 감안할 때 모순이 아닐 수 없었다.

해외 전재동포의 귀환과 월남민의 급격한 유입에서 비롯된 인구 증가는 심각한 실업 문제를 유발했다. 1946년 5월 수용소를 나와서도 고향으로 돌아가지 못하고 남아야 하는 전재동포들이 늘어나고 이들의 실업이 큰 사회문제로 떠오르자, 인천의 군정 당국은 해결책으로 귀농사업을 제시했다. 임시 방편으로 우선 전재동포 가운데 140여 세대를 귀농시켜 고농(雇農: 농업노동자, 머슴)으로 육성한다는 것이었다.

> 인천에 상륙하는 전재민은 그때마다 자기네들의 고향으로 돌려보내는 고로 원 인천 거주자이던 전재민만이 인천에 남게 되는 터인데, 그네들의 취업 알선은 대단히 곤란한 것으로 현재 시립 직업소개소에서 기능별로 카

86 李淵植, 앞의 논문, 60~61쪽.

> 드를 작성하여 직업 알선에 노력하고 있으며 그 중에는 귀농(歸農) 희망자도 적지 않으므로 농업에 적당한 사람으로 관내 142세대를 선출하여 부평 36세대, 문학 24세대, 서곶 42세대, 남동 40세대, 부천군 영흥면 12세대를 입식(入植)시키기로 타협이 되었으므로 불일에도 출발시킬 것이며 앞으로도 계속하여 귀농 알선을 할 계획이다.[87]

이러한 구상이 계획대로 진행되면 인천시 당국은 부평에 있는 시유지 30만 평에 전재동포 300세대를 입주시켜 보리를 비롯한 잡곡을 재배하게 할 작정이었다.[88] 실업 대책을 식량난 완화와 연계한다는 것이었다. 이 지역 말고도 당국은 인천과 가까운 강화와 김포, 부천의 각 군과 협조하여 실업 전재동포의 귀농사업을 적극적으로 추진했다.[89] 그러나 이러한 노력에도 1947년 11월까지 인천 지역 실업자 3만여 명[90] 가운데 절반 이상이 귀환 전재동포였다.

해외 전재동포와 월남민의 유입에 따른 전염병 감염의 우려는 잠재된 사회문제였다. 특히 1947년 초 해빙기가 되면서 콜레라 같은 전염병의 창궐이 크게 우려되었다. 이에 시 당국은 해외 귀환 전재동포와 북한 지역 월남민들을 태우고 인천항에 입항하는 수송선에 대한 검역을 한층 강화했다.[91] 4월 초 미군정청은 전염병의 국내 진입을 막으려는 강력한 대책으로 항만 검역에 대한 법령을 제정하고 인천과 부산, 목포, 여수 등 해외 전재동포 귀환 수송선이 자주 드나드는 항도에 별도의 검역소를 설치하도록 결정했다.[92]

---

87 《大衆日報》 1946년 5월 17일자.

88 《조선일보》 1946년 4월 11일자.

89 《大衆日報》 1947년 1월 14일자.

90 《大衆日報》 1947년 11월 15일자.

91 《大衆日報》 1947년 2월 25일자 및 3월 16일자.

92 《大衆日報》 1947년 4월 11일자.

그러나 유입된 대규모의 인구로 일어난 실업 사태, 주택난, 불결한 주거 환경 속에서 질병의 만연은 피할 수 없었는데, 대표적인 사례가 해방 직후 인천 지역사회를 한동안 시끄럽게 했던 문둥병자, 곧 나환자들의 집단 소동이다. 사건의 발단은, 100여 명의 나환자들이 신흥동 1가 신한공사와 가까운 공터에 천막을 치고 집단적으로 거주하고 있었는데 인근 주민들이 당국에 이들에 대한 퇴거 조치를 요구하면서 비롯되었다. 경찰의 조사 결과 이들은 제주도 방면에서 운반선을 이용하여 인천에 들어온 것으로 밝혀졌다.[93] 이들 대부분은 패전 직후 일본인들이 소록도에서 철수하면서 나환자촌을 파괴하고 나환자들을 방출한 결과 인천까지 들어오게 되었던 것이다.[94]

나환자들은 천막과 토막에 흩어져 살면서 구걸로 생계를 유지했는데, 이로 말미암아 시내 각 가정에서는 적지 않은 공포와 횡포에 시달렸다. 예를 들어 "문둥이는 소년들의 육체의 일부를 떼어먹으면 낫는다"고 하여 살인 사건까지 일으킨 적도 있어서 어린 자녀를 가진 가정에서는 불안감이 이만저만한 것이 아니었다. 나환자들 일부가 주택에 침입하여 절도를 일삼는 일도 비일비재했다.[95] 당국의 단속도 이렇다 할 효과를 거두지 못하자 시민들 스스로 방호대를 편성하여 나환자들의 절도와 범죄 행위를 징치하는 일도 있었다. 1947년 7월 20일 새벽, 주안동 학교 근처 노막에 살던 나환자 최상열(崔相烈)을 비롯한 8명은 부근의 양복점과 주택을 침입하여 의류와 시계 등을 훔쳐 달아나다, 이를 규찰하던 11명의 청년들에게 잡혀 인천경찰서에 인계되었다.[96]

대규모 전재동포의 잔류는 갖가지 범죄 발생의 요인도 제공했다. 해방 후 1946년 12월 30일 현재까지 인천의 범죄 피해 건수는 2,200여 건

---

93 《大衆日報》 1947년 7월 12일자.

94 《조선일보》 1946년 10월 30일자.

95 《大衆日報》 1947년 7월 26일자.

96 《大衆日報》 1947년 7월 25일자.

에 피해 금액이 1,300여만 원으로 집계되었는데,[97] 1947년 1, 2월 "인천 경찰서에서 검거한 절도범의 대부분은 전재민"[98]이었다.

이처럼 전재동포 사회에 퍼져 있는 질병과 범죄는, 그들 모두가 끌어안아야 할 하나의 민족이라는 상식화된 관념, 곧 전재동포들에 대한 인식이 당위적 더 이상 포용이 아니라 선별적 배제라는 민족 내 균열로 들어서는 심각한 계기를 제공했다는 점이 지적되어야 할 것이다.

5. 인천의 귀환동포와 대책

지금까지 해방 후 인천의 정치·경제적 상황과 해외 전재동포 및 월남민 유입, 이들의 대규모 유입으로 생겨난 사회문제의 양상을 살펴보았다. 그리고 그것이 향후 지역사의 전개에 끼친 영향과 관련하여 민족 통합 문제를 살펴보려고 했다. 위의 내용을 요약하면 다음과 같다.

해방을 맞는 인천의 풍경은 남다른 점이 있었다. 최초의 개항장으로 외국인 전용 기류지가 형성되어 중심부에는 많은 일본인들이 살고 있었고 식민지 근대화의 첨병 구실을 수행했던 곳이, 해방 후에는 가장 먼저 미군의 점령을 경험함으로써 또다시 고단한 현대사의 서막을 열었다. 인천에 진주한 미군은 군정을 실시하면서 시장을 선출하고 행정기구를 정비하는 등 시정을 빠르게 장악해 갔으나, 행정을 맡은 한국인의 대부분은 식민지 시대 일본인 밑에서 일하던 인사들이었다. 이들에 대한 우익의 엄호 속에 8·15 해방 전후 자생적으로 생겨난 좌익은 자연스레 이들에 대한 비판과 견제를 강화해 갔는데, 신탁통치 파동과 미소공위의 공전 등을 거치면서 좌우익의 극한적 대치는 1947년 말까지 계속 되었다.

---

97 《大衆日報》 1947년 1월 22일자.

98 《大衆日報》 1947년 3월 9일자; 《獨立新報》 1947년 12월 13일자.

경제적 혼란은 더욱 심했다. 인천은 제국주의 일본의 전쟁 수행을 위한 군수공장이 많았고 일본인들이 산업계를 지배함으로써 식민지 지배와 대륙 침략의 전초 기지가 되어 있었다. 인천항을 대륙 침략의 발판으로 삼고 이 지역을 병참기지화했던 것이다. 패전과 더불어 일본인들이 산업시설을 제멋대로 처분·파괴하고 썰물처럼 사라짐으로써 인천의 산업시설은 거대한 흉물이 되었다. 미숙하고 부조리한 귀속사업체 운영으로 나타난 생산력 감퇴, 극심한 물가고에 더하여 수십만 해외 전재동포와 월남민의 유입으로 인천은 경제적 한계 상황에 직면했다.

인천으로 귀환한 해외 전재동포 대다수의 출발 지역은 중국의 화북이었다. 지리적으로 인천과 가까웠을 뿐만 아니라, 특히 1937년 중일전쟁 이후 화북 지역을 점령한 일본군 탓에 동북만주 등 중국 각지에 흩어져 살던 한인들이 대거 몰렸기 때문이다. 그러나 일본 점령군과 중국 민중 사이에 조성된 적대 관계에 따라 이 지역 한인들은 재산을 약탈당하는 등 심한 박해를 받으며 거의 빈털터리가 된 상태에서 조국 귀환에 내몰렸다. 그마저도 국민당과 공산당의 내전장이 된 동북만주 지역의 한인들은 많은 수가 조국으로 귀환하기를 포기했다.

해외 전재동포의 대규모 귀환은 1946년 말경 마무리되고 이후의 대규모 인구 유입은 월남민에 따른 것이었다. 해방 후 남과 북이 미·소 양군에게 군사적으로 점령된 뒤 상당수의 북한 주민들이 월남했는데, 초기에는 친일파들이, 모스크바 3상회의 결정 이후에는 기독교인과 우파 민족주의자들이 월남했다. 그러나 토지개혁 이후에는 지주 계급은 물론 정치·경제의 급진적 개혁에 불안을 느낀 일반 주민들도 월남 대열에 합류함으로써, 1946년 말에 이미 40만을 넘어섰다. 이 중 5만여 명이 인천을 선택했다.

전재동포의 대규모 유입으로 나타난 심각한 문제의 하나는 주택난이었다. 이들 가운데 상당수가 연고지로 돌아가지 않고 인천에 남게 되어 가뜩이나 부족한 주택난을 가중시켰다. 초기에 당국은 쓰레기장이 되어

버린 방공호와 거리, 다리 밑에서 노숙하는 전재동포들을 위해 유흥업소 등 일시적 수용시설을 확보하는 데 노력했으나, 전재동포 다수가 인천에 정착하게 되자 특정 지역에 가주택을 지어 주택난을 해소하려 했다. 이러한 집단적 가주택 건설로 전재동포들의 주택난은 상당히 완화되었다. 그러나 가주택 밀집 지역은 인천의 최하 빈민촌이 되면서 잠재적 사회 갈등의 씨앗을 낳았는데, 이는 전재동포가 더 이상 민족의 이름으로 포용할 대상이 되지 못하고 점점 견제와 격리의 대상으로 전락해 가고 있음을 보여주는 것이다. 이러한 상황은 대규모 인구의 유입에 따른 실업 사태에서도 드러나는바, '공업도시' 인천에서 귀환 전재동포들이 얻은 일자리 대부분은 인근 농촌의 머슴〔고농(雇農)〕이었다.

나병환자 집단의 사회적 소동에서도 보듯이 질병의 만연은, 전재동포를 더 이상 모두가 끌어안아야 할 한 민족이라는 상식적 관념, 곧 그들에 대한 인식이 당위적 포용이 아닌 선별적 배제의 경향으로 흐르고 있음을 뚜렷하게 보여주는 사례이다. 이와 같이 해방 직후라고 하는 '신질서 형성기'에 인천 지역사회에서 일어난 강력한 민족 내부의 균열과 배제가, 오늘날 인천의 정체성(identity)을 형성하는 과정에서 깊은 상처가 되었으리란 점은 의심의 여지가 없다.

《인천학연구》 제4집, 인천대학교 인천학연구원, 2004

자료 1

인천 귀환 전재동포 관련 기사일람(1945.9~1948.12)

일간지 이름 없는 것은 《대중일보》

날 짜	기사 제목	출 전
1945. 9.30	인천 군정관 스틸맨, 군정 시책 피력	매일신보
1945.10. 3	조선 전재동포에게 보내는 미군의 구휼품 수송선 입항	매일신보
1945.10. 7	전재동포 구출, 제2선단 10여 척 출범	
1945.10. 7	구제음악회	
1945.10. 9	전재동포 구제, 인천 단체 활동	
1945.10.11	전재자 구제, 인원(人援) 지부 맹활동	
1945.10.16	전재동포들을 일인 가옥에 수용, 시 당국이 일인 측에 명령	
1945.10.18	전재동포 구제의연금, 조선인민원호회 인천 지부 취급분(10월 12일 현재)	
1945.10.19	포와에 조선인 포로 4천 명이 귀국 대기, 조선 출신 미국군 박군조 담	
1945.10.21	하관(下關)에 만여 명, 풍찬노숙의 전재동포	
1945.10.22	전재민 원호, 16개 단체가 합체	
1945.10.24	군함 2척 제공, 전재민 동포 위한 미군 후의	
1945.10.27	전재자 동정금, 공안서에서 본사에	
1945.10.31	동포애의 발로	
1945.11. 3	인천시의 주택 정책	
1945.11. 3	전재동포를 구하자, 일반의 적극 협력이 필요	
1945.11. 6	동포애의 발로, 귀환 두 청년이 전재구제금 의연	
1945.11. 8	전재동포 구제 의연금 답지	
1945.11. 9	동포는 우리 손으로, 전재동포 구제한 강의순 씨 미거(美擧)	

1945.11.10	인민원호회 인천 지부에 이재민이 자진 의연, 이론은 필요없다! 아름다운 이 사실	
1945.11.10	귀환병 좌담회, 11일 동방극장서	
1945.11.10	귀국동포 21만, 퇴축 일인 27만 5천	
1945.11.11	각 도에 후생과 설치	
1945.11.11	압수한 일인 물건, 전재동포 구제에	
1945.11.11	전재동포 의연금, 소년군이 가두모집	
1945.11.11	귀환동포를 황파(荒波)에 버린 천인공노할 악덕 선주	
1945.11.12	본사 마크 현상금을 전재민 원호에 의연, 대화정 김수관 씨 미거	
1945.11.14	갈 곳 없는 전재민에게 주택을 우선 분급하라, 모리식매하는 간상 엄벌 요망	
1945.11.14	귀환장병회 來 일요 인천서 결성	
1945.11.15	일인가옥을 우선적으로 소개자(疏開者)와 전재민에, 모리배 악덕 중개인의 출몰 엄계	
1945.11.15	인천음악동회회, 원호사업에 협력	
1945.11.16	전재동포 구하자, 인천 소년군들 가두에서 맹활약	
1945.11.17	단결하라 3천만 동포! 묵묵 실천·직장을 사수, 건국에 무언전사 되자! 분쇄하라 반역자와 모리배의 행위	
1945.11.19	모리배들의 책동으로 주택 알선 혼돈 상태, 3천 전재민 위해 자치단체 발기	
1945.11.19	구휼동맹 인천 지부 설치	
1945.11.20	인천인민원호회에 이재 수녀가 의연	
1945.11.20	이런 분자를 빨리 없애자	
1945.11.21	전재 원호단체 통일	
1945.11.26	기근에 떠는 전재동포! 원호사업에 진력하자. 일정 하누만축재(累萬蓄財) 무엇에 쓰려는가?	
1945.12. 1	원호 인원 5천여 명 돌파, 전국의 모범적 활동, 도 사회과에서 來仁 시찰코 찬양	

1945.12. 4	시급구제의 필요절박한 화북 재류 10만 동포, 치안은 평온하나 의식주 결핍 곤란, 최철(崔鐵) 씨 귀환보고담	
1945.12. 6	화중(華中)동포 구제협의	
1945.12. 6	귀환동포 50만 명	
1945.12. 6	미군 상륙용선(上陸用船)으로 동포 3천 명 귀국	
1945.12. 6	한국광복군 제1지대 선견대사령부, 대원 명부 발표	동아일보
1945.12. 7	전재동포 원호하자, 감격의 눈물로 조성현(趙聖鉉) 씨 의연	
1945.12. 8	원호단체 중앙위원회 인천 지부 결성	
1945.12.10	왜인 가옥 3천 호 중에 불법 점유 1천 호 이상, 아직도 잔류한 자가 5백 이상이다.	
1945.12.10	전재동포들이 금일 일당(一堂)의 집합 단결	
1945.12.12	재화(在華)동포 구제에 상해(上海)동우회를 조직	
1945.12.12	전재민의 가련한 이 실정을 보라	
1945.12.13	전재민동맹을 결성코 원호받을 질서를 수립	
1945.12.13	원호협의회 부서 진용 결정	
1945.12.16	인천원호회의 장거, 가난한 전재동포에게 명절쌀 백입(百叺) 무료 분배	
1945.12.17	유명무실 단체에 경고, 원호기관 15개 단체는 허가	
1945.12.17	해방의 고국에 귀환, 남양 각지에 포로되었던 장정들, 2천5백여 명 25일 내 인천 입항	
1945.12.20	전재동포 쌀 배급은 오늘까지 막음한다	
1945.12.21	전재민들은 집을 습격, 가납사택(嘉納社宅)을 싸고 돈 불법 행동	
1945.12.22	전재동포 구제 위해 일오극단(一五劇團) 연극공연	
1945.12.22	전재동포 역원(役員) 선정, 질서정연 활동 개시	
1945.12.23	전재민동맹, 가옥 탈환을 건의	
1945.12.25	생활필수품 구매전표로 미곡 출하의 원활을 예상, 生必營團 인천소장 박의균(朴毅均) 씨 담	
1945.12.25	전재 고학생 위해 악극 상연	
1945.12.28	전재민들에 두부 무료 배급	

1945.12.28	구사일생으로 귀환한 동포, 3천여 명 금조(今朝) 인천에 상륙, 인민원호회서 수용 접대에 분망 중	
1945.12.28	대련(大連)에 전재동포 7천 명, 구제책으로 잡화와 식량과 교환설	
1945.12.28	중국 전재민들 귀국	
1945.12.29	상금 타서 원호비로, 인천서(仁川署) 우량서원들의 동포애	
1945.12.31	미군 수송선 타고 온 3천 동포, 동경의 향리로 일로귀환(一路歸還), 왜지(倭地) 동포는 주로 인천에 계적(繼績) 상륙	
1946. 1. 3	일본 북해도에 징용간 동포 3천 명이 귀환	동아일보
1946. 1. 8	재일 조선동포, 5일부터 철귀(撤歸)	
1946. 1.10	하와이 수송선, 입항 또 연기?	
1946. 1.10	제2차 귀환동포, 3천 명 금일 귀향	
1946. 1.12	징병 한인 인천 귀항	조선일보
1946. 1.13	연두 1주간 귀국한 조선인 1만4백 명	
1946. 1.15	전재민동맹이 시량(柴糧) 배급에 혈투	
1946. 1.18	동포 귀국 84만	
1946. 1.19	활약의 전재동맹, 배급 외에 병원도 신설	
1946. 1.19	동포 귀국, 85만 누계	
1946. 1.20	전재동포에 의복 거출, 내리교회 부인회의 미거	
1946. 1.20	전재민에 동정금	
1946. 1.20	해외 전재동포 불일 입항, 원호회 지부 준비에 분망	
1946. 1.20	전재동포 파는 사기한(詐欺漢)에 주의	
1946. 1.21	조선인과 중국인 귀환에 일 정부의 알선 무성의	
1946. 1.22	전재자 인천 상륙, 일본서 동포 1,600명	
1946. 1.23	재 구주 조선동포, 약 반 수는 귀국	
1946. 1.23	전재동포에 인술, 시내 공립의원장의 미거	
1946. 1.25	인천 일인 거의 철수한다. 군정청 명령으로 내월 초에	
1946. 1.25	동포 귀국 87만	
1946. 1.26	일본 귀환선 촉뢰(觸雷), 4천여 명 몰사	

1946. 1.26	전재민 위령제, 래월 초순 인천서	
1946. 1.27	미국에서 이재민 구호품 도착	조선일보
1946. 1.28	일인과 동등 대우는 낭설, 재화북(在華北) 동포는 무사, 귀환 장병들의 현지보고	
1946. 1.29	전재민 특배 소식	
1946. 1.31	귀국동포 90만 명, 25일 누계	
1946. 2. 2	화북동포 2천 명 귀국, 1일 입항, 익조(翌朝) 8시 상륙	
1946. 2. 5	'전재동포' 특배	
1946. 2. 5	인천 일인 거의 철귀, 잔류자 불과 3백 명	
1946. 2. 5	중국에서 광복군 5백여 명 환국	동아일보
1946. 2. 7	귀환동포	
1946. 2.11	5백만 전재동포의 수송, 2월 이내로 완료 계량	
1946. 2.11	남, 서해안에 밀수 행위 성행	조선일보
1946. 2.12	재 화북 지구 동포 2천여 명 인천항에 귀환	조선일보
1946. 2.13	안창호, 김원용 등 재미조선인연합회 회원 8명 귀국	동아일보
1946. 2.14	재일동포 귀국 알선, 군정청서 직원 파견	
1946. 2.15	화북 2만 5천여 동포, 물가고로 생활 곤란, 작일 귀국한 천진 한교민보 기자 담	
1946. 2.18	화북 전재동포 2천 명, 금일 오전 9시 인천에 상륙	
1946. 2.19	북경서 온 전재동포, 인천 부두에 2천 명 상륙	
1946. 3. 5	해외 귀환동포 자강회(自疆會), 상호부조에 적극 활동	
1946. 3.12	인천에 상륙할 75만의 전재동포 위해 분발하자, 원호사업 몰이해 시민의 각성 요청	
1946. 3.17	미국의료품 인천항에 도착	서울신문
1946. 3.19	전재동포를 구하자, 의연금 모집운동 전개	
1946. 3.26	재중 전재동포 3만 5천 명, 매주 인천에 3천 명 상륙, 재일동포 수송 당분간 중지	

1946. 3.31	인천전재민동맹 주회, '3·1 운동 전람회' 사고(社告)	
1946. 4. 1	영양 부족과 전염병에 매일 사망자가 3,40명, 북평(北平)서 고국 그리는 3만 동포의 참상	
1946. 4. 5	'3·1'전(展) 원만 폐막, 감격에 거액 희사도 다수	
1946. 4.11	경성부 후생부와 원호사업협회, 전재민 구제책으로 농장개발 계획	조선일보
1946. 4.14	전재민 위해 신도의 미거(美擧), 전 인천 고려불교회 본부 활동	
1946. 4.15	재중국 전재동포, 5월 초순까지 전부 귀국, 주중 미군 당국 발표	
1946. 4.17	청도서 돌아온 1,600 전재동포, 작조(昨朝) 인천항외 입항	
1946. 4.21	화북, 중(中)서 온 전재동포, 고생보다 건국사업이 염려, 작조(昨朝) 1천4백여 명 무사 인천 상륙	
1946. 4.22	화선동(花仙洞) 일대는 환희의 바다, 밤도 안온 70 노모도 있다, 인천 상륙한 전재동포 21일 출발	
1946. 4.22	전재소년에 얽힌 인정, 만주서 나온 이(李) 소년에 오대하(吳大河)씨의 미거(美擧)	
1946. 4.22	중국 청도지방 동포 1,500명, 인천항에 상륙	서울신문
1946. 4.28	인천전재민동맹, 제1회 정기총회	
1946. 4.29	3천 전재동포 부산 상륙, 임정의 요인 가족도 동행	
1946. 4.30	화북 전재동포 육속(陸續) 귀환, 미 수송선 1척 또 입항 검역중	
1946. 5. 5	전재 '어린이' 위안회, 시 주최로 12일 월미도서	
1946. 5. 7	희비 교차의 전재민 귀환선, 화북부대(華北部隊) 3,378명 작조(昨朝) 인천 상륙, 잔류동포는 가재(家財) 방매하여 연명	
1946. 5.10	천진서 또 전재동포 귀환, 14일 아침 1,300명 상륙	
1946. 5.12	전재 '어린이' 위안회, 금일 월미도 유원지에서	
1946. 5.13	월미도의 대 향연, 전재 어린이 위안회 성황, 다같이 우리나라 일꾼이 되자	

1946. 5.14	재 중국동포 1,200여 명이 4차로 귀환	동아일보
1946. 5.15	귀환한 전재동포, 16일 인천 상륙	
1946. 5.17	귀환동포 실업 대책 긴급, 기능별로 시(市)서 취직 알선	
1946. 5.22	외무처, 일·중으로부터 귀환한 동포 등의 수 발표	조선일보
1946. 5.23	군정청 외무처, 중국에서 8천여 명이 귀환하였음을 발표	동아일보
1946. 5.25	북경 잔류 동포 전부 귀환, 공무 관계자 100명 제외코	
1946. 5.25	각지에 콜레라가 만연 관계당국 대처	동아일보
1946. 5.26	귀환동포 수가 밝혀지나	동아일보
1946. 5.30	인천에 무관한 전재민, 속히 귀향하는 것이 득책	
1946. 5.31	화북 전재동포 1천3백 명, 명일 상륙 예정	
1946. 6. 1	북경, 천진 등지에서 1,500명의 귀환동포 인천에 입항	조선일보
1946. 6. 3	싱가폴에서 동포 1,900여 명 귀환	서울신문
1946. 6. 5	광복군 참모장 이범석 귀국	조선일보
1946. 6.15	전재민 주택난 위해 남는 방은 제공시켜	
1946. 6.23	상해 전재동포 800명 또 출범	
1946. 6.23	일본에서 동포 461명 귀환	조선일보
1946. 7.26	유한양행 사장 유일한, 조선의 무역경제지침 피력	동아일보
1946. 8. 4	동포애의 금자탑, 수해 동정금 11만3천 원, 의연자(義捐者) 제씨에 감사장	
1946. 8. 8	전재민 구제품 팔아먹은 前 시(市) 사회과장 김종순, 죄상 전모 판명, 4일부로 송국(送局)	
1946. 8.10	하와이에 재류하던 동포 105명 귀환	조선일보
1946. 8.30	귀환동포 108만4천, 철퇴 왜인 약 79만6천	
1946. 9. 1	일본인 1천여 명 밀선으로 신의주 떠나 인천에 상륙	서울신문
1946. 9.12	신의주, 만주일대에 있는 일본인 38선 넘어 인천으로 도선	서울신문
1946. 9.13	운라(戰災 부흥국)의 1차 구제품 도착	동아일보
1946.10. 6	재일동포 송환, 철도 관계로 중지	
1946.10.18	시내 중등학교 의연금으로 전재민에 맥분(麥粉) 무상 배급	

1946.10.20	전재동포원호회, 시급한 구호 대책 요망	동아일보
1946.10.30	인천시 위생과, 나병환자 소록도로 보냄	조선일보
1946.11.24	경기도 후생국, 전재동포를 위한 주택건립 문제 토의	서울신문
1946.12. 4	천진 재류 동포에 강제 귀국을 통고, 대(對) 조선 미측 입장 곤란시(視)	
1946.12. 4	중국 재류 전재동포, 5일 인천항에 상륙, 최후로 1만 5천 명 계속해	
1946.12. 4	만주 재류동포 계획수송 위해 외무처 직원 파송	동아일보
1946.12.12	심각한 참상, 그들을 돕자, 기한(飢寒)에 떠는 3만 전재민, 시급 구호받을 5천여 명에 대책 있나?	
1946.12.12	동북 한국교민회 대표 신숙·고문룡(高文龍)이 귀국, 만주동포 소식 알림	동아일보
1946.12.14	거리의 무숙자 80여 세대! 요(要) 구직 전재동포 1천 세대, 엄동에 그대로 방임하면 아사(餓死)할 자 6백, 큰 건물을 긴급히 개방하라	
1946.12.14	인천 입항 전재민 6만 3천6백 명, 원호회 취급과 구제는 이렇타!	
1946.12.17	박(朴) 청장의 온정 전재민에 식량 알선	
1946.12.17	전재민(戰災民)의 비가(悲歌), 함효영(咸孝英)	
1946.12.19	요(要) 구호 전재동포, 경기도 내에 1만 8천여, 당국 시책도 조족지혈(鳥足之血)	
1946.12.21	전재민 동정금품, 21서(署) 전원이 동정금을 거출, 제1관구청서 솔선 미거	
1946.12.21	요정을 전재민에 개방, 12개소에 2천6백 명 수용	
1946.12.20	구제품을 주시오, 전재민 일동이 시에 진정	
1946.12.25	요인을 팔고 사기(詐欺), 전재민 모녀의 금품 사기	
1946.12.26	전재민을 위한 시내 요정 개방 연기령에 대한 각계 여론	조선일보
1946.12.27	전재민구호 극력 주선 중, 청채시장(青菜市場) 문제는 여전 미해결, 시정 기자단 회견담	
1946.12.27	전재민에 동정금, 창영교(昌榮校) 아동 미거(美擧)의 선물	

1946.12.28	중국서 귀환한 전재동포, 금일 2천5백 명 인천상륙	
1946.12.28	시내 각 극장서 거출된 동정금 7만여 원	
1946.12.28	동정금 1만 3천 원, 인천 권번(券番)서 거출	
1946.12.29	작조(昨朝) 전재동포 인천 상륙, 중국정부의 후의에 전원 무사 귀환	
1947. 1. 1	〈전재민의 문제〉(상), 인천전재민동맹 권충일(權忠一)	
1947. 1. 4	〈전재민의 문제〉(중), 인천전재민동맹 권충일	
1947. 1.10	세입은 감소 세출은 팽창, 태심한 인천시의 재정난, 금년부터 증세와 세금완납을 강조	
1947. 1.10	대중식당에 불평성(不平聲) 점고(漸高), 시 당국의 감독 철저 요망	
1947. 1.12	전재동포 구제, 인천 권번예기의 미거	
1947. 1.12	해외동포 귀환자, 180만 명 돌파	
1947. 1.11	전재민에 식량을 특배, 기독교청년 인천연합회서	
1947. 1.14	실업자 귀농 촉진, 인접 군과 군정협력 하 시 실시, 귀농 희망자는 25일 한 신청	
1947. 1.18	일본서 귀국한 동포 1백 10만 2천여 명	
1947. 1.18	전재민 빈궁자 구제, 불청(佛靑) 연극 공연, 음회(陰晦)야(夜) 정초 문화관에서	
1947. 1.22	해방 후 인천의 범죄 건수, 피해 건수 2천2백여 건, 피해 금액 1천3백여만 원	
1947. 1.25	여성 풍기 문제 좌담회기(2), 해외서 들어온 직업 여성과 모리배 짓, 여성과 화장도 유죄, 뱃속에 든 씨는 어떻게 처리하나?	
1947. 1.26	여성 풍기 문제 좌담회기(3), 혼혈아 문제는 어떻게 처리?, 자유교제와 성관계, 조선 여성 정조 관념은 세계의 관절(冠絶)	
1947. 1.25	동정의연금 26만 원, 22일부터 각 극빈자에 분배	
1947. 1.28	여성풍기문제 좌담회기(완), 젊은 미군인은 철모르는 아고(兒孤), 방지책은 위로공창제, 탁월한 외교관 두고 우리 풍습을 인식케	

1947. 1.30	유령인구 적발, 부(府)서 양곡 배급 적정 기도	
1947. 2. 8	재일조선인 재산 반입에 도일 불허가 방침	
1947. 2. 8	세뱃돈을 이재민에 의연, 송림학교 아동의 미거, 이 순정을 보라	
1947. 2.19	조선인 재산 반출, 도 상공국에 신청하라	
1947. 2.22	전재민 가주택, 4천6백 호 완성	
1947. 2.22	전재민 동정으로 화교 100만 원 의연	
1947. 2.25	해항 검역 강화, 인천항 출입 선박에	
1947. 2.25	명태와 비누 배급, 전재 후생조합서	
1947. 2.25	숭의대원(崇義隊員)의 미거	
1947. 2.26	기후 온화로 수송난 완화, 인천의 양곡 반입에 활기, 구(具) 상공과장 담	
1947. 2.26	암시장의 미주산 소맥은 전부를 압수 배급에 충당	
1947. 2.28	미곡밀수 발견 보고자에 전 수량의 10분의 1을 수여	
1947. 1.31	해외동포의 문의사(問議事)는 인천 군정청 외사처로	
1947. 1.31	전재민에 가주택, 조성회(助成會)서 의연금 모집	
1947. 3. 6	전재민에 동정금, 선학동민의 의거	
1947. 3. 7	재일동포 재산 입하	
1947. 3. 7	전재동포 구호품 하와이 동포들이 다수 수집	
1947. 3.12	의연금 모집 성적 불량으로 전재민 가주택 건설 난항	
1947. 3.14	재만동포 위해 대표 파견, 안 민정장관 담	
1947. 3.15	동회장 발언 존중, 작일 동회장 초회견(初會見) 석상에서 표(表) 부윤 대(對) 동회책(洞會策)을 표명	
1947. 3.15	조선제마 종업원이 전재민 동정금 출연	
1947. 3.15	전재민 가주택 건설 위해 요청되는 부민의 애족심	
1947. 3.15	원호금 찾아가라	
1947. 3.16	인천 출입 선박 일체 검역 실시, 명일부터	
1947. 3.19	전재자와 극빈자에게 중고의류 무료배급	
1947. 3.22	재일 2천 동포 학도 등은 조국의 장래 위해 분투 중, 재일조선학생동맹 김 위원장 담	

1947. 4. 8	일만(日滿)서 귀환한 동포, 우편저금 추심(推尋)하라	
1947. 4.11	인천 외 3항에 검역소를 38선 10개소에 구호소 설치	
1947. 4.24	도일 밀항자 격증, 발각 송환만 2만6천 명	
1947. 4.27	전재민 구제품을 옹진군 부정 배급	
1947. 5. 7	각 동회 요구호자에게 의류 금품 분배, 6일부터 후생과서	
1947. 5. 7	남하인 증가로 미잡곡증감배(米雜穀增減配)	
1947. 5. 7	암흑면의 해방 인천의 실태! 야강절도죄(夜强竊盜罪)가 수위, 살인도 2건, 군정위반 25건	
1947. 5. 8	38접경에 구호소 설치, 이북서 남하하는 이재민을 위하여	
1947. 5.10	생필품 배급, 노총 신대책 수립	
1947. 5.13	재중국 조선동포 근황 알려짐	조선일보
1947. 5.16	쌀 배급소 증설 9월에 해결	
1947. 5.17	전재민 가주택 건설기금, 모집액의 4분지 1, 특히 유흥(遊興)업자의 궐기를 요망	
1947. 5.20	남하동포 매일 2천5백 명, 맨발로 허기진 몸 일제 시 이민과 방불, 박(朴) 관구청장 순시담, 38선의 참경	
1947. 5.23	전재민 가주택 건설지는 화수·만석동, 기자단 정례 부윤 회견기	
1947. 5.24	해외 귀환 각 도별	
1947. 5.24	부산서 귀환 18만, 무료장례 176명, 산아 수가 238명	
1947. 5.27	여기 의인 있다, 대한제분 공원 의거, 공휴일 노임 전재민에	
1947. 7. 3	전재민에 반가운 소식, 50호 가주택 수일 내로 착공	
1947. 7.10	이북서 온 동포, 인천에만 5만 명	
1947. 7.12	조선 사태는 비통, '후라나간' 신부 담	
1947. 7.12	격증하는 이북 이주민, 증명 교부에 당국은 안비막개(眼鼻莫開)	

1947. 7.12	문둥병자 횡행, 불안한 부민들 당국에 처치 요망	
1947. 7.13	조선인 밀항 감소, 맥아더 사령부 발표	
1947. 7.17	늘어가는 인천의 식구, 6개월 동안 1만 2천 7백여	
1947. 7.22	8월 1일부터 인천서는 군정을 철폐, 재산관리처와 제 행정, 부에서 장악	
1947. 7.25	문둥이 절도단, 청년들이 타진(打盡), 경찰에 인도	
1947. 7.26	늘어가는 문둥이, 방임하는 당국에 일반은 분개	
1947. 9. 3	실로 딱한 사정, 중공군에 밀려오는 중국인들	
1947. 9. 4	살 수 없어 귀국, 상해 잔류 동포 중 5백 명이	
1947. 9.14	월경자는 여전, 수용소는 눈물로 봤다, 이 청장의 38선 시찰 감상	
1947.11. 9	재일동포 귀환에 신 수속	
1947.11.15	인천에 실업자 3만여, 당국의 긴급대책 요망	
1947.11.18	월남 전재동포, 수용소 생활 관찰기(中)	
1947.11.19	국립 개성전재민수용소 시찰기(하)	
1947.11.19	일(日) 증가한 남조선 인구	
1947.11.19	전재동포원호회를 '후생협회'로 개칭	
1947.11.19	후생협회서 광목을 배급	
1947.11.20	눈물어린 따뜻한 동정, 이걸로 과세(過歲)하소서, 도에서 전재민에 구휼품	
1947.11.20	국립 개성전재민수용소 시찰기(완)	
1947.11.21	인천의 귀환동포 누계 6만 7천 3백 9십 4명, 지난 10월 말 현재	
1947.11.23	과세(過歲) 선물 보내오니, 받으오 부천에 전재민	
1947.11.23	부천 군내에 전재민 주택	
1947.11.26	전재민 주택, 불원에 완성	
1947.11.27	전재동포원호회 대응, 후생협회서 성명 발표	
1947.11.29	먹을 것 없고 잠잘 곳 없어 떨면서 울고 있는 전재민에게 당국의 시책이 초미(焦眉)	

1947.12.28	금년 11월 현재 경기도 내 실업자 수 약 19만 명으로 집계	서울신문
1948. 3.20	재만동포 지도자들의 귀환 계획 추진	동아일보
1948. 5.12	과도정부 외무처, 재만동포 천여 명의 인천 귀환 발표	경향신문
1948. 5.18	인천에 제2 이재민 구호소가 설치	서울신문
1948. 5.20	재만동포 수송 위해 맥아더 사령부가 일선(日船) 파송	동아일보
1948. 5.30	재만 전재동포 3차 구조선 천진으로 향발	경향신문
1948. 6. 2	5월 30일 현재 재만동포 귀환자 총수 밝혀짐	동아일보
1948. 6.10	재만동포 천여 명, 제4차 구호선으로 귀환	조선일보
1948. 6.24	보건후생부장, 재만 이재동포 시찰코자 천진으로 향발	서울신문
1948. 7.22	재만동포 수송을 위한 제7차 수송선이 인천항 출발	동아일보
1948. 8. 1	재만동포 1,200여 명 인천에 귀환	경향신문

決定과 法令에 服從하고

安寧秩序의 維持에 協助

李承燁 서울市臨時人民委員長、市

偉大한 우리의 人民軍이 리승만傀儡軍隊를 쳐부시고 二十八日이른아침 首都서울에 入

人民委員會委員長으로 任命된 李承燁先生은 同日午後十一時서울放送局을通해 市民에게 다음

國의完全解放과 民主政權確立에對한 市民의 全幅的協助를 呼召하였다 (寫眞은 李承燁先生)

제3부 분단 국가 통일운동의 비극

제1장
이승엽〔남로당〕의 '통일운동'과 좌절

1. 이승엽은 누구인가

일제 식민지 시기를 거쳐 민족 분단과 한국전쟁에 이르는 격동의 한국 현대사를 수놓은 인물 가운데 이승엽(李承燁)만큼 부정적인 평가를 받는 인물도 드물 것이다. 해방 후 남조선노동당(이하 남로당)의 2인자로서 한국 사회를 혼란에 빠뜨린 장본인이라는 비난에 더해, 사회주의운동 계열 인물 가운데 전향과 변신을 거듭한 대표적인 변절자라는 근래의 평가가 그것이다.[1] 그러나 이승엽에 대해 이러한 역사적 '단죄'를 내릴 만큼 그의 생애와 활동의 전모가 제대로 드러났다고 볼 수는 없다.

문제는 이러한 비난과 혹평 속에는 해방 후 통일민족국가 건설운동의 좌절, 민족 분단의 책임을 남로당과 이를 이끌어간 인물들에게 돌리려는 단죄 의식이 자리 잡고 있는 것이다. 그의 생애와 활동에 대한 역사적 사실의 충실한 복원을 통해 향후 제대로 된 역사적 평가의 준거를 마련하는 일이 시급한 것도 이 때문이다. 크게 보아 이승엽의 활동은 일제 식민지 시기 민족해방운동, 해방 후 남한에서 벌인 민족국가건설운

1 반민족문제연구소, 《청산하지 못한 역사》 3, 청년사, 1994, 257쪽; 김민희, 〈비운의 혁명가 김삼룡〉, 《쓰여지지 않은 역사》, 대동, 1993, 53쪽.

동, 월북 후 이른바 '조국해방전쟁'기의 활동 등 세 시기로 구분할 수 있지만, 사실 그에 대해 연대기조차 정리된 적이 없다.

필자는 앞서 이승엽의 생애와 활동에 관한 글을 발표한 적이 있다.[2] 그러나 기초적인 자료조차 발굴되지 않은 상황에서 시론 형태의 논설에 머물러 아쉬움이 컸고, 고찰의 중점도 일제시대 민족해방운동 부분에 집중되었다. 때문에 기회가 주어진다면 보완의 기회를 얻고 싶었다. 다행히 근래에 8·15 직후 해방공간에서 이승엽이 벌인 활동, 한국전쟁 시기, '박헌영·이승엽 사건'에 대한 새로운 자료들을 얻을 수 있게 되어 용기를 얻었다.[3]

이들 자료를 토대로 이 장에서는 주로 이승엽의 해방 이후 활동을 규명해 보려고 한다. 이러한 작업은 '통일민족국가' 건설을 위한 이승엽 개인의 투쟁과 활동을 넘어 해방 후 남한 사회주의운동을 주도했던 남로당 세력의 노선과 투쟁을 조명하는 것이기도 하다.

2. 조공 재건과 남로당의 2인자

1) 조공 재건과 역할

이승엽은 8·15 해방을 인천에서 맞이했다. 인천은 고향일 뿐만 아니

---

2 이현주, 〈한국현대사의 비극을 가로지른 '남로당의 2인자'—이승엽에 대하여〉, 《황해문화》 제5집, 새얼문화재단, 1994 참조.

3 대표적인 것만 들면 다음과 같다. 한림대 아시아문화연구소, 《朝鮮共産黨文件資料集》(1945~46), 한림대 출판부, 1993; 러시아연방국방성 중앙문서보관소, 《소련군정문서, 남조선정세보고서》(1946~1947), 국사편찬위원회, 2003; 전현수 편, 《쉬띄꼬프일기》(1946~1948), 국사편찬위원회, 2004; 이정박헌영전집편찬위원회, 《이정박헌영전집》(전9권), 역사비평사, 2004; 한림대 아시아문화연구소 편, 《빨치산자료집》(전7권), 한림대학교 아시아문화연구소, 1996; 《북한정권에 협력한 재소한인의 증언록》(필사본, 전6권).

라 일찍이 그에게 민족 문제를 일깨우고 사회의식을 각성시킨 토양이었다. 일제 말기에 인천에서 오랜 동료였던 박남칠과 함께 식량배급조합의 이사로 일하며 한때 친일로 의심받을 만한 석연치 않은 행적을 보인 것은, 오히려 그가 지역사회에서 영향력 있는 인물로 떠오르는 계기가 되었다. 1945년 10월 6일 미군정 지시로 인천에서 한인 관료들이 인천시장을 선출할 때, 7명의 후보 가운데 좌익에서는 조봉암·박남칠(朴南七)·김용규(金容奎)와 함께 그의 이름이 올랐다. 그러나 이승엽은 중앙의 활동을 위해 박남칠에게 인천 지역의 운동을 맡기고 서울로 향했다.[4]

이승엽은 신속하게 움직였다. 8·15 해방 당일 그는 서울 종로의 장안빌딩에서 옛 화요계 동지인 조동호(趙東祜)·조일명(趙一明, 趙斗元), 구서울계인 이영(李英)·정백(鄭栢) 등과 만나 조선공산당 재건에 대해 논의하고, 다음날 밤 조선공산당 결성을 위한 별도 모임에서 최익한(崔益翰)·이우적(李友狄)·하필원(河弼源)을 비롯한 ML계의 조직을 통합하여 이른바 장안파 조선공산당을 성립시키고 이영에 이어 제2 비서에 취임했다.[5]

앞서 이승엽은 화요계 동지들과 함께 활동을 계속하고 있었다. 그는 1943년 홍남표(洪南杓)·정재철(鄭載轍)·정재달(鄭在達) 등과 함께 공산주의자 그룹을 조직하고 기관지로 《자유와 독립》을 발간했다. 이 조직은 여운형(呂運亨)의 조선건국동맹과 연계해 군사위원회를 조직하고 전국 범위의 노농군을 편성하려 했다. 건국동맹을 대표해 조동호·이석구(李錫玖)·이걸소(李傑笑) 등이 공산주의자 그룹의 이승엽·최원택(崔元澤)·정재달 등과 군사위원회를 조직하고 전국을 8개 지구로 나누어 책임자 파견과 인물 규합에 착수했다.[6] 그러다가 이승엽은 1945년 6월경 갑작스레

---

4 이성진, 〈해방기 인천 좌익운동가 박남칠 자료 연구〉《인천학 연구》 7, 인천대 인천학연구원, 2007.

5 〈김철수 인터뷰〉, 《韓國共産主義運動史》 제5권, 청계연구소, 1968, 386~387쪽에서 재인용.

6 金台俊, 〈延安行〉 1, 《文學》, 1946, 188쪽. 후일 이른바 '조국해방전쟁' 전후 이승엽의 무

잠적하여 8·15 직전까지 인천에 은둔했다. 일본 제국주의는 패전을 예상하면서 조선의 정치·사상범들을 전부 학살하려는 음모를 꾸미고 있었다. 제2차 세계대전의 급작스러운 종결로 일제는 실행에 옮기지 못했으나 그는 사전에 정보를 입수하고 동지들과 함께 피신했던 것이다. 이승엽은 두 달여 동안 새우젓 장사로 변장한 채 수인선(水仁線)을 오갔다.[7]

해방과 함께 이승엽의 활동도 활발해졌다. 8·15 당일 석방된 공산주의자들은 서울 계동에서 '재경혁명자대회'를 열었는데, 앞서 이승엽은 서중석(徐重錫)·홍남표·최용달과 함께 7월 하순에 간부로 내정된 조동호(趙東祜)·이영·최원택·정재달·정백, 그리고 이정윤(李廷允)과 이현상(李鉉相)이 추가된 11인 간부의 일원으로 결정되었다. 이들은 화요회계(이승엽·조동우·홍남표·정재달·최원택), 스탈린단(이영·정백), ML계(이정윤), 서중석 그룹(서중석), 경성콤그룹(이현상) 같은 파벌이 연합한 형태였다. 비서부(조동호), 조직부(정재달), 선전부(정백), 정치부(간부 전원) 간부도 선출했다. 당명은 조선중앙공산당으로 정했다.[8]

그러나 박헌영(朴憲永)이 상경하자 장안파공산당은 동요했다. 그는 1925년 조선공산당 창당 멤버로서 화요회계 중심 인물이며 고려공산청년회 초대 책임비서를 지낸 경성콤그룹의 최고 지도자였다. 박헌영은 1941년 1월 이관술(李觀述)·이현상·김삼룡(金三龍) 등이 체포되자 대구로 피신한 뒤, 경찰의 추적을 따돌리며 8·15 직전까지 전남 광주의 벽돌공장에서 노동자로 숨어 살고 있었다. 8월 18일 서울로 올라와 옛 경성콤그룹 조직원들을 불러모은 뒤 조선공산당재건준비위원회를 조직하고 당면의 혁명 단계를 '부르주아민주주의 혁명'으로 규정한 정치노선(〈8월

장 게릴라투쟁(빨치산) 지도의 연원은 여기서 비롯된 것인지도 모른다.

7 임명방(인하대학교 사학과 명예교수) 증언(1994.11.4). 이승엽은 임 교수의 부친 임창복(林昌福)과 인천상업학교 동창생으로 둘은 절친한 사이였다고 한다.

8 鄭栢, 〈8월 15일 朝鮮共産黨 組織經過 報告書〉(1945.11.7), 《조선공산당문건자료집》(1945~46), 한림대 출판부, 1993.

테제〉)을 발표했다. 나아가 혁명 단계를 '프롤레타리아 혁명'으로 규정한 장안파공산당을 강력하게 비판했다.[9]

박헌영은 장안파 공산당의 중앙위원 취임을 거부하고 이들에 대한 회유와 해체 작업을 시작했다. 이에 발맞춰 장안파공산당 안에서 해체 작업을 주도한 것은 이승엽을 비롯한 화요회계였다. 8월 22일 장안파공산당 간부회의는 재경열성자대회를 열어 조직 문제를 결정하기로 하고 당 해소를 결의했다. 이승엽은 정재달·정백·서중석·이정윤과 함께 5인으로 구성된 대회소집위원으로 선출되었다. 그는 정재달과 함께 화요회계를 대표했고, 조동호·홍남표·정재달·최원택 등 나머지 화요회계는 당의 해체를 주장하며 장안파공산당에서 탈퇴했다. 그러나 이영과 정백의 영향력 아래 있던 경성지구위원회와 공산청년회가 당 해체에 반대하면서 장안파공산당은 내분에 휩싸였다. 9월 1일 이들은 경성지구위원회 주최로 재경열성자대회를 열어, 당 존속을 결의했다.[10]

대회는 "해당론의 무원칙적 파벌성을 통렬히 비판하고 통일을 위해 3일 안으로 당외 재경 서클을 망라한 열성자대회를 개최하여 거기서 중앙부 보강과 전국대회 소집을 토의"하기로 결정하고 연락위원 9명을 선출했다.[11] 이 연락위원들이 각 서클에 통일을 교섭해 동의를 받았다. 그러나 박헌영이 이끄는 재건파는 열성자대회 참가 조건으로 당 중앙의 구성과 당원 심사에 대한 모든 권한을 요구했고 장안파 지도부는 이를 거절했다.[12]

이승엽의 활약은 돋보였다. 9월 6일에 11명만이 참석한 가운데 다시 열성자대회가 열렸지만, 대회는 3인을 뽑아 재건파 측 2명과 장안파 측

---

9 박헌영, 〈현 정세와 우리의 임무〉(1945.8.20), 《이정 박헌영 전집》 2, 51쪽.

10 鄭栢, 앞의 글, 9쪽.

11 〈당 통일 촉진에 관한 약보〉, 《戰線》 4, 1945.10.31.; 이정식 편역, *Materials on Korean Communism, 1945-1947*, Center for Korean Studies, Univ. of Hawaii, 1977, pp. 169~173.

12 위와 같음.

3명을 선임해 이들로 하여금 두 파의 통일 작업을 위임하기로 결의했다. 장안파 쪽 위원 3인은 이승엽과 안기성(安基成), 이정윤으로 안기성은 화요회계 인물인데다 이승엽의 장인이기도 했다. 재건파는 장안파공산당에 대해 흡수를 통한 와해를 시도했고, 여기에는 통일될 당의 중앙위원 선출 전형위원으로 장안파가 선임한 이승엽과 안기성, 이정윤이 앞장섰다.[13] 이들은 자신들이 작성한 후보 명단을 박헌영에게 제시하면서 인선권을 위임했다.[14]

이승엽과 안기성의 '각본'은 완벽했다. 9월 8일 서울 계동 홍증식(洪璔植)의 집에서 60여 명이 참석한 가운데 열성자대회가 안기성의 사회로 개회되었다. 양당의 통합이 선언되고 9월 11일에는 조선공산당재건준비위원회를 발전적으로 해소하고 이를 모태로 하는 조선공산당이 재건되었다. 아울러 대회는 당 건설에 대한 박헌영의 견해를 지지하고, 당 중앙간부 선출을 위해 노동자·농민의 기초 조직을 가진 공산주의 각 그룹과 연락해 협의하되 연락은 박헌영에게 일임하며, 당이 건설된 뒤 강령과 전략·전술을 규정하기 위해 빠른 시일 안에 당 대회를 소집하고, 당면 과업의 수행을 위해 행동강령을 작성·발표한다는 내용의 결의안을 채택했다.[15]

이승엽은 박헌영·김일성(金日成)·이주하(李舟河)·강진(姜進)·최용건(崔庸健)·김삼룡·권오직(權五稷)·최창익(崔昌益) 등과 함께 조선공산당 중앙위원으로 선출됨으로써 해방 정국의 무대에 화려하게 복귀했다.[16] 이

---

13 鄭栢, 앞의 글.

14 〈熱誠者大會의 經過－分裂派의 行動을 批判하자〉, 《解放日報》 1945년 9월 25일자.

15 〈我田引水格은 排擊－熱誠者大會의 經過報告〉 下, 《解放日報》 1945년 10월 18일자.

16 박헌영, 〈조선공산당의 재건과 그 현상황〉(로문, 1946.3), 《이정 박헌영 전집》 2, 209~210쪽. 당 중앙위원과 검열위원 명단은 다음과 같다. 중앙위원회: 박헌영 김일성 이주하 박창빈 이승엽 강진 최용건 홍남표 김삼룡 이현상 이주상 이순금 무정 서중석 이인동 조복례 권오직 박광희 김점권 허성택 김용범 홍덕유 주자북 문갑송 강문석 최창익 김근 오기섭(28명). 중앙검열위원회: 이관술 서완석 김형선 최원택(4명).

에 앞서 9월 6일 여운형 등이 중심이 되어 조직한 조선건국준비위원회는 서울 경기여고 강당에서 1,300여 명이 참석한 가운데 전국인민대표자대회를 개최했다. 대회는 조선인민공화국 임시조직법안을 상정·통과시키고, 중앙인민위원 55명, 후보위원 20명, 고문 12명을 선출해 중앙인민위원회를 구성함으로써 조선인민공화국을 선포했다.[17] 중앙인민위원으로 선출된 이승엽은 9월 14일 발표된 조선인민공화국(이하 인공)의 각료 명단에서 사법부장 대리로 이름을 올렸다.[18]

해방 후 민족국가 건설에 나서는 이승엽의 자세는 광범한 민족통일전선의 형성이었고 조선인민공화국을 통해 이를 구현하려 했다.[19] 조공은 인민공화국을 '인민정부론'에 바탕을 두고, 친일파와 민족반역자를 제외한 민족 구성원 전체가 참여하는 민족통일전선으로 상정했다. 그러나 인민정부 참여의 요건으로 조공에 대한 절대적 지지를 요구함으로써 인민정부의 대중적 계급적 기반을 좁히는 결과를 낳았다.[20]

1945년 11월 24일 인공 중앙인민위원회 제2일차 회의에서 이승엽은 인공 선포의 졸속성을 시인하면서 다음과 같이 역설했다. 조공으로서는 미군정의 탄압으로 해체 위기에 직면한 인공을 되살리려면 민족통일전선을 확고한 기반 위에 세워야 한다는 주장이었다.

> 인공은 혁명정부의 성격을 갖고 있음을 잘 알아야 한다. 동시에 우리는 하루빨리 진보적 요소를 규합하여야겠다. 조선에서 민족통일전선이 성립 안 된 채 정부가 수립된 것은 순서가 바뀐 것이다. 그러기 때문에 우리는

---

17 李賢周, 〈조선공산당의 권력구상과 '조선인민공화국'〉, 《한국근현대사연구》 제36집, 한울, 2006(본서 제2부 1장) 참조.

18 이승엽이 월북(1947.9~10월) 후 '조선민주주의인민공화국' 초대 내각(1948.9.9)의 사법상에 임명된 것도 조선인민공화국의 사법부장(대리) 경력과 무관하지 않을 것이다.

19 李承燁, 〈人民共和國과 人民의 任務〉, 《大衆日報》 1945년 11월 10일자.

20 李賢周, 〈조선공산당의 권력구상과 '조선인민공화국'〉, 108쪽.

> 진보적 요소를 규합하는 데 힘써, 광범한 민족통일전선을 세워야한다. 이승만과도 협력해야 한다. 그리고 한민당 내의 진보 세력 및 국민당, 임정, 독립동맹 등의 진보적 요소를 통합, 통일전선을 수립해야만 정권 문제와 민족 문제가 해결될 수 있으며 국제적 승인도 얻을 수 있을 것이다.[21]

이때부터 이승엽은 각종 집회와 회의에서 박헌영을 대리하여 조공의 대표로 등장했다. 또한 그는 조선노동조합전국평의회(전평)와 함께 조공의 가장 중요한 대중적 기반이며 외곽단체인 전국농민조합총연맹(전농)의 결성을 주도하여, 일제 식민지 시기 민족해방운동 이래 탁월한 조직가이자 선동가다운 능력을 발휘했다.[22] 12월 8일부터 3일 동안 서울 경운동 천도교회관에서 열린 전농 결성대회에서 의장단의 일원으로 선출된 이승엽은 사회자로서 줄곧 결성대회를 이끌어가면서 조공과 인공의 토지·농민 정책의 근간이 될 〈토지·농민 문제에 대한 결정서〉를 채택했다.[23]

2) 남조선노동당의 2인자

이승엽이 박헌영의 신임을 한 몸에 받으며 남한 사회주의운동의 지도자로 떠오르는 것은 3당 합당 과정을 통해서였다. 해방 이후 조공의 합법적인 활동은 오래가지 못했다. 미군정의 탄압에 대응하여 조공은 당의 대중성을 강화하려 했고 이에 따라 조선공산당, 신민당, 인민당 등

---

21 김남식, 《남로당연구》 I, 돌베개, 1984, 153쪽.

22 朴甲東, 《통곡의 언덕에서》, 書堂, 1991, 161쪽.

23 〈결정서〉의 내용은 다음과 같다. ① 토지·농민 문제의 해결 없이는 진정한 민주주의적 민족해방은 있을 수 없다. ② 그러므로 민주주의 정권은 토지·농민 문제를 해결할 수 있는 정권이어야 한다. ③ 일제 잔재 및 반동 세력의 정권 수립 책략을 봉쇄하기를 결의한다. ④ 민족통일전선의 결성에 적극 참가할 것을 주장한다.

남한 좌익 3당의 합당운동이 본격화했다. 1946년 7월 29일 평양에서 열린 북조선공산당과 조선신민당의 중앙위원회 확대 연석회의는, 양 당을 합당하여 '북조선노동당'(이하 북로당)으로 개편한다는 결정을 내림으로써 남한 좌익 3당의 합당운동을 다그쳤다.[24]

그러나 8월 초 합당 논의가 본격화하면서 3당은 모두 내부 분열에 빠졌다. 늦어진 3당 합당의 원만한 진행을 위해 두 달 뒤인 11월 초, 평양에서 남북 좌익 정치지도자들의 첫 비밀회의가 열렸다. 이승엽은 이 회의에 김삼룡을 대동하고 조공의 대표로 참가하여 남한에서 함께 간, 인민당의 이만규(李萬珪), 신민당의 백남운(白南雲) 등 10여 명과 김일성을 비롯한 북로당 정치위원들과 연석회의를 갖고 혼미를 거듭하던 3당 합당 문제를 논의했다. 이때 이승엽은 남한의 '10월 인민항쟁'에 대해 보고했고, 3당 합당 보고는 김삼룡이 맡았다. 조공 내에서도 3당 합당의 원칙에 대한 의견의 불일치가 있었지만, 이승엽은 반대파들이 조공 중심으로 새로이 탄생될 남조선노동당(이하 남로당)에 개별가입하게 하는 원칙을 관철시켰다.[25]

이승엽 등 조선공산당 참석자들은 3당 합당을 다그치기 위해 북로당이 사회노동당 해체를 촉구하는 특별 결정서를 채택해 줄 것을 요청했다. 이에 따라 1946년 11월 16일 북로당 중앙상무위원회는 〈남조선 사회노동당에 관한 결정서〉를 채택하여 합당에 반대하는 사회노동당의 해체를 촉구했다. 결정서는 3당 합당에 관한 조선공산당의 정치노선을 지지하고 강진(姜進)과 백남운 등이 이끄는 사회노동당을 '분파 분자'이며 '좌익 기회주의'라고 비난했다. 3당 합당에 대한 "조선공산당의 정치노

---

24 정창현, 〈1946년 좌익정치세력의 '3당합당' 노선과 추진과정〉, 《韓國史論》 30, 서울대 국사학과, 1994 참조.

25 중앙일보 특별취재반, 《秘錄 조선민주주의인민공화국》 상, 중앙일보사, 270~273쪽. 그러나 김광운은 3당 합당이 노동계급의 전위정당을 만들자는 것이 아니라, 근로대중정당으로 새롭게 출발하자는 것이 취지이므로 박헌영과 이승엽의 합당 원칙은 잘못된 것이라고 비판했다(김광운, 《통일독립의 현대사》, 지성사, 1995, 124~125쪽).

선은 조선 인민의 자주독립국가 창설과 민주주의 발전을 보장한 모스크바 3상회의 결정을 실행하기 위한 정확한 노선으로서, 그 투쟁 조직 영도에 있어서 가장 정당한 노선임을 시인하며 이를 절대 지지한다"[26]는 것이 결정서의 골자였다.

남로당 결당식은 1946년 11월 23~24일 서울 견지동 시천교당에서 열렸다. 로마넨코(A. A. Romanenko)의 보고에 따르면 대회에는 총 585명이 참가했는데 조선공산당 395명, 인민당 140명, 신민당 50명, 노동자 220명, 농민 155명, 사무원 210명, 농촌단체 350명에 이르렀다.[27] 임시집행부에는 이승엽을 포함해 14명이 선출되었고 인민당 출신의 허헌(許憲)이 의장을 맡았다. 구재수(具在洙, 신민당)가 정치 정세에 대해 보고하고 합당 경과는 이기석(李基錫, 인민당)이 보고한 뒤 당의 강령과 규약을 상정하여 가결했다.

이승엽은 허헌·구재수(신민당)·이기석(인민당)·김영재(金永才, 인민당)와 함께 당 중앙위원회 조직위원으로 선출되었다. 그는 당 기관지 《로력인민》의 편집인도 맡았다. 결당대회 직후 소집된 도당위원회 지도자 회의에서는 사회노동당에 대한 남로당의 방침과 당면 과업에 대한 박헌영의 서한이 심의되었는데, 박헌영은 이미 38선을 넘어 평양에 머물며 이승엽을 통해 남한 내의 3당 합당운동을 지휘하고 있었다.[28]

이승엽은 남조선노동당 결당식을 주도했다. 여운형(불참), 허헌 등과 함께 14인의 임시집행부 의장단 가운데 한 사람으로 선출되었고 12월 10일 개최된 3당 합동준비위원 연석회의에서 29인 중앙위원 가운데 한

---

26 〈북조선로동당 중앙상무위원회 제11차 회의 결정서 '남조선 사회로동당에 관하여'〉(1946. 11. 16), 《결정집》 제3권(1946.9~1948.3 북조선로동당 중앙상무위원회).

27 총 참가 인원과 단체·직종별 참가 인원의 합산이 다른 것은 양자에 중복된 인원 때문일 것이다.

28 박헌영은 1946년 9월 29일, 관에 담긴 채 월북 길에 올라 강원도 지역 산악을 헤맨 끝에 10월 6일에 평양에 도착했다(전현수 편, 《쉬띄꼬프일기》 참조).

남대문 앞에 있던 남로당 본부(원경 소장)

사람으로도 선출되었다. 중앙위원장에는 인민당 출신의 허헌이 뽑혔지만 이것은 합당의 명분에 지나지 않았다. 부위원장은 이기석(인민당)과 월북한 박헌영(조선공산당)이었다.[29] 박헌영이 북에 있는 상황에서 이승엽은 새로 결성된 남로당의 주도권을 장악함으로써 실질적 최고 지도자의 위치에 올랐다.[30]

서울 주재 소련 총영사관과 북한의 소련군정에 제출하는 〈남한 정세 보고〉도 박헌영이 월북한 뒤로는 이승엽의 몫이었다. 남로당이 결성되기 전부터 소련군정과 조선공산당의 관계는 긴밀했다.[31] 이승엽이 작성

29 전현수 편, 《쉬띄꼬프일기》(1946~1948) 1946년 12월 2일조, 42~43쪽.

30 김민희, 〈비운의 혁명가 김삼룡〉, 57쪽.

31 1946년 7월 연해주 군관구 군사평의회 위원으로 전후 소련의 한반도 정책을 좌우했던 슈티코프는, 자신의 일기에 소련공산당 중앙위원회가 소련의 고등교육기관에 120명의 조선 학생들과 20명의 연구생들을 받아들여 달라는 자신의 제안을 수락했다면서, 북한에서 105명의 학생과 15명의 연구생을, 남조선에서 15명의 학생과 5명의 연구생을 각각 선발할 것이라고 했다. 그는 소련에 유학할 남한 학생의 선발을 이승엽과 샤쉰(A. I. Sahbshin)

한 남한의 정세에 대한 보고서는 소련군정 당국에 정식으로 접수·보고되었다. 1947년 4월 19일 작성되어 소련 원수 메레츠코프(K. A. Meretskov)와 슈티코프(T. Shtykov) 대장, 끄라브초프 중좌에게 발송된 〈남조선 정세〉의 내용은 다음과 같다.

이승엽은 '일반적인 정세'로서 반동들의 극악한 분노와 테러 분자들의 다양한 음모 속에서도 남조선의 민주 진영은 급속도로 성장하고 있으나, 단독정부를 수립하려는 시도가 실패로 돌아간 뒤 국제적이며 국내적인 반동들은 한층 더 광란 상태에 빠져들고 있다고 진단했다. 그는 미군정의 정책에 대해 심도 있는 논의를 폈다. 미군정에는 두 가지 경향이 있는데 랭던(W. Langdon)·번스(J. F. Byrnes)·버치(L. Bertsch)와 같은 인물들은 친미정권을 수립하려면 좌익 인사들을 석방하라는 점진주의자들을 이용하라고 제안하면서, 억압 정책만으로는 성공할 수 없다는 입장이고, 다른 경향은 러치(G. A. Lerch)와 같은 집단으로 힘의 정책으로 민주주의 세력을 말살하려 한다는 것이었다.

중도 우파에 대한 이승엽의 인식은 부정적이었다. 김규식(金奎植)과 안재홍(安在鴻)은 이름만 지도자일 뿐이었다. 러치는 그들을 이용해 김규식 그룹을 좌파 그룹과 가까이하도록 꾀하고 있으며, 그렇게 함으로써 한국민주당을 타격으로부터 보호하려 꾀하고 있다는 것이었다. 총파업 기간에 김규식과 안재홍이 마치 "미치광이들처럼 라디오에 출연"한 것도 그들이 미군정에 이용당하고 있었음을 보여주는 증거라고 했다.

이승엽이 우려하는 것은 중도 좌익에 대한 미군정의 매수 공작이었다. 러치의 고문관 윌리엄스(J. J. Willams)는 김원봉(金元鳳)이 수감되어 있는 감옥을 찾아와, 남조선노동당과 민주주의민족전선과의 관계를 단절하라고 요구했다고 한다.[32] 하지(J. R. Hodge)는 매수와 압박의 양면 전

에게 위임했다. 샵쉰은 서울 주재 소련 총영사였다(전현수 편, 《쉬띄꼬프일기》(1946~1948) 1947년 7월 23일조, 109~110쪽).

32 샵쉰에 따르면 이승엽은 김원봉이 석방된 뒤 무일푼으로 지내던 그를 찾아가 25만 엔을

술을 구사하면서 여운형을 맞이했고, 노동자들의 통일은 질서를 문란하게 하므로 조선노동조합전국평의회(전평)를 지도하기 위해 미국의 전문가들이 임명될 것이라고 하였다. 노동조합의 파업에 대한 미국 측의 직접 개입을 노골화하려는 것이 분명했다. 좌파를 감옥과 지하로 내몰고, 중도파를 민주주의민족전선에서 분리시키며, 통일전선을 분쇄하고, 서둘러 선거를 실시하여 반동을 강화하고 합법화하는 것이 이승엽이 판단한 미군정 정책의 핵심이었다.

이승엽은 우익 정당과 사회단체들에 대해 다음과 같은 견해를 밝혔다. "우익 분자들의 핵"인 한국민주당과 한국독립당 사이에는 불일치가 존재하며, "독립운동의 핵"인 중경 임시정부는 무기력하고 친일 분자들의 보루인 한국민주당의 지원에 힘입어 존속하고 있다고 신랄하게 비판했다. 우익 분자들은 친일 파쇼 분자들로 이루어진 경찰, 수비대와 미군정청 기관들을 장악하고 있으며, 입법의원의 친일 분자 숙청에 반대하고 있다. 그들은 테러 집단들을 조직하고 있으며, 공장과 그 밖의 산업시설들에서 민주주의 세력을 노골적으로 파괴하고 있다. 우익은 통일된 민주주의 정부가 아니라, 인민들에게 지지를 받지 못하는 '일군의 수완가들'의 권력을 희망하고 있다는 것이 그의 판단이었다.

> 10월에 있은 인민항쟁 시기와 3월의 총파업 시기에 대중투쟁을 회피하였다. 이러한 인간들은 정치투쟁의 절정기에는 모호한 입장을 취하며, 어떤 측이 승리를 위한 보다 큰 가능성을 가지는가를 판단하여 그쪽으로 옮아가는 기회주의자들이라고 인민들은 확신하였다. 이러한 인간들은 미 군정청의 반동적인 정책을 직간접적으로 지지한다. 말하자면 이 인간들은 10월 인민항쟁 이전까지는 입법기관의 출현을 도왔으나, 3월 총파업 이후에는 선거에 관한 반동적인 방침을 지지하였던 것이다. 만일 그렇게 하는 것

주었다고 한다(전현수 편, 《쉬띄꼬프일기》, 1947년 8월 21일조, 148쪽). 아마도 그를 민주주의민족전선에 묶어두려는 포섭 공작의 일환이었을 것이다.

> 이 자기네에게 이익이 된다면, 그들은 민주전선을 포기했을 것이다. 이승만이 귀국함으로써 좌익 진영의 입장이 악화될 것이라 생각하면서 그들은 김규식, 안재홍, 여운형 등에게 접근하고자 노력하였다. 선거 문제가 보다 구체적인 성격을 띠고, 미소공동위원회의 작업이 신속하게 재개될 것임을 보고서 그들은 일정한 중도적 입장을 취하였다. 그들은 만일 우익 진영과 좌익 진영이 미소공동위원회와 협상할 권리를 상실하게 된다면, 양 진영을 대신하여 등장하기를 꿈꾸고 있다.[33]

이쯤 되면 중도파를 포함하여 우익을 아우르는 민족통일전선운동은 물 건너간 것이었다. 1946년 9월 박헌영에게 내려졌던 체포령은 이젠 이승엽을 겨냥하고 있었다. 1947년 8월을 전후하여 이승엽은 이주하와 함께 장택상(張澤相) 수도경찰청장의 수배를 받는 처지였다.[34]

1947년 5월 휴회되었던 미소공동위원회가 재개되었다. 남로당 지도부는 '7·27 대회'로 알려진 '미소공동위원회 재개 경축 및 임시정부 수립 촉진 인민대회'를 열었다. 또한 8·15 기념대회의 명분을 내세워 대규모 군중 동원을 계획하고 이를 전국적으로 추진하기 위해 이승엽을 위원장으로 하는 준비위원회를 출범시켰다. 그러나 미군정의 탄압으로 대회는 열리지 못했고, 조선 임시정부 수립을 위한 미소공위도 순탄하게 진행되지 않았다.

이승엽의 태도는 더욱 강경해졌다. 그에 따르면 미국이 조선 문제를 국제연합으로 이관시킨 의도는 "남조선에서 단독정부를 수립할 수 있는 여건을 조성"하려는 것이었다. 이 목적을 위해 "미국인들은 남조선의 민주 역량을 분쇄하기로 결심"했다는 것이다. 이승엽은 미소공위의 결렬

---

33 이승엽, 〈남조선 정세보고서〉(1947. 4. 19), 러시아국방성중앙문서보관소 문서군 172, 목록 614632, 문서철 34, 49~57쪽; 러시아연방국방성중앙문서보관소, 《소련군정문서, 남조선정세보고서》(1946~1947), 국사편찬위원회, 2003, 252~258쪽.

34 전현수 편, 《쉬띄꼬프일기》(1946~1948) 1947년 8월 21일조, 148쪽.

로 남한 주민들이 실의에 빠진 이때에, "9월 26일 슈티코프 장군의 제안은 남조선 인민대중들에게 새로운 전망을 심어주고 어떠한 방향으로 투쟁을 전개해 나가야 할지 제시"한 것이라고 주장했다. 중도주의자들이 슈티코프 제안의 의미를 인정했다는 점도 강조했다. 슈티코프의 제안은 신탁통치를 반대하고 즉시 독립을 주장하는 것이며, 외국 군대의 철수에 반대한 반동 분자들에게 커다란 타격을 가함으로써 "반동 분자들의 모든 가면을 벗겨냈다"[35]는 것이다.

이승엽의 주장은 일정 부분 사실이었다. 1947년 9월 26일 미소공위 소련군 수석대표 슈티코프는 1948년 초까지 미·소 양군이 한반도에서 철퇴할 것을 제안하여 시선을 끌었다. 성명서에서 그는 "미군과 소련군이 철퇴해도 한국인 자체만으로 정부를 수립할 가능성은 충분하다"고 전제하고, 미국 대표가 1948년 초까지 한국에서 모든 외국군을 철퇴시키자는 제안에 동의한다면 소련군도 미군의 철퇴와 때를 맞추어 철병할 것이라고 말했다.[36] 같은 날 유엔총회 소련 대표 비신스키(A. Y. Vishinsky)도 유엔총회에서 "조선 문제는 유엔총회 석상에서 토의될 근거가 없고 소련·영국·미국 3국 간의 협정에 의해서만 해결되어야 하며 최선의 해결책은 미·소 양군이 철퇴한 후 자신들의 손으로 조선의 장래 문제를 해결토록 하는 것"[37]이라고 주장했다.

유엔과 미소공위 양쪽을 통한 소련 측의 양군철퇴 주장은 나라 안팎에 큰 반향을 일으켰다. 김규식은 "외군의 철병은 우리가 전부터 요구해온 것인 만큼 반대할 근거는 없지만 선결 조건 없이 소련 측이 이러한 제안을 한 것은 우롱책이라고밖에 해석할 수 없다"고 평가했다. 이처럼

35 이승엽, 〈남조선 정세에 대하여〉(1947. 10. 25), 러시아국방성중앙문서보관소 문서군 172, 목록 614632, 문서철 41, 31~36쪽; 러시아연방국방성중앙문서보관소, 앞의 책, 334쪽.

36 崔永禧, 《격동의 해방 3년》, 한림대학교 아시아문화연구소, 1996, 398쪽.

37 〈UN총회 소련대표 비신스키가 제시한 조선문제의 해결방안〉(1947.9.26), 宋南憲, 《解放三年史》 II, 까치, 1985, 503~504쪽.

중도 우익은 원칙적으로 철군에 찬성하지만 유엔 감시 아래 총선거가 실시되고 통일정부가 수립된 뒤에 이루어지는 것이 바람직하다는 반응이었다. 미국은 슈티코프의 성명이 이미 유엔에 상정된 조선 문제에 영향을 미치려는 선전술이라면서 냉소적인 반응을 보였다. 국무성 대변인은 "이러한 제의가 가진 성격을 파악하려 하기 전에 미 국무장관이 조선 정부 수립안을 유엔에 상정한 사실에 먼저 눈을 돌려야 한다"고 논평했다. 미소공위 미국 측 대표 브라운(A. Brown)은 공위 본회의에서 "한갓 허구의 선전술로 조선인과 세계 약소국을 기만하려 하지 말고 진지한 입장에서 한국의 복리를 근심하자"[38]고 제안했다.

이승엽은 한국민주당의 약진을 우려했다. 그에 따르면 "반동의 전달자이자 미 독점위원회의 중요한 지주"인 한민당이 남한의 모든 경제를 지배하고 있을 뿐만 아니라 남한 내 경찰과 사법기관, 행정기관, 군대 및 기타 기관과 회사에서 모든 주요한 지위를 독점하고 있었다. 이를 토대로 한민당이 남한 단독정부의 수립을 준비하고 있으며 우익 내 경쟁 상대인 한국독립당에도 영향을 미치고 있다는 것이 그의 판단이었다.

그는 또 한국독립당에 대해, 한국민주당이 모든 권력을 장악하고 있는 점에 불만을 품고 있고 어느 정도 다른 입장을 취하고 있지만, 기본적인 면에서는 이들과 같은 목적을 추구하고 있다고 주장했다. 한국독립당이 경제적 기반이 없고 정치적 입지 또한 취약하여, 미국의 통제에서 해방될 수 없고 자주적인 행동을 결심할 수 없기 때문이라는 것이었다. 한국독립당은 현재 단독 선거에 반대하고 있고 외국군 철수를 지지하고 있지만 결국 미 군정청의 정책을 추종하게 될 것이며, 예전에는 일본에 반대하고 지금은 외국의 간섭에 일체 반대하는 노선을 취하고 있더라도 상대적으로 후진적인 계층을 기만하여 이들을 반동적인 길로 이끌 것이라고 전망했다.[39]

38 崔永禧, 앞의 책, 398쪽.

3. 월북과 북한 정권 참여

1) 공화국 사법상, 노동당 비서

1948년 7월 박헌영은 이승엽에게 입북 지령을 내렸다. 조선민주주의인민공화국 출범 두 달여를 앞둔 때였다. 박헌영이 북에 머물고 있는 동안 남로당의 모든 사업은 이승엽이 "책임을 지고 사업하고" 있었다. 입북 지시를 받은 이승엽은 김삼룡에게 남로당의 '사업'을 인계한 뒤 오대산의 빨치산 근거지에 들렀다가 강릉과 양양을 거쳐 월북하였다.[40]

이승엽의 월북은 한국전쟁 이전의 월북으로는 남로당계 인물 가운데 가장 늦은 것이었다. 여기서 뒷날 '박헌영·이승엽 쿠데타 음모사건'과 관련하여 남로당계 간부의 월북 상황과 월북 당원의 규모 등을 살펴볼 필요가 있다. 남로당계의 월북은 박헌영에게서 비롯되었다. 박헌영의 월북은 미군정의 〈맥아더 포고령 제2호〉 위반으로 체포령이 내려지자마자 김일성이 권유하여, 9월 총파업과 10월 항쟁이 확대되는 와중에 결행되었다. 월북 일자는 정확히 밝혀지지 않았으나, 그와 함께 체포령이 내려져 월북했던 이강국(李康國)은 9월 18일 평양방송에 나와 "38선 이남에 다시 해방이 와야 한다"는 요지의 강연을 함으로써 자신의 월북을 공식화했다.[41] 이 무렵에 월북한 남로당계는 대남 연락을 도맡기 위해 평양에 설치된 중앙연락소와 황해도 해주의 연락사무소를 중심으로 활동했다.[42]

---

39 이승엽, 〈남조선 정세에 대하여〉(1947. 10. 25), 《소련군정문서, 남조선정세보고서》(1946~1947), 국사편찬위원회, 2003, 334~336쪽.

40 〈미제국주의 고용간첩 박헌영, 리승엽 도당의 조선민주주의인민공화국 정권전복 음모와 간첩사건 공판문헌〉, 《南勞黨硏究資料集》 II, 고려대학교 아세아문제연구소, 1974, 526쪽. 이하 〈공판문헌〉으로 표기함.

41 《동아일보》 1946년 9월 20일자.

42 李信澈, 〈북의 통일정책과 월·납북인의 통일운동〉(1948~1961), 성균관대 박사논문, 2005, 133쪽.

전쟁 이전 남로당계의 대규모 월북은 1948년 9월 북한 정권의 수립 전후에 이루어졌고 이승엽도 이 경우에 해당된다. 이들의 수효가 정확히 얼마나 되는지는 알려지지 않았다. 남로당 출신 인사의 증언에 따르면 1948년 조선민주주의인민공화국을 세우기 위해 북한으로 들어간 당원은 10만 명 이상이었다고 한다. 그는 또 1948년부터 1950년 말까지 남한에서 북한으로 간 남로당 당원과 가족의 숫자는 당원이 아닌 사람들을 포함해 60만 명 정도는 될 것으로 추정했다.[43]

이승엽의 월북 전후 북한은 정부 수립 준비에 한창 바빴다. 북한은 소련 군정의 주도 아래 "조선최고인민회의 절차, 정부와 최고인민회의 상임위원회 및 내각 구성, 헌법위원회, 외국군 철수와 관련하여 소련과 미국에 보낼 호소문, 국제연합 대표 파견 문제" 등 정부 수립의 절차를 빠르게 추진했다.[44] 남한에서는 이미 1948년 5월 10일 총선을 실시하고 7월 17일 헌법을 제정·공포한 뒤 8월 15일 이승만을 대통령으로 하는 대한민국 정부를 출범시킨 뒤였다.

그러나 북한 정권 내각의 인선은 정부 수립 10여 일을 앞두고도 확정이 되지 않은 상태였다. 1948년 8월 27일자 슈티코프의 일기에 따르면, 수상(김일성)·국가계획위원장〔정준택(鄭準澤)〕·민족보위상(최용건)·외무상(박헌영)·내무상〔박일우(朴一禹)〕·산업상〔김책(金策)〕·농림상〔송봉욱(宋奉郁)〕·상업상〔장시우(張時雨)〕·교육상(백남운)·사법상〔최용달(崔容達)〕·보건상〔이병남(李炳南)〕·체신상〔주황섭(朱晃燮)〕만이 거론될 뿐 부수상(2인)·체신상·재정

---

43 박갑동, 《북조선 악마의 조국》, 서울출판사, 1997, 25쪽. 박갑동은 남로당 간부 출신으로 한국전쟁 중 북한에 들어가 조선민주주의인민공화국 문화선전성 구라파부장을 지내다 1957년 탈출했다.

44 전현수 편, 《쉬띄꼬프일기》(1946~1948) 1948년 8월 27일조, 165쪽. 이 밖에도 "남조선에서의 행동 조정과 수집을 위한 특수기구를 설치하는 문제", "상공회사 등과 같이 남조선에서 합법적인 활동의 가능성을 조성하는 문제", "최고인민회의가 국제연합 총회에서의 조선 문제 심의에 참가할 자신의 대표자들을 파견할 권리를 정부에 위임하는 문제" 등의 과제가 논의되었다.

상·문화선전상·국가검열위원장·노동상·도시경영상은 아직 정해지지 않고 있었다. 최고인민회의 상임위원은 의장[김두봉(金枓奉)]만 내정되었고 부의장(2인)과 위원, 남한 국회의장 등도 비어 있었다.[45]

북한 사법상 시절의 이승엽

내각 구성의 윤곽은 3일 뒤에 드러났다. 공석의 부수상에 김책(산업상 겸임)과 홍명희(洪命熹), 박헌영(외무상 겸임), 국가검열상에 김응기(金應基), 교통상에 주영하(朱寧河), 재정상에 최창익, 문화선전상에 허정숙(許貞淑), 도시경영상에 이병제(李炳濟), 무임소상에 김원봉·이영·이극로(李克魯)가 내정되었다. 이병남은 노동상으로 자리가 바뀌었다. 이때까지도 이승엽은 내각 명단에 포함되지 않았다. 다만 남로당을 대표하여 홍남표(남로당)·이구훈(李龜勳, 남조선농민연맹)·유영준(劉英俊, 남소선여성동맹)·김병제(金炳提, 남조선천도교청우당)·장권(張權, 사회민주당)·김창준(金昌俊, 남조선 민주주의개신교연맹)·나승규(羅承奎, 민중동맹)·최경덕(崔敬德, 북조선직업동맹)·강진건(姜鎭乾, 북조선농민동맹)·박정애(朴正愛, 북조선여성동맹)·김정주(金廷柱, 북조선천도교청우당)·장순명(張順明, 북조선노동당)·이기영(李箕永, 북조선작가동맹) 등과 함께 조선최고인민회의 상임위원에 이름을 올렸을 뿐이었다.[46]

1948년 9월 2일부터 10일까지 개최된 조선최고인민회의는 38선 이북 지역에 조선민주주의인민공화국을 출범시켰다. 이승엽은 9월 9일 발표된 조선민주주의인민공화국 초대 내각의 사법상으로 임명되었다. 사법상

45 전현수 편, 《쉬띄꼬프일기》(1946~1948) 1948년 8월 27일조, 165~166쪽.

46 《쉬띄꼬프일기》(1946~1948) 1948년 8월 30일조, 168~169쪽.

은 본래 남로당의 최용달이 내정된 자리였는데, 이승엽이 1945년 9월 남한에서 출범한 조선인민공화국의 사법부장(대리)이었던 것과도 관련이 있었을 것이다. 처음에 박헌영과 남로당은 남한 공산주의운동에 필요한 자금 조달을 위해 이승엽에게 재정상을 맡길 것을 주장했지만 거절당했다고 한다.[47] 재정상은 연안계의 최창익에게 돌아갔다. 초대 내각의 명단은 다음과 같다.

표 6 조선민주주의인민공화국 초대 내각 명단[48]

직 책	이 름	출신 및 주요 경력
수상	김일성	북로당 부위원장
부수상	박헌영	남로당 부위원장
부수상	홍명희	민주독립당 대표
부수상	김 책	북로당 정치위원
국가계획위원회 위원장	정준택	북로당 상무위원
민족보위상	최용건	북조선민주당 위원장
국가검열상	김원봉	조선인민공화당 위원장
내무상	박일우	북로당 정치위원
외무상(겸)	박헌영	
산업상(겸)	김 책	
농림상	박문규	경성제대 교수
상업상	장시우	북로당 중앙위원
교통상	주영하	북로당 정치위원
재정상	최창익	연안계, 북로당 정치위원
교육상	백남운	근로인민당 부위원장, 연희전문 교수

47 김광운, 《북한정치사》 I, 선인, 2003, 674쪽. 다른 증언도 있다. 처음에 북로당은 이승엽이 박헌영을 대리하여 남한에서 활동하던 남로당을 통괄하는 최고 지도자 역할을 하는 점을 고려하여 무임소상을 제의했으나, 박헌영은 이승엽이 남로당의 현지 지도부를 책임졌던 지도자이니만큼 권위 있는 자리에 앉혀야 한다고 강력히 주장, 사법상에 임명된 것이라고 한다(중앙일보 특별취재반, 《秘錄 조선민주주의인민공화국》 하, 402쪽).

48 《조선중앙연감》, 조선중앙통신사, 1950, 12쪽.

체신상	김정주	천도교청우당 부위원장
사법상	이승엽	남로당 중앙위원
문화선전상	허정숙	연안계, 북로당 중앙위원
노동상	허성택	조선노동조합전국평의회 의장
보건상	이병남	경성제대
도시경영상	이 용	신진당 위원장
무임소상	이극로	조선건민회 위원장, 조선어학회

남·북 노동당의 합당 과정에서 당내 이승엽의 역할은 두드러졌다. 북로당과 남로당의 합당 방침이 결정된 것은 1948년 8월 2일에 열린 '남북조선노동당 중앙위원회 합동회의'에서였다. 회의는 남북 조선노동당 사업을 통일적으로 지도하기 위해 '조선로동당 중앙위원회'라는 명칭의 연합중앙지도기관을 구성하기로 결정했다. 1949년 6월 30일 북로당과 남로당의 중앙위원회는 조선로동당 중앙위원회로 통합되어 '연합중앙지도기관'은 조선로동당 중앙위원회 정치위원회로 개편되었다.[49] 동시에 남한 지역의 남로당은 '조선로동당 남반부당'으로 이름이 바뀌었다.[50] 양당의 통합으로 위원장에 김일성, 부위원장에 박헌영·허가이(許哥而)가 선출되었고, 김일성·박헌영·김책·박일우·허가이·이승엽·김삼룡·김두봉·허헌이 당 정치위원으로 선출되었다. 위 9명의 정치위원에 최창익과 김열(金烈)을 더해 11명의 조직위원도 선출되었다.[51]

눈길을 끄는 것은 이승엽이 조선로동당 제2 비서에 취임했다는 사실이다. 신설된 당 비서직은 당무 전반을 통괄하는 요직으로 제1 비서는 허가이(소련계), 제3 비서는 김삼룡(남로당)이었다. 이승엽은 조선로동당 제2 비서로서 남한의 김삼룡을 지휘하며 대남사업을 총괄했다. 앞서

49 김일성, 〈남북조선로동당을 조선로동당으로 합당할 데 대하여—남북조선로동당 중앙위원회 연합전원회의에서 한 보고〉(1949.6.30), 《김일성저작집》 제5권, 122~124쪽.

50 高峻石, 《南朝鮮勞動黨史》, 勁草書房, 1978, 219쪽.

51 서동만, 《북조선 사회주의체제 성립사》(1945~1961), 선인, 2005, 231쪽.

그는 '당증 수여 심사위원회' 위원장으로 남로당 당원 가운데 월북한 당원들에게 당증을 수여하는 임무를 맡았었다.[52]

2) 남한 유격투쟁을 지도

월북 후 이승엽의 주된 활동은 대남사업, 특히 빨치산의 유격투쟁을 지도하는 것이었다. 이것은 1949년 6월 평양에서 남북 노동당이 비밀리에 합당할 때 남로당계에 주어진 과제이기도 했다. 조선로동당의 성립과 때를 같이하여 남북협상 이후 북한에 남은 인사들을 주축으로 조국통일민주주의전선(이하 조국전선)이 결성되었는데, 이승엽은 조국전선 상무위원에 선임되었다.[53]

1949년 7월 초 조국전선은 〈조국전선 결성대회 선언서〉('평화통일선언서')를 발표했다. 골자는 조선 인민에 의한 자주통일과, 남북 제 정당·사회단체 대표자협의회를 통한 총선거를 거쳐 통일적 최고 입법기관을 수립하되 대표자협의회 참여는 평화적 통일을 원하는 민주주의 제 정당·사회단체에 국한한다는 것이었다.[54] 〈평화통일선언서〉는 남한 유격투쟁이 새로운 단계로 이행하는 계기가 되었고 남로당계 유격대들은 이른바 9월 공세를 시작했다.[55]

이승엽은 남한에서 산발적으로 진행되던 유격투쟁을 조직적이며 대규모로 펼치기 위해 1949년 7월 유격대를 통합하여 인민유격대로 개편

52 김광운, 《북한정치사》 I, 716쪽. 1949년 7월 21일 조선로동당 중앙위원회 제3차 회의에서는 남쪽 지역 노동당원들에게 당증을 수여할 것을 결정했다.

53 《조선중앙연감》, 237쪽.

54 〈조국전선 결성대회 선언서: 조선 전체 민주주의 정당·사회단체들에게, 전체 조선인민들에게〉, 《北韓關係史料集》 제6권, 國史編纂委員會, 220~221쪽.

55 9월 공세란 조국전선에서 발표한 〈평화통일선언서〉에 선거지도위원회를 먼저 구성하고 9월에 입법기관을 선거하자는 내용이 있었기 때문에 나온 말이었다(김남식, 《남로당연구》 I, 414쪽).

했다. 인민유격대는 각 지구별 3개 병단으로 편성되었는데 오대산 지구를 제1 병단, 지리산 지구를 제2 병단, 태백산 지구를 제3 병단으로 하고 이들에 대한 통일적 지휘는 박헌영의 지도 아래 이승엽이 맡았다.[56] 이 가운데 제1 병단은 이승엽의 지령으로 북한에서 조직되어 남한으로 밀파된 부대였다. 이들은 1949년 9월 6일 이승엽의 지령에 따라 강동정치학원의 학생 360여 명으로 편성되었다.[57]

1947년 9월에 설립된 강동정치학원은 남로당이 관할했다. 원장은 소련계로서 소련공산당원인 박병률(朴秉律)이었고, 정치 부원장은 박헌영 직계인 박치우(朴致祐), 군사 부원장은 북로당계의 서철(徐哲)이었다. 이 학원은 남로당계의 정치학교라는 성격을 지니고 있었다. 처음에 강동정치학원은 도당 부위원장과 부장, 군당 위원장과 부위원장급을 입교시켜 소규모로 운영하다가, 1948년 4월 남북연석회의와 8·15 선거를 전후하여 월북자들이 늘어나면서 규모가 커졌다. 강동정치학원은 평안남도 강동군 승호면 입석리의 탄광사무소와 합숙소를 개조한 건물을 사용했다. 원생들은 군사단기반인 3개월반(또는 2개월반)과 정치반인 6개월반으로 구분되었으나 '혼합반'도 있었다. 3개월반(군사반)은 교육을 마친 뒤 남쪽 지역에 유격대로 파견되었고, 6개월반(정치반)은 지하조직원으로 파견되거나 당 간부로 뽑혔다. 소련으로 유학 가는 요원도 있었다. 초기에는 당 간부 양성소의 성격이 강했으나, 1949년 이후로는 유격대 양성소의 성격이 강화되었다. 오전에는 이론 학습, 오후에는 군사 훈련을 받았는데 정치 학습은 모스크바 공산대학 출신의 이론가들이 담당했다. 이승엽은 남로당계 동지 조일명(趙一明) 등과 주 1회 정도 시사와 정세에 관한 강연을 했다.[58]

---

56 김남식, 〈1948~50년 남한내 빨치산 활동의 양상과 성격〉, 《해방전후사의 인식》 4, 한길사, 1989, 222~223쪽.

57 김남식, 위의 글, 223쪽. 이 부대는 '이호제 부대' 또는 '제1 군단'이라고도 불렀다.

58 이정박헌영전집편찬위원회, 〈대성리 강동정치학원의 게일라(3급 비밀)〉, 해제, 《이정 박

1949년 5월 미군정이 파악하고 있던 강동정치학원에 대한 정보는 다음과 같다.

> 소련 출신 박석률(박병률의 오기—인용자)이 감독하고 있는 강동정치학원은 20명의 교관과 장교로 구성되어 있다는 보고가 있다. 1947년 12월 이후 이들은 부수상이자 외상인 박헌영의 비밀 지령에 따라 '남조선 테러리스트'들을 훈련시켜 왔으며 현재도 훈련시키고 있다. 1948년 3월부터 현재까지 총 915명의 남자와 103명의 여자가 이 학원을 수료한 후 남조선 대중을 선동하거나 테러할 임무를 띠고 남조선에 파견되었다.[59]

이승엽이 직접 편성한 인민유격대 제1 병단의 남한 침투 과정은 다음과 같다. 5개 중대로 된 이 군단의 군단장은 이호제(李昊濟)이고, 박치우(정치위원), 서철(참모장) 같은 강동정치학원의 간부들이 포함되었다. 1949년 9월 7일 학원 소재지인 승호 역에서 기차 편으로 강원도 양양에 도착했는데, 위장을 위해 화물차를 이용해서 한 칸에 1개 중대씩 수용했다. 38선을 돌파할 때에는 조선인민군으로 하여금 먼저 총격을 하여 국군과 접전을 벌이게 함으로써 통과한 지점의 국군 병력을 다른 곳으로 유도한 다음 그 틈을 타서 넘어오는 방법을 썼다. 38선을 통과한 뒤 낮에는 자고 밤에는 행군하는 식으로 오대산—건봉산—태백산으로 남진했는데 정찰중대를 앞서게 하고 1개 종대로 침투했다. 오대산을 지나 건봉산 근처부터는 중대 단위의 행군으로 남하했다.[60]

남한 유격투쟁의 성공 여부는 남로당계의 정치 생명을 좌우하는 것이었다. 1949년 인민유격대의 '9월 공세'를 지휘하던 이승엽은 남한의 유

헌영 전집》 7, 역사비평사, 2004, 498~500쪽.

59 G-2 *Periodic Report*, No. 1112, 1949.5.6.; 〈대성리 강동정치학원의 게일라(3급 비밀)〉, 《이정 박헌영 전집》 7, 498~500쪽.

60 김남식, 앞의 글, 223~224쪽.

격투쟁에 전 인민이 한 마음으로 전폭적인 후원을 아끼지 않고 있다고 하면서 다음과 같이 주장했다.

> 남반부의 농민 대중이 각 전구의 유격대에 열렬한 동정과 원호를 하고 있는 것은 다음의 사실로써 우리들은 명백히 알 수 있다.……1949년 8월 인민들로부터 식량 2천여 말과 옷가지 2,600여 점, 현금 97만 원이 자진 원조되었다. 그리고 11월에 이르러서는 식량 1만 2,900여 말, 옷가지 3,500여 점, 그리고 현금 6,300여만 원을 자진 원조하였다. 이승만 도당이 각처의 산간부락을 파괴·방화하고 그곳의 농민들을 강제 축출하는 것은 기실 농민들과 유격대와의 연락을 단절하려는 발악에서 나온 것이지만 가면 갈수록 유격대를 원호하는 농민들의 열정과 애정은 높아가고 있다.[61]

인민유격대는 각 지역에서 파죽지세로 영역을 넓혀갔다. 유격대가 점령한 '해방구'에서는 토지개혁이 실시되었다. 이승엽의 주장에 따르면 1949년 10월에 45개 소의 면사무소와 많은 반동 지주의 가옥이 없어졌고, 11월에는 경북 봉화·안동·영주·성주에시 22회의 농민 폭동이 일어났다고 한다. 전남북 일대에서는 담양·영광·광양·장성·보성·남원·구례·나주·임실·고창에서 24회의 농민 투쟁이 전개되었다. 11월 중 토지개혁을 위한 폭동에 참가한 농민 수는 4만 2,900여 명에 이르렀다. 10월 29일 전남 담양군 수복면 46개 부락에서는 4,000여 농민들이 인민유격대원 70명의 원조로 인민재판에서 악덕 지주들을 처단하고 토지분배를 실시했다. 11월 6일에 봉화군 선체면에서 2,000여 명이, 같은 날 영덕군 지품면에서 700여 명이, 22일에는 함평군 해보면에서 1천여 명이 유격대와 함께 지주의 토지를 무상으로 분배했다고 한다.[62]

---

61 리승엽, 〈조국통일을 위한 남반부 인민 유격투쟁〉, 《근로자》 제1호, 1950, 22쪽.

62 리승엽, 〈원쑤들의 '동기토벌'을 완전 실패시킨 영용한 남반부 인민유격대와 그들의 당면 임무〉, 《근로자》 제6호, 24쪽. 물론 이러한 주장을 전부 사실로 보기는 어렵다.

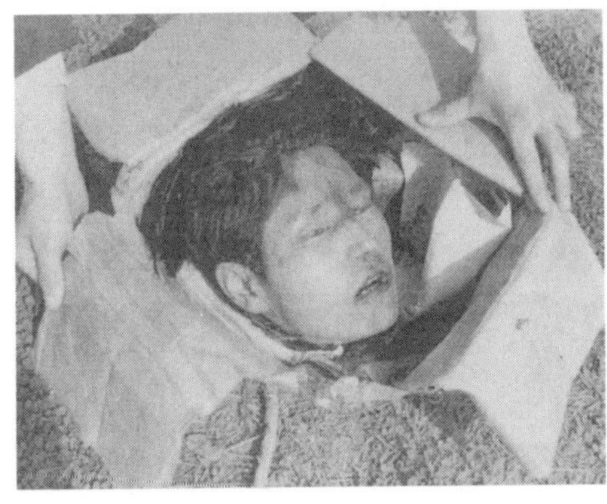

효수된 유격대 지도자 이호제
(1950. 4. 13)

그러나 1949년 12월에 들어 남한 군경의 대대적인 동계 토벌작전으로 인민유격대는 큰 타격을 입었다. 이승엽에 따르면, 군경은 먼저 남한의 유격구를 호남 토벌지구, 지리산 토벌지구, 영남 토벌지구, 태백산 토벌지구, 중부 토벌지구 등 다섯 개의 토벌구로 나누어 각 전구별로 토벌사령부를 두고 총사령부의 명령을 받게 했다. 인민유격대 활동이 활발한 지구에는 산간벽지라도 많은 병력을 주둔시키고 끊임없는 수색과 요로 매복을 강행하였을 뿐만 아니라, 유격대를 만나면 끝까지 추적하는 '장축 전술'을 썼다. 뿐만 아니라 유격대 간 상호연락을 끊고 유격지구 내 소속 대와 대 사이의 연락도 단절·고립시켰다. 또한 각 대를 몇 개 단으로 나누어 장기적인 포위 전술을 채용했다. 특히 주의할 것은 각 지구에 대한 각개격파의 전술로서, 10월부터 11월까지는 호남 지구, 12월부터 1월 중순까지는 지리산 지구, 그 이후는 영남과 태백산 지구에서 집중적 토벌을 감행했다.[63]

남한 군경의 동계 토벌작전으로 인민유격대는 치명적인 타격을 받았다. 그러나 1950년에 들어서도 부분적인 투쟁은 계속되었다. 1949년 12월 27일 조선노동당 중앙위원회는 〈전 당원에게 보내는 편지〉를 발표하여 유격대의 투쟁을 고무했고 1950년 1월 9일에는 조국전선 중앙위원회에서 〈전체 조선 인민과 전 조선 애국적 정당·사회단체와 전체 애국적

63 리승엽, 〈조국통일을 위한 남반부 인민의 유격투쟁〉, 10~11쪽.

인사 및 사회활동가에게 고하는 호소문〉을 발표했다. 이들 편지와 호소는 남한의 공산주의자 전체를 향해 제시된 투쟁 방향인 동시에 인민유격대에 대한 전투 지령이었다. 당시의 투쟁 상황을 이승엽 등은 다음과 같이 주장하고 있다.

> 1950년 3월 해빙기에 들어서자 지리산을 비롯한 경북, 전남 일대에서 유격투쟁이 다시 시작되었다. 지리산 유격부대는 1950년 1월 1일에 산청군 화개면에서 국군 70여 명을 기습, 30분 만에 소탕하고 기세를 몰아 3일에는 화개, 지곡, 산청, 오곡 4면을 휩쓸어서 군경특수부대 70여 명을 격멸하였다. 경북 부대는 1월 2일에 영주·영천 합동부대를 편성하여 경주 어림산을 중심으로 5개 방면에서 기어드는 군경 6개 중대를 격파하고 210명을 사살하였으며 21일에는 태백산 부대가 공동작전을 세우고 경북 영덕군 영해·창수·병곡·축산(이상 4면이 과거 영해군), 지품 5개 면을 일시에 진격하여 봉기한 2천여 농민들과 더불어 주둔 국군 및 경찰 등 일체 매국기관·반동분자·가옥 등을 모조리 파괴하고 군경 및 그 주구들을 소탕하였으며 양곡 7천여 가마니를 탈환하여 인민들에게 분배한 다음 뒤이어 몰려오는 군경의 응원부대를 만나는 대로 분쇄하였다.[64]

4. '해방지구'의 전권위원

1) 서울시 임시인민위원장

1950년 6월 25일 조선로동당은 '남조선 해방'의 이름 아래 무력공격을 감행하고, 이튿날 최고인민회의 상임위원회를 통해 전시체제에 대응

---

64 김남식, 앞의 글, 231~232쪽.

하는 최고 권력기관으로 군사위원회를 조직하고 전시 상태를 선포했다.[65] 6월 28일 오전 11시 30분 서울이 조선인민군에 의해 '해방'되었고 오후 5시 경에는 완전히 점령되었다.[66]

서울을 점령한 뒤 김일성은, 전쟁 발발과 동시에 점령 지역인 '해방지구'의 전권위원으로 남한에 파견된 이승엽을 서울시 임시인민위원회 위원장 겸 조선민주주의인민공화국 군사위원회 서울시 대표로 임명했다. 김일성은 이승엽을 위원장으로 임명하면서 서울을 '조선민주주의인민공화국 정부 공화국 수도'라고 불렀다.[67] 그만큼 서울의 중요성이 컸다는 의미였다. 서울시청에 서울시 인민위원회가 설치되고 조선인민군 총정치국과 전선사령부가 각각 창경원과 중앙청에 자리 잡았다.[68] 박헌영도 한동안 서울에 머물면서 이승엽의 활동을 지도·후원했다.[69]

6월 28일 밤 11시 이승엽은 서울방송에 출연하여 "조국의 완전 해방과 민주정권 확립에 대한 시민의 전폭적 협조"를 호소했다. 서울에서 간행된 조선민주주의인민공화국 내각 기관지인 《조선인민보》에는 인민복 차림에 검은 테 안경을 쓰고 열변을 토하는 그의 모습이 게재되었다.[70]

---

65 박명림, 《한국 1950 전쟁과 평화》, 나남, 2002, 80~82쪽. 조선노동당 군사위원회는 6월 26일 김일성(위원장, 내각수상)·박헌영(부수상)·김책(부수상)·홍명희(부수상)·최용건(민족보위상)·박일우(내무상)·정준택(국가계획위원장)의 7명으로 조직되었다. 7인 가운데 남로당계는 부수상인 박헌영 뿐으로 전쟁 지휘의 실권은 김일성과 북로당계가 장악했다.

66 《조선인민보》 1950년 7월 2일자.

67 《조선인민보》 7월 2일, 3일자; 《해방일보》 1950년 7월 2일자.

68 장학봉, 〈철학박사 북한 김대 총장 유성훈 선생〉(필사본), 《북한정권에 협력한 재소한인의 증언록》 (IV), 9쪽.

69 〈1953년 3월 31일 김일성과의 대담기록 발췌〉, 《이정 박헌영 전집》 7, 306쪽. 박헌영은 1950년 7월 초 서울에 내려와 중앙청 뒤 민가에 은거하면서 이승엽을 통해 해방지구에서 당 재건을 비롯한 모든 것을 지휘했다고 한다(김남식, 《남로당연구》 I, 446쪽).

70 조선인민군은 1950년 6월 27일 12시에 이미 서울로 진입하여 13시에 라디오방송국을 접수하고 라디오방송을 통해 "북한 인민군대는 서울을 함락시키고 서울 인민들을 해방시켰다"고 전 세계에 전했다(장원, 〈조선인민군 땅크-장갑차사령부 기술부사령관 박일무 대

決定과 法令에 服從하고
安寧秩序의 維持에 協助
李承燁서울市臨時人民委員長, 市民에要望

서울방송에서 연설하는 서울시 임시인민위원장 이승엽(1950. 7. 28)

이승엽은 "리승만 괴뢰정부의 소위 국방군이 지난 25일 새벽 38선 이북 지역을 불법 침입하여 …… 김일성 장군이 영도하는 강력한 조선인민군대는 반공격으로 넘어갔다"면서 전쟁의 성격을 "조국을 미제의 침략으로부터 방위하며 조국의 통일독립을 실현하기 위한 전쟁"이라고 규정했다.[71]

이승엽은 미(未) 해방지구 주민들에 대해 "영용한 빨치산과 함께 적의 후방에서 적의 작전계획을 파탄시키고 인민군대를 조직해" 최후의 승리를 얻도록 해야 한다고 주장했다. 그러면서 조국전선의 호소문에 따라 이승만(李承晩)·이범석(李範奭)·김성수(金性洙)·채병덕(蔡秉德)·신성모(申性模)·백성욱(白性郁)·윤치영(尹致暎)·조병옥(趙炳玉)·신익희(申翼熙)

좌〉(필사본), 《북한정권에 협력한 재소한인의 증언록》 II, 9쪽).

71 《해방일보》 1950년 7월 2일자, 〈서울시 림시인민위원회 리승엽위원장 방송연설〉.

등 평화통일을 파탄시키고 동족상쟁의 내란을 일으킨 전범자들을[72] 제외하고는, 이들에게 고용되었던 자라 할지라도 "잘못을 깨닫고 이승만 역도들을 반대하여 나서는 때에는 대담하게 포용"할 것이라고 역설했다.[73] 해방지구 주민들에게는 인민위원회를 복구할 것을 촉구했다.

이를 토대로 "영용한 빨치산을 본받아 원쑤들이 파괴한 도로와 교량을 시급히 복구하여 인민군대에 후방 공급을 보장하며 …… 인민군대로 하여금 매국 역도들을 철저히 소탕할 수 있는 가능성을 만들어주어야 한다"고 강조했다. 이승엽의 연설은 "조선 인민의 절세의 애국자이시며 민족적 영웅이신 김일성 장군 만세!"로 끝을 맺었다.[74]

이승엽의 연설문이 나간 뒤 원남동 인민위원회 위원장, 가정 부인, 철도노동자, 경기도 농민동맹원, 전평 서울중앙우체국 노조, 식산은행 자치위원회, 종로 4가 식량배급소 자치위원장, 담배공장 자치위원장 명의의 지원문이 다투어 발표되는 등 그의 호소에 대한 호응이 잇따랐다. 이들은 하나같이 "이승엽 위원장의 지시에 따라 활동"할 것이며, "이승엽 선생의 민주정권 확립을 위한 시민의 전폭적 협조에 대한 호소를 지지"한다고 선언했다. 조선산업건설협의회는 "6월 28일 이른 아침 인민군의 영웅적 입성"으로 "울분은 이미 과거로 돌아갔으며 …… 산업인들은 감격에 넘치는 눈물로써 인민군을 환영"한다면서 이승엽의 호소에 대한 전폭적 지지를 밝히는 내용의 결정서를 채택했다.[75] 7월 16일에는 위원

---

72 〈조국통일민주주의전선의 호소문〉(1950.1.8)에는 남북대표자협의회에 참가해서는 안 되는 '민족반역자'로 이승만·이범석·김성수·신성모·조병옥·채병덕·백승욱·윤치영·신흥우를 지목하고 있다(《조국통일민주주의전선 결성대회 문헌집》, 조선민보사, 1949, 157~158쪽, 《北韓關係史料集》6, 國史編纂委員會, 1988에 수록). 이승엽은 조국통일민주주의전선 중앙위원이었다.

73 《조선인민보》 1950년 7월 2일자.

74 위와 같음.

75 《조선인민보》 1950년 7월 3일자. 이승엽에 대한 지지와 호응이 반드시 동원에 의한 강제적 성격을 띤 것 같지는 않다. 조선인민군의 서울 점령 당시 잔류했던 김성칠(당시 서울대 교수)의 다음과 같은 언급은 이를 뒷받침해준다. "(1950년 7월 31일 대학·중학교원

장 이승엽 명의로 관내에 북조선 중앙은행권의 사용이 금지되며 기관과 개인이 갖고 있는 은행권은 조선중앙은행 서울중앙지점에 예금해야 한다는 조치가 취해졌다.[76]

1950년 8월 15일, 서울에서 해방 5주년을 맞이한 이승엽의 감회는 남달랐다. 8·15 해방 5주년 서울시 기념대회 연설에서 그는 감격적인 어조로 "우리 조선 인민들은 …… 침략자 미국 강도들을 우리 강토 내에서 결정적으로 격멸소탕하고 조선 인민의 천추의 원쑤인 이승만 역도들의 잔당을 최종적으로 격멸소탕하여 전 인민적 조국해방전쟁을 완전한 승리에로 용감하게 전개하고 있는 환경 속에서 기념하고 있다"고 말했다. 반격전에 나선 지 50일 만에 "국토 위에서는 공화국의 깃발이 벌써 거의 전 지역에서 휘날리고 있다"고 주장했다. 이제 미제 침략군과 이승만 역도 잔당들의 거점은 부산을 중심으로 십수 군밖에 남지 않았다는 것이다.

이승엽은 '청소(靑少)한 인민군대'가 파죽지세의 승리를 거두는 이유를 다음과 같이 설명했다. 첫째 인민군은 조국의 통일과 자유와 영달을 위해 침략자를 우리 강토에서 격멸하기 위한 정의의 해방전쟁을 수행하고 있다는 것을 명확하게 알고 있으며, 둘째 조국과 인민에게 무한히 충실한 인민군에 대해 전체 인민들의 심려 속에서 우러나오는 사랑으로써 백방의 지지를 주고 전체 후방을 견고히 하며, 전선의 요구에 대하여 제때에 보장하여 줌으로써 인민들과 인민군대 사이가 혈육적으로 통일되었다. 셋째 인민군은 "김일성 장군이 친히 작성하신 전략 전술적 계획에 의하여 행동하는 데 있다"고 했다. 소련과 중화인민공화국, 인민민주주

총궐기대회)에서 서울시 임시인민위원회 위원장 이승엽 씨의 장광설이 있었다. 내용은 판에 박은 것이었으나 그 말하는 품이 힘차고 믿음직하였다. 어딘지 모르게 노혁명가의 풍모가 풍기어서 인상이 좋았다"(金聖七, 《역사 앞에서—한 사학자의 6·25 일기》, 창작과 비평사, 1993, 144~145쪽).

76 《조선인민보》 1950년 7월 20일자.

의 여러 국가들과 전 세계 자유애호 인민들의 지지와 투쟁이 날로 격렬해지는 것도 인민군이 승리하는 데 크게 기여하고 있다고 주장했다.

그러므로 "원쑤들이 겨우 부산 주변의 쪼각땅을 최후의 빌바탕으로 하여 완전 구축되는 최후 순간에 허덕이고…… 전쟁이 우리 인민들의 완전 승리의 종국적 단계에 들어선 이때, 여기서 멈추어서는 안 되며 우리 인민들이 완전한 승리를 쟁취하려면 원쑤들에게 더욱 대규모적 타격과 더 심중한 괴멸적 실패를 주어야 된다"고 역설했다. 그러기 위해서는 모든 물자들을 인민군의 원조에 동원하고 후방을 견고히 하며 모든 것을 전선에 복종시켜야 했다.

> 자기들의 정권기관인 인민위원회를 강화시키는 투쟁에 열성적으로 참가하며 모든 전시규율을 자발적으로 준수하여야 하겠습니다. 그리하여 해방지구에 있어 거대한 후방적 역할을 노는 서울 시민의 단결과 결속을 더욱 공고히 하여야 하겠습니다.
>
> 패주하는 미국 약탈자들과 그 주구들은 서울에 수많은 자기들의 마수들을 남기어놓은 것은 의심할 여지조차 없는 것입니다. …… 파괴 분자, 동요 분자, 스파이 등을 제때에 적발 숙청하는 투쟁을 더욱 철저하게 더욱 무자비하게 수행하여야 하겠습니다.
>
> 서울 시민들은 인민들의 소유로 넘어온 모든 재산들을 귀중히 여길 줄 알아야 하며 이 귀중한 재산을 낭비하는 분자들과 적극 투쟁하여야 하겠습니다. …… 전체 노동자, 사무원들은 더욱 높은 애국심과 헌신성으로 자기들의 직장들을 사수하며 폭탄에 의하여 파괴된 공장, 기업소들을 신속하게 복구하고 생산을 더욱 증가하여야 하겠습니다. …… 과학자, 문화인, 예술인들은 전쟁의 승리를 위하여 참신한 창작적 노력과 재능을 해방전쟁에 바쳐야 하겠습니다.
>
> 남녀 청년학생들은 조국의 해방과 자유와 독립을 신속하게 쟁취하기 위하여 의용군의 대열로 뛰어 들어가야 되겠습니다. …… 서울의 여성들은 다

> 른 도시들의 여성들과 같이 일제히 노력전선에 용감하게 나서야 되겠습니다. 남편들과 오빠들을 대신하여 공장과 기업소로 진출하여야 되겠습니다. 화부도 되며 선반공도 기계공도 되어야 하겠습니다.
>
> 서울의 기업가 상인들은 조국의 자유와 독립을 위하여 …… 자기들의 물적 자산을 애국전쟁에 최대한 바쳐야 하겠습니다. ……[77]

북한에서 시행하고 있던 사회주의 노동법령이 '해방지구'인 서울에서도 실시됨을 계기로 이승엽은 "후방 복구와 증산에 빛나는 모범 직장들을 표창"하여 이들을 격려했다. 8월 27일 서울시 인민위원회는 위원장 이승엽이 참석한 가운데 "후방사업을 모범적으로 보장함에 있어 특출한 성과를 올린 시내 8개 소 직장"에 대해 표창장과 부상을 수여했다.

이승엽은 축사에서, "전체 조선 인민이 조국의 자유와 독립을 쟁취하고 다시 남의 나라의 식민지가 되지 않도록 우리 조국을 수호하는 것은 오직 여러분 후방에 있는 노동자들"이라고 격려했다. 조국의 자유와 독립을 쟁취하기 위한 정의의 전쟁이 반드시 승리한다는 것은 역사상 증명되고 있으므로 전쟁 도발자들은 반드시 멸망할 것이라고 주장했다. 그러나 희생 없이 독립될 수는 없으며 2천만이 죽더라도 미제국주의자들에게 조국 강토를 내줘서는 안 된다고 역설했다. 그는 위대한 영광과 위대한 승리는 저절로 얻어지지 않으며 희생과 용감성으로 쟁취되는 것이므로 어떠한 곤란이 닥쳐도 인민의 모범이 되어 조국과 인민을 위하여 더욱 분투해 줄 것을 당부했다.[78]

파괴된 시설의 복구와 인민군 지원을 위해 우방의 '성금'을 통한 후원 사례도 있었다. 1950년 9월 초 루마니아 직업총동맹 대표단은 평양을 거쳐 서울시를 방문하여 "미제 강도들의 만행과 폭격으로 인해 피해를 당

---

77 《조선인민보》 1950년 8월 15일자.

78 《조선인민보》 1950년 8월 28일자.

오늘·서울解放一個月

썩어진舊殼을벗고 共和國首都로

우렁차게建設發展

조선인민군 점령 당시 서울의 모습(1950. 7. 28)

한 과부·고아·노인 등의 조선 인민들을 위해" 써달라며 원조금을 전달했다. 9월 7일 환송회에서 이승엽은 서울시를 대표하여 "루마니아 근로자들이 조선 인민들의 가열한 투쟁을 진심으로 성원하여 자기들의 대표를 보내준 데 대하여 형제적인 뜨거운 감사"를 드린다면서 조선 인민들은 루마니아 인민들과 함께 더욱 단결할 것이라고 다짐했다. 이보다 앞서 중화인민공화국 대표단도 서울시를 방문하고 후원금을 전달했다.[79]

이른바 반동 분자의 색출과 처벌도 추진되었다. 1950년 9월 6일 서울시 임시인민위원회는 제2차 회의를 열어 〈조선민주주의인민공화국 재판소 선거에 관한 규정〉에 따라 서울시 재판소와 서울시 중구역 인민재판소, 서대문구역 인민재판소 직원들을 선거하고 9월 7일 임시인민위원회 위원장 이승엽과 인민위원회 서기장 김동선 공동 명의로 이를 공시했다. 서울

79 《조선인민보》 1950년 9월 8일자.

시 재판소 소장에는 김영이 선출되었고 김계복 등 12명이 판사에, 유축운 등 60명이 참심원으로 선출되었는데 12명의 여성도 포함되었다. 서울시 중구역 인민재판소에는 허환 등 4명의 판사와 15명의 여성을 포함하여 80명의 참심원이 선출되었다. 서대문구역 인민재판소에는 한영은 등 4명의 판사와 12명의 여성이 포함된 80명의 참심원이 선출되었다.[80]

이승엽이 의도한 대로 서울은 빠르게 정상화되어 가는 듯했다. '해방'과 동시에 종로구를 비롯하여 중구·동대문·서대문·마포·성북·성동·용산·영등포의 아홉 구역에 임시인민위원회가 복구되었고, 7월 1일까지 각 구역 임시인민위원회 밑에 각 동대표자회의가 소집되었다. 7월 5일 무렵에는 각 구역 인민위원회에 정무원(공무원)들이 임명됨과 아울러 동 직원들도 배치되었다. 또한 8월 10일까지 동별로 인민반 개편 작업이 완료되었고, 동장·수석서기를 비롯한 동 정무원이 임명됨으로써 서울시 전역의 인민위원회를 재건했다. '6·28 해방' 이후 전체 서울 시민들이 자기들의 정권기관 주위에 굳게 단결하여 열성적으로 투쟁해 온 여러 성과들을 보면 다음과 같다.[81]

표 7 점령기(1950.6.28~9.9) 서울시 임시인민위원회의 주요활동

주요 사업	활동 및 성과
조 선 인민군 원 호	위문편지 중구 5,300통, 동대문구 4,064통. 위문금 종로구 32만 705원. 위문품 종로구 14만 3,069점, 성동구 1만 6,865점. 귀금속 헌납 중구 6,500점, 성북구 2,799점. 휴게소 설치(성북구), 위안회 37회(중구). 농악대 위문(성동구). 병원 위문(○○국민학교 가창대). 연예단 6회 위문공연(종로구). 가창대 50여 회 위문(동대문구). 재봉과 세탁(여맹 및 인민반).

80 《조선인민보》 1950년 9월 12일자.

81 《조선인민보》 1950년 9월 10일자. 다음 표의 내용은 조선인민군의 서울점령기 《조선인민보》에 게재된 내용을 요약한 것으로 객관적으로 검증된 것이라고 보기는 어렵다.

노력동원	7~8월 22만 8,400여 명이 생산시설과 도로와 교량 복구에 참여(영등포구 제외). 분뇨 1,616석, 오물 2,039톤 제거(성북구). 오물 172톤 제거(인민반). 멜빵을 고안, 작업 능률 향상(중구 쌍림동). 다수 시민과 정무원들이 노력반을 조직해 '자발적'으로 노력동원.
의용군 출 진	7월 6일 현재 48만 명이 전선 출동을 탄원했다고 '주장'.[82] 7월 9일에는 청년들이 "조수(潮水)처럼 쇄도하고 있다"고 보도.[83]
문화선전	360여 개 '민주선전실' 설치 하루 1만여 명이 이용. 사진전시회, 신문출판물 배포, 구별로 수천 회의 군중대회와 강연회, 좌담회, 독보회 등을 개최. 11만 1,743호를 호별 방문하여 당 및 인민위원회 시책에 대한 해설사업.
토지개혁	점령당국의 정치·경제적 기반을 강화하는 핵심. 1950년 7월 초 '토지조사위원회'를 설치.[84] 논과 밭, 과수원 23만 7,912평 몰수, 빈농과 고용농 등에 분여(성북구)
보건위생	구역방역위원회, 방역위원회, 구역소독소, 위생방위대 설치. 검병 호구조사 실시(성북구). 예방주사, 위생검열, 소독사업. 위생 관념을 높이는 선전사업 수행.
생산증강	생산 공장 실태조사, 자재와 자금 알선. 군기헌납운동. 구 단위로 국영상점을 개설, 인민군에 식료품 공급, 시민들에게도 생활필수품을 염가로 공급.[85]

1950년 9월 9일은 조선민주주의인민공화국 건국 2주년이 되는 날이었다. 서울시 임시인민위원회는 위원장 이승엽을 비롯해 각 부 부장과 전체 정무원들이 참석한 가운데 정부 수립 2주년 서울시 임시인민위원회 경축대회를 열었다.

그러나 이날 "리승만 괴뢰도당으로 하여금 동족상잔의 내란을 도발시

82 《조선인민보》 1950년 7월 9일자.

83 《조선인민보》 1950년 7월 12일자. 한국전쟁기 의용군 참전의 '강제'와 '자발'에 대해서는 박명림, 앞의 책, 206~221쪽 참조.

84 그러나 이 토지조사위원회는 1953년 8월 이른바 간첩사건 공판에서 이승엽 등이 해방지구에서 정치적 반대파를 무자비하게 숙청하기 위해 조직한 것으로 비판받았다(〈공판문

키고 자기의 륙해공군을 출동시켜 야수적 침략을 감행하고 있는 미국 강도들에 대하여 참을 수 없는 분노가 폭발"되었다는 것으로 보아 결코 '경축'의 분위기는 아니었다. 때문에 정부 수립 경축대회는 "조선 인민의 경애하는 수령이시며 승리의 조직자이시며 공화국 내각수상인 김일성 장군의 방송연설을 고조된 정치적 분위기와 끓어 넘치는 감격 속에서 경청"한 뒤, "영명한 민족의 지도자 김일성 장군의 올바른 영도 하에 조국해방전쟁의 종국적 승리를 향하여 견결히 싸움으로써 영광스러운 인민공화국을 수호할 것을 한 사람같이 결의"한 가운데 끝났다. 서울시 임시인민위원회를 대표하여 직장위원장 유상선이 무거운 분위기에서 서울시 전체 정무원과 종업원들의 결의문을 낭독했다.[86]

8월 중순에 접어들면서 전세는 역전되기 시작했다. 인민군의 진격은 국군과 유엔군에 막혀 낙동강에서 막혔고 유엔군은 인천상륙작전에 앞서 인민군의 점령 지역을 날마다 폭격했다. 1950년 9월 10일 미군의 인천 상륙이 시작되자, 서울시와 경인 지구의 노동당 조직들은 모든 당 조직의 당위원장을 대장으로 하는 '무장특수자위대'로 편성되었다. 이승엽의 지시에 따라 이들은 진격하는 미군과 국군에 저항하며 방어전을 펼치다 강원도 지역으로 후퇴했다.[87]

이승엽은 유엔군의 인천 상륙으로 후퇴한 지 5개월이 되지 않아 서울에 임시인민위원회 위원장으로 다시 돌아왔다. 1951년 1월 5일이었다. 그는 파괴된 조직과 시설을 복구하는 일에 힘을 쏟았다. 그러나 2차 서울 점령기에 이승엽이 관심을 기울인 사업은 '조국해방전쟁' 중 희생된 인민군 장병과 빨치산을 비롯하여 8·15 해방 후 조국의 통일독립을 위

헌〉, 《南勞黨硏究資料集》 II, 530쪽).

85 《조선인민보》 1950년 9월 10일자.

86 《조선인민보》 1950년 9월 12일자.

87 김광운, 〈한국전쟁기 북한의 게릴라전 조직과 활동〉, 《軍史》 제48호, 국방부 군사편찬연구소, 2003, 108쪽.

해 싸우다 희생된 애국자들의 유자녀들을 보호·양육하는 일이었다. 이를 위해 4월 1일 개교를 목표로 교육기관을 설립하고자 했다. 3세 이상 6세까지는 보육원, 7세 이상 12세까지는 초등학원, 13세 이상 18세까지의 남자는 군사학원, 여자는 기술학원에서 양육과 교육을 한다는 것이었다. 1951년 2월 20일 서울시 임시인민위원회는 이승엽을 위원장, 한지성·한창근을 부위원장, 오규호·주광무·현채옥·고광옥·김두찬·정희찬·김정태·박홍종·윤한조·박암·정철우·한상학 등을 위원으로 하는 '혁명자 유자녀학원 설치 서울시 준비위원회'를 결성하여 활동에 착수했다.[88]

이것은 전쟁의 장기화에 따른 필요 불가결한 선택이었다. "전선에서 온갖 헌신성과 영웅성을 발휘하고 있는 인민군대와 빨치산들로 하여금 마음 놓고 싸울 수 있게 하는"것이 목적이었던 것이다. 이와 관련하여 조선노동당은 1951년 1월 23일, 전쟁 중 빨치산의 유격전이 효과적인 제2 전선 구실을 하자 이에 고무되어 유자녀학원 설치를 결정하면서 빨치산 관련자들도 포함시켰다.[89]

주목할 만한 것은 1951년 1월 말 이승엽이 서울시 임시인민위원회 부위원장 한지성을 통해 최익환(崔益煥)과 종전을 위한 협상을 진행했다는 점이다.[90] 최익환은 서울이 두 번째로 인민군에 점령되었을 때에도 피난을 가지 않고 남아 있었다. 그는 이승엽을 두어 차례 만나 종전을 역설했고 이승엽은 표면적으로는 미국의 침략을 맹렬하게 비난하면서도 원칙적으로는 종전에 찬성하여 수상(김일성)에게 진언해 보겠다고 한 것으로 알려져 있다.[91] 이후 박진목(朴進穆)은 인민군 후퇴 뒤인

---

88 《조선인민보》 1951년 2월 23일자.

89 〈각 도에서 조국해방전쟁에서 희생된 인민군 장병 및 빨찌산들과 애국렬사들의 유자녀학원 설치에 대하여(조선로동당 중앙조직위원회 제48차 회의 결정서, 1951.1.23)〉, 《조선로동당 중앙조직위원회 결정집》(1949.7~1951.12); 김광운, 앞의 글, 116쪽.

90 최익환은 1890년 충남 홍성 출신으로 3·1 운동 당시 대동단 사건으로 옥고를 치렀고 해방 후 한국독립당 중앙상무위원, 신한민족당 대표, 민주의원 의원을 지낸 중도우익의 거두였다. 최기창·신복룡 엮음, 《애국지사 최익환》, 선인, 2003 참조.

1951년 7월에, 최익환은 11월에 미국 정보기관의 알선으로 북한에 들어가 이승엽 등과 정전 문제를 논의하고 남한으로 돌아왔다.[92]

그러나 두 번째 서울 점령 시기에 이승엽이 처한 조건은 처음과 달랐다. 전선은 교착상태에 빠져 있었고 그의 운신 폭은 대단히 제한되었다. 이대로 전쟁이 끝나면 자신과 남로당의 정치적 운명은 치명상을 입게 될 것이었다. 이것이 그가 종전 협상의 전도사로 나설 수 없는 이유였다.

2) 인민유격대 총사령관

정규군의 대규모 남침에 앞서 이승엽은 박헌영과 함께 월북한 뒤 북한의 각 지역에 살고 있는 남로당계를 불러들여, '정치 공작' 임무에 따라 1950년 6월 초순경 남한의 각 도에 파견했다. 이들은 한 개 도(道)에 5~10명 정도였는데 당시 육로는 경계가 삼엄했으므로 해상을 이용하여 침투시켰다. 사전에 침투시킨 목적은 파괴된 당 조직을 수습하여 인민군이 남침하면 이에 군중을 호응·궐기시키며 또한 점령 지역에서 당을 복구하기 위한 것이었다.

이승엽은 6월 10일 이중업(李重業)을 서울 지도부 책임자 격으로 안영달(安永達)과 함께 비밀리에 파견했다. 안영달에게는 무전기 한 대와 암호문을 휴대시켰다.[93] 충남에는 6월 초 이주상(李胄相)·여운철(呂運徹)·곽해봉·박천평·고판수 등 5, 6명이 서해안으로 상륙하여 대전 지구로 잠

---

91 박진목, 《논픽션 내 祖國 내 山河》, 昌震社, 1976, 214~234쪽.

92 최익환, 〈이중간첩도주유기〉 상·하, 《反共》, 1958년 1·2월호; 박진목, 위의 책; 이태호 저·신경완 증언, 《압록강변의 겨울—납북 요인들의 삶과 통일의 한》, 다섯수레, 1991, 131~132쪽; 중앙일보사 현대사연구소 편, 《미군 CIC 정보보고서》 I, 1996, 821~834쪽. 북한은 박진목과 최익환의 활동을 박헌영계 인물들이 미국 공작원들과 접촉해서 간첩활동을 벌였다는 증거로 주장하고 있다(오연호, 〈박헌영은 미국의 간첩이었나〉, 《우리 현대사의 숨은 그림 찾기》, 월간 말, 1994).

93 〈공판문헌〉, 《南勞黨硏究資料集》 II, 261쪽.

복했다. 이주상은 조선로동당 충남도당 위원장, 여운철은 도 인민위원회 위원장으로 파견되었다. 전남에는 6월 초 김백동(金百東)이 도 인민위원회 위원장으로서 이담래 등 여러 명과 함께 전남 해안으로 상륙해 침투했다. 이들은 광주에 잠복하면서 "이북에서 인민군이 곧 내려온다"는 내용의 전단을 살포했다. 이 밖에 전남에는 조형표와 김태규 등이 정치공작 임무를 띠고 7월 초순 평남 진남포항에서 선박 편으로 출항했으나, 풍랑 때문에 중국 해안에 표류했다가 7월 중순 전남 영광의 해안으로 상륙했다. 남로당 전초 지휘부였던 해주 제1 인쇄소의 책임을 맡고 있던 박승원(朴勝源)은 1949년 7월 중앙당(조선로동당)에 소환되어 연락과장으로 있다가 1950년 3월부터 유격대 공작에 참가하여 5월에 다시 입북한 다음, 6월 초 전북도당 조직 책임을 지고 충남 서해안을 통해 상륙함으로써 전주에 침투하는 데 성공했다.[94]

이승엽은 이렇듯 1950년 6월 초 남로당계 정치공작원들을 도별로 침투시켜 조선인민군의 남침 때 호응하게 하는 한편, 6월 25일 남로당계 유격대를 모두 규합하여 동해안을 통해 남한에 상륙시켰다. 김달삼과 남도부(南到釜)가[95] 지휘하던 인민유격대 제3 병단은 1950년 3월 20일경 월북하여 4월 3일경 양양에 도착했다. 이때 유격대원 가운데 수십 명은 양양유격대 훈련소에 대기시켰고 김달삼(金達三)과 남도부는 평양에 가서 이승엽을 만났으며 10여 일 동안 박헌영·서덕원(徐德元, 조선노동당 조직부장)·이중업·한일무(韓一武, 해군사령관)·김일(金一, 문화부사령관)·조일명(대남유격사업지도부) 등과 남한의 유격투쟁에 대한 토의를 진행했다. 이승엽과 박헌영은 남도부를 조선노동당 중앙당에 소환하여 14

94 김남식, 《남로당연구》 I, 440~441쪽.

95 남도부의 본명은 하준수(河準洙)이다. 그는 진주중학을 거쳐 일본 중앙대학 법학부 3년 중퇴한 뒤 일제 말기 학병을 피해 지리산에 입산했다. 해방 후 경남 함양 건국준비위원회 위원과 조선공산당 간부로 있었다. 1948년 8월 해주 인민대표자대회에 참가하여 대의원으로는 선출되지 못하고 강동정치학원에 입교했다. 이 학원의 군사교관으로 있다가 인민유격대 제3 병단 부사령관으로 남한에 침투했다(김남식, 위의 책, 413쪽).

호실에서 '남한유격총책'의 임무를 부여했다. 그리고 6월 초순 김달삼과 안노주, 송재헌, 조용구 등을 경북 청도 운문산 지구에 침투시켜 유격대를 조직해 인민군 남하 때 호응하도록 했다.[96]

1950년 6월 28일 서울을 점령한 인민군은 8월 15일을 '제2 해방의 날'로 정하고 파죽지세로 남진을 거듭, 낙동강 경계선까지 전선을 넓혔다. 그러나 전열을 가다듬은 국군의 저항과 유엔군의 참전으로 전세는 인민군에게 이내 불리하게 돌아갔다. 더 이상 지탱할 수 없게 되자 조선노동당은 점령 지역에서 병력을 후퇴시키지 않을 수 없었다. 조선인민군 전선사령부에 후퇴를 명하는 한편, 9월 중순 경에는 지방당에도 후퇴 명령이 내려졌다.

그러나 수도 서울의 사수에 집착하던 조선노동당은 서울시당에 결사방어를 명령했다. 유엔군이 인천에 상륙하기 전인 8월 초부터 이승엽을 중심으로 시당에 특수부를 만들고 구역당별로 특수자위대를 조직했다. 특수자위대는 중대 단위로 서울시당 특수부에서 군사 훈련을 실시했는데 자위대 총지휘는 이승엽의 지도 아래 시당위원장 김응빈(金應彬)이

---

96 남한유격총책이 된 남도부는 1950년 6월 20일께 인민정찰국장과 함께 양양으로 갔다. 거기서 그는 회령 제3 군관학교생 120명, 38연선 유격대원 300명, 1949년 9월 강동정치학원 출신으로 편성되어 태백산 지구에서 침투했다가 월북한 제1 병단(사령관 이호제) 잔여 대원 100여 명, 1950년 3월 김달삼 부대(제3 병단)를 구출하려고 남하했던 김무현 유격대원 200명, 최고인민회의 남한 출신 대의원 20명 등 모두 750명으로 남한유격대를 편성했다. 이 유격대는 이승엽의 장인인 안기성(정치위원), 강정수(참모장), 여병근(작전참모), 백설악(대열참모), 김상술(군의장), 김진구(정찰참모) 등의 지휘부로 이루어졌다. 그리고 5개 대대와 1개 기포(機砲)대대로 편성하고 박격포와 중기(重機), 경기(輕機), 다발총, 기관단총, M1, 99식 등의 장비를 보유했다. 남도부 부대의 임무는 인민군보다 먼저 부산에 입성하는 것이었다.

남도부의 한자표기는 '南到釜'이다. 상륙 후 한길로 부산을 향해 진격한다는 뜻이다. 부대원들은 "목적지 부산을 함락시키고 나서 8월 15일 서울에 입성하여 열병식에 참가할 예정"이었다(정원석, 《배내골-어느 소년 빨치산의 회상》, 2001, 미발표원고; 임경석, 〈산에서 쓴 편지-남도부 부대 정치위원 안병렬이 남긴 생애 마지막 기록〉, 《역사비평》, 2006년 가을호, 317쪽에서 재인용).

맡았다. 서울에 있던 인민군은 9월 23일을 전후하여 후퇴를 끝내고 북한에서 파견된 공작원과 구역당 간부들도 27일 아침 각 구역당별로 후퇴했다. 그러나 특수자위대만은 이승엽의 사수 명령에 따라 끝까지 저항했다.[97]

후퇴한 이승엽은 강원도 평강군 후평리 가래주에 은신한 채 남한 유격대의 재편성을 시작했다. 11월 중순경 그는 독자적인 판단으로 충남북과 전남북, 경남북 등 6개 도당에 대한 지도의 권한을 여운철에게 위임하는 한편, 이현상에게는 남한 유격대의 통일적인 지도 권한을 부여했다.[98] 이승엽이 후평리에서 편성한 조선인민유격대(부대장: 이현상, 정치위원: 여운철)는 태백산맥을 타고 12월 말경 충북 단양 지구에 집결하여 경북 문경 경찰서 기습 같은 유격전을 전개하면서 제천 지구로 이동했다. 속리산을 거쳐 덕유산에 이르러 남한 6개 도당 대표자회의를 소집했다.[99] 회의는 유격대와 지하당 조직에 대한 통일적인 지휘체계를 세우기로 결의했다. 이에 따라 각 유격대를 통합하여 남부군단으로 개편하고 이현상이 군단의 총사령관, 이영희가 부사령관에 선임되었다. 남부군단에는 충남도당 유격대와 충북도당 유격대 및 전북도당 유격대, 경남도당 유격대만 포함시켰고, 경북도당 유격대와 전남도당 유격대는 제외되었다. 당 조직체계는 6개 도당을 통일적으로 지도하는 남부지도부를 구성하고 여운철이 총책임자가 되어 지리산에 근거지를 두고 활동하기 시작했다.[100]

1951년 4월, 전선이 38도선 일대에서 고착되면서 38도선 이남 지역의

---

97 김남식, 《남로당연구》 I, 455쪽.

98 김남식, 위의 책, 457쪽. 1949년 하반기부터 지리산 일대에서 인민유격대 제2 병단을 편성해 유격전을 전개했던 이현상 부대는 인민군이 영호남 지역으로 진격하자 하산하여 출신 지방의 당·정 간부로 활동했다. 일부는 이현상의 지휘 아래 인민군에 합류해 협동작전을 펼쳤다. 인민군이 패주하자 이현상 부대는 다시 지리산으로 입산했다가 북으로 후퇴의 길을 택했고 후퇴 중 강원도 평강군 후평리에서 이승엽과 마주친 것이다.

99 육군본부 정보국, 《共匪沿革》, 1956, 7쪽.

100 위와 같음.

유격대들은 배후 타격을 통해 전선을 교란한다는 목표에 따라, 당 조직 활동을 중지하고 군사 활동에만 치중하는 '유격대 군사유일제'로 개편되었다. 그 결과 도당 위원장들을 지대장 또는 정치부 지대장으로 하여 남한 유격대를 6개 지대로 편성했다. 소백산 지구에서 활동하는 서울시와 경기도 출신 당원과 간부들로 구성된 유격대는 인민유격대 제1 지대로 개편하여 강원도 남북 지대와 경북 북부 지역을 활동 범위로 했다. 제2 지대는 충남북도당 유격대와 강원도 원주시 지방유격대로 편성하고 속리산, 영동, 계룡산을 거점으로 충남북 지역과 강원도 일부 지역까지를 활동 범위로 삼았다. 제3 지대는 경북도당 유격대로 편성하여 일월산, 태백산을 거점으로 경북 남부 지역과 경남 북부 지역을 활동 범위로 삼았다. 제4 지대는 전라남북도당 유격대로 편성하여 지리산과 덕유산, 백운산, 운장산을 거점으로 전남북 지역과 경남 서북부 지역을 활동범위로 삼았다. 제5 지대는 경남도당 유격대와 청도 동부 지구 유격대로 편성하여 운문산, 속리산, 관용산을 거점으로 경남의 중남부 지역을 활동 범위로 삼았다. 제6 지대는 충청남북도당 산하 유격대 일부와 강원도당 유격대 일부로 편성하여 대둔산 등지를 거점으로 충남북과 강원도 지역을 활동 무대로 정했다.[101]

이승엽의 유격대에 대한 지도력은 건재했다. 여운철과 이현상에게 남한 유격투쟁의 지도권을 위임한 뒤, 유격대에 대한 재편성은 평양의 조선로동당 중앙의 직접적인 개입에 따라 주도되는 것처럼 보였다. 그러나 그것은 표면적인 관찰일 뿐이며 여전히 이승엽이 남한 유격대의 투

101 육군본부 정보국, 앞의 책, 14쪽. 조선노동당은 인민유격대 제1 지대장 김응빈(서울시당 위원장), 제2 지대장 윤상철(충북도당 위원장), 제3 지대장 박종근(경북도당 위원장), 제4 지대장 이현상(남부군사령관, 전북도 인민위원장), 제5 지대장 김원필(경남도 인민위원장), 제6 지대장 남충렬(충남도당위원장)을 각각 임명했다. 그러나 사령부의 지령과 달리 충남도당은 6지대로, 경남도당은 8지대로, 전북도당은 7지대로, 경북도당은 3지대로, 이현상 남부군단은 4지대로 되었다(조선인민군 최고사령부 명령 No.74(1951.1.25), 《빨치산자료집》 제1권, 31쪽).

쟁과 전략을 총괄했음은 두 통의 편지를 통해서도 확인할 수 있다.

첫 번째는 1951년 6월 7일 '조선인민유격대 경북병단 사령관 강철삼'이 3일 뒤인 6월 10일 태백산 전구에서 이승엽에게 보낸 편지이다. 편지의 수취인은 '조선노동당 중앙당본부 리승엽 동지'였고 '친전'이라고 표기하여 이승엽이 직접 읽어줄 것을 간곡히 당부하고 있다.[102]

'리승엽 선생 앞'이라 이름 붙은 편지는 먼저 "선생이시여! 존체의 근강을 전체 경북 유격대원들은 진심으로 축원"한다는 인사로 시작하여 "당은 투쟁의 불길 속에서 우리들을 길러주셨고 단련시켜 주셨습니다. 우리 당의 '옳은 노선'에 의하여 교육된 젊은 용사들은 틀림없이 …… 항상 우리들로 하여금 살 수 있으며 죽을 수 있는 생애의 길을 가르쳐주셨다"면서 극진한 표현으로 감사의 뜻을 밝히고 있다. 아마도 강동정치학원의 가르침을 떠올리는 표현일 것이다.

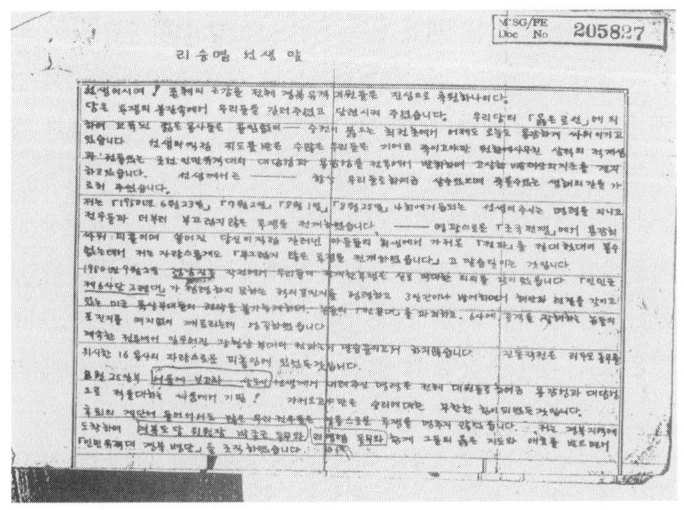

CSG/FE Doc No 205827

리승엽 선생 앞

이승엽에게 보내는 강철삼의 편지(1951. 6. 7)

102 〈이승엽 선생앞〉(조선인민유격대 경북병단사령관 강철삼, 1951. 6. 7), 《빨치산자료집》 제1권 문건편 (1), 471~475쪽.

편지는 이승엽의 지도와 명령에 따라 남한에 파견되어 활동한 인민유격대 경북병단의 연혁과 활동에 대한 보고로 이어진다. 강철삼은 "1950년 6월 23일, 7월 2일, 8월 1일 4회에 거듭되는 선생이 주시는 명령을 지니고 전우들과 더불어 부끄럽지 않은 투쟁을 전개"하였으며 "영광스러운 '조국전쟁'에서 용감히 싸워 피 흘리며 쓰러진 당신이 직접 길러낸 아들들의 희생에서 부끄럽지 않은 투쟁을 전개했다"고 강조했다. 특히 1950년 9월 2일 경남진 작전에서 "인민군 제6 사단 2연대도 점령하지 못한 적의 포진지를 점령하고 3일간이나 방어하면서 해안과 연결을 갖고 있는 미군 상륙 부대들의 연락을 불가능케 하며 놈들의 '전문대'를 파괴하고, 6사에 공격을 자행하는 놈들의 포진지를 여지없이 깨트리는데 성공하였다"는 대목에서는 승리자의 긍지와 자부심이 배어난다. 그러면서도 "8월 25일부 서울에 보고 차 상도시 선생께서 내려주신 명령"이야말로 이러한 승리의 '무한한 힘'이 되었다고 강조하는 대목에서는 이승엽에 대한 신뢰와 존경이 배어난다.

강철삼이 이승엽에게 편지를 보낸 이유는 1951년 4월 인민유격대 경북병단이 해체되고 인민유격대 제3 지대로 재편되면서, 이전 '경북병단' 소속 유격대원에 대한 포상을 요청하기 위해서였다. 강철삼은 경북병단이 1950년 10월 30일부터 1951년 3월 2일까지 32회에 걸친 전투에서 "선열의 백골이 사무쳐 있는 곳 웅대한 불굴의 사상과 철옹성 같은 투지와 정렬을 상징케 하는 태백산의·넓은 전구에서 혁혁하고도 승리롭게 전개"하였다고 주장했다. 자신들은 이호제·김달삼·홍승창·오필승과 같은 영웅들의 투쟁적 전통을 바르게 계승한 유일한 '병단'으로서, 적 살상 수 704명, 부상자 수 195명, 포로 수 55명, 노획품 포 4문, 경기 3정, 보총 40여 정의 전과를 올렸다고 주장하면서 이러한 전과가 동지들의 피 흘린 대가로 이루어진 것이라고 했다.

선생이 길러주신 당신의 아들딸들은 틀임없이 용감하였스며 선생이 주신 지도적 위신을 죽엄으로서 지켰읍니다. 다시 전구를 향하여 출발하면서 어찌될지 몱는 반듯이 각오하여야 하는—이렇한 비상한 각오에서 당신의 아들은 이 글월을 삼가 얼리는 바입니다. 만일에 제가 있을 수 있는 죽엄을 당하였다면 제가 기록하여 온 〈태백산 투쟁 행정 종합 보고서〉 및 〈1950년 11월 투쟁 종합 보고서〉 기타 〈태백산 일지(기홍산 일지)〉 등 상세이 기록된 〈경북병단 투쟁사〉를 참고하셔서 '병단'의 여러 용사들의 군공을 높이 하여 주십시오.[103]

두 번째는 1951년 10월 25일 안병렬이 '리승엽 선생님 앞'으로 보낸 것이다.[104] 안병렬은 '동해남부 전구 빨치산부대 정치위원'의 직함을 가지고 있었다. 충남 당진 출신으로 일본 북해도제국대학을 나온 그는 1948년경 월북하여 이듬해 강동정치학원 강사로도 활동했다.[105] 동해남부 전구는 '경북 남부 지구 및 경남 동부 지구를 통합한 전구'였는데, 행정구역상 경남의 낙동강 이동 지역과 경북의 대구 이남 지역을 관장했다. 경남 울산, 언양, 양산, 동래, 밀양과 경북 경주, 청도 일대였다.[106]

안병렬은 "조국해방전쟁의 승리의 행정 속에서 존귀하신 선생님의 기체 만안하심을 멀리서 축복하옵나이다"라는 정중한 인사로 편지를 시작

103 그러면서 강철삼은 "일시적 련결이 끄너진 박종근 동지와의 선이 맺어질 수 있는 기회를 갖인다면 선생에게까지 사소한 무었을 인계할 필요를 갖이지 않습니다. 만일을 염려하는 저는 오—즉 저들을 길러주신 아버지에게 밝에 찾을 길이 없었든 것입니다. ……철상은 자긔 몸을 아끼지 않코 박종근 동무의 옳은 지도 하에—선으로 또—선으로 나갈 것입니다"고 하여 자신의 직속 상관인 경북도당위원장 박종근의 행방을 찾고 있다. 박종근은 1952년 2월 17일 이전 사망했다(《빨치산자료집》 제1권 문건편(1), 486쪽).

104 〈이승엽에게 보내는 편지〉(안병렬, 1951. 10. 25), 《빨치산자료집》 제1권 문건편 (1), 476~485쪽.

105 임경석, 〈산에서 쓴 편지-남도부 부대 정치위원 안병렬이 남긴 생애 마지막 기록〉, 307~315쪽 참조.

106 같은 곳, 314쪽.

했다. 이어 그는 "저의들 부대는 1950년 7월 15일 주력 130명이 운문산에 도착 이후 경북 남부 지구 및 경남 동부 지구를 통한 동일 전구를 형성하면서 지방당 단체 사업들을 지도 협력하였습니다. 그리하여 1951년 8월 14일 현재로 전체 대원은 168명으로 성장하였으며 동 지구 유격투쟁이 록음기를 맞이하여 절호의 시기로 전환되고 있었읍니다"고 하여 자신이 속한 부대의 상황을 보고하고 있다. 안병렬이 소속된 부대는 남도부 부대로서,[107] 앞에서 본 것처럼 남도부는 1950년 6월 김달삼과 함께 조선노동당 중앙당에 소환되어 박헌영과 이승엽에게서 '남한유격총책'으로 임명되었다.

안병렬은 이 편지를 자신들의 근거지가 아닌 일월산에서 썼다. 일월산에는 경북도당 위원장 박종근이 부대를 이끌고 주둔하고 있었다. 그가 일월산에 온 이유는 '도당 및 중앙당과의 연결'을 도모하기 위해서였다. 남도부 부대는 파견 후 중앙당과 연락선이 끊겨 있었고 관할 구역인 경남 동부 지역은 전쟁 기간 중 한 번도 인민군이 점령하지 못했다. 인접 도당과 연락도 어려웠다. 낙동강 동쪽에 위치한 경남 동부 지구의 지구당들은 1950년 1월 이후 한 번도 경남도당과 연락에 성공해 본 적이 없었고, 경북 남부 지구의 지구당들은 1950년 7월 이후에 경북도당과의 연락이 끊긴 상태였다.

> 저이들 아직 당성이 미약하여 지리산 경남도당으로부터 동부지구당 밑 유격활동 지도의 임무를 갖이고 동 지구에 도착한 조용구 동무에 대하여 사업 처리에 있어 옳게 당적 리익에 서도록 견결히 투쟁하지 못하옵고 도당 밑 중앙당 련결을 위하여 중요한 이 지구의 사업에 적지 않은 약화를 예상하면서 출발하였음을 선생님 앞에 자기비판하면서 이에 대하여 엄격한 비판을 바라는 바입니다.

107 《빨치산자료집》 제2권, 574쪽.

> 상급과 단선된 조건 밑에서 1950년도에는 3차에 걸처 련락대를 파견하였아오나 이에 성공 못하옵고 1951년도에는 이에 대한 적극적 대책을 취하지 못한 데 대하여 엄격히 자기비판하옵나이다. 단선된 조건 하에서 경남 또는 경북도당으로부터 지도선의 단절로 말미암아(경남은 동부 지구와 1년 6개월에 걸쳐, 경북은 배천 동무가 팔공산 재임 시 1950년 7월 자시 이후 현재에 이르기까지) 동 지구당 단체사업들은 대단 침체 상태에 놓여 있었습니다.

1951년 6월경 지리산의 경남도당 위원장 노영호 사령관의 지시를 받고 50명의 대원이 남도부 부대의 거점인 신불산 지구에 도착했는데 그 지휘자가 조용구였다. 경남도당 위원장이 조용구를 동해남부 사령관으로 임명한 것이 문제였다. 남도부와 안병렬 등은 이 임명을 받아들일 수 없었고 이를 해결하기 위해 안병렬이 포함된 중앙연락대가 태백산맥 줄기를 따라 북상하던 중 일월산에서 경북도당과 마주쳤다. 박종근이 이끄는 경북도당 지도부와 남도부 부대 중앙연락대 사이의 협의 결과, 구 동해남부 전구의 당과 유격대를 경북도당 산하에 배치하기로 결정했다. 이에 따라 '동해남부 전구 빨치산부대'는 '인민유격대 제3 지대'로 명칭이 바뀌었다.

이로써 남도부 부대의 지도권 분쟁은 해결되었지만, 안병렬은 돌아가지 않고 일월산에 남았다. 그는 이승엽에게 "이 지구에 통일된 당 조직을 구성한다면 경북도당부에 잠정적으로 소속시키고 현 경북도당 위원장이 직접 이 지구에 파출되는 것이 타당하다고 생각합니다. 그것은 경북도당 위원장 박종근 동무가 이에 적임일 뿐만 아니라 대구와 부산의 중요성에 근거합니다. 부위원장 이영섬 동무는 현재 잠정적으로 경북남부 지도부 책임으로 출발하였습니다. 그러나 이 동무는 영덕 또는 근방계선에서 도당사업을 지도하는 것이 그 사업 비중으로 보아 좋을까 생각하는 바입니다"라고 건의했다.

안병렬의 생각은 동해남부 지구는 '원쑤놈들의 심장부'인 부산과 대구에 당 조직을 심을 수 있는 거점이며 "무장봉기를 조직·지도할 수 있는 중요한 지역"이기 때문에, 무장봉기의 주체 역량을 갖추려면 도당 위원장이 그곳에 직접 상주해야 한다는 것이었다. 그러나 박종근은 신불산 지구에 도당위원장이 상주해야 한다는 제안을 받아들이지 않았다.[108]

안병렬은 또한 조선로동당 중앙과 직접 연락하기 위해 유격대의 참모장을 맡고 있는 고위급 부대원을 북상시키기로 했다. 그에게는 유격대 실상에 대한 정확한 보고와 더불어, 요청한 '후속 병력'이 주어질 때 이를 안전하게 인솔하여 귀환하는 임무가 부여되었다.

안병렬은 유격내의 '특사'로 파견되는 참모장 김정수에게 '공화국' 최고의 훈장을 수여함으로써 전체 유격대원들의 사기를 높여줄 것을 이승엽에게 부탁했다.

> 금번 파견하옵는 참모장 김정수 동무는 모든 실정을 옳게 반영시키기 위하여 그리고 후속 병력을 예기하면서 보내는 바입니다. 이 동무는 1년간에 걸처 조직 규율의 모범이 되었으며 가장 충실한 일꾼입니다. 전투 지휘에 있어 특출한 공로는 없아오나 본부대의 성격과 1년간 활동으로 보아 불가피한 조건들이 많었습니다. 이 동무에 대하여 별지훈장 추천에서는 남도부 동무의 의견을 존중케 하여 국기훈장 2급을 추천하였아오나 저는 이 동무의 굳은 당성과 앞으로의 발전을 위하여 국기훈장 1급을 수여하도록 추천하는 바입니다. 올해 남부지구당 단체 밑 유격투쟁의 구체적 정형에 대하여 시도 참모장으로부터 청취를 해주시기 바랍니다.

이승엽은 두 통의 편지를 모두 받지 못했다.[109] 그러나 두 편지의 발

108 임경석, 앞의 글, 322쪽.

109 이 편지들은 1950년 한국전쟁 시기 빨치산에 대한 토벌 과정 등에서 미군이 노획한 것이다.

신자들이 모두 한국전쟁 동안 남한에서 무장투쟁을 전개하던 현지 유격대의 최고 지휘관들인데다 모두가 이승엽의 '친전'을 정중하게 요청하고 있는 것을 보면, 한국전쟁 중 이른바 대남사업을 총괄하는 조선노동당 비서 이승엽의 지도력이 여전히 살아 있었음을 보여주는 것이라 할 수 있다. 더욱이 편지의 내용이 일상적으로 해당 유격대의 활동을 보고하는 내용을 넘어서, 유격투쟁의 구체적 실상과 어려움, 인사와 보급, 논공행상 같은 문제점을 해소하기 위한 다방면의 구체적인 건의까지 담고 있음은 주목할 만하다.

5. 무력통일의 실패

1953년 2월, 이승엽은 갑작스레 11명의 남로당계 출신 조선노동당 간부들과 함께 체포되었다. 이른바 '조선민주주의인민공화국 정권 전복 음모와 반국가적 간첩테러 및 선전선동 행위에 대한 사건'에 연루된 혐의였다.[110]

이승엽의 체포는 1952년 12월 15일부터 18일까지 열린 조선로동당 중앙위원회 제5차 전원회의에서 예고되었다. 내각수상 김일성은 〈로동당의 조직적 사상적 강화는 우리 승리의 기초〉라는 보고에서 "자유주의적 경향들과 종파주의적 잔재들"을 비판했다. 그는 친척관계, 동창관계, 친구관계, 동향관계, 북한 출신이나 남한 출신 들을 찾아서 그들을 개인적으로 끌어들이고 잘못이 있더라도 그것을 묵과하는 '자유주의적 경향'을 버리지 못하고 있다고 비난했다. '종파주의적 잔재'에 대해서도 "종파주의자 잔여를 그냥 남겨 둔다면 …… 그들의 출로는 결국 적

110 〈박헌영 간첩사건 관련 자료〉, 《이정 박헌영 전집》 7, 301~302쪽. 조일명·임화·박승원·이강국·배철·백형복·조용복·맹종호·설정식·윤순달·이원조 등이 함께 체포되었다.

의 정탐배로 변하고 만다는 사실에 대하여 우리 당은 심심한 주의를 돌리지 않을 수 없다"[111]고 경고했다. 이 보고를 계기로 당 내에는 긴장된 분위기가 조성되었고 최고검사총장 이송운(李松雲), 사회안전상 방학세(方學世), 당 중앙 간부부장 박금철(朴金喆) 3명이 중심이 되어 남로당계 간부들에 대한 숙청을 준비했다.[112]

1953년 3월 21일 김일성은 평양주재 소련대사 라주바예프에게 박헌영, 이승엽이 체포된 이유를 설명하고 이해를 구했다. 라주바예프와 가진 대담에서 김일성은 박헌영과 이승엽이 당에 대한 태도에서 충실하지 못했음을 지적하면서, 두 사람이 해방 직후부터 당 내에 종파를 조직했고 기밀을 누설했으며, 한국전쟁 패배의 원인을 제공했다고 주장했다. 그러면서 그는 이에 대한 많은 증거들이 있다고 하면서 다음과 같이 덧붙였다.

박헌영은 한국전쟁이 터진 뒤 서울에 머물면서 안영달이 이주하와 김삼룡을 배신했다는 구실로 그를 처형하라는 명령을 내렸다고 했다. 안영달의 처형 사건을 규명하던 중 그가 1949년부터 박헌영의 첩보원이자 미군 정보기관의 첩자였고 이주하와 김삼룡을 미국인에게 인도했음이 드러났다는 것이다.[113] 또 박헌영은, 서울에서 이승엽의 정체를 알고 있고 그것을 폭로할 수 있는 무고한 사람들이 이승엽 자신의 지시에 따라 사살된 것을 알고 있었지만 그는 이에 관해 중앙위원회에 보고하지 않았다고 한다.

김일성은 이승엽의 '범죄 행위'에 대해서도 설명했다. 임화(林和)의

---

111 김일성, 〈로동당의 조직적·사상적 강화는 우리 승리의 기초-조선로동당 중앙위원회 제5차 전원회의에서 진술한 보고〉, 《조선중앙연감》(1953), 《北韓研究資料集》제2집, 고려대 아세아문제연구소, 1974, 315~317쪽.

112 고봉기, 《조선노동당원의 육필수기》, 시민사회, 1990, 198~205쪽. 이승엽에 이어 박헌영도 1953년 3월 하순경 체포되었다.

113 김일성은 라주바예프에게 이승엽의 증언이라면서, 안영달이 박헌영과 사전에 협의하여 빨치산 부대에 파견되었다가 심리 도중에 사살되었다고 말했다(《이정 박헌영 전집》 7, 306쪽).

자백에 따르면 이승엽은 1946년과 1947년 두 차례 미국인에게 체포되었는데, 함께 체포된 다른 사람들은 감옥에 계속해서 수감되거나 처형되었지만 이승엽만은 매번 열흘 뒤에 석방되었다는 것이다. 이러한 사실은 당 중앙위원회에 알려지지 않았으며 박헌영도 이에 대해 보고조차 하지 않았다. 또한 이승엽은 박헌영과 함께 당 중앙위원회 남조선사업 책임자로 배철(裵哲)을 임명했는데 그는 1948년 대구에서 미군에 체포되면서 미 정보기관을 위해 일할 것을 맹세했고, 지하 일꾼 200명을 미국 측에 넘겨주었다. 그 후 배철은 빨치산 부대에 들어가 부대를 확장하고 봉기를 일으키려는 목적으로 미국인들과 관계를 유지했다고 한다.[114]

김일성의 주장은 과연 사실일까? 그가 주장하는 박헌영·이승엽의 반당·반혁명 혐의 사실은 해방 직후의 한두 가지 사례를 제외하면 모두 한국전쟁 발발 이후의 정황과 관련된 것이었다. 이것은 체포의 직접 동기가 한국전쟁 발발 이후 조선노동당의 당내 분파투쟁과 전쟁 책임을 둘러싼 세력 간 갈등과 관련된 것임을 보여준다.[115] 1951년 6월 중순 전선이 교착 상태에 빠지고 7월 10일에는 이미 정전회담이 시작된 상황에서 무력통일 전략의 실패에 대해 누군가 책임을 져야 했던 것이다.[116]

휴전협정 조인 3일 뒤인 1953년 7월 30일, 조선민주주의인민공화국 최고검찰소 검찰총장 이송운은 이승엽을 비롯한 12명의 남로당계 주요 인사를 기소했다. 공판에 앞서 3월 9일에는 조선노동당 내 남로당계의 거점으로 간주된 당 연락부 산하 인물들을 평안북도 천마군 골짜기에 연금시켜 숙청하기 위한 '사상 검토'를 완료해 놓고 있었다. 이승엽은 1951년 12월에 이미 사법상에서 해임되었고 체포 뒤인 1953년 3월에는

114 〈1953년 3월 31일 김일성과의 대담기록 발췌〉, 《이정 박헌영전집》 7, 303~307쪽.

115 기광서, 〈해제: 1953년 3월 31일 김일성과의 대담기록 발췌〉, 《이정 박헌영 전집》 7, 303쪽.

116 〈조선인민군 제2집단군 정치부장 김학천 소장〉(필사본, 1997.7.2), 《북한정권에 협력한 재소한인의 증언》 II, 6쪽.

인민검열위원장에서마저 해임된 상태였다.

조선노동당은 1953년 8월 5일부터 5일 동안 제6차 전원회의를 열고, 〈박헌영의 비호 하에 리승엽 도당들이 감행한 반당적 반국가적 범죄 행위와 허가이의 자살 사건〉에 대한 박정애의 보고를 토대로, "리승엽 도당들이 감행한 반당적 반국가적 범죄행위를 적발 숙청한 우리 당 중앙위원회 정치위원회의 결정적 대책들을 정당한 것으로 전적으로 지지"하며, "리승엽 등 제국주의 스파이 변절자들의 암해 공작과 파괴 행위를 비호 조종했으며 당과 국가를 배반한 박헌영을 출당시키고 재판에 회부한다"는 내용의 결정서를 채택했다. 결정서에는 "이승엽 등 반역 도당들이 미국 침략자들의 지령에 의하여 원쑤들이 상륙작전과 더불어 대대적 진공을 획책하던 1951년 9월에, 외국 침략 군대의 진공과 배합하여 무장 구테타를 감행함으로써 우리 당과 정부의 지도권을 탈취할 것을 시도했다"는 내용이 보태졌는데, 이는 김일성과 라주바예프의 대담에도 없던 내용이었다.[117]

기소장의 제목은 〈피소자 리승엽, 조일명, 림화, 박승원, 이강국, 배철, 윤순달, 이원조, 백형복, 조용복, 맹종호, 설정식들의 조선민주주의인민공화국 정권 전복 음모와 반국가적 간첩 테러 및 선전선동 행위에 대한 사건〉이었다. 또한 기소장에 밝힌 피소자들의 죄상은 ① 미제국주의를 위해 감행한 간첩 행위 ② 남반부 민주 역량 파괴, 약화, 음모와 테러, 학살행위 ③ 공화국 정권 전복을 위한 무장폭동 행위 등 세 가지였다. 이들에 대한 공판심리는 1953년 8월 3일부터 6일까지 최고재판소 군사재판부에서 진행되었는데 판사는 김익선(金翊善, 재판장, 최고재판소장)·박용숙·박경호, 입회서기는 김영주(金英柱, 김일성의 동생), 검사는 김동학(검사 부총장)·이창호·김윤식, 변호인은 지영태·길병욱·

---

117 〈박헌영의 비호 하에서 리승엽 도당들이 감행한 반당적 반국가적 범죄적 행위와 허가이의 자살사건에 관하여〉, 조선로동당 중앙위원회, 《결정집 1953년도(전원회의, 정치, 조직, 상무위원회)》; 《이정 박헌영 전집》 7, 307~318쪽.

김문평·이규홍·정영화였다.[118]

기소장은 이승엽에 대해, 소련 군대에 힘입어 조선이 해방되자 변절적인 과거의 경력을 속이고 조선민주주의인민공화국의 당과 기관에 잠입하여 조선노동당 중앙위원회 비서 겸 사법상, 인민검열위원회 위원장, 서울시 임시인민위원회 위원장 등 요직에 있으면서, 1945년 9월 미군이 남한에 진주하자 미군의 정책을 지지할 것을 성명하고 1946년 2월부터 직접 미군 정탐기관에 가담해 미국무성 촉탁이며 한국 주재 미국대사관 정치고문인 노블(H. Noble)의 지령에 따라 간첩, 파괴, 테러로 정권 전복 음모 등 반국가적 범죄 행위를 감행하였다고 지적하면서, 구체적인 '죄상'을 다음과 같이 열거했다.

> ㄱ. 1946년 서울에서 미국 정탐기관의 간첩으로 가담한 후 그의 지령에 의하여 피심자 조일명과 연합하여 월북 전까지 서울에서 밀정 행위를 감행하였으며 월북 후는 공화국에 대한 간첩 행위를 더욱 성과적으로 보장하기 위하여 역시 조일명과 같이 1948년 8월부터 박승원을 흡수하였고 기타 미국 정탐기관의 간첩 분자 림화, 안영달, 조용복 및 백형복 등을 1950년 5월까지 공동간첩으로 인입하였으며 1951년 7월경에는 역시 미국 정탐기관의 탐정꾼 리강국을 인입하고 그들을 지도하여 주면서 당 및 공화국의 군사 정치 경제적 각 분야의 비밀자료들을 정상적으로 미국 정탐 기관에 수집 제공하였다. 그리고 자기들의 활동에 방해되는 민주 력량을 약화시키기 위한 목적에서 안영달, 조용복 등과 결탁하여 남조선 민주 력량을 파괴 약화

118 〈공판문헌〉, 《南勞黨研究資料集》 제2집, 632쪽. 기소자 이송운은 일제하 혜산진에서 김일성과 함께 유격전에 참가했으며 소련에서 공부하고 해방 후 돌아왔다. 한국전쟁 중에 북한의 초대 검사총장이었던 장해우의 뒤를 이어 검사총장에 임명된 김일성의 직계였다(와다하루끼·이종석 옮김, 《김일성과 만주항일전쟁》, 창작과 비평사, 164쪽). 재판장 김익선 역시 김일성의 직계로 일제하 국내에서 공산주의운동을 하다가 1938년 4월에 체포된 적이 있으며 석방 후 소련에서 소련법체계를 연구하고 돌아온 인물이었다(서대숙, 《북한의 지도자 김일성》, 청계연구소, 317쪽).

시키는 활동을 감행케 하였으며 드디여 1950년 3월 27일에는 자기의 공모자 안영달, 조용복으로 하여금 조선로동당 정치위원 김삼룡을 리승만 괴뢰 경찰이었던 피심자 백형복에게 고발하여 피검케 하였으며,

ㄴ. 민주 력량을 파괴 약화시키며 자기들의 국가적 죄상을 알고 있는 자들을 테로 학살하기 위한 목적으로 1948년부터 안영달, 맹종호 기타 자기의 심복들에게 지시하여 당 간부들과 무고한 인민들을 테로 학살하였을 뿐만 아니라 6·28 후 서울에 가서는 더욱 대량적 학살을 목적하고 소위 '토지조사위원회' 등을 조직 지도하였으며,

ㄷ. 피소자 리강국, 조일명, 박승원 등 자기의 공모자들과 같이 인민들을 당과 정부로부터 리탈시키여 민족분렬을 조성시키려고 획책하였으며 또한 변절자 및 반역자 기타 불순 분자들을 당과 국가기관의 중요한 지도적 직위에 등용 배치하여 자기들의 력량을 확대하여 가지고 온갖 정치적 모략 활동을 하도록 조치 지도하였으며,

1950년 7월 초순 안영달을 통하여 인민군 후방에서 인민봉기를 조직할 데 대한 노블의 지령을 받고 1951년 8월부터 조선민주주의인민공화국 정부를 전복할 목적으로 피심자 배철, 박승원, 조일명, 림화 등과 결탁하여 무장폭동 음모 본부를 조직하고 폭동을 감행하기 위한 무장 부대와 력량 기반을 강화하는 데 그 두목으로 활동하여 왔다는 사실이 피심자 및 증인들의 증언에 의하여 완전 판명되었다.[119]

'조선민주주의인민공화국 정권 전복 음모'는 새로 추가된 내용이었다. 정권 전복을 위해 무력으로 입북한 남한 유격대와 금강정치학원 원생들을 동원하려 했다는 것이다.[120]

---

119 〈공판문헌〉, 469~470쪽.

120 〈공판문헌〉, 530쪽. 1952년 2월 초, 조선노동당 정치위원회는 〈유격대에 대한 지도를 개선 강화할 데 대하여〉라는 결정을 통해 흩어져 있던 잔존 유격대 역량을 지리산으로 집결 보존하고, 제1, 제6 지대는 북으로 불러들였다. 이 과정에서 김응빈은 입북했지만,

그러나 분명한 것은 금강정치학원이 당 공식기구를 통해 설치된 대남 공작원 양성기구였다는 사실이다. 이것이 정권 전복을 위한 무력 기반 구실을 하려면 정예 공작원보다 뛰어난 전투력을 가진 유격대원을 양성하는 것이어야 했다. 게다가 김일성과 북로당계는 1952년 3월 중순, 기습적으로 학원생 전원을 황해도 서흥에서 감시와 통제가 쉬운 평양 쪽으로 이동시켜[121] 금강정치학원을 사실상 해체해 버렸다. 이는 체포를 위한 정지 작업인 동시에, 체포 뒤 있을지도 모를 저항의 근원을 제거하는 조치였을 것이다.

조치가 있기 바로 전 이승엽은 금강정치학원을 방문했다. 자신이 세운 학원인 만큼 애정은 남다를 수밖에 없었다. 이승엽은 막사 안에 학생들을 모아놓고 이야기를 시작했다.

> 나는 이승엽이 들어와 앉는 것이나 외모부터 주의 깊게 살펴보았어. 체격은 보통보다 조금 커 보였고 살갗은 검은 편이었어. 옷은 당시 중앙 간부들이 입는 인민복 비슷했지. 힘이 있어 보이지도 않고, 특성도 없어 보이는 게 보통 중년 사람들에서 벗어나는 것이 하나도 없었어. 앉아서 이야기를 시작하는데 동무들은 이론 공부를 하고 혁명사업을 하니 참 좋은 조건이라며, 자기들은 이론을 체계적으로 배우거나 연구하지도 못하고 혁명사업을 했다고 해. 또 사람은 후방 안전한 곳에 있다고 살고 위험한 곳에 있다고 죽는 것이 아니라며, 여러분들도 주저하지 말고 대남사업에 동원되라고 말

윤상철은 사망했다(김운석, 《북한괴뢰전술문헌집》, 한국아시아반공연맹, 189쪽). 김운석은 〈공판문헌〉을 근거로, 북으로 들어온 제1 지대와 제6 지대가 금강정치학원생과 함께 "박헌영·이승엽의 구데타"에 동원될 기간부대로 활용되었다고 주장했다.

121 허영철 구술 기록, 《역사는 한번도 나를 비껴가지 않았다—비전향 장기수 허영철의 말과 삶》, 보리, 2006, 235쪽. 허영철은 1920년 전북 부안 출신의 비전향 장기수로 해방 후 남로당이 주도하는 전평의 투쟁에 가담해 활동한 것을 시작으로 좌익 활동에 헌신했다. 한국전쟁 중 부안군 인민위원장을 지냈고 1951년 3월 이후 평양 중앙당학교, 이듬해 2월 금강정치학원에서 수학했다. 1954년 7월 남파되어 체포된 뒤 여러 교도소에 수감되었다가 1991년 2월 형 집행 정지로 출옥했다.

하고는 오던 길을 향해서 떠났어. 흔히들 하는 말이었지.[122]

이승엽에 대한 기소 내용 가운데 역사적 사실과 일치하는 부분은 거의 없었다. 특히 그를 결정적으로 비극적인 죽음으로 몰고 간 '정권 전복 음모'는, 권력을 위해서는 혁명과 전쟁의 동지조차 수단과 방법을 가리지 않고 제거할 수 있음을 보여주는 야만이나 마찬가지였다. 그럼에도 그는 다음과 같은 '최후 진술'을 통해 자신의 과오를 참회했다고 한다.

> 4일간에 걸쳐 진행되는 공판 과정에서도 자유롭게 진술할 수 있는 기회를 줌으로써 인민 앞에 자기의 죄행을 자백 폭로할 수 있게 하여줌으로써 지금에 이르러서는 가벼운 마음을 느낄 수 있게 하여주었고 특히 변호사까지 선임하여 주신 데 대하여 마지막으로 감사를 드립니다. 저의 범죄 사실은 검사께서 정확히 론증하였습니다. 다만 저희들에게 어떤 엄중한 판결이 내린다 하더라도 달게 받겠습니다. 생명이 둘 있다면 그것을 모두 바치드라도 아직 제가 범한 죄악을 씻기에는 부족합니다.[123]

4일간의 재판이 속결로 끝나자마자 이승엽은 조일명 등 10명의 다른 피소자들과 함께 사형에 처해졌다.[124] 그의 나이 49세였다. 남로당계에 대한 피의 숙청은 1955년까지 계속되어[125] 소련파, 연안파 숙청의 서곡이 되었다.[126]

---

122 허영철 구술 기록, 《역사는 한번도 나를 비껴가지 않았다》, 236~237쪽. 허영철에 따르면 이승엽이 당 5차 전원회의(1952.12.15~18) 바로 전에 학원을 방문했다고 했다. 이승엽은 1953년 2월에 체포되었다.

123 〈공판문헌〉, 610쪽.

124 이승엽·조일명·임화·박승원·이강국·배철·백형복·조용복·맹종호·설정식은 '사형 및 전 재산 몰수'형에, 윤순달(15년)과 이원조(12년)에게 '징역형 및 전재산 몰수'형이 처해졌다.

125 황장엽, 《황장엽 回顧錄》, 시대정신, 2006, 123~124쪽.

126 소련파 가운데 숙청되지 않고 살아남은 인사는 남로당계 숙청에 앞장섰던 방학세(내무

이승엽의 죽음은 그의 가족들의 비극적인 죽음으로 이미 예고되어 있었는지도 모른다. 인천 앞바다의 섬 영흥도 업벌에 살고 있던 그의 일가 친척들은 1950년 9월 15일 인천상륙작전에 앞서 상륙한 미군과 국군, 우익들에게 모두 죽음을 당했다. 이 '학살'에 가담했다는 생존자의 증언에 따르면 이승엽의 작은아버지 이종선이 죽음을 당했고 동생 이승태가 해군 한 명을 죽인 데 대한 보복으로 집에 갇힌 채 불태워졌으며, 형 이승화의 처인 형수도 죽었다. 이승엽의 친척이나 형제로 알려진 처녀 둘도 죽었고 1951년 1·4 후퇴 때에는 이승엽의 숙모 두 여인도 죽음을 당했다.[127] 이승엽의 장인으로, 해방 후 조선공산당 재건의 주역이며 월북 후 조선노동당 중앙위원으로 그의 후원자였던 안기성은 당 중앙위원회 6차 전원회의(1953.8.5~9)에서 출당 처분된[128] 뒤 형장의 이슬로 사라졌다.

비극의 정점은 아들의 죽음이었다. 이승엽의 아들은 북한 공군의 제1항공 방사기 사단 비행사로 근무하고 있었다. 이 사단은 소련에서 유학한 100여 명의 비행사들로 조직되었는데, 남로당계와 연안계 등 초기 북한 정권을 구성하는 주요 정파 지도자들의 자녀들이 이 부대에 소속되어 있었다. 남로당계 숙청을 위한 '사상 검토' 작업이 진행되면서 이승엽의 아들도 예외 없이 '청산'의 대상이 되었다.[129]

상)와 김봉률, 김학인뿐이었다(우즈베키스탄 고려인 유가족후원회, 〈납치당한 김두환 소장〉(필사본), 《북한정권에 협력한 재소한인의 증언록》(I), 7쪽).

127 김홍석 노인(73세, 영흥도 거주) 증언(2006.7.1)에 따름. 증언록을 제공해 준 인천 영화여자정보고등학교 이성진 선생께 감사드린다.

128 〈박헌영의 비호 하에서 리승엽 도당들이 감행한 반당적 반국가적 범죄적 행위와 허가이의 자살사건에 관하여〉, 조선로동당 중앙위원회, 《결정집 1953년도(전원회의, 정치, 조직, 상무위원회)》; 《이정 박헌영 전집》 7, 307~318쪽

129 김엘라, 〈전 북한중앙은행총재 김찬 선생〉(필사본), 《북한정권에 협력한 재소한인의 증언》(III), 5쪽. 김엘라는 김찬의 딸이다.

6. 예고된 비극

해방 직후 이승엽의 활동은 조선공산당의 재건을 통한 인민권력 수립에 집중되었다. 그는 장안파공산당 창립을 주도한 뒤, 이것을 옛 화요계의 동지이며 선배인 박헌영이 이끄는 재건파에 '헌납'하는 데 앞장서 관철시킴으로써 일제 식민지 시기 이래 이어온 조직의 귀재라는 명성을 확인시켰다. 그는 재건된 조선공산당의 중앙위원으로 해방 정국의 무대에 화려하게 복귀했다.

이승엽이 박헌영의 신임을 한 몸에 받으며 명실상부한 남한 사회주의운동의 지도자로 떠오른 것은 3당 합당 과정을 통해서였다. 남조선노동당 결당식은 이승엽의 주도로 이루어졌다. 사전 정지 작업을 위해 김삼룡을 데리고 비밀리에 평양을 방문하여, 반대파들이 조공을 중심으로 새로이 탄생될 남조선노동당에 개별 가입하게 하는 원칙을 관철시켰다. 소련 군정에 대한 정기적인 〈남한 정세 보고〉도 그의 몫이었다. 제2차 미소공위의 결렬로 이승엽의 민족통일전선에 대한 인식은 부정적이었다.

월북 후 이승엽은 1948년 9월 출범한 조선민주주의인민공화국 초대 내각의 사법상에 임명되었다. 그의 사법상 임명은 남한에서 출범했던 조선인민공화국의 사법부장 경력이 고려된 것이었지만 상징적인 의미가 컸다. 오히려 그의 역할은 남북 노동당의 합당이 추진되면서 당에서 두드러졌다. 이승엽은 합당으로 탄생한 조선노동당의 9인 정치위원 가운데 한 사람으로 선출됨과 아울러 당 제2 비서로서 제3 비서인 김삼룡을 지휘하여 대남사업을 총괄하는 위치에 올라섰다.

이승엽의 주된 활동은 대남사업, 특히 빨치산의 유격투쟁을 지도하는 데 집중되었는데, 이는 합당 후 남로당계에 지워진 과제였다. 이를 위해 그는 1947년 7월 남한에서 산발적으로 진행되던 유격투쟁을 조직적이며 대규모로 전개하기 위해 유격대를 3개 병단으로 재편성했는데, 이 가운데 오대산 지구의 제1 병단은 그의 지령으로 북한에서 조직되어 남파되었다. 또한 1947년 10월 강동정치학원을 설립하여 유격대 지도자의 양성에도 힘을 기울였다. 그의 지도 아래 남한의 유격대들은 1949년 9월 공세를 정점으로 한국전쟁이 터질 때까지 크고 작은 투쟁을 펼쳤다.

한국전쟁은 이승엽과 남로당의 운명을 가르는 분수령이었다. 전쟁 발발과 동시에 '해방지구'의 전권위원으로 남한에 파견된 이승엽은, 1950년 6월 28일 서울이 점령되면서 서울시 임시인민위원회 위원장 겸 조선민주주의인민공화국 군사위원회 서울시 대표로 임명되었다. 서울시 인민위원장으로서 그가 수행할 가장 중요한 과제는 남진하는 조선인민군을 지원하고 파괴된 생산시설과 도로, 교량 들을 복구하는 것이었다. 두 달여 동안 조선인민군 원호사업, 시민들의 노력동원, 의용군 출전, 문화선전사업, 토지개혁, 보건사업, 생산력 증대 들을 위한 조치가 이루어졌다. 2차 점령기에는 빨치산을 포함한 혁명유자녀 학원의 설립을 추진했고 남한 측 인사와 종전을 위한 논의도 진행했다.

유격투쟁에 대한 지휘도 계속되었다. 정규군에 의한 남침과 별도로 이승엽은 정치공작원들을 도별로 침투시켜 인민군의 남침 때 호응하도록 하는 한편, 1950년 6월 25일 유격대를 규합해 동해안을 통해 남한 지역에 상륙시켰다. 서울에서 후퇴한 뒤 그는 1950년 11월 강원도 평강군 후평리에서 독자적인 판단에 따라 남한 전 지역의 6개 도당에 대한 지도권한을 여운철에게 위임하는 한편, 남한유격대의 통일적인 지도 권한을 이현상에게 맡겼다. 1951년 상반기, 종전이 거론되는 상황에서 이승엽의 입지는 크게 줄었지만 유격대에 대한 그의 지도력은 건재했다. 이승엽은 여전히 유격대 지도자들로부터 투쟁의 실상과 어려움, 인사와 보급, 논공행상 등 구체적인 상황까지 보고받고 있었다.

미완의 종전은 그에게 치명적인 비극을 불러왔다. 1952년 8월 3일 이승엽은 11명의 남로당계 동지들과 함께 체포되었다. 이른바 '조선민주주의인민공화국 정권 전복 음모와 반국가적 간첩 테러 및 선전선동 행위에 대한 사건'에 연루된 혐의였다. 1953년 8월 3일부터 6일까지 4일 동안의 신속한 공판 끝에 그는 '사형 및 전 재산 몰수' 형을 받고 '영원한 타향'인 북녘 땅에서 사라졌다. 사건은 이승엽의 죽음으로 끝나지 않았다. 남로당에 대한 피의 숙청은 1955년까지 계속되었고 소련파와 연안파 등에 대한 정치적 숙청의 서곡이 되었다. 아들을 포함해 가깝고 먼 친척들 모두가 그의 죽음을 전후해 목숨을 잃었다.

이승엽으로 하여금 비극적인 죽음을 맞게 한 것은 '공화국 전복을 위한 무장폭동 음모'가 아니라, 공식적인 자리에서 '김일성 장군 만세!'를 수없이 외쳤으면서도 북한에서조차 죽는 날까지 그가 '수령'으로 받든 이가 김일성이 아닌 박헌영이었다는 혐의를 벗지 못한 데 있었다. 최후의 순간까지 그는 '남로당의 2인자'에서 벗어나지 못했다. 이것은 또한 이승엽 개인의 비극을 넘어 그가 속했던 남로당 노선의 투쟁과 실패를 의미하는 것이기도 했다.

《인천학연구》 제6집, 인천대학교 인천학연구원, 2007

제 2 장
조봉암〔진보당〕의 평화통일노선의 시련

1. 조봉암과 진보당의 통일론

세계화와 지방화, 새로운 밀레니엄, 남북 정상회담과 같은 용어들이 오늘날 우리가 겪는 변화와 서 있는 시점을 집약해서 표현해 주고 있다. 사회주의라는 거대한 인류사의 실험이 있었던 20세기가 막을 내리고, 한 편으로는 전반적인 보수화의 물결 속에서 근대성에 관한 문제, 다른 한 편에서는 민족이나 민족주의에 관한 논의가 전면에서 이론적인 재검토의 대상이 되고 있다.

그럼에도 우리는 민족 문제에 관한 한 여전히 미해결의 장(場)에 서 있음을 부정할 수 없다. 분단된 채 반 세기가 넘도록 통일을 이루지 못한 현실은 우리로 하여금 분단의 원인이 언제 어디서 무엇에서 비롯하는지, 분단을 극복하기 위한 민족 내부의 노력은 없었는지에 대한 진지한 탐구를 요구하고 있다. 분단이 자의보다는 타의에 따라 강제로 주어진 이상, 이에 반비례하여 통일 논의와 통일운동이 꾸준하게 전개되어 온 것은 사실이다. 하지만 이러한 논의나 운동의 내용이 모두 같은 것은 아니어서, 무력통일론이나 북진통일론과 같은 실제로는 반통일론(反統一論)마저 통일론으로 여겨져온 것도 부인할 수 없다. 이런 점에서 오늘날 통일의 방법론으로 보편화된 평화통일론의 한 원형으로서 해방 후부터 1950년대까지 조봉암이 제창했던 평화통일노선이 주목된다.

조봉암은 일제 식민지 시기에는 뛰어난 사회주의운동가였고 해방 후에는 민족통일의 자주독립 노선을 표방하고 통일운동을 전개한 정치가였다. 대한민국 정부에서 초대 농림부장관과 국회부의장을 지냈고 두 차례 대통령 선거에 출마했으며, 진보당을 조직했다가 권력의 탄압으로 죽어간 비운의 정치가이기도 했다.[1] 그의 생애는 고난에 찬 한국 현대사의 한 단면을 보여주지만, 몇 차례의 정치적 변신이 그에 대한 평가를 혼란스럽게 하는 것도 사실이다. 이런 의미에서 조봉암의 '평화통일노선'[2]에 대한 검토는 분단 후 평화통일 사상의 흐름은 물론 그에 대한 객관적인 평가의 한 준거도 될 수 있다는 점에서 의의가 있다.

사실 조봉암에 대한 연구 성과가 적은 것은 아니다. 근래에 들어 그가 주도했던 진보당에 대한 연구 성과도 나오고 있다.[3] 그러나 평화통일노선에 대한 연구 성과에 들어가면 사정은 달라진다. 독립적인 연구가 거의 없을뿐더러 그나마 대부분은 조봉암에 대한 전기적 연구 성과나 진보당에 관한 저술에서 부수적으로 언급되고 있다.

주목할 만한 연구 성과들도 대체로 평화통일노선을 1950년대 후반의 짧은 기간 동안 존속했던 진보당의 노선이라는 측면에서 서술하고 있

---

1 조봉암에 대한 중요한 연구 성과는 다음과 같다. 李英石, 《竹山 曺奉岩》, 圓音出版社, 1983; 鄭太永, 《曺奉岩과 進步黨》, 한길사, 1991; 박태균, 《조봉암 연구》, 창작과 비평사, 1995; 서중석, 《조봉암과 1950년대》(상·하), 역사비평사, 1999; 정태영·오유석·권대복 편, 《죽산조봉암전집》 1~6, 세명서관, 1999.

2 '평화통일론'을 쓰지 않고 '평화통일노선'이라는 용어를 사용한 것은 그것이 완결된 사상체계라기보다 정치가인 조봉암이 통일 '정책'을 대중들에게 알리는 데 목적을 두었다고 생각되기 때문이다.

3 진보당(운동)에 대한 주요 연구 성과는 다음과 같다. 권대복 엮음, 《進步黨》, 지양사, 1985; 오유석, 〈진보당사건 분석을 통한 1950년대 사회변혁운동 연구〉, 《경제와 사회》, 1990 여름호; 정창현, 〈진보당운동의 전개와 성격〉, 《한국현대사》 2, 풀빛, 1991; 김창진, 〈1950년대 한국사회와 진보당〉, 《1950년대 한국사회와 4·19혁명》, 태암, 1991; 서중석, 〈조봉암, 진보당의 진보성과 정치기반〉, 《역사비평》, 1992 가을호.

다.[4] 그러므로 평화통일노선이 어떠한 역사적 맥락에서 나온 것인지, 또한 한국전쟁 이전과 그 이후의 양상이 어떻게 달라지는지를 포함해 총체적이고 거시적인 전망을 하는 데는 적지 않은 문제점이 있다.[5] 이 장에서는 해방 후부터 1950년대 후반까지의 평화통일노선을 조봉암을 중심으로 살펴보면서 형성 과정을 살펴보고자 한다.[6]

2. 해방후 조봉암의 평화통일노선 배경

1) 통일정부수립 노선과 신당 추진

조봉암이 일제 식민지 시기에 조선공산당(조공) 창건의 주역이었고 뛰어난 사회주의운동가였음은 널리 알려진 사실이다. 그런 그가 조공과 관계를 단절한 것은 1946년 5월 조선민주주의임시정부 수립을 위한 제1차 미소공동위원회(미소공위)가 실패한 것과 관련이 있다. 1946년 5월 초에 사신(私信) 〈존경하는 박헌영 동무에게〉[7]를 발표한 그는 박헌영(朴憲永)이 이끄는 조공의 노선을 정면으로 비판하고 결별의 수순을 밟았다.

1946년 6월 23일 인천공설운동장에서 민주주의민족전선(민전) 인천

---

4 徐仲錫, 〈진보당 연구－조봉암·진보당의 평화통일론을 중심으로〉, 《國史館論叢》 제66집, 국사편찬위원회, 1995; 洪錫律, 〈1953~61년 統一論議의 전개와 성격〉, 서울대 대학원 국사학과 박사학위논문, 1997.

5 이러한 문제의식의 글이 전혀 없는 것은 아니다. 한상구, 〈1948~1950년 평화적 통일론의 구조〉, 《분단 50년과 통일시대의 과제》, 역사비평사, 1995 참조.

6 이러한 관점에서 필자는 아래의 글을 발표했다. 이현주, 〈해방 후 조봉암의 정치활동과 제헌의회 선거－인천에서의 활동을 중심으로〉, 《황해문화》 30(2001 봄호), 새얼문화재단(본서의 제3부 보론).

7 《漢城日報》 1946년 5월 6일자; 《조선일보》 1946년 5월 7일자.

죽산 조봉암

지부 주최로 미소공위 촉진을 위한 인천시민대회가 열렸다. 민전 의장단에서 여운형(呂運亨)과 이강국(李康國), 김원봉(金元鳳)과 성주식(成周寔) 등이 참석한 이날 집회는 조선 '좌익의 영수' 박헌영도 참석한다고 선전되어 비가 내리는 중에도 1만 명이 넘는 군중이 참석했다.[8]

그런데 이 집회에서 충격적인 장면이 연출되었다. 집회 도중에 조봉암의 명의로 "한국 연립정부는 공산당이나 (독립촉성)국민회의 독점적 정부로 조직되어서는 안 된다. …… 현재 한국민은 공산당을 원하지 않는다. 그러므로 인공이나 민전의 정책은 철저히 배격되어야 한다. …… 우리는 노동계급에 의한 독재나 자본계급의 전제를 원하지 않는다"[9]는 내용의 성명서가 살포된 것이다.

① 연합국의 승리에 의해 그들의 호의로써 해방의 기쁨을 얻은 우리 조선 민족은 민주주의 원칙에 의해 건실한 자유의 국가를 건설함에 있고 이는 일계급이나 일정당 독재나 전정(專政)이어서는 안 된다.

② 조선 민족은 자기의 자유의사에 의해 민족 전체가 요구하는 통일된 정부를 세울 것이고 공산당이나 민주의원의 독점정부가 되어서는 안 된다.

③ 현재 조선 민중은 공산당을 원치 않는다. 따라서 조선공산당의 계획으로 된 인민공화국 인민위원회와 민주주의민족전선 등으로써 정권을 취하려는

8 《大衆日報》 1946년 6월 24일자.

9 《미군정 주간정기보고》 1946년 7월 5일자.

정책은 단연 반대한다. [강조는 인용자]

④ 우리 조선 민족은 아메리카를 비롯하여 연합국에 대하여 진심으로 감사할 것이며 또 진심으로 협력하여 건국에 진력할 것이요 지금 공산당과 같이 소련에만 의존하고 미국의 이상을 반대하는 태도는 옳지 않다.

⑤ 조선의 건국은 민족 전체와 자유생활이 보장되어야 할 것이다. 따라서 노동계급의 독재나 자본계급의 전정을 반대한다.[10]

조봉암의 성명서는 큰 파장을 불러일으켰다. 더욱이 민전 집회에는 그가 이미 사신으로 비판했던 박헌영도 참석할 예정이었다.[11] 조봉암은 조공과의 결별을 박헌영도 참석한 집회에서 공개적으로 선언하고자 했다. 훗날을 대비하는 정치가다운 치밀함이 엿보인다.

성명서는 조공에 대한 비판에 그치지 않고 노동계급의 독재나 자본계급의 독재를 반대하는 관점에서 좌익의 조공이나 우익의 민주의원 중심의 정부가 아닌 민족 전체가 요구하는 말 그대로의 '통일정부' 수립을 역설하고 있다. 인천의 한 일간신문과 가진 회견에서 그는 조공의 노선은 "민주주의 조선의 명랑성을 멸살"하는 것이며 이를 극복하기 위해 "전국의 동지와 합력하여 민족통일을 위한 자주독립을 위한 대중운동"을 전개할 것이라는 계획을 밝혔다.[12] 민족통일전선을 내세우고 있는 민전도 사실은 조공을 확대시킨 것에 지나지 않은 좌익만의 통일전선체라는 것이 그의 판단이었다.

그 뒤 조봉암은 공개적인 활동을 자제하면서 새로운 노선에 따른 구상을 가다듬었다. 이 기간 동안에 그는 《삼천만 동포에게 고함》, 《공산

10 《大衆日報》 1946년 6월 25일자; 《동아일보》 1946년 6월 26일자.

11 《大衆日報》 1946년 6월 25일자; 《동아일보》 1946년 6월 26일자. 그러나 박헌영은 이 집회에 참석하지 못했다(《미군정 주간정기보고》 1946년 6월 25일자).

12 《大衆日報》 1946년 7월 30일자. 《동아일보》 1946년 8월 2일자에 보도된 인터뷰 기사는 《大衆日報》의 보도 내용을 요약한 것으로 보인다.

주의의 모순 발견》 등의 소책자를 집필했다. 아쉽게도 이들 저작들은 남아 있지 않지만, 조공과 한민당 같은 극좌·극우의 반민족적 행동을 규탄하고 민족 자주의 정신을 고취하며 자주적인 입장에서 독립운동을 계속해야 한다는 것이 그의 신념이었다.[13]

새로운 정치에 대한 구상은 8·15 해방 1주년을 앞두고 한 지방 일간 신문에 기고한 논설에서 잘 드러난다. 조봉암은 해방된 지 1년이 다 되도록 자주독립과 통일정부가 수립되기는커녕 국토는 사실상 남북으로 갈리고 민족은 좌우로 분열되었다면서 '민족 내부의 불(不)통일'을 원인으로 지적하고 있다. 특히 가장 큰 책임자로 좌우익 정당의 지도자들을 지목했다. 이들이 민족의 장래보다는 권력 쟁탈전에 몰두했기 때문에 민족이 분열되어 자주독립이 어려워지고 민주주의 임시정부도 수립되지 못했다는 것이다. 노동계급 독재와 자산계급 독재라는 계급독재의 사상도 좌우익 지도자들의 주도권 다툼에서 비롯되었다는 것이다.[14]

그러므로 조봉암은 더 이상 민족의 운명을 이들에게만 맡기지 말고 민중의 궐기와 민중의 위력으로 지도자들을 일치하게 하고 통일하게 하여, 정부도 만들고 자주독립을 이룩해야 한다고 역설했다.

> 민족통일에 있어서 더욱 중요한 것은 우리 민중 스스로의 반성과 궐기임을 강조하지 않을 수 없다. 우리 민중의 대부분이 너무 정치 문제 특히 민족통일 공작에 대해서 무관심하고 등한시했음을 인증해야 할 것이며, 좌우 양익 진영 내의 모든 열성적인 일꾼들이 너무 현재의 지도층을 과신하고 맹종한 것이 오늘 같은 민족적 불행의 결과를 낸 것이라는 것을 똑같이 인증치 않을 수 없는 것이다. 그러므로 우리는 우리 스스로의 일, 즉 민족 전체의 일을 일부 정객에게만 맡기고 있을 것이 아니라 우리 민족 스스로

13 조봉암, 〈나의 정치백서〉, 《전집》 1, 390~391쪽.

14 曺奉岩, 〈8·15解放 紀念日을 어떠게 맞이할까?(1~2)〉, 《大衆日報》 1946년 8월 10일, 11일자.

궐기해서 민중의 위력으로써 저들을 일치케 하고 통일케 하여, 우리 손으로 정부도 만들고 자주독립도 전취해야 한다는 것이다.[15]

이어서 조봉암은 논설 끝에 다음과 같은 표어까지 제시하고 있다.

一. 지금까지 민족통일에 방해되고 있는 좌우익의 모든 반인민적 파쟁 행위를 즉시 시정하라.

二. 민족통일은 민중의 조직의 압력으로써 달성시키자.

三. 민족통일에 유해한 모든 표어와 행동을 우리 민중이 자율적으로 방지하자.

四. 좌우합작 공작을 거족적으로 지지하자.

五. 미소공동위원회 속개를 요청하자.

六. 8·15 기념은 엄숙히 민족통일과 자주독립을 위하여 맞이할 것이요 부화경거(浮華輕擧)의 놀잇날로 만들지 말자.

이러한 주장은 그가 일제 말기부터 구상했던 신당 추진으로 구체화되었다. "진정한 민주주의 하에 3천만 민중의 대동단결을 기도키로 독립 전취의 촉진운동"을 일으키기 위해 '국민운동'을 전개한다는 것이 그가 구상한 신당의 방향이었다.[16]

그러나 신당에 참여할 인사들이 한국독립당 같은 대부분 우익에 속하는 인물들이었는데도 앞길은 순탄치 않았다. 조봉암이 추진하는 신당에 대해 미군정은 "공산당의 이탈분자들을 집결시켜 새로운 한국공산당을 만들려 하고 있다"[17]고 인식했다. 우익의 방해는 더욱 심했다. 조봉암이

---

15 曺奉岩, 〈8·15解放 紀念日을 어떠게 맞이할까?(3)〉, 《大衆日報》 1946년 8월 12일자.

16 《大衆日報》 1946년 9월 3일자. 그러나 신당을 인천에서 추진했다고 해서 이를 '지역 정당'으로 보기는 어렵다. 조봉암의 정국 인식으로 보아 현재 활동하고 있는 인천 지역에서 민족통일을 위한 '국민운동'을 일으키고 이를 토대로 중앙에서 정당이나 민족통일전선 조직을 구상한 것 같다.

앞의 성명서를 발표할 당시 자신들에게 합류할 것으로 기대했던 한민당은, 그가 인천에서 한민당에 참여하지 않은 우익 인사들을 모아 신당을 추진하자 "분란을 조성하지 말고 중지하라"[18]고 요구했다. 한민당의 집요한 방해 공작으로 '민족통일과 독립 전취를 위한 국민 총궐기 운동'을 내세운[19] 조봉암의 신당 추진은 차질을 빚게 되었고, 1946년 말부터 약 1년간 그는 서울에서 좌우합작운동을 지원하기 위해 이극로·배성룡(裵成龍) 등과 함께 민주주의독립전선을 결성하여 활동했다.

그러나 민주주의독립전선이 좌우 정당 간의 연합운동을 주장한 좌우합작위원회와 달리, 민중운동을 주장하고 통합의 범위도 중도 세력에 국한하자고 함으로써 양자 사이의 제휴는 원활하지 못했다. 민주주의독립전선의 이론가 배성룡은 정치 세력을 좌익·우익·좌익비판부대·우익비판부대·민족적 기본부대의 다섯 계열로 나누면서 민족적 기본부대, 좌익비판부대, 우익비판부대 등 중도 세력의 3파 연합을 주장했다.[20] 그러나 좌우의 대립 상황에서 '중앙노선'은 의미가 있었지만 이를 주도한 세력이 구 화요회계 공산주의자들이었기 때문에 설득력을 갖기는 어려웠다.

2) 단정 참여와 중간 세력 통일론

1947년 9월 17일 미국이 한국 문제를 유엔으로 이관함에 따라 미소공동위원회에 대처하기 위해 조직되었던 좌우합작위원회, 미소공위대책협의회, 민주주의독립전선 등은 존재 의의를 잃게 되었다. 이에 따라 이

---

17 《미군정 주간정기보고》 1946년 9월 5, 11일자.

18 梁濟博, 〈曺奉岩氏 新黨에 대하야〉 上·下, 《大衆日報》 1946년 9월 6, 7일자.

19 《大衆日報》 1946년 9월 6일자.

20 배성룡, 〈5계열 분야의 정치동향〉, 《자주조선의 지향》, 113쪽(金基承, 《韓國近現代社會思想史研究》, 신서원, 1994, 60~61쪽에서 재인용).

들은 좌우합작위원회를 중심으로 통합을 추진하여 민족자주연맹(민련)을 발기했다. 발기인으로 참여한 조봉암은 민련 준비위원회의 총선 지지 결의에 따라 선거운동을 위해 인천으로 내려갔다.

그러나 민련은 정당으로 개편하여 역량을 강화하고 총선에 나선다는 처음의 결의를 바꾸어 결성 단계에서 단지 협의체로 남고, 지도자인 김규식(金奎植)은 참여하지 않는다는 입장으로 돌아섰다. 민련은 남한 단독선거 안을 놓고 찬반 양파로 갈라졌고, 이듬해 3월 9일에는 공식적으로 선거 불참을 결의했다. 이러한 상황 변화는 민련 내 조봉암을 비롯한 총선 참여파를 고립시키는 결과를 가져와 그는 무소속으로 출마할 수밖에 없었다.[21]

그런데 노동계급 독재와 자본계급 독재를 반대하며 통일정부 수립을 주장해 온 조봉암이 남한 단독선거에 참여한 이유는 무엇일까? 농림부 장관 시절 조봉암의 비서를 지낸 강진국에 따르면 남한 단독선거가 미소 대결의 산물이라고 할 때 가능한 지역에서 '우리의 독립정부' 수립은 오히려 시급한 과제이며, 통일정부 수립도 우리의 독립정부를 통해 제2단계로 모색될 수밖에 없다는 것이 그의 판단이었다.[22] 남한만의 단독선거를 불러온 미소의 대립이 현실적으로 극복하기 어려운 문제라는 인식에서 통일정부 수립은 신정부가 들어선 뒤의 과제로 미루어졌을 뿐 결코 포기한 것은 아니라는 것이다.[23]

---

21 송남헌은 조봉암이 민련의 발기인 중 한 사람이었고 중앙위원 자리를 원했으나, 김규식이 조봉암은 조공으로부터 '전향'한 지 얼마 되지 않았기 때문에 곤란하다고 하여 명단에서 제외했다고 하는데(심지연 편, 《송남헌 회고록—우사 김규식과 함께 한 길》, 한울, 2000, 94쪽), 이것은 그가 단정에 참여한 뒤에 민련 계열을 자신의 기반으로 삼으려는 데서 적지 않은 어려움을 안겨주었다.

22 강진국, 1989년 12월 26일 증언; 鄭太榮, 앞의 책, 160쪽을 재인용.

23 조봉암은 당시 소회를 이렇게 밝히고 있다. "그러는 중에 대한민국을 수립하기 위한 총선거가 시작되었습니다. …… 미군정 3년을 지내고 우선 남한만으로라도 우리 민족이 정권을 이양받고 통일을 도모한다는 것은 정치적으로 지극히 단순하고 당연한 일입니다. 그때 공산당에서는 물론이고 일부 우익 진영에서도 단독정부니 반쪽 선거니 해서 그 총선

1948년 4월 18일에 조봉암은 인천 부평에서 열린 합동 정견발표회에서 상대 후보가 자신의 과거 공산주의운동 전력을 문제 삼으며 공격하자 성명서 발표 이후 주창해 온 민족통일과 자주독립론으로 응수했다. 그는 민족통일과 자주독립을 위해서는 미소 양군이 철수해야 하며, 남북통일을 원한다면 자신을 지지해 달라고 호소했다. 좌우 중간의 통일과 사대주의 배격, 한반도를 무대로 하는 미소 전쟁의 저지, 민족 자주에 바탕을 둔 남북통일을 주장하고 있는 연설에서 그의 평화통일노선의 단초를 확인할 수 있다.

눈여겨볼 것은 좌우 중간의 통일과 사대주의 배격을 역설하고 있는 대목이다. 이것은 민주주의독립전선의 중도통합론을 계승한 것으로서, 남북이 대치한 상황에서 중간 세력이 아닌 좌우 세력은 소련과 미국의 존재 때문에 사대주의로 갈 수밖에 없다는 것이다.

> 내가 국회에 출마하게 된 것은 독립운동을 하기 위함이다. 독립운동이란 무엇인가? 곧 외국 군대를 철퇴시키는 운동이다. 미·소가 나가야 우리가 살고 독립이 된다. 우리 민족은 좌우 중간을 통일하고 사대주의를 배격해야 한다. 우리는 우리 국토 안에서 미·소의 전쟁을 방지해야 한다. 양군의 전쟁은 곧 우리의 멸망을 가져올 것이기 때문이다. 우리는 오직 민족자주주의를 고수하여야 한다. 나는 국회에 나가면 남북통일을 위하여 싸울 것이다. 여러분이 남북통일이 좋은 일이라면 나를 지지할 것이요 그를 원치 않는다면 나를 배격할 것이다.[24]

거를 반대했었습니다. 나는 공산당이 반대하는 것은 소련의 지시를 받은 미국 세력 반대운동으로 간주했기 때문에 문제도 안 했지만은 김규식 등 여러 선배에게는 총선거에 참가함이 옳다는 것을 많이 주장도 해보았고 노력도 해보았지만 전연 통하지 않았고 끝끝내 반대 태도를 견지……"(조봉암, 〈나의 정치백서〉, 《전집》 1, 391쪽)

24 《大衆日報》 1948년 4월 20일자.

그는 제헌의회 의원에 당선된 뒤 통일운동에 주도적으로 나섰다. 1948년 6월 10일에 60여명의 의원들이 "민주주의 민족자결국가의 건설과 남북통일, 자주독립을 평화적 방법과 정치적 수단으로 전취"하기 위해 무소속구락부를 결성하자 조봉암은 6인 간사 중 한 사람으로 선출되었다.[25] 무소속구락부는 남북통일과 자주독립을 평화적으로 이뤄내기 위하여 행동 통일을 도모하고 균등사회 건설에 매진한다는 성명서를 발표했다.[26]

조봉암은 통일 문제를 매개로 국회 내 무소속구락부를 재야와 연대하게 하는 새로운 야당을 구상했다. 남북협상과 제헌의회 선거 찬반 논란으로 분열되었던 민련과 한독당 계열의 제휴를 추진한 것이다. 당시 정가에는 조봉암이 중심이 되어 박건웅(朴建雄)·최능진(崔能鎭)·김찬(金燦)·이광진(李光鎭) 등이 김구(金九)와 김규식을 내세워 한독당과 민련 산하의 민주독립당을 근간으로 하는 거대 야당을 구상하고 있다는 소문이 돌았다.[27]

이런 가운데 1948년 8월 4일 대통령 이승만(李承晩)은 조봉암을 농림부장관으로 임명했다.[28] 이승만이 그를 뽑아 쓴 것은 "좌익계의 정치 선동에 어느 정도 대처할 수 있는데다 국민들에 대한 이승만의 개혁 의지를 간접적으로 표명"하는 동시에, "조봉암에게 내재했었을 계급의식을 부추김으로써 한민당의 물질적 기초인 지주제를 붕괴시키기 위한 정치적 전략" 때문이었다.[29] 그보다도 이승만은 국회 내 무소속의 리더인 조봉암이 통일 문제를 매개로 김규식, 김구와 연대하는 것은 막아야 했던 것이다.

농림부장관 조봉암은 농업 정책도 협소한 경제적 관점에서 나아가 민

25 《조선일보》 1948년 6월 12일자.

26 《조선일보》 1948년 6월 15일자; 《京鄕新聞》 1948년 6월 23일자.

27 《서울신문》 1948년 8월 20일자.

28 《조선일보》 1948년 8월 4일자.

29 김성호·전경식·장상환·박석두, 《農地改革史 硏究》, 韓國農村經濟硏究院, 1989, 454쪽.

족 자주의 관점에서 바라보았다. 농지개혁의 앞선 단계로 식량의 강제 공출제를 폐지하고 양곡매상제를 실시하는 것에 대해 그는, "양곡매상은 민족의 식생활이 보장되느냐 안 되느냐 하는 문제보다 전 세계 각국이 주장하고 있는 자주독립성을 발휘하느냐 못하느냐 하는 실로 민족 존립에 관한 문제"[30]라고 주장했다.

이러한 관점은 농지개혁의 추진 과정에서도 그대로 드러난다. 조봉암의 주도 아래 최초로 구상된 토지개혁안은 "농토의 유상매수도 아니고 무상흡수도 아닌, 즉 적당한 보상을 주고 공공의 복리를 위해서 수용하려는 것"으로 해방 후 좌우의 오랜 주장인 무상몰수-무상분배, 유상매수-유상분배가 아닌 '제3의 길', '제3의 형태'를 채택하려는 것이었다.[31] 한마디로 사유재산을 보장한 헌법에 배치될 수도 있는 혁명적 발상이었다.[32] 조봉암은 이러한 '민주주의적인 방법'의 토지개혁 구상이 "형식만은 (토지를) 무료로 준다고 하지만 현물로 걷어가는 것이 더 많은 실정"에 있는 북한의 '볼셰비키 방법'에 따른 토지개혁보다 우수한 것이라고 생각했다.[33] 그리고 이러한 관점에서 농림부의 토지개혁안이 북한과 같은 것이라는 한국민주당의 주장을 일축했다.[34]

농림부장관 재임 중에도 조봉암은 이따금 기자회견 등을 통해 남북문제에 대한 생각을 밝혔다. 그는 여순사건(1948. 10) 등을 계기로 고개를 들고 있는 무력통일론에 대해 심각한 우려를 표명하면서 남북통일을 촉진하기 위해 합의에 의한 미·소 양군의 평화적인 철퇴를 주장했다. 이

30 《水産經濟新聞》 1948년 11월 23일자.

31 《農地改革史 研究》, 475~476쪽.

32 헌법 제15조는 "개인의 재산권을 보장하되 재산권의 행사는 공공복리에 적합하도록 하여야 하며, 법률이 정하는 바에 의하여 상당한 보상을 지불하고 공공필요에 의하여 국민의 재산권을 收用 또는 제한할 수 있다"고 규정하고 있다(兪鎭午, 《憲法解義》, 45~47쪽).

33 《大東新聞》 1948년 12월 28일자.

34 《自由新聞》 1948년 12월 29일자.

승만이 비밀리에 미국 대통령 트루먼(H. S. Truman)에게 한국에 미군 육해군 대표부를 설치하도록 요청하고[35] 국회가 1948년 11월 20일 제109차 본회의에서 미군 주둔 결의안을 88대 3으로 가결한[36] 상황에서 정부 방침과는 다른 대담한 주장이었다.

> 우리 민족 가운데는 간혹 조선의 완전 자주독립이 미·소 양국의 전쟁 유발로서 온다고 보고 있는 사람들이 있는 모양인데 이것은 대단히 유감된 일이다. 우리는 남북통일을 촉진시키기 위하여 평화적인 兩 철퇴를 주장하여야 될 것이며 이것이 곧 민족적 선결 과업이 아니면 안 될 것이다. 다시 말하면 남북통일은 어떠한 외세를 배경으로 한 정권 쟁탈전이나 쿠데타로서는 절대로 이루어지지 않는다는 것을 재삼 명심하여야 될 것이다. 왜냐하면 미·소의 평화적 협조에서만 세계의 일환으로서의 남북통일이 평화적으로 해결되기 때문이다.[37]

그는 통일에 앞서 '평화'를 강조하고 있는데 여기에는 양군의 철퇴 과정에서 미·소 간의 평화가 깨질 경우 동족 간에 전쟁이 일어날 것이라는 우려가 깔려 있다. 이 무렵에 그가 "세계의 평화와 만인의 자유와 평등"을 강령으로 하는 평화사(平和社) 조직의 결성을 주도한[38] 것도 이런 위기의식의 발로였다고 볼 수 있다.

양군 철군 문제에 대한 조봉암의 견해는 당시 한민당의 내각책임제 개헌 요구에 맞서 남북 문제를 정국 돌파의 수단으로 삼으려는 이승만의 계획과도 배치되는 것이었다.[39] 그렇기 때문에 이승만 정권은 평화적

---

35 *FRUS* 1948, pp. 1331~1332.

36 《서울신문》 1948년 11월 21일자.

37 《水産經濟新聞》 1948년 11월 23일자.

38 《京鄉新聞》 1948년 9월 16일자. 조봉암은 평화사의 간사로 취임했다.

39 이승만 정권의 견해는 외무장관 임병직이 유엔 한국위원단 의장에게 보낸 공한에 잘 나

통일에 대한 조봉암의 문제 제기에 대해 "공개 토의할 수 없다"고 하며 불편한 심기를 드러냈다.[40]

조봉암은 문제 제기에 그치지 않고 자신의 구상을 실천에 옮기려 했던 것 같다. 1949년 2월에 유엔한국위원단이 방한하자 그는 여운홍(呂運弘)·박건병(朴健秉) 등 중간파 세력과 연대하고자 했다.[41] 남북협상에서 돌아온 뒤 별다른 움직임이 없었던 김구와 김규식도 유엔한국위원단의 활동에 기대를 걸고 있었다. "남북을 통한 새로운 선거, 남한만이라도 다시 선거를 하든지 그도 안 되면 현 정부를 연립내각으로라도 만들어, 동지도 한몫 넣어 남북을 평화적으로 자주적으로 대중에 기반을 두고 통일 독립을 촉진"[42]하자는 것이다. 특히 김구는 유엔의 협조가 어려울 경우 "통일 방법으로는 오직 애국애족의 열성에 근거한 자주적 남북협상이 있을 뿐"[43]이라고 주장했다. 그런데 이것은 남북협상을 부정적으로 인식하고 그보다는 중간 세력을 주축으로 미·소와 유엔 등 국제 간의 협조를 더 중요하게 인식한 조봉암의 견해와는 차이가 있다.

그의 농림부 장관직 사임은 이러한 행보와도 관계가 있다. 물론 장관 사임은 조봉암이 추진하는 농지개혁을 저지하려는 한국민주당의 견제 때문이었다.[44] 그런데 친 한국민주당 성향의 감찰위원회가 조봉암의 '공금유용' 협의에 대해 내사에 들어가자 이승만은 그를 옹호하기는커녕

타나 있다. "① 소련을 설득시켜 북한 정권과 모든 정당 및 사회단체를 해체시킴으로써 남한정부가 유엔위원단 감시 아래 북한에서 총선거를 실시할 수 있게 할 것 ② 북한에서의 조속하고도 완전한 외국군 철수를 감시하고 인민군의 '즉각적인 해체'를 위해 적절한 기구를 파견할 것 ③ 북한 정권이 '무효'라고 주장한 국제협정 및 조약을 모두 선포할 것"(盧重善 編, 《民族과 統一 I》(資料編), 사계절, 1985, 275쪽).

40 《獨立新聞》 1949년 1월 14일자.

41 《大東新聞》 1949년 2월 8일자.

42 《週刊 서울》 1949년 1월 1일자.

43 《獨立新聞》 1949년 2월 19일자.

44 조봉암은 1950년 봄까지 "농지는 농사짓는 이에게 주는 것을 원칙으로 하고 부재지주는 인정치 않는" 혁신적인 농지개혁을 마무리지으려고 했다(《週刊서울》 1949년 1월 1일자).

오히려 이를 방조한 것으로 알려졌다.[45]

3. 1950년대의 평화통일노선

1) 제2, 3대 대통령 선거와 평화통일노선

한국전쟁의 발발은 이승만 정권에 대한 조봉암의 태도를 크게 바꿔놓았다. 대통령 이승만을 비롯하여 정부 각료, 대부분의 국회의원들은 인민군의 진입이 눈앞에 닥친 수도 서울을 버리고 남쪽으로 피난을 서둘렀다. 그러나 조봉암은 국회부의장으로서 국회의 중요 문서를 챙기면서 시간을 지체하다가 한강철교 폭파 직전에야 서울을 탈출했고 그의 아내는 납북되고 말았다.[46] 조봉암은 서울 시민들을 속이고 야밤에 도망치듯 내려간 이승만 정권에 대해 분노를 느꼈을 것이다. 전쟁 중에 일어난 국민방위군 사건(1950. 12)과 거창 양민학살 사건(1951. 2) 같은 국정의 난맥상도 그로 하여금 현 정권과 거리를 두게 만들었다.[47]

이런 점에서 1952년 6월 조봉암이 내각책임제에 대한 평소의 소신과 달리, 이승만이 제안한 양원제와 대통령 직선제를 골자로 하는 발췌개헌안 통과에 협조한 것도 그 내막을 들여다볼 필요가 있다. 박진목(朴進

45 1949년 2월 16일 농림부 장관 비행사건에 대한 국회조사위원회에서 민족청년단 출신의 강욱중 의원은 농림부 장관에 대한 조사가 "감찰위원회가 자율적으로 행동을 개시한 것이 아니라 대통령의 특명으로 조사에 착수한 것"이라고 폭로했다(《서울신문》 1949년 2월 17일자).

46 임홍빈, 〈죽산 조봉암은 왜 죽어야 했나〉, 《新東亞》 1983년 3월호, 134쪽.

47 조봉암은 국민방위군 관련 횡령 금액이 일부 정파('신정동지회')의 정치자금으로 사용되었다는 의혹을 규명하기 위해 구성된 국회 조사특별위원회 위원장으로 활동하면서 정권의 부패상을 적나라하게 지켜보았다. 그러나 그는 1951년 5월 12일에 국회에서 "관련된 사람 전부를 소환하여 조사한 결과 전연 사실이 아님이 판명되었다"고 보고했다(《國會史》, 국회도서관, 491~494쪽).

穆)에 따르면 종전(終戰)운동을 위해 임시수도 부산으로 조봉암을 찾아갔을 때 그는 자신의 일관된 신념인 평화통일노선을 강조하면서 "종전과 평화적 조국통일은 애국심이 있는 사람이라면 다 찬성할 것이며 …… 이번에 대통령 선거가 직접선거로 개헌이 되니 이승만 박사보다 좀 다른, 즉 평화통일을 내걸고 단결하면 당선이 가능할지도 모르고 또 대통령이 되든 안 되든 민중 앞에서 말할 기회가 된다"[48]고 말했다는 것이다.

마침내 조봉암은 1952년 7월 14일 "치열한 반공전을 수행하는 과정에 …… 미증유의 민생고의 해결도 중대한 당면 문제려니와 저상된 민족정기를 앙양시키고 민주주의의 실질적 발전을 실천에 옮기고자"[49] 직선제 개헌에 따라 첫 실시된 제2대 대통령 선거에 출마를 선언했다.

그는 선거공약으로 발표한 10개 항의 정견에서 주권 강화와 자주외교, 책임과 능력 위주의 행정 쇄신, 노동자 권익 보장 등으로 국가의 기본 기능을 정비 확충하고 '피해 대중'을 위한 정치를 하겠다는 포부를 밝혔다.[50] 이어 자신의 정치적 신념을 담은 5개 항의 정강을 발표했다.

> 一. 나는 계급독재 사상을 배격한다. 공산당 독재도 자본가와 부패 분자의 독재도 이를 강고히 반대하고 민주주의체제를 확립하려 한다.
>
> 一. 나는 일선(一線)과 총후(銃後)의 혼연일체로서 화전(和戰) 양면의 우위를 확보하고 공산제국주의를 철저히 타도함으로써 자유와 평화를 쟁취할 것이며, 조국의 완전 자주통일을 완성하겠다.
>
> 一. 나는 조국의 부흥 번영과 대중의 생활 안정 및 그 균등한 향상을 위하여 계획성 있는 경제정책을 실시하고자 한다.
>
> 一. 나는 지금도 성행하고 있는 일체의 봉건 잔재를 숙청하고 민주주의

48 朴進穆, 《내 祖國 내 山河》, 啓蒙社, 1994, 319쪽.

49 《조선일보》 1952년 7월 26일자.

50 서중석, 《조봉암과 1950년대》 상, 66쪽. 정견 전문은 《조선일보》 1952년 7월 31일자 참조.

원칙에 의한 내정의 혁신을 단행하여 정직하고 책임 있는 공개 정치를 하겠다.

一. 나는 미국을 위시한 모든 민주 우방과 적극 협력하여 항구적인 세계 평화의 조속한 실현을 위하여 노력한다.[51]

이것은 해방 후 조봉암이 조공과 결별을 선언하면서 노동계급의 독재와 자본계급의 독재를 동시에 거부했던 성명서의 내용을 떠올리게 하지만 전체적으로 통일 문제에 대한 인식은 빈약하다고 볼 수 있다. 그러나 정권의 어떠한 억압 통치도 합리화되는 전쟁 중의 상황에서 완곡하게 표현하고 있지만, 통일을 이루고자 화전 양면의 정책을 사용하겠다는 주장에서 평화통일의 의지를 읽을 수는 있다.

당시 민국당의 대통령 후보로 출마한 이시영(李始榮)의 통일 문제에 대한 정견에 비추어 볼 때[52] 조봉암은 자신의 평화통일노선을 더욱 분명히 밝힐 수도 있었을 것이다. 그럼에도 그가 이처럼 신중한 표현을 할 수밖에 없었던 것은 이승만 정권과 민국당의 사상 공세에 말려들지 않으려는 고육지책이었다. 비록 선거에서 졌지만 제한적이나마 평화통일 노선을 대중들에게 제시할 수 있었던 것은 수확이었다. 조봉암은 선거를 통해 "이승만에 대항한 유일한 의미 있는 정치인"으로 떠올랐다.[53]

대선을 통해 더욱 높아진 지명도를 바탕으로 조봉암은 다시 신당 구상에 착수했다. 그는 장면(張勉)과 합작을 시도하는 한편, 이것이 어려

---

51 《조선일보》 1952년 8월 4일자(광고).

52 이시영의 통일관련 정견은 다음과 같다. ① 유엔을 계도하고 유엔에 협력하여 남북 정전 회담을 최단 시일 내에 성공시키고 '국군'과 '인민군'을 함께 발전적으로 해소한 '민족평화군'을 창건한다. ② '평화민족통일국가'를 건립한다. ③ 남북을 통한 일체 정치범은 일단 석방하고 추후 심사하되 지도자의 지시에 의한 범행은 일체 이를 불문에 부친다(《民族日報》, 1961년 5월 15일자; 盧重善 編, 《民族과 統一》 I, 306쪽). 그는 대한민국임시정부 요인 출신으로 통일에 대한 열망이 강했다.

53 *JOINT WEEKA*(주한미국대사관 주간보고서) 6, 1956. 3. 9., p. 51

워지자 선거 과정에서 자신을 지지해 준 세력으로 진보적 대중정당을 만들려고도 했다.[54] 그러나 신당 구상이 또다시 실패로 돌아가자 그는 장고(長考)에 들어가 1954년 3월에 다가올 5·20 총선거를 대비하여 자신의 정치 노선을 밝히는 《우리의 당면과업(當面課業)－대(對) 공산당 투쟁(共産黨鬪爭)에 승리(勝利)를 위(爲)하여》를 집필했다.

여기서 조봉암은 한국전쟁 직후에 조성된 '청산되어야 할 편파적 폐해'로 중간파 및 남북협상파와 국민보도연맹 관계자들에 대한 탄압상을 지적하면서 관용과 포용을 호소하고 있다. 특히 전쟁의 가장 큰 피해자인 보도연맹에 관해서는 자신의 과거 경력까지 되살려내며 "공산당을 타도하는 데는 공산당을 아는 사람이 더 많이 능률적으로 투쟁할 수 있다"는 논리로 이들을 적극 감싸 안는 태도를 보이고 있다.[55] 그의 평화통일노선 내면에 깔린 인도주의적 측면을 보여준다.

그러나 이 글이 평화통일노선의 발전 과정에서 획기적인 의미를 지니는 것인지는 의심스럽다. 조봉암이 1952년 선거 이후, 당시 유일하게 전국 조직망을 갖춘 민국당에 가입하려고 노력했으며 이 글도 그러한 노력의 한 갈래로 자신의 사상적 견해를 내보인 것이라는 지적도[56] 있지만, 평화통일노선을 본격적으로 밝힌 글로서는 한계가 있다. 그가 공산과 민주의 대립은 정치적인 대결이 앞서야 하는 것이라고 하여 무력 일변도의 북진통일론을 조심스럽게 비판하고는 있지만, 통일보다는 보수야당에 참여하고 선거에서 이기기 위해 민국당은 물론 자유당의 참여 가능성까지 고려한 '민주대연합'에 비중을 둔 것으로 여겨진다.

지금 우리들은 남북통일을 입버릇같이 부르짖고 있다. 물론 남북통일은

---

54 《조선일보》 1952년 9월 27일자.

55 曺奉岩, 《우리의 當面課業: 對 共産黨 鬪爭에 勝利를 爲하여》, 革新文藝社, 1954, 64~78쪽.

56 오유석, 앞의 글, 66~67쪽.

> 우리 민족 전체의 염원이니만치 부르짖지 아니치 못할 일이다. 그러나 그 남북통일이라는 것이 어떻게 되어져야 하겠느냐는 데 문제의 초점이 있다. 즉 어떠한 형식으로 될 것인지 또 어떠한 세력을 중심으로 해서 될 것이냐가 중요한 문제라는 것이다. 여기에 대해서는 우리 모든 사람들이 일치한 결론을 갖고 있는 거와 마찬가지로 우리 민족의 남북통일이나 자주독립은 우리 민주 세력을 중심으로 해서 성취되어져야 한다는 것이니 만일 그렇지 않고 민족을 팔아먹고 소련의 주구 노릇하는 공산당의 독재천하가 된다고 하면 그 결과가 어찌될 것이냐는 말이다.[57]

잠재되어 있던 평화통일노선을 드러내 보인 계기가 된 것은 제네바 정치회담이었다. 제네바 정치회담은 1954년 4~6월에 휴전협정에 따라 열렸으며, 남한, 유엔군으로 참전한 15개 국, 북한과 중공, 소련 등 19개 국이 참가했다. 휴전협정에는 정치 문제 해결에 관한 조항이 없었지만

제네바 정치회담(1954. 4. 26)

57 曺奉岩, 앞의 책, 101~102쪽.

제60항에서 "3개월 이내에 고급정치회담을 개최"할 것을 권고했다. 이승만 정권은 무력북진통일론을 고수했지만 국제사회의 요구에 밀려 대외적으로는 "유엔 감시 하의 남북한 자유선거"를 제안했다.

변영태(卞榮泰) 외무장관이 제네바 회담에서 행한 한국 통일에 관한 14개 조의 제안은 선거의 시기와 원칙, 자유선거의 보장을 위한 조건, 통일의회의 권한, 외국 군대의 철수 등 크게 네 개 부분으로 이루어져 있다.

제안은 먼저 본 제안 채택 뒤 6개월 이내에(3항) "유엔의 제 결의에 의거한 유엔 감시 하의 자유선거"를 실시하고(1항), "이북 지역에서는 자유선거를 실시하며 남한에서는 대한민국 헌법 절차에 의해 선거를 실시"(2항)해야 한다고 주장했다. 선거는 비밀선거 및 일반 성인의 선거권에 따라 실시되어야 하며(6항), 자유로운 선거분위기 조성을 위해 유엔 감시위원과 입후보자와 선거운동자 및 그 가족들에 대해 행동과 언론의 자유가 보장되어야 한다(4, 5항)고 주장했다. 의원 수는 인구 비례에 따르되(7항) 이를 위해 유엔 감시 아래 인구조사를 실시하고(8항) 새로운 의회는 서울에서 개회하여(9항) 통일한국의 대통령 신임 선출 여부, 대한민국 현행 헌법의 수정 여부, 군대 해산에 관한 문제 등을 결정해야 한다고 주장했다(10항). 제안은 중공군이 늦어도 선거일 한 달 전에는 한국에서 철수해야 하며(12항) "유엔군의 점진적 철수는 선거 실시 전에 시작"(13항)할 것이라고 말하고 유엔은 새롭게 탄생될 '통일독립 민주한국의 권위와 독립'을 보장해야 할 것(14항)이라는 주장으로[58] 끝맺고 있다.

당초에 회담 자체를 거부했던 이승만 정권의 처지에서 볼 때 이러한 제안은 파격적인 것이었다. 특히 유엔에 힘입어 한반도에서 유일한 합법정부로 승인 받은 남한에서도 대한민국 헌법 절차에 따라 선거를 실

58 鄭一亨 編著, 《유엔과 한국문제》, 新明文化社, 1961, 312~314쪽; 盧重善 編, 《民族과 統一》 I, 323~324쪽. 변영태 장관이 제안한 14개 조가 평화통일방안으로 부각되는 것을 막기 위해 자료의 변조와 왜곡이 자행되었다는 지적은 서중석, 《조봉암과 1950년대》 상권, 262쪽 참조.

시한다든지, 새로 구성될 전 한국 의회에서 대한민국 헌법을 수정할 수도 있다는 것은 제네바 회담 참가를 다그친 미국의 입김이 작용한 결과였지만[59] '소극적인' 평화통일방안이라고 할 만 했다. 이와 관련하여 제3대 정부통령 선거 당시 중립적 입장을 취했던 한 신문은 이 제안을 '14개 조 평화통일안'이라고 소개하면서 이승만과 신익희(申翼熙), 조봉암 세 후보의 대외공약을 비교하고 있다.

> 우리는 이 박사의 대일 강경책과 신익희 씨의 대일 친선 정책의 어느 것이 가하다거나 이 박사의 무력통일 정책과 조봉암 씨의 평화적 통일 정책의 어느 편이 가하다고 단정하려는 것은 아니다. 그러나 현 정부가 대일 강경이라 하면서도 대일 협상 재개를 위해서는 상당한 노력을 경주하였고, 무력통일이라 하면서도 제네바에서 14개 조 평화통일안을 내놓은 것과 마찬가지로 야당이 대일 친선이라 하여 일진회(一進會)류의 굴복을 꾀한다고 볼 근거는 찾을 수 없는 것이요, 평화통일이라 해도 '대한민국의 주권과 합법성을 인정하는 테두리 안에서'라는 조건일 것은 이미 알려진 바와 같은 것이다.[60]

조봉암도 뒤에 이 14개 조는 평화통일방안이라고 지적했고[61] 1956년 5월 15일의 정부통령 선거에서 진보당은 평화통일의 구호를 과감히 내걸어 눈에 띄게 진출했다.[62] 그는 대통령 입후보 등록 다음날인 4월 8일

---

59 1954년 2월 22일 주한미국대사는 이승만을 방문, 다음과 같은 내용의 제네바 회담 참가 조건에 합의했다. "① 일정한 기간을 정해서 제네바 정치회의를 진행시키되 그동안 진전이 없으면 한미 양국은 동일 보조를 취해 퇴장할 것. ② 한미 양국은 끝까지 공동 보조를 취할 것. ③ 회의 결렬에 대비하여 육해공군을 증강시킬 것"(盧重善 편, 앞의 책, 320~321쪽).

60 〈社說: 對共 對日政策에 관한 李大統領 談話〉, 《조선일보》 1956년 4월 14일자.

61 《한국일보》 1956년 4월 29일자.

62 〈정계 1년 회고〉, 《조선일보》 1956년 12월 27일자.

유엔 지지 아래 평화적 방법에 따라 남북이 빠른 시일에 통일되어야 한다고 주장하고 북진통일 구호는 적당치 않다고 말했다. 그리고 그는 위의 14개 조 제안을 의식한 듯, 통일은 대한민국의 주권과 합법성을 인정하는 범위 안에서 북한만의 선거 또는 그 밖의 방법에 따라 평화적으로 이루어져야 하며, 평화적 통일이란 민주주의 방식에 따른 민주주의의 승리를 전제하는 것이라고 주장했다.[63]

조봉암의 평화통일노선은 야당 후보 단일화 추진 과정에서 다시 관심을 끌었다. 4월 10일에 진보당추진위원회는 민주당과의 연합 조건으로 책임 정치의 확립, 수탈 없는 경제체제의 추진, "조국통일은 국제 관여하의 평화적 방법에 의해 이룩한다"는 세 가지를 제시했다.[64] 진보당추진위원회 선거대책위원장 서상일(徐相日)은 야당연합 추진의 의의와 관련하여 "이 이상 동족상잔의 피를 흘린다면 곧 민족의 자멸을 의미하는 것이니 우리는 어디까지나 피 흘리지 않고 민주주의 승리에 의한 평화적인 방법으로 남북통일을 이룩해야한다"[65]고 호소했다.

조봉암과 진보당추진위원회는 평화통일노선을 최대의 선거 공약으로 내세웠다. 1956년 4월 말 진보당은 한 일간지에 '진보당 입후보 조봉암' 명의로 그의 사진과 함께 '남북 평화통일을 성취'라는 제목 아래 다음과 같은 통일 정책을 발표했다. 여기서 그는 자유당과 민주당의 통일 정책을 비현실적인 것으로 비판하고 평화통일노선을 강조하고 있다.

> 우리는 민족의 비원인 남북통일을 평화적으로 단시일 내에 성취시키겠다. 전 세계 인류의 시대적 요구가 전쟁 반대일 뿐만 아니라 우리 동포들도

---

63 《조선일보》 1956년 4월 8일자.

64 박기출, 《내일을 찾는 마음》, 新書閣, 1968, 80~81쪽. 그런데 민주당 쪽에서 진보당에 통고한 통일 방안은 유엔 감시 하의 북한만의 선거로 알려졌다(徐仲錫, 〈진보당 연구－조봉암·진보당의 평화통일론을 중심으로〉, 275쪽).

65 《조선일보》 1956년 4월 14일자 '광고'.

이 이상 피 흘리기를 절대로 원치 않는다. 제네바에서 평화 제안했던 정부나 민주당은 시종 무력통일을 운위하지만 이것은 현실에서 고립되는 주장일 뿐만 아니라 결과적으로 통일을 단념하는 거와 다름이 없다. 왜냐하면 무력통일론은 불가능한 옛 이야기에 속하기 때문이다. 우리는 민주 역량을 공고히 하여 그 토대와 주동 밑에 민주 승리의 평화통일을 쟁취하기 위하여 국가적 총력을 여기에 경주할 것이다.[66]

선거일을 6일 앞두고 진보당추진위원회의 통일 정책과 관련된 또 하나의 중요한 공약이 발표되었다. 박기출(朴己出)이 부통령 후보의 사임을 발표한 이날 진보당은 〈공약 10장〉을 발표했는데, 이 가운데 제1장이 통일 정책에 관련된 내용이었다.

남북한에 걸쳐 조국의 통일을 저지하고 동족상잔의 유혈극의 재발을 꾀하는 극좌극우의 불순 세력을 억제하고 진보 세력이 주도권을 장악함으로써 국련(국제연합—인용자) 보장 하의 민주 방식에 의한 평화적 통일을 성취한다.[67]

이 공약은 야당 후보 단일화의 노력이 물거품이 된 상황에서 《우리의 당면과업(當面課業)》에서 제기했던 민주 세력 대연합론을 폐기하고 통일운동의 주체를 '진보 세력'으로 설정했다는 점에서 의의가 있다. 그러나 뒤에 보는 것처럼 이것은 정부 여당이나 보수 야당과 차별성을 강조함으로써 득표율을 높이기 위한 선거 전술에서 나온 것이라 할지라도, 민족 전체의 문제가 되어야 할 통일 논의가 진보 세력이라고 하는 특정 세력의 권력 장악을 위한 도구로 여겨지게 하여 탄압을 불러올 수도 있

66 《한국일보》 1956년 4월 29일자.

67 《조선일보》 1956년 5월 10일자.

는 것이었다.

2) 진보당과 평화통일노선의 시련

조봉암과 진보당창당준비위원회는 대통령 선거에서 얻어낸 대중적 지지를 바탕으로 1956년 6월부터 범혁신 세력의 대동단결을 모색하는 운동을 추진했다. 이에 따라 조봉암과 공화당 이탈파인 장택상(張澤相)의 합작회담이 열렸고 원로 5인, 곧 김창숙(金昌淑), 박용희(朴容喜), 이명룡(李明龍), 서상일, 장건상(張建相)이 혁신 세력의 대동단결을 호소하는 공동성명을 발표했다.

이 과정에서 이들은 ① 대통령 선거에서 200만 표 이상을 획득한 조봉암을 당의 지도적 지위에 참가시키는가의 여부 ② 이미 발족한 진보당을 토대로 확대시키느냐 아니면 진보당 발족을 백지화하고 새로운 출발점에 서는가 ③ 혁신정당에 포괄될 세력의 범위 등을 놓고 분열되었다. 혁신 세력은 조봉암 중심의 진보당(1956. 11. 10 창당), 서상일 등 진보당 이탈파 중심의 민주혁신당(1956. 11. 8 창당), 장건상 중심의 구 근민당 계열 등으로 갈라졌다.[68]

그러나 이러한 분열에는 북한에 대한 인식의 차이, 곧 북한과의 대화 여부와 수준 문제에 대한 이견이 바탕에 깔려 있었다.[69] 제3대 정부통령 선거 뒤에 조봉암은 평화통일노선을, 지금까지 전제 조건으로서 강조해 왔던 국제적 여건의 비중을 약화시키면서 상대적으로 남북한 당국의 역할을 높이는 것으로 변화시켰다.

1957년 10월에 '진보당 위원장' 조봉암은 당 기관지 기고를 통해 평화통일노선의 내용을 비교적 자세하게 밝혔다.[70] 그는 먼저 제3대 정부통

---

68 장건상 외, 《사실의 전부를 기술한다》, 희망출판사, 1966, 438~439쪽; 유한종, 〈혁신계 변혁, 통일운동의 맥〉, 《역사비평》, 1989년 여름호 참조.

69 정창현, 앞의 글, 186쪽.

진보당 창당대회(1956. 11. 10)

령 선거 과정에서 평화통일노선의 확산에 고무된 듯 진보당이 일관되게 주장해 온 '정치적 평화적 방법에 의한 통일'이 국민적 공감대를 형성하고 있다고 주장했다. 그러나 진보당의 평화통일노선은 사회 한 켠에서 우려하고 있는 것 같은 '철학적 평화주의'가 아니라 정당의 견해에서 실현을 전제로 하는 정책임을 강조했다.

조봉암은 남북이 통일되어야 하는 이유로 세 가지를 들었다. 첫째, 수천 년 동안 단일민족의 역사를 가졌고 동일한 민족 감정을 가졌으며 단일민족으로서의 긍지를 가지고 있기 때문에 반드시 통일이 되어야 한다고 주장했다. 둘째, 분단으로 말미암아 한반도 남부의 농업과 북부의 공업이 강제로 나뉨으로써 분단 상태로는 민족경제의 정상적인 발전을 이룰 수가 없다고 역설했다. 셋째, 한반도가 미소 간 각축장이 된 현실에서 평화적 통일만이 민족의 자유와 평화는 물론 세계 인류의 평화와 행복을 위한 유일한 길임을 주장했다. 조봉암은 그 근거로 평화통일노선

---

70 조봉암, 〈평화통일에의 길〉, 《중앙정치》 1957년 10월호, 권대복, 《진보당》, 지양사, 1985, 66~85쪽.

이 1953년 7월 27일의 휴전협정 이래 국제적인 지원과 영향 아래 확립된 것임을 강조했다.

그는 ① 유엔 감시 하의 북한만의 선거안 ② 협상에 의한 연립정부안이나 남북 양국회의 대표에 의한 전국위원회안 ③ 중립화안 ④ 국가연합 ⑤ 유엔 감시 아래 남북통일 총선거를 거치는 방안 가운데 다섯째 안을 지지했다. 그러나 더 이상의 언급은 하지 않고 있다. 통일 문제가 '중대한 국가적인 외교 문제'이기 때문에 "현 행정부의 주장과 정면 충돌이 되어서 조금이라도 나라에 해를 끼칠 염려가 있을까 저어해서" 정부가 제기하고 있는 문제 밖의 구체적인 안은 공개하기 어렵다는 것이 이유였다.

행정부의 주장과 정면 충돌이 될 수도 있다는 통일방안은 무엇일까? 이와 관련하여 1957년 9월경 진보당 통일문제연구위원회 위원장 김기철(金基喆)이 작성한 〈북한 당국의 평화 공세에 대한 진보당의 선언문〉(선언문)이 눈길을 끈다. 이 문건이 진보당의 공식적인 통일 정책이었는지에 대해서는 아직도 논란이 있다.[71] 그러나 뒷날 진보당 사건 공판에서 조봉암이 "나는 김기철의 통일 방안을 지지했고 미처 당 정책으로 채택되지는 않았지만 이 안이 진보당의 통일 정책을 궤도에 올려놓은 것"[72]이라고 증언했다는 사실로 미루어, 그것이 공식 당론으로까지 채택되지는 않았을 지라도 당내에서 폭넓은 공감대를 이루었음은 분명하다. 따라서 조봉암이 '행정부의 주장과 정면 충돌이 될 수도 있는 통일 방안'도 이것이었을 가능성이 높다.

선언문은 북한이 평화통일을 외치면서도 출발점에서 국제연합의 기본적 구성에 도전하고 한국전쟁의 책임 소재를 내세움은 평화적 통일에 해롭다고 지적한 뒤, 변영태 외무장관이 제네바 회담에서 제시한 14개

71 서중석, 앞의 책(상권), 292~293쪽.

72 李英石, 앞의 책, 32쪽, '김기철의 증언'.

조항을 본뜬, 14개 항의 통일 방안을 작성하여 북한 당국이 이를 수락하도록 권고하는 형식으로 작성되었다. 선언문은 크게 남북한 자유선거를 감독할 국제감시위원회의 구성, 국제감시위원회의 감독 아래 선거를 주관할 전한국위원회의 권한, 선거 사무에 관한 제 원칙, 전한국의회의 임무와 외국 군대의 철수 문제 등 네 부분으로 구성되어 있다.[73]

선언문은 먼저 통일되고 독립된 민주적 한국의 국회 구성을 위해 자유선거를 시행해야 하며(1항), 선거의 준비와 실시를 감독하고 감시하기 위해 유엔의 동의 아래 인도, 스위스, 스웨덴, 폴란드, 체코슬로바키아의 중립국 5개 국 대표로서 국제감시위원회를 설치하되 이 위원회는 실제적이며 유효적절한 감시권을 가져야 한다고 주장했다(2항).

국제감시위원회와 협조하고 선거와 직접 관련되는 범위의 남북한 간 정치적 접근 조치를 취하기 위해 대한민국 국회와 북한 당국에서 선출된 대표로서 전한국위원회를 구성하며, 여기에는 남북한 사회단체 대표의 참여도 가능하다고 언급했다(3항). 동 위원회는 합의제 원칙에 따라 운영하되 그의 임무는 "선거법 작성 및 선거 자유 분위기 조성"에 국한되며 남북한 당국이나 앞으로 구성될 통일국회가 맡아야 할 문제에 개입해서는 안 되고(4항), 동 위원회에서 합의되지 않은 안건은 국제감시위원회 의장에게 앙재(仰裁)를 요청하여 권고대로 처결해야 하며(5항), 합의 사항은 남북한이 반드시 집행하고 내용을 국제감시위원회에 통고해야 한다고 주장했다(6항).

선거는 남북한의 합의 후 6개월 안에 시행하고(7항) 선거 관리를 맡은 국제감시위원회 요원은 업무와 관련된 자유를 가지며 현지 당국은 이들에게 모든 편의를 제공해야 한다고 주장했다(8항). 입후보자와 선거운동원 및 그들의 가족에게는 행동, 언론 그 밖에도 민주국가에서 인정되고 보호되고 있는 인권이 보장되어야 하며(9항), 선거는 비례제 원칙

73 권대복 엮음, 앞의 책, 116~117쪽.

과 비밀투표 및 성인의 보통선거의 기초 위에서 시행해야 한다는 것이다(10항).

통일의회가 되는 전한국의회는 서울에서 개회하여(11항) 통일 한국의 헌법과 남북한 군대의 해산과 관련된 문제를 결정하고(12항), 외국군의 철수는 선거일 전부터 시작하되 유엔군의 철수는 통일정부가 수립된 뒤에 시행해야 한다(13항)고 말하고, 통일되고 독립된 민주적 한국의 평화를 보장하고 재건을 도울 강대국을 포함한 모든 국가가 평화적 통일의 확실한 진전을 미리 책임져야 한다(14항)고 끝맺고 있다.

이러한 방안은 북한을 통일의 한 주체로 인정하면서 남북의 주체적인 역량에 힘입은 통일을 강조했다는 점에서 '유엔 감시 하의 남북 총선거'를 주장했던 전 단계의 통일방안보다 한 걸음 더 나아간 것으로 평가할 수 있다. 조봉암이 통일 문제를 두고 민족 내부의 주체적 노력의 중요성을 강조하고 있는 것도 같은 맥락이라 할 것이다.

> 우리나라 통일에 관해서 전세계가 민주적 원칙이라고 해서 다 같이 인정하는 안이 있음에도 불구하고 실현되지 못하고 있는 또 하나의 원인이 있으니 그것은 결국 우리 민족의 주체성이 약하다는 사실이다. 따라서 우리 민족이 우리의 소원을 이루자면 우리 민족 자체가 통일을 절규하여 그를 강력히 주장하고 힘차게 싸우는 입장에 서지 않고서는 강대국 간의 상극과 마찰을 조정할 길이 없으리라는 것이다.[74]

그러나 선언문은 북한 당국의 통일 방안과는 거리가 있었다. 앞선 연구의 지적처럼[75] 이 선언문은 제네바 회담에서 특히 영연방 국가들이 주장했던 국제 감시 아래 총선안을 전반적으로 수용하고, 남북한 정치지

74 조봉암, 〈평화통일에의 길〉, 《중앙정치》 1957년 10월호, 권대복, 앞의 책, 76쪽

75 洪錫律, 앞의 논문, 62쪽.

진보당 사건 공판정의 피고들(앞줄 왼쪽이 조봉암)

도자의 대화와 협상이라는 차원에서 공산 측의 주장을 부분적으로 절충한 것이다. 따라서 '외세의 개입 없는 민족 내부적 해결'을 강조한 북한의 전조선위원회 안과는 거리가 있었다. 김기철이 "제네바 회담을 계기로 정부, 유엔, 영국, 북한의 통일 방안이 나와 있는 상태에서 진보당으로서도 내용이 있는 구상을 내놓을 필요"[76]에서 선언문을 작성했다고 말한 점 또한 이를 뒷받침해주고 있다.

그러나 이승만 정권은 진보당 사건을 일으키면서 이 선언문을 조봉암과 진보당의 용공성을 입증하는 자료로 간주했다.[77] "남북 총선거를 실시하되 대한민국을 북한 괴뢰와 동등한 위치에서 선거하는 방안, 즉 통일정권을 수립키 위하여 북한괴뢰와 함께 대한민국을 해산한 연후에의 선거 방식"이 위의 선언문이며, 조봉암이 "구체적 방안의 발표는 현 행

76 李英石, 앞의 책, 32쪽.

77 《동아일보》 1958년 1월 21일자.

정부와의 정면 충돌을 피하여 사양하겠다"고 설명한 것도 그 때문이라는 것이다.[78]

이 선언문은 조봉암이 발전시켜 온 평화통일노선을 토대로 진보당 창당과 함께 구체적인 남북통일의 방안으로 제시된 것이라고 할 수 있다. 그러나 범혁신 세력을 포함하는 정당결성운동이 분열되고 조봉암을 추종하는 일부만으로 진보당이 결성되면서, 특히 북한과의 제휴 수준을 놓고 당내 의견 갈등이 심화되면서 평화통일노선의 본질과 원칙이 관철되지 못하였다.[79] 그 맥락을 토대로 이승만 정권이 제네바 회담에서 제안한 통일 방안의 '형식'에 평화통일론과 북한의 통일방안을 절충한 결과로 나타난 것이 이 선언문이었던 것으로 보인다. 이것은, 진보당 창당이 통일을 추진할 범민족 세력의 결집이 되지 못하고 조봉암을 추종하는 세력에 국한됨으로써 통일운동의 대중적 기반이 좁아진 사실과도 밀접한 관계가 있다.

4. 진보당의 통일운동 실패와 과제

이상으로 해방 후 1946년에서 1950년대 후반에 이르기까지 조봉암의 평화통일노선 형성 과정을 검토했다. 이 기간 동안 그의 평화통일노선은 크게 1950년 한국전쟁의 발발을 전후로 하여 두 시기로 구분되고 또 작게는 네 단계로 나누어서 살펴볼 수 있다. 전자의 구분이 평화통일노선의 '형성과 전개'에 해당한면 후자는 형성과 전개 과정의 단계별 특징

78 〈제1심 공소장〉, 권대복, 앞의 책, 165~166쪽.

79 1989년 조봉암의 30주기 추도식에서 진보당 부간사장과 조직부장을 지낸 이명하가 "세월이 흐르면서 보니 우리도 모르는 사이에 진보당 내부에 좌익 세력이 침투해 있었다"고 증언했다는데(姜元龍, 《빈들에서: 나의 삶, 한국현대사의 소용돌이》 2, 대화출판사, 1993, 99~100쪽), 여기서 좌익은 북한과 관련된 공산주의자들을 가리키는 것으로 보인다.

을 규정짓는다고 할 수 있다.

해방 직후부터 1948년까지 조봉암은 인천 지역을 중심으로 활동하면서 통일정부 수립운동을 펼쳤다. 1946년 6월에 민주주의민족전선 집회에서 노동계급 독재와 자본계급 독재를 동시에 배격하는 성명서를 발표한 이래 '민족 전체가 요구하는 통일된 정부의 수립'은 그의 평생의 정치적 목표가 되었다. 이를 위해 조봉암은 신당을 추진했고 국민운동을 전개하기 위해 민주주의독립전선을 결성했다. 민주주의독립전선은 극좌와 극우는 배격하고 '중도 세력'의 통합을 지향했기 때문에 좌우합작운동에는 찬성했지만 남북협상에는 비판적이었다.

1948년의 제헌의회 선거 출마를 계기로 조봉암의 평화통일노선은 한층 구체화된다. 어쩌면 모순되어 보이는 '단정 참여'와 '통일정부 수립'에 대한 그의 기본적인 시각은, 남한 단독선거가 미·소 대결의 불가피한 산물이라고 할 때 가능한 지역의 독립정부 수립은 통일정부 수립을 위해서도 오히려 시급한 과제라고 여겼다. 선거 유세에서 좌우 '중간'을 통일하고 사대주의를 배격해야 한다는 주장에서 알 수 있듯이, 당시의 정치 상황에서 중간 세력이 아닌 좌우의 정치 세력은 저마다 소련과 미국을 따르는 사대주의로 갈 수밖에 없다는 것이 그의 생각이었다. 이 시기에 그는 평화통일노선의 경제적 토대가 되는 균등경제의 주춧돌을 놓기 위해 농림부장관을 맡아 농민적 관점의 농지개혁을 정력적으로 추진했으나 한민당 등 우익의 견제로 물러나고 말았다.

한국전쟁의 발발과 미증유의 학살 사태는 조봉암으로 하여금 극우 반공독재가 기승을 부리는 상황에서도 평화통일에 대한 신념을 더욱 강하게 했다. 이미 전쟁 중에 치러진 제2대 정부통령 선거에서 통일을 위해 '화전 양면의 정책'을 펴야 한다고 역설했던 그는 전쟁으로 엄청난 박해를 받은 중간파와 보도연맹 계열에 대한 포용을 호소했다. 그러나 이것은 통일운동의 주도 세력이 이들 '피해 대중'이 되어야 한다는 의미는 아니며, 한민당을 계승한 민국당 같은 제도권 야당을 중심으로 민주대

연합을 이루고 이들이 나서서 평화통일운동을 주도해야 한다고 주장했다. 해방 후부터 한국전쟁 전까지 통일의 주도 세력으로 여겨두었던 '중간 세력'의 결집론이 동족상잔의 참혹한 전쟁을 겪으면서 현실적인 민주대연합론으로 바뀐 것이다. 여기에 정부가 1954년 4월 제네바 회담에서 '평화를 제안'하자 이에 고무된 조봉암은 1956년 5월의 제3대 정부통령 선거에서 평화통일노선을 제1의 공약으로 내세웠다.

그러나 1956년 11월의 진보당 창당은 조봉암의 평화통일노선에 큰 시련을 안겨주었다. 그 이유는 우선 진보당이 처음에 그가 소망하던 범야통합정당은커녕 혁신 세력마저 규합하지 못한 상태에서 출범했기 때문이다. 이로 말미암아 진보당은 독자적인 정책과 이념을 가진 정당이기보다는 조봉암을 추종하는 협소한 세력을 규합하는 데 그쳤다고 할 수 있다. 더욱이 진보당 통일문제연구위원장이 작성하고 조봉암이 추인한 것으로 여겨지는 〈선언문〉을 통해서도 알 수 있듯이, 진보당이 내세운 평화통일론도 북한과의 합작 여부와 그 수준 등을 놓고 논란이 끊이지 않은데다, 이렇듯 조직 내부에 이념적 스펙트럼이 너무나 다양했던 것도, 그들의 통일 논의가 당의 울타리를 넘어 대중 속으로 퍼져 나가는 데 적지 않은 장애가 되었다.

결국 진보당이 창당됨으로써 조봉암의 평화통일노선은 구체적이고 분명해진 면도 없지 않지만, 반면에 이런 탓에 통일의 문제가 전 민족적인 차원에서 논의되지 못하고 일부 혁신 세력의 전유물로 되어버렸다는 점을 간과할 수 없다. 오늘날 남북통일의 문제는 사상과 노선이나 구체적인 방안보다도 그것의 대중적 민족적 기반을 넓히는 것이 얼마나 중요한지를 새삼 느끼게 되는 이유가 여기에 있다.

《한국근현대사연구》 제18집, 한울, 2001

보론 ▌

해방 후 조봉암의 활동과 제헌의회 선거

1. 조봉암의 제헌의회 진출

분단과 전쟁, 오랜 군사독재와 민주화 투쟁으로 이어진 격동의 한국 현대사에서 통일을 이야기할 때 빼놓을 수 없는 인물이 조봉암(曺奉岩)이다. 이것은 그가 전쟁의 참혹함과 군사독재의 탄압으로 무너져버린 피해자이면서 이를 극복하기 위해 정면으로 투쟁하다가 삶을 마감했기 때문이다.

조봉암은 일제하 조선공산당의 창당 멤버로서 한국 공산주의운동을 이끈 혁명가이며 해방 후에는 중앙노선, 제3의 노선을 내세우며 좌우의 이념적 대립을 극복하고자 했던 이상주의적 정치가의 길을 걸었다. 해방 후 그의 선택은, 때론 모호한 모습으로 좌우를 넘나들던 이른바 중도파와는 달리 처음부터 상대자들과 대립 각을 분명히 하면서, 반제·반독점, 공산주의 반대의 기치를 분명히 내세우며 출발했다는 점에서 당대부터 격렬한 논쟁을 불러일으켰다. 이 가운데 공산주의에서 '전향'한 과정과 단정 참여, 한국전쟁 중 이른바 발췌개헌의 지지 등은 당대 그에 대한 부정적 이미지를 확산시키는 것이면서[1] 아울러 한국 현대 정치사의 어두운 단면을 보여주는 것이기도 하다.

---

1 박태균, 《조봉암 연구》, 창작과 비평사, 1995, 406쪽 참조.

그러나 이것이 조봉암의 자발적인 선택이고 한국 현대사의 전개 과정에 적지 않은 영향을 끼친 이상, 해방 후 그의 정치적 행보에 대한 탐구는 그 자체로 한국 현대사의 중요한 과제가 아닐 수 없다. 그럼에도 조봉암에 대한 관심은 일제 식민지 시기 민족해방운동과 1950년대 진보당 운동에 집중되어 있고 해방 후 3년간의 활동에 대해서는 거의 다루어지고 있지 않다.[2]

조봉암에게 1945년 해방에서 1948년 정부 수립에 이르는 기간은 식민지 아래 일본 제국주의와 싸우던 혁명가에서 정치가로 거듭나는 중요한 시기였다. 이 기간에 그는 인천에 살면서 지역사회의 현안을 고민하고 대중을 상대로 새로운 정치적 실험들을 펼침으로써 정치가로서 자신의 지역 기반을 다졌다.

그러므로 그의 생애와 활동을 체계적으로 복원하고 그의 평화통일노선이 갖는 의미를 제대로 포착하려면, 그의 활동을 당시 인천이라는 지역사회에서 전개된 정치 상황과 결합하면서 분석할 필요가 있다.[3] 이 점에 유의하여 본론에서는 해방 후 3년간 조봉암의 정치활동을 인천 지역을 중심으로 살펴보려고 한다. 본고의 작성에는 1945년 10월 7일 인천에서 창간된 《대중일보(大衆日報)》가 매우 유용했다.

---

2 권대복 엮음, 《진보당》, 지양사, 1985; 정태영, 《조봉암과 진보당》, 한길사, 1991; 박태균, 앞의 책; 서중석, 《조봉암과 1950년대》 상·하, 역사비평사, 1999; 정태영·오유석·권대복 편, 《죽산조봉암전집》 1~6, 세명서관, 1999. 조봉암에 대한 연구사는 정태영, 〈조봉암 연구의 현황과 과제〉, 《황해문화》 23, 새얼문화재단, 1999년 여름호를 참조.

3 해방 직후 인천에서 전개된 정치·사회운동에 대한 연구 성과는 다음과 같다. 김영일, 《격동기의 인천-광복에서 휴전까지》, 동아사, 1986; 정국노, 〈건국과정에서의 사회단체 소고-인천지구를 중심으로〉, 《인천전문대학논문집》 3, 1982; 이윤희, 〈미군정기 인천에서의 좌·우투쟁의 전개〉, 《역사비평》 계간 4호, 1989년 봄호; 김무용, 〈해방 직후 인천지역 사회주의운동〉, 《한국근현대 경기지역 사회운동 연구》, 관악사, 1998.

2. 해방 후 인천에서 벌인 활동

1) 혁명가에서 정치가로

조봉암은 1932년 9월 28일 상하이에서 프랑스 경찰에 체포되어 신병이 일본 경찰에 인도된 뒤 7년형을 선고받고 신의주 감옥에서 복역하던 중 1939년 7월에 출옥했다. 그는 고향인 강화로 가고 싶었으나 고향에는 오랜 옥중생활에 지친 그를 맞아줄 이가 아무도 없었다. 부모는 세상을 떠났고 형제들도 남아 있지 않았으며 처마저 딸 하나를 남겨두고 세상을 떠났던 것이다. 그는 어린 딸이 친척집에 얹혀서 살고 있는 인천으로 내려갔다. 이때부터 그는 인천부 도산정(도원동) 12번지에서 만 9년을 살았다.

인천에 정착한 그는 인천 비강(粃糠)조합의 조합장으로 일했다. 비강조합은 정미소에서 나오는 왕겨를 수집해서 연료로 공급하는 곳이었다. 그러나 일제는 그가 비강조합장으로 조용히 생활하는 것을 허용하지 않았다. 패전이 다가오면서 일제는 국내의 모든 혁명가와 반일적 민족주의자들을 일망타진할 목적으로 대검거를 단행했다. 조봉암도 과거의 동지들과 함께 '해외와 연락'했다는 혐의로 1945년 1월 일본군 헌병사령부에 예비검속되었다.

조봉암은 일본 헌병사령부에서 해방을 맞이했고 8월 15일 오후에 출감했는데, 이때 헌병사령부에는 그 말고도 김시현(金時顯)·박영덕·최익환(崔益煥)·이승복(李昇馥) 등 40여 명의 정치범들이 있었다.[4] 주목되는 것은 조봉암이 1945년 8월 15일 오후 헌병사령부에서 출옥하기 직전에 여운형(呂運亨)과 면담했다는 점이다. 이와 관련하여 그는 "8월 15일 오

---

4 조봉암, 〈나의 정치백서〉, 《죽산조봉암전집》 1(이하 《전집》 1로 표기), 세명서관, 1999, 388~390쪽.

후 4시 정각에 헌병사령관이 여운형 씨와 같이 우리들 있는 방으로 쑥 들어섰으며 …… 그들의 말을 듣고서야 비로소 모든 진상을 알게 되었고 우리 일행은 4시 반에 일제히 석방의 몸이 되었다"[5]고 회고한 바 있다. 여운형은 1920년대 초부터 이르쿠츠파 고려공산당 계열로 조봉암이 속했던 화요파 조선공산당의 활동을 적극 후원했을 뿐만 아니라 1920년대 후반 이후에는 상하이에서 오랜 기간 함께 생활하기도 했었다.

헌병사령부에서 나온 그는 바로 인천으로 내려갔다. 처음 인천에서 그는 인천치안유지회를 조직했는데 이것은 여운형과의 사전 교감에 따른 것으로 보인다. 해방이 되고 미군이 아직 진주하지 않은 권력의 공백 상태에서 치안은 가장 절실한 문제였다. 그렇기 때문에 남아 있던 일본 경찰이 최소한의 치안을 유지하고 있는 형편이었다.[6] 당시 인천에는 인천치안유지회 말고도 치안 활동을 벌인 단체들이 있었다. 뒤에 인천시 인민위원회 위원장을 지낸 김용규(金容奎)를 비롯 장광순(張光淳)·김태훈·주정기·전두영(全斗榮) 등을 중심으로 8월 16일에 치안관리위원회가 조직되었고, 비사회주의 계열의 치안단체로 동산학원 설립자인 김영배(金英培)가 이끄는 인천선무학생대, 일제시대에 아사히 소학교 청년훈련소 교관으로 있던 최태호(崔台鎬)가 이끄는 인천학생대, 유도 도장인 상무관을 운영하던 유창호(柳昌浩)와 김수복이 주도한 상무관치안대 등이 있었다.[7] 하지만 이들 단체는 주도인물들의 친일경력 때문에 적극적인 활동을 하지 못했다.[8]

조봉암은 인천보안대의 결성도 주도했다. 그는 자신을 따르는 청년들을 규합하여 일제 식민지 시기에 인천경찰서에서 유도 교관을 하던 이임옥을 중심으로 보안대의 조직에 착수했다. 이 과정에서 그는 보안대

5 조봉암, 〈나와 8·15〉, 《전집》 1, 388~390쪽.

6 신태범 증언, 〈원로를 찾아서①: 신태범박사〉, 《황해문화》 1, 새얼문화재단, 1993, 340쪽.

7 김영일, 앞의 책, 661~662쪽.

8 이윤희, 앞의 논문, 201~202쪽.

의 선언문과 강령, 규약을 직접 작성하고 동조자들을 모았다. 그 결과 8월 20일경 시내 경동 애관극장에서 수십 명이 모인 가운데 보안대를 조직하고 사무소를 내동 영화학교(현 내리교회 자리)에 두었다.[9] 보안대는 인천치안유지회의 산하기구였다.

조봉암은 인천치안유지회를 기반으로 건국준비위원회(이하 '건준') 인천 지부의 조직에 착수했다. 건준 인천 지부는 1945년 8월 25일경 시내 인천영화극장(현 인영극장)에서 조봉암·이승엽(李承燁)과 인연이 있는 주로 양곡업계 인물들, 학연 관계가 있거나 일제 때부터 좌익 사상을 가지고 있던 사람들이 중심이 되어 결성되었다. 참석자의 증언에 따르면 건준 인천 지부를 결성하는 모임이 인천에서는 해방 후의 첫 공개집회였기 때문에 많은 시민들이 호기심을 가지고 모였다고 한다. 조봉암은 결성대회의 전 과정을 주도했고 권충일(權忠一)과 김용규·박남칠(朴南七)·이보운(李寶云) 등이 그를 보좌했다고 한다.[10]

정치 권력의 공백기에 주도적인 활약으로 조봉암은 인천의 지도적인 인물로 떠올랐다. 1945년 10월 6일 인천의 미군정 당국은 창영학교 강당에서 모스 중위 주재로 인천시장을 선출하기 위해 정(町)회장(동장) 회의를 소집했다. 7명을 구두로 추천하는 절차에 따라 조봉암을 비롯하여 박남칠(朴南七), 김용규, 김세완(金世阮), 이승엽, 임홍재(任鴻宰), 장광순 등이 인천시장 후보로 추천되었다. 정회장들의 기명투표 결과 임홍재(任鴻宰)가 36점, 김세완 20점을 얻었으나 최고점이 과반수를 넘지 못해 임홍재와 김세완에 대해 다시 투표하여 임홍재가 67점으로 추천되었다.[11]

조봉암이 인천시장 후보로 추천되었다는 것은 의미하는 바가 크다.

---

9 김영일, 앞의 책, 482~485쪽.

10 姜錫慶의 증언; 김영일, 앞의 책, 29쪽.

11 《대중일보》 1945년 10월 7일자.

이것은 그가 식민지시대 일본 제국주의와 싸우던 혁명가에서 해방 후 인천의 대중을 직접 대상으로 하는 정치가로서 성공적으로 등장한 것을 의미하기 때문이다. 더욱이 시장 선거는 그가 중심이 된 건준 인천 지부가 미군정에 "시장과 (경찰)서장 선거는 시민의 총의"에 따라야 한다는 등의 4대 요구 사항을 내걸고, 부분적으로 이를 관철시킨 결과로 시행된 것이었다.[12]

대중을 향한 그의 발걸음은 1945년 10월 이후 지방의 각 건준 지부가 인민위원회로 개편되면서 더욱 두드러진다. 사실 1945년 9월 6일 서울 중앙에서 건준이 해소되고 조선인민공화국(인공)이 선포되면서 이것이 지방으로 파급되기까지는 상당한 우여곡절이 있었다. 인공의 선포는 미군의 남한 진주를 의식한 모험이라는 지적이 있었다. 이 때문에 건준 인천 지부도 10월 초에 들어서야 해체를 단행할 수 있었다.[13]

1945년 10월 16일 오후 1시 건준 인천 지부가 있는 영화극장에서 인천시 인민위원회 결성대회가 열렸다. 대회에는 중앙인민위원회에서 최용달(崔容達)과 박석하와 조봉암을 비롯하여 해방 후 인천에서 좌익운동을 이끌어온 김용규, 박남칠 등 200여 명이 참석했다. 대회는 의장으로 선출된 김용규의 경과보고, 중앙인민위원회 선언 및 정강과 시정 방침이 낭독된 뒤 78명의 인민위원을 선출했다. 계속된 상무위원 선거에서는 전형위원 7인이 위원장 김용규를 비롯한 24명의 위원을 선출하고 인공 지지 결의문을 채택했다. 결성대회는 위원장의 취임사와 인민위원 소개, 최용달과 박석하의 축사, 만세삼창을 끝으로 오후 5시경에 끝났다.[14]

그런데 조봉암은 인천시 인민위원회에서 어떤 직책도 맡지 않았다.

---

12 《대중일보》 1945년 10월 8일자.

13 《대중일보》 1945년 10월 9일자.

14 《대중일보》 1945년 10월 18일자.

뿐만 아니라 그의 이름은 한 달 뒤에 발표된 시 인민위원회의 간부 명단에도 올라 있지 않다.[15] 이때부터 그는 조선공산당(이하 '조공')은 물론 점차 미군정과 대결로 나아가는 인공과도 거리를 두기 시작했다. 그렇다고 해서 그가 사회주의 이념을 포기한 것은 아니었다. 그는 예전의 동지들을 만나고 그들과 함께 일했으며 미군정도 여전히 그를 김용규, 박남칠과 더불어 인천의 대표적인 '인공 지도자'로 여기고 있었다.[16]

좌익운동의 중심에서 한 발 비켜선 뒤 그의 활동은 조용하면서도 한결 폭넓은 것이었다. 그 첫 행보가 조선혁명자구원회 인천 지부 고문의 직책이었다. 1945년 11월 28일 시내 모처에서 문두호, 신태범(愼兌範), 장석진을 비롯한 28명이 모여 "우리는 …… 과거 40년 동안 해내외에서 형언키 어려운 학살 아래 피를 흘리고 넘어진 선배들의 거룩한 공로를 잊어서는 안 된다. 우리가 안일한 생활을 하는 동안에도 그들은 갖은 고초를 겪으며 가족들은 모진 박해와 빈궁에 시달리고 있다. …… 이제부터 우리는 정성껏 그들을 돕자"는 취지로 조선혁명자구원회 인천 지부를 발기했다.[17] 이들은 11월 30일 내리교회에서 창립총회를 열고 고문단, 위원장, 서기국, 비서기획부, 정보조사부, 조직선진부, 구원부, 재정사업부 등의 간부진을 구성했다.[18]

조봉암은 창립총회에서 임홍재·김용규·박남칠·김세완·엄홍섭(嚴興燮)·송두후(宋斗厚)·방준경(方俊卿) 등과 함께 고문으로 위촉되었다.

---

15 인천시 인민위원회는 11월 5일 위원장 김용규, 부위원장 박남칠, 총무부장 이보운, 보안부장 김형원, 재정부장 문두호, 문교부장 이기정, 산업부장 윤석준, 선전부장 이상운, 노동부장 한기동을 선임했다(《대중일보》 1945년 11월 8일자).

16 H.Q. USAFIK, *G-2 Periodic Report*(이하 《미군정 주간정기보고》로 표기), 1945. 11. 17; 《전집》 2, 82쪽.

17 발기인 명단은 다음과 같다. 문두호 신태범 장석진 김진택 박태형 정수근 이원창 최규진 임갑수 손계언 김도인 조상길 윤기홍 김상중 이약실 김형원 이희영 음학균 강봉희 김구복 박성원 주석룡 강명희 김영근 송두후 배정곤 김태룡(《대중일보》 1945년 11월 30일자).

18 《대중일보》 1945년 12월 2일자.

다른 사람들은 대부분 인천에서 얻은 명망성에 따른 '당연직'이었지만, 그에게 '고문'은 일제시대에 민족해방운동에 그가 헌신했음을 공인한 훈장이었다. 좌우익 이념의 차이를 떠나 항일민족운동가와 그 가족의 구원을 표방한 이 단체의 활동에는 인천시 당국도 적극적으로 후원했다.[19]

그는 인천협동조합의 결성에도 적극 참여하여 의장으로 활동했다. 1945년 12월 13일 50여 명의 시민들이 인천시 인민위원회 사무실 2층에 모여 협동조합을 설립하는 문제를 논의했다. 참석자들은, 해방 후 간상배의 발호로 생활필수품의 물가는 나날이 치솟고 근로대중의 일상생활은 극도로 위협을 받고 있다고 주장하고, 간상배를 배격하고 생산자로부터 소비자에게 직접 생활필수품을 알선하여 시민들의 생활 안정을 도모하기 위해 협동조합을 조직해야 한다는 데 의견을 모았다. 이들은 25만 인천 시민 모두가 조합원이 되어 악화되는 경제기구의 안정을 위해 협력해 줄 것을 당부하면서 21명의 준비위원을 선임했다.[20]

협동조합 준비위원회는 12월 26일 오후 2시 산수정 무덕관에서 조합원 약 150명이 모여 창립총회를 열었다. 총회에서는 윤석준이 개회사를 하고 의장으로 선출된 조봉암이 경과를 보고하고 정관을 통과시킨 뒤 윤석준, 김성운, 최영택 외 45명이 이사, 김봉진 외 2명이 감사로 선출되었다.[21] 협동조합 인천 지부의 결성은 유명한 공산주의자인 조봉암이 주도했다는 점에서 미군정 당국에게도 주목의 대상이었다.

> 12월 26일 미군정 당국자는 인천에서 개최된 협동조합 인천 지부 제1회 대중집회에 참석했는데, 동 조합 지도부에는 공산주의자로 알려진 인사들이 포함되어 있는 좌익 조직이다. 인천 지역 공장과 농민조합(FARMERS

---

19 《대중일보》 1945년 11월 27일자.

20 《대중일보》 1945년 12월 15일자.

21 《대중일보》 1945년 12월 28일자.

UNION)의 전 대표들이 참석한 동 집회에서 조봉암은 만장일치로 조합장으로 선출되었다. 대표들은 모든 공산품과 농산물의 분배 문제를 다룰 협동조합안을 토의했다. 동 집회는 서울에 있는 조합 본부에 파견할 55명의 인천 지부 이사도 결정했다.[22]

그러나 조봉암의 움직임 가운데 특히 눈에 띄는 것은 인천의 유지들이 중심이 된 인천시세진흥회에 참여한 것이었다. 인천시세진흥회는 1946년 1월 중순경 시세(市勢)의 진흥과 발전에 이바지할 여러 사항을 연구하고 이의 실현을 목적으로 발기되었다. 회원을 2종으로 나누어 공장, 은행, 회사 및 기타 단체의 대표로서 매월 50원을 부담하는 특별회원과 '일반유지'로서 매월 5원을 부담하는 보통회원으로 정했다. 그리고 미완성된 인천항의 제2 축항 문제, 전화 개선사업, 전문학교 설립 등을 당면의 사업으로 제시했다.

여기에는 조봉암을 비롯하여 도원섭(都遠涉)·최병욱(崔炳旭)·송수안·황윤·박용돈·최길구·양제박·채규섭·서정설·신태범·정문환·김성국·문두호·장식진·주원기·김진갑·권징석·진해창·이필상(李弼商)·김덕진·정용복·김재길·박태형이 발기인으로 참여했다.[23] 인천시세진흥회는 2월 9일 발기인회를 열고 이필상·도원섭·최병욱·채규섭·김덕진의 5인을 준비위원으로 선임하여 창립을 서둘렀다. 회원 모집에도 힘써 창립총회를 앞둔 2월 15일에는 이미 2백 명을 넘어섰다.[24]

인천시세진흥회는 1946년 2월 23일 오후 1시부터 전동 인천공립고등여학교 강당에서 발기인과 회원 등 각계각층의 개인과 단체 대표자가 모인 가운데 창립총회를 열었다. 발기인 대표 이필상이 임시의장에 선

---

22 《미군정 주간정기보고》 1945. 12. 29; 《전집》 2, 82~83쪽.

23 《대중일보》 1946년 1월 20일자.

24 《대중일보》 1946년 2월 17일자.

출되었고 회규(會規)를 제안하여 심의 통과시켰다.[25] 회칙에 따라 인천시세진흥회는 상임위원 5명을 위원회에서 선정하고 위원장이 인천시장과 기타 관공서의 장을 고문으로 추천하며, 위원회는 사안에 따라 전임위원을 선임하여 처리하기로 했다. 그리고 임시사무소를 경기도 상공경제회 인천 지부 안에 두기로 결정했다.[26]

《대중일보》는 인천시세진흥회의 출범과 관련하여 사설을 내고 "해방 후에 정치적 경제적으로 많은 단체의 속출을 보나 건국을 위한 진실한 사회적 조직체가 적었다"고 전제하고, "(인천) 시세(市勢)의 부진과 지방 동향의 침체성에 자극을 주기 위해 시세진흥회의 창립은 시국에 적의(適宜)한 존재라 할 수 있으며 앞으로 그 기대가 크다"고 사설로 축하했다. 인천의 현안에 대해서도 인천시세진흥회가 내건 항만 확장, 자동전화, 상수도 문제 말고도 "생산기관 정비와 기술자 양성, 문화기관 증설" 등이 신흥 국가건설에 급선무이므로 이에 대해서도 관심을 가져줄 것을 당부했다.[27]

조봉암의 인천시세진흥회 참여는 인천에서 향후 그의 정치적 행보와 관련하여 주목할 만하다. 시세진흥회는 상공회의소의 전신에 해당하는 것으로 발기인이나 위원의 면면에서도 보이듯 인천의 기업인, 자본가를 비롯하여 관료, 교사, 목사 등 지역을 대표하는 우익 성향의 유지들이 주도한 준 관변단체였다. 아직 좌우익의 대립이 겉으로 드러나기 전임인데도 좌익계 인물이 좀처럼 보이지 않는 점도 주목된다. 더욱이 발기인 가운데 김성국, 이필상, 김덕진, 장석진 등이 뒤에 조봉암이 인천에서

---

25 인천시세진흥회 임원은 다음과 같다. 위원장 김영섭, 부위원장 진해창, 위원 김재길 김홍식 윤재근 주원기 신태범 김석기 신태영 서정설 이원창 양제박 조봉암 홍원표 박영균 조상길 차태열 김성운 장석연 손계언 박용돈 김덕근 김청환 이규보 이보운 김성운 황윤 황기부 곽상훈 이명호 채규섭 최길구 김진갑 정문환 조희순 박태형 한철 이영근 이장호 권정석(《대중일보》 1946년 2월 17일자).

26 《대중일보》 1946년 2월 25일자.

27 〈사설: 市勢振興會 創立에 際하야〉, 《대중일보》 1946년 2월 27일자.

추진하고자 했던 신당운동에 참여하고, 이들 가운데 이필상과 김덕진이 5인으로 구성된 준비위원으로 선출된 것을 보면, 이 무렵 그는 이미 '다른 길'의 가능성도 열어놓고 있었던 것으로 보인다. 그가 인천체육협회 위원으로 참여하는 것도[28] 이러한 맥락에서 이해된다.

조봉암의 이러한 움직임은 좌익의 통일전선체인 민주주의민족전선(이하 '민전') 결성 과정에서도 나타난다. 민전 인천시위원회는 1946년 2월 7일 오후 2시 인천시 인민위원회 회의실에서 주로 좌익을 지지하는 인천의 각 단체 대표와 동회장, 유지 등 130여 명이 모여 결성대회를 열었다. 조봉암의 개회사에 이어 의장에 조봉암, 부의장에 신태범(외과의사)을 선출하고 선전부·조직부·재무부·조사부·연락부의 각 부서와 경제대책위원회, 친일파·민족반역자심사위원회의 전문위원회 설치를 결의했다. 이어 3·1 운동 기념식 행사 광고를 끝으로 오후 5시경 마쳤다.[29]

민전 인천 지부 결성대회의 개회사에서 조봉암은 "현하 정세가 요청하는 민족통일에 있어서는 오직 민주주의민족전선만이 유일한 방법"이라고 역설했다. 이는 그가 신탁통치 문제에 대한 좌우의 이견에 대해 민전을 광범위한 민족통일전선으로 확대·강화함으로써 풀이보겠다는 의지의 표현이었다. 그가 민전 인천 지부 결성대회에 한민당과 산하조직인 고려청년당에 초청장을 보낸 것도 이 때문이다. 신태범의 증언에 따르면 당시 민전 인천 지부는 좌익계뿐만 아니라 중간적인 사람들도 많이 포섭했다고 한다.[30] 그러나 이것은 "(민전이) 지방에서는 당원이 절대 다수를 차지해야 한다"는 조공 중앙의 방침과는[31] 거리가 있었다.

이러한 그의 노선은 3·1 운동 기념행사의 추진 과정에서도 확인된다. 1946년 3월 1일은 해방 후 처음으로 맞이하는 3·1 운동 기념일이었다.

---

28 《대중일보》 1946년 4월 3일자.

29 《대중일보》 1946년 2월 11일자.

30 신태범, 앞의 대담, 342~343쪽.

31 《한성일보》 1946년 5월 6일자; 《전집》 1, 29쪽.

인천의 좌우 정치 세력들은 2월 20일, 조공, 인민당, 한민당의 각 정당 지부, 천도교와 기독교, 사회·노동·문화·공장·신문통신의 각 단체, 동 대표자 백여 명이 경동 한민당 지부에 모여 3·1 독립운동 기념대회 준비회를 개최했다. 참석자들은 "중앙 정계의 동향 여하를 불구하고 우리 인천만은 당파를 초월하여 전 민족적 성전을 성대히 거행함으로써 이날을 기회로 우리 민족은 근본적으로 분열되어 있지 않고 있다는 것을 세계에 과시하고 3·1 투쟁으로 자주독립을 기어코 전취하자"고 결의했다. 이들은 71명의 준비위원을 선임하고 대회장으로 천도교와 기독교에서 1명씩을 추대하고 인천시장을 고문으로 위촉했다.[32] 민전 인천 지부 의장 조봉암은 이 회의에서 72인 준비위원 가운데 한 사람으로 선임되면서 좌익 진영을 대표하여 행사 진행과 대내외 홍보를 전담하는 선전부 위원장을 맡았다.

1946년 3월 1일 임시 공휴일이 선포되고 시내 곳곳에 태극기가 휘날리는 가운데 오전 11시부터 인천공설운동장에서 기념식이 거행되었다. 인천 시민의 약 4분의 1에 해당하는 5만여 명의 인파가 모였고 조봉암은 기념식의 사회를 맡았다. 국기게양과 순국선열에 대한 묵념, 한민당 인천시위원장 곽상훈(郭尙勳)의 개회사, 항일 혁명투사에 대한 하상훈(河相勳)의 헌사, 이범진(李汎鎭)의 독립선언서 및 결의문 낭독, 미군정 스틸맨 군정관의 축사 등의 순서로 기념식은 순조롭게 끝났다. 이어 대회장 김영섭(金永燮, 내리교회 목사)의 대한독립만세, 연합군 만세 삼창과 범시민 시가행진을 마지막으로 오후 4시경 모든 행사가 끝났다.[33]

그러나 이러한 화합의 분위기 속에서도 신탁통치 문제 등으로 말미암아 미소공동위원회를 통한 임시민주정부의 수립 과정은 순탄치 못했다. 해방 후 처음 맞이한 3·1 운동 기념식도 인천과 부산, 대구에서만 공동

---

32 《대중일보》 1946년 2월 22일자.

33 김영일, 앞의 책, 67~68쪽.

의 민족적 행사로 치러졌을 뿐, 서울에서는 좌우가 따로 행사를 치름으로써 임시민주정부 수립 전선에 먹구름이 드리워지기 시작했던 것이다.

이에 따라 민전 인천 지부는 1946년 4월 21일 인천공설운동장에서 '과도 민주정부 수립촉진 인천시민대회'를 열기로 했다. 미군정은 이 집회가 "좌경 정부 수립을 지지하며 미군정 당국에 미곡 증배를 요청하는 것을 선전할 목적으로 개최되는 것"으로 여겨 예의주시했다.[34]

1946년 4월 21일 조봉암은 인천공설운동장에서 열린 민주주의 정부 수립 촉성 인천시민대회에 민전 인천 지부 의장으로서 참석하여 인민위원회 위원장 김용규와 함께 연설했다. 5천여 군중이 참석한 이 집회는 임시정부 수립에 대한 인천시민의 결의문, 미소공동위원회에 보내는 결의문, 식량문제 해결에 대한 결의문을 채택했다.[35]

그러나 조봉암이 좌익의 집회에 참석한 것은 이것이 실제로는 마지막이었다.

2) 조공과의 결별과 중도정당 추진

1946년 5월 초 중앙의 몇몇 일간지에 조봉암 명의의 〈존경하는 박헌영 동무에게〉라는 사신(私信)이 발표되었다.[36] 사신에서 그는 "8·15 그날부터 인천에 틀어박혀서 당, 노조, 정치 등 모든 문제에 있어서 입을 봉하고 오직 당의 지시 하에서 내가 할 수 있는 최대의 정열을 가지고 정성껏 해왔다"고 전제한 뒤, ① 민족통일전선·대중투쟁 문제 ② 당내

---

34 《미군정 주간정기보고》, 1946. 4. 19; 《전집》 2, 83쪽. 이에 앞서 조봉암은 4월 17일 조공 인천시당이 주최한 창당 21주년 기념식에서 인천에는 약 1천 명의 당원이 있으며, 전국에는 약 3만 명의 당원이 있다는 내용의 축사를 했다(《미군정 주간정기보고》, 1946. 4. 22; 《전집》 2, 83쪽). 그러나 이는 1925년 조공 창당의 원로로서 한 의례적인 축사였다.

35 《대중일보》 1946년 4월 22일자.

36 《한성일보》 1946년 5월 6일자; 《조선일보》 1946년 5월 7일자; 《전집》 1, 27~34쪽.

인사 문제 ③ 반(反)중앙파 문제 ④ 자신에 대한 비판 등 4개 항을 조공 책임비서 박헌영(朴憲永)에게 건의했다.

여기서 조봉암이 가장 역점을 둔 것은 민족통일전선 문제였다. 그는 지금의 인민위원회는 중앙과 지방 모두 당내에서 중용되지 못한 공산주의자들의 정치적 구락부라고 비판했다. 그는 인민위원회가 그대로 정권 접수기관이 될 것 같은 환상을 갖게 하지 말고 당 군중과 미조직 대중으로 하여금 지속적인 투쟁의 길로 나서게 할 것을 촉구했다. 통일전선인 민전의 운영에 대해 그는 공산당원이 지나치게 침투해 있다고 지적하면서, "지방에서는 (민전에) 당원이 절대 다수를 차지해야 한다"는 당의 지령을 철회할 것도 요구했다. 민전의 운영에 대한 이러한 비판은 자신의 민전 인천 지부 의장 경험에서 우러나온 것인 만큼 관심을 끈다. 모스크바 3상회의 지지 투쟁에 대해서도 그는, 자신은 3상회의 지지 투쟁을 절대 지지하지만 지도부가 무원칙하게 입장을 뒤바꿈으로써 민전으로 들어와야 할 대중을 빼앗겼다고 주장했다.

당내 인사 문제에 대한 언급은 건의보다는 비난에 가까웠다. 그는 박헌영의 인사에 대해 무원칙하고 종파적이며, 봉건적이고 무기력하다고 비판했다. 당내 인사가 능력 본위가 아니며 과거 박헌영 개인과 "친하거나 신세를 졌거나, 혹은 머리를 숙이고 아첨한 무리들"이 전부 당내 요직에 들어서 있다고 주장했다.

> 항간에서 "박헌영에게는 자주 찾고 곱게 뵈어라. 그렇지 않으면 말썽을 부리라" 하니 얼마나 놀랠 일이오? 그리고 당내 어느 요인의 소위 죄과(수년간 휴식, 일본에 협력 등)를 들어서 말했더니 "그는 자기 비판문을 내게 보냈기 때문에 좋다" 했다니 그 관용의 태도는 대단 고맙소. 그러나 그러한 소위 자기 비판의 기회를 꼭 근친자에게만 주었다는 사실은 무엇으로 변명하실 터이요?

이러한 내용은 조봉암이 조공의 당원으로서 충분히 제시할 수 있는 것이었다. 그러나 문제는 이것이 당내가 아닌 우익 신문들을 통해 '폭로'되었다는 점이다. 1946년 5월 6, 7일 공개된 이 사신은 사실 3월 초에 쓰여진 것인데, 3월 중순 미군정 CIC가 인천의 민전회관을 느닷없이 덮쳐 현장에 있던 조봉암이 지니고 있던 사신의 초고를 빼앗겼다. 이 사신은 2달이나 지난 뒤에 내용의 일부가 개악되어 우익 신문에 발표되었던 것이다.[37]

조봉암의 사신은 조공의 좌편향 노선과 당내 인사에 대한 개인적 불만이 표출된 것이지만, 제1차 미소공위가 결렬된 상황에서 좌익의 전열을 흐트러뜨리고 탄압의 빌미를 제공했다. 1946년 5월 9일 인민당의 여운홍(呂運弘)은 "신문에 발표된 조봉암 사신으로 말미암아 조선공산당의 극좌적 오류의 모략은 드디어 폭로되었다. 인민당은 그 독자성을 상실하고 완전히 공산당의 모략에 빠졌다"고 주장하면서 탈당을 선언했다.[38] 인천에서는 조공계의 《인천신문》이 1946년 5월 7일 CIC에 급습당하고 많은 사원이 검거되었다.[39] 조봉암은 5월 15일에 민전 인천 지부 의장직을 사임했다.[40]

이때부터 조봉암은 조공과 결별의 수순을 밟았다. 1946년 6월 23일 인천공설운동장에서 민전 인천 지부〔의장 김창식(金昌式)〕 주최로 미소공위 속개 촉진을 위한 인천시민대회가 열렸다. 민전 의장단에서 여운형과 이강국(李康國), 민족혁명당 당수 김원봉(金元鳳)과 성주식(成周寔) 등도 참석한 이 집회에서 여운형이 비교적 온건한 내용의 연설을 한 것

37 《현대일보》 1946년 5월 15일자. 조봉암은 여러 경로를 통해 박헌영과 단독 면담을 요청했지만, 면담이 이루어지지 않아 사신을 쓰게 되었다고 한다(이영근, 1989년 12월 6일 증언; 정태영, 앞의 책, 104~105쪽 재인용).

38 《동아일보》 1946년 5월 11일자.

39 《미군정 주간정기보고》, 1946. 5. 15; 《전집》 2, 128쪽.

40 《대중일보》 1946년 6월 25일자.

을 빼면, 나머지 연사들은 모두 한민당 등 우익 정당에 대한 비난에 연설의 대부분을 할애했다. 이날 집회는 '좌익의 영수' 박헌영도 참석할 것이라고 선전되었기 때문에 비가 내리는 가운데에도 1만 명이 넘는 군중이 모여들었다.[41]

그런데 이 집회에서 충격적인 장면이 연출되었다. 조봉암은 여운형, 김원봉과 함께 집회에 참석했는데, 집회가 진행되고 있던 중 "한국 연립 정부는 공산당이나 (독촉)국민회의의 독점적 정부로 조직되어서는 안 된다. …… 현재 한국민은 공산당을 원하지 않는다. 그러므로 인공이나 민전의 정책은 철저히 배격되어야 한다. …… 우리는 노동계급에 의한 독재나 자본계급의 전제를 원하지 않는다"는 내용의 성명서가 살포된 것이다.[42]

조봉암의 성명서는 큰 파장을 불러 일으켰다. 성명서가 뿌려진 날 같은 시간에 송학동 제2 공회당에서는 이승만을 추종하는 대한독립촉성국민회 인천 지부가 '신탁통치 반대 시국 대강연회'를 진행하고 있었다.[43] 인천의 좌익과 우익이 대규모 집회 대결을 벌인 날에 그는 좌익과 우익 모두를 향해 계급독재의 반대를 선언한 것이다.

그런데 이러한 행동의 배후에는 미군정의 공작도 작용하고 있었던 것으로 보인다.[44] 조봉암은 민전 집회가 열리기 열흘 전에 갑작스레 CIC에 체포되었다.[45] 체포 사유는 군정법령 '제72호 8항'을[46] 위반했다는 것이

41 《대중일보》 1946년 6월 24일자.

42 《미군정 주간정기보고》, 1946. 7. 5; 《전집》 2, 84쪽. 성명서 전문은 《대중일보》 1946년 6월 25일자; 《동아일보》 1946년 6월 26일자; 《전집》 1, 39~40쪽 참조.

43 김영일, 앞의 책, 82쪽.

44 서중석, 《한국현대민족운동연구》, 역사비평사, 1991, 496~497쪽.

45 《대중일보》 1946년 6월 15일자.

46 미군정 법령 72호는 1946년 5월 4일 발효된 것으로 "폭력, 협박 또는 *脅威*를 가하거나 경제상 이익 기타 이익에 대하여 약속을 하거나 此 이익의 추구를 제지시키거나 또는 此를 제지하도록 *脅威*하거나 동맹배척 기타 유사한 행동" 등 군정 위반에 대한 범죄의 요건

었다. 그러나 그가 구금되어 있는 동안 동 법령 72조의 시행이 보류되어 체포된 지 11일 만인 6월 22일에 석방되었다. 집회가 열리기 하루 전이었다. 이렇게 볼 때 문제의 성명서는 구금 중에 작성된 것이 거의 분명했다.

이 때문에 성명서 발표의 시점과 배후를 둘러싸고 많은 의혹이 제기되었다. 조공은 전부터 조봉암을 '(미군정) 당국의 촉탁'으로 지목했었고 성명서 살포를 계기로 그를 당에서 제명시켰다. 그러나 조공의 처지에서 더 큰 문제는 이를 계기로 특히 인천 지역에서 좌우익 세력 판도가 바뀌게 되었다는 사실이다. 좌익에 대한 미군정의 탄압과 조봉암의 성명에 고무된 한민당은 인천 지부 명의로 성명을 발표하고 "공산당 계열 민전 제공이여, 조봉암 동무를 따르라"며 대중을 선동했다.[47]

성명에 따른 의혹이 여전히 끝나지 않자 그는 《대중일보》 지면을 통해 의혹에 대한 자신의 입장을 밝혔다. 여기서 그는 박헌영을 조공의 영수가 아니라 당내 한 파벌인 '경성콤그룹의 당수'로 부르면서 대중의 의견을 수렴하여 신당을 추진할 의사를 비추었다.

기자: 일전에 본지에 게재된 귀하와 조선공산당과의 …… 귀하의 소감 여하?

조봉암: 소위 내 편지 사건을 계기로 해서 (조선공산당) 현 간부와 나 사이에 착종되어 있던 당의 제 정책 문제의 인사관계 등이 표면화했기 때문에 드디어 서로 용납할 수 없게 된 것이다. 나로서는 경성콩그룹파 당수 박헌영 군 …… 당내에 있어서의 파멸적 섹트화와 민족 분열의 제 정책을 절대로 용납할 수 없었고 또 저들로서는 나 같은 사람을 자파 내에 두는 것이 불리하니까 당연히 제명했을 것이다.

기자: 귀하의 말씀은 박헌영 씨가 경성콩그룹파가 …… 공산당이 따로

을 제시한 것이다(한국법제연구회 편, 《미군정법령총람》, 191쪽).

47 《대중일보》 1946년 6월 29일자.

있는가.

조봉암: 한 나라의 공산당이 여럿 있을 수는 없겠지만 경성콩그룹 외에도 전국에 많은 공산주의자의 그룹들이 있으니까 그 각개 그룹이 통일되어 당내 민주주의의 중앙집권적 조직이 완성되고 당내 당외에 옳은 정책이 세워져야 옳은 공산당이 될 줄 믿는다.

기자: 그러면 귀하의 정치적 주장이 현 간부파와 다른 점은 어떠한 것인가.

조봉암: 나는 지금 조선에 있어서는 ○○한 형식으로 …… 인(認)하며 그러한 관념까지도 민주주의 조선의 명랑성을 멸살하는 것으로 본다. 나의 정치적 주장을 내세운 것으로 이번에 민족통일과 자유독립을 위하여 《3천만 동포에게 격함》이라는 것을 썼는데 그것이 근일 중에 반포될 터이니까 그것을 한번 읽으면 자세히 알 것이다.

기자: 귀하가 신당을 조직한다는 소문이 있는데?

조봉암: 내가 주장하는 대로 전국의 동지와 합력하여 민족통일을 위한 자주독립을 위한 대중운동을 …… 생각하고 있지만 아직 구체안은 없고 좀 더 널리 대중의 의견을 들은 뒤에 시작할 작정이다.

기자: 재작 28일 부로 인천 모 신문에 귀하에 대한 공산당 인천시위원회의 발표가 있었는데?

조봉암: (경성)콩그룹파 인천시위원회 측에서 나를 중상하는 것을 목적으로 "독점자본이나 모기관의 조종으로 무슨 정당을 만들면 찬양할 수 없다"고 했는데 이러한 점이 저들 (경성)콩그룹파의 ○○이요 또 상투수단 …… 개인이거나 정당이거나 모두 독점자본의 주구요 파쇼요 반동진영과 동요하는 중간층이요 모 기관의 조종이라고 중상하여 민족분열을 일삼고 있는데 이런 것이 시급히 시정되지 않으면 그는 결코 그 한 파만의 불행뿐 아니라 실로 전 민족의 불행이라, 저들 (경성)콩그룹의 몇 사람 외에 전 인천 사람이 또는 전 조선 사람 중에 조봉암이가 독점자본가를 위해서 또는 모 기관의 조종으로 일할 사람이라고 믿는 분은 한 사람도 없을 것으로 (믿는다).[48] 〔괄호 안은 인용자〕

이후 그는 공개적인 활동을 자제하면서 조선공산당과 결별 이후의 신노선에 대한 구상을 다듬었다.

조봉암은 본래 새로운 정치운동을 인천에서 시작하려고 했다. 1946년 9월 1일 그는 시내 모처에서 자신과 뜻을 함께 하는 동지와 신문기자 등 40여 명을 초청하여 정국에 대한 자신의 구상을 밝혔다. 그의 구상은 "진정한 민주주의 하에 3천만 민중의 대동단결을 기도키로 독립 전취의 촉진운동"을 일으키기 위해 '국민운동'을 펼치자는 것이었다. 참석자들은 함효영(咸孝英)·장석진·김구복·김성국·김덕진·배인복·박기남·이필상·조봉암 등으로 준비위원회를 구성하고 수일 내로 규약 선언을 발표하여 동지를 규합할 것을 결의했다.[49]

여기서 신당에 참여한 인사들을 눈여겨볼 필요가 있다. 거명된 준비위원만으로 보면 배인복을 제외하고 나머지는 모두 우익에 속하는 인물들이었다. 함효영(한국독립당 인천 특별당부 부위원장)·장석진(양조업, 인천시 고문)·김성국(인천시 고문)·이필상(상공회의소 사무국장) 같은 신원이 확인되는 인사들 모두 인천의 재계 중진이고, 이 가운데 김성국·이필상·김덕진·장석진은 앞서 본 인천시세진흥회에서 조봉암과 함께 발기인이나 위원으로 참여했던 인사들이다.

그러나 조봉암의 신당에 대해 미군정은 "공산당의 이탈 분자들을 집결시켜 새로운 한국공산당을 만들려 하고 있다"고 인식했다.[50] 이러한 인식은 사실과는 다르지만, 한 편으로 미군정 아래 인천에서 그가 추구하는 새로운 정치적 실험이 순탄하게만 진행되지는 않으리라 예고해 주는 것이라 할 수 있다.

우익의 방해도 거셌다. 당초 조봉암이 성명서를 발표할 때 자신들에

---

48 《대중일보》 1946년 7월 30일자. 《동아일보》 1946년 8월 2일자에 보도된 인터뷰 기사는 위의 내용을 요약한 것으로 보인다.

49 《대중일보》 1946년 9월 3일자.

50 《미군정 주간정기보고》, 1946. 9. 5와 9. 11; 《전집》 2, 84~85쪽.

게 합류할 것으로 기대했던 한민당은, 그가 인천에서 자신들을 배제하고 한민당에 가담하지 않은 우익 인사들을 끌어 모아 신당을 조직하려 하자 긴장하는 기색이 역력했다. 한민당 인천 지부 위원장 양제박은 《대중일보》에 2회에 걸쳐 장문의 논설을 발표하여 조봉암이 인천에서 추진하는 신당을 비난했다. 정당 단체가 너무 많아 걱정인 이때에 다시 정당을 만드는 것은 조봉암 자신의 주장과도 모순된다는 것이 비판의 요지였다. 그는 신당을 만들어 분란을 조성하지 말고 당장 중지하라고 요구했다.[51] 9월 11일자로 신당 준비위원 김성국이 사퇴한 것도[52] 한민당의 압력에 따른 것으로 보인다.

논란이 커지고 인천 지역의 여론도 나빠지자 조봉암은 신당 준비위원회의 일정을 무기한 연기한 채 "금번 운동은 정권 획득을 목적하는 바가 아니고 민족통일과 독립 전취를 위한 국민 총궐기 운동임"을 강조하면서 시민들의 오해가 없기를 당부했다.[53] 그 뒤 인천에서 신당 추진에 따른 회합은 더 이상 열리지 못했다. 이후 1946년 말부터 약 1년동안 그는 서울을 무대로 이른바 중앙노선을 내세우고 좌우합작운동을 지원하기 위해 민주주의독립전선을 결성함으로써 극좌 극우 배척운동에 힘을 쏟았다.[54]

3. 민족통일 제창과 제헌의원 당선

1947년 9월 중순 미국이 한국 문제를 유엔에 상정함에 따라 미소공위

51 양제박, 〈조봉암씨 신당에 대하야〉 上·下, 《대중일보》 1946년 9월 6~7일자.

52 김영일, 앞의 책, 92쪽.

53 《대중일보》 1946년 9월 6일자.

54 조봉암, 〈나의 정치백서〉, 《전집》 1, 391쪽. 이에 대해서는 정태영, 앞의 책, 114~133쪽; 박태균, 앞의 책, 130~143쪽; 심지연, 〈국가형성기 조봉암의 활동〉, 《전집》 6 참조.

에 대처하기 위해 조직되었던 좌우합작위원회, 민주주의독립전선 등은 존재 의의를 잃게 되었다. 이에 따라 이들은 좌우합작위원회를 중심으로 통합을 추진하여 민족자주연맹(이하 민련)의 구성을 발기했다. 발기인으로 참여한 조봉암은 민련 준비위원회의 총선 지지 결의에 따라 선거운동을 위해 인천으로 내려갔다. 그야말로 1년여 만이었다.

그러나 민련의 방침은 결성 단계에 이르러, 정당으로 탈바꿈하여 역량을 키우고 총선에 나선다는 처음의 결의가 폐기되고 단지 협의체로 남으며, 수장인 김규식(金奎植)은 총선거에 참여하지 않는다는 것으로 뒤바뀌었다. 민련은 남한 단독선거안을 놓고 찬반 양파로 갈렸고 이듬해 3월 9일 공식적으로 선거 불참을 결의했다. 이러한 입장의 변화는 민련 내 조봉암을 중심으로 한 총선 참여파를 고립시키는 결과를 가져왔다. 결국 그는 무소속으로 출마할 수밖에 없었다.

남한 단독선거가 미소 대결정국의 산물이라면 가능한 지역에서 '우리의 독립정부'를 수립하는 일은 오히려 시급한 과제이며, 통일정부 수립도 우리의 독립정부를 통해 제2 단계로 모색될 수밖에 없다는 것이 조봉암의 판단이었다.[55] 이때의 소회를 그는 다음과 같이 밝히고 있다.

> 그러는 중에 대한민국을 수립하기 위한 총선거가 시작됐습니다. 지금까지라도 의견을 달리할 사람도 있을 것입니다만 미군정 3년을 지내고 우선 남한만으로라도 우리 민족이 정권을 이양받고 통일을 도모한다는 것은 정치적으로 지극히 단순하고 당연한 일입니다. 그러나 그때 공산당에서는 물론이고 일부 우익 진영에서도 단독정부니 반쪽 선거니 해서 그 총선거를 반대했었습니다. 나는 공산당이 반대하는 것은 소련의 지시를 받은 미국세력 반대운동으로 간주했기 때문에 문제도 안 했지만은 김규식 등 여러 선배에게는 총선거에 참가함이 옳다는 것을 많이 주장도 해보았고 노력도

55 강진국, 1989년 12월 26일 증언; 정태영, 앞의 책, 160쪽 재인용.

해보았지만 전연 통하지 않았고 끝끝내 반대 태도를 견지했었습니다. 그래서 나는 하는 수 없이 단독으로 총선거에 응해서 인천 을구에 입후보해서 ……[56]

그가 1년여 만에 내려온 인천은 1947년 말부터 이미 선거 열기로 달아올라 발 빠른 인사들은 벌써부터 출마설을 흘리며 '이면 공작'을 시작하고 있었다. 1948년 3월 초에는 조봉암을 비롯하여 양제박·하상훈·곽상훈·김홍식(金鴻植)·윤병덕·김석기(金碩基)·함효영·이순희(여성)·이유희(여성) 등 인천 지역 출마 예상자들의 명단이 나돌기 시작했다.[57]

당국도 선거준비에 착수했다. 선거일이 1948년 5월 9일로 확정됨에 따라 인천시는 3월 12일부터 유권자 파악을 위한 호적의 조사에 착수했고[58] 3월 19일에는 선거관리위원회가 구성되었다.[59] 3월 17일 한 개 선거구당 인구가 10만 명으로 정해지고 인천은 경인철도를 경계로 1구(갑구)와 2구(을구)의 2개 지역구로 나눈다는 내용이 발표되었다.[60] 그리고 4월 8일까지 선거인 등록을 마치도록 규정되었다.[61]

후보자가 확정되면서 현지 언론은 지역구별로 판세를 예상하기도 했다. 을구의 경우 가장 먼저 출마를 선언한 하상훈(한민당)이 유력한 가운데, 조봉암이 출마할 경우 동부에서 혼전이 예상되며 부평에서 김석기가 출마하는 경우도 변수로 지적되었다. 대한노총의 지원을 등에 업은 임홍재(전 시장)의 득표력도 만만치 않을 것으로 보도되었다.[62]

---

56 조봉암, 〈나의 정치백서〉, 《전집》 1, 391쪽.

57 《대중일보》 1948년 3월 10일자.

58 《대중일보》 1948년 3월 12일자. 그러나 선거일은 일식으로 하루 늦춰졌다.

59 《대중일보》 1948년 3월 16일자.

60 《대중일보》 1948년 3월 19일자.

61 《대중일보》 1948년 3월 20일자.

62 《대중일보》 1948년 3월 27일자.

仁川府乙選擧區出馬
國會議員立候補者
第一回政見發表大會
日時 五月五日(水)下午二時부터
會場 仁川松林公立國民學校庭
主催 仁川新聞記者聯盟

조봉암이 출마한
인천 을구의 정견발표회 공고문
(《대중일보》, 1948. 5. 12)

본격적인 선거운동이 시작되면서 가장 발 빠르게 움직인 것은 한민당이었다. 한민당은 인천 갑구에 양제박, 을구에 하상훈을 각각 공천하고 막대한 자금을 들여 조직적인 선거운동을 시작했다. 처음에 한민당에서 갑구를 희망했던 곽상훈은 탈당하여 무소속으로 출마했다. 이 밖에 김홍식·윤병덕·함효영(이상 갑구)·임홍재·김석기(이상 을구) 등 다른 후보들도 3월 말경 모두 후보자 등록을 마쳤다.[63]

조봉암도 이미 부평의 '인천 양조장 일부'를 선거사무소로 빌려 선거 준비를 시작했으나 후보 등록을 미루고 있다가 4월 6일 《대중일보》를 통해 을구 출마를 표명하고[64] 4월 14일 마감이 닥쳐서야 '저술업 조봉암'으로 후보 등록을 마쳤다. 그가 받은 기호는 '석줄'(3번)이었다. 이로써 인천 지역의 제헌의회 의원선거 출마 후보자는 양제박, 곽상훈, 김홍식, 김영주, 윤병덕, 함효영(이상 갑구), 조봉암, 임홍재, 하상훈, 김석기, 이성민(이상 을구)으로 확정되었다.

조봉암이 출마한 인천 을구는 월미도, 화수동, 화평동, 창영동, 금곡동, 송림동, 송학동, 만석동, 송현동, 갈산동, 작전동, 일신동, 삼산동, 청천동, 산곡동, 서운동, 효성동, 백석동, 시천동, 점암동, 경서동, 난지도

63 《대중일보》 1948년 4월 2일자.

64 《대중일보》 1948년 4월 7일자.

등[65] 부평 지구를 중심으로 하는, 인천에서도 갑구에 견주어 '노동자, 농민, 봉급생활자' 등 소시민 층이 큰 비중을 차지하는 지역이었다.[66]

1948년 4월 18일 하오 1시부터 부평 동국민학교 운동장에서 유권자 1만 5천여 명이 참석한 가운데 을구의 첫 합동 정견발표회가 열렸다. 여기에서는 조봉암과 더불어 그와 경합한 김석기의 정견 발표 연설을 소개하기로 한다.

김석기는 회사의 중역이었고 인천 부평의 토박이로서 조봉암과는 동갑이었다. 1945년 10월 10일 인천부가 제물포시로 개편될 때 미군정에 의해 부평지구장으로 임명되었고[67] 대한독립촉성국민회(이하 독촉) 부평 지부장으로[68] 독촉의 공천을 받아 출마했다. 조봉암에 앞서 등단한 그는 "나는 어떤 정당과도 절대 관계를 맺지 않을 것을 약속한다"고 말하고 조봉암을 겨냥하여 "나는 공산주의자의 투표로 만약 당선되는 일이 있을 것 같으면 의원의 권리를 포기할 것"이라고 언명했다. 그의 의도는 선거를 좌우의 이념 대결로 몰아감으로써 선거 국면을 유리하게 이끌려는 전략이었다.

그러나 이어 등단한 조봉암은 '전향' 이후 자신이 줄곧 제기해 온 민족통일과 자주독립론으로 되받았다. 이를 위해 그는 미·소 양군이 철퇴해야 한다고 주장했다.[69]

선거전이 좌우의 이념 대결로 바뀜에 따라 판세는 예상과 달리 유력했던 하상훈과 임홍재가 뒤로 처지고 조봉암과 김석기가 접전을 벌이는 양상이 연출되었다. 그러나 조봉암은 이런 탓에 선거 초반부터 경합자인 김석기는 물론 다른 우익 후보들에게서도 집중적인 공격을 받아야

---

65 《대중일보》 1948년 3월 26일자.

66 《대중일보》 1948년 3월 31일자.

67 김영일, 앞의 책, 32쪽.

68 《대중일보》 1948년 5월 9일자.

69 《대중일보》 1948년 4월 20일자.

했다. 4월 29일에는 그의 찬조 연사들이 정체를 알 수 없는 '통일청년당원'들의 습격을 받기도 했다. 경찰이 난동을 진압하기 전에 연사들 가운데 하나가 구타를 당했으며, 경찰은 이들의 찬조 연설에서 공산당 노선을 따르는 언동은 전혀 없었다고 보고했다.[70]

조봉암은 자금 사정도 다른 후보에 비해 열악했다. 과거 인천시세진흥회나 신당을 발기할 때의 친구들이 도움을 주었을 것으로 추측되지만, 이들도 상당수는 선거가 다가오면서 이미 한민당과 독촉 등 우익의 압력과 회유로 그에게 공공연한 자금 지원은 어려웠다. 이러한 사정은 1948년 3월 말 이후부터 허용된 후보를 선전하는 신문의 광고란에 조봉암에 대한 광고가 단 한 건도 보이지 않는 것을 보아도 분명하다.[71]

조직과 자금에서 어려움을 겪고 있던 조봉암에게 인천 지구의 민족청년단(족청)이 도움을 준 것으로 알려져 있다. 이에 따르면 당시 족청 인천 지구 부단장으로 뒷날 농림장관 비서로 일한 강원명(姜元明)이 본부단장 이범석의 지시를 어기면서까지 조봉암의 선거운동을 도왔다는 것이다.[72] 이러한 도움 때문이었는지는 모르지만 선거일을 일주일 앞두고 을구에서 민족청년단의 후보로 출마했던 '31세의 청년사업가' 이성민은 사퇴했다.[73]

1948년 5월 10일 선거는 예정대로 치러지고 5월 12일 새벽 7시부터 개표에 들어가 하오 5시 경에 끝났다. 선거 결과 을구의 유권자 총수 51,580명 가운데 48,040명이 투표에 참여하여 1,393표가 무효로 처리되고, 조봉암 17,620표, 김석기 15,827표, 임홍재 8,806표, 하상훈 4,394표로 '기호 석줄' 조봉암 후보의 당선이 확정되었다.[74]

---

70 《미군정 주간정기보고》, 1948. 5. 7; 《전집》 2, 89쪽.

71 유일한 광고는 선거가 끝난 뒤 《대중일보》 1948년 5월 13일자에 게재된 '당선 사례'였다.

72 이영석, 《죽산 조봉암》, 원음출판사, 1983, 177~8쪽.

73 《대중일보》 1948년 5월 4일자.

74 《대중일보》 1948년 5월 13일자.

乙區는 曺奉岩氏當選

仁川府國會議員選擧開票第二日結果

仁川府國會議員選擧의 乙選擧區投票의開票는 豫定대로昨十二日 七時부터府議會議室에서始作 처음에는曺奉岩（無所屬）任鴻宰（無所屬）兩氏의對戰이展開되다 가富平地區 金碩基氏（獨促）次位로 躍進하야 曺氏와의 사이에首位바꿈戰이繼續되다가結局仁川府乙選擧區에서는曺奉岩氏가 國會議員에當選되고 同日下午五時頃에無事終了되였는데 各立候補者의得票는다음과같다（寫眞은曺奉岩氏）

曺奉岩氏 一七、六二〇票
金碩基氏 一五、八二七票
任鴻宰氏 八、八〇六票
河相勳氏 四、三九四票

乙區有權者總數 五一、五八〇人
投票總數 四八、〇四〇票

조봉암의 당선을 보도한 《대중일보》의 기사(1948. 5. 12)

인천시 선거관리위원회는 5월 12일 위원장 김태영 명의로 〈국회의원 선거법 제43조〉에 따라 조봉암이 인천 을구에서 당선이 확정되었음을 공고했고, 조봉암은 신문 지상에 다음과 같은 당선 사례문을 실었다.

> 당선 사례
>
> 금반 소생이 국회의원 선거에 입후보함에 잇어서는 동포 제위의 애낌없는 원조를 밧자와 다행히 당선되였압기 우선 지상을 통하야 삼가 감사의 뜻을 표하옵나이다.
>
> 단기 4281년 5월 13일 조봉암 근백(謹白) 인천부 을구 유권자 제위[75]

조봉암의 당선은 전국적인 명망을 가진 그의 경력과 해방 후 인천의 대중 속에서 쌓아올린 노력을 유권자들이 정당하게 평가해 준 결과였다. 제헌의회 의원 선거는 신생국가의 새로운 정부를 구성하는 자리였던 만큼 지역 일꾼을 뽑는 기존 국가의 선거와는 달랐기 때문이다. 그러나 인천의 미군정 특무기관은 선거가 끝난 뒤, 조봉암이 김약수(金若水,

75 《대중일보》 1948년 5월 13일자.

부산), 윤재근(강화)과 함께 '전 공산주의자'이며 앞으로 국회에서 "소련을 대표할 것"이라고 상부에 보고함으로써,[76] 이후 그의 정치활동이 결코 순조롭지만은 않을 것임을 예고했다.

4. 정치가 조봉암의 통일론

이상에서 해방 후 1945년에서 1948년까지 인천에서 조봉암이 벌인 정치활동을 살펴보았다. 인천에서 조봉암의 활동을 우리는 대체로 세 단계로 나누어 살펴볼 수 있다.

첫째는 1945년 8·15 해방에서 1946년 3월을 전후한 시기이다. 이 기간에 그는 출옥 후의 침묵에서 깨어나 해방된 조국의 인천에서 지역 차원의 치안 유지와 건국 준비에 주도적으로 참여했고 이러한 활동을 통해 자신의 지역 기반을 다졌다. 그 결과 그는 인천의 대표적인 인물로 떠올랐다. 반면에 이 시기는 박헌영 등 조공 지도부와의 노선 대립과 갈등으로 부심한 고뇌의 기간이기도 했다. 이러한 어려움을 극복해 나가는 과정에서 그는 혁명가에서 정치가로 변신했다.

둘째는 1946년 4월에서 같은 해 말에 이르는 기간이다. 이 시기에 조봉암은 조공과 결별하고 독자적인 노선을 세웠다. 박헌영의 노선에 대한 공개 비판, 군중집회에서 전향 성명 살포와 같은 충격적이고 능동적인 행동을 통해, 그는 자신의 '전향'을 정치적 배신이나 굴복의 흔적이 아닌, 뛰어난 선동적 카리스마를 가진 정치가다운 자질을 입증하는 데 활용했다. 여기서 우리는 정치가로서 그의 탁월한 전략을 엿볼 수 있다. 하지만 그는 선언과 선동에 그치지 않고 민족통일과 자주독립의 노선에 뿌리를 두고 신당을 추진하며 국민운동을 전개했다.

---

76 《미군정 주간정기보고》, 1948. 5. 21; 《전집》 2, 89쪽.

셋째는 인천에서 제헌의회 의원 선거에 참여하는 단계이다. 그는 자신이 속했던 민족자주연맹의 선거 불참 방침, '전향'에 따른 좌우 양쪽의 공격을 무릅쓰고 인천 을구에 무소속으로 출마했다. 선거운동 기간 중에는 조직과 자금의 열세로 큰 어려움을 겪었고, 경합했던 후보들은 그를 공산주의자로 몰아붙임으로써 선거 국면을 좌우의 이념 대결로 몰아갔다. 그러나 그는 해방 후 자신이 일관되게 추구해 온 민족통일과 자주독립의 노선을 직접 대중들에게 호소함으로써 당선되었다.

1948년의 제헌의회 의원 선거는 지역 일꾼이 아닌 새로운 정부를 구성할 인물을 뽑는 자리였다. 때문에 유권자들은 지역 토박이나 유지보다는 전국적인 명망을 갖추고 민족적인 이슈를 제시할 수 있는 후보를 갈망했다. 인천 을구의 유권자들 눈으로 볼 때 조봉암은 이러한 요구를 충족시킬 수 있는 유일한 인물이었다. 더욱이 그는 해방 후 인천에서 건준 인천지부와 민전은 물론 치안유지위원회, 협동조합, 실업자동맹, 혁명자구원회 같은 활동을 통해 대중에게도 친밀한 이미지를 쌓아왔던 것이다.

조봉암은 일제 식민지 시기 한국 공산주의운동을 이끈 혁명가이며 해방 후에는 중앙노선, 제3의 노선을 표방하며 좌우의 이념적 대립을 극복하고자 했던 이상주의적 정치가였다. 해방 후 그는 민족통일과 자주독립을 모토로 하는 정치적 실험을 인천에서 처음 펼쳤다. 3년이 채 되지 않는 짧은 기간 동안 그는 인천에서 비로소 대중과 만나고 그들과 호흡하면서 정치에 눈을 뜨게 되었다. 1950년대의 왕성한 정치활동과 평화통일론의 제창도 이러한 지역적 현장 활동의 기반 위에서 가능했던 것이다.

《황해문화》 제30집, 새얼문화재단, 2001

자료 2

조봉암, 〈8·15 해방 기념일을 어떠게 맞이할까?〉 1~3*

8·15! 우리 민족에게 커다란 충격을 준 해방의 날 8·15! 우리에게 한없는 기쁨과 큰 희망을 품게 한 역사의 날 8월 15일은 가까웠다. 우리 3천만 민중은 그날부터 우리의 완전 자주독립을 꿈꾸었고, 즉시 우리의 정부가 생기고 우리의 일은 우리가 자유로 처리할 수 있는 거리낌 없는 세상이 될 줄만 알았다.

그러나 8월 15일은 돌이 되었지만 우리의 모든 것은 일장 꿈으로 돌아가고 현실의 우리 민중은 끝없는 환멸을 느낀다. 지금 우리 강토는 남북으로 갈려 있고 우리 민족은 좌우로 분열되었으며, 우리 독립을 원조하려는 원래(遠來)의 해방군들은 슬그머니 손을 떼고 남북으로 버티고서 우리 인민의 생활고는 전대미문(前代未聞)의 극악한 데 빠지고 있다.

이것이 대체 무슨 까닭이냐? 민주주의 연합군의 위대한 승리로 국제적으로 약속된 자주독립은 어째서 아니 되며 당연히 수립되어야 할 민주주의 임시정부는 무엇 때문에 안 되고 있는가? 우리는 이것의 원인을 구명해야 할 것이며 현재 상태를 엄연히 비판하고 장래 해야 할 일을 옳게 규정치 않으면 안 될 것이다. 국제적 제 조건에 대해서는 여기서 말하지 않기로 하고 오직 우리 민족 내에 있어서의 제 문제만을 취급하기로 하자. 과거 1년 동안에 우리 3천만 민족이 자주독립을 위해서 우리의 정부 수립을 위해서 과연 무엇을 하였으며 얼마나 노력

---

* 《대중일보》 1946년 8월 10~12일자에 실림.

하였다고 말할 수 있을까?

8·15의 1주년 기념을 마지함에 당(當)하여 우리 조선 사람 된 자 각자가 엄숙한 마음으로 한번 조용히 자기를 반성해 보는 것은 결코 무의미한 일은 아닐 것이다. 지금에 있어서 우리 모든 사람이 꼭 같이 인증하는 바와 같이 지금 같은 민족적 불행을 초래한 최대 원인은 민족의 불통일이다. 우리 민족과 같은 환경에 있어서 민족통일도 이루지 못하고 자주독립을 바랄 수는 없는 것이다. 그러면 민족통일은 자주독립의 선결 조건인데 그 자주독립의 선결 조건인 민족통일이 되지 못했던 것은 무슨 까닭이며 지금도 오히려 되지 않고 있는 것은 어떠한 원인으로 말미암이냐?

오늘까지의 조선의 운명을 짊어지고 우리 민족의 사활 문제를 담당했던 사람들은 두말할 것도 없이 좌우익 정당의 지도자, 8·15 이후 우후죽순(雨後竹筍)같이 족출한 수많은 정당과 그의 지도자로 자처하고 민중과 멀리 떠나서 날뛰고 있는 소위 정객들이다.(①)

그런데 이 많은 정객들은 한 편은 좌로 다른 한 편은 우로 갈리어 각자 자기의 옳은 것만을 내세우고 있다. 한 편에서는 내가 민족의 장로(長老)요 원훈(元勳)이며 우리 단체가 정통이요 법통이니 나를 따르지 않는 자는 혹은 우리 단체를 지지하지 않는 자는 역적이요 매국적이라 하여 단불용화(斷不容貨)의 태도로 나오고, 또 다른 한 편에서는 자기네만이 국제적으로 인민을 대표하고 자기네만이 진정한 민주주의 집단을 자처하고 다른 것은 모두 비민주주의요 반동이요 팟쇼라 하여 유아독존적(唯我獨尊的) 태도를 견지한다. 최근에 좌우합작운동이 일어난 것은 ○○○○○○○○○○○고 큰 기대를 가지고 있는 터이라. 그런데 진실로 통일하기를 위한다면 종래에 불통일의 원인이 몇 가지 있었다 하더라도 그 중에서 다만 한 가지라도 줄이고 될 수 있는 대로 일치점을 발견하기에 노력해야 할 것인데, 도리어 소위 그 통일의 원칙이라는 것이 점점 더 수효가 늘어가고 점점 더 일치하기 어려운 조건이 쏟아지고 있는 것이다. 과거와 또는 지금에 있어서의 이러한 ○○○○은 그것이 저들 소위 정객들의 주관적으로는 모두 애국적이요 민족을 사랑하는 까닭이요 또 민주주의 혁명을 위한 옳고 그리고 유일한 길이었는지는 모르지만, 실제의 결과에 있어서는 민족을 분열시켰고 자주독립을 방해하였고 당연히 섰어야 될 민주주의 임시정부도 못 세우게 되었고 우리 정부 수립을 원조하려던 미소공동위원회까지도 마침내 우리의 ○○○○○이다.

이러한 참담한 민족적 불행이 생기게 된 사실은 저들 소위 정객들이 비애국적이요 반인민적이라고 단언할 것이 아니라 저들이, 그렇게 저들이 그렇게 아니해야 아니할 수 없는 근본적 요소가 엄연히 대립되어 있는 까닭이다. 그 엄연한 대립이라는 것은 무엇인가? 그것은 지금 조선 사회에서는 용납할 수 없는 계급독재의 사상이며 그 사상 그 관념으로부터 생기는 일마다 일어나는 소위 영도권 싸움이다. 한 편에서는 시대도 국정(國情)도 고려치 못하고 무산계급독재를 꿈꾸며 그의 영도권이 아니면 전 민중의 발전이 불가능한 태도를 취하고, 다른 한 편에서는 지금 조선에 있어서는 전연 사회적 조건이 없는 자산계급 전정(專政) 즉 중국 국민당식 자산계급 전정을 꿈꾸며 인민의 위에 군림하여 파쇼적인 정권을 삼으려니까 필연적으로 반민족적인 민족분열적인 고집을 부리는 것이다.

그런즉 우리 민족의 자주독립을 전취하려면 먼저 통일을 완수하여야 할 것이요 민족통일을 이루자면 먼저 정당지도자들의 계급독재의 미망(迷妄)을 쳐부숴야 될 것이 급무라는 것을 지적하지 않을 수 없는 것이다.(②)

물론 우리 민족 가운데에도 각각 다른 주의와 사상을 가질 수도 있는 것이다. 또 여러 가지 계급이 대립되어 있는 것도 엄연한 사실임을 인증치 않을 수 없는 것이다. 그러나 우리나라와 같은 경우에는 무엇보다도 먼저 민족의 독립을 찾아야 할 것이요 독립이 된 뒤에 비로소 민족 내의 모든 문제도 해결할 수 있을 것이다. 남의 힘으로 일본 제국주의의 36년간 만정(蠻政)의 기반(羈絆)으로부터 풀려서 겨우 해방이 약속되었고 독립도 되기 전이고 인민의 의사도 충분히 표현되기 전에, 더욱이 남의 군정 하에서 무슨 턱으로 어떠한 조건이 있어서 한 계급이 전 민족을 독재할 것을 주장하며 어느 한 편만이 영도권을 쥐어야만 한단 말이냐?

우리는 자유인이다. 누가 어떠한 사상을 가지거나 무슨 주의를 신봉하거나 모두 자유이니 남이 간여할 성질의 것이 아니다. 그러나 우리 민족통일에 방해되고 자주독립에 방해되는 것이면 그것이 어떠한 주의 무슨 사상인 것을 불문하고 민족분열의 책임을 져야 할 것이며, 따라서 우리 민족의 죄인이며 민족의 적이라 단정하지 아니할 수 없는 것이다.

우리는 현재의 좌우익 정당지도자들의 인격과 경험을 존경하려는 자이다. 그러나 저들의 소행이 불순한 집권 관념으로부터 생긴 모든 편당적(偏黨的)이며 반인민적 반민족적으로 나타남에 있어서는 그것이 비록 주관적으로는 옳다고 하더라도 결과로 보아서는 민족 분열의 책임자요 민족의 기대를 여지없이 유린한 민족의 죄인이라 아니할 수 없으니, 우리 민중이 저들을 정치인으로는 전연 신임할 수 없다는바 이런 것도 엄연한 사실인 것이다. 그러므로 우리 민중은 저 훌륭한 분들이 다시 한 번 국제 정세를 살피고 조선의 실정을 알아서 지금까지의 반민족적 집권 관념과 당파심을 청산하고 조선 사람으로 거듭나서 우리 민족의 최대의 소원인 자주독립을 위하여 먼저 민족통일을 이루기를 바라고 저들의 자기 반성을 요구하여 마지아니하는 바이다.

우리는 위에서 민족통일이 안 되고 있는 책임이 현재의 정당지도자들에게 있음을 지적하고 그 반성을 요구했으나 민족통일에 있어서 그보다도 더욱 중요한 것은 우리 민중 스스로의 반성과 궐기임을 강조하지 아니할 수 없는 것이다. 우리 민중의 대부분이 너무 정치 문제 특히 민족통일 공작에 대해서 무관심하고 등한시했음을 인증해야 할 것이며, 좌우 양익 진영 내의 모든 열성적인 일꾼들이 너무 현재의 지도층을 과신하고 맹종한 것이 오늘 같은 민족적 불행의 결과를 낸 것이라는 것을 똑같이 인증치 않을 수 없는 것이다. 그러므로 우리는 우리 스스로의 일 즉 민족 전체의 일을 일부 정객에게만 맡기고 있을 것이 아니라 우리 민족 스스로 궐기해서 민중의 위력으로써 저들을 일치케 하고 통일케 하여 우리 손으로 정부도 만들고 자주독립도 전취해야 한다는 것이다.

8·15 1주년 기념을 맞이하면서 우리 조선 민족의 최대의 당면 문제인 민족통일과 민족통일정부 수립 문제를 생각할 때에 무엇보다도 먼저 우리 민족 대부분

의 자각과 궐기를 촉진하지 아니할 수 없는 소이는 실로 이 점에 있는 것이다. 최근 소문에 의하면 인천에 있어서의 8·15 기념행사도 현재의 좌우익 정당으로는 일치할 수가 없어서 시장의 명령 지도로 위원회가 성립된다 하니, 그나마 원만히 준비되어 성대한 기념식이 되기를 심축(心祝)하여 마지아니하는 자(者)이나 소위 인민의 지도단체로 자처하는 정당의 면목은 어디 있으며 이 민족의 명예와 긍지는 무엇으로써 유지하려는가! 조선 사람 된 자 누구나 뼈에 사무치는 부끄러움을 느껴야 할 것이며 분골쇄신하더라도 이 한심한 국면을 타개하여 민족 만대의 영예를 획득하는 민족통일의 길로 아니 갈 수 없는 것이다.

그런 까닭에 우리는 다시 한 번 강조하노라. 금년의 8·15 기념은 현 좌우익의 민족 분열적 반민족적 파당 싸움을 완전히 청산케 하고 민족통일을 완수키 위하여 인민대중이 스스로 정치적으로 궐기하는 것으로써 맞이하자는 것이다. 1년 안 가까운 동안에 지루하고 질역나게 해오던 골육상쟁(骨肉相爭)의 되풀이는 우리 조선 사람은 아무도 원하지 않는다. “적마(赤魔)를 때려 죽여라!” “반동파 파쇼분자를 구제(驅除)하라” “신탁통치 절대반대” “3상회의 절대지지” “비행기 타고 온 반동 거두들을 국외로 추방하자” “공산주의자는 너희 조국 소련으로 가거라” 따위의 표어를 집어치우고 민족통일을 위한 건설적인 제의에 총력을 집중함으로 이날을 기념하고 맞이해야 할 것이다.

요즘 항간의 소문을 들으면 8·15 기념이라고 하여 징을 준비하고 떡을 찌고 술을 해 넣는다는 것이다. 어떤 사람의 의견인지는 모르나 민족의 통일도 못 되고 정부도 없고 독립도 안 되고 인민 부분의 생활난은 극단에 이른 남의 군정하에 있어서 무엇이 좋아서 그런 법석을 할 것인가. 뜻 있는 분들은 상계(相戒)하여 곤란을 가중하고 남의 치소를 사는 일이 없도록 해야 할 것이다. 끝으로 이 역사의 날 8·15를 더욱 의의 있게 맞이하기 위하여 다음과 같은 표어가 실천되어야 할 것이다.

一. 지금까지 민족통일에 방해되고 있는 좌우익의 모든 반인민적 파쟁 행위를 즉시 시정하라.

二. 민족통일은 민중의 조직의 압력으로써 달성시키자.

三. 민족통일에 유해한 모든 표어와 행동을 우리 민중이 자율적으로 방지하자.

四. 좌우합작 공작을 거족적으로 지지하자.

五. 미소공동위원회 속개를 요청하자.

六. 8·15 기념은 엄숙히 민족통일과 자주독립을 위하여 맞이할 것이요 부화경거(浮華輕擧)의 놀잇날로 만들지 말자. (③ 완)

찾아보기

【ㄱ】

【ㄴ】

【ㄷ】

【ㄹ】

【ㅁ】

【ㅂ】

【ㅅ】

【ㅇ】

【ㅋ】

【ㅌ】

【ㅍ】

【ㅎ】